신경언어장애

NEUROLOGIC SPEECH-LANGUAGE DISORDERS

김향희 저

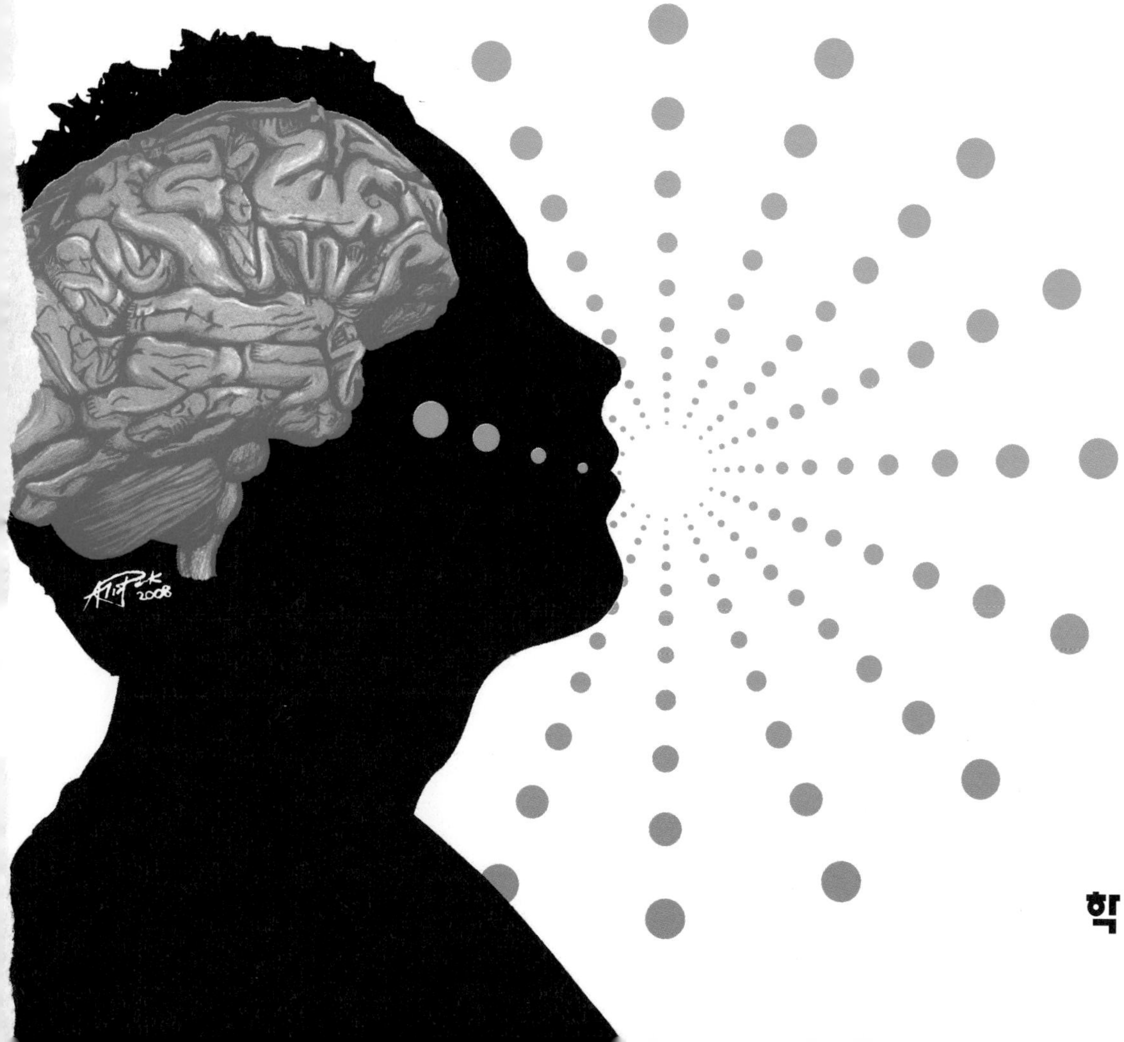

학지사

저자 서문

이 책의 1판을 발행한 지 어느덧 거의 10년이라는 세월에 이르고 있습니다. 그동안 우리나라 고령(화)사회의 추세에 따라 신경언어장애를 유발하는 기저질환을 나타내는 환자들도 더욱 증가해 오고 있습니다. 이에 따라 '신경언어장애' 분야에 종사하는 언어재활사들은 신경학적 질환에 기인한 말, 언어, 삼킴 장애를 잘 이해하기 위하여, 그리고 평가와 중재를 적절히 수행하기 위하여 혼신의 힘을 다하고 계심에 경의를 표합니다. 또한 간단하지만은 않은 신경언어장애 지식들을 익히느라 최선의 노력을 다하는 우리 학생들이 미래의 훌륭한 '신경언어장애 전문가'가 될 수 있기를 기대해 봅니다.

이 개정판은 1판의 주요 내용을 바탕으로 일부 정보들이 추가되었습니다. 특별히, 제3장(인지 및 의사소통 기초 평가)에 인지 평가 도구로서 '몬트리올 인지 평가(MoCA)'에 대한 자료가 포함되었습니다. 또한 제7장(치매와 언어장애)에는 2013년에 발간된 DSM-V에 기초한 주요 신경인지장애 및 경도 신경인지장애에 대한 상세한 내용이 추가되었는데, 이는 특히 우리나라가 2017년 고령사회에 진입한 시점에서 시의 적절하다고 생각됩니다. 제12장(신경 삼킴장애)에는 비디오투시조영 삼킴검사에서 관찰된 결과를 바탕으로 생리학적 삼킴장애를 교육, 평가, 해석할 수 있도록 '수정된 바륨 삼킴장애 프로파일'(MBSImP)에 대한 내용을 추가하였습니다. 또한 2013년에 제안된 '국제 삼킴장애식 표준화 발안(IDDSI)'은 삼킴 임상 평가 결과를 바탕으로 적절한 음식과 음료를 권고함으로써 삼킴장애 환자들의 삶을 개선하는 데 목적을 두고 있으므로 주요한 내용으로 포함하였습니다. 우리나라 고령사회에서 '삼킴장애'에 대한 교육 및 임상은 아무리 강조해도 지나치지 않습니다. 모쪼록 이 책이 독자들의 지식 축적에 조금이나마 도움이 되기를 바랍니다.

2021. 8.

저자 씀

차례

제6장 우뇌 손상과 외상성 뇌손상 • 233

제7장 치매와 언어장애 • 251

제8장 말실행증 • 297

제9장 마비말장애 • 335

제11장

아동기 말운동장애 • 417

제12장

신경 삼킴장애 • 445

제 1 장

신경언어장애의 이해

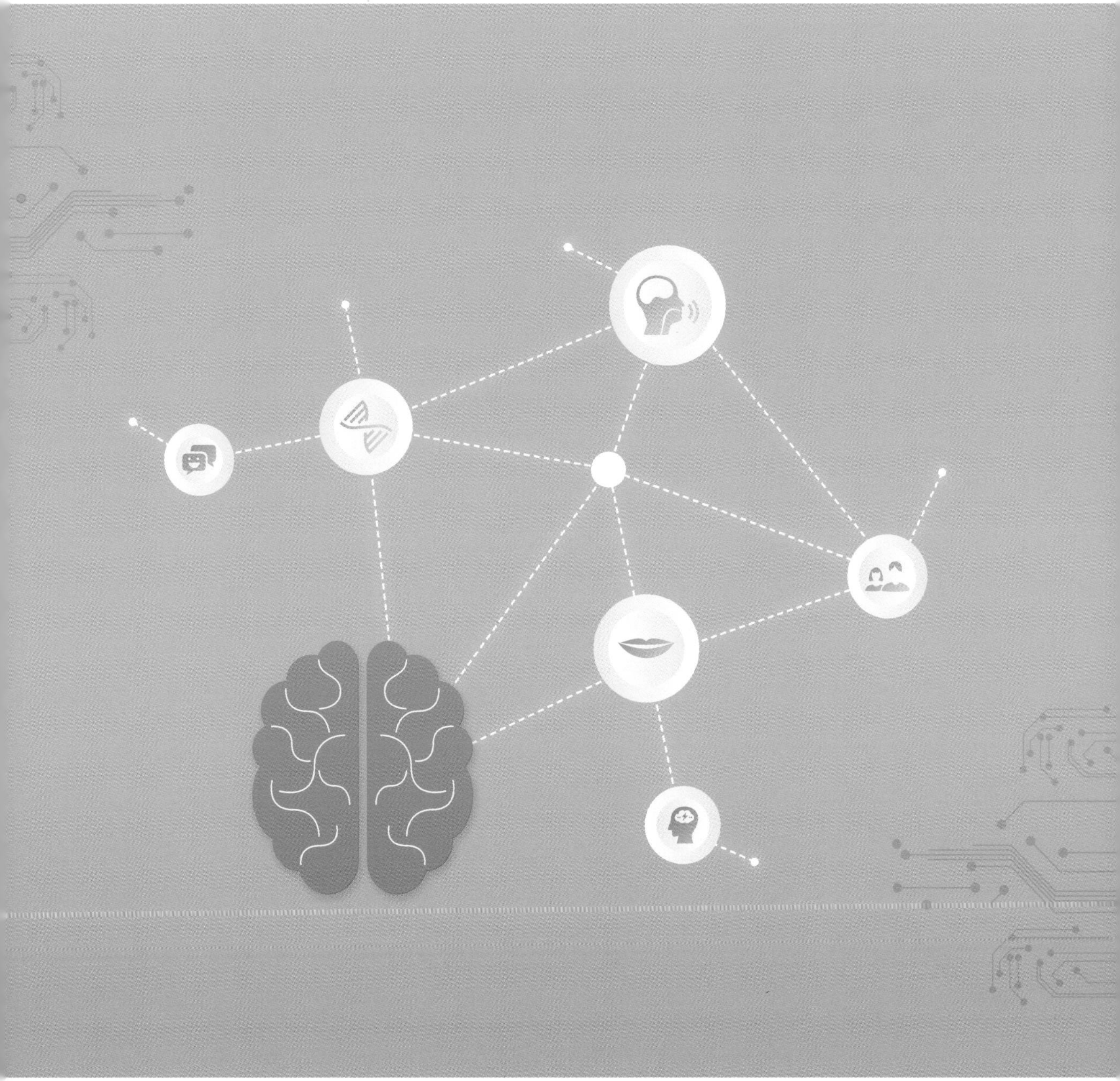

학습목표

- 신경언어장애의 정의를 파악할 수 있다.
- 신경언어장애 전문가의 역할을 이해할 수 있다.
- 신경언어장애와 연관된 인접 학문을 설명할 수 있다.
- 신경언어장애 연구의 역사적 배경에 대하여 설명할 수 있다.

1. 신경언어장애의 정의

신경언어장애neurologic speech-language disorder는 신경계가 선천적 혹은 후천적인 원인으로 손상되어 생기는 '언어'장애 현상이다. '언어言語'라는 용어에는 문자언어로서의 언어language뿐만 아니라 음성언어인 말speech까지 포함한다. 그러므로 이 책에서 신경언어장애는 신경학적 원인으로 후천적으로 발생하는 언어장애인 실어증aphasia뿐만 아니라, 신경학적 원인에 기인한 말운동장애motor speech disorders에 해당하는 말실행증apraxia of speech, 마비말장애[구음장애]dysarthria 등을 아우르기로 한다. 또한 신경삼킴장애neurologic dysphagia도 신경학적 질환으로 빈번하게 발생하는 증상이고 신경언어장애와 더불어 언어병리학 임상 분야에서 중요하게 다루기 때문에 포괄적으로 다루기로 한다.

2. 신경언어장애 전문가의 역할

신경언어장애 전문가란 신경언어장애에 대한 폭넓고 깊은 학문적·임상적인 이해를 바탕으로 신경언어장애 환자들을 평가, 진단, 치료할 수 있는 전문가를 지칭한다. 신경언어장애를 유발하는 질환은 참으로 다양하므로 각 질환에 대한 이해가 선행되어야 하며, 인접 학문의 전문가와의 원활한 소통을 통해 환자들에게 양질의 서비스를 제공할 수 있어야 한다.

신경언어장애 전문가로서 제대로 된 역할을 하기 위해서는 대학(원)교육을 통해 얻어진 일반적인 의사소통장애에 대한 지식만으로는 충분하지 않다. 따라서 신경언어장애에 대한 좀 더 체계적이고 구체적인 이론 교육과 임상적 경험이 요구된다. 미국의 신경의사소통장애과학회Academy of Neurologic Communication Disorders and Sciences:

ANCDS(ancds.org)에서는 일정한 자격을 갖춘 언어치료사[언어재활사]를 대상으로 신경언어장애 전문가 자격증BC-ANCDS을 취득할 수 있도록 자격증 제도를 마련해 놓고 있다. 이렇게 특수 자격증을 구비하지 않더라도 신경언어장애 분야에서 꾸준한 보수교육 등을 통하여 임상적 실무에 대한 자기 기준을 높일 필요가 있다.

한편, 신경언어장애 분야의 보수교육을 위하여 미국언어청각학회ASHA에서는 1990년에 Special Interest Group(SIG) 2: Neurophysiology and Neurogenic Speech and Language Disorders을 결성하여 지금까지 신경 의사소통장애를 보이는 이들을 평가하고 치료함에 있어 임상적 교육 자료로서 활용할 수 있도록 최신 동향과 과학 정보를 제공하고 있다. 또한 SIG 2에서는 신경의사소통장애과학회ANCDS와 협력하여 실어증, 마비말장애, 말실행증, 외상성 뇌손상, 치매 등 신경말언어장애 분야의 실무 지침(https://www.ancds.org/practice-resources)을 개발하였다.

3. 신경언어장애의 인접 학문

신경언어장애는 원인 질환이 무엇인지, 신경계의 어느 부분 또는 영역이 손상되었는지, 어느 정도로 손상되었는지, 어떤 기제mechanism상의 문제인지 등에 따라 발현되는 특색이 다양하고 광범위하다. 일반적으로 신경언어장애를 연구하고 임상에 적용하기 위해서는 '뇌과학brain science'에 속하는 여러 인접 학문으로부터의 접근이 가능하다. 또한 신경언어장애 임상 현장에서 복잡한 신경언어장애 현상을 이해하기 위해서는 이러한 인접 학문에 대한 사전 지식을 구비하는 것이 중요하다. 뇌과학은 'neuro-(신경)'라는 접두사가 붙는 기초과학basic science 및 임상과학clinical science 분야를 모두 포함한다. 따라서 신경과학neuroscience, 신경약리학neuropharmacology, 신경생리학neurophysiology 등과 같이 뇌를 연구하는 기초과학 분야뿐만 아니라 (행동)신경의학(behavioral) neurology, 신경재활의학neurorehabilitation medicine, 신경정신의학neuropsychiatry, 신경외과학neurosurgery, 신경방사선학neuroradiology, 신경심리학neuropsychology, 신경언어학neurolinguistics 등과 같이 뇌와 인간의 행동brain-behavior, 더 나아가서는 인지cognition와의 관계를 연구하는 임상 학문들과 연관된다([그림 1-1] 참조).

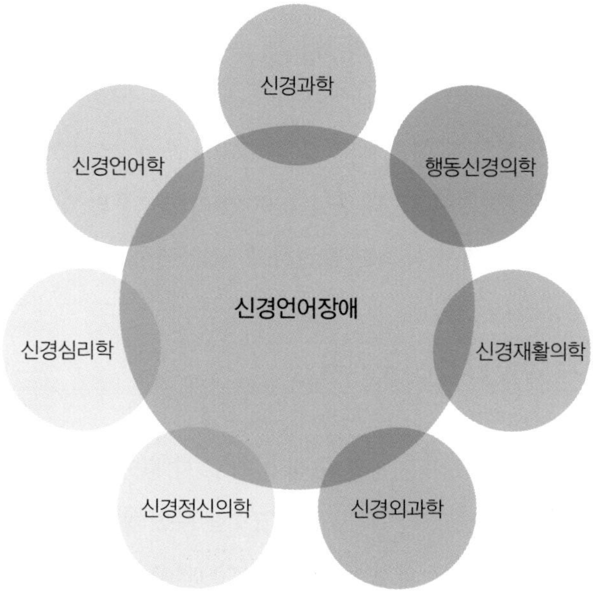

그림 1-1
신경언어장애와 인접 학문
신경언어장애 현상은 다양하고 복잡하여 그 현상을 제대로 이해하기 위해서는 여러 관련 학문과의 관계를 살펴보는 것이 중요하다.

이 학문들은 오랫동안 각 학문 내에서 독자적인 연구 영역을 구축해 왔다. 그러나 최근에는 기초과학과 임상과학을 연계하는 중개연구translational research의 형태로 발전해 가고 있다. 예컨대, 기존에 신경약리학 분야의 동물 실험을 통해 효능이 검증된 약물을 뇌졸중을 겪은 실어증 환자들을 대상으로 하는 임상 시험 연구에서 언어재활적 효능 여부를 검증한다. 또 다른 예로는 신경생리학 분야에서 검증된 경두개자기자극transcranial magnetic stimulation: TMS이나 전기자극electric stimulation을 통하여 뇌를 기능적으로 활성화시킬 수 있다. 이러한 자극법을 적용하여 언어능력이 향상된다면 뇌손상 후에도 기능 회복이 가능하다는 뇌 가소성neuroplasticity을 뒷받침하는 결과를 보여 주게 된다. 이러한 학제적 접근은 다양하고 복잡하게 나타나는 신경언어장애를 제대로 이해할 수 있는 기반이 된다.

4. 신경언어장애의 역사적 배경

역사적으로 신경언어장애 현상에 대한 관심이나 연구는 앞서 언급된 여러 학문 중 의학 분야에서 시작되었다. 고대부터 1900년대 중·후반까지 신경언어장애 학문에 대한 기록을 살펴보면서 학문이 발전하게 되는 역사적 배경을 알아보자.

1) 파피루스와 신경언어장애 기록

신경언어장애에 대한 최초의 기록은 고대 이집트 시대(3500 B.C.~100 B.C.)까지 거슬러 올라간다. '외과 파피루스Surgical Papyrus'([그림 1-2] 참조)는 이집트의 의사이자 정치가였던 임호테프Imhotep에 의하여 기원전 1700년쯤에 쓰여진 것으로 추정되며, 고대 이집트의 신관 문자hieratic script로 작성되어 파피루스에 적힌 세계에서 가장 오래된 의료 문서이다. 이 외과 파피루스를 미국의 이집트학 전문가Egyptologist였던 에드윈 스미스Edwin Smith, 1822~1906가 1862년에 한 상인으로부터 구입하였다(따라서 '에드윈 스미스 파피루스'라고도 일컬음). 그리고 스미스 사후에 그의 딸이 뉴욕 역사 박물관New York Historical Society에 기증하였다. 그 후, 1930년 시카고 대학 출판부에 의하여 영어판으로 출판되면서 그 기록이 세상에 널리 알려지게 되었다. 파피루스는 총 48가지의 환자 사례를 담고 있는데 관찰, 실험, 진단, 예후, 치료 등에 관련된 내용이 수록되어 있다. 그중 27가지는 두부 손상head injury을 입은 환자에 대한 기록이며, 이 중 적어도 5가지의 환자 사례가 언어나 말장애에 관련된다. 특히 22번 환자 사례는 측두골temporal bone 골절로 인하여 말을 하지 못하였던 환자를 보고한 것(상세한 설명은 http://faculty.washington.edu/

그림 1-2
외과 파피루스Surgical Papyrus(에드윈 스미스 파피루스)
외과 파피루스는 고대 이집트 시대의 의사였던 임호테프에 의하여 신관 문자로 작성되어 파피루스에 적힌 세계에서 가장 오래된 의료 문서이다.

chudler/papy.html을 참조)이다. 이 사례가 인류 최초의 실어증 기록이라 할 수 있다.

2) 플라톤과 그 이후의 중세기

기원전 300~400년경에는 정신 활동이 일어나는 곳이 어디인지를 규명하기 위한 이론들이 여럿 주장되었다. 그리스의 철학자이자 수학자였던 플라톤Plato, 428 B.C.~347 B.C.은 정신이 깃드는 곳the seat of mental processes을 '머리'라 하였다. 그 밖에도 심장이나 구체적인 뇌구조(예: 뇌실 등)에서 정신 활동이 일어난다고 주창되었다. 그리스의 의사였던 히포크라테스Hippocrates, 460 B.C.~ 370 B.C.는 뇌손상으로 말을 잃어버릴 수도 있다고 하면서 실질적으로 'aphonos(without voice)', 'anaudos(without hearing)'라는 표현을 사용하였다.

한편, 중세기에서는 뇌실과 인지기능(예: 기억)과의 관련성이 주장되고, 언어장애는 기억장애인 것으로 받아들여지기도 하였다. 또한 로마의 의사이자 철학자였던 갈랑Galen, 130~200이 뇌와 신경계에 대한 177개 강의를 했다는 기록이 남아 있는데, 그는 영혼이 뇌에 존재하며 뇌실이 상위 인지기능을 담당한다는 견해를 밝혔다.

3) 르네상스 시대

르네상스는 14세기 중엽부터 16세기까지 약 250년 동안 유럽에서 일어난 문화부흥운동이다. 르네상스 시대의 대표적 학자였던 레오나르도 다빈치Leonardo da Vinci, 1452~1519는 1504년에 뇌의 구조를 왁스로 만들기나 자궁의 태아 그림 등으로 해박한 해부학 지식을 남겼다. 미켈란젤로Michelangelo di Lodovico Buonarroti Simoni, 1475~1564 역시 바티칸시국에 있는 시스티나 성당Cappella Sistina의 천장화에 뇌의

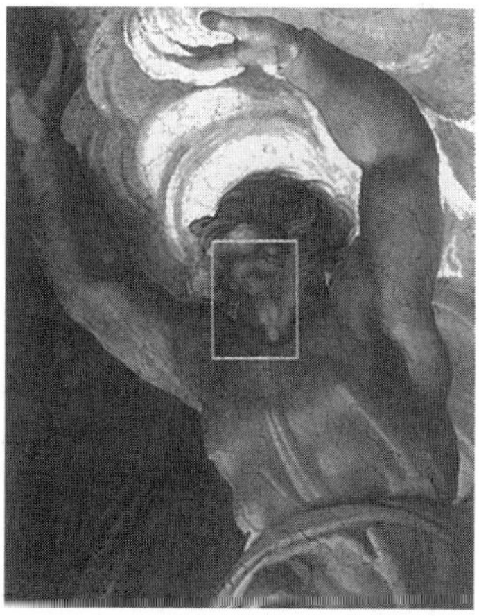

그림 1-3
미켈란젤로가 그린 시스티나 성당의 천장화에 숨겨진 뇌간
미켈란젤로는 시스티나 성당의 천장에 그린 「Separation of Light from Darkness(빛과 어둠을 나누심)」 그림에서 뇌간 부위(흰색 네모 안)를 표현하였다.
출처: Suk & Tamargo(2010).

해부도를 숨겨서 표현함으로써 그 당시 예술가들이 지니고 있던 해부학적 관심을 나타낸 바 있다.

4) 1600~1700년대

이 시기는 신경의학의 기초가 마련된 때이다. 대표적으로 1641년에는 네덜란드 의사였던 실비우스Francis Sylvius, 1614~1672에 의하여 대뇌의 실비안종렬Sylvian fissure이 명명된 바 있다. 영국 의사였던 윌리스Thomas Willis, 1621~1775는 신경해부에 지대한 영향을 끼쳤다. 그가 1644년에 저술한 『대뇌해부』란 책에서 'neurologia'란 라틴 용어를 처음 사용하였으며, 1681년에 영어 번역본이 출판되면서 'neurology'라는 영어 용어가 쓰이게 되었다. 1649년에는 프랑스 철학자였던 데카르트Rene Descartes, 1596~1650에 의하여 마음과 뇌가 별개의 것이라는 주장이 제기되었다.

5) 1800년대

뇌에 대한 연구가 비교적 체계적으로 시작된 것은 1800년대로서 이때에 행동신경의학behavioral neurology, 특히 실어증학aphasiology의 본격적인 태동과 발전이 이루어졌다. 또한 언어language와 말speech과의 경계를 명확하게 하기 시작하였다. 실어증학이란 신경계 손상에 기인한 대표적인 언어장애인 실어증을 연구하는 학문이다. 실어증학은 역사적으로 유럽 의사들에 의해 연구된 행동신경의학에 기반을 두며, 뇌의 구조 및 기능에 근거한 행동과 관련된 대뇌기능의 이론들에 기초한다. 대뇌기능 이론은 크게 국소론, 연결론, 전체론으로 나뉠 수 있다. 하나씩 살펴보자.

먼저, 국소론localization view(혹은 국재론)이란 뇌의 특정 부위가 특정 기능을 담당한다는 이론이다. 국소론은 19세기 초반에 오스트리아의 신경해부학자 갈Franz Joseph Gall, 1758~1826이 주창한 골상학phrenology(여기서 'phrenos'는 희랍어로 의식, 마음 등을 의미함)에서 그 역사적 배경을 찾아볼 수 있다. 골상학은 '두개골의 모양이나 크기는 두개골 안의 뇌와 거의 일치하므로 두개골의 모양이나 크기에 따라 사람의 성격이나 지적 능력 등이 추정될 수 있다'고 주장하는 학문이다. 한편, 1825년에 프랑스의 부요Jean-Baptiste Bouillaud, 1796~1881가 전두엽 손상에 기인하여 말을 할 수 없었던 환

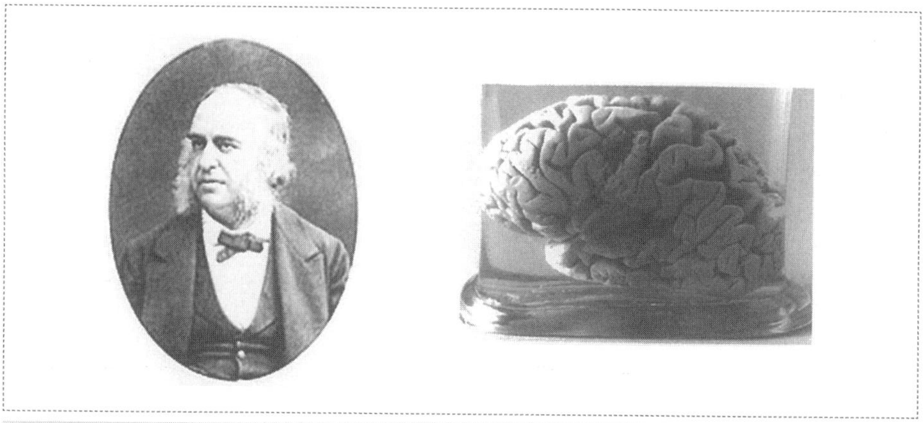

그림 1-4
브로카(1824~1880)와 브로카 환자의 뇌
브로카는 잘 알아듣기는 했으나 말을 전혀 못한 환자의 뇌병소가 뇌 좌측 전두엽의 하전두이랑임을 확인하면서 실어증학의 국소론의 기틀을 마련하였다.

자 사례를 발표하였으나 별로 주목을 받지는 못하였다. 그러나 프랑스 외과 의사인 37세 브로카Pierre Paul Broca, 1824~1880는 1861년에 인류학 학술대회에서 발표한 환자 사례를 계기로 국소론의 기틀이 마련되었다. 브로카의 환자였던 'Louis Victor Leborgne(일명 "Tan")'는 잘 알아듣기는 했으나 말을 전혀 못했으며, 브로카는 그 증세를 'aphemia'라 명명하였다. 환자의 사후 뇌 부검 결과, '좌측 전두엽의 하전두이랑'에서 병소가 발견되었다. 이 부위는 현재 '브로카영역Broca's area'으로 잘 알려져 있다. 브로카의 병소 연구를 통하여 뇌의 국소적 영역과 기능 간의 관계가 비로소 과학적으로 검증되었던 것이다.

그림 1-5
에펠탑에 새겨진 '브로카' 이름
프랑스 파리의 에펠탑 네 면에는 총 72명의 프랑스 출신 과학자들의 이름이 새겨져 있다. 이 들 중에 'Broca'라고 기록된 것이 눈에 띈다.
출처: 저자 촬영 자료.

브로카의 1861년 발표 후 13년이 지난 1874년에는 독일의 신경과 의사인 26세의 젊은 베르니케Carl Wernicke, 1848~1904가 언어를 이해하는 뇌영역은 '상부 측두엽의 뒤쪽 1/3 지점'이라는 주장을 폈다. 이로써 브로카의 국소론적 견해를 이론적으로 한층 더 단단하게 만들었다. 그 영역은 현재 '베르니케영역 Wernicke's area'으로 알려져 있다. 베르니케에 의하면, 좌반구 내에서 청각적 단어 형태는 측두엽에 저장되고, 이것이 언어로 표현되기 위해서는 전두엽의 기능이 중요하며, 이 영역들이 서로 기능적으로 이어져야 한다고 주장하였다. 즉, "알아듣지 못하면 말하지 못한다."라는 견해이다. 이로써, '연결론 connectionism'이라는 실어증 고전 이론의 기틀을 다지게 되었다.

잠깐!

aphemia와 aphasia

브로카가 명명한 aphemia라는 용어는 더 이상 사용되지 않으나 일부에서는 말실행증apraxia of speech의 대용어로 쓰인다. 'aphasia[afasia]'는 브로카와 동시대의 프랑스 의사인 트루소Armand Trousseau(1801~1867)에 의하여 만들어진 용어이다.

그런데 이러한 베르니케의 주장은 정신분석학자로 더 잘 알려진 오스트리아 정신과 의사, 프로이트Sigmund Freud, 1856~1929가 1891년에 쓴 실어증에 관한 논문(「On aphasia: A critical study」)에서 비판되었다. 프로이트는 "실어증에 대한 이론은 수정되어야 하는데 …… 언어중추와 중추 간 통로의 손상으로 인한 개별적인 실어증에 대한 설명은 옳지 않으며, 특히 특정 뇌영역이 언어중추라는 것이 잘못되었다."라고 주장하면서, "실어증은 정상 기능과 연장선상에 있으며 대뇌피질의 전문화는 발달적 측면에서 조명되어야 한다 …… 개개의 단어는 언어 구조의 기본 단위이며, 복잡한 정신 구조이다."라고 하였다. 그러나 이러한 프로이트의 주장은 언어학적인

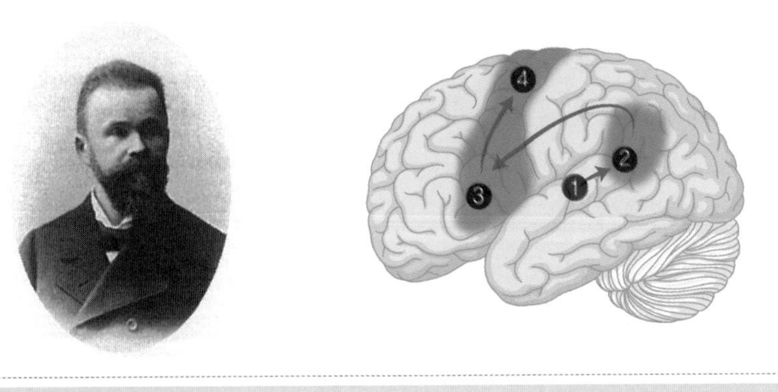

그림 1-6
베르니케(1848~1904)와 그가 그린 최초의 연결론 도식
베르니케에 의해 기틀이 다져진 실어증학의 '연결론'은 '알아들어야만 말할 수 있다'는 견해를 피력하였다.

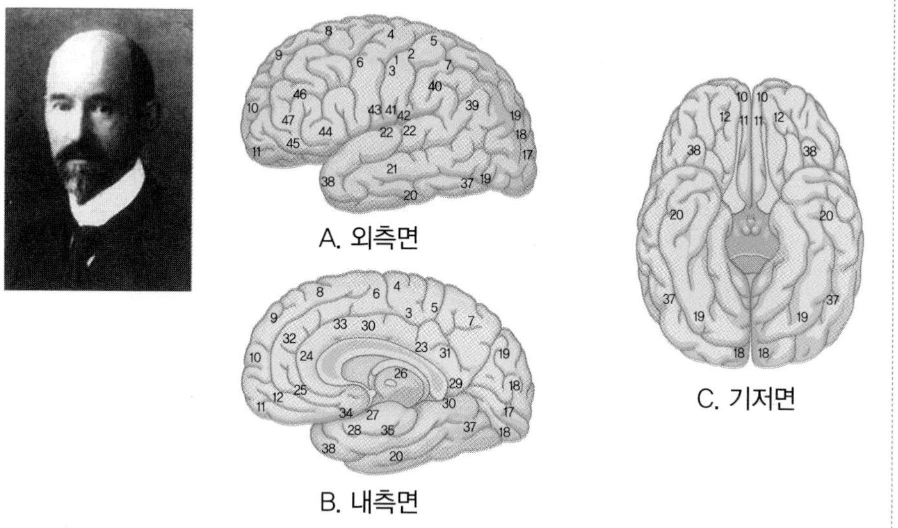

그림 1-7

브로드만(1868~1918)과 브로드만영역 지도

브로드만은 1909년에 대뇌피질에 대한 세포구축학적 관찰에 근거하여 대뇌의 각 부위를 47개의 영역으로 분류한 브로드만영역 지도를 완성하였다.

출처: 김향희(2009). 언어병리학의 신경해부. p. 106, 그림 5-2.

이론이 미비한 견해라는 비판을 받으며 많은 주목을 받지는 못하였다.

한편, 대뇌 국소론이 뇌학문에서 대세로 자리 잡기 시작할 즈음, 독일의 신경과 의사인 브로드만Korbinian Brodmann, 1868~1918은 1909년에 대뇌피질에 대한 세포구축학적cytoarchitectural 관찰에 근거하여 대뇌의 각 부위를 47개의 영역으로 분류한 브로드만영역Brodmann's area 지도를 완성하였다([그림 1-7] 참조). 이것을 계기로 대뇌기능의 국소론이 더욱 융성하게 되었다. 세포구축학이란 대뇌피질 개개의 부위의 세포 조직을 연구하는 학문으로서, 층 구조의 차이에 따라 영역을 분류한다.

한편, 각 뇌영역이 담당하는 특정 기능들은 상호 연결되면서 원활하게 작용한다고 주장하는 연결론connectionism이 출현하게 된다. 앞서 언급하였듯이 베르니케에 의하면, 언어의 기능은 이해와 표현으로 나뉘어 대뇌피질의 서로 다른 영역에서 담당하나, 상호 연결되어야만 정상적으로 말을 이해하고 표현할 수 있다고 하였다. 각 영역은 온전하나 연결 통로가 손상되어 언어장애가 생길 수 있다고 주장한 독일 의

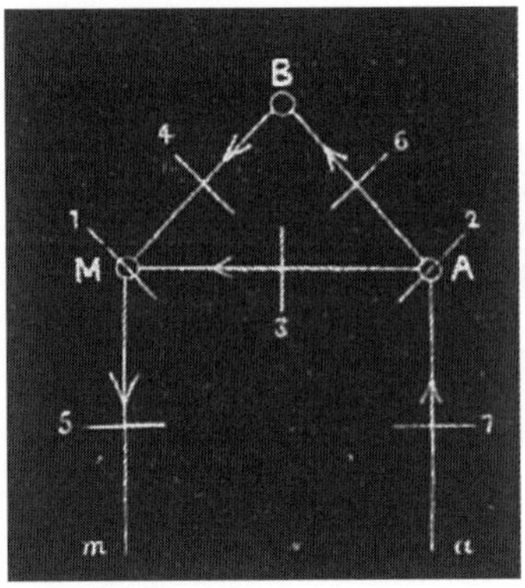

그림 1-8

리히타임(1845~1928)과 베르니케-리히타임 실어증 도식

리히타임은 브로카와 베르니케에 의하여 각각 언급된 표현언어중추(M) 및 이해언어중추(A)와 머릿속 추상적 개념(B)을 서로 연결시킨 베르니케-리히타임 실어증 도식을 제안하였다.

사인 리히타임Ludwig Lichtheim, 1845~1928은 1885년에 브로카와 베르니케에 의하여 각각 언급된 '표현언어중추(M)', '이해언어중추(A)', '머릿속 추상적 개념(B)'을 서로 연결시킨 '베르니케-리히타임 실어증 도식'([그림 1-8] 참조)을 제안하였다. 또한 리히타임은 실어증을 일곱 가지 유형으로 나누었다. 브로카실어증, 베르니케실어증, 순수 말운동장애pure motor speech disorder, 순수어농pure word deafness, 연결피질운동실어증transcortical motor aphasia, 연결피질감각실어증transcortical sensory aphasia, 전도실어증conduction aphasia 등을 포함한다.

한편, 시각피질과 뇌량이 손상되어 시각적 이미지가 베르니케영역으로 연결되지 않으면 순수 실독증pure dyslexia이 관찰될 수 있다고 보고한 프랑스 신경과 의사 데제린Joseph Jules Dejerine, 1849~1917 역시 대표적인 연결론자이다([그림 1-9] 참조). 그런데 이러한 국소론이나 연결론은 신경 증세가 뇌영역이나 경로의 손상만으로는 모두 설명될 수 없다는 임상적 관찰들이 보고되면서 퇴색하기 시작하였다.

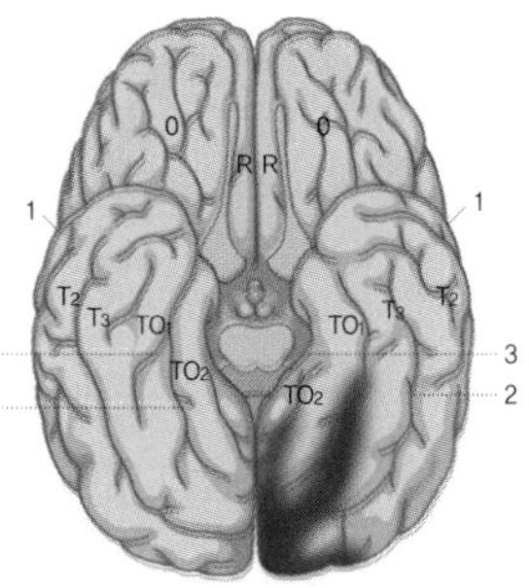

그림 1-9
데제린(1849~1917)과 순수 실독증을 일으킨 뇌손상 부위
데제린은 시각피질과 뇌량이 손상되어 시각적 이미지가 베르니케영역으로 연결되지 않으면 순수 실독증이 관찰될 수 있다고 하였다.

6) 1900년대 초 · 중반

국소론 연결론이 지배적이었던 대뇌기능 이론이 1900년대에는 또 다른 전환점을 맞게 된다. 대뇌기능장애가 국소론이나 연결론만으로는 완전하게 설명되지 않는 점에 대한 반론으로 전체론holistic view이 대두되었던 것이다. 전체론이란 뇌의 특정 영역이 필요 기능에 따라 나누어지는 것이 아니라 뇌의 모든 영역이 동일한 잠재력을 가진 등위적 전체equipotential whole로서 기능한다는 관점이다. 대표적인 전체론자는 영국의 신경과 의사였던 잭슨John Hughlings Jackson, 1835~1911이다. 잭슨에 의하면 신경계는 가장 오래전에 진화된 것부터 가장 최근에 발달된 순으로 표상 단계가 계층적으로 이루어지며, 상위 기능이 하위 기능을 지배하되 서로 연결되어 통합적으로 상호작용한다고 하였다.

오스트리아의 정신과 의사 프로이트Sigmund Freud, 1856~1939나 프랑스의 신경과 의사였던 마리Pierre Marie, 1853~1940 등도 동일한 뇌영역이 손상된 환자 두 명이 서로 다른 기능의 결함을 보이거나 혹은 한 명은 아무런 결함도 보이지 않는 현상이 있음을 지적하고, 뇌의 모든 지적 활동에 뇌 전체가 하나의 통일체로 기능할 가능성을 피력하였다. 특히 베르니케의 국소론에 반대하는 학풍은 체코 및 독일 정신과 의사인 픽Arnold Pick, 1851~1924에 의해서도 이어졌다. 그는 "뇌는 내용content이나 양식modality에 의해서가 아니라 단계별 처리staging operations에 의하여 조직화된다 …… 특정 증세는 유기적 체계가 실시간으로 주어진 임무를 수행하는 과정에 있어서 손상이 되었음을 의미한다."라고 하였다. 그들이 주장했던 전체론은 미국 신경심리학자인 래슐리Karl Spencer Lashley, 1890~1958에 의한 동물 실험을 통하여 과학적으로 입증되었다. 그는 등위적 능력을 가진 뇌의 손상이 클수록 그 영향이 부정적으로 작용한다고 하였다. 영국 신경과 의사였던 헤드Henry Head, 1861~1940도 국소론-연결론에 대한 비판으로 실어증학 역사에서 중요한 위치를 차지하였다. 1926년에 출판된 책『Aphasia and Kindred Disorders of Speech』에서 헤드는 실어증을 '언어적 혹은 비언어적 상징을 만들어 내고 표현하는 데 있어서 보이는 장애'라고 규정하였다.

7) 1900년대 중·후반

1900년대 초·중반에는 제1차(1914~1918), 제2차(1939~1945) 세계대전이 발발하였다. 독일 의사였던 골드스타인Kurt Goldstein, 1878~1965은 전쟁으로 뇌손상을 입은 군인들에 대한 재활에 힘을 쏟았으며 전체론적 접근을 중시한 '유기체적organismic 실어증학'을 발전시켰다. 그 후 많은 의학자가 유럽에서 북아메리카로 이주하여 정착하면서 실어증학에 대한 연구의 중심이 상당 부분 북아메리카로 옮겨졌다. 캐나다의 신경외과 의사인 펜필드Wilder Penfield, 1891~1976는 뇌의 특정 부위에 전기자극을 가하였을 때 관찰되는 간질 환자의 행동과 경험을 토대로 국소론적 입장을 지지하였다. 펜필드의 실험 결과에 근거하여 호먼큘러스homunculus가 등장하였다. 호먼큘러스는 대뇌피질의 국소적 영역이 신체 각 부위의 실제 크기가 아니라 기능에 따라 중요도가 다르며, 감각 및 운동 영역의 중요성에 따라 크기가 다르다는 점에 근거하여 만들어진 작은 거인의 모형이다. 이로써 펜필드는 국소론적인 입장에서 대뇌의 기능을 연구하였다.

제2차 세계대전이 끝나면서 신경언어장애 분야는 미국의 역사와 더불어 발전한다. 1945년부터 1965년까지는 신경의학 분야와 심리학 분야에서의 신경언어장애 연구가 이루어졌다. 이 중 특히 미국 신경과 의사인 게슈윈Norman Geschwind, 1926~1984([그림 1-10] 참조)은 1965년에 '동물과 인간의 단절증후군Disconnextion syndromes in animals and man' 제하의 논문 두 편을 발표하면서 국소론 및 연결론을 부활시켜 신고전주의neoclassicism 이론을 일으켰다. 게슈윈은 신경로의 단절로 야기되는 언어장애에 대한 베르니케–게슈윈 모델을 제시하였고, 보스톤 지역을 중심으로 행동신경학behavioral neurology의 체계를 세웠다. 행동신경학은 뇌손상에 의한 특정 손상 영역이 구체적인 행동장애와 연관이 있다는 것을 밝히는 학문이다. 그는 또한 실어증 보스톤학파Boston School of Aphasia의 창시자로서 현재 가장 광범위하게 활용되는 실어증 분류 체계aphasia classification system를 확립하였다. 같은 보스톤학파의 임상심리학자인 굿글래스Harold Goodglass, 1920~2002는 그 분류 체계를 활용한 실어증 검사도구인 '보스톤 실어증 진단 검사Boston Diagnostic Aphasia Examination: BDAE'를 개발하면서 국소론 및 연결론을 지속시켰다. 국소론 지지자이면서 캐나다의 웨스턴 온타이오 대학 신경과 의사인 커터스Andrew Kertesz역시 보스톤에서 수학하였고, '웨스턴 실어증 검사Western Aphasia Battery: WAB' 개발을 통해 실어증 유형 분류의 중요성을 유지하였다.

그림 1-10
실어증 보스톤학파의 창시자인 게슈윈 박사(1926~1984)
게슈윈은 '동물과 인간의 단절증후군' 제하의 두 편의 논문을 발표하면서 국소론 및 연결론을 부활시켰다.

한편, 언어병리학자들은 대부분 대뇌기능의 국소론–연결론보다는 전체론적 입장에서 실어증 및 실어증 재활에 대한 연구를 이어 나갔다. 특히 미국 중부 미네소타를 중심으로 한 미네소타학파Minnesota School of Aphasia가 등장하였다. 미네소타 대학의 언어병리학과 교수였던 슈울Hildred Schuell: 1906~1970([그림 1-11] 참조)은 그 중심에서 미네소타 실어증 감별진단 검사Minnesota Test for Differential Diagnosis of Aphasia: MTDDA라는 실어증 진단도구를 개발하였다. 또한 보훈병원veterans administration hospital 체계가 확립되기 시작한 미국에서 실어증 환자의 재활에 힘쓰면서 실어증 치료에 '자극적 접근법stimulation approach'을 활용하였다. 언어심리학자인 웨프만Joseph Wepman 역시 자극적 접근법을 활용하여 실어증 치료를 하였지만 좀 더 사회기능적인 관점에서의 치료를

그림 1-11
실어증 미네소타학파의 중심 인물인 슈울 교수(1906~1970)
슈울은 실어증 유형 분류를 국소적 이론이 아닌 전체론적 견해에 기초를 두었다.

강조하였다.

한편, 미국의 메이요 클리닉Mayo Clinic에서는 애론슨Arnold Aronson, 1928~2018 교수를 주축으로 달리Frederic F. Darley, 1918~1999 그리고 브라운Joe Brown 박사가 본인들 이름 약자를 따서 "DAB"로 지칭되는 연구팀을 구축하여 신경계 질환으로 인한 말장애, 특히 마비말장애에 대한 연구를 왕성하게 진행하였다. 애론슨 박사와 달리 박사는 언어병리학자이고 브라운 박사는 신경과 의사이다.

미국 학자 이외에도 러시아의 심리학자인 루리아Alexader Romanovich Luria, 1902~1977는 현대 신경심리학의 창시자 중의 한 사람이었다. 그는 뇌기능과 실어증을 포함한 상위 인지기능장애 등을 국소론과 전체론의 두 가지 통합적인 관점에서 연구하였다. 그의 책 『Traumatic Aphasia』는 1947년에 러시아어로 편찬되었는데, 1970년에 영어로 번역되면서 서방 세계에 알려졌다. 그는 "모든 정신기능은 단일적인 단순한 기능이 아니며 여러 단계의 운동 및 신경기관에 속하는 많은 요소를 포괄하는 완전한 기능적 체계functional system로서 이해되어야 한다."라고 주장하였다. 영국에서는 언어치료사인 버트필드Edna Butfield와 심리학자인 장윌Oliver Zangwill, 1913~1987이 언어치료의 효과에 대한 연구를 발표하면서 실어증의 원인이나 유형 등과 같이 언어치료에 필요한 요인에 대해 탐구하기 시작하였다. 그들은 총 66명의 환자를 실어증 발증 후 각각 6개월 전과 6개월 후에 치료를 시작한 두 집단으로 나누어 자연회복의 효과를 관찰하였다.

1960년대부터는 『Brain and Language』와 같은 신경언어장애 관련 저널들이 발간되고 'Academy of Aphasia'(1960년 창립), 'Clinical Aphasiology Conference'(1969년 창립), 'Clinical Dysarthria Conference' 등의 학술 단체 및 학술대회가 속속 결성되어 여러 학문 영역에 속하는 전 세계의 학자들이 회동하여 함께 학문 발전에 기여하기 시작하였다. 실어증학이 더 이상 의학적인 관점에서만 연구되는 학문이 아니라 심리학적 · 언어학적 이론 등에도 근간을 두어 해석함으로써 치료 방법 역시 여러 관점에서 이루어지기 시작한 것이다.

언어학적 이론을 제시한 대표적인 언어학자로는 야콥슨과 촘스키를 들 수 있다. 러시아 출신이면서 미국 MIT의 언어학과 교수였던 야콥슨Roman Jakobson, 1896~1982은 실어증학에 언어학을 적용한 최초의 인물로 꼽힌다. 그는 아동의 언어습득 과정은 실어증의 언어손실 과정과 평행선으로 작용한다고 하는 퇴행가설regression hypothesis

을 주장하였다. 변형 생성 문법transformational generative grammar의 창시자인 촘스키Noam Chomsky, 1928~는 유한개의 규칙에 따라 무한개의 문장을 만들 수 있으며 언어의 심층 구조로부터 변형에 의하여 표층 구조가 파생된다는 이론을 펼쳤다. 그는 언어가 인간 정신의 창조적 산물이라고 보고, 언어의 근간을 이루는 정신적 표상이자 처리 과정을 추상적 체계인 언어능력competence이라 하였으며, 그 언어능력을 실질적으로 사용하여 언어를 실현하는 것을 언어수행performance이라 일컬었다.

한편, 같은 시기에 의학적 기술 및 장비가 급속도로 발전하면서 뇌와 행동 간의 관계를 좀 더 실증적으로 연구하고 파악하기 시작하였다. 특히 1970년대 초반에 임상적 적용을 시작한 컴퓨터단층촬영computerized tomography: CT, 그리고 핵자기공명nuclear magnetic resonance: NMR에 기반한 자기공명영상magnetic resonance imaging: MRI으로 뇌 영상을 촬영하여 뇌의 손상 부위와 관찰되는 증상 간의 관계를 규명하는 연구가 본격적으로 이루어졌다. 특히 손상 부위에 따라 다른 실어증 유형이 관찰되는 것을 상세히 검증하기 시작하였다.

그런데 특정 뇌 영역의 구조적인 손상이 아니라 뇌가 '활성화activation' 되는 특색과 언어기능 간의 관계를 이해하기 위하여 기능적 신경 영상 기술functional neuroimaging technique이 본격적으로 사용되기 시작하였다. 신경 활동과 관련된 뇌 혈류의 국소적 변화인 활성화를 측정하여 대상자가 특정 언어 활동을 수행할 때에 활성화되는 뇌영역을 분석, 확인하고자 하였다. 대표적인 방법으로는 기능적 자기공명영상functional magnetic resonance imaging: fMRI, 양전자방출단층촬영positron emission tomography: PET, 단일광자방출 컴퓨터단층촬영single-photon emission computed tomography: SPECT 등이 있다.

참고문헌

김향희(2009). 언어병리학의 신경 해부. 서울: 시그마프레스.

Catani M, Ffytche DH (2005). The rises and falls of disconnection syndromes. *Brain*, 128: 2224-2239.

Duchan J. http://www.acsu.buffalo.edu/~duchan/new_history/overview.html

Howard D, Hatfield FM (1987). Aphasia therapy: Historical and contemporary issues. Lawrence Erlbaum Associates Ltd. East Sussex, UK.

Kleim JA, Jones TA (2008). Principles of experience-dependent neural plasticity: Implications for rehabilitation after brain damage. *Journal of Speech, Language and Hearing Research*, 51: S225-239.

Lebrun Y (2009). Portraits in aphasia: Armand Trousseau (1801-1967). *European Journal of Disorders of Communication*, 28(1): 103-108.

Suk I, Tamargo RJ (2010). Concealed neuroanatomy in Michelangelo's Separation of Light From Darkness in the Sistine Chapel. *Neurosurgery*, 66: 851-861.

Threats TT (2002). Evidence-based practice research using a WHO framework. *Journal of Medical Speech-Language Pathology*, 10: 18-24.

Wallesch C-W (2010). History of aphasia: Freud as an aphasiologist. *Aphasiology*, 18: 389-399.

Worrall LE, Hickson LM (2003). Theoretical foundation of communication disability in aging. In Communication disability in aging: From prevention to intervention(chap 2). Delmar Learning. New York: Clifton Park.

복습문제

1. '기초과학'의 연구에서 밝혀진 결과를 '임상과학'에 응용하고자 하는 연구를 무엇이라 하는가?

2. 선천적 혹은 후천적인 원인으로 신경계가 손상으로 인해 발생되는 언어장애 현상을 무엇이라 하는가?

3. 고대 이집트 시대에 쓰여진 '외과 파피루스(Surgical Papyrus)'에 대한 설명으로 옳은 것은?
   (1) 500 A.D.경에 쓰여졌다.
   (2) 에드윈 스미스에 의하여 쓰여졌다.
   (3) 총 27가지의 다양한 환자의 사례를 담고 있다.
   (4) 측두골 골절로 인하여 말을 못하는 환자의 사례도 기록되어 있다.

4. 대뇌기능 이론을 셋으로 나눈다고 할 때에 속하지 않는 것은?
   (1) 층위론
   (2) 연결론
   (3) 전체론
   (4) 국소론

5. 다음의 각 인물은 앞서 3번 문제에서 언급된 대뇌기능 이론 중 무엇과 관련 있는가?
   (1) 브로카:
   (2) 브로드만:
   (3) 리히타임:
   (4) 잭슨:
   (5) 프로이트:
   (6) 펜필드:

6. 행동신경학의 체계를 세운 인물로서 실어증 보스톤학파의 창시자는 누구인가?

7. 슈울에 대한 설명으로 옳은 것을 두 개 고른다면?

(1) 실어증 미네소타학파의 대표적인 인물이다.

(2) 실어증 보스톤학파의 대표적인 인물이다.

(3) 미국의 메이요 클리닉에서 활동하였다.

(4) 국소론 연결론을 주장하였다.

8. 다음은 무엇을 설명하는 것인가?

(1) 펜필드(Wilder Penfield, 1891~1976)의 실험 결과에 근거하여 등장한 개념

(2) 대뇌피질의 국소적 영역이 신체 각 부위의 실제 크기가 아니라 기능에 따라 중요도가 다르며, 감각 및 운동 영역의 중요성에 따라 크기가 다름

(3) 작은 거인 모형

9. 다음 빈칸에 맞는 말을 넣는다면?

> 변형 생성 문법의 창시자인 (①)는 언어의 근간을 이루는 정신적 표상이자 처리과정을 추상적 체계인 (②)이라 하였으며, 그 언어능력을 실질적으로 사용하여 언어를 실현하는 것을 (③)이라 일컬었다.

정답

1. 중개연구(translational research)
2. 신경언어장애(neurologic speech language disorder)
3. (4)* '외과 파피루스(Surgical Papyrus)'는 B.C. 1700년쯤 임호테프에 의해 쓰여졌으며 총 48가지 환자 사례를 담고 있음
4. (1)
5. (1) 국소론 (2) 국소론 (3) 연결론 (4) 전체론 (5) 전체론 (6) 국소론
6. 게슈윈
7. (1) (3) *슈울은 전체론을 주장한 미네소타학파의 대표적 학자임
8. 호먼큘러스(homunculus)
9. ① 촘스키 ② 언어능력 ③ 언어 수행력

제 2 장

임상 기초 평가

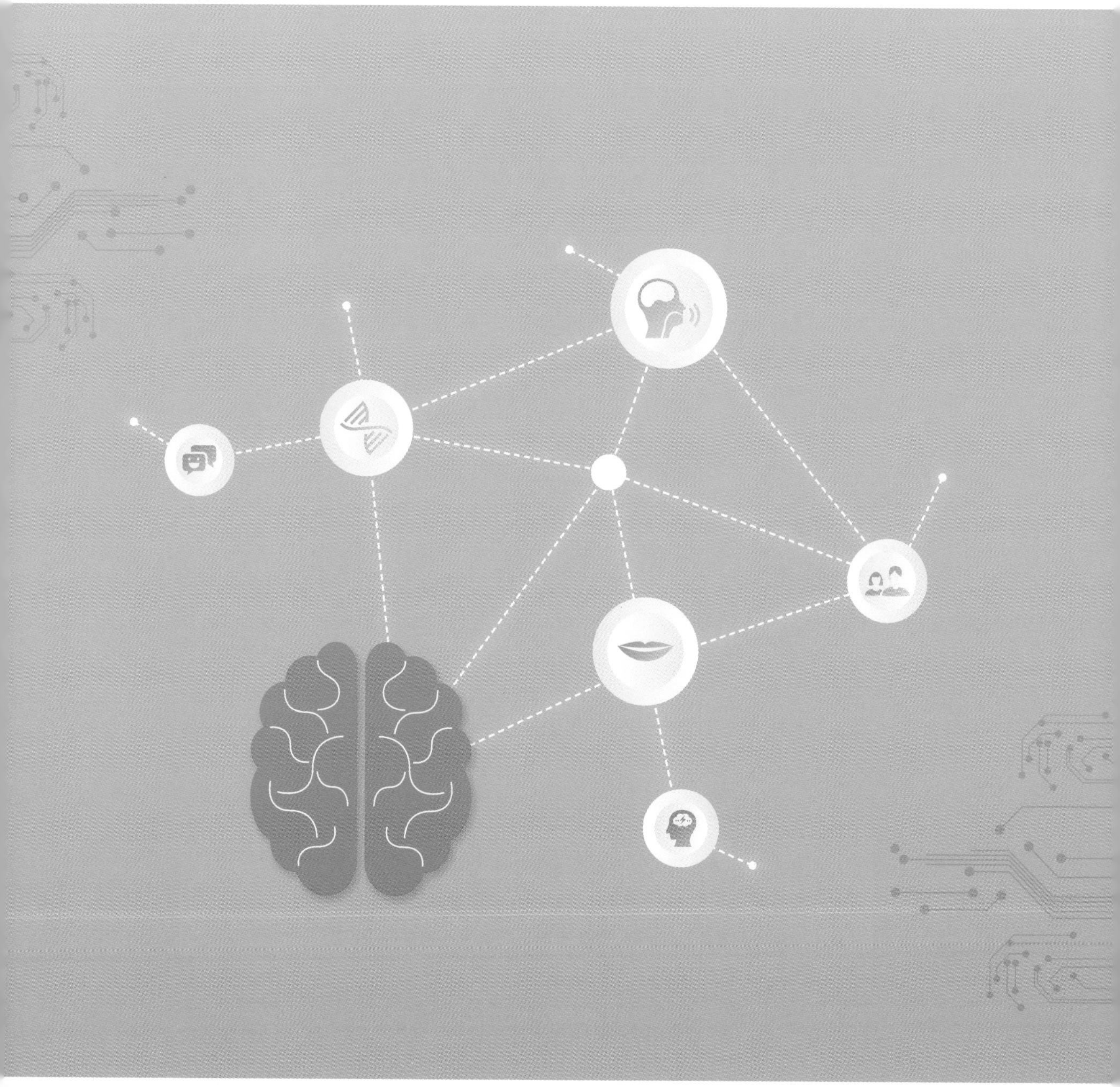

학습목표

- 환자에 대한 기초 평가의 절차를 설명할 수 있다.
- 신경학적 검사 및 임상 검사의 종류와 내용을 설명할 수 있다.
- 신경학적 문제를 일으키는 원인 질환에 대하여 설명할 수 있다.

1. 기초 평가의 절차

신경언어장애는 임상에서 흔히 관찰되는 언어장애이다. 그런데 신경언어장애는 원인 질환에 따라 여러 형태로 나타나며, 질환의 심한 정도, 즉 중증도$_{\text{severity}}$에 따라 그 특색이 달라진다. 따라서 평가를 진행하기에 앞서 환자가 의뢰된 사유를 확인하고, 의학적 정보를 포함하여 환자에 대한 상세한 정보를 수집하는 것이 중요하다.

그림 2-1
신경언어장애 환자에 대한 기초 평가의 절차

신경언어장애 환자를 대상으로 이루어지는 기초 평가는 환자 의뢰가 일단 이루어진 후에는, 정보 수집, 기본 신경학적 검사, 인지 검사 등을 포함한다([그림 2-1] 참조). 이 장에서는 기본적인 신경학적 검사까지만 다루고, 인지 검사는 제3장에서 살펴보기로 한다.

1) 의뢰

신경계 질환 환자에 대한 적절한 협진을 위한 '의뢰referral'에 관여되는 과는 신경과, 신경외과, 재활의학과, 일반외과, 내과 등이다. 의뢰 목적은 의뢰과, 질환 종류, 증세, 중증도 등에 따라 다양하나, '평가(진단)' 또는 '치료'라는 범주에 속한다(ASHA, 2011). 치료의 경우에는 손상, 질환, 선천적 기형, 혹은 발달성 문제 등으로 인한 말 · 언어 장애를 대상으로 실시된다. 선천적 장애는 득활(혹은 기능발달)habilitation, 후천적 장애는 재활rehabilitation을 목표로 행해진다. 여기서 '득활'은 특정 기능의 발달이 이루어지기 전, 발달성 기능 문제와 좀 더 연관이 된다.

환자를 의뢰하는 중요한 목적들로는 다음을 들 수 있다(〈표 2-1〉 참조). 첫째, 환자가 호소하는 증세를 바탕으로 의심되는 질환에 대한 선별screening이나 감별을 통한 확진(즉, 진단명 확정)에 도움이 될 수 있는 평가를 위함이다. 환자가 어떤 특정한 증세를 보이며, 그러한 증세를 의료진에 보고할 때 이를 주호소chief complaints(CC로 적음)라고 한다. 의료진은 그 증세가 신경계의 손상으로 생긴 장애인지를 확인하기 위하여 환자에 대한 문진interview과 신경학적 검사neurologic examination를 진행한다. 그런데 특정 증세가 여러 신경 질환에 공통적으로 나타난다면 환자가 어떤 질환 한 가지로 확진하기가 쉽지 않다. 이때 'R/Orule-out'라 명시하고 그 뒤에 의심되는 여러 '질환명'을 차례로 적게 된다. 예컨대, 사지의 진전(떨림), 서동(느린 동작) 등으로 구성되는 파킨슨 증후군parkinsonism은 특발성 파킨슨병idiopathic Parkinson's disease: IPD, 다계통 위축증multiple system atrophy: MSA, 진행성 핵상마비progressive supranuclear palsy: PSP 등과 같은 질환 모두에서 관찰된다. 이 경우에 'R/O IPD, MSA, PSP'로 기록한다.

그런데 언어장애 평가를 통하여, 환자가 다양한 질환 중에 과연 어떤 질환을 갖고 있는지를 확진하는 감별진단differential diagnosis: DDx 과정에 도움이 될 수도 있다. 예컨대, 중증 근무력증myasthenia gravis: MG 환자에게 쉬지 않고 계속해서 '문단 읽기'를 요구하는 부하 테스트stress testing를 시키면 환자의 말 명료도가 점차적으로 저하되는 것을 관찰할 수 있다. 이때 환자에게 항콜린제(예: neostigmine)를 투여하면 곧바로 말 명료도가 향상되기도 한다. 따라서 항콜린제 투여 전후의 수행력을 비교하는 절차를 통해 중증 근무력증이라고 확진하는 데 도움이 된다. 의료진은 여러 과정을 거쳐서 질환에 대한 확진을 할 수 있는 정보를 얻게 되는데 이러한 과정을 워크업work-up: W/U이라 한다. 신경언어장애를 평가할 때에는 의사를 포함한 의료진과의 긴밀한 소통하에 평가가 이루어져야 한다.

표 2-1 환자 의뢰 목적

목적	세부 사항
확진	선별 및 감별
변화 비교	처치 전후
치료 진행 결정	언제, 어떻게

환자를 의뢰하는 두 번째 목적은 평가를 통하여 언어 수행력의 변화를 확인하고자 함이다. 예컨대, 처치 전의 기초선baseline을 구축한 후에 처치 후와의 변화를 비교할 수 있다. 이러한 의뢰는 환자가 보이는 질환이나 장애가 무엇인지 확실한 상태에서 이루어진다. 신경외과에서 측두엽 절제술temporal lobectomy이 예정되어 있는 간질 환자나 뇌수술을 앞둔 뇌종양 환자의 경우, 수술 부위가 언어중추를 포함하는 뇌영역이라면 수술 후에 언어장애가 생길 확률이 높다. 이때 수술 전에 언어 평가를 실시하여 수술 후 언어 수행력에 변화가 있는지를 확인하는 일이 중요하다. 또한 흉부외과의 경우에는 식도암의 수술 중에 미주신경 등의 손상으로 인하여 발생하는 삼킴장애나 음성장애에 대한 의뢰가 많다. 재활의학과에서는 비교적 중장기적인 재활치료의 일환으로 언어 평가 및 치료가 의뢰되며, 평가는 언어치료를 개시하기 전에 이루어진다. 이처럼 언어 수행력의 변화를 알아보고자 하는 것은 수술 전후뿐만 아니라 치매 등과 같이 퇴행성 질환으로 인하여 생기는 언어장애를 대상으로 하기도 한다.

잠깐!

CC, R/O, W/U

CC는 'chief complaints'로서 주호소, 즉 환자가 호소하는 주요 증세를 말한다. R/O은 'rule out'이며 질환에 대한 진단을 내리는 과정에서 의심되는 여러 질환명을 염두에 둔다. W/U은 'work up'이며 의심되는 여러 질환 중에 확진을 위하여 임상 검사 등을 수행하는 과정을 말한다.

잠깐!

treatment와 therapy

treatment와 therapy는 둘 다 '치료'를 뜻한다. 그러나 구체적으로 treatment는 광범위한 치료를 지칭하며 therapy는 특정 요법의 형태를 말한다. 예컨대, 화학 요법chemo-therapy이나 방사선 요법radiotherapy은 therapy에 속한다. 이 두가지 요법 모두 암에 대한 treatment이다.

세 번째 의뢰 목적은 신경언어장애에 대한 적절한 치료를 진행하기 위함이다. 신경언어장애에 대한 치료는 언제, 어떻게 이루어지는가에 따라 그 효과가 달라질 수 있다. 언어치료는 단독으로 혹은 의학적 치료와 병행할 수 있는데 지속적이고도 꾸준한 치료가 도움이 된다. 그러나 간혹 원인 질환에 따라 언어치료를 필요로 하지 않는 경우도 있다.

2) 정보 수집

환자 정보는 환자를 직접 대면하여 얻거나, 환자 보호자나 간병인을 통하여 간접적으로 알아볼 수 있다. 이때 전자 의무기록electronic medical record: EMR을 포함한 전자 데이터베이스를 통하여 환자 정보를 확인할 수 있다. 환자 정보는 정보의 내용에 따라 크게 기본 정보와 의학 정보로 나뉜다(〈표 2-2〉 참조). 또한 의뢰 시점을 기준으로 이미 파악된 정보와 추가적으로 알아봐야 할 정보로 나눌 수 있다.

표 2-2 수집해야 하는 환자 정보

정보 유형	기본 정보	의학 정보
세부 내용	연령, 성별, 학력, 손잡이, 직업, 가족관계 등	위험인자, 가족력, 진단명, 병력, 복용 약물 등

(1) 기본 정보

환자의 기본 정보로는 연령, 성별, 학력, 언어, 직업, 손잡이 등이 있다. 연령, 성별 등의 정보는 이미 확보된 상태일 수 있다. 그러나 언어 평가에 필수적인 정보인 학력, 손잡이 정보, 직업, 가족관계 등에 대한 정보 등은 누락되어 있을 수 있다.

학력은 교육 수준(초졸, 중졸…… 대학원졸 등)이나 교육년수(0, 1, 2 ……)로 표기한다. 학력을 확인할 때에는 교육을 받은 적이 없는 경우, 즉 무학이라 할지라도 반문맹(즉, 준문해)과 순문맹(즉, 비문해)을 구별해야 한다. '반문맹semiliteracy'은 간판 읽기, 지하철역의 이름 읽기 정도의 간단한 읽기는 가능한 경우이다. 읽기와 쓰기 모두가 전혀 불가능하다면 '순문맹illiteracy'이다. 국제성인문해조사International Adult Literacy Survey: IALS(https://nces.ed.gov/surveys/ials/index.asp)에 의하면, '문해'를 '일상적인 활동, 가정, 직장 그리고 지역 사회에서 문서화된 정보를 이해하고 활용하는 능력'

으로 정의한다. 또한 문해의 유형은 세 가지가 있는데, '산문 문해', '문서 문해', '수량 문해'로 구분한다. '산문 문해력'은 논설, 기사, 시, 소설을 포함하는 글의 정보를 이해하고 사용하는 데 필요한 능력이고, '문서 문해력'은 급여 형식, 대중교통 시간표, 지도, 표, 그래프 등 다양한 형태의 문서에 포함되어 있는 정보를 사용하는 데 필요한 능력이다. 마지막으로, '수량 문해력'은 금전출납, 대출이자 계산, 주문 양식 등 문서 자료에 포함된 숫자를 계산하거나 수학 공식을 적용하는 데 필요한 능력을 말한다. 이러한 능력은 점수 범위(0~500점)에 따라 제1급(0~225: 매우 취약), 제2급(226~275: 읽을 수는 있으나 문해 기술은 부족), 제3급(276~325: 복잡한 일과 일상 요구에 최소한의 수준), 제4급(326~375: 고도의 정보 처리 및 기술 능력 구사)이라는 총 4단계로 나뉜다.

손잡이handedness에서 '잡이'란 말은 두 손 중에 어느 한쪽 손을 상대적으로 혹은 두 손 모두를 자주 사용하거나 익숙하게 사용함을 뜻한다. 일반 인구에서 오른손잡이는 약 85~92%를 차지하고, 왼손잡이나 양손잡이는 8~15% 정도라고 알려져 있다. 그러나 인종, 문화 등에 따라 손잡이 비율의 차이가 있는데, 우리나라 성인 중 왼손잡이는 4~7% 정도이다. 손잡이 정보는 언어중추가 어느 쪽 뇌반구에 위치해 있는지를 간접적으로 시사하므로 언어병리학에서 중요하게 다룬다. 언어중추의 위치는 오른손잡이의 경우에는 대부분(99% 이상) 좌뇌에 위치한다. 그런데 왼손잡이의 경우에는 왼손잡이의 60%가 좌뇌반구에 언어중추가 있으나, 나머지 30% 정도는 우뇌반구에, 10% 정도는 양뇌반구에 언어중추가 있다. 그런데 양뇌반구에 언어중추가 있다고 해서 이해 담당 언어중추와 표현 담당 언어중추가 모두 양뇌반구에 내재되어 있다는 뜻은 아니다.

잠깐!

우성반구와 열성반구

좌반구가 언어에 대해 우성반구dominant hemisphere이고 우반구가 열성반구non-dominant hemisphere라는 것은 언어 기능이 좌반구에만 집중해 있다는 뜻이 되므로 이제는 고전적 통념이다. 그 대신에 양쪽 뇌는 분산된 신경망distributed neural network의 형태로 조직되어 모두 언어에 관련되어 있고, '중추'는 단지 필수적인 혹은 상당히 중요한 역할을 한다고 이해하는 것이 좋다.

임상에서 손잡이를 평가하는 방법으로는 크게 두 가지가 있다. 첫째는 환자에게 직접 "주로 어느 손을 쓰세요?"라고 묻는 것인데, 정확성이 떨어질 수 있다. 둘째는 설문지를 작성하게 하는 방법이다. (언어)심리학 교수인 올드필드R. Carolus Oldfield가 1971년에 발표한 에딘버러 손잡이 목록Edinburgh Handedness Inventory에서는 글씨 쓰

표 2-3 에딘버러 손잡이 목록의 10개 문항

번호	내용	손잡이	
		(1) 왼손	(2) 오른손
1.	글씨 쓰는 손		
2.	도형이나 그림을 그리는 손		
3.	공을 던지는 손		
4.	가위 쓰는 손		
5.	칫솔 쥐는 손		
6.	(포크 없이) 나이프나 칼을 쓰는 손		
7.	숟가락을 쥐는 손		
8.	성냥불을 붙일 때 성냥개비를 잡는 손		
9.	양손으로 빗자루를 쥘 때 위쪽에 위치하는 손		
10.	상자 뚜껑을 열 때 뚜껑을 잡는 손		
		(3) 합 = (1) + (2)	
		(4) 차이 = (2) − (1)	
		(5) 결과 = [(4) ÷ (3)] × 100	

는 손, 공 던지는 손, 숟가락 드는 손, 칼질이나 가위질을 하는 손 등을 묻는다(〈표 2-3〉 참조). 〈표 2-3〉에서 (5)결과값이 −40보다 작으면 왼손잡이, −40 ≤ (5)결과값 ≤ +40이면 양손잡이, 그리고 (5)결과값이 +40보다 크면 오른손잡이로 해석된다.

그런데 일반적으로 숟가락 드는 손과 글씨 쓰는 손은 외부의 강압에 의하여 바뀌는 경우가 많다. 국내 학자에 의한 한 연구에 의하면, 손잡이를 확인하는 데에 가장 예측력 높은 문항은 '칼 사용'이고, 그다음으로는 '공 던지기', '그림 그리기', '가위질하기' 등의 순이다. 한편, 일각에서는 '공 차는 발' 문항을 활용한 '발잡이' 평가 결과가 '손잡이'보다 언어중추를 더 잘 예측한다고도 한다.

앞서 오른손잡이에 있어서 언어중추는 99% 이상이 좌뇌에 위치한다고 하였다. 그런데 오른손잡이 환자가 우뇌 손상으로 인하여 실어증을 보인다면 그 환자의 언어중추(혹은 언어중추의 일부)는 어느 정도 우뇌에 내재되어 있다고 할 수 있다. 이처럼 오른손잡이 환자가 우뇌 손상으로 인하여 보이는 실어증을 교차실어증crossed aphasia이라 한다. 그렇다면 교차실어증의 출현율은 어느 정도일까? 1,000명의 인구에서 가정해 보자. 먼저, 오른손잡이가 95%라고 가정하면 오른손잡이는 950명이다. 950명 중에서 언어중추가 우뇌에 위치하는 사람의 확률이 1% 미만(즉, 9.5명 미만)이다. 여기서 다시 뇌졸중(0.164%) 등의 뇌손상이 생기는 확률에, 그 뇌손상이 언어중추에 해당하는 뇌영역에 발생하는 확률까지 염두에 두어야 하므로 결과적으로 교차실어증의 출현율은 상당히 낮다. 그런데 교차실어증 환자들의 언어중추는 일반적인 실어증 환자들과는 달리 양뇌반구에 서로 다른 기능의 언어중추가 있기도 하다. 예컨대, 좌뇌에는 이해를 담당하는 언어중추가, 우뇌에는 표현을 담당하는 언어중추가 자리 잡을 수 있다. 이러한 사실은 교차실어증 환자의 이해언어는 비교적 정상이나 표현언어만이 유난히 심하게 저하되는 환자 사례에서 확인된다. 뇌손상 후의 예후는 왼손잡이나 양손잡이가 오른손잡이보다 좋다고 알려져 있다.

직업 정보는 평가 시뿐만 아니라 치료 때에도 필수적 정보이다. 이는 환자의 재활을 위하여 언어 평가 및 치료의 목표나 자료를 환자의 직업에 적합하게 설정하고 선택하는 것이 필요하기 때문이다. 예컨대, 전화 상담원과 같이 고객이 문의하는 내용을 답변하는 일을 담당하는 직업의 경우에는 발병 전 수준까지의 언어재활에 이르러야만 직장 복귀가 가능할 것이다. 국어 교사를 대상으로 사용되는 치료 자료는 적절한 시점에 학교에서 사용하는 국어 교재를 치료 자료로서 활용할 수 있다.

그 밖에도 환자의 집중/주의, 동기 의식, 검사 시 협조 여부, 병식 등을 파악하여 검사 결과의 타당성이나 신뢰성을 가늠해 보아야 한다. 언어 검사는 전반적으로 긴 검사 시간이 소요된다. 그러므로 환자가 검사 시간 동안 얼마만큼 집중하여 수행할 수 있는지를 확인한다.

(2) 의학 정보

환자의 기본 정보가 파악되면 의학 정보를 확인한다. 먼저, 위험인자$_{\text{risk factor}}$를 알아본다. 위험인자로는 고혈압, 심부전이나 부정맥 등과 같은 심장 질환, 당뇨, 혈중지질, 흡연, 식이 및 비만 등을 들 수 있다. 가족력으로 유전적 소인, 가족성 원인, 생활습관, 식습관 등을 조사한다. 가족력은 언어장애를 일으키는 특정 질환과 관련이 있으므로 필수 정보이다. 특히 어떤 언어장애는 유전적$_{\text{hereditary}}$ 소인으로 인하여 발생하므로 언어장애의 특징을 이해하는 데에 중요한 정보가 될 수 있다. 유전적 소인은 없으나 동일 가족 내에 같은 원인 질환을 앓고 있는 구성원이 여럿 있는 경우에는 가족성$_{\text{familial}}$ 원인으로 분류한다.

병력은 무엇보다도 중요한 정보로서 병력 청취history taking는 환자에게 직접 얻거나 실어증 등으로 의사소통이 불가능하면 가족이나 보호자를 대상으로 한다. 먼저, 환자가 호소하거나 보호자가 관찰한 증상symptom과 의료진의 관찰을 통해 발견한 징후sign를 정확하게 기록하되, 다음을 확인한다.

- 언제 시작되었는가
- 어떻게 시작되었는가(예: 갑작스럽게, 몇 분, 몇 시간 등에 걸쳐)
- 진행 경과는 어떠한가(예: 점진적으로 서서히, 단계적으로, 산발적으로 패턴 없이)
- 어떤 상황에서 증상이 변화하는가(예: 약 복용 전후로 말속도가 다른가)

과거 진료 기록을 통해 과거의 질환(특히, 언어장애와 관련된 뇌신경계 질환), 우울증, 수술력 등을 확인한다. 환자들은 우울증이 있는 경우에 원래의 기능보다 더욱 저하된 수행력을 보이게 된다. 예컨대, 우울증은 치매와 유사한 행동양식을 유발하여 우울증으로 인한 인지장애를 '가성치매pseudodementia'라 한다.

중추신경계에 작용하는 많은 약물이 인지 및 의사소통 기능에 부정적인 영향을 미치는 것은 잘 알려진 사실이다. 특히 여러 종류의 약을 한꺼번에 복용해야 하는 경우, 즉 다약제 복용polypharmacy에는 그 영향이 더 두드러질 수 있다. 뇌손상 환자들이 흔히 복용하는 약물은 크게 세 가지 범주, 즉 중추신경계에 작용하는 약물, 심혈관계에 작용하는 약물, 대사 및 내분비계에 작용하는 약물로 분류된다. 뇌졸중 등 혈관 질환을 가진 환자들은 중추신경계 약물을 복용하고 있는 경우가 많다. 고혈압 치료제, 고지혈증 치료제, 심혈관계 약물로는 혈액의 응고를 억제하는 데 효과가 있는 항혈소판제antiplatelet drug나 항응고제anticoagulant가 있다.

입원 환자의 경우에 중환자실 환자 혹은 일반 병실 환자 여부, 외래outpatient department: OPD 환자 혹은 입원 환자 여부, 증세가 생길 때의 상황과 의료기관 방문 때까지의 상황을 알아본다. 또한 이동 가능한 환자 혹은 침상 의존bedridden 환자 여부도 확인한다.

3) 신경학적 검사

(1) 의식 상태

신경장애 환자는 의식이 저하되어 있는 경우가 많다. 의식consciousness이란 자신과 환경을 인식할 수 있는 상황을 말한다. 의식 상태는 언어, 통증, 촉각자극 등에 대해 어떻게 반응하는가에 따라 여러 단계로 나뉜다([그림 2-2] 참조). 의식이 가장 저하된 상태는 혼수 상태comatose이다. 혼수 상태에서는 의식이 완전히 소실되어 내부나 외부에서 주어지는 일체의 자극에 대하여 전혀 반응하지 않는다. 준혼수 혹은 반혼수 상태semi-comatose는 혼미 상태stupor와 동일한 단계로 취급하기도 하며 의식이 상당히 저하된 상태이다. 이때 환자는 주로 집중치료실intensive care unit: ICU에서 침상 의존 상태에 있게 되며, 호흡, 식이 등에 있어서 보조 기구에 의존한다. 준혼수 상태의 환자는 바늘, 꼬집기 등의 통각자극이나 계속적인 강한 자극에만 반응한다. 둔감 상태obtundation에서는 각성 상태를 유지하는 것이 힘들며, 깨어 있게 하려면 계속적인 자극이 필요하다. 급성기 환자의 경우 활기가 없고 자는 듯이 몽롱한 기면 상태drowsiness를 보일 수 있는데, 앉아 있더라도 자꾸 잠에 빠져드는 경향이 있다. 기면 상태에서는 언어 검사에 대한 집중이 힘들므로 환자의 이름을 자주 부르는 등 주의를 환기시키는 것이 좋다. 또한 언어 검사

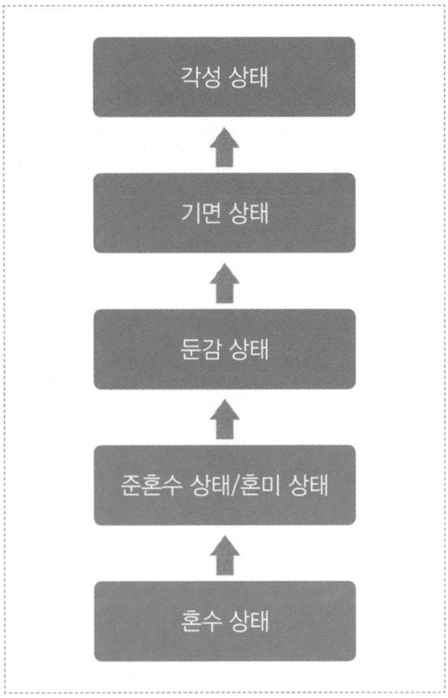

그림 2-2
의식 상태의 단계
가장 의식이 저하된 상태는 혼수 상태이고 가장 명료한 상태는 각성 상태이다.

잠깐!

의식 단계와 의식 소실

의식 단계level of consciousness와 의식 소실loss of consciousness에 대한 약자는 모두 LOC이다. 예컨대, 뇌손상을 겪은 환자의 병상기록지에 LOC만 적혀 있으면 상해 후에 의식 소실이 된 적이 있다는 뜻이다. 반면에 의식 상태에 대한 단계를 나타내고자 할 때에는 'drowsy' 혹은 'alert'로 적혀 있는 경우가 많다.

잠깐!

혼동의 언어

정신 혼동 상태에서 관찰되는 비정상적인 언어를 '혼동의 언어$_{\text{language of confusion}}$'라고 한다. 정신 혼동$_{\text{mental confusion}}$이란 병리학적으로 정신이 혼탁한 상태를 지칭하며 다음의 여러 가지를 포함할 수 있다. 섬망$_{\text{delirium}}$은 혼동 상태에서 자율신경장애(예: 마약, 술 등)로 인하여 심한 과다행동(예: 안절부절못하고, 잠을 안 자고, 소리를 지르고, 주사기를 빼내는 등의 행위)과 생생한 환각, 초조함과 떨림 등이 자주 나타나는 것을 말한다. 착각$_{\text{illusion}}$은 대상이 특수한 조건하에서 통상의 경우와는 달리 그 대상이 지각되는 현상이다. 망상$_{\text{delusion}}$은 병적으로 생긴 잘못된 판단이나 확신, 사고의 이상 현상으로 현실성이 없는 상태를 말한다. 환상$_{\text{hallucination}}$은 환청이나 환영 등과 같이 실제로는 없는 것이 생생하게 느껴지는 것이다.

시에 환자의 반응이 느리고 잘 반응하려 들지 않아 의미 있는 검사가 어렵고 결과의 해석이 모호할 수 있으므로 주의를 요한다. 가장 활기 있고 정상적으로 깨어 있는 정신상태는 각성 상태$_{\text{alertness}}$이다. 각성 상태에서는 내적 및 외적 자극을 기민하고 정확하게 인식하며 의미 있는 의사소통이 가능하다.

그런데 이러한 기본적인 의식 상태는 망상체 활동계$_{\text{Reticular Activating System: RAS}}$에 의해 조절된다. 망상체 활동계는 뇌간의 연수에서 시작되어 중뇌를 거쳐 대뇌피질까지 연결되는 신경계의 네트워크이다. 망상체 활동계는 의식 상태 이외에도 수면 등을 조정하며, 새로운 자극을 탐지하여 심혈관적 · 호흡적 운동 반응을 일으키게 한다.

한편, 뇌외상 환자의 의식 상태 평가에 가장 광범위하게 쓰이는 평가 척도는 1974년에 G. Teasdale & B. Jannet에 의해 최초로 발표된 글래스고우 혼수 척도$_{\text{Glasgow Coma Scale: GCS}}$이다(〈표 2-4〉 참조). 이 척도는 눈뜨기(E), 구어 반응(V), 운동 반응(M)의 세 영역에서 반응을 이끌어 내어 각각 1~4점, 1~5점, 1~6점을 받게 되며, 총점의 범위는 3~15점으로 점수가 높을수록 좋다. 예컨대, E4V5M6의 경우는 GCS 15로서 정상적 각성 상태이며, E1V1M1이면 GCS 3으로서 혼수 상태이다. 언어 평가나 치료의 의뢰는 기면 상태로 간주되는 GCS 13 정도부터 가능하다. 수정 보완된 글래스고우 혼수 척도에 대한 좀 더 상세한 정보와 시범 영상은 GCS 홈페이지(http://www.glasgowcomascale.org)를 참조하면 된다.

표 2-4 글래스고우 혼수 척도

	기준	평가	점수
눈뜨기 (Eye opening)	• 자극 전에 눈 뜸(Open before stimulus)	• 자발적(Spontaneous)	4
	• 말로 하거나 큰 소리 낸 후(After spoken or shouted request)	• 소리에 반응(To sound)	3
	• 손가락 끝 자극 후(After finger tip stimulus)	• 압력에 반응(To pressure)	2
	• 어떤 상황에서든지 눈 뜨지 않음. 방해 요인은 없음(No opening at any time, no interfering factor)	• 무반응(None)	1
	• 국부적 요인(예: 부은 눈)으로 인해 눈 감은 상태임(Closed by local factor)	• 측정 불가(Non testable)	NT
구어 반응 (Best verbal response)	• 사람, 장소, 날짜를 정확히 말함(Correctly gives name, place and date)	• 지남력 있음(Oriented)	5
	• 지남력은 없으나 의사소통이 가능(Not oriented but communication coherently)	• 혼란스러움(Confused)	4
	• 이해 가능한 단단어 구사(Intelligible single words)	• 단어 사용(Words)	3
	• 신음소리/끙끙소리만 냄(Only moans/groans)	• 소리(Sounds)	2
	• 음성 반응 없음. 간섭 요인 없음(No audible response, no interfering factor)	• 무반응(None)	1
	• 의사소통을 방해하는 요인(예: 기도삽관튜브)	• 측정 불가(Non testable)	NT
운동 반응 (Best motor response)	• 2단계 지시에 따름 (Obey 2-part request)	• 지시에 따름(Obey commands)	6
	• 자극에 반응해 손을 빗장뼈 위쪽으로 올림(Brings hand above clavicle to stimulus on head neck)	• 해당 부위에 한해서(Localising)	5
	• 자극에 팔꿈치를 빠르게 움츠림(Bends arm at elbow rapidly but features not predominantly abnormal)	• 정상적 굽힘(Normal flexion)	4
	• 자극에 팔꿈치를 비정상적으로 구부림(Bends arm at elbow, features clearly predominantly abnormal)	• 비정상적 굽힘(Abnormal flexion)	3
	• 자극에 팔꿈치를 폄(Extends arm at elbow)	• 폄(Extension)	2
	• 전혀 없음(No movement in arms/legs, no interfering factor)	• 무반응(None)	1
	• 마비 혹은 기타 제한 요인(Paralysed or other limiting factor)	• 측정 불가	NT

NT: non testable; 이 〈표 2-4〉의 내용은 http://www.glasgowcomascale.org 사이트에 기술된 영문 및 국문 버전을 바탕으로 하되, 영상 자료를 참조하여 이해가 용이하게 수정함

(2) 뇌신경 검사

의료진이 질환에 대한 확진을 하기 위하여 여러 가지 검사를 시행하나, 신경계 질환 환자에게 가장 중요시되는 검사 중의 하나는 뇌신경핵 손상이나 뇌신경장애 여

표 2-5 각 뇌신경 기능, 검사법 및 연관 장애

뇌신경	기능	검사법	장애
1(후)	감각: 후각	한쪽 콧구멍을 누르고 다른 쪽 코로 향나무, 커피 등의 향내가 담겨 있는 종이를 긁어서 냄새를 판단하게 함	후각장애(hyposmia); 후각과민; 후각소실(anosmia)
2(시)	감각: 시각	• 시력: 글자와 숫자가 여러 가지 크기로 배열되어 있는 스넬린(Snellen) 시표로 검사함 • 시야: 환자에게 한쪽 눈을 가리게 하고 검사자는 양 손을 벌린 채 둘째 손가락들을 흔들어서 시야 인식 상태를 평가함 • 검안경(ophthalmoscope)으로 각막, 시신경유두, 망막, 황반, 망막 혈관 등을 검사함	시신경염; 시력 상실; 코쪽 반맹증; 양측두 반맹증; 반대쪽 동측정 반맹증
3(동안) 4(활차)	운동: 안구운동	펜라이트로 외안근 운동을 관찰함	사시; 복시
5(삼차)	운동: 턱운동 감각: 안면감각	안면의 측두근과 교근의 크기, 대치성, 힘, 운동능력과 감각(온도각, 통각, 촉각)을 검사함 각막반사 검사를 실시함	
6(외전)	운동: 안구운동	펜라이트로 외안근 운동을 관찰함	사시; 복시
7(안면)	운동: 안면근육 감각: 혀의 앞 2/3의 미각	얼굴의 대칭성, 안면근육의 운동능력을 관찰함; 미각 검사를 위하여 각 맛(짠맛, 단맛, 신맛, 쓴맛)을 혀의 앞 2/3 부분에서 맛보게 함	미각감퇴증(hypogeusia); 무미각증(ageusia)
8(와우-전정)	감각: 청각, 평형감각	평형 검사; 평형기능 검사	
9(설인)	운동 감각: 인두, 혀의 뒤 1/3의 미각	혀의 뒤 1/3 부분에서 미각(신맛, 매운맛) 검사를 시행함; 연구개 거상능력 및 대칭성을 파악함; 설압자로 구역반사 검사를 실시함	
10(미주)	운동: 연구개, 인두, 성대	'아'소리를 내게 해서 음성의 질을 관찰함	
11(부)	운동: 흉쇄유돌근, 승모근	머리를 돌려보게 함; 양쪽 어깨를 올려보게 함; 힘과 대칭성을 판단함	
12(설하)	운동: 혀	입안에서 혀의 모양, 크기, 위축, 대칭성 여부를 관찰함; 혀를 내밀게 해서 편측마비 여부, 힘 등을 판단함	

부를 알아보는 뇌신경 검사이다. 뇌신경은 개별적으로 혹은 2개 이상의 신경이 한꺼번에(즉, 다발성 뇌신경multiple cranial nerve) 손상될 수 있다. 〈표 2-5〉에서는 각 뇌신경의 기능, 검사법 및 연관 장애들을 간단히 제시하였다.

후각장애hyposmia나 후각소실anosmia의 가장 주요한 원인은 상부 호흡기 감염과 외상성 뇌손상 등으로 인한 후신경의 손상이다. 또한 비강용종, 공동감염, 전두엽종양 등으로 후각장애가 유발된다. 후각기능 검사는 한쪽 콧구멍을 누르고 다른 쪽 코로 향나무, 커피 등의 향내가 담겨 있는 종이를 긁어서 냄새를 판단하게 한다. 대부분의 후각소실은 편측으로 생기므로 각 콧구멍을 막고 검사하는 것이 중요하다.

시신경 손상은 시력visual acuity, 상실, 색맹, 반맹 등을 유발할 수 있으며, 양쪽 눈에 대하여 시력과 시야 검사를 한다. 또한 안저 검사를 실시하여 각막, 시신경유두, 망막, 황반, 망막 혈관 등을 살핀다. 그런데 시각경로의 어느 곳에 손상이 있는가에 따라 다양한 반맹 증세를 보인다. [그림 2-3]에서 '검정색'으로 표시된 것이 시야의 '맹blind' 부분이다.

#1 손상, 즉 좌측 시신경 전체가 손상되면 좌측 눈이 좌측 시야에 있는 자극에 대한 정보 전달을 전혀 할 수 없게 된다. #2 손상, 즉 좌측 시신경 일부(예: 좌측 눈 망막의 측두측의 정보 소실)만 손상되면 좌측 눈의 비측 시야 정보만 유일하게 전달할 수 없게 된다. 원인으로는 뇌종양, 외상성 뇌손상으로 인한 시신경장애를 들 수 있다. #3 손상, 즉 시신경 교차에 손상이 생기면 좌우측 눈 모두에서 측두측 시야 정보가 전달될 수 없게 된다. 이런 현상을 '이명 반맹(또는 교차 반맹)'이라고 하는데, 주요 원인은 뇌하수체 종양이다. #3 예처럼 이명 반맹 중에, 특히 두 눈의 측두측 시야가 안 보이는 경우를 '양이 반맹bitemporal hemianopsia'이라 한다. 또한 아주 드문 현상으로 시신경 교차가 양쪽으로부터 압력을 받아 두 눈의 비측 시야가 안 보이는 경우에는 '양비측 반맹nasal hemianopsia'이라 부른다. #4 손상, 즉 좌측 시삭[시각로]이 손상되면 좌측 눈의 비측 정보와 우측 눈의 측두측 정보를 전달할 수 없다. 두 눈 시야의 우측 반 혹은 좌측 반에 결함을 보이게 되며, 이처럼 양쪽 눈의 같은 쪽 시야가 안 보이는 장애를 '동측성 반맹homonymous hemianopsia'이라 한다. 동측성 반맹은 #5에서와 같이 후두엽의 시각영역에 손상이 있는 경우에도 생길 수 있다. #5와 같이 우측 일차 시각영역이 손상되는 경우에 양쪽 눈의 좌측 시야로부터 전달되는 시각 정보를 받아들일 수 없게 된다. 동측성 반맹은 뇌졸중이나 외상성 뇌손상 등에 기인한다. 양

> 잠깐!
>
> **환시와 착시**
>
> '환시'는 환각hallucination의 일종으로 외부 시각자극이 없음에도 불구하고 어떤 자극이 있다고 믿는 현상이다. 반면에 '착시'는 시각적 착각illusion으로서 외부 자극이 실제와 달리 지각되는 현상이다.

측 일차시각영역의 손상(예: 후뇌동맥 경색)은 완전 시력 소실을 의미하는 '피질성 맹'cortical blindness을 유발할 수 있다. 피질성 맹 환자는 빛에 대한 동공반사는 정상일 수 있으나, 외부에 시각적 자극이 없는데 있다고 믿는 환시visual hallucination, 자신의 시각장애를 부인하는 안톤 증후군(시각 질병 불각증)Anton syndrome, 움직이는 물건만은 지각하게 되는 리도크 현상Riddoch phenomenon 등을 수반할 수 있다.

3번 동안신경이 손상되면 복시diplopia, 안검하수ptosis, 동공확장 등의 안근마비

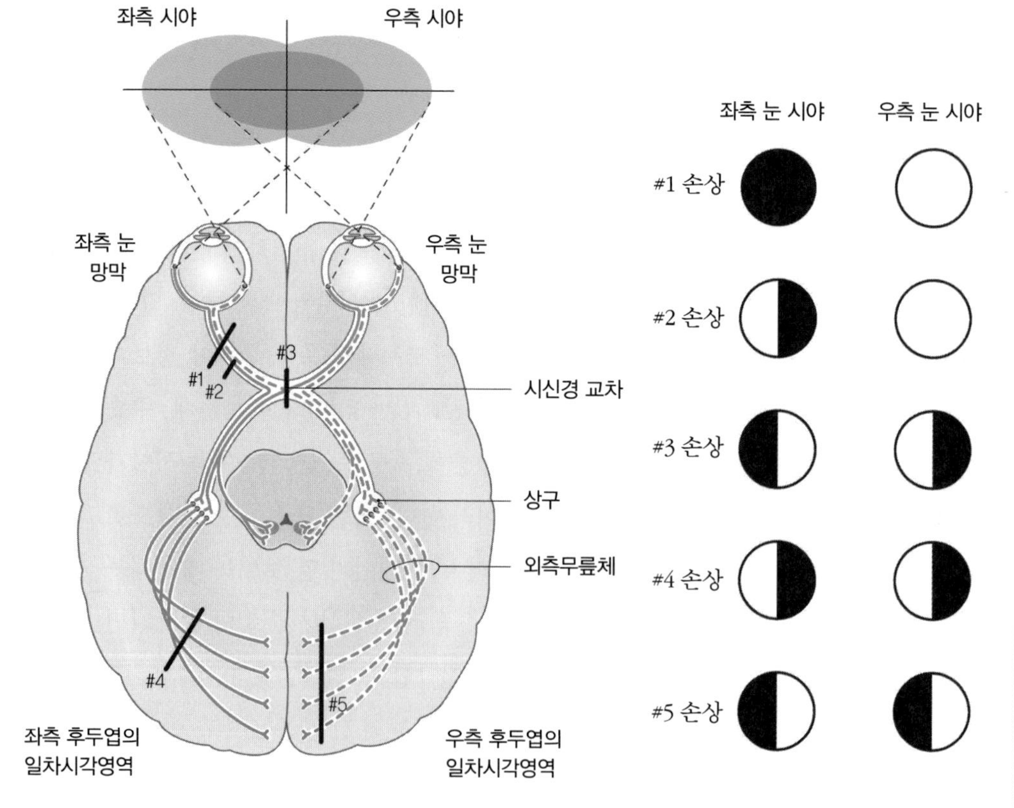

그림 2-3
시각경로의 손상 지점에 따른 다양한 반맹 증세
좌 그림의 출처: 김향희(2009). 언어병리학의 신경해부. p. 202, 그림 8-12.

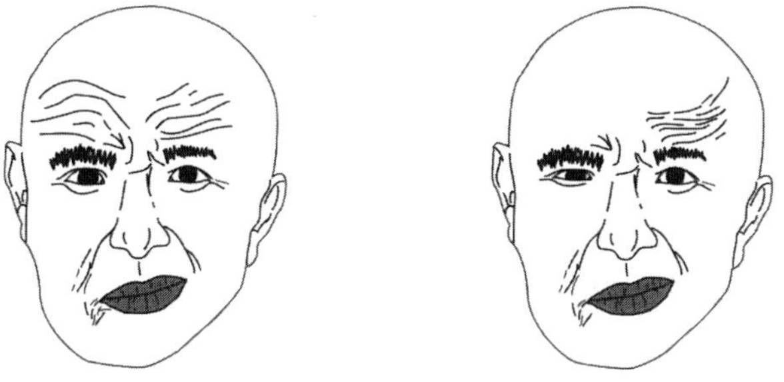

그림 2-4
안면신경의 마비로 발생한 우측 중추성 안면마비(A)와 우측 말초성 안면마비(B)

ophthalmoplegia가 관찰될 수 있다. 4번 활차신경이 손상되어도 복시가 생긴다. 5번 삼차신경의 손상은 얼굴과 구강 내 구개감각을 소실시키며, 운동기능 측면에서는 턱의 움직임을 방해한다. 6번 외전신경의 손상은 두 눈이 물체를 응시하는 데 어려움을 야기하며 이를 사시strabismus라고 한다. 따라서 6번 외전신경 손상으로 복시가 생긴다. 이런 환자들은 시각적 자극 제시 때에 자극을 제대로 받아들이지 못한다.

7번 안면신경에 있어서 축삭 전체 손상의 경우에는 동측의 이마 및 코 아랫부분 모두가 마비되는데, 이를 '말초성 안면마비perepheral facial palsy: PFP'라고 한다([그림 2-4] 참조). 반면에 안면신경핵 자체의 손상이나 안면신경핵으로부터 피질 사이의 뇌손상은 병소 부위와의 대측 안면의 아랫부분만이 마비되는 '중추성 안면마비central facial palsy: CFP'를 유발한다. 7번 안면신경의 손상으로 인한 미각기능의 장애는 미각감퇴증hypogeusia이나 무미각증ageusia이라 한다. 상부 호흡기 감염이나 외상성 뇌손상에 주로 기인하고, 특정 약물복용 후나 방사선 치료 후에도 생길 수 있다.

8번 와우-전정신경 중 와우 요소의 손상은 청각소실을 일으킨다. 소리굽쇠로 웨버 검사와 린네 검사 등의 간단한 청력 검사를 실시한 후, 청력이상이 의심되면 이비인후과로 상세한 청력 검사를 의뢰한다. 전정 요소의 손상은 어지럼증을 일으키고 몸의 균형을 잃게 한다. 메스꺼움과 구토를 동반할 수도 있는데, 이는 전정핵과 미주핵이 연결되어 있기 때문이다. 청신경종acoustic neuroma을 앓게 되면 8번 뇌신경의 와우, 전정 요소, 7번 뇌신경이 함께 붙어 있기 때문에 청력, 몸의 균형, 안면근육

기능 등의 세 가지 기능 모두에서 장애를 보일 수 있다.

9번 설인신경의 손상은 말을 하거나 삼킴기능을 할 때에 인두를 올릴 수 없게 하므로, 과다비성$_{\text{hypernasality}}$이나 비강 역류$_{\text{nasal regurgitation}}$를 유발한다. 또한 혀의 뒤 중 · 상부인두의 감각소실로 인하여 구역반사가 저하되거나 소실될 수 있다.

10번 미주신경이 손상되면 후두, 기관$_{\text{trachea}}$, 식도, 흉곽 및 복부장기 등의 장기 감각 정보가 제대로 전달되지 않는다. 또한 인두와 후두의 가로무늬근[수의근]$_{\text{striated muscle}}$과 민무늬근$_{\text{smooth muscle}}$ 등의 운동기능이 저하되면서 성대마비로 인한 음성장애와 삼킴장애 등이 유발되고, 저하된 인두 연동작용이 관찰된다. /아-아-아-/를 짧게 발성하게 하면 연구개의 양쪽 아치 중 성한 쪽[강한 쪽] 근육이 끌어 올리면서 목젖이 성한 쪽으로 기운다.

> 잠깐!
>
> **미각세포의 분포**
>
> 미각을 느끼게 해 주는 세포는 혀, 연구개, 안쪽 뺨, 인두 등에 모여 있어 1만여 개의 미뢰$_{\text{taste bud}}$를 형성한다.

11번 부신경의 기능을 평가하기 위해서는 머리를 돌려 보게 하거나 양쪽 어깨를 올려 보게 하여 힘과 대칭성을 판단한다. 11번 부신경의 손상은 목 수술 등으로 야기될 수 있다. 부신경이 손상되면 동측 어깨가 처지거나 대측으로 고개를 돌리는 것이 어려울 수 있다.

12번 설하신경 자체, 즉 하부 운동신경세포가 손상되면 동측 혀의 위축을 초래하고, 혀를 내밀게 했을 때에 대칭되는 혀 근육 중에서 강한 쪽이 약한 쪽을 밀게 되므로 약한 혀 근육 쪽으로 혀가 기운다. 반면에 설하신경을 관장하는 상부 운동신경세포(예: 피질, 내포 등)가 손상되면 대측 혀근육이 톡톡 튀는 현상인 속상수축$_{\text{fasciculation}}$이 관찰될 수 있다. 이때 혀를 내밀게 했을 때에 대측으로 혀가 기운다.

> 잠깐!
>
> **맛의 종류**
>
> 인간이 느낄 수 있는 기본적인 맛의 종류는 크게 다섯 가지로 분류되는데 단맛, 짠맛, 신맛, 쓴맛, 감칠맛$_{\text{umami}}$ 등이다. 매운맛이나 떫은맛은 '촉감'이나 '통감'이 섞인 감각으로서 기본 미각에 해당하지 않는다.

(3) 근운동력 검사

근육의 운동력 저하 정도는 사지 근력의 감소 정도를 측정하여 총 8단계, 즉 V, IV^+, IV, IV^-, III, II, I, 0으로 나눈다. 등급 V는 정상 힘을 지칭한다. IV^+는 중력과는 상관없이 자발적으로 저항에 대해 준최상$_{\text{submaximal}}$의 움직임을 보이는 경우를 말한다. IV는 중력과는 상관없이 저항에 대해 보통의 움직임을 보이는 경우이다. IV^-는 저항에 대하여 약간의 움직임이 관찰되는 경우이다. III은 근육이 약화$_{\text{paresis}}$되어 중력에 반하여 움직일 수는 있으나(예: 손을 들 수 있음) 저항에는 이기지 못하는 경우를 지칭한다. II 이하는 중력을 이기지 못하는 정도의 마비인데, II는 중력이 없는 상황에서만 자발적인 운동이 어느 정도 가능한 경우이고, I은 근육마비로 인하여 중력이 없는 상황에서 약하게 잠깐 꿈틀거릴 수 있는 정도이며, 0은 근육의 완전마비$_{\text{plegia}}$로 인하여 움직임이 전혀 불가능한 경우를 말한다.

> **잠깐!**
>
> –plegia
>
> hemiplegia(편마비): 사지 중에 좌우 중 한쪽만의 운동 마비
>
> monoplegia(단마비): 사지 중에 일지만의 마비
>
> paraplegia(대마비): 하지가 좌우 대칭적으로 마비된 상태
>
> triplegia(삼지마비): 양 다리와 한쪽 상지의 마비
>
> diplegia(양지마비): 양쪽 하지와 양쪽 상지 모두가 마비되었으나 상지마비가 하지마비보다 경한 상태
>
> quadriplegia(사지마비): 양쪽 상·하지에 모두 운동마비가 있는 상태

중추신경계가 손상되어 생기는 사지 근육의 마비는 일반적으로 손상된 뇌반구와는 반대쪽, 즉 대측$_{\text{contralateral}}$에서 생긴다. 즉, 좌뇌 손상이 되면 우측 사지 편마비$_{\text{hemiplegia}}$가, 우뇌 손상이 되면 좌측 사지 편마비가 관찰된다. 이는 뇌에서 출발한 신경이 뇌간에서 교차$_{\text{decussation}}$하기 때문이다. 반면에 말초신경계가 손상되면 손상된 쪽과 같은 쪽[동측]$_{\text{ipsilateral}}$에 근육마비가 생긴다. 근육마비가 오랫동안 지속되면 근육이 소실되는 근위축$_{\text{muscle atrophy}}$이 관찰되기도 한다.

(4) 근긴장도 검사

신체 구조를 자발적으로 움직이고자 할 때에 제대로 된 속도로 움직이는지, 정확하게 움직이는지, 조화롭게 움직이는지 등을 관찰한다. 신경계 손상은 움직임이나 운동의 장애를 일으키기도 한다. 지금부터 몇 가지 용어들을 살펴보기로 하자.

먼저, 근긴장도$_{\text{muscle tone}}$는 운동을 할 때에 근육을 펴는 '신장'과 오그라드는 '수축'에 대한 양과 정도를 말한다. 대부분의 민무늬근은 평상시에도 약간의 수축 상태에 있게 되는데, 이로 인하여 신체가 특정한 자세를 취하고 유지할 수 있게(예: 꼿꼿하게 앉음) 한다. 원하는 수의적$_{\text{voluntary}}$ 움직임을 자연스럽게 하기 위해서 뇌는 근긴장도를 균형 있게 조정하는 역할을 한다. 뇌손상이 생기면 근긴장도가 비정상적으

잠깐!

myo-와 myelo-

myo-는 muscle(근육)을 뜻하는데, myopathy(근육병), myositis(근염), polymyositis(다발성 근염), electromyography(근전도검사) 등에서 찾아볼 수 있다. 반면에, myelo-는 spinal cord(척수)를 의미하며, myelopathy(척수병), myelitis(척수염)에서 쓰여진다.

로 증가, 즉 과긴장$_{\text{hypertonia}}$되거나 감소, 즉 저긴장$_{\text{hypotonia}}$ 하게 된다. 과긴장의 유형으로는 경직과 경축이 있으며, 저긴장 상태는 이완이다.

경직$_{\text{spasticity}}$은 대뇌피질과 척수로 이어지는 피질척수로[상부 운동신경 세포]$_{\text{corticospinal tract}}$가 손상되어 근긴장도가 증가하게 되는 현상이다. 강직된 근육에 급격하게 힘을 가하게 되면 갑작스럽게 강한 저항을 일으키다가 갑자기 근긴장도가 풀어지면서 저항이 상실되는 현상이 관찰된다. 이는 스위스 육군칼$_{\text{Swiss army knife}}$을 접을 때에 처음에는 접히는 것이 잘 조절되다가 어느 순간에 갑자기 완전히 접혀지게 되는 현상인 '접는칼 반응$_{\text{clasp knife response}}$'이라 칭한다.

경축$_{\text{rigidity}}$은 추체외로의 손상으로 인하여 운동 내내 똑같은 정도의 저항감이 지속되는 뻣뻣한 현상을 말한다. 이를 '납파이프 경축$_{\text{leadpipe rigidity}}$'이라 부르는데, 저항감이 교대로 반복되면 '톱니바퀴 경축$_{\text{cogwheel rigidity}}$'이라 한다.

이완$_{\text{flaccidity}}$은 하위 운동신경세포의 병변으로 인하여 근긴장도가 떨어지고 축 늘어지는 현상이다. 수동운동에 대한 저항이 감소하고 신장반사가 둔화되어 팔과 다리 등이 쉽게 구부러진다. 이러한 이완 현상으로 인하여 근육이 씰룩거리는 속상수축$_{\text{fasciculation}}$뿐만 아니라 근육이 소실되는 근위축이 생기게 된다.

(5) 이상운동 검사

이상운동 증세는 수의근의 수의적 운동에서뿐만 아니라 비정상적인 불수의적 운동의 양상으로도 관찰된다. 이러한 불수의적 운동을 총칭하는 용어는 이상운동증$_{\text{dyskinesia}}$이며 추체외로가 손상되어 생긴다. 이상운동증에는 진전, 무도병, 무정위운동증, 간대성 근경련증 등이 있다.

진전[떨림]$_{\text{tremor}}$은 사지, 목, 얼굴 등의 관절에서 목적 없이 율동적으로 이리저리로 움직이는 현상이다. 병적 진전의 유형은 안정 진전, 의도 진전, 본태 진전 등으로 다시 나뉜다. 첫째, 안정 진전$_{\text{resting tremor}}$은 신체의 특정 부위가 가만히 편안한 상태에서 관찰되는 진전 현상을 말한다. 안정 진전에는 파킨슨증 진전$_{\text{Parkinsonian tremor}}$과 구개 간대성 근경련증$_{\text{palatal myoclonus}}$ 등이 속한다. 파킨슨증 진전은 주로 편측성으로 3~5Hz로 떨린다. 마치 알약을 굴리는 듯하게pill-rolling 손을 움직이는 현상이 가장 흔하게 관찰되며 머리, 턱, 혀 등에서의 떨림도 빈번하다. 간대성 근경련증myoclonus은 짧고 급격하게 경련하는 듯이 일어나는 현상이다. 간대성 근경련증이 구개에서 일어나는 구개 간대성 근경련증은 국소적 간대성 근경련증의 가장 흔한 형태로서 삼킴기능에 부정적인 영향을 끼친다.

잠깐!

운동(movement)을 뜻하는 –*kine*–

a*kine*sia(운동장애)
dys*kine*sia(이상운동증)
brady*kine*sia(운동완만, 서동)
hyper*kine*sia(운동과잉증)
hypo*kine*sia(운동저하증)

둘째, 의도 진전intention tremor은 어떤 목적을 위해 의도적으로 움직이는 동안(예: 물건을 집으려 할 때) 중력에 대항하여 어떤 자세를 유지하려 할 때 나타난다.

셋째, 진전 외에는 신경학적 검사상 이상 소견이 전혀 없는 것을 본태성 진전essential tremor이라 한다. 다른 신체 부위에서는 진전 현상이 전혀 없으나 성대에서만 불수의적 진전만 관찰되는 현상인 연축발성장애spasmodic dysphonia가 본태성 진전의 한 유형이라 할 수 있으며, 신경과나 이비인후과 전문의를 통하여 의뢰되는 경우가 많다.

무도병chorea(그리스어로 '춤춘다'는 뜻임)은 몸이 불수의적이고 비율동적으로 빠르게 불규칙적으로 목적 없이 움직이는 증세이다. 무도병은 유전적인 질환으로 인한 경우가 많다.

무정위 운동증athetosis은 무도병보다는 느리게 목적 없이 움직이는 운동장애이다. 팔, 다리, 몸통, 목 부위 등이 서서히 몸부림치는 듯이 몸이 꼬이고 비틀어지는 형태로 나타난다.

근긴장이상dystonia은 근육 수축이 비정상적으로 지속되어 주동근agonist이 수축할 때 길항근antagonist이 상반되는 운동을 하지 못하고 함께 수축하면서 비틀림twisting, 반복적 움직임 또는 비정상적 자세를 유발하는 증세이다.

운동에 필요한 구조를 움직이거나 일정한 자세를 유지하기 위해서는 운동신경계의 구성 요소들이 원활한 기능을 해야 한다. 운동신경계의 손상으로 인하여 운동장애가 발생하는 경우에는 말운동장애가 생긴다. 운동장애의 대표적인 유형은 운동감소형hypokinetic과 운동과다형hyperkinetic이 있다. 운동감소형이란 운동기능의 장애로 운동의 범위가 정상보다 줄어들거나 속도가 느려지는 현상이다. 운동과다형이란 억제기능의 저하나 상실로 인하여 불수의적으로 활동이 지나치게 많이 일어나는 경우이다. 이러한 유형 분류가 말운동장애에도 적용되어 운동감소형과 운동과다형 마비말장애가 있다. 운동감소형 마비말장애hypokinetic dysarthria를 유발하는 원인 질환으로는 파킨슨증을 보이는 세 가지 유형, 즉 특발성 파킨슨병, 이차 파킨슨증, 파킨슨 플러스 증후군이 있다. 운동과다형 마비말장애hyperkinetic dysarthria를 유발하는 원인 질환에는 헌팅턴병, 무도병, 윌슨병 등을 들 수 있다. 현대 의학에서 다양한 뇌영상술이 발달하였지만 운동장애에 대한 진단 및 평가는 이처럼 운동상의 장애를 직접 눈으로 지켜보고 평가하는 과정을 피할 수는 없다.

파킨슨증parkinsonism의 이상운동 증세는 양성 증상positive symptom과 음성 증상negative symptom으로 나뉜다. 양성 증상에는 안정 진전, 경축, 구부정한 자세 등이 있다. 앞서 언급하였듯이 진전은 신체의 일부가 불수의적으로 진동하는 현상을 말한다. 진전의 속도rate나 진폭amplitude은 규칙적 혹은 불규칙적이다. 파킨슨증의 또 다른 주요 특징은 경축rigidity인데 굴근flexor과 신근extensor을 펴려고 할 때 생기는 저항력이다. 파킨슨증 환자에게서 보이는 경축 현상은 손목, 팔목, 발목, 목 등을 돌리면 마치 래칫 톱니바퀴rachet cogwheeling처럼 한쪽으로만 돌아가게 되고 걸리는 부분이 느껴지므로 톱니바퀴 경축cogwheel rigidity이라 칭하기도 한다.

음성 증상으로는 운동 완만, 자세 불안정, 동작 동결, 발성 부전, 소자증 등이 있다. 운동 완만[서동]bradykinesia은 움직임이 느리다는 뜻이다. 운동 완만 증세는 옷을 입을 때, 식사할 때 등 주요한 일상생활의 활동에 상당한 지장을 초래하므로, 파킨슨증의 증세 중에서 일상적 기능에 가장 부정적인 영향을 끼친다. 자세 불안정postural instability이란 자세 유지가 힘들거나, 혹은 의자에서 일어나기 힘든 상태 등을 보이는 현상이다. 동작 동결freezing phenomenon은 걷다가 갑자기 어느 순간 멈추는 증세를 말한다. 이 밖에도 목소리가 작게 나는 발성 부전hypophonia이 있는데, 이는 호흡기관과 성대가 뻣뻣해지는 경직 현상으로 성문 하압이 현저하게 저하되고 성대의 움직임이 원활하지 못한 데에서 그 원인을 찾을 수 있다. 소자증micrographia은 글씨를 작게 쓰는 현상이다. 글씨 크기가 극도로 작고 떨림 현상이 보이므로 글씨를 알아보기 힘들다.

(6) 반사 검사

반사 작용은 척수 내에 반사궁이 있어서 뇌를 거치지 않고 척수에서 직접 일어난다. 반사를 평가하는 항목에는 표재성 반사와 심부건 반사 등이 있다. 표재성 반사 superficial reflex는 피부 또는 점막을 자극하여 근육의 반사 수축을 일으키는 현상이다. 표재성 반사에는 구역반사, 복부반사, 둔근(엉덩이 근육)반사 등이 있다. 이 중 구역반사gag reflex의 경우에는 인두벽 양쪽을 가볍게 자극한 후에 연구개와 인두벽이 수축되는지를 관찰하는데 한쪽 반응이 소실되었는지를 확인한다. 심부건 반사deep tendon reflex: DTR는 건(힘줄), 골막, 또는 관절 등에 자극을 가하여 발생하는 근육 뻗침 반사 반응이다. 심부건 반사 검사는 반사 해머를 사용하여 이두박근, 삼두박근, 무릎, 발목 등을 대상으로 실시한다. 이 밖에도 생후 2년 이후에는 소멸되는 바빈스키 반사Babinski reflex와 같은 병적 반사가 있는지도 확인한다.

(7) 지각 검사

지각sensation에는 일반지각, 내장지각, 복합지각이 있다(〈표 2-6〉 참조). 일반지각은 또다시 표재지각surface sensation과 심부지각deep sensation으로 나뉜다. 표재지각은 피부나 점막 등의 체표면으로부터 감지하는 지각이며, 심부지각은 심부조직, 즉 근육, 인대, 건, 골, 관절 등으로부터 감지하는 지각이다. 내장지각은 내장기에서 발생하는 일반내장지각과 후각, 미각 등과 같이 특수내장지각이 있다. 복합지각은 일반

표 2-6 지각의 유형

유형		
대분류	중분류	소분류
일반지각	표재지각	촉각(tactile sensation)
		통각(pain sensation)
		온도각(temperature sensation)
	심부지각	운동각(motion sensation)
		위치각(position sensation)
		진동각(sense of vibration)
		압각(pressure sense)
		압통각(pressure pain)

내장지각	일반내장지각	
	특수내장지각	후각(smell sensation)
		미각(taste sensation)
복합지각		입체인지(stereognosis)
		중압인지(barognosis)
		국소인지(topagnosis)
		자가국소인지(autotopagnosis)
		이점식별(two–point discrimination)
		이점 동시 자극(double simultaneous stimulation)

지각과 내장지각 모두가 관여하며, 인식뿐만 아니라 식별의 역할을 한다. 복합지각 중에서 중압인지는 무게를 인식하거나 무게의 차이를 식별하는 능력이다. 언어병리에서 중요시되는 지각으로는 촉각, 운동각, 위치각, 압각 등을 들 수 있다.

(8) 소뇌 검사

소뇌 손상이 의심될 때에 이를 확인하기 위하여 시행하는 검사는 다음과 같다. 첫째, 보행 검사를 실시하여 걸을 때의 자세, 평형을 유지하는지 여부, 팔을 잘 흔드는지와 돌아서는 것 등을 관찰한다. 술에 취한 듯이 비틀거리거나 양발을 넓게 벌리고 걷는wide based gait 보행 실조gait ataxia를 보인다면 소뇌 손상을 의심해 볼 수 있다. 직렬 보행 검사tandem gait test는 일직선이 그려진 바닥을 발꿈치와 발가락 부분이 서로 맞대도록 일자로 걷게 하여 실조가 있는지를 관찰하는 검사이다. 보행장애가 보인다면 소뇌 질환을 의심해 볼 수 있다.

둘째, 손가락 코대기 검사finger-to-nose test: FTNT는 팔을 최대한 벌린 후 검지를 코끝에 대어 보도록 하는 검사이다. 눈을 감고 한쪽 검지와 다른 쪽 검지를 차례로 코에 갖다 댄 후 다시 원위치로 가도록 하기도 한다. 검지 끝이 코끝에 정확하게 도달하는지, 즉 운동거리 측정 이상dysmetria이 없는지, 검지가 코끝에 근접하면서 의도 진전을 보이는지 등을 관찰한다. 손가락–코–손가락 검사finger to nose to finger test: FNFT에서는 환자 본인의 코끝과 검사자의 검지 손끝을 왔다 갔다 움직이도록 요구한다. 이때 검사자의 팔이 이동하여도 환자가 방향 전환을 잘 하면서 목표물에 정확하게 도달하는지, 팔을 잘 뻗고 의도 진전이 없는지를 확인한다.

셋째, 발꿈치-정강이 검사heel-to-shin test는 환자가 천장을 보고 누운 후에 한쪽 다리의 발꿈치를 다른 다리의 무릎에 갖다 댄 후에 발가락까지 쭉 내려오게 하는 검사이다. 만일 발꿈치가 내려오는 위치에서 많이 벗어나면 소뇌 실조cerebellar ataxia를 의심할 수 있다.

넷째, 교호운동기능장애dysdiadochokinesia를 알아보기 위해서는 한 손의 손바닥을 다른 손의 손바닥에 치도록 하고 다시 손을 뒤집어 손등으로 다른 손의 손바닥을 치는 운동을 반복하고, 손을 바꾸어 검사한다. 이때 운동의 속도, 리듬, 부드러운 정도 등을 관찰하여 협응운동에 이상이 없는지를 파악한다.

마지막으로, 마비말장애dysarthria 여부를 확인하기 위하여 자연스런 대화나 모음 연장 발성 , 교대운동속도alternating motion rate: AMR 과제나 일련운동속도sequential motion rate: SMR 과제를 시행한다. 이때 협응운동의 장애로 인하여 부정확한 조음, 끊어지는 말scanning speech, 불규칙한 음절 반복 등이 관찰되면 말 검사를 의뢰한다.

(9) 임상병리 및 영상 검사

가장 기본적인 임상병리 검사로는 혈액 검사와 소변 검사가 있다. 혈액 검사를 통하여 고지혈증, 당뇨, 염증 상태, 혈액의 과응고 상태 등을 확인한다. 뇌경색의 경우에 혈액의 항응고제anticoagulant인 헤파린Heparin이나 와파린Warfarin 등의 약물 효과를 모니터링하기 위해서도 시행된다.

심장기능 검사로서 심전도, 심장초음파, 심장 3D CT 등을 시행한다. 심전도를 통하여 맥박이 불규칙하게 뛰는 현상인 부정맥arrhythmia, 특히 심방세동atrial fibrillation: AF을 진단할 수 있다. 심장초음파를 통해서는 심장 내의 혈전을 발견할 수 있고 심장 판막 질환 등의 심장의 구조적인 이상을 확인할 수 있다. 심장 3D CT는 심장 관상동맥의 이상 유무를 확인할 수 있다.

환자에 대한 병력이 기록되고 신경학적 검사와 기본적인 임상병리 검사가 이루어진 후에는 뇌에 대한 영상 검사로 이어진다. 뇌 자기공명영상brain-magnetic resonance imaging: B-MRI은 뇌손상이 의심되는 경우에 행해진다. 그러나 뇌출혈이 의심되면 컴퓨터단층촬영computerized tomography: CT만으로도 출혈 여부를 확인할 수 있다. CT는 MRI보다 해상도가 낮지만 X선이 투과되는 정도를 컴퓨터로 분석하므로 검사 소요

시간이 상대적으로 짧다.

심장으로부터 뇌까지 이어지는 혈관에 문제가 있는지 여부를 확인하기 위해서는 자기공명혈관조영magnetic resonance angiography: MRA을 시행한다. MRA를 통하여 뇌혈관의 모양을 살펴서 좁아진 협착stenosis이 없는지도 알아본다.

경두개 초음파검사transcranial doppler: TCD는 초음파 센서를 통하여 초음파를 뇌에 투과시켜 반사된 음파를 영상으로 변환하여 분석하여 뇌혈관 속에서 피가 흐르는 속도를 측정하고 폐쇄 여부를 확인하는 비침습적 검사법이다. 뇌전도 또는 뇌파 검사electroencephalography: EEG는 여러 곳의 두피에 전극을 부착하여, 뇌파장의 주파수와 강도 측정을 통하여 뇌의 전기 활동의 시간적 변화를 기록하는 검사이다. EEG는 대표적인 비침습적 검사로서 병소 부위나 성질 등을 정확하게 알 수 있어서 뇌종양이나 간질 등을 진단하는 데 사용된다. 그러나 뇌의 어느 세포에서 그러한 전기 활동이 일어나는지에 대한 상세한 정보는 얻기 힘들다. 한편, 문장이나 단어를 들려주는 등의 특정 과제가 뇌의 전기 활동과 어떻게 상관이 있는가를 측정하기 위해서는 단순한 뇌파가 아닌 사건 관련 전위를 측정한다. 사건 관련 전위event-related potentials: ERP는 과제 활동을 수십 차례 이상 시행하여 뇌파의 평균을 계산해 낸다. 사건 관련 전위를 포함한 뇌파 검사는 전기 활동의 구체적 지역에 대한 정보, 즉 공간해상도가 낮은 대신 시간해상도는 높다.

양전자방출단층촬영술positron emission tomography: PET은 방사능 표지가 부착된 포도당 등과 같은 방사성 화학물질을 주사하여 방사성 탐지 장치에 의하여 뇌의 활동[혈액의 변화]을 지도로 작성하는 방법이다. PET는 공간해상도는 높으나 시간해상도가 낮은 영상술로서 뇌를 방사선에 노출시켜야 하므로 침습적 방법에 속한다.

기능성 자기공명영상술functional magnetic resonance imaging: fMRI은 뇌가 활동하는 동안 혈액의 헤모글로빈 분자에서 발생하는 변화를 탐지하여 측정된다. 뇌의 신경세포들이 활발히 활동하면 산소소비량이 증가하고 이를 보충하기 위하여 그 부분의 혈류량이 증가한다는 원리에 기초한 것이다. 이때에 얻어지는 혈액 내 산소 수준 신호인 BOLDBlood Oxygen Level Dependent 신호를 이용하여 뇌의 어떤 영역이 기능적으로 활성화되는지를 파악하게 된다.

4) 국립보건원 뇌졸중 척도(NIHSS)

1989년 Brott 등에 의하여 제작된 미국의 국립보건원 뇌졸중 척도National Institute of Health Stroke Scales: NIHSS는 급성기 뇌졸중 환자를 대상으로 초기 신경학적 상태를 평가하고 추적, 관찰하기 위하여 시행하는 간이 검사이다. 총 수행 시간이 평균 6.6분 정도이다. 총 14개의 검사 범주로 구성되어 있는데 의식 상태, 응시, 시야, 안면마비, 사지의 근력, 운동실조, 감각, 언어장애, 무시inattention, 상지운동 등을 평가하는 문항

표 2-7 NIHSS의 언어 검사 문항

범주	하위 범주	평가 과정	점수
Best Language	청각적 이해력	앞서 시행된 검사 과정의 언어 검사 평가 결과에 준하여 의료진이 판단함	0 = 실어증 없이 정상 1 = 경도 혹은 중도의 실어증 • 표현하고자 하는 의도는 있어 보이나, 발화 유창성과 이해력에서 명백한 장애가 보임 • 검사 항목에 대한 환자의 반응에 제한이 따르기는 하나, 검사자는 환자의 반응을 웬만큼 파악할 수 있음 2 = 심도의 실어증 • 상당히 제한된 표현만이 가능하므로 듣는 이가 환자가 말하고자 하는 바를 이해하기 위해서 상당한 어려움이 따름 3. 함구증(mutism) 혹은 전반실어증(global aphasia) • 언어 표현이나 이해가 전혀 이루어지지 않음
	표현언어	환자에게 그림을 보여 주면서 설명하게 함	
	이름대기	6개의 사물이 그려진 그림카드를 보여 주고 각 사물의 이름을 말하게 함	
	읽기	5개의 구나 문장을 큰 소리로 읽게 함	
Dysarthria		6개의 단어나 구를 따라 말하게 함	0 = 정상 1 = 경도 혹은 중도의 말장애 • 일부 단어에서 조음이 명확하지 않거나 몇 단어 정도를 이해하기 힘듦 2 = 심도의 마비말장애 • 실어증 여부와 상관없이 환자의 말을 좀처럼 알아듣기가 힘듦: 함구증(mutism) 혹은 전반실어증(global aphasia) Un = 삽관 처치나 그 밖의 신체적 결함

Un = unable to test.

들을 포함한다. 최소 0점(정상)에서 최대 42점(중증도)까지의 점수가 가능하다. 이 중 '언어' 문항(〈표 2-7〉)들을 시행하면 'Best Language'의 점수(0~3점)와 마비말장애(0~2점) 여부를 간략하게(총 0~5점) 알 수 있다. 그러나 검사 신뢰도가 높은 편이 아니므로 언어장애가 일단 의심되면 언어 검사를 의뢰하여 언어장애 여부를 정확하게 판단하는 것이 바람직하다. 한국판 NIHSS(오미선 외, 2012)도 개발된 바 있다.

5) 정신-인지 상태 검사

정신-인지 상태 검사는 비교적 간단하게 환자의 인지기능을 측정할 수 있는 검사도구이다. 간이 정신상태 검사mini-mental state examination: MMSE(Folstein, Folstein, & McHugh, 1975)나 몬트리올 인지 평가Montreal Cognitive Assessment: MoCA(Nasreddine, 1995)(https://www.mocatest.org/) 등이 그 예이다. 이들 검사는 지남력(시간 및 장소), 주의력, 기억 등록, 기억 회상, 언어(이름대기, 따라말하기 등), 시공간 구성, 집행기능, 추상력 등의 문항들로 구성되어 있으며, 규준에 따라 정신-인지장애 여부가 결정된다(제3장에서 상세히 다룸). 일부 연구에 의하면 MoCA가 MMSE에 비하여 경도인지장애를 탐지하는 역할을 더 잘 수행한다고 보고된다.

6) 우울 척도

우울증depression은 노인에게서 흔하게 관찰되는 증세이다. 그런데 뇌졸중, 파킨슨병, 알츠하이머성 치매 등과 같은 뇌신경계 질환을 앓게 되면 신경퇴행성 결손 증상과 우울증을 식별하기가 쉽지 않다. 이러한 우울증을 평가하기 위한 척도로서 비교적 짧고 간단하게 시행할 수 있는 평가도구는 노인 우울 척도Geriatric Depression Scale: GDS(Sheikh & Yesavage, 1986)이다. GDS는 총 30개 문항 또는 단축형의 경우에는 15개의 문항(〈표 2-8〉)으로 구성되어 있다. 문항별 점수는 '예'는 1점, '아니오'는 0점을 할당하되, 긍정 문항들(2, 3, 4, 5, 14)은 역채점 문항들로서 '예'는 0점, '아니오'는 1점을 준다. 최대 점수는 15점, 최소 점수는 0점인데, 0~5점은 정상으로, 6~10점은 중등도의 우울증상으로, 11~15점은 심한 우울증상으로 간주된다.

표 2-8 노인 우울 척도(GDS)

번호	문항
1	삶이 공허하다.
2	나의 삶에 기본적으로 만족한다.
3	대체로 행복하다.
4	살아 있다는 사실이 아주 기쁘다.
5	기분 좋게 사는 편이다.
6	최근 들어 활동이나 관심거리가 줄었다.
7	나에게 나쁜 일이 닥쳐올까 두렵다.
8	자주 무기력해진다.
9	내 삶이 가치가 없다.
10	내가 처한 상황이 절망적이다.
11	다른 사람들이 나보다는 잘 지내는 것 같다.
12	자주 따분해진다.
13	예전보다 기억력이 많이 떨어졌다.
14	기운이 넘치는 것 같다.
15	외출하는 것보다는 집에 있는 것이 좋다.

2. 원인 질환 규명

언어장애를 일으킬 수 있는 신경계 병인으로는 혈관성, 감염성, 외상성, 알러지성, 신진대사-독성, 염증성, 종양성, 선천성, 퇴행성 등이 있다(〈표 2-9 참조〉). 여기서는 병인별로 대략적인 개요를 살펴보자.

암기포인트

신경언어장애의 병인(〈표 2-9〉)을 각 범주의 첫 자를 따서 VITAMIN · C & D로 외워 보자(출처: Aronson, 2000).

1) 혈관성

혈관성$_{\text{vascular}}$이란 혈관의 여러 가지 병리적 과정으로 유발되는 병인이다. 따라서 뇌혈관성 병리적 변화로 발생하는 뇌기능 이상을 총칭하여 뇌혈관 질환

표 2-9 신경계 원인 질환의 범주 및 예

질환 범주	예
혈관성(Vascular)	출혈성 뇌졸중, 비출혈성 뇌졸중, 동맥류 파열, 저산소 뇌병증
감염성(Infectious)	척수염, 수막염, 뇌염
외상성(Traumatic)	외상성 뇌손상
알러지성(Allergic)	만성적 음식 알러지, 계절성 알러지
대사성-독소성(Metabolic-toxic)	약물, 술과 약물 남용, 일산화탄소 중독, 윌슨병
염증성(Inflammatory)	뇌농양, 다초점 백색질뇌증
신생(물)성(Neoplastic)	중추신경계 종양, 뇌간 종양, 신생물 딸림증후군
선천성(Congenital)	간질, 선천성 말초 신경병증, 길랑-바레증후군, 다발 신경병증, 근이양증
퇴행성(Degenerative)	파킨슨병, 다계통 위축증, 피질기저핵변성, 진행성 핵상마비

cerebrovascular disease: CVD 혹은 뇌혈관 사고cerebrovascular accident: CVA라 하고, 일반적으로 뇌졸중stroke이라 칭한다. 정상적인 뇌기능 유지를 위하여 뇌는 심장 수축기 동안에 전체 혈액 70mL 중의 약 1/5인 10~15mL를 공급받아야 한다. 그런데 어떤 이유에서든지 혈류 공급이 부족해지거나 뇌혈관이 파열되면 뇌세포로의 영양이나 산소공급이 제대로 이루어지지 않게 된다.

통계청이 발표한 '2019년 사망 원인 통계 결과'에 따르면, 우리나라에서 '뇌혈관 질환'은 '악성신생물(암)', '심장질환', '폐렴'에 이어 네 번째 사망 원인으로 꼽힌다. 뇌혈관 질환으로 인한 사망률은 인구 10만 명당 42.0명(0.042%)이다. 한편, 보건복지부 국민건강영양조사에 따르면, 우리나라 인구 중 만 50세 이상(2019년 기준 총 20,114,469명)에서 뇌졸중 유병률prevalence은 1.9%(남 2.5%, 여 1.3%; 382,175명)로 나

표 2-10 혈관성 병인

유형	기제	병인	질환	
허혈	혈전	혈전증	혈전증 뇌경색	허혈성 뇌졸중
	색전	색전증	색전증 뇌경색	
			일과성 허혈 발작	
출혈	뇌내 출혈		출혈성 뇌졸중	
	동맥류			
	동정맥 기형			

타났다.

혈관성 병인은 허혈과 출혈로 나뉜다(〈표 2-10〉 참조), 허혈ischemia은 글자 그대로 피가 모자란다는 뜻으로 혈관이 좁아지거나 막히면서 담당 세포에 혈류 공급이 원활하지 못하거나 불가능한 상태이다. 이처럼 혈류 공급 부족으로 발생한 뇌졸중을 허혈성 뇌졸중ischemic stroke이라 한다. 뇌에 허혈이 생기는 원인은 크게 두 가지이다. 첫째는 혈관벽에 침전물이 쌓여서 점차로 혈관이 좁아지면서 혈전thrombus으로 혈관을 막게 되는 혈전증thrombosis이다([그림 2-5] 참조). 혈전증으로 인한 뇌경색을 혈전증 뇌경색thrombotic infarction이라 한다. 둘째는 혈전으로부터 떨어져 나간 조각인 색전embolus이 혈관을 타고 흐르다가 좁은 혈관을 막게 되는 색전증embolism이다. 색전증으로 인한 뇌경색은 색전증 뇌경색embolic infarction이라 한다. 혈전증은 혈관벽이 서서히 좁아지므로 증상이 점차적으로 진행되지만, 색전증은 갑자기 막히는 경우가 많으므로 증상이 갑작스럽게 발생한다. 어떠한 이유에서든지 피응어리가 혈관을 막게 되면 막힌 지점 이후의 뇌는 손상을 받게 되면서 뇌는 괴사infarct하고 만다. 일과성 허혈 발작transient ischemic attack: TIA은 혈관이 좁아지는 과정에서 뇌혈류 공급이 원활하지 못하여 마비와 같은 증세가 왔다가 사라졌다가 하는 것이 반복되는 상태이다.

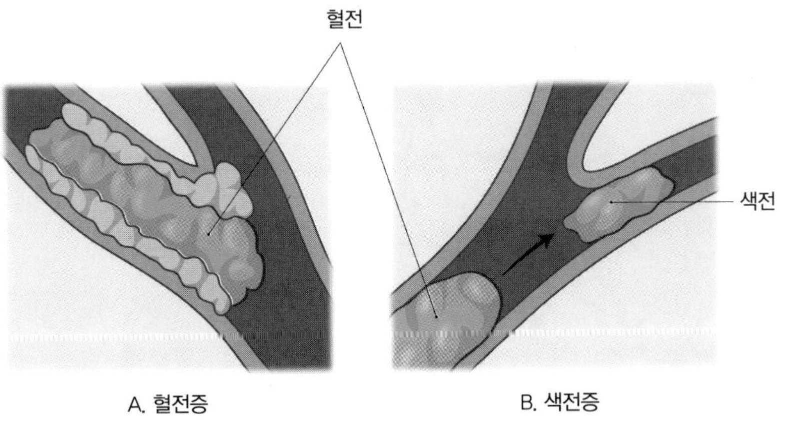

그림 2-5
혈전증과 색전증
출처: 김향희(2009). 언어병리학의 신경해부. p. 225, 그림 9-10.

출혈hemorrhage이란 혈관의 약한 지점이 과도한 압력을 받으면 혈관벽이 지탱하지 못하고 터지는 것이다. 이러한 출혈 현상이 대뇌에서 발생하는 경우를 뇌내 출혈IntraCerebral Hemorrhage: ICH이라 한다. 뇌출혈이 지주막[거미막]arachnoid 아래에 생기는 경우는 지주막하 출혈subarachnoid hemorrhage: SAH이라 칭한다. 이렇게 발생하는 뇌졸중을 출혈성 뇌졸중hemorrhagic stroke이라고도 한다. 출혈이 진행된 주변의 뇌세포를 괴사시킬 수 있다. 그 밖에도 동맥내강이 혹이나 풍선처럼 확장된 상태인 동맥류aneurysm, 뇌동맥과 뇌정맥 사이가 모세혈관으로 연결되지 않고 동맥에서 정맥으로 직접 피가 흐르는 선천적인 기형적 혈관 상태를 보이는 동정맥 기형arteriovenous malformation: AVM 등으로 인하여 출혈이 발생한다.

앞서 살펴본 대뇌동맥 중에서 심장에 가까운proximal 동맥이 막힐수록 뇌의 괴사 부위가 커지게 된다. 예컨대, [그림 2-6]과 같이 중대뇌동맥 전체에 혈전증이 있는 경우에는 대뇌 측면의 대부분에 괴사가 관찰된다. 반면에 상부 지류 혹은 하부 지류에 국한되어 막히면 전두엽 혹은 측두엽의 손상 부위가 국한된다. 좌측 근위 M1이 막히면 전반실어증global aphasia이 유발될 수 있다. [그림 2-7]은 좌측 내경동맥internal carotid artery: ICA의 전체 막힘으로 인하여 좌뇌 전체의 괴사를 유발한 경우를

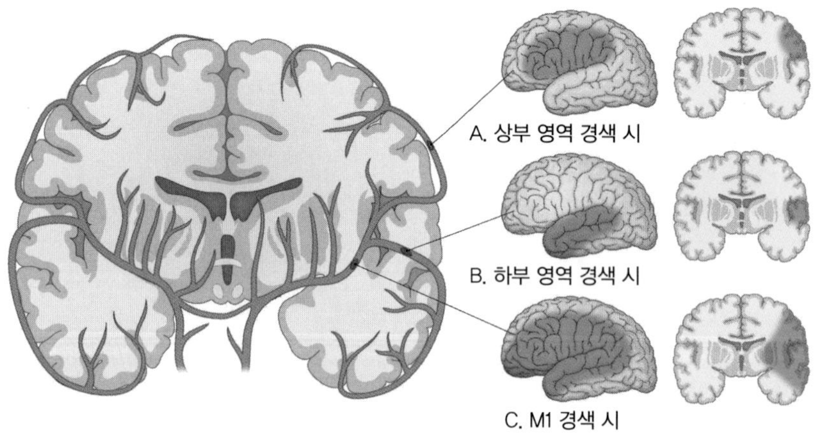

그림 2-6
중대뇌동맥 혈관경색의 위치에 따른 괴사
출처: 김향희(2009). 언어병리학의 신경해부. p. 257, 그림 9-12.

B-MRI로 나타냈다. 물론 이 환자는 전반실어증의 언어장애를 보였다. 한편, 작은 모세혈관이 많이 막히는 현상이 보이는 경우를 열공성 뇌경색$_{\text{lacunar infarction}}$이라 한다.

그렇다면 이러한 뇌졸중을 일으키는 데 밀접한 관계가 있는 위험인자$_{\text{risk factor}}$는 무엇일까? 일반적으로 뇌졸중 위험인자는 통제 가능한 인자와 통제 불가능한 인자로 구분된다. 조절 불가능한 인자로는 가장 대표적으로 연령, 성별, 가족력, 인종 등을 들 수 있다. 조절 가능한 인자로는 고혈압, 심방세동$_{\text{atrial fibrillation: AF}}$, 심근경색증, 당뇨병, 흡연, 음주, 고지혈증, 일과성 허혈 발작의 기왕력, 스트레스, 비만, 운동 부족, 약물 남용, 코골이 등이 있다. 따라서 신경계 질환 환자들에게 이러한 위험인자에 대해 파악하는 일이 중요하다.

2) 감염성

감염$_{\text{infection}}$이란 세균$_{\text{bacteria}}$, 바이러스$_{\text{virus}}$, 진균$_{\text{fungus}}$, 기생충$_{\text{parasite}}$ 등의 병원성 미생물이 기생 대상인 숙주$_{\text{host}}$에 침입하는 현상을 말한다. 이러한 미생물들이 중추신경계에 직접 침범하면 뇌기능 장애를 유발하게 되는데, 침입한 부위에 따라 뇌염$_{\text{encephalitis}}$, 수막염$_{\text{meningitis}}$, 혈관염$_{\text{vasculitis}}$, 척수염$_{\text{myelitis}}$ 등의 감염성$_{\text{infectious}}$ 질환으

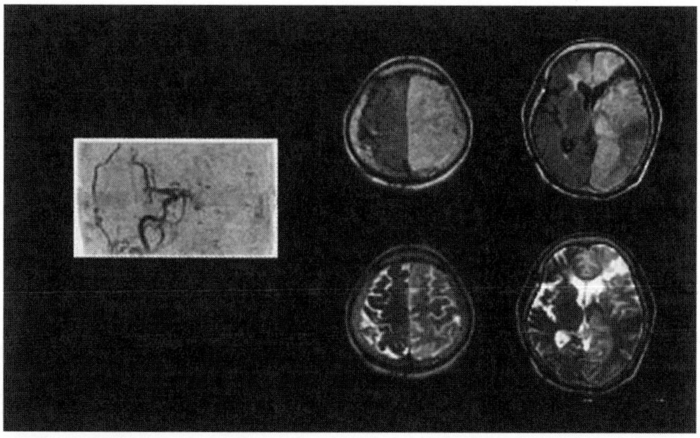

그림 2-7
B-MRA상의 좌측 내경동맥의 전체 막힘으로 인하여 B-MRI에서 관찰되는 좌뇌경색

로 구분된다. 여기서 뇌염은 뇌 실질을 침범함으로써 발열, 두통과 함께 의식장애와 경련[간질 발작], 기타 국소신경학적 장애를 보이는 질환이다. 수막염은 뇌나 척수를 둘러싸고 있는 뇌막[수막]에 발생한 염증을 가리킨다.

세균성 감염에는 급성 화농성 수막염, 재발성 세균성 수막염, 결핵성 수막염, 폐렴 미코프라스마 감염증, 나병, 무균성 수막염, 리케치아 감염 등이 있다. 바이러스성 감염viral infection에는 바이러스성 수막염, 회색질 척수염, 바이러스성 뇌염, 일본 뇌염, 광견병, 단순 헤르페스 뇌염, 대상 포진성 감염, 만성 바이러스 감염 등이 있다.

후천성 면역 결핍 증후군acquired immune deficiency syndrome: AIDS은 인간 면역 결핍 바이러스human immunodeficiency virus: HIV에 의하여 전파된다. AIDS는 바이러스에 감염된 후 3~6주 후에 발생하는데, 체내의 세포 면역기능이 뚜렷하게 떨어지면서 발열, 인후통, 임파선 비대, 두통, 관절통, 근육통, 구역, 구토, 피부의 구진성 발진 등의 다양한 증상이 나타난다. 또한 뇌막염, 뇌염, 근병증(근육 조직에 나타나는 여러 가지 병적인 상태)도 동반되면서 신경세포의 점진적 소실로 인하여 운동장애나 인지장애 등을 동반하게 된다. 한편, AIDS로 인한 의사소통장애는 바이러스 감염으로 인하여 혹은 혼합 약물의 독성으로 인하여 발생한다. 특히 AIDS 성인 환자의 75% 정도가 청각장애를 겪는다고 알려져 있다. 말·언어장애 등도 보고되는데, 대표적인 장애로는 실어증, 말실행증, 마비말장애, 말더듬증, 음성장애, 화용적 언어장애, 삼킴장애 등이 있다.

프리온병prion disease는 프리온이라는 전염력을 가진 단백질 입자를 통해 유발되는 광우병, 크로이츠펠트-야콥병Creuzfeldt-Jacob disease: CJD 등 다양한 질환을 총칭한다. 프리온은 보통의 바이러스보다 훨씬 작으며, 감염되면 뇌에 스펀지처럼 구멍이 뚫려 신경세포가 죽게 되면서 뇌기능장애를 일으키는 해면 뇌병증spongiform encephalopathy을 유발한다. CJD는 네 가지 형태로 분류되는데, 이 중 산발 크로이츠펠트-야콥병sporadic CJD이 전체의 85% 정도로 가장 흔하다. 그 다음으로, 10~15%를 차지하는 가족성 크로이츠펠트-야콥병familial CJD은 프리온 단백질의 유전 정보를 가지고 있는 유전자의 돌연변이에 의해 발병된다. 의인성 크로이츠펠트-야콥병iatrogenic CJD은 1~2% 정도를 차지하며, 광우병에 걸린 소를 섭취한 후 발생하는 변종 크로이츠펠트-야콥병variant CJD은 인간 광우병이라고도 불리며 극히 드물다.

기생충 감염parasitic infections은 말라리아 원충, 선모충 등의 기생체가 인간 또는 가

축의 체표 또는 체내에 머물면서 해를 끼치는 것을 말한다. 대뇌 말라리아cerebral malaria는 실어증, 실조증, 신경마비 등을 유발한다.

3) 외상성

교통사고나 총상 등의 외부적인 요인으로 인해 생기는 머리 부분의 손상을 외상성traumatic 원인으로 분류하여 외상성 뇌손상traumatic brain injury: TBI이라 칭한다. 외상성 뇌손상은 손상의 중증도나 기전 등에 따라 그 특색을 달리한다. 기제에 따른 유형으로는 폐쇄성, 개방성 혹은 관통성으로 나뉜다. 폐쇄성 두부 손상closed head injury: CHI은 두개골의 경막이 손상되지 않은 뇌손상이다. 개방성 두부 손상open head injury: OHI은 경막이 손상된 뇌손상이다. 관통성 두부 손상penetrating head injury: PHI은 외부 물질이 뇌를 뚫고 들어가 상해를 입힌 경우이다.

외상성 뇌손상의 중증도가 심하면 영구적인 장애를 일으키기도 하며, 경미하고 일시적이기도 하다. 구체적으로 중증도는 크게 경도, 중도, 심도의 세 범주로 나뉜다(〈표 2-11〉 참조). 글래스고우 혼수 척도Glasgow Coma Scale: GCS는 외상성 뇌손상을 분류할 때에 가장 보편적으로 쓰이는 체계이다. 눈뜨기, 구어 반응, 운동 반응의 세 영역에서 관찰된 반응을 대상으로 각각 1~4점, 1~6점, 1~5점을 산정하는데, 총점은 3~15점 사이이다(45쪽 〈표 2-4〉 참조). 대체적으로 13점 이상이면 경도, 9~12점이면 중도, 3~8점이면 심도로 분류한다. 그런데 글래스고우 혼수 척도만으로는 치료 후 결과를 예측하기가 쉽지 않아, 의식 소실의 경과 시간이나 외상 후 기억상실post-traumatic amnesia: PTA의 경과 시간 등을 함께 고려하여 중증도를 파악한다.

한편, 퇴행성 질환이 아닌 뇌에 가해진 손상으로 발생하는 증세로서 생기는 파킨

표 2-11 글래스고우 혼수 척도에 따른 외상성 뇌손상의 중증도 분류

구분	GCS	LOC	PTA
경도	13~15점	0~30분	<1일
중도	9~12점	30~24시간	1일 ~ 7일
심도	3~8점	24시간~	>7일

GCS: Glasgow Coma Scale; LOC: loss of consciousness; PTA: post-traumatic amnesia.

슨증을 이차 파킨슨증secondary parkinsonism이라 한다. 그러나 이차 파킨슨증은 외상성 뇌손상 이외에도 뇌종양, 혈관성 뇌질환, 중독, 수두증, 윌슨병 등에서도 관찰될 수 있다.

4) 알러지성

심한 알러지성allergic 반응은 갑작스런 발증 개시가 특징인 반면, 만성적 음식 알러지나 계절성 알러지에 따른 음성장애는 서서히 발증하는 특색을 보인다. 알러지성 반응에 기인한 장애로는 음성장애를 들 수 있다. 또한 지금까지 신경학적 원인에 근거한다고 생각된 아동 말실행증을 보이는 일부 아동들의 경우에 말실행증이 음식 알러지에 따른 증세일 수 있다는 보고가 있다.

5) 대사성-독성

대사성metabolic 장애로 인하여 체내 화학적 반응이 느려지면 대사작용되어야 하는 화합물이 축적된다. 이것이 독성toxic으로 변질되고 신경세포 손실, 뇌백질의 붕괴 등의 영구적 뇌손상을 일으키는 독성 뇌병증toxic encephalopathy이 야기된다. 독성 뇌병증은 말장애를 유발할 수 있다. 독성으로는 약물 중독이나 술과 약물의 남용, 일산화탄소 중독, 윌슨병Wilson's disease 등을 들 수 있다.

6) 염증성

비감염성 염증성non-infectious inflammatory 질환으로서의 뇌농양brain abscess은 중추신경계에 대한 외상으로 인한 뇌부상, 뇌수술 등의 합병증으로 유발된다. 물론 박테리아나 곰팡이의 감염에 따른 뇌농양도 존재하는데, 이들은 '감염성' 원인으로 분류된다. 대표적인 뇌농양으로는 경막외 척수 농양epidural abscess, 뇌실 농양ventricular abscess 등이 있다.

말초신경계에 대한 염증성 질환으로는 후천성 말초신경병증acquired peripheral neuropathy: APN을 들 수 있다. 대표 질환으로 급성 염증성 탈수초성 다발 신경병증acute inflammatory dymyelinating polyneuropathy: AIDP이 있는데 급성으로 발병하고 염증성 반응을 일으킨다. 증세로는 안면 양측마비, 구강인두 부전마비, 호흡 부전마비 등을 들 수 있다.

7) 신생(물)성

신생물neoplasm이란 종양, 낭종cyst 또는 혈관 기형과 같이 비정상적인 성장growth을 총칭한다. 신생물이 발생할 수 있는 위치로는 뇌, 뇌막 등이 있으며, 양성이거나 악성일 수 있다. 종양은 대개 종기 또는 혹으로서 한 부분에 국한되는 결절nodule이 생기는 것이 대부분이다. 그런데 장기나 조직의 표면으로부터 돌출되어 폴립 모양, 유두 모양, 사마귀 모양 등을 보이기도 한다. 뇌종양encephaloma은 뇌 실질에 생기는 종양 이외에도 뇌막, 뇌하수체 등의 내분비선, 뇌신경에 발생하는 종양 등을 모두 포함한다.

뇌낭종brain cyst은 배설관이 없는 선관 안으로 물, 뇌척수액 또는 조직 등이 축적된 것이 주머니 모양을 형성한 것을 말한다. 뇌낭종은 보편적으로 크게 자랄 때까지 증상이 느껴지지 않으며, 뇌척수액의 흐름을 방해하게 되는 것이 주요 문제이다.

혈관 기형은 혈관의 이상으로 동맥이나 정맥의 구조가 정상적이지 않은 상태인 동정맥 기형arteriovenous malformation: AVM을 지칭한다. 신경외과적 수술을 필요로 하는 경우가 많다.

8) 선천성

선천성congenital 질환이란 태어나면서부터 이미 지니고 있는 질환이다. 선천성 신경계 질환은 중추신경계 혹은 말초신경계를 대상으로 발생할 수 있다.

말·언어장애를 유발하는 대표적인 선천성 중추신경계 질환으로는 뇌전증[간질] epilepsy을 들 수 있는데, 원인을 규명할 수 없는 경우에는 이렇게 선천성으로 분류할 수 있다. 뇌전증이란 발작seizure을 초래할 수 있는 신체적 이상이 없음에도 불구하고 발작이 반복적으로 발생하여 만성화된 질환군을 의미한다. 성장 전에 시작된 뇌전증은 계속적으로 뇌손상을 야기하며, 약물치료로 조절되지 않아 뇌수술이 행해지는 경우에 말·언어장애가 유발된다.

선천성 말초신경계 질환은 말초성의 운동, 감각, 자율신경세포들에서 구조나 기능장애를 일으켜서 생기는 선천성 말초신경병증, 선천성 근육병이 포함된다. 이 중 선천성 말초신경병증peripheral neuropathy은 성장하면서 감각장애, 운동기능장애, 근육 위축 등이 동반되어 모든 신체 부위가 부자연스럽게 된다. 만일 호흡에 관여하는 근육의 신경에 대한 신경병증이 있게 되면 호흡마비가 생기면서 흡기가 원활하지 못하여 말산출이 제대로 이루어지지 못한다. 이러한 호흡마비와 관련된 대표적인 질환이 길랑–바레 증후군Guillian–Barre syndrome이다. 또한 청각신경의 손상으로 인한 진행성 청각장애, 안면신경마비로 인한 말장애 등을 유발할 수 있다. 여러 말초신경에 걸쳐 영향을 미치게 되면 다발 신경병증polyneuropathy이라 칭한다. 말초신경병증은 선천성이나 유전성이 아닌 외상성, 염증성, 감염성, 독성 등의 원인으로도 발생한다. 말초신경 손상에 대한 예후는 손상 범위나 부위에 따라 다르나 축삭의 손상 정도가 가장 큰 요인이다.

한편, 근육마비가 오래 지속되면 근위축증muscular atrophy을 초래하면서 근육 부피가 감소하고 사지의 근육이 거의 좌우 대칭적으로 점차로 위축되어 간다. 선천성 근육병myopathy으로는 근이양증muscular dystrophy이 있는데, 골격근이 점차로 변성되고 위축되어 가는 진행성, 불치성, 유전성 질환이다. 근이양증은 근위축증과 구별 없이 사용되기도 하나 다음과 같은 차이가 있다. 근이양증은 주로 유년기에 발생하고, 근위부 근육에서 발생하며 유전적 성향이 확실한 반면에, 근위축증은 청장년기에 원위부 근육에 발생하고 유전적 성향은 없다. 한편, 선천적 질환이 성장이 완료된 성인기 이후에 발병하여 진행되는 경우에는 다음에 소개되는 퇴행성으로 분류하기로 한다.

9) 퇴행성

퇴행성degenerative이란 이미 성장한 조직, 구조, 기능 등이 점진적으로 역행 변화하는 성질이다. 특히 신경계의 퇴행성 질환, 즉 신경퇴행성neurodegeneration 질환은 신경 말·언어장애의 주요 원인이 된다.

운동신경계에 발생하는 퇴행성 질환은 운동신경세포 질환motor neuron disease이라 하며 가장 대표적인 것이 근위축성 측삭 경화증amyotrophic lateral sclerosis: ALS이다. 뇌간이나 척수에 있는 운동신경섬유 및 세포의 진행성 변성에 의하지만 그 원인은 불분명하다. 근위축성 측삭 경화증은 상부 운동신경세포upper motor neuron 체계와 척수신경이나 뇌신경과 같은 하부 운동신경세포lower motor neuron 체계가 동시에 손상된다. 미국 메이저리그 뉴욕 양키스의 프로야구 선수였던 루게릭Lou Gehrig, 1903~1941이 이 병으로 사망하여 '루게릭병'이라고도 부른다. 초기에는 국소적인 운동계 증상을 보이다가 발병 후 수년 내에 호흡마비까지 초래하여 사망에 이르게 되는 것이 일반적이다. 그런데 만일 초기 증상이 급속도로 진행하지 않고 상부 운동신경세포 혹은 하부 운동신경세포 징후만이 지속적으로 나타난다면 그 침범 부위가 어떤 운동신경세포인가에 따라 원발성 측삭 경화증primary lateral sclerosis, 진행성 근위축증progressive muscular atrophy, 진행성 연수마비progressive bulbar palsy로 구분된다(〈표 2-12〉 참조). 원발성 측삭 경화증은 상부 운동신경세포만을 침범하고, 진행성 근위축증은 척수와 관련된 하부 신경세포만을 침범하며, 진행성 연수마비는 뇌간과 관련된 뇌신경의 운동신경핵에 근거한다.

중증 근무력증myasthenia gravis: MG은 신경근 접합부의 장애로 생기는 대표적인 퇴행성 질환이며, 수의근에서 변동적인 근쇠약이 관찰된다. 후두, 인두 등의 근육이 쇠약해지면 호흡, 발성, 조음 등의 말산출이나 저작 및 삼킴 기능에 부정적인 영향을 끼친다. 이 밖에도 대부분의 중증 근무력증 환자에게 관찰되는 대표적인 임상적 특색으로는 눈꺼풀 처짐[안검 하수]ptosis, 복시diplopia 등이 있다.

다발성 경화증multiple sclerosis: MS은 축삭을 감싸고 있는 미엘린수초의 퇴행이나 소실로 발생하는 질환으로서 특정 신경이 관여하는 근육 협응을 감퇴시키거나 불능하게 만든다. 다발성 경화증과 같은 탈수초성 질환은 유전성 이외에도 감염성, 염증성 병인으로도 발생한다.

퇴행성 신경계 질환 중에 주로 운동장애를 보이는 파킨슨병Parkinson's disease은 앞서 52~53쪽에서 언급된 파킨슨증을 보이는 질환이다. 이 중 특발성 파킨슨병idiopathic Parkinson's disease: IPD은 원인 불명의 질환으로 파킨슨증을 주요 증세로 보인다. 특발성 파킨슨병의 신경병리학적인 현상은 파킨슨병은 도파민을 생성하는 중뇌의 흑질substantia nigra에서 탈색소와 신경 손실 현상이 보이면서 도파민 생성이 줄어들고, 루이소체Lewy body라는 퇴행성 물질이 침착하는 질환이다. 도파민 생성이 줄어들면 기저핵으로 전달되는 도파민의 양이 줄어들면서 기저핵이 제구실을 못하게

표 2-12 운동신경세포 질환의 유형

질환명	운동신경세포의 침범 부위
근위축성 측삭 경화증	상부 운동신경세포+하부 운동신경세포
원발성 측삭 경화증	상부 운동신경세포
진행성 근위축증	하부 운동신경세포
진행성 연수마비	뇌신경 운동신경핵

만든다. 한편, 담창구의 신호는 시상밑부핵과 교환된다. 시상밑부핵은 파킨슨병의 수술적 치료법과 관련이 있는데, 시상밑부핵에 낮은 전류를 흐르게 하여 뇌세포에서 나오는 비정상 신호를 차단하는 뇌심부 자극술deep brain stimulation: DBS이 있다. 한편, 기저핵의 손상으로 비정상적인 불수의적 이상운동증dyskinesia을 유발할 수 있다. 이러한 현상은 담창구 신경세포의 활동이 저하되면서 생기며, 이에 따라 시상을 억제하는 기능이 저하되고 운동피질의 활동을 비정상적으로 증가시킨다.

파킨슨 플러스 증후군Parkinson plus syndrome은 파킨슨증을 보이는 또 하나의 유형으로서 파킨슨증뿐만 아니라 여러 신경 증세와 더불어서 발생하는 퇴행성 질환을 말하며 여러 종류가 있다. 첫째, 진행성 핵상마비progressive supranuclear palsy: PSP는 1963년에 처음으로 보고한 연구자들의 이름을 따서 리차드슨-스틸-올스제위스키 증후군Steele-Richardson-Olszewski syndrome이라고도 부른다. 이 질환은 특발성 파킨슨병과 유사한 연령군에서 발생하며, 원인은 잘 알려져 있지 않다. 사후 조직 소견에서 중뇌의 덮개tectum와 피개tegmentum 등에서 신경세포의 손상과 신경교증이 관찰된다. 특발성 파킨슨병 환자들과 유사하게 근육들의 경직이 나타나며, 운동 완만이 보이고, 자세 및 보행의 장애로 인해 쉽게 넘어지며, 얼굴은 가면을 쓴 듯이 무표정해진다. 또한 안구운동장애가 이 질환의 가장 특징적인 임상 증상으로 간주된다. 이러한 증상들이 지속되어 진행되면 신체나 안구의 수의적 움직임이 없어지면서 심한 강직 상태를 보인다. 인지적 기능이 저하되는 치매가 수반되기도 하며, 쉽게 잊어버리는 증세를 보이거나, 사고력이 느려지고, 무감동apathy 등을 보인다. 말장애로는 발성 부전과 마비말장애가 보인다. 둘째, 피질기저핵 변성corticobasal ganglionic degeneration: CBGD은 운동 완만과 경축이 특징이며 떨림은 잘 보이지 않는다. 자세 불안정도 주요 증세일 수 있다. 전체 파킨슨 증후군의 약 5%를 차지하며, 평균 발병 연령은 63세이고, 평균 생존 기간은 7.9년이다. 셋째, 다계통 위축증multiple system atrophy: MSA은 하부 올리브, 기저핵, 뇌교핵, 척수, 색소성핵pigmented nuclei 등에 공통적인 병소를 갖지만, 주요한 임상 양상의 형태에 따라 실조증ataxia과 운동거리 조절이상dysmetria이 주요 증세인 올리브 뇌교 소뇌 위축olivopontocerebellar atrophy: OPCA, 떨림이 거의 없는 선조체 흑질 변성striatonigral degeneration: SND, 자율신경장애가 두드러지는 샤이-드레거 증후군Shy-Drager syndrome 등으로 달리 명명한다.

그런데 파킨슨병과 파킨슨 플러스 증후군 간의 감별진단이 수월하지 않은 것이 가장 큰 문제이다. 왜냐하면 이 두 질환에서 모두 운동 완만(즉, 서동), 경직, 진전(즉, 떨림) 등이 공통적으로 관찰되기 때문이다. 의사들은 R/Orule out의 개념을 사용하여 특정 진단으로 접근하기 위하여 평가를 해 나가며, 그러한 상황에서 진단명으로 아직 그 진단이 확진되지 않음을 의미하는 'R/O 진단명'을 제시하면서 여러 가지의 검사를 진행(즉, workup: W/U)한다. 파킨슨병은 증상이 비대칭적이고, 진행이 느리며 항파킨슨 제제에 반응이 좋다. 그러나 파킨슨병에 대한 치료는 약물치료를 오래 하게 되면 약의 혈중 농도가 늘 그대로 유지되지 않고 치료의 창therapeutic window이 점차적으로 좁아진다. 이와는 대조적으로 파킨슨 유사 증후군은 증상이 대칭적이고, 자율신경계이상을 동반하며, 자주 넘어지며, 초기부터 항파킨슨 제제에 반응이 그다지 좋은 편이 아니다.

무도병chorea(그리스어로 '춤'을 뜻함)은 몸통, 사지, 혹은 안면 등에서 관찰되는 짧고 빠르며 부조화적인 근육의 반사적 움직임을 보이는 질환이다. 헌팅턴병Hungtington's disease은 유전성 신경퇴행성 질환이다. 운동장애(즉, 근긴장이상, 무도병, 파킨슨증), 성격 및 정신 질환, 치매 등의 세 가지 증상을 특징으로 한다. 기저핵의 손상으로 불수의적인 운동장애를 일으키며, 담창구의 기능장애로 인하여 운동의 억제기능이 원활하지 못하게 된다. 증상은 아동기부터 성인기 사이에 시작하나 40~50대가 가장 빈번하다. 마비말장애나 삼킴장애도 점차로 심해진다. 윌슨병Wilson's disease은 체내 기관에 구리가 지나치게 축적되는 매우 희귀한 유전성 질환으로서 경화증cirrhosis, 진행성 운동장애, 간질, 정신 질환 등을 특징으로 보인다. 운동장애로는 떨림, 근긴장이상 등을 보이고, 간혹 무도병을 보이기도 한다.

인지장애 및 언어장애를 일으키는 퇴행성 질환으로 알츠하이머병Alzheimer's disease이 있다. 알츠하이머병은 노인에게 치매를 유발하는 가장 흔한 원인 질환이다. 60세

이전에는 비교적 드물지만 그 이상에서는 나이가 5세 증가할 때마다 발병률이 2배씩 높아진다. 알츠하이머병은 베타 아밀로이드β-amyloid와 같은 신경 독성물질이 축적되면서 단백질 덩어리, 즉 노인반senile plaque과 신경섬유 농축체neurofibrillary tangle 등이 뇌의 피질부로 전반적으로 확산되어 뇌기능장애를 야기하면서 병이 진행된다. 노인반은 신경세포 바깥쪽에 쌓이는 물질로서 아밀로이드와 그 주위를 둘러싼 손상된 신경세포의 미세한 돌기들, 여러 가지 염증세포, 독성물질의 찌꺼기 등으로 구성된다. 이 노인반은 신경세포의 활동을 가로막아 신경세포가 정상적인 기능을 할 수 없게 만든다. 신경섬유 농축체는 신경세포에 필요한 영양을 공급하고 노폐물을 제거하는 신경세포 내 미세관microtubule을 단단히 묶어 주는 역할을 하는 타우tau 단백에 이상이 생겨 미세관의 모양이 헝클어지고 실타래처럼 엉킨 것을 말한다.

3. 기타 평가

1) 발성판

뇌손상은 급성적으로 무의식, 혼수 상태 또는 호흡 곤란을 일으킨다. 이 경우에 응급처리로 기도 확보를 위하여 기관 절개술tracheostomy을 시행하는 경우가 있다. 일시적 혹은 영구적으로 기도 개방이 행해진 환자는 외과적으로 절개하여 생긴 개구부 혹은 누공stoma이 생긴다. 누공이 있으면 호기가 성대를 통과하지 못하며 기관압tracheal pressure이 정상적으로 유지되지 못하면서 발성이 불가능해진다. 환자의 인지 및 언어 기능이 정상적이라 할지라도 발성이 불가능해지면 자유로이 의사소통을 할 수 없게 된다. 그러므로 기관 절개술 후에 경과가 좋아진 상태라면 정상적인 흡기기능도 유지시키면서 발성의 목적을 위하여 발성판speaking valve을 착용시킨다. 파시-뮤어 발성판Passy-Muir speaking valve([그림 2-8] 참조)은 발성판에 부착된 얇은 막이 흡기 시에 열리면서 공기를 기관 내에 유입하게 하고, 호기 시에는 닫히면서 공기를 누공이 아닌 성대로 흐르게 한다. 환자가 누공이 있는지, 발성판을 사용하는지, 발성판을 사용할 수 있는 상황인지를 평가하여 안전하고도 효과적인 의사소통을 돕는 것이 필요하다.

그림 2-8
파시-뮤어 발성판과 환자 장착의 예

참고문헌

강연욱(1994). 누가 왼손잡이인가?: 한국인들의 손잡이(handedness)평가. **한국심리학회지: 임상, 13(1)**: 97-113.

고도일 역(2001). **쉽게 배우는 신경학적 검진**. 서울: 도서출판 푸른솔.

김향희(2009). **언어병리학의 신경 해부**. 서울: 시그마프레스.

나덕렬(1996). Assessment of neglect and related disorders. **대한신경과학회지, 14**: 49-56.

나은우(2007). 장애평가. 박창일, 문재호 (편). **재활의학**(Chapter 08, pp. 153-162). 서울: 도서출판 한미의학.

신현정 · 김비아 역(2008). **마이어스의 심리학개론**. 서울: 시그마프레스.

이대희(2003). **임상 신경학: I. 총론**. 서울: 고려대학교 출판부.

이대희(2003). **임상 신경학: II. 각론**. 서울 고려대학교 출판부.

오미선 · 유경호 · 이주헌 · 정산 · 고임석 · 신준현 · 조수진 · 최휘철 · 김향희 · 이병철(2012). Validity and reliability of a Korean version of the National Institutes of Health Stroke Scale. *Journal of Clinical Neurology, 8*(3): 177-183.

Aronson AE (2000). Aronson's neurosciences pocket lectures: Speech, language, voice. San Diego: Singular Publishing Group.

ASHA (2011). Speech-language pathology medical review guidelines.

Morris CR & Agin MC (2009). Syndrome of allergy, apraxia, and malabsorption: characterization of a neurodevelopmental phenotype that responds to omega 3 and vitamin E supplementation. *Alternative Therapies in Health and Medicine,* 15(4): 34-43.

Masur H (2004). *Scales and scores in neurology*. New York: Thieme.

Myers DG (2007). *Psychology*(8th ed.). New York: Worth Publishers.

Oldfield RC (1971). The assessment and analysis of handedness: The Edinburgh Inventory. *Neuropsychologia, 9*: 97-113.

Passy-Muir Inc. www.passy-muir.com

Sheikh JI, Yesavage JA (1986). Geriatric Depression Scale(GDS): Recent evidence and development of a shorter version. In Brink TL. ed. *Clinical gerontology: A guide to assessment and intervention*(pp.165-173). New York: The Haworth Press.

Swanepoel DW (2010). *HIV/AIDS related communication, hearing, and swallowing disorders*. San Diego: Plural Publishing.

Wilson BA, Davidoff J (1993). Partial recovery from visual object agnosia: A 10 year follow-up study. *Cortex, 29*(3): 529-542.

복습문제

1. 다음 빈칸에 옳은 말을 넣는다면?

> 환자가 무학이라 할지라도 문맹의 정도를 파악해야 한다. 문맹 정도에 따라 간판 읽기, 지하철역 이름 읽기 정도의 간단한 읽기는 가능한 (1) ( )과, 읽기와 쓰기가 전혀 불가능한 (2) ( )로 구별된다.

2. 손잡이에 대한 옳은 설명들을 모두 고른다면?

(1) 손잡이 정보는 언어중추가 어느 쪽 뇌반구에 위치해 있는지를 간접적으로 시사한다.
(2) 왼손잡이의 언어중추는 전체 왼손잡이의 30% 정도에서 좌뇌반구에서 관찰된다.
(3) 가장 예측력 높은 손잡이 평가문항은 '숟가락 드는 손'이다.
(4) '글씨 쓰기'는 비교적 예측력이 낮은 평가 문항이다.
(5) 일반 인구에서 오른손잡이는 약 99%를 차지한다.

3. 교차실어증의 정의를 완성하기 위한 조건에 해당하는 것들을 모두 고른다면?

(1) 오른손잡이 (2) 왼손잡이
(3) 우뇌 손상 (4) 좌뇌 손상
(5) 실어증

4. 환자에 대한 의학 정보에 대한 이해로서 옳지 않은 것은?

(1) 우울증은 치매와 유사한 행동양식을 유발할 수 있으며 우울증으로 인한 인지장애를 가성치매라 한다.
(2) 중추신경계에 작용하는 많은 약물은 인지 및 의사소통 기능에 부정적인 영향을 미칠 수 있다.
(3) 환자가 호소하거나 보호자가 관찰한 징후와 의료진에 의하여 관찰하여 발견해 낸 증상을 정확하게 기록한다.
(4) 유전적 소인은 없으나 동일 가족 내에 같은 원인 질환을 앓고 있는 구성원이 여럿 있는 경우에는 가족성 원인이라 한다.

5. 다음에 제시된 각 의식 상태의 수준과 그에 맞는 정의끼리 서로 알맞게 짝짓는다면?

(1) 혼수 상태 (2) 혼미 상태 (3) 기면 상태 (4) 각성 상태

가. 바늘, 꼬집기 등의 통각 자극이나 계속적인 강한 자극에만 반응한다.

나. 내적 및 외적 자극을 기민하고 정확하게 인식하며 의미 있는 의사소통이 가능하다.

다. 의식이 완전히 소실되어 내부나 외부에서 주어지는 일체의 자극에 대하여 전혀 반응하지 않는다.

라. 활기가 없고 자는 듯이 몽롱하며 자꾸 잠에 빠져드는 경향이 있다.

6. 글래스고우 혼수 척도에서 측정하는 세 가지 요소와 획득 가능한 점수의 범위는?

(1) 세 가지 요소:

(2) 점수 범위:

7. 우리 뇌에서 수면, 각성, 의식 상태 등을 조정하며, 연수에서 시작되어 중뇌를 거쳐 대뇌 피질까지 연결되는 신경계의 네트워크를 칭하는 용어는?

8. 교통사고로 외상성 뇌손상을 입은 35세 남자를 대상으로 의식 수준을 평가하였더니 다음과 같았다. 이 환자의 글래스고우 혼수 척도는 몇 점인가?

- 이름을 불렀더니 눈을 떴다.
- 말을 횡설수설하게 한다.
- 통증에 움츠린다.

(1) 7점 (2) 9점

(3) 11점 (4) 13점

(5) 15점

9. 각 뇌신경의 검사법으로 옳지 않은 것은?

(1) 설하신경: 혀를 내밀게 한다.

(2) 미주신경: '아' 소리를 내게 한다.

(3) 설인신경: 설압자를 혀끝에 대어 본다.

(4) 안면신경: 안면 대칭 상태를 관찰한다.

(5) 삼차신경: 턱을 좌우로 움직이게 한다.

10. 우측 얼굴에서 중추성 안면마비로 확인되는 관찰점은?

(1) 이마를 찡그릴 때에 양쪽 이마에서 주름이 생기며 오른쪽 입꼬리가 처져 있다.

(2) 이마를 찡그릴 때에 양쪽 이마에서 주름이 생기며 오른쪽 눈이 왼쪽 눈보다 작다.

(3) 이마를 찡그릴 때에 왼쪽 이마에서만 주름이 생기며 오른쪽 입꼬리가 처져 있다.

(4) 이마를 찡그릴 때에 왼쪽 이마에서만 주름이 생기며 오른쪽 눈이 왼쪽 눈보다 작다.

11. 근긴장도에 대한 설명으로 옳은 것은?

(1) 대부분의 수의근은 평상시에는 완전히 이완되어 있다.

(2) 경직(spasticity)은 피질척수로 손상에 기인한다.

(3) 접는칼 증상은 경축(rigidity) 현상의 일종이다.

(4) 경축(rigidity)은 하위 운동신경세포의 병변에 기인한다.

(5) 속상수축(fasciculation)은 경직 현상의 일종이다.

12. 다음에서 파킨슨증의 운동 증세 중에서 음성 증상을 모두 고른다면?

(1) 안정 진전	(2) 경직
(3) 동작 동결	(4) 자세 불안정
(5) 운동 완만	(6) 구부정한 자세
(7) 발성 부전	(8) 소자증

13. 이상운동증(dyskinesia)에 대한 설명으로 옳지 않은 것은?

(1) 불수의적 운동이다.

(2) 안정 진전은 파킨슨병이나 환자에게서 관찰된다.

(3) 구개근 경련은 말장애나 삼킴장애를 유발할 수 있다.

(4) 어떤 목적을 위해 움직이는 동안 관찰되는 진전을 안정 진전이라 한다.

(5) 본태성 진전은 진전 외에 다른 신경학적 이상 소견이 없는 경우를 말한다.

14. 소뇌 손상이 의심될 때 일상적으로 시행하는 검사들을 모두 고른다면?

(1) gait test
(2) DDK
(3) FNFT
(4) FTNT
(5) NIHSS

15. NIHSS의 언어 검사 문항에 속하지 않는 것은?

(1) 청각적 이해력
(2) 이름대기
(3) 읽기
(4) 쓰기

16. 뇌 검사법들 중에 기능적 검사법에 속하는 것을 모두 고른다면?

(1) CT
(2) EEG
(3) TCD
(4) ERP
(5) PET
(6) fMRI

17. 신경언어장애를 일으킬 수 있는 병인 중 성질이 다른 한 가지를 고른다면?

(1) 뇌염
(2) 뇌졸중
(3) 수막염
(4) 크로이츠펠트-야콥병
(5) 후천성 면역 결핍 증후군(에이즈)

18. 다음의 특색을 나타내는 질환을 고른다면?

- 미엘린수초의 퇴행이나 소실로 발생한다.
- 특정 신경이 관여하는 근육 협응을 감퇴시키거나 불능하게 만든다.
- 유전성 이외에도 감염성, 염증성 병인으로도 발생한다.

(1) 파킨슨병
(2) 헌팅턴병
(3) 중증 근무력증
(4) 다발성 경화증
(5) 다계통 위축증

19. 알츠하이머병 환자들의 뇌세포에서 관찰되는 비정상적인 유형의 물질로서 타우 단백에 이상이 생겨 미세관의 모양이 헝클어지고 실타래처럼 엉킨 것을 무엇이라 하는가?

(1) 노인반 (2) 루이체

(3) 프리온 (4) 베타 아밀로이드

(5) 신경섬유 농축체

20. 의사가 파킨슨병을 진단할 때에 주요 증상으로 간주하는 운동장애 네 가지를 고른다면?

진전, 경직, 마비말장애, 서동, 비정상적 자세 반사, 소자증, 삼킴장애

21. 침범 부위가 어떤 운동신경세포인가에 따라 나뉘는 운동신경세포 질환 중에 하부 신경세포와 관련된 질환인 것은?

(1) 원발성 측삭 경화증 (2) 진행성 근위축증

(3) 진행성 연수마비 (4) 근위축성 측삭 경화증

정답

1. (1) 반문맹 (2) 순문맹
2. (1) (4) *오른손잡이는 전체 인구의 85~92%이고 왼손잡이의 60%가 좌반구에 언어중추가 있으며, 손잡이를 확인하는 데에 가장 예측력 높은 문항은 '칼 사용'임
3. (1) (3) (5)
4. (3) *환자가 호소하거나 보호자가 관찰한 상태를 '증상', 의료진에 의하여 관찰된 것은 '징후'라 함
5. (1) 다 (2) 가 (3) 라 (4) 나
6. (1) 눈뜨기, 구어 반응, 운동 반응
   (2) 3~15점
7. 망상체 활동계(Reticular Activating System)
8. (3) *E3V4M4로서 총점이 11점임
9. (3) *설압자를 혀 뒤쪽이나 인두벽에 대어 봄
10. (1) *중추성은 대측 안면의 아랫부분만 마비됨
11. (2) *(1) 대부분의 수의근은 평상시에도 약간의 수축 상태에 있음 (3) 접는칼 증상은 경직(spasticity) 현상의 일종임 (4) 경축(rigidity)은 추체외로 손상에 기인함 (5) 속상수축은 이완 현상의 일종임
12. (3) (4) (5) (7) (8)
13. (4) *어떤 목적을 위해 움직이는 동안에 관찰되는 진전을 의도 진전이라 함
14. (1) (2) (3) (4)
15. (4)
16. (2) (3) (4) (5) (6)
17. (2) *2번만 혈관성 병인이고 나머지는 모두 감염성임
18. (4)
19. (5)
20. 진전, 경직, 서동, 비정상적 자세 반사
21. (2) (4)

제3장

인지 및 의사소통 기초 평가

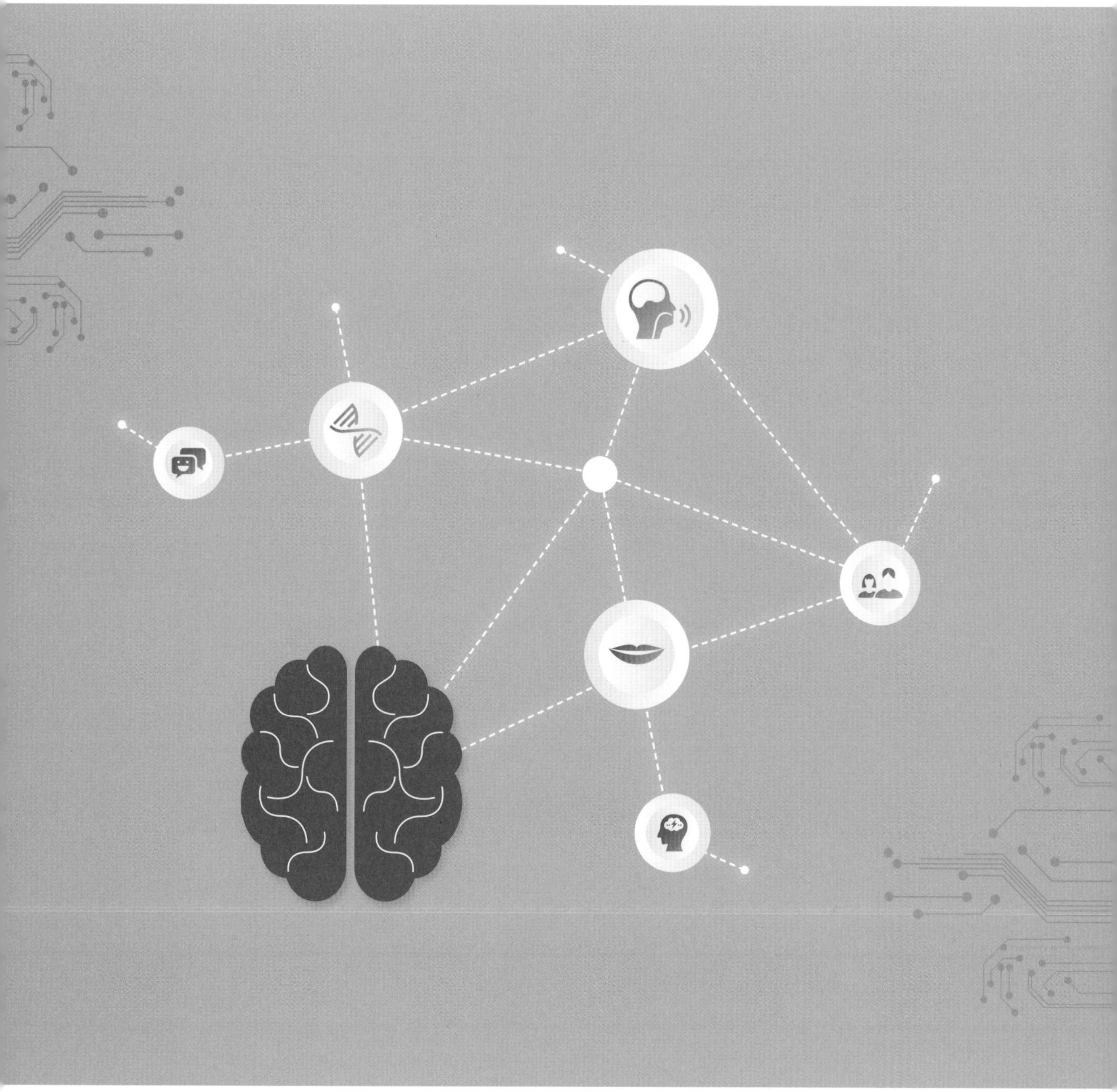

학습목표

- 신경계 손상으로 인해 관찰되는 인지장애들을 정의할 수 있다.
- 각 인지장애를 평가하는 방법을 설명할 수 있다.
- 인지장애가 신경 말 · 언어장애에 어떻게 영향을 미치는지를 설명할 수 있다.
- 의사소통을 기능적 측면에서 어떻게 조명해야 하는지를 설명할 수 있다.
- 의사소통 삶의 질에 영향을 끼치는 요소들을 평가할 수 있다.

신경계 질환을 앓고 있는 환자는 종종 의식 상태가 저하되고 주의력이 결여되어 있다. 이러한 문제는 자칫하면 언어장애나 말장애로 비춰질 수 있다. 또한 표면적으로 관찰되는 말·언어장애가 실제로는 인지장애일 수도 있다. 예컨대, '따라말하기' 장애가 '표현언어장애'가 아니라 단기기억 결함에 기인한 문제일 수 있다. 그러므로 신경계 손상 환자가 의뢰되면 기저에 깔린 인지장애 등이 있는지를 확인해야 한다. 이러한 목적을 성취하기 위하여 가장 필요한 지식은 인지심리학이나 신경심리학 분야와 같은 인접 학문에서 얻을 수 있다. 이 장에서는 신경말·언어장애 환자가 갖고 있는 여러 인지 및 의사소통적 동반 장애를 이해하는 데 초점을 맞추기로 한다.

1. 정신-인지 상태 평가

임상에서 정신-인지 상태는 중요하게 평가되어야 한다. 정신-인지 상태 평가는 다른 평가와는 달리 층위적으로 구성된다. 즉, 의식 상태, 지남력, 주의집중 등이 먼저 평가되고, 이어서 언어, 기억 등이 평가된다. 의식 상태는 이미 제2장에서 다루어졌으므로 여기서는 지남력부터 알아보자.

1) 지남력

지남력$_{\text{orientation}}$이란 시간, 장소, 사람, 상황이나 환경 등을 올바로 인식하는 능력을 말한다. '시간' 지남력$_{\text{orientation to time}}$ 검사는 "지금이 몇 년, 몇 월, 며칠인가요?"라는 질문에 답할 수 있는지를 본다. '장소' 지남력$_{\text{orientation to place}}$은 '현재 장소'나 '살고 있는 곳'을 묻는다. '사람' 지남력$_{\text{orientation to person}}$을 알아보기 위해서는 "이 사람이 누구인가요?" 등을 묻는다. 일반적으로 지남력 중에서 시간 지남력이 가장 먼저 손상되고, 사람 지남력이 가장 잘 유지된다.

2) 주의력

과제를 수행하거나 원활한 인지기능을 발휘하기 위해 가장 기본적으로 요구되는 조건은 주의력attention이다. 주의력은 상황과 관계없는 내적 혹은 외적 자극에 산만해지지 않고 일정한 자극에 집중할 수 있는 능력이다. 인지장애나 언어장애, 특히 청각적 이해력 문제는 주의력이 떨어져서 생길 수 있다. 주의력에는 여러 유형이 있으며 각기 다른 과제로 평가된다(〈표 3-1〉 참조).

먼저, 지속적 주의substained attention는 일정 시간 동안 주의를 유지할 수 있는 능력이다. 새로운 지식을 학습하거나 기억하기 위하여 이 과정이 무척 중요하다. 지속적 주의를 평가하려면 주어진 자극들 중에서 목표하는 자극들만을 지속적으로 선택해야 하는 과제를 준다. 문자 소거 과제letter cancellation task와 기호 소거 과제symbol cancellation task는 각각 여러 가지의 문자나 비언어 기호들이 쓰여진 자극카드에서 특정 문자(예: 'ㄷ', [그림 3-1] 참조)나 비언어 기호(예: 큰 ★, [그림 3-2] 참조)만을 골라 표시하는 과제이다. 이 과제에서는 본인이 실행하고 있는 과제에 대한 지속적인 집중력이 요구된다. 또한 무작위 글자 과제random letter task와 같이 화면에 일련의 글자들을 제시하고 특정 글자가 나올 때마다 버튼을 누르는 반응을 하게 하는 과제에서도 지속적 주의를 평가할 수 있다. 이 과제에서는 생략omission 오류, 임무commission 오류, 보속perseveration 오류 등을 확인한다.

선택적 주의selective attention는 여러 종류의 자극 중에서 방해 요소를 떨치고 특정한 요소에만 집중해서 주의를 기울일 수 있는 능력이다. 스트룹 검사The Stroop Test([그림 3-3] 참조)는 자극카드에 다른 잉크 색깔로 쓰여진 '색깔 단어'를 큰 소리로 읽는 과제이다. 예컨대, [그림 3-3]의 예에서 맨 왼쪽 줄의 단어를 아래로 읽어 내려가면 '빨강, 파랑, 노랑, 초록'이라 읽어야 한다. 이 과제를 제대로 수행하기 위해서 방해 요소인 언어학적 단어 정보를 무시하고, 잉크 색깔에만 집중해야 한다.

표 3-1 주의력 유형과 평가 과제

질환명	평가 과제
지속적 주의	문자소거 과제, 무작위 글자 과제
선택적 주의	스트룹 검사
교대적 주의	기호잇기 검사
분할적 주의	

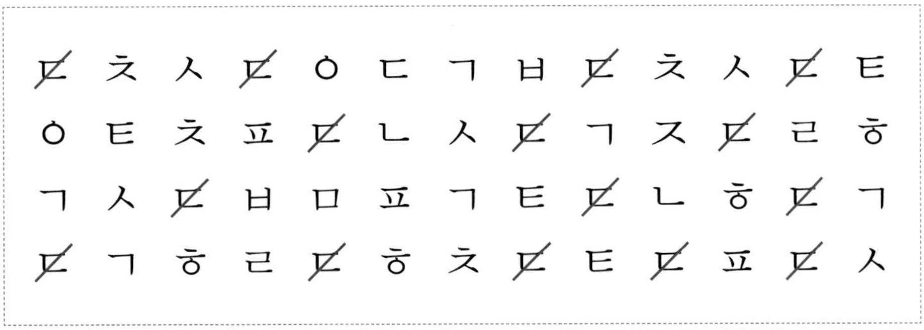

그림 3-1
문자 소거 과제

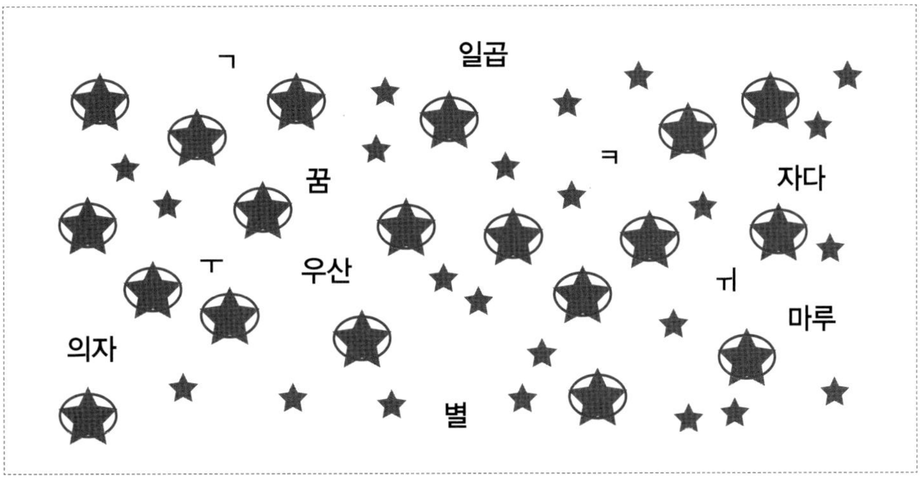

그림 3-2
기호 소거 과제

노랑	파랑	주황	초록
빨강	빨강	노랑	파랑
파랑	노랑	초록	파랑
보라	주황	파랑	보라

그림 3-3
스트룹 검사

교대적 주의alternating attention는 두 개 이상의 서로 다른 인지적 활동이 필요한 과제들 사이를 원활하게 오고 가며 과제를 수행할 수 있는 능력이다. 예컨대, [그림 3-4]와 같이 '1, 2, 3, 4, 5……'의 숫자들과 'ㄱ, ㄴ, ㄷ, ㄹ, ㅁ……'의 한글 자음들이 쓰여진 종이가 있다고 하자. 여기서 숫자 세트와 한글 세트 내에서 하나씩 번갈아 가면서 순차적으로(예: 1 → ㄱ → 2 → ㄴ → 3 → ㄷ……) 줄을 그어 나가려면 교대적 주의가 필요하다. 이러한 검사를 기호잇기 검사Trail Making Test라 한다.

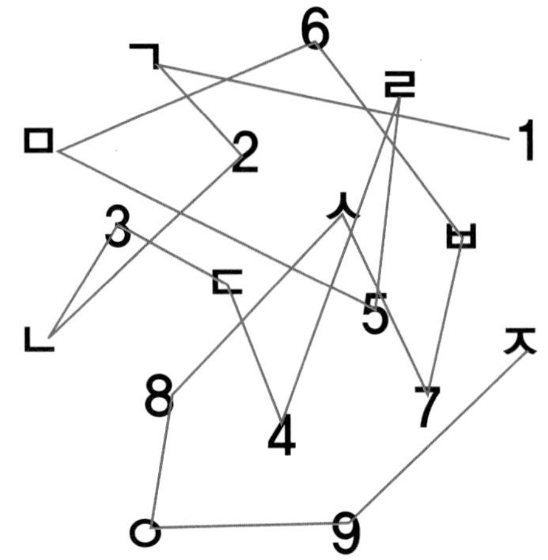

그림 3-4
기호잇기 검사

분할적 주의divided attention는 특정 조건에서 여러 종류의 과제를 한꺼번에 수행할 수 있는 능력이다. 예컨대, 문자 소거 과제를 수행하다가 종소리가 들릴 때마다 왼손으로 탁자를 두드리게 하는 과제를 동시에 시행하게 하여 분할적 주의를 평가할 수 있다.

2. 기억장애 평가

1) 기억의 정의 및 단계

기억이 무엇이고 인간의 뇌에서 어떻게 작용하는지를 안다면 신경언어장애 환자들을 이해하는 데 많은 도움이 될 것이다. 기억이란 정보를 등록(부호화)registration, encoding한 후에, 그 정보를 보유retain, 응고화consolidation 또는 저장하고, 시간이 지난 후에 회상recall 또는 인출retrieve하게 되는 일련의 과정이다([그림 3-5] 참조). 여기서 '등록'은 정보를 받아들이는 것뿐만 아니라 처리하는 것, 받은 정보를 결합하는 것 모두를 의미한다. 다음으로 '보유'는 부호화된 정보를 뇌에 기록하는 현상이다. '회상'은 어떤 특정 상황에서 저장된 정보를 불러내는 것이다.

2) 기억의 유형

인간의 기억은 단일 체계unitary system가 아니고 다중적이고 많은 요소가 서로 연관되는 체계를 갖고 있다. 예컨대, 상대방이 휴대폰 번호를 불러 주면 그것을 들으면서 자신의 휴대폰에 저장할 때까지의 기억은 시험공부를 위하여 필기 노트를 외워 시험 당일까지 며칠 동안 기억해야 되는 유형과는 상당히 다를 것이다. 그럼에도 불구하고 모든 기억은 등록, 보유, 회상의 세 단계를 거친다. 먼저 머릿속에 등록되어 입력되어야 하고, 잊지 않고 보존되는 과정을 거쳐야 하며, 저장된 정보를 문제없이 끄집어내서 사용할 수 있어야 한다. 여기서 등록과 보유는 학습과 좀 더 관련이 있는 반면, 회상 과정은 진정한 의미의 기억이라 할 수 있다. 세 단계 중에서 어느 한 단계라도 문제가 있으면 마지막 단계인 회상이 어렵게 된다. 기억의 유형은 유지 시

그림 3-5
기억이 이루어지는 세 단계
기억은 등록, 보유, 회상의 순으로 이루어진다.

간, 정보 양식, 평가 방법 등에 따라 다양하다.

(1) 유지 시간에 따른 기억 유형

기억의 유지 시간에 따른 기억 유형은 감각기억, 단기기억, 장기기억으로 분류된다([그림 3-6] 참조). 이 중에서 가장 짧은 시간 동안 유지되는 기억은 감각기억sensory memory이다. 감각기억은 귀나 눈 등의 감각기관을 통하여 방금 경험한 현상에 대한 기억이다. 따라서 감각기억은 청각이나 시각 등에 대한 양식 특이적modality-specific 기억으로서, 지속 시간은 기껏해야 1~2초로 상당히 짧다. 감각기억 중에서 청각적으로 제시된 자극에 대한 감각기억은 반향기억iconic memory이라 한다. 시각적으로 제시된 자극에 대한 감각기억은 영사기억echoic memory이다.

그런데 감각기억이 좀 더 오래 지속되기 위해서는 단기기억이나 장기기억으로 전환되어야 한다. 단기기억은 어떤 정보가 제시된 직후 또는 그 정보를 시연rehearsal하는 1~2분 정도 동안 정보를 그대로 회상할 수 있는 기억이다. 단기기억은 저장할 수 있는 양, 즉 보존폭retention span에 한계가 있다. 인지심리학자인 밀러George A. Miller에 의하면 성인의 기억 보존폭은 7±2 정도라고 하였다. 그런데 기억할 내용을 군집화clustering하여 등록하면 기억의 양을 늘릴 수 있다.

한편, 좀 더 복잡한 인지기능 활동에서는 단기기억이 처리 과정에서 곧바로 사용되어야 할 필요성에 입각하여 작업기억working memory의 개념이 도입되었다. 예컨대, "옆집 아이는 15살이고, 뒷집 아이는 11살이다. 두 아이의 나이 차이는 몇 살인가?"라는 문장을 들려주고 답을 요구할 때에 '4살'이라는 정답을 말하기 위해서는 15살과 11살이라는 정보를 기억한 채, 15에서 11을 빼는 산술 과정을 거쳐야 한다. 이때 요구되는 기억이 작업기억이라 할 수 있다.

영국 York 대학의 배들리Alan Baddeley, 1934~ 교수는 작업기억의 개념을 [그림 3-6]과 같이 계층적 모델 내에서 설명하였다. 감각기억을 보유하기 위해서는 작업기억의 형태로 변화되어야 한다. 시공간 집기장visuospatial sketchpad은 심상image이나 공간 위치와 같은 시공간적 정보를 처리하는 체계이다. 예컨대, 차를 타고 지나가다가 어떤 건물을 보고 그 건물의 모양이나 색 등을 기억하는 데 활용된다. 음운 고리phonological loop는 음운 입력 정보의 임시 저장 체계이다. 입력된 음운 정보가 작업기억보다 장시간 보유되기 위해서는 서브 보컬 시연subvocal rehearsal, 즉 속말inner speech을 통하여 음향 정보를 유지하고 조작해야 한다. 일화적 완충기episodic buffer는 인지처리에 관여하는 많은 종속 체계와 장기기억의 정보를 단일한 일화적 표상으로 엮어 주는 제한된 용량 체계이다. 작업 기억에 관여하는 요소로서 중앙 집행기central executive의 역할은 음운 고리, 시공간 집기장, 임시 완충기의 활동을 조화롭게 조절하는 일이다. 또한 작업기억과 다른 기억 간의 정보 공유나 구어 및 문어 이해에도 중요한 역할을 한다.

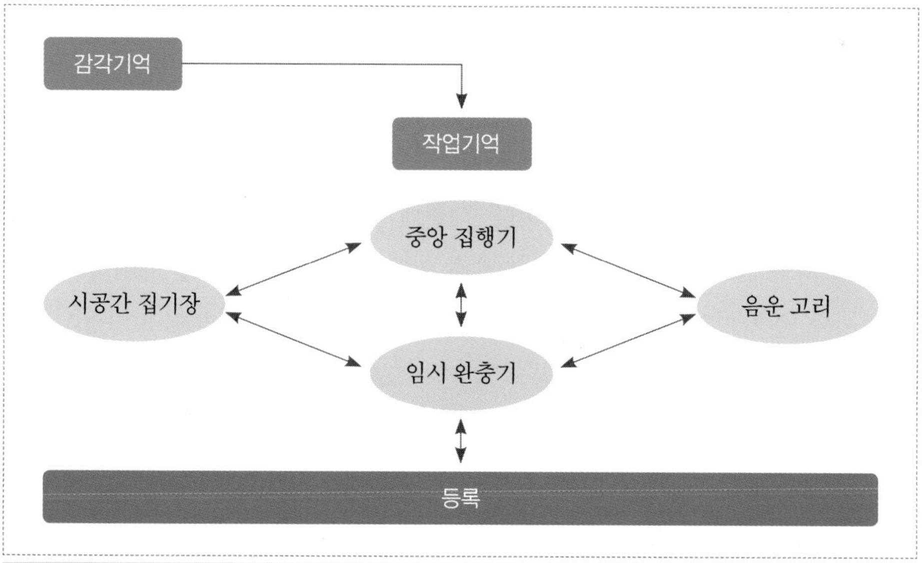

그림 3-6
계층적 모델 내 작업기억의 구성 요소
감각기억은 작업기억으로 변화되고, 작업기억이 장기기억으로 유지되기 위해서는 중앙 집행기, 시공간 집기장, 임시 완충기, 음운 고리 등의 역할이 중요하다.

작업기억 평가의 대표적인 검사는 숫자 외우기 검사digit span test이다. 숫자 외우기 검사는 일련의 숫자(예: 5-3-9-2-7-4)를 순서 그대로 외우기와 순서 거꾸로 외우기로 구성되어 있다. 순서 그대로 외우기와 순서 거꾸로 외우기 각각의 점수와 함께 두 점수 간의 차이를 측정치로 사용한다. 예컨대, 55세부터 80세까지의 정상 노인들의 평균 수행 점수는 순서 그대로 외우기의 경우 5.44(표준편차 = 1.41), 거꾸로 외우기의 경우 3.52(표준편차 = .92), 점수 차이의 평균은 1.94(표준편차 = 1.22)이다.

한편, 단기기억을 좀 더 긴 시간 동안 기억할 수 있는 형태는 장기기억이다. 장기기억은 주의를 딴 곳으로 돌리고 어느 정도의 시간이 지난 후에도 저장된 정보를 다시 회상할 수 있는 기억이다. 장기기억은 단기기억과는 달리 기억 용량이 매우 크다. 장기기억은 기억된 '정보 성격'에 따라 서술기억와 절차기억으로 나뉜다(〈표 3-2〉 참조).

서술기억declarative memory은 사실facts과 사건events에 대한 기억으로서 의식적으로 회상할 수 있는 기억이다. 즉, 'what(무엇)'에 대한 기억이다. 서술기억을 외현기억explicit memory이라고도 한다. 서술기억은 또다시 의미기억과 일화기억으로 분류된다. 의미기억은 특정한 시간적-공간적 맥락과 연결되어 있지 않은 일반적인 지식에 대한 기억(예: 대한민국의 수도)이다. 일화기억은 특정 시기에 특정 장소에서 겪은 개인적 경험에 대한 기억(예: 어제 까페에서 만난 사람)이다.

절차기억procedural memory은 일을 수행하는 데 대한 과정이나 방법에 대한 기억이다. 즉, 'how(어떻게)'에 대한 기억이다. 예컨대, 신발 끈을 묶는 일, 자동차를 운전하는 일, 라면 끓이는 방법 등을 아는 것은 그것에 대한 절차기억을 유지하고 있다는 뜻이다. 절차기억은 자발적으로 노력하지 않아도 저절로 획득되고 사용되므로 암묵기억[내현기억]implicit memory이라고도 한다. 또한 서술기억과는 대조적으로 비서술기억non-declarative memory이기도 하다.

표 3-2 정보의 성격에 따른 장기기억의 유형과 예

정보의 성격	유형	정보의 예
서술기억(외현기억)	의미기억	대한민국의 수도
	일화기억	어제 먹은 점심 식단
절차기억(비서술기억, 암묵기억, 내현기억)		자동차 운전하는 방법, 김밥 싸는 방법

(2) 평가 방법에 따른 기억 유형

기억은 '평가 방법'에 따라 즉각기억, 최근기억, 원근기억으로 분류되기도 한다. 즉각기억immediate memory 혹은 즉각회상immediate recall은 어떤 정보를 제시한 즉시 그 정보에 대하여 인출하는 것이다. 서울신경심리검사Seoul Neuropsychological Screening Test: SNSB에서의 예를 들어 보자. 즉각회상을 평가하기 위한 과제로서 '꽃(예: 진달래, 무궁화), 부엌용품(예: 도마, 접시), 문방류(예: 만년필, 종이)' 범주에 속하는 단어들이 섞여 있는 12개 단어목록을 불러 주고 기억하게 한다. 그다음에 순서에 상관없이 생각나는 대로 말하게 한다.

한편, 최근기억recent memory은 몇 분 혹은 몇 시간 후에 이전에 제시된 정보를 기억해 내야 하는 것이므로 지연기억이라고도 한다. 서울신경심리검사에서는 지연기억을 평가하기 위하여 앞서 시행했던 즉각회상 과제를 다시 실시하되, 즉각회상 과제 후에 간섭 과제를 시키면서 20분 정도의 시간이 경과하면 즉각회상 과제의 목록들을 기억해 내게 한다.

원근기억remote memory은 먼 과거의 사건에 대한 기억이다. 중학교명, 고등학교 동창생 이름 등을 물어보거나, 어릴 적 살았던 동네에 대한 정보로 확인할 수 있다.

(3) 정보 양식에 따른 기억 유형

기억은 정보의 양식mode에 따라 구어성 기억과 비구어성 기억으로 나뉠 수 있다. 구어성 기억verbal memory은 기억을 위한 자극이 '말'로 주어진다. 비구어성 기억nonverbal memory은 자극이 말을 제외한 다른 청각적 자극이나 촉각적 자극 등을 활용한 것이다. 코르시 블록-탭핑 검사Corsi Block Tapping Test([그림 3-7] 참조)는 숫자 외우기digit span를 비구어적으로 검사할 수 있는 도구이다. 자극이 청각적으로 제시되지 않고 판자에 붙어 있는 블록들을 검사자가 순서에 따라 지적하면, 환자는 그대로 따라 똑같은 순서를 재현해야 한다. 블록 앞에는 숫자들이 적혀 있어서 검사자만이 그 숫자들을 보고 그 순서를 따르는데, 환자는

> **잠깐!**
>
> **최신 효과와 초두 효과**
>
> 제시되는 정보의 순서에 따라 기억 정도의 차이가 날까? 일반적으로 가장 최근에 제시된 정보에 대한 기억이 가장 강력하다. 다음으로는 가장 먼저 접한 정보에 대한 기억 순이다. 이를 각각 최신 효과recency effect, 초두 효과primacy effect라 한다. 단어 3개(예: 비행기, 연필, 소나무)를 불러 주고 회상하게 하였을 때에, 가장 늦게 불러 준 단어(예: 소나무)와 가장 처음에 불러 준 단어(예: 비행기)만을 기억하는 경우가 많다.

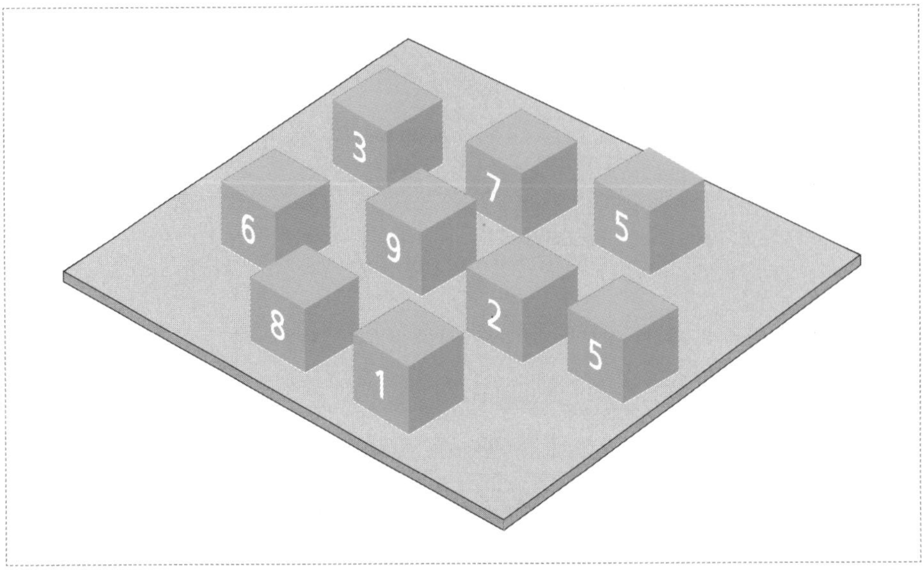

그림 3-7
코르시 블록-탭핑 검사
이 검사는 기억을 비구어적으로 검사할 수 있는 도구로서, 검사자만 블록에 적힌 숫자를 보게 되며 맞은편에서는 숫자가 안 보이게 한다.

그 숫자를 보지 못한다.

3) 기억장애

기억상실증amnesia은 과거에 경험했었던 사건이나 정보를 부분적 혹은 전부를 인출해 내지 못하는 현상이다. 기억상실이 일어난 시점을 중심으로 그 이전에 대한 기억을 상실한 경우에는 역행성 기억상실증retrograde amnesia이라고 한다. 반면에 순행성 기억상실증antrograde amnesia은 기억상실이 일어난 시점 직후부터는 새로운 정보를 제대로 보유하고 저장하지 못하는 현상이다. 즉, 기억해야 하는 정보에 대한 일시적인 기억은 가능하나 응고화가 원활하게 일어나지 않아 장기기억으로 저장되지 않는다.

기억장애를 나타내는 대표적인 질환은 알츠하이머병이다. 알츠하이머병에서 보이는 기억장애는 질환 단계마다 다르다(〈표 3-3〉 참조). 작업기억과 일화기억은 질

표 3-3 알츠하이머병의 단계별로 관찰되는 기억장애 유형

	초기	중기	말기
손상된 체계	작업기억 일화기억	작업기억 일화기억 의미기억(약간)	모든 서술기억 (일화기억, 의미기억)
보존된 체계	의미기억 절차기억	의미기억(단서가 주어진 기억 회상 과제) 절차기억	일부 절차기억 (습관, 조건 반응)

환 초기부터 손상되나 의미기억은 중기 정도부터 문제를 보이기 시작한다. 일화기억과 의미기억을 포함한 모든 서술기억은 말기쯤 거의 다 손상된다. 알츠하이머병과는 대조적으로 파킨슨병이나 헌팅턴병으로 인한 치매에서는 초기부터 절차기억(비서술기억)과 운동-기술-학습장애가 두드러진다.

잠깐!

기억은 기억 유형에 따라 선택적으로 장애를 보이기도 한다. 심리학자인 데니얼 색터Daniel Schacter의 저서 『기억을 찾아서Searching for Memory』에 소개된 30년 경력의 초기 치매 골퍼golfer 얘기를 잠시 해 보자. 그는 골프 치는 기술 및 방법(예: 퍼팅하기, 즉 절차기억)이나 골프 용어(즉, 의미기억)는 문제없이 거의 기억하여 잘 활용하였다. 그러나 방금 친 샷을 다시 치려 하거나, 누구와 골프를 쳤는지를 기억하지 못하는 등(즉, 일화기억)의 문제를 보였다.

3. 기억과 신경언어장애

기억과 언어는 어떤 연관성을 갖고 있을까? 여러분은 단어가 잘 기억이 나지 않아서 대화할 때 곤란한 경험을 해 본 적이 있는가? 이런 현상은 기억장애일까 혹은 명칭장애일까? 환자가 기억장애를 보이면 언어 수행력에 영향을 미칠 수 있다. 특히 단기기억은 따라말하기와 같은 하위 과제에서 결과의 해석을 어렵게 만든다. 기억장애를 검사하는 데 사용되는 분류로서 앞서 언급한 구어성 기억과 비구어성 기억이 있다. 언어장애 환자의 구어성 기억 검사의 수행력을 해석하기는 쉽지 않다. 환자의 언어 검사 수행력 저하가 기억장애 때문인지 혹은 언어장애로 인한 것인지를 파악하려면 비구어성 기억 검사를 활용하는 것이 좋다. 앞서 소개된 코르시 블록-탭핑 검사는 청각적 자극(즉, 말로 지시사항을 주기)이 사용되지 않으므로 실어증을 보이는 환자의 단기기억을 평가하는 데 유용한 검사이다.

4. 간이 정신상태 검사(MMSE)

임상에서 인지장애를 알아보기 위하여 광범위하고 간편하게 쓰이는 검사는 간이 정신상태 검사mini-mental state examination: MMSE(Folstein, Folstein, & McHugh, 1975)이다. MMSE는 현재 제2판2nd Edition(MMSE-2®)이 상용화되어(https://www.parinc.com/Products/Pkey/238) 라이센스하에 사용이 가능하다. 총 3가지 버전이 있는데, MMSE-2: BV(Brief Version, 5분), MMSE-2: SV(Standard Version, 10~15분), 그리고 MMSE-2: EV(Expanded Version)이다. Brief Version은 총점이 16점으로 기억 등록, 시간 및 장소 지남력, 기억 회상 과제로 이루어져있다. Expanded Version은 총 90점이며 피질하 치매와 노화에 따른 변화에 민감한 것으로 소개된다. 문항들이 충분히 어렵기 때문에 천정 효과ceiling effect가 없으며, 이야기 기억과 처리 속도 과제가 추가되었다.

한국판인 K-MMSE는 Standard Version과 유사하다. 시간 지남력, 장소 지남력, 기억 등록, 주의력, 계산 과정의 간섭 과제, 기억 회상, 이름대기, 명령 시행, 따라말하기, 읽기, 쓰기, 시각적 구성 등으로 짜여 있다(〈표 3-4〉 참조). 총 30문항으로서 총점은 30점이다. 45세 이상의 한국인을 대상으로 한 연령 및 교육 수준에 따른 규준은 〈표 3-5〉와 같다.

표 3-4 **한국판 간이 정신상태 검사**

범주	문항	범주	문항
시간 지남력	년	주의력 및 계산	100-7
	월		-7
	일		-7
	요일		-7
	계절		-7

장소 지남력	나라	기억 회상	비행기
	시, 도 / 군, 읍		연필
	현재 장소명		소나무
	몇 층	언어	이름대기: 시계, 볼펜
	무엇하는 곳		명령 시행: 종이를 뒤집고, 반으로 접은 다음, 저에게 주세요
기억등록	비행기 연필 소나무		따라말하기: "백문이 불여일견." 또는 "대통령은 청와대에 산다."
			읽고 그대로 하기: "눈을 감으세요."
			쓰기: "오늘 기분이나 날씨에 대해서 써 보십시오."
		시각적 구성	겹친 오각형 보고 그리기

출처: 강연욱 · 나덕렬 · 한승혜(1997). 치매환자들을 대상으로 한 K-MMSE의 타당도 연구. **대한신경과학회지**, 15(2): 300-308.

표 3-5 한국판 간이 정신상태 검사 수행력의 규준(평균±표준편차)

연령 \ 교육	문맹	무학~3년	4~6년	7년 이상	전체
45~64세	21.33±2.86	25.85±2.84	27.20±2.12	27.77±2.75	27.02±2.97
65~69세	20.13±3.33	25.40±3.25	26.18±2.78	27.20±2.80	25.19±3.92
70~74세	19.33±3.74	25.19±3.36	26.05±3.46	27.09±2.95	24.29±4.65
75~84세	18.05±3.49	24.26±3.85	25.23±4.11	26.41±3.76	22.98±5.02
85~90세	15.73±4.01	22.67±4.18	24.00±4.17	28.50±2.12	20.03±5.85
전체	19.14±3.71	25.03±3.47	26.30±3.12	27.37±2.92	25.00±4.43

출처: 강연욱(2006). K-MMSE의 노인 규준 연구. **한국심리학회지**, 25(2): 1-12.

5. 몬트리올 인지 평가(MoCA)

몬트리올 인지 평가Montreal Cognitive Assessment: MoCA[Nasreddine, 1995(https://www.mocatest.org/)]는 경도인지장애[경도 신경인지장애], 치매[주요 신경인지장애], 우울증, 뇌외상 등으로 인한 인지 장애를 신속하게 탐지하는 데 유용하다고 알려진 인지 선별 평가 도구이다. 소요 시간은 약 10분 정도이며, 연구나 임상 용도로 무료 사용이 가능하다. 훈련 및 자격증 프로그램을 이수할 수 있으며 언어치료사[언어재활사]들

표 3-6 한국판 몬트리올 인지 평가

범주	문항	범주	문항
시공간/집행 기능	기호잇기 검사	기억력	즉각회상(얼굴, 비단, 학교, 피리, 노랑)
	육면체 그리기		지연회상(얼굴, 비단, 학교, 피리, 노랑)
	시계 그리기		
이름대기	그림 대면이름대기 (사자, 박쥐, 낙타)	주의력	순서대로 따라 외우기(2, 1, 8, 5, 4), 거꾸로 따라 외우기(7, 4, 2)
			'월'에 손뼉 치기
			100에서 7씩 빼기
지남력	시간(일, 월, 년, 요일)	언어	따라말하기(칼날같이 날카로운 바위, 스물 일곱 개의 찬 맥주병이 냉장고에 있다.)
	장소(장소, 도시 이름)		유창성 검사: 'ㄱ' 으로 시작되는 단어 말하기
		추상력	단어 2개 듣고 공통성 찾기 (기차-비행기; 시계-저울)

표 3-7 한국판 몬트리올 인지 평가 수행력의 규준(평균±표준편차)

교육(년) / 연령 (중심연령) 절단점수	비문해자	무학이지만 비문해자 아님 -3년	4~6년	7~12년	13년 이상	전체
50~64세 (57세)	–	19.67±5.32 14/15[a]	21.66±2.96 18/19	24.11±2.48 21/22	27.00±1.00 26/27	22.89±3.26
55~69세 (62세)	13.43±4.20 9/10	18.53±4.10 14/15	20.30±4.03 16/17	22.75±2.72 20/21	25.75±2.22 23/24	20.22±4.62
60~74세 (67세)	12.12±3.90 8/9	17.02±3.61 13/14	19.77±3.88 15/16	22.64±2.94 19/20	25.32±1.46 23/24	19.10±5.22
65~79세 (72세)	11.29±3.72 7/8	16.69±3.58 13/14	19.11±4.11 15/16	22.25±3.31 18/19	24.87±2.05 22/23	18.02±5.62
70~84세 (77세)	10.43±3.30 7/8	16.30±3.48 12/13	19.29±3.78 15/16	22.12±3.51 18/19	24.58±2.26 22/23	17.53±5.87
75~90세 (82세)	9.33±2.69 6/7	16.50±3.58 12/13	18.54±4.01 14/15	20.57±3.96 16/17	23.56±3.17 20/21	15.83±6.00
전체	10.85±3.68	16.93±3.75	19.89±3.90	22.98±3.18	24.87±2.22	18.92±5.70

출처: 강연욱 등(2009). 혈관성 인지장애 선별검사로서 Korean-Montreal Cognitive Assessment (K-MoCA)의 신뢰도, 타당도 및 규준 연구. 한국심리학회지: 임상, 28(2), 549-562.

[a]절단점수(예: "14/15"는 15점 이상이면 정상임을 의미함)

의 사용도 권장된다. MoCA 문항들의 범주로는 시공간/집행 기능, 지남력, 주의력, 기억력(즉각회상, 지연회상), 이름대기, 언어(따라말하기, 유창성 검사), 추상력을 포함한다. MoCA는 MMSE(Standard Version)에서 취약한 여러 항목을 포함한다(〈표 3-6〉 참조). MoCA는 MMSE(Standard Version)에 비하여 인지능력이 떨어짐에도 불구하고 점수가 높게 산출되게 되는 천정 효과가 덜 나타나는 장점이 있다. MoCA의 총점은 30점이며, 연령별 및 교육년수별로 한국인 50세 이상의 규준은 〈표 3-7〉에 제시되어 있다.

6. 실인증

지각perception은 대상을 감각[감지]sensation하는 과정을 거쳐 세밀한 특징에 대한 구체적인 분석을 통해 받아들이는 일이다. 지각의 대상은 이전에 본 적이 없는 생소한 것일 수도 있고 익숙한 것일 수도 있다. 지각에 문제가 생기면 지각 결함perceptual deficits이라 일컫는다. 신경언어장애 분야에서 지각 결함으로 인한 장애는 흔히 청각적 혹은 시각적 자극에 대한 문제로 다룬다. 예컨대, 소리를 탐지detection할 수는 있으나 구체적으로 무슨 소리인지를 알지 못하면 청각적 지각 결함auditory perceptual deficits이다.

그런데 과거에 경험하여 평소에는 익숙했던 자극이나 정보에 제대로 접근하지 못하는 장애로서 실인증agnosia이라는 증세가 있다. 'agnosia'는 'a('장애'를 뜻하는 접두사)+gnos(is)(그리스어로 '지식')+ia('장애'를 뜻하는 접미사)'의 합성어이다. 여기서 'gnosis'는 외부의 어떤 자극을 파악하거나 의미를 이해하는 능력으로서 재인recognition이라고도 할 수 있다. 1891년에 프로이트Sigmund Freud, 1856~1939가 'agnosia'라는 용어를 신경의학에 처음 도입하였다. 실인증은 언어 과제를 청각적 혹은 시각적으로 제시하거나 과제에 대한 반응을 해석할 때에 언어장애와 잘 구분해서 알아 두어야 하는 증세이다.

1) 통각성 및 연합성 실인증

통각성 실인증apperceptive agnosia은 자극 대상에 대한 기초적인 처리(예: 명암 구분, 소리의 크기 구분)는 가능하나 대상의 구체적인 특색이나 모양을 지각하지 못하는 증상이다. 따라서 그림 자극을 그대로 베껴서 그리지 못하거나 소리를 그대로 흉내 내지 못하며, 같은 모양, 색깔, 소리끼리 짝짓는 범주화에도 어려움을 보인다(〈표 3-8〉 참조). 통각성 실인증은 주로 우반구, 특히 두정엽 장애에 기인한다.

연합성 실인증associative agnosia은 자극을 이미 저장되어 있는 지식이나 의미적 개념과 연결하지 못하는 현상이다. 이 경우에 의미를 범주별로 구분하지 못하고, 더 나아가 자극의 이름을 말하지 못한다. 그런데 모양이나 소리 등에 대한 지각은 가능하여 유사한 형태(예: 사람 얼굴)나 소리끼리(예: 동물 소리) 짝짓거나 모으는 지각적 범주화perceptual categorization 혹은 베끼는 일은 가능하다. 만일 촉각적 자극이 주어진다면 이름대기가 가능할 수도 있다. 연합성 실인증은 좌측 측두-후두엽 손상에 기인한다.

그러나 통각성 실인증과 연합성 실인증 간의 경계는 그다지 명확하지 않다. 이들은 다른 속성을 지닌 실인증 유형이라기보다 중증도의 차이로 볼 수 있다. 또한 실인증 증세를 보일 때에 일괄 현상all or none으로 나타나지는 않는다. 즉, 특정 자극 양식(예: 시각자극)으로 제시되는 모든 자극에 대해 예외 없이 오류를 보이는 것은 아니다. 오류 자체가 간헐적이거나 비일관적일 수 있다. 실인증은 여러 양식, 즉 청각, 시각, 촉각 등에서 나타날 수 있다. 지금부터 실인증의 종류와 특성을 살펴보자.

2) 청각실인증

청각실인증auditory agnosia이란 청력auditory acuity 자체에는 이상이 없음에도 불구하고 귀로 들려 오는 익숙한 청각적 자극을 인지하는 능력이 저하되거나 소실된 상태이다. 즉, 청각실인증 환자는 순음 청력 검사pure tone audiometry: PTA에서는 정상 청력을 보이나 제시된 청각적 자극이 무엇인지를 알아채지 못한다. 청각실인증은 인지하지 못하는 자극의 종류에 따라 세 가지 유형, 즉 구어성, 비구어성, 범발성 청각실인증으로 구분된다.

첫째, 구어성 청각실인증verbal auditory agnosia은 다른 사람의 말소리를 알아듣지 못하고, 따라 반복하지도 못하며, 동일한 말소리를 짝짓지도 못하는 증세이다. 이러한 문제가 사람의 말소리에 국한된다. 따라서 동물 소리, 벨 소리, 휘파람 소리 등과 같은 환경음environmental sounds 자체를 인식하거나 환경음끼리를 서로 감별하는 데에는 어려움이 없다. 그러나 사람의 말소리를 환경음과 구별해 내지 못한다. 구어성 청각실인증은 대뇌의 일차 청각영역인 헤쉴이랑Heschl's gyrus이 편측(주로 좌반구) 혹은 양측으로 손상되었을 때, 또는 일차 청각영역과 청각연합영역 사이의 연합섬유가 절단되어 청각적 입력이 불가능할 때에 나타난다. 병변이 상당히 국소적으로 발생해야 하므로 이러한 청각실인증은 드문 편이다. 구어성 청각실인증은 다른 용어로 순수어농pure word deafness이라 한다.

그런데 언어 이해력이 저하된 환자가 의뢰되었을 때에 그 환자가 구어성 청각실인증을 보이는지 혹은 이해성 실어증인 베르니케실어증을 보이는지를 어떻게 감별할 수 있을까? 여기서 구어성 청각실인증과 베르니케실어증 모두에서 언어에 대한 청각적 이해력이 감소되지만 구어성 청각실인증의 경우에는 이해력 문제가 '청각적'으로 입력되는 자극에 국한된다는 것을 기억하자. 따라서 구어성 청각실인증 환자는 다른 사람이 말한 단어 등을 따라 말하거나 받아쓰기가 어렵지만, 자발적으로 발화하거나 읽고 쓰는 문자언어 활동에서는 문제가 없다. 반면에 베르니케실어증 환자는 자발화에서도 이해 불가능한 단어인 자곤jargon을 구사하거나 내용이 부실한 허구어empty speech 등이 관찰되며, 읽기나 쓰기 수행력도 떨어진다(베르니케실어증에 대한 자세한 설명은 '제4장 실어증' 참조).

비구어성 청각실인증nonverbal auditory agnosia은 말소리를 제외한 환경음을 인지하지 못하며 환경음끼리도 서로 구별하지 못하나, 말소리에는 의미를 부여하여 이해할 수 있는 청각실인증이다. 손상 부위는 주로 뇌의 우반구나 양반구의 청각연합영역이다.

범발성 혹은 전반성 청각실인증global auditory agnosia 혹은 generalized auditory agnosia은 구어성 청각실인증과 비구어성 청각실인증이 동시에 나타나는 것이다. 따라서 사람의 말소리나 환경음을 막론하고 무슨 소리든지 다 인식하지 못한다. 손상 부위는 주

잠깐!

말소리와 비구어적 소리(환경음)

말소리와 비구어적 소리 간에는 어떤 차이가 있을까? 서로 다른 주파수대의 음역을 갖고 있다는 특징 외에도 말소리 신호가 비구어적 소리에 비하여 음향학적으로 상당히 빠르게 변화하는 자질들을 갖고 있다.

로 양측 반구의 일차 청각영역과 청각연합영역이다. 또한 양측 피질하 병변 환자에게 이 유형의 청각실인증이 관찰되기도 한다.

3) 시각실인증

시각실인증visual agnosia은 시력visual acuity 자체는 정상이나 시각적으로 제시된 자극이 무엇인지를 알아채지 못하는 증세이다. 시각실인증의 유형 중에서 통각성 시각실인증apperceptive visual agnosia은 시각적으로 무언가 있다는 것은 느낄 수 있으나 제시된 자극에 대하여 색깔, 모양 등을 인지하지 못한다(〈표 3-8〉 참조). 따라서 자극에 대하여 제대로 설명할 수 없고 시각적 명명 오류(예: '불가사리' → '별')를 보인다. 연합성 시각실인증associative visual agnosia은 시각자극에 대하여 묘사하거나, 그대로 베껴 그리거나, 똑같은 자극끼리 맞추는 과제에서는 문제가 없다. 그러나 정작 그 자극이 무엇인지를 알지 못한다.

시각실인증은 청각실인증과 마찬가지로 중증도에 따라 통각성 혹은 연합성 시각실인증 증세로 구분된다. 양측 후두엽 손상이나 후두엽에서 측두엽으로 이어지는 통로상에 손상이 있을 때에 발생한다. 시각실인증 환자는 사물 자극의 경우에 그에 대한 단서를 얻기 위하여 자극을 손으로 만지려 하며, 그림 자극에서는 그림을 윤곽대로 손가락으로 그리기도 한다. 다음의 예는 시각실인증 환자에게 대면이름대기 검사를 실행하는 장면이다.

> **잠깐!**
>
> **대상경로와 배쪽 시각 체계**
>
> 후두엽에서 받아들여진 시각적 정보(예: 사물)를 처리하여 그 대상에 대한 의미적 정보를 인출하거나 명칭을 말하기 위해서는 시각 정보가 측두엽으로 보내져야 한다. 이때 후두엽으로부터 측두엽까지 이어지는 통로를 대상경로what pathway라고 한다. 후두엽, 대상경로, 측두엽은 대뇌의 측면 하부에 위치하므로 배쪽 시각 체계ventral visual system에 속한다.

검사자: ('손' 그림을 보여 주면서) 이게 뭐죠?

환자: …….

검사자: 자세히 잘 보세요.

환자: (자신의 둘째 손가락으로 자극 그림 '손'의 흑백 선 그림을 따라가면서 만진다) …….

표 3-8 **과제별 통각성 시각실인증, 연합성 시각실인증, 명칭실어증의 수행력 비교**

과제 \ 증세	통각성 시각실인증	연합성 시각실인증	명칭실어증
베껴 그리기*	−	+	+
서로 짝짓기	−	+	+
의미적 범주화하기	−	−	+
기능 설명하기	−	−	+
명칭 말하기	−	−	−

*청각실인증의 경우는 '따라말하기'로 검사할 수 있음.

한편, 제시되는 시각적 정보가 풍부할수록 의존할 수 있는 정보가 다양하다. 앞의 예와 같이 사물에 대한 이름대기 검사를 할 때에 흑백 선 그림이 가장 적은 정보를 제공하며, 그다음으로는 실물의 사진이고, 실물이 가장 많은 정보를 보여 준다. 언어 평가 시에는 흑백 선 그림이 많이 쓰여진다. 이는 흑백 선 그림이 대상이 지니고 있는 가장 고유하고도 중요한 특색인 모양을 두드러지게 표현하는 동시에 기타의 단서(예: 색깔)를 배제하여 단서의 양을 최소화하기 때문이다.

그런데 어떤 환자가 대면이름대기 과제에서 그림이나 사물의 이름을 말하지 못하였다고 가정해 보자. 이 문제가 시각실인증 때문인지 혹은 명칭실어증 때문인지를 어떻게 구별할 수 있을까? 〈표 3−6〉에 제시된 대로 통각성 시각실인증의 경우에는 그림이나 사물의 모습을 묘사조차 할 수 없기 때문에 구별하기가 비교적 쉽다. 그러나 연합성 시각실인증 환자는 자극을 보고 어떻게 생겼는지 묘사할 수 있고, 베껴 그릴 수도 있으며, 같은 사물끼리 서로 짝짓는 것도 가능하다. 그러나 자극을 의미적으로 범주화하는 것(예: 생활용품, 과일)이나 그 사물이 어디에 쓰이는지 등의 기능에 대하여 알지 못한다. 반면에 명칭실어증 환자는 의미적 범주화나 기능 설명까지 모두 가능하나, 사물의 명칭을 제대로 말하지 못할 뿐이다. 예컨대, '손톱깎이'를 보여 주면 환자는 놀랍게도 "이거 손톱 깎는 건데 이름이 생각 안 나네."라고 하기도 한다.

4) 얼굴실인증

얼굴실인증prosopagnosia은 사람의 얼굴에 대해서만 선택적으로 보이는 시각실인증이다. 실제 얼굴뿐만 아니라 사진에 대한 인식도 불가능하며, 가족의 얼굴뿐만 아니라 심지어는 거울에 비친 자신의 얼굴도 낯설어한다. 그러나 성별(즉, 여자, 남자)이나 얼굴의 특징(예: '점이 있네', '젊네') 등은 알아내어 묘사할 수 있다. 얼굴실인증을 평가할 때 제시되는 얼굴은 반드시 그 환자가 평소에 실제로 또는 미디어 등을 통하여 본 적이 있는 익숙한 인물이어야 한다. 얼굴실인증은 주로 우측 혹은 양측 후두-측두엽 손상으로 생긴다. 얼굴실인증 환자들은 자신의 증세를 극복하기 위하여 상대방의 목소리, 옷차림, 머리 모양 등과 같은 단서에 의존한다. 다음의 예는 얼굴실인증을 보이는 치매 환자와의 대화 내용이다. 환자는 아내의 얼굴을 알아보지 못하는 상태이며, 아내의 목소리로 아내인 것을 확인하는 상황이다.

검사자: 옆에 계신 분이 누구신지 아세요?

환자: …….

환자 아내: 나예요, 어째 나도 몰라봐요?

환자: (목소리로 알아채고) 누구긴 누구야, ○○엄마지.

환자 아내: (흐느끼며) 남편이 이 정도로 심한 줄은 몰랐어요…….

5) 동시실인증

동시실인증simultanagnosia은 머리 및 눈의 움직임이 자유로움에도 불구하고 복잡하게 묘사된 그림에서 주요 요소들을 한 가지 이상 동시에 인식하지 못하는 실인증이다. 시각적 자극이 주어질 때에 부분적으로는 특징을 파악하나 한꺼번에 통합하지 못한다. 따라서 자극의 일부분에 대해서만 설명하거나 말할 수 있다. 예를 들어, [그림 3-8]과 같이 숫자 '3'으로 구성된 숫자 '4'를 보여 주면 구성 요소인 '3'만 있다고 하고 전체 숫자인 '4'는 말하지 못한다. 또 다른 예로, 한국판 보스톤 이름대기 검사K-BNT에서 18번 문항인 '거북선'을 보여 주면 거북선의 머리 부분만을 보고 '용'이라 답한다. 동시실인증은 안구운동실행증oculomotor apraxia, 시각운동실조증optic ataxia과

그림 3-8
동시실인증이 확인될 수 있는 검사의 예
시각적 자극이 주어질 때에 부분적으로는 특징을 파악하나 한꺼번에 통합하지 못하는 동시실인증을 평가하기 위하여 이 검사를 할 수 있다.

함께 발린트 증후군Balint syndrome을 구성하는 세 가지 요소 중 하나이다.

6) 촉각실인증

촉각실인증tactile agnosia, tactoagnosia은 만져 보아도 그 물체가 무엇인지 모르는 실인증이다. 우측 두정엽의 연합영역, 뇌량, 양측 두정엽 등의 손상이 촉각실인증을 일으킨다. 다른 실인증 없이 촉각실인증만 있는 경우에는 자극을 들려주거나 보여 주면 자극의 이름을 말할 수 있다.

> **잠깐!**
>
> **안구운동실행증과 시각운동실조증**
>
> 안구운동실행증은 시각 목표물에 대한 수평적 안구운동 장애이다. 안구가 자극을 쫓아가기 위하여 얼굴의 양쪽 끝 시야 쪽으로side-to-side 원활히 움직이지 못한다. 시각운동실조증은 사물을 볼 수는 있으나 환자가 자신의 손을 목표물(예: 검사자의 손가락)에 정확하게 닿지 못하는 증세이다.

7) 손가락 실인증

손가락 실인증finger agnosia은 자기 자신 혹은 다른 사람의 손가락을 알아보지 못하고, 가리키지 못하거나, 만져도 무엇인지 모르고, 명칭(예: 엄지, 검지)을 말하지 못하는 증세이다. 우성반구의 각이랑이나 각이랑 부근의 손상에 기인한다. 일반적으로 화자 자신의 손가락을 가리켜 보게 하거나(예: "○○○님의 엄지손가락을 가리켜 보세요"), 검사자의 손가락을 가리켜 보게 한다(예: "저의 새끼손가락을 가리켜 보세요."). 그러나 검사를 좀 더 어렵게 하려면 환자의 특정 손가락으로 검사자의 손가락을 가리켜 보게 한다(예: "○○○님의 엄지손가락으로 저의 새끼손가락을 가리켜 보세요."). 그러나 실어증 환자의 경우에는 처음에만 "○○손가락을 가리켜 보세요."라고 하고, 그 뒤부터는 되도록 자극을 짧게(예: '엄지손가락') 제시하는 것이 좋다. 이는 청각적 이해력이 저하된 실어증 증세 때문에 손가락 실인증으로 오인되는 것을 최대한 방지하기 위함이다.

손가락 실인증은 게르스만 증후군Gerstmann syndrome을 구성하는 네 가지 요소 중의 하나이다. 나머지 세 요소는 실서증agraphia, 실산증acalculia, 좌우 지남력 장애left-right disorientation이다('서산손좌'로 기억해 보자!). 손가락 실인증과 좌우 지남력 장애를 동시에 평가하려면 "왼쪽 엄지손가락을 가리켜 보세요."라는 문항을 제시하면 된다.

8) 자가국소 실인증

자가국소 실인증autotopagnosia은 실인증의 대상이 자신의 신체 부위이다. 몸의 어떤 구조를 알아보지 못하고, 가리키지 못하거나, 명칭(예: 무릎, 코)을 말하지 못한다. 심한 경우에는 검사자가 신체 부위를 짚을 때에 똑같이 따라 하지 못한다. 이 실인증만 개별적으로 나타나는 경우는 상당히 드물다. 자가국소 실인증과 좌우 지남력 장애를 동시에 평가할 수 있는 검사 문항의 예로는 "왼쪽 무릎을 가리켜 보세요."를 들 수 있다.

9) 질병 불각증

질병 불각증anosognosia도 실인증의 종류이며 자신의 질병이나 증세(특히, 마비 증세)에 무관심하거나 제대로 인식하지 못하는 증세이다. 편측마비조차도 제대로 인식하지 못하고 어디가 마비되었는지를 물어도 문제가 없다고 하거나, 걸어서 나가려고 의자에서 벌떡 일어난다든지 하는 등의 행동을 보인다. 질병 불각증은 '병식'이 없다고도 표현하며, 주로 우반구의 두정엽 손상에 기인한다.

10) 실율증과 실음증

이 밖에도 말의 운율을 잘 파악하지 못하는 감각 실율증$_{\text{sensory dysprosodia}}$과 음악의 멜로디를 잘 지각하지 못하는 감각 실음증$_{\text{sensory amusia}}$도 있다. 이들은 우반구 측두엽의 청각연합영역의 손상으로 생긴다.

7. 무시증

무시증$_{\text{neglect}}$이란 기본적인 감각, 지각, 운동기능에는 아무런 이상이 없으나 한쪽에서 전달되는 시각, 청각, 촉각적 자극에 대한 정보 처리에 장애를 보여 감지를 못하거나 반응을 하지 않는 증세이다. 무시증후군$_{\text{neglect syndrome}}$이라고도 한다. 무시증은 편측 대뇌, 주로 우반구의 손상으로 더 흔하고 심하게 나타나며, 뇌손상의 반대 측, 주로 왼쪽에서 제시되는 자극에 대한 편측 무시증$_{\text{unilateral neglect}}$의 형태로 나타난다. 무시증의 여러 유형을 살펴보자.

1) 편측 시공간 무시증

'공간'에 놓여진 자극의 한쪽을 무시하여 없는 것으로 간주하는 증세를 편측 시공간 무시증$_{\text{unilateral visuospatial neglect}}$이라 한다. 이를 평가하기 위해서는 종이에 길게 그어진 선을 반으로 이등분하게 하여 선의 중앙으로부터 어느 정도 벗어나는지를 알아본다([그림 3-9] 참조). 또는 사람 얼굴이나 시계를 그리게 하여([그림 3-10] 참조) 좌우 대칭적으로 완벽하게 그리는지를 본다. 언어 검사에서는 문장을 베껴 쓰는 과제([그림 3-11] 참조)나 그림 설명 쓰기 과제([그림 3-12] 참조) 등에서 무시증을 관찰할 수 있다. [그림 3-11]에서는 자극 문장을 베껴 쓰는 과제에서 '스물'과 '냉장고에'를 탈락하고 썼으며, [그림 3-12]에서는 지면의 왼쪽을 무시하고 오른쪽으로 치우쳐서 글을 써 내려갔다.

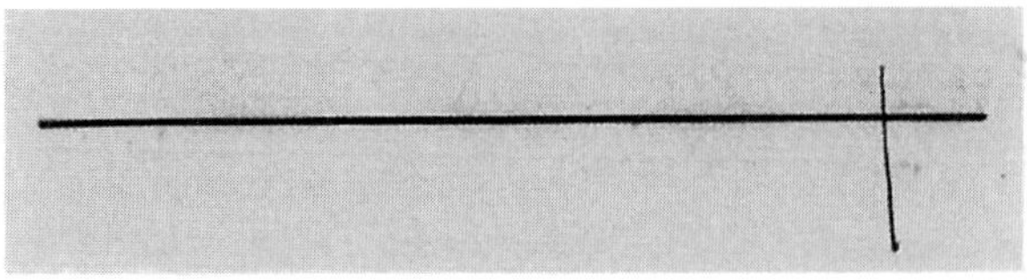

그림 3-9
선 이등분 과제에서 관찰된 편측 시공간 무시증

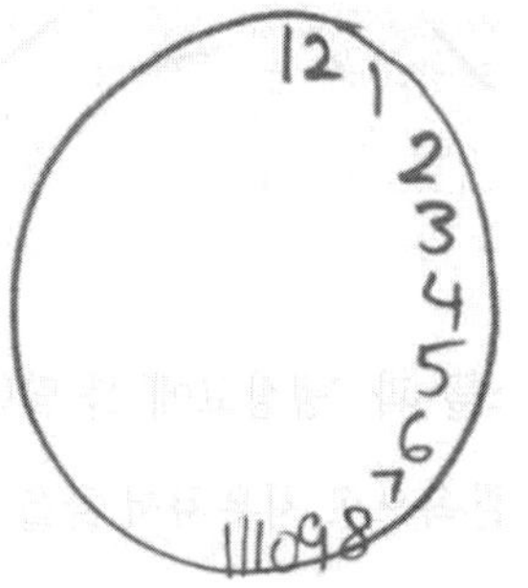

그림 3-10
편측 시공간 무시증을 보인 환자가 그린 시계

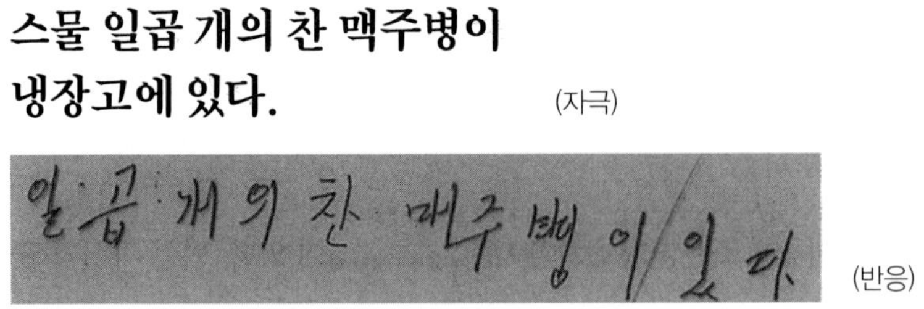

그림 3-11
문장 베껴 쓰기에서 보인 편측 시공간 무시증

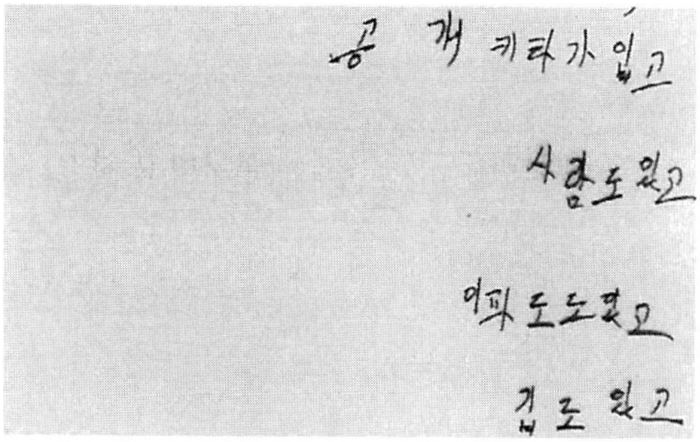

그림 3-12
그림 설명 쓰기에서 보인 편측 시공간 무시증

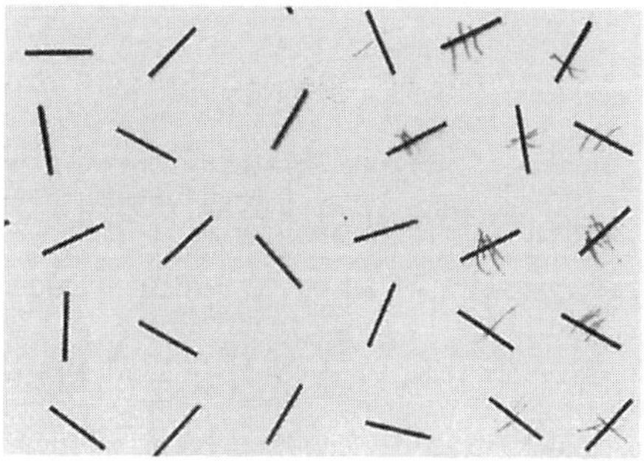

그림 3-13
무시증과 보속증을 동시에 보인 반응

한편, 무시증과 보속증을 동시에 보이면 [그림 3-13]과 같은 반응을 관찰할 수 있다. 환자는 각각의 짧은 선을 이등분하는 과제를 수행하였는데, 오른쪽 지면에 위치한 선에만 여러 번 반복하여 줄을 긋는 반응을 보였다.

2) 자기 신체 무시증

또 다른 무시증으로는 자기 신체 무시증personal neglect이 있다. 이는 자신의 팔이 자기에게 속한 것을 인지 못하는 증세이다. 예컨대, 환자의 왼팔을 들고 누구 손인지를 물으면 '선생님 손'이라 말한다.

3) 운동성 무시증

운동성 무시증motor neglect은 팔에 마비가 없음에도 불구하고 자신의 오른팔이 좌측 공간으로 향하는 운동속도가 느려지고 가기 싫어하는 증세이다. 또한 "양손을 들어보세요."라고 하면 한 손만을 들기도 한다.

4) 감각성 무시증

감각성 무시증sensory neglect은 병소의 반대쪽에 시각적 · 청각적 · 촉각적 자극을 주었을 때에 이를 감지하지 못하거나 이에 대한 반응이 없는 것을 말한다. 같은 쪽의 자극에 대한 반응은 즉각적이다. 자극 양식별 검사 방법을 구체적으로 알아보자. 시각성 무시증은 환자의 뒤편에 앉아서 오른쪽 혹은 왼쪽 시야에서 손을 흔들어 환자의 반응을 살피는 방법으로 검사한다. 청각성 무시증은 환자의 오른쪽 혹은 왼쪽에서 손가락으로 '딱' 소리를 내어 검사한다.

5) 감각 소멸

감각 소멸sensory extinction은 병소의 같은 쪽이나 반대쪽에 한쪽씩 자극이 주어지면 적절한 반응을 보이지만 양쪽 동시에 주어지면 병소의 반대쪽 자극을 무시하는 현상이다. 시각 소멸의 경우에는 검사자가 환자의 앞에서 양손을 펴고 움직이는 손가락이 어느 쪽인지를 맞추게 한다. 청각 소멸을 확인하기 위해서는 환자에게 눈을 감게 하고 양손 중에 어느 손이 '딱' 소리를 내는지 알아맞히게 한다.

8. 실행증

실행증apraxia은 'a('장애'를 뜻하는 접두사)+prax(is)(그리스어로 '동작')+ia('장애'를 뜻하는 접미사)'의 합성어이다. 실행증은 숙련된 운동이나 몸짓이 부자연스럽거나 동작이 소실된 상태의 장애이다. 여기서 동작praxis은 반복적으로 학습되어 이미 숙련된 운동이나 몸짓을 말한다. 그런데 이러한 동작장애는 근육 약증, 진전tremor, 협응장애 등과 같은 운동장애로 인해 생기는 것은 아니다. 또한 지시사항을 잘 알아듣지 못하여 동작을 못하는 것과도 구별되어야 한다. '실행증'이란 용어는 1871년 스타인탈Heymann Steinthal, 1823~1899에 의하여 처음 도입되었으나, 1900년에 리프만Hugo Liepmann, 1863~1925이 실행증의 유형 등을 포함하여 실행증에 대한 자세한 특색을 보고하였다.

지금부터 동작은 어떤 과정을 통하여 '수행'되며 어떤 경우에 실행증이 나타나는지를 알아보자. 우리가 어떤 목적을 위하여 동작을 하고 같은 동작을 반복하게 되면, 그 동작은 개별적으로 혹은 집합적으로 좌반구(특히, 상두정소엽)에 위치한 동작사전praxicon에 저장된다. 동작을 하고자 할 때 동작사전은 전운동영역premotor area이나 보충운동영역supplementory motor area: SMA에서 시작되는 동작 프로그래밍을 작동시킨다. 그리고 다음 단계에서는 동작 수행에 직접적으로 관여하는 일차운동영역primary motor area이 선택적으로 활성화된다. 다음으로는 일차운동영역과 관련된 근육을 움직여 동작을 수행한다.

예를 들어, 환자에게 "오른손으로 양치질하는 흉내를 내 보세요."라는 지시사항을 주었다고 가정해 보자. 환자는 오른손에 칫솔을 든 것처럼 손을 오므린 채 입 근처에서 손을 좌우 · 상하로 왔다 갔다 해야 한다. 이 동작을 수행하기 위하여 거치는 과정은 [그림 3-14]와 같다. 첫째, 지시사항을 알아듣기 위하여 좌측 뇌반구의 베르니케영역이 활성화된다. 둘째, 동작사전에 그 특정의 동작이 미리 저장되어 있는지 여부를 확인한다. 셋째, 동작사전에서 전해지는 신경 신호가 전운동영역이나 보충운동영역에서 일어나는 동작 프로그래밍을 작동시킨다. 넷째, 일차운동영역(호먼큘러스)의 특정 신체 부위 중에서 '손'에 해당하는 영역이 활성화되면서 오른손 근육에 신경 신호를 보내게 된다. 마지막으로는, 지시된 동작에 적합한 동작을 오른손이 수행하게 된다. 그런데 만일 양치질하는 흉내를 오른손 대신 왼손으로 해야 한다면 이 과정이 어떻게 바뀔까? 지시사항을 좌측 뇌반구의 베르니케영역에서 알아듣고 동작사전이 역할을 해야 하는 것까지는 동일하다. 그러나 왼손이 움직여야 하므로 운동 명령이 좌반구에서 우반구로 옮겨져야 한다. 이를 위하여 뇌량corpus callosum을 거쳐 우뇌의 전운동영역이나 보충운동영역에서 동작 프로그래밍이 작동된 후에, 같은 우뇌의 일차운동영역에서 동작에 필요한 신경 신호를 왼손으로 내려보내 동작 수행을 하게 한다.

앞서 언급한 동작사전을 포함하여 한 가지 이상의 뇌영역이나 구조 혹은 영역 간의 통로에 손상이 오면 동작을 제대로 수행하지 못한다. 이때 베르니케영역이 손상되어 지시사항을 못 알아듣거나(즉, 실어증), 근육 약증 등으로 손을 움직이지 못해도(즉, 마비) 동작 수행이 어렵다. 그러나 이 경우들은 실행증으로 간주하지 않으며 언어장애나 마비 등으로 분류된다. 이에 따라, 평가를 할 때에 지시사항을 제대로 알아듣지 못하는 것인지, 실제적으로 실행증 때문에 동작 수행에 어려움이 있는 것인지를 감별할 필요가 있다.

지금부터 실행증의 하위 유형에 대하여 알아보자. 실행증에는 비구어실행증과 말실행증(구어실행증)이 있다. 비구어실행증은 사지실행증, 구성실행증, 착의실행

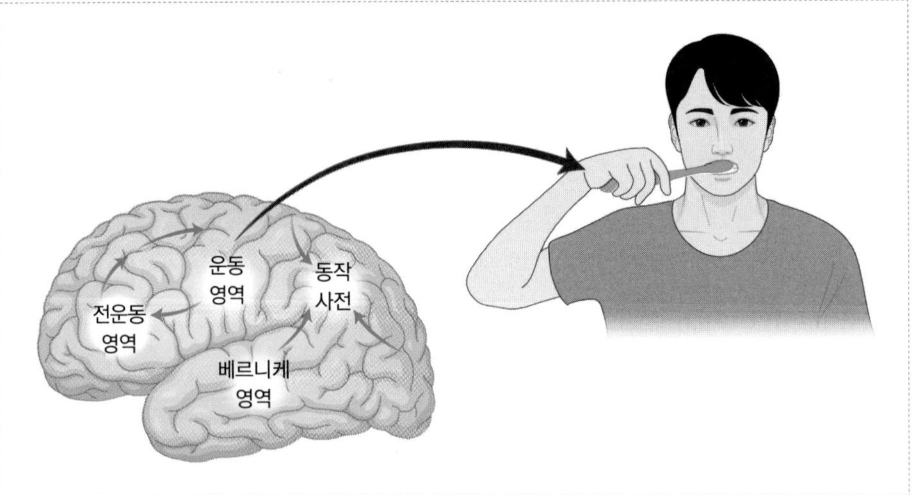

그림 3-14
동작 수행 과정(예: 양치질하는 흉내)

표 3-9 비구어실행증 유형과 평가 문항의 예

실행증 유형	평가문항
사지실행증	"피아노 치는 흉내를 내 보세요." "김밥 써는 흉내를 내 보세요." "물을 따른 다음, 마시는 흉내를 내 보세요." "경례하는 흉내를 내 보세요." "잘 가라고 손짓해 보세요." "머리 빗는 흉내를 내 보세요." "망치질하는 흉내를 내 보세요." "가위질하는 흉내를 내 보세요."
구성실행증	토막 쌓기
착의실행증	옷 입기(팔 끼고, 단추 채우기)
구강실행증	"혀를 내밀어 보세요." "입술을 내밀어 보세요." "입술로만 미소 짓는 흉내를 내 보세요." "헛기침을 해 보세요." "(바람을 내어) 촛불 끄는 흉내를 내 보세요." "입술을 앞으로 내민 다음 미소 짓는 흉내를 함께 세 번 연속해서 해 보세요."
안면실행증	"볼을 부풀려 보세요." "눈을 감아 보세요." "이마를 찡그려 보세요."

증, 구강실행증, 안면실행증 등으로 다시 나뉜다(〈표 3-9〉 참조).

1) 사지실행증

사지실행증limb apraxia은 사지를 움직일 때에 관찰되는 실행증 현상이다. 사지실행증이 있으면 의사소통에 필요한 사지 동작을 제대로 할 수 없으므로 반드시 평가를 거쳐야 하는 증세이다. 사지 동작은 수행하고자 하는 동작에 대한 개념적 조직이 먼저 이루어져야 하고, 그다음으로 수행이 행

잠깐!

인어공주와 포크

디즈니 영화인 〈인어공주Little Mermaid〉에서 여러분은 인어공주인 에리엘이 포크fork로 머리를 빗는 장면을 본 적이 있을 것이다. 에리엘이 실행증을 보인 것일까? 물론 아니다. 에리엘은 포크를 난생 처음 보았기 때문에 어떻게 사용하는지를 몰랐을 뿐이다.

해지는 단계를 거친다. 이 각각에 대한 실행증으로 개념실행증과 개념운동실행증이 있다. 이 두 가지 실행증이 사지실행증을 구성한다.

개념실행증$_{\text{ideational, conceptual apraxia}}$은 동작 과제의 개념을 이해하지 못하여 동작 명령에 따라 일련의 동작을 수행하지 못하는 증세이다. 개념실행증의 평가는 일차적으로 구두 지시에 따르게 하고, 모방하게 하며, 실물(예: 피아노)을 사용하여 동작하게 한다. 개념실행증을 확인하기 위해서는 간단한 동작보다는 여러 단계로 이어지는 동작(예: 김밥 썰기)을 시켜 보는 것이 좋다. 칫솔을 주고 칫솔질을 해 보라고 하면 칫솔을 가지고 뭐를 어떻게 해야 할지 당황해하다가 머리를 빗기도 하고, 단서를 주면 그제서야 입으로 가져간다면 이는 개념실행증이라 할 수 있다. 실행증은 예전에 익숙했던 동작을 더 이상 수행하지 못하는 장애를 뜻하므로 평소에 많이 했던 동작으로 평가한다. 만일 김밥 썰기를 한 번도 해 본 적이 없는 외국인에게 '김밥 썰기' 문항을 개념실행증 문항으로 준다면 타당성 있는 검사가 될 수 없다.

개념운동실행증$_{\text{ideomotor apraxia}}$은 동작 과제의 개념은 정확하게 이해하나 개별적인 동작을 제대로 수행하지 못하는 실행증이다. 즉, 'what to do'에는 문제가 없으나 'how to do'에 문제를 보이는 증세이다. 좌측 하두정엽 손상 시에 관찰된다. 칫솔질을 해 보라고 했을 때, 칫솔을 입까지 가져가긴 하나 구강 내에서 어색한 동작을 한다면 개념운동실행증이라 할 수 있다. 개념운동실행증에는 도구를 필요로 하는$_{\text{transitive}}$ 동작과 도구 사용이 필요 없는$_{\text{intransitive}}$ 동작에 대한 실행증이 있다. 도구가 필요한 동작의 예로는 '가위질'을 들 수 있고, 도구가 필요 없는 동작의 예로는 '잘 가라고 손짓하는 동작'을 들 수 있다. 사지실행증의 평가는 대부분 상지$_{\text{upper limb}}$를 움직이는 문항들로 구성된다. 개념실행증을 평가할 때에는 일차적으로 구두 지시에 따르게 한다. 이때 도구가 필요한 동작에서 자신의 신체의 일부를 마치 도구로 취급하는 행동을 한다면 이를 신체도구 오류인 BPO$_{\text{body part as an object}}$ 오류라 한다. 예컨대, 가위질을 하면서 두 손가락을 가위의 '날'로 사용하는 동작 오류이다. 이때, BPO 오류를 수정할 수 있는지 여부를 기록해야 한다. 요구되는 동작을 자발적으로 수행하지 못하거나 실어증이 수반되어 청각적 이해력이 떨어지는 실행증 환자에게는 동작을 모방하게 한다. 만일 실물이나 도구가 필요한 동작(예: 촛불 끄는 흉내, 머리 빗는 흉내)의 경우에 있어서 모방을 못하면 실물이나 도구를 제공하여 동작을 수행하게 한다.

2) 구성실행증

구성실행증constructional apraxia은 2차원적으로 원, 삼각형 등의 도형을 베껴 그리거나, 혹은 3차원 공간에서 여러 조각을 한 가지 형태로 완성하는 데(예: 블록 쌓기) 어려움을 보이는 증세이다. 우측 뇌손상에 주로 기인한다.

3) 착의실행증

착의실행증dressing apraxia은 옷이 주어졌을 때에 어떻게 입어야 되는지 어려움을 겪는 실행증이다. 옷의 앞뒤, 겉속, 위아래 등을 구분하지 못하여, 옷에 엉뚱하게 팔을 낀다든지, 단추의 구멍 순서를 제대로 맞추지 못하고 입는다.

4) 구강실행증

구강실행증oral apraxia은 구강 구조를 자발적으로 움직이는 동작에서의 어려움이다. 예컨대, 혀를 내밀도록 지시하면 수행하지 못하나 아이스바를 빨도록 하면 문제없이 잘 빤다. 구강실행증은 '혀 내밀기' 등 도구가 필요 없는 동작이나 '빨대로 빠는 흉내' 등 도구를 필요로 하는 동작을 수행하도록 하여 검사한다. "혀를 내밀어 보세요."의 문항에서 혀를 내밀지 못한다면 구강실행증인지 혹은 지시사항을 이해하지 못하는 실어증인지에 대한 감별진단이 내려져야 한다.

5) 안면실행증

안면실행증buccofacial apraxia은 이마, 눈, 볼 등의 얼굴 구조를 움직이는 동작에 대한 장애이다. 과제로는 휘파람을 불게 한다든지, 윙크를 해 보게 한다. 앞서 언급한 구강실행증을 안면실행증에 포함시키기도 한다.

9. 보속증

보속증perseveration은 자극이 주어지지 않은 상태나 자극이 일단 멈춘 상태에서도 특정한 반응을 계속해서 반복하는 증세이다. 보속증은 발화상에서도 관찰될 수 있고, 동작에서도 나타날 수 있다. 일부 연구자들은 보속증이 억제inhibition가 제대로 되지 않아 생긴다고 주장한다. 보속증은 루리아 고리Luria loop 과제와 같은 비언어적 과제([그림 3-15] 참조)나 글씨 쓰기([그림 3-16] 참조)와 같은 언어적 과제에서 관찰된다. [그림 3-15]에서는 루리아 고리를 그대로 베껴서 그려 보도록 하였을 때에 중지하지 못하고 계속 그렸으며, [그림 3-16]에서는 '하나'부터 '열'까지 쓰는 과정에서

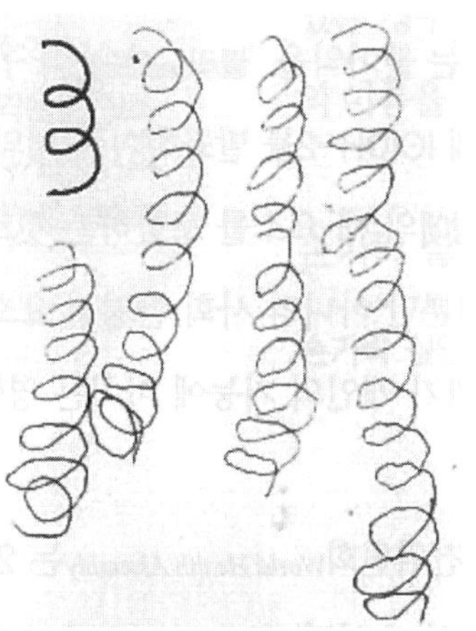

그림 3-15
루리아 고리 과제에서 보인 보속증

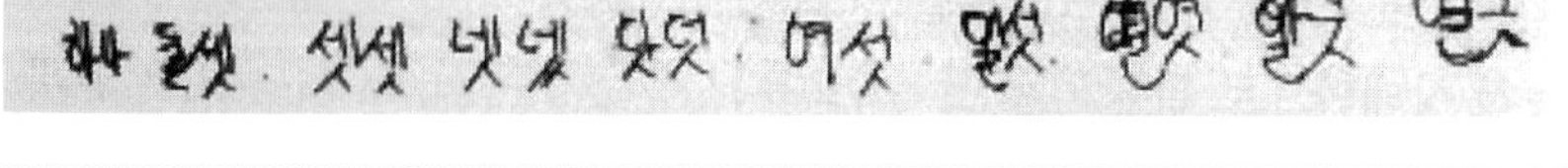

그림 3-16
'하나'부터 '열'까지 쓰기에서 보인 보속증

거의 대부분의 음절에 'ㅅ' 받침을 계속 써 내려갔다.

10. 국제 기능장애 건강 분류(ICF)

신경계의 질환으로 인하여 유발된 손상은 언어능력을 저하시켜 사회적 · 직업적 자립을 어렵게 한다. 1980년에 세계보건기구World Health Organization: WHO는 국제 장애 분류International Classification of Impairment, Disabilities and Handicaps: ICIDH를 발표하여 장애에 관한 개념적 틀을 정립하였다. 신경계 질환을 예로 들면 '신경계의 질환으로 인하여 유발된 문제'를 '손상impairment'으로, 그에 따라 저하된 능력을 '불능disability'으로, 그로 인하여 사회적 차원에서 경험하는 불이익을 '불리handicap'로 구분하였다.

그런데 WHO는 1997년에 ICIDH-2를 발표하여 장애의 개념을 손상impairment, 활동activities 제한, 참여participation 제약의 세 요소를 포함하는 것으로 수정하였다. ICIDH-2는 단순히 개인적 차원에서뿐만 아니라 사회 환경적 요소를 강조한 모델이다. 환경적 요소를 분석하여 그 결과가 개인의 기능에 미치는 영향을 확인해야 한다고 제안하고 있다.

이어서, WHO의 세계보건위원회World Health Assembly는 2001년에 ICIDH-2를 근간으로 161개국에 의하여 공식 승인된 국제 기능장애 건강 분류International Classification Functioning, Disability, and Health: ICF를 확정, 발표하였다. 이 ICF 모델은, 첫째, 신체 기능body functions 및 구조structure, 둘째, 활동activities 및 참여participation, 셋째, 환경적 요소environment factors를 중시한다([그림 3-17] 참조). 이 모델에 의하면 개인의 건강은 단순히 신체의 구조적 · 기능적 상태만으로 판단되는 것이 아니다. 개인이 어떻게 활동하며 남들

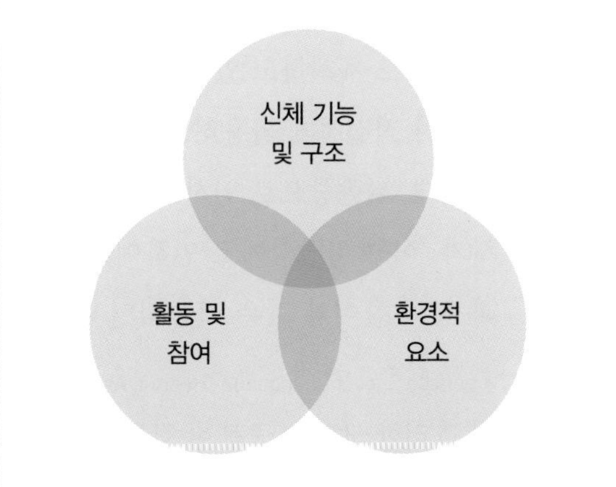

그림 3-17
ICF 모델의 세 가지 구성 요소
국제 기능장애 건강 분류(ICF) 모델에 따르면 개인의 건강은 신체 기능 및 구조, 활동 및 참여, 그리고 환경적 요소에 의해 영향을 받는다.

과 어떻게 상호작용하는지도 추가적으로 확인되어야 한다. 또한 개인적 요소personal factors와 사회적 요소social factors 등을 포함한 환경적 요소를 모두 고려하여 판단되어야 한다. 여기서 개인적 요소는 그 개인 특이적 요소(예: 경제적 능력)뿐만 아니라 인종, 성별, 연령, 학력, 성장 과정, 성격, 생활습관 등을 모두 포함한다. 사회적 요소는 개인 스스로 조절할 수 있는 조건이 아닌, 그 개인이 속한 사회·문화적 특성이다. 예를 들어, 가족 지원, 사회 복지, 국가 정책, 법률의 시행령, 사회 구성원의 행동 등이다.

이제는 ICF 모델을 언어병리학적 측면에서 조명해 보자. 신체기능에서는 〈표 3-10〉과 같이 언어, 말, 삼킴이 각각 '정신기능mental functions', '음성 및 말 기능voice and speech functions', '소화기, 신진대사, 내분비 체계functions of digestive, metabolic, endocrine systems'장에 속한다. 이 중에 언어는 '특이적 정신기능'으로, 그리고 더 나아가 '언어의 정신기능'으로 분류되어 수용성 언어, 표현성 언어, 통합적 언어기능 등으로 구성된 복잡한 하위 체계로 구성되어 있다.

활동과 참여 측면에서는 〈표 3-11〉과 같이 수용성 의사소통Communicating-receiving, 표현성 의사소통Communicating-producing, 대화와 의사소통 도구 및 기술Conversation and use of communication devices and techniques 등을 포함한다. 여기서는 또한 의사소통의 목적을 달성하기 위하여 구어적 수단뿐만 아니라 몸동작 등의 비구어적 수단을 활용하는 체계도 제시하고 있다. 개인이 활동과 참여를 성취하기 위하여 이러한 수단들을 얼마나 적절하게 활용하고 있는지를 평가하고, 치료에 적절하게 도입하여야 한다. 예컨대, 뇌졸중으로 인하여 '마비말장애'라는 신체기능 및 구조의 문제가 생겼다고 하자. 이 마비말장애로 인하여 '전화하기' 등과 같은 개인의 활동이나 '동호회 모임'과 같이 참여와 같은 기능적인 측면에 지장을 초래할 수 있다. 미국언어청각학회American Speech-Language-Hearing Association: ASHA는 말·언어장애의 연구나 임상 활동에서 그러한 모델을 충분히 적용할 것을 적극 권장하고 있다.

환경적 요소 측면에서는 〈표 3-12〉와 같이 의사소통을 위한 제품과 기술products and technology, 자연적 환경 및 환경에 대한 인위적 변화natural environment and human-made changes to environment, 지원 및 관계support and relationships, 태도attitude 등을 포함한다.

표 3-10 ICF 모델에서 신체기능 내 말·언어기능 분류표

<table>
<tr><td rowspan="4">b1 CHAPTER 1 MENTAL FUNCTIONS</td><td>b110–b139 Global mental functions (b110–b139)</td><td rowspan="4">• b140 Attention functions
• b144 Memory functions
• b147 Psychomotor functions
• b152 Emotional functions
• b156 Perceptual functions
• b160 Thought functions
• b164 Higher–level cognitive functions
• b167 Mental functions of language
–b1670 Reception of language
· b16700 Reception of spoken language
· b16701 Reception of written language
· b16702 Reception of sign language
· b16708 Reception of language, other specified
· b16709 Reception of language, unspecified
–b1671 Expression of language
–b1672 Integrative language functions
–b1678 Mental functions of language, other specified
–b1679 Mental functions of language, unspecified
• b172 Calculation functions
• b176 Mental function of sequencing complex movements</td></tr>
<tr><td>• b140–b189 Specific mental functions(b140–b189)</td></tr>
<tr><td>b198 Mental functions, other specified</td></tr>
<tr><td>b199 Mental functions, unspecified</td></tr>
<tr><td rowspan="6">b3 CHAPTER 3 VOICE AND SPEECH FUNCTIONS</td><td>b310 Voice functions</td><td>b3100 Production of voice
b3101 Quality of voice
b3108 Voice functions, other specified
b3109 Voice functions, unspecified</td></tr>
<tr><td colspan="2">b320 Articulation functions</td></tr>
<tr><td>b330 Fluency and rhythm of speech functions</td><td>b3300 Fluency of speech
b3301 Rhythm of speech
b3302 Speed of speech
b3303 Melody of speech
b3308 Fluency and rhythm of speech functions, other specified
b3309 Fluency and rhythm of speech functions, unspecified</td></tr>
<tr><td>b340 Alternative vocalization functions</td><td>b3400 Production of notes
b3401 Making a range of sounds
b3408 Alternative vocalization functions, other specified
b3409 Alternative vocalization functions, unspecified</td></tr>
<tr><td colspan="2">b398 Voice and speech functions, other specified</td></tr>
<tr><td colspan="2">b399 Voice and speech functions, unspecified</td></tr>
</table>

b5 CHAPTER 5 FUNCTIONS OF THE DIGESTIVE, METABOLIC AND ENDOCRINE SYSTEMS	b598 Functions of the digestive, metabolic and endocrine systems, other specified

표 3-11 ICF 모델에서 활동 및 참여 내 의사소통 관련 분류표

d310–d329 Communicating –receiving (d310–d329)	d310 Communicating with–receiving–spoken messages • d315 Communicating with–receiving–nonverbal messages d320 Communicating with–receiving–formal sign language messages d325 Communicating with–receiving–written messages d329 Communicating with–receiving, other specified and unspecified	• d3150 Communicating with – receiving–body gestures • d3151 Communicating with – receiving–general signs and symbols • d3152 Communicating with – receiving–drawing and photographs • d3158 Communicating with – receiving–nonverbal messages, other specified • d3159 Communicating with–receiving–nonverbal messages, unspecified
d330–d349 Communicating –producing (d330–d349)	d330 Speaking • d335 Producing nonverbal messages d340 Producing messages in formal sign language d345 Writing messages d349 Communication–producing, other specified and unspecified	• d3350 Producing body language • d3351 Producing signs and symbols • d3352 Producing drawing and photographs • d3358 Producing nonverbal messages, other specified • d3359 Producing nonverbal messages, unspecified
d350–d369 Conversation and use of communication devices and techniques (d350–d369)	d350 Conversation d355 Discussion • d360 Using communication devices and techniques d369 Conversation and use of communication devices and techniques, other specified and unspecified	• d3600 Using telecommunication devices • d3600 Using writing machines • d3600 Using communication techniques • d3600 Using communication devices and techniques, other specified • d3600 Using communication devices and techniques, unspecified
d398 Communication, other specified		
d399 Communication, unspecified		

표 3-12 ICF 모델에서 환경적 요소와 관련된 의사소통 분류표

e1 CHAPTER 1 PRODUCTS AND TECHNOLOGY	e125 Products and technology for communication	• e1250 General products and technology for communication • e1250 Assistive products and technology for communication • e1250 Products and technology for communication, other specified • e1259 Products and technology for communication, unspecified
e2 NATURAL ENVIRONMENT AND HUMAN-MADE CHANGES TO ENVIRONMENT		
e3 CHAPTER 3 SUPPORT AND RELATIONSHIPS		
e4 CHAPTER 4 ATTITUDES		

11. 기능적 의사소통능력 척도

기능적 의사소통능력functional communication은 개인이 일상생활에서 방법과는 상관없이 효과적으로 의사소통하는 능력이다. 지난 30년 동안 기능적 의사소통능력을 평가하는 도구가 여럿 개발되었다. 〈표 3-13〉에서는 대표적인 기능적 의사소통능력 평가도구 세 가지를 제시해 놓았다.

기능적 의사소통능력을 측정하기 위하여 가장 먼저 개발된 척도는 1980년에 Holland에 의한 Communicative Abilities of Daily Living(CADL)이다. CADL은 실어증 환자들을 대상으로 사용되었다. 단순히 언어적 측면만을 고려하여 의사소통 능력을 파악하는 것이 아니라, 사회적 상호작용, 비구어적 의사소통 등과 같이 의사소통에 필요한 다양한 측면을 고려하였다. 보호자가 작성하는 것이 아니고 언어치료사가 환자를 대상으로 직접 평가하게 되어 있으므로 환자의 기능적 의사소통능력에 대해 비교적 정확하게 측정할 수 있다. 문항의 예로는, 환자에게 '약속시간'이 쓰여진 카드와 '시계'가 그려진 카드를 보여 주고 "약속시간까지는 얼마나 남았나요?"라고 묻는 것이다. CADL이 외상성 뇌손상, 우반구 손상, 치매 환자 등과 같은

표 3-13 기능적 의사소통능력 평가도구의 예

도구	저자(제작연도)	환자군	방법	검사 하위 영역 및 문항 수	소요 시간
CETI(Communicative Effectiveness Index)	Lomas et al. (1989)	실어증	• 보호자 작성 • 5점 척도	• 기본적으로 필요한 것, 생활기술, 사회적으로 필요한 것, 건강징후 • 총 16개 문항	5분 내외
ASHA FACS(Functional Assessment of Communication Skills for Adults)	Frattali et al. (1995)	다양한 의사소통 장애군	• 보호자 작성 • 7점 척도	• Social communication(21개), Communication of Basic Needs(7개), Reading, Writing, Number Concept(10개), Daily Planning(5개) • 총 43개 문항	10분 내외
CADL-2 (Communicative Activities of Daily Living, 2nd ed.) CADL-3 (Communicative Activities of Daily Living, 3rd ed.).	Holland et al. (1999) Holland et al. (2018)	실어증, 외상성 뇌손상, 우반구 손상, 치매, 정신지체 등	• 환자 대상 직접 평가 • 3점 척도	• Reading, Writing, Using numbers(26개), Social interactions(18개), Divergent Communication(10개), Contextual Communication(10개), Nonverbal Communication(8개), Sequential Relationships(6개), Humor/Metaphor/Absurdity(3개) • 총 50문항	30분~1시간

출처: 김수련 · 김향희(2012). '기능적 의사소통능력' 평가를 위한 문항 연구. **재활복지, 16(1)**: 207-224.

다양한 환자군에도 유용하다는 연구 결과가 나오면서 1999년에는 CADL-2가 개발되었다. CADL-2의 제목이 CADL의 'Communicative Abilities of Daily Living'으로부터 'Communicative Activities of Daily Living'으로 바뀌었는데, 이는 앞서 언급한 WHO의 ICF 개념 중 'activities'를 강조하여 반영하기 위함이다. 이어서 2018년에는 CADL-3가 발간되었는데, 2014~2016년 사이에 새로운 표준화 절차를 거쳤으며 자극책 내용은 그림 대신 사진으로 대체되었고, 모바일 휴대폰, 인터넷, 이메일을 포함한 테크놀로지 사용에 대한 문항이 추가되었다.

Communicative Effectiveness Index(CETI)(1989)는 Lomas 등에 의하여 개발되었다. CETI에서는 실어증 환자의 보호자가 환자의 기능적 의사소통과 관련된 16개 문항들을 시각적인 아날로그 척도로 평가한다. 환자의 일상생활에서의 능력을 가장 잘 알고 있는 보호자가 평가한다는 측면에서 나름 유용한 정보를 얻을 수 있다.

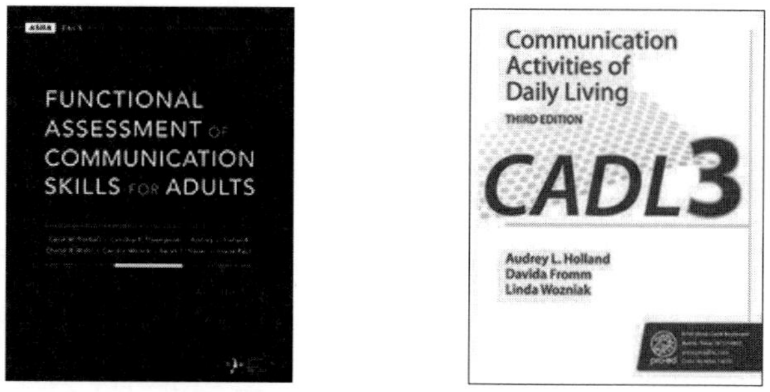

그림 3-18
기능적 의사소통능력 평가도구(ASHA FACS와 CADL-3)

미국 언어청각학회ASHA에서는 ICF 모델을 적용하여 기능적 의사소통능력 척도Functional Assessment of Communication Skills for Adults: FACS를 1995년에 개발하였다. ASHA-FACS는 신경언어장애로 인하여 제한된 활동 및 참여 여부를 측정하기 위하여 고안된 검사도구이다. 환자가 직접 설문지를 작성하는 것이 아니고 보호자가 7점 척도로 평가한다. 어떤 범주가 평가되고 어떻게 질적으로 측정되는지를 〈표 3-12〉에서 제시하였다. 평가 범주로는 사회적 의사소통(예: "여러 사람과의 대화에 낄 수 있다."), 기본적 의사소통(예: "감정을 표현할 수 있다."), 읽기 쓰기 숫자 개념(예: "간단한 간판을 이해한다."), 일상적 계획(예: "예정된 약속을 지킬 수 있다.") 등이다. 이 각각의 범주에서 7점 척도로 평가되는 동시에 적절한지, 타당한지, 즉각적인지, 대화 상대방 측에 의사소통 분담은 어떤지 등을 측정한다. 소요 시간이 10분 내외로 비교적 간단하다.

표 3-14 ASHA-FACS의 평가 범주 및 질적 측정 관점

평가 범주	질적 의사소통 측정
사회적 의사소통	적절함
기본적 의사소통	타당함
읽기, 쓰기, 숫자 개념	즉각적임
일상적 계획	의사소통 분담

12. 의사소통 관련 삶의 질(QOL) 척도

앞서 다룬 기능적 의사소통능력은 ICF 모델의 체재 내에서 삶의 질과 직접적인 관계를 형성한다([그림 3-19] 참조). 삶의 질quality of life: QOL이란 '자신의 삶에 대한 객관적 그리고 주관적 인식과 평가에 의한 만족감의 정도'로 정의된다. 건강에 국한된 '건강 관련 삶의 질health-related quality of life: HRQOL'은 일반인의 건강 관련 삶의 질에 대한 일반형generic 측정과 특정 질병을 앓고 있는 환자의 삶의 질에 대한 질병 특이형disease-specific 측정으로 구분된다. 뇌졸중, 파킨슨병 등과 같은 여러 가지 질환으로 인하여 삶의 질에 저하를 초래하고 이를 측정하기 위해서 질병 특이형 척도인 '뇌졸중 특이 삶의 질 척도Stroke Specific-QOL: SS-QOL'나 '파킨슨병 설문Parkinson's Disease Questionnaire: PDQ-39'을 활용할 수 있다.

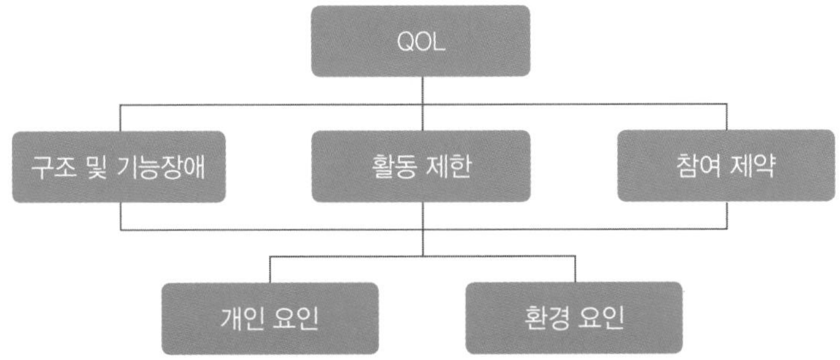

그림 3-19
ICF 모델 체재 내에서의 의사소통 삶의 질 모델

그런데 이러한 질병과 관련된 증세로서 언어 구조 및 기능에 장애impairment가 있다면 이로 인하여 언어 활동에 제한limitation을 받게 될 뿐만 아니라 참여하는 데 제약restriction이 생긴다. 그런데 이러한 제한과 제약은 자기 자신이나 환경 조건에 따라 변화하며 이 모든 것이 어우러져 삶의 질에 영향을 끼치게 된다. 이처럼 의사소통능력에 따른 삶의 질을 의사소통 삶의 질communication-related QOL이라 표현한다.

의사소통과 관련된 삶의 질 척도는 어떠한 환자군을 대상으로 연구되었는가에

표 3-15 **의사소통장애 관련 삶의 질 척도의 예**

도구	저자(제작연도)	환자군	방법	검사 하위 영역 및 문항 수
SAQOL-39(Stroke and Aphasia Quality of Life Scale-39)	Hilari et al. (2003)	실어증 환자 86명	• 환자 직접 평가	• 총 4개 영역 내, 39개 문항
QCL(Quality of Communication Life) Scale	Paul et al. (2004)	실어증, 마비말장애, 인지-의사소통장애 57명(예비 연구), 87명(본 연구)	• 환자 직접 평가 (검사자 도움 가능)	• 총 18개 문항
SHI(Speech Handicap Index)-15	위선아 등(2018)	설암 환자 56명	• 환자 직접 평가	• 총 15개 문항
VR-QOL(Voice Related Quality of Life)	Hogikyan & Sethuraman(1999)	음성장애 환자 109명	• 환자 직접	• 총 2개 영역 내, 10개 문항

따라 다양하게 소개된 바 있다(〈표 3-15〉 참조). 뇌졸중 후 실어증 삶의 질 척도Stroke and Aphasia Quality of Life Scale-39: SAQOL-39는 2003년 Hilari 등에 의하여 개발된 척도이다. SAQOL-39는 SS-QOL 문항들에 근거하여 의사소통영역을 보강하여 개작한 도구이다. 신체영역, 의사소통영역, 심리영역, 활력energy영역을 포함하여 4개 영역의 총 39개 문항으로 이루어져 있다. 신체영역에 속하는 문항의 예로는 '식사 준비', '양말 신기', '글씨 쓰기' 등이 있고, 의사소통영역에는 '전화로 하고 싶은 말하기', '말하려는 단어를 생각해 내기' 등이 포함된다. 심리영역에는 '성격이 바뀜', '자신감이 없음' 등과 같은 문항이 포함되고, 활력영역에는 '피곤을 느낌', '낮 동안 쉬어야 함' 등을 묻는 문항이 들어 있다.

'의사소통 관련 삶의 질 척도Quality of Communication Life Scale'([그림 3-20 참조])는 2004년 Paul 등에 의하여 개발되어 ASHA에서 출판되었다. 실어증, 마비말장애, 인지-의사소통장애 등과 같이 다양한 의사소통 문제를 가진 환자들이 일상생활에서 의사소통 문제와 관련된 삶의 질을 시각화된 아날로그

그림 3-20
의사소통 관련 삶의 질 척도

에 대상자가 직접 표시하도록 한다. 총 18개 문항으로 구성되어 있다. 문항의 예로는 "(나는 의사소통이 어렵긴 하지만) 사람들과 말하는 것을 좋아한다.", "(나는 의사소통이 어렵긴 하지만) 의사소통하는 데 자신이 있다.", "(나는 의사소통이 어렵긴 하지만) 내 의견을 스스로 말한다." 등을 들 수 있다.

'말장애지수Speech Handicap Index: SHI'는 2008년 네덜란드의 Rinkel 등에 의해 개발된 30문항으로 구성된 설문 평가이다. 한국어 번안본과 적용은 두경부암 환자(Park et al., 2016)와 파킨슨병 환자(문효진 외, 2018)를 대상으로 발표되었으며, 15문항의 축약본이 개발(위선아 외, 2018)되고 그 타당성이 확인되었다. SHI-15 축약본은 크게 두 범주(말, 심리사회)로 나뉘어 각각 8문항과 7문항을 포함한다.

한편, 신경 말장애와 관련되어 활용이 가능한 대표적인 척도로서 '음성 관련 삶의 질Voice-Related Quality of Life: V-RQOL'이 있다. V-RQOL은 1999년에 Hogikyan과 Sethuraman에 의해 개발된 도구이다. 총 10개의 문항으로 이루어져 있으며, 사회심리 영역과 신체 기능 영역으로 구성된다. 5점 척도로 측정하게 되어 있으며 1점인 '문제가 전혀 없다'로부터 5점인 '문제가 더 이상 나쁠 수 없을 만큼 심각하다'의 사이에서 자신의 음성에 대한 주관적인 평가를 내리게 된다. 문항의 예로는 "(내 목소리 때문에) 때로는 불안하거나 당황스럽다.", "(내 목소리가) 직업인 또는 전문인으로서의 이미지에 부정적인 영향을 미친다.", "(내 목소리 때문에) 내성적인 성격이 된다." 등을 들 수 있다.

참고문헌

강연욱 · 나덕렬 · 한승혜(1997). 치매환자들을 대상으로 한 K-MMSE의 타당도 연구. **대한신경과학회지**, 15(2): 300-308.

강연욱 · 나덕렬(2003). **서울신경심리검사**(*Seoul Neuropsychological Screening Battery*). 인천: 휴브알엔씨.

강연욱(2006). K-MMSE의 노인 규준 연구. **한국심리학회지**, 25(2): 1-12.

강연욱, 박재설, 유경호, 이병철(2009). 혈관성 인지장애 선별검사로서 Korean-Montreal Cognitive Assessment(K-MoCA)의 신뢰도, 타당도 및 규준 연구. **한국심리학회지: 임상**, 28(2): 549-562.

권재철 · 나덕렬 · 김향희 · 김경문 · 강연욱(1997). 알쯔하이머 환자의 실행증 오류 형태. **대한신경과학회지**, 15(5): 996-1011.

김수련 · 김향희(2012). '기능적 의사소통능력' 평가를 위한 문항 연구. **재활복지**, 16(1): 207-224.

문효진 · 조성래 · 최성희 · 김향희(2018). 파킨슨병 환자에 대한 말장애지수(Speech Handicap Index)의 적용. *Communication Sciences & Disorders*. 23(1):160-168.

위선아 · 최은창 · 조성래 · 최성희 · 김향희. 한국판 말장애지수(Speech Handicap Index)의 축소판 개발 및 설암 환자의 적용. *Communication Sciences & Disorders*. *23*(1):218-227.

최혜윤 · 김용욱 · 나동욱 · 김향희(2011). 'ASHA 의사소통 삶의 질 척도'의 한국어판 번안: 청소년용. **언어청각장애연구**, 16: 388-396.

Baddeley AD, Hitch GJ (1974). Working memory. In GA Bower(Ed.), *Recent advances in learning and motivation*(Vol. 8) (pp.47-90). New York: Academic Press.

Baddeley AD (2001). Is memory still working? *European Psychologist, 7*(3): 85-97.

Devinsky O (1992). *Behavioral neurology: 100 maxims*. St. Louis, MO: Mosby Year Book.

Devinsky O & D' Esposito M (2001). *Neurology of cognitive and behavioral disorders*. Oxford: Oxford University Press

Frattali CM, Thompson CK, Holland AL, Wohl C, Ferketic MM (1995). *American Speech-Language Hearing Association Functional Assessment of Communication Skills for adults(ASHA FACS)*. Rockville, MD: American Speech-Language-Hearing Association.

Hilari H, Byng S, Lamping DL, Smith SC (2003). Stroke and Aphasia Quality of Life Scale-39(SAQOL-39): Evaluation of acceptability, reliability, and validity. *Stroke, 34*: 1944-

1950.

Hogikyan ND, Sethuraman G (1999). Validation of an instrument to measure voice-related quality of life(V-RQOL). *Journal of Voice, 13*(4): 557-569.

Holland A, Frattali C, Fromm D (1999). *Communicative Activities of Daily Living*(2nd ed.). Austin, TX: Pro-Ed, Inc.

Lomas J, Pickard L, Bester S, Elbard H, Finlayson A, Zoghaib C (1989). The communicative effectiveness index: development and psychometric evaluation of a functional communication measure for adult aphasia. *Journal of Speech and Hearing Disorders, 54*: 113-124.

Mahendra N, Apple A (2007). Human memory systems: A framework for understanding dementia. *The ASHA Reader,* November 27: 8-11.

Park SS, Choi CH, Hong JA, Jeong NG, Lee SY, Sung M-W, Hah JH. Validity and reliabiity of the Korean versino of the Speech Handicap Index in patients with oral cavity cancer. *International Journal of Oral Maxillofacial Surgery. 45*(4): 433-439.

Paul DR, Frattali CM, Holland AL, Thompson CK, Caperton CJ, Slater SC (2004). *Quality of Communication Life Scale(QCL).* Rockville, MD: American Speech-Language-Hearing-Association.

Rinkel RN, Verdonck-de Leeuw IM, van Reij EJ, AAronson NK, Leemans CR. Speech Handicap Index in patients with oral and pharyngeal cancer: Beter understanding of patients' complaints. *Head and Neck. 30*(7): 868-874.

Threats T. Communication disorders and the ICF. http://www.asha.org/uploadedFiles/slp/AboutICFandCD.pdf#search=%22ICF%22

World Health Organization (2001). *International classification of functioning, disability and health.* Geneva, Switzerland: Author. http://apps.who.int/classifications/icfbrowser/

복습문제

1. 다음에 제시된 각 주의력의 유형, 정의, 평가 과제끼리 알맞게 짝짓는다면?

가. 지속적 주의	나. 선택적 주의	다. 교대적 주의

(1) 두 개 이상의 서로 다른 인지적 활동이 필요한 과제들 사이를 원활하게 오고 가면서 과제를 수행할 수 있는 능력 •　　• a. 스트룹 검사

(2) 여러 종류의 자극 중에서 방해 요소를 떨치고 특정 자극에만 집중해서 주의를 기울일 수 있는 능력 •　　• b. 문자 소거 과제

(3) 일정 시간 동안 주의를 유지할 수 있는 능력 •　　• c. 기호잇기 검사

2. 구어성 청각실인증과 베르니케실어증을 감별하기 위한 과제를 모두 고른다면?

(1) 질문에 '예-아니오'로 답하기

(2) 그림 설명하기

(3) 큰 소리로 읽기

(4) 따라말하기

(5) 받아쓰기

3. 구어성 청각실인증에 대한 설명으로 옳은 것에 ○, 틀린 것에 × 표시하시오.

(1) 다른 사람의 말소리를 알아듣지 못하나 같은 말소리끼리 짝지을 수는 있다. (　)

(2) 문제가 사람의 말소리에 국한되므로 환경음을 인식하는 데에는 어려움이 없다. (　)

(3) 자발적인 말하기, 읽기, 쓰기 등에는 문제가 없다. (　)

(4) 일차 청각피질인 헤쉴이랑이 편측(주로 좌반구) 혹은 양측으로 손상되었을 때 보인다. (　)

(5) 순수어농(pure word deafness)이라고도 한다. (　)

4. 다음 빈칸에 두 가지 시각실인증과 명칭실어증 환자가 수행 가능한 과제에는 +, 수행이 불가능한 과제에는 −로 표시하시오.

증세 / 과제	통각성 시각실인증	연합성 시각실인증	명칭실어증
베껴 그리기			
서로 짝짓기			
의미적 범주화하기			
기능 설명하기			
명칭 말하기			

5. 다음에 제시된 설명이 뜻하는 실인증의 종류를 영어 및 한글 용어로 쓰시오.

(1) 사람의 얼굴에 대해서만 선택적으로 시각실인증

( ), ( )

(2) 머리 및 눈의 움직임이 자유로움에도 불구하고 복잡하게 묘사된 그림에서 주요 요소들을 한 가지 이상 동시에 인식하지 못하는 실인증

( ), ( )

(3) 자기 자신 혹은 다른 사람의 손가락을 알아보지 못하고, 가리키지 못하거나, 만져도 무엇인지 모르고, 명칭(예: 엄지, 검지)을 말하지 못하는 증세

( ), ( )

(4) 몸의 어떤 구조를 알아보지 못하고, 가리키지 못하거나, 명칭(예: 무릎, 코)을 말하지 못하고, 심한 경우에는 검사자가 신체 부위를 짚을 때에 똑같이 따라 하지 못하는 실인증

( ), ( )

(5) 자신의 질병이나 증세(특히, 마비 증세)에 무관심한 증세

( ), ( )

6. 실행증의 정의에 대해서 틀리게 묘사된 것을 모두 고른다면?

(1) 근육이 제대로 움직이지 않아 생기는 장애이다.

(2) 동작 프로그래밍을 제대로 하지 못해서 생긴다.

(3) 감각 문제로 인하여 동작하기가 어려운 경우이다.

(4) 숙련된 운동이나 몸짓이 부자연스럽거나 동작이 소실된 상태이다.

(5) 근육 약증, 떨림, 협응장애 등과 같은 운동장애로 인해 생기는 것은 아니다.

7. 도구가 필요한 동작에서 자신의 신체의 일부를 마치 도구로 취급하는 행동을 무엇이라 하는가?

8. "혀를 내밀어 보세요."라 했을 때 수행하지 못한다면 의심할 수 있는 신경언어병리학적 증세를 적어도 두 가지 쓰시오.

9. 정보 처리 모델에 의하면 기억의 첫 과정은 등록(부호화)이다. 그렇다면 환자에게 사물 그림을 보여 주고 이름을 말하게 하는 과제는 기억의 어떤 과정과 관련이 있는가?

10. 단기기억이 좀 더 복잡한 인지기능 활동에서 곧바로 사용되어야 할 필요성에 의하여 배들리(A. Baddeley)에 의하여 도입된 개념이며, 현재 주의를 기울여 의식하고 있는 기억으로서 사용 중인 기억의 의미를 강조한 능동적 정신 작업을 무엇이라 하는가?

11. 다음의 평가 과제에서 확인할 수 있는 기억의 유형을 알맞게 짝지으시오.

(1) 2어절 문구를 따라 말하게 한다.	•	• 가. 최근기억
(2) 우리나라의 역대 대통령 이름을 생각나는 대로 말하게 한다.	•	• 나. 즉각기억
(3) 어제 점심에 먹은 반찬 종류를 말하게 한다.	•	• 다. 원근기억

12. 다음의 평가 과제와 기억 정보 유형을 알맞게 짝지으시오.

(1) 머리 감는 순서를 이야기하게 한다.	•	• 가. 의미기억
(2) "고양이는 동물입니까?"라고 묻는다.	•	• 나. 절차기억
(3) 어제 전화 통화한 사람이 누군지 묻는다.	•	• 다. 일화기억

13. MMSE에 대한 설명으로 옳지 않은 것은?

(1) 총 30점 만점이다.
(2) 인지장애 여부를 판단할 수 있다.
(3) 언어 검사 문항은 포함되어 있지 않다.
(4) 연령 및 교육 수준별 규준이 연구되어 있다.
(5) 사람에 대한 지남력 문항은 포함되어 있지 않다.

14. MMSE 검사 지침으로 옳은 것에 ○, 틀린 것에 ×를 하시오.

(1) 기억 등록을 위하여 물건 이름 세 가지를 하나씩 불러 주고, 각각 따라 말하게 한다. (   )

(2) 계산문항에서 '100−7'을 '92'라고 오답을 말하면, 정답으로 고쳐 주고 정답에서 다시 빼게 한다. (   )

(3) 따라말하기 문항에서 환자가 무반응이거나 다시 반복해 줄 것을 요구하면 한 번 더 불러 줄 수 있다. (   )

(4) 명령 시행 문항에서 "종이를 뒤집고, 반으로 접은 다음, 저에게 주세요."의 지시사항을 한꺼번에 천천히 불러 주나, 환자가 마지막 어절을 알아듣지 못했을 경우 그 부분만 다시 불러 준다. (   )

15. ICF 모델을 구성하는 세 가지 요소는?

16. 1999년 Holland 박사에 의하여 개발된 기능적 의사소통능력을 측정할 수 있는 검사도구는?

17. 질병과 관련된 증세로서 언어 구조 및 기능의 장애로 인하여 언어 활동에 제한을 받고, 사회 활동 참여에 제약이 따른다면 이러한 제한과 제약이 삶의 질에 영향을 끼치게 된다. 이러한 삶의 질을 무엇이라 표현하는가?

정답

1. 가-(3)-b　　나-(2)-a　　다-(1)-c
2. (2) (3) *두 증세 모두 청각적 이해력이 떨어진 상태이므로 둘 다 (1), (4), (5)에서는 어려움을 보임. 반면에, (2)와 (3) 과제에서는 구어성 청각실인증만 잘 수행함.
3. (1) × (2) ○ (3) ○ (4) ○ (5) ○
4.

과제 \ 증세	통각성 시각실인증	연합성 시각실인증	명칭실어증
베껴 그리기	−	+	+
서로 짝짓기	−	+	+
의미적 범주화하기	−	−	+
기능 설명하기	−	−	+
명칭 말하기	−	−	−

5. (1) prosopagnosia, 얼굴실인증
   (2) simultanagnosia, 동시실인증
   (3) finger agnosia, 손가락 실인증
   (4) autotopagnosia, 자가국소 실인증
   (5) anosognosia, 질병 불각증
6. (1) (3) (*운동이나 감각 장애로 인한 동작 장애는 실행증 진단 기준에서 제외됨)
7. Body Part as an Object(BPO) 오류
8. 감각성 실어증, 구강실행증, 무의지증(abulia), 실구어증(anarthria)에 따른 혀근육 소실 중에 고르면 됨
9. 인출
10. 작업기억
11. (1) 나 (2) 다 (3) 가
12. (1) 나 (2) 가 (3) 다
13. (3)
14. (1) × (2) × (3) ○ (4) X
15. 신체 구조 및 기능, 활동 및 참여, 환경적 요소
16. CADL-2
17. 의사소통 삶의 질

제4장

실어증

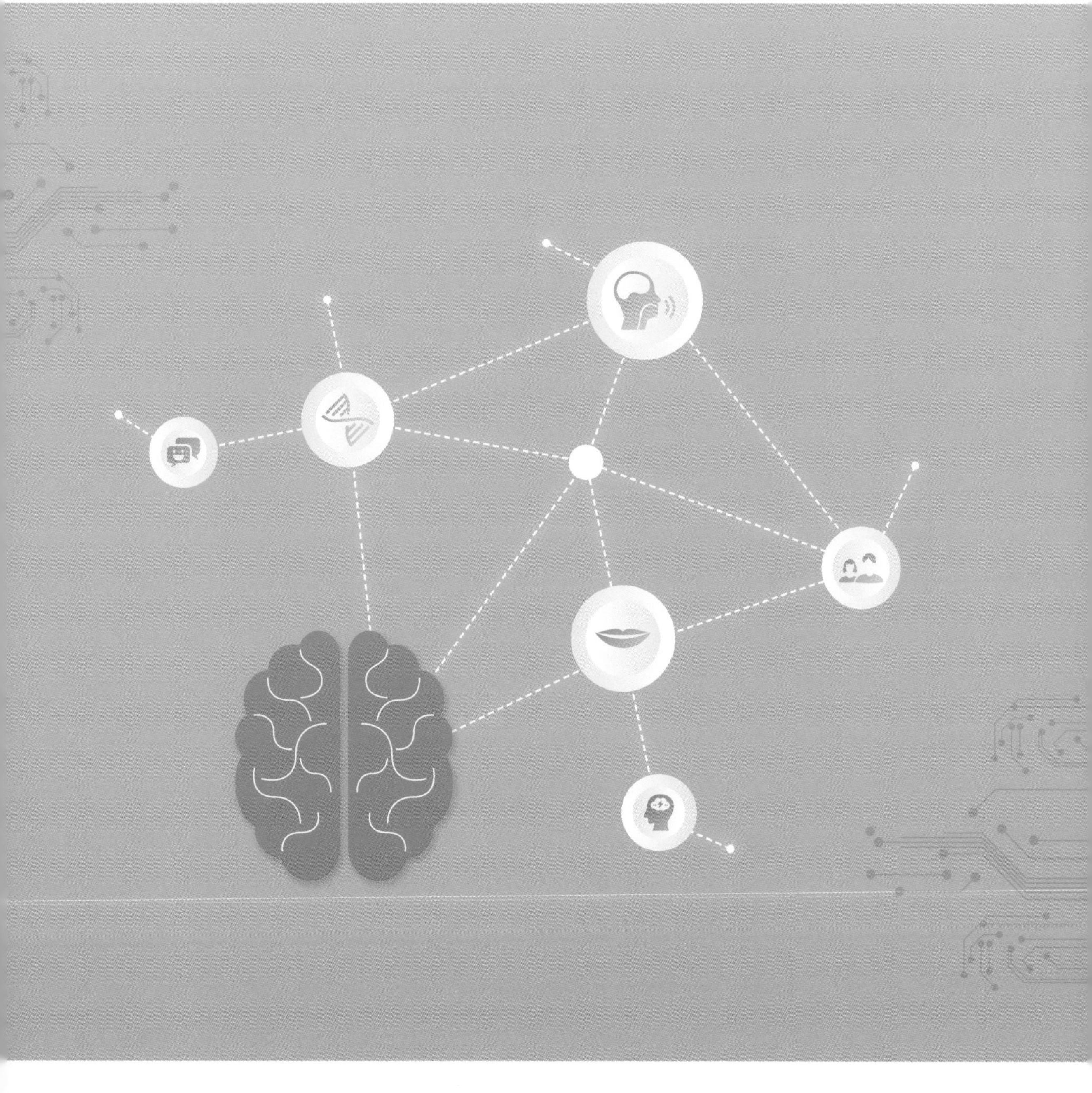

학습목표

- 실어증을 정의할 수 있다.
- 실어증의 원인을 설명할 수 있다.
- 실어증을 어떻게 평가하는지 설명할 수 있다.
- 실어증의 유형별 특징을 상세히 설명할 수 있다.
- 실어증의 치료 원칙과 치료 모델을 설명할 수 있다.
- 실어증 치료의 세부적인 방법을 설명할 수 있다.

1. 실어증의 정의

실어증, 'aphasia(a-phasi-a)'는 그리스어로 'speech'를 뜻하는 'phasia'의 앞뒤에 'a'가 각각 붙여진 용어이다. 'aphasia'란 용어는 예전까지 경미한 정도의 실어증을 뜻하는 'dysphasia'와 혼용되었다. 그러나 삼킴장애를 뜻하는 'dysphagia'와의 구별이 쉽지 않으므로 근래에는 'aphasia'로만 부른다. 실어증은 언어습득 시기가 지난 후에 뇌손상으로 인하여 후천적으로 생기는 언어장애이다. 언어습득 시기란 아동기에서 언어가 발달하는 기간을 지칭하는데, 대략 6세에서 9세 정도면 보편적으로 언어습득 시기가 끝나므로 이 시기 후에 뇌손상으로 생기는 언어장애가 실어증이다. 선천적인 결함으로 혹은 출생 직후에 생긴 신경계 손상 등으로 유발되는 언어습득 전의 언어장애는 발달성 언어장애로 분류된다. 실어증의 정의를 좀 더 구체적으로 알아보자.

첫째, 실어증은 언어장애language disorder이다. '언어'란 의사소통을 목적으로 청각-시각적 수단을 통해 사용되는 상징 체계이며, 개개의 상징이 특정 개념과 연결되어 사용되도록 구성원들 간의 약속을 전제로 한다. 이때 언어는 크게 수용언어와 표현언어로 나뉜다. 수용언어에는 듣기와 읽기가, 표현언어에는 말하기와 쓰기가 포함된다.

둘째, 실어증은 다중 양식적multimodal 언어기능의 저하이다. 여기서 다중 양식이란 언어를 구사하는 방법이다. 언어는 '들을 수 있고-듣기', '읽을 수 있으며-읽기', '말할 수 있고-말하기', '글씨로 쓸 수도 있나-쓰기'를 포함하며, 실어증이 생기면 이 모든 양식에서 어려움을 보인다. 실어증 유형에 따라 각 양식에서 그 증세의 중증도는 달리 나타난다. 또한 언어학적 관점에서 볼 때에는 음운, 형태, 의미, 통사 등의 측면에서 장애를 보일 수 있다.

셋째, 실어증은 언어수행language performance의 장애이다. 즉, 언어 사용이 효율적으로 잘 이루어지지 않는 증상이다. 실어증의 한자 표기(즉, 失語症)에 함축되어 있는 의미처럼 언어능력$_{\text{language competence}}$이 아주 사라진 것("失")은 아니다. 그렇다면 실어증 환자의 언어능력이 보존되어 있는 것을 어떻게 알 수 있을까? 실어증 환자가 사물에 대한 이름을 잘 말하지 못할 때에 첫 음절단서를 주면 쉽게 이름을 생각해 낸다. 만일 그 사물의 이름이 완전히 사라졌다면 단서가 전혀 도움이 되지 않을 것이다. 물론 전반실어증$_{\text{global aphasia}}$과 같이 심도의 언어장애는 뇌의 영구적인 손상 부위가 워낙 광범위하므로 언어능력 자체가 상당 부분 상실되었다고 생각할 수 있다.

넷째, 실어증을 다른 장애와 감별하기 위해서는 무엇보다도 언어적 수행력 장애가 다른 인지기능장애, 감각 · 지각력 감소, 운동장애 등으로 인한 것이 아니라는 것을 밝혀야 한다. 치매 환자에게서 보이는 기억장애는 따라말하기 과제 등과 같이 즉각기억이 요구되는 언어 과제를 수행하기 어렵게 만든다. 또한 팔마비로 인하여 "오른팔을 올려 보세요."라는 지시에 제대로 수행을 못 하는 환자가 감각성 실어증을 갖고 있다는 것은 아니다.

다섯째, 실어증은 뇌졸중과 같은 질환으로 인해 발생하는 징후$_{\text{signs}}$ 혹은 후유증이다. 따라서 실어증에 대한 직접적인 치료가 이루어지지 않더라도 병이나 질환에 대한 근본적인 치료를 통하여 혹은 자연회복으로 인하여 실어증이 자동적으로 좋아지기도 한다.

2. 실어증의 원인

뇌손상으로 인한 실어증은 그 원인을 크게 혈관성과 비혈관성으로 나눌 수 있다. 혈관성은 뇌혈관의 병리적 상태인 뇌혈관 질환$_{\text{cerebrovascular accident: CVA}}$ 또는 뇌졸중$_{\text{stroke}}$에 기인한다. 뇌혈관 질환은 뇌에 정상적인 혈액 공급을 어렵게 만들며, 그로 인하여 원활한 산소 공급이 불가능할 수 있어 뇌세포 괴사로 인한 심각한 뇌기능장애를 초래한다.

뇌혈관 질환의 발생 기제는 일반적으로 두 가지 형태, 즉 '허혈과 출혈'이다. 각 형태의 발생률은 대략적으로 70~80%와 20~30% 정도이다. 허혈$_{\text{ischemia}}$이란 혈관이 좁아지거나(협착$_{\text{stenosis}}$) 막히면서(폐색$_{\text{occlusion}}$), 담당하는 뇌세포에 전달되는 혈류량이 현저하게 감소되거나 전혀 없게 되는 상태이다. 뇌에 허혈 현상이 생기면 뇌세포 괴사를 동반하는 뇌경색cerebral infarction이 유발된다.

뇌에 허혈이 생기는 원인으로 혈전증과 색전증이 있다(제2장 [그림 2-5] 참조). 혈전증thromosis은 혈관벽의 조직 변화로 인하여 침전물인 혈전thrombus이 혈관벽에 형성되면서 혈관 협착이나 폐색이 생겨 혈류를 차단하는 현상이다. 그런데 이때 혈전의 일부 조각인 색전embolus이 떨어져 나갈 수 있다. 이 색전이 혈관을 타고 흐르다가 좁은 혈관을 막게 되는 현상을 색전증embolism이라 한다. 혈전증은 혈관벽이 서서히 좁아지므로 점차적으로 진행되는 증상으로 나타날 수 있지만, 색전증은 혈관이 갑자기 막히면서 증상이 갑작스럽게 보일 수 있다.

한편, 증세가 일시적으로 발생하여 20분 정도 지속되지만 이내 사라지고 24시간 이내에 아무런 후유증 없이 회복되는 질환을 일과성 허혈 발작transient ischemic attack: TIA이라 한다. 증세로는 초기에 잠시 겪게 되는 어지러움, 편측 감각의 약화, 시각적 문제, 언어적 문제 등이 있다. 혈전증 진행 과정에서 일과성 허혈 발작이 나타나기도 하는데, 그대로 두면 마비나 장애를 초래할 수 있다.

뇌혈관 질환의 두 번째 형태로서 출혈hemorrhage은 혈관의 약한 지점이 터지면서 혈액이 혈관 밖으로 나오는 현상이다. 뇌를 감싸는 뇌막은 두개골 바로 안쪽으로 경막dura mater, 지주막arachnoid (mater), 그리고 연막pia mater 순으로 위치한다. 출혈이 어디서 발생하는가에 따라 칭하는 출혈의 유형이 있다([그림 4-1] 참조). 첫째, 경막의 동맥이나 정맥에서 출혈이 발생하여 두개골과 경막 사이에 출혈이 생기면 경막외 출혈epidural hemorrhage이라고 한다. 둘째, 경막과 지주막하 사이에 생기는 출혈을 경막하 출혈subdural hemorrhage: SDH이라고 한다. 셋째, 지주막과 연막 사이의 공간에서 출혈이 일어나면 지주막하 출혈subarachnoid hemorrhage: SAH이다. 넷째, 출혈이 대뇌 내에서 발생하면 뇌내 출혈intracerebral hemorrhage: ICH이며, 다섯째, 출혈이 뇌실 안에서 발생하면 뇌실내 출혈intraventricular hemorrhage: IVH이라 한다. 뇌출혈이 발생하면 피뭉치인 혈종hematoma이 뇌공간을 차지하면서 뇌구조가 한쪽으로 밀리는 뇌변위brain shift 현상이 나타난다. 혈종은 자연스럽게 흡수되기도 하나 수술을 통하여 혈종을 제거해야 할 수도 있다. 뇌출혈의 원인으로는 고혈압, 혈관염, 동정맥 기형arteriovenous malformation: AVM 등이 있다. 동정맥 기형은 선천적으로 동맥과 정맥이 서로 엉켜서 뇌동맥이 모세혈관을 거치지 않은 채 곧바로 정맥과 연결되는 혈관 기형 현상이다.

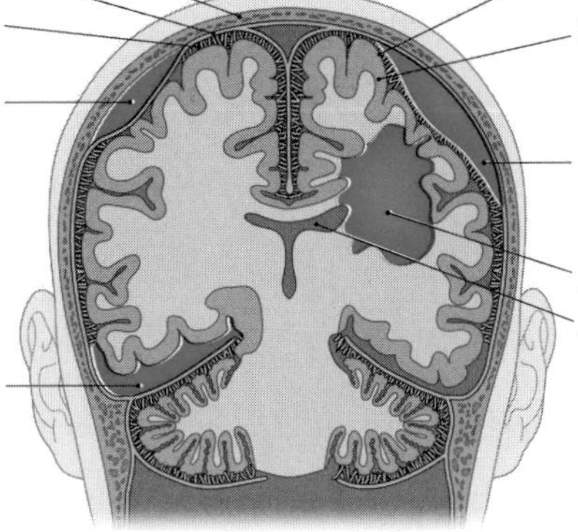

그림 4-1
뇌출혈의 유형: 경막외 출혈, 경막하 출혈, 지주막하 출혈, 뇌내 출혈, 뇌실내 출혈

실어증의 비혈관성 원인은 뇌종양, 두부 손상, 뇌염brain infection 등 혈관성 원인을 제외한 제반 원인들을 포함한다. 뇌종양brain tumor은 두뇌 내에서 발생한 신생물을 말하는데 신경교종이나 비신경교종을 포함하는 일차성과 전이성인 이차성으로 분류한다. 두부 손상head injury은 교통사고나 추락사고 등의 외상이 직접적인 원인이 되는 일차적 손상과 손상 후 혈종, 저혈압증, 감염 등에 따른 이차적 손상으로 나뉜다. 두부에 충격이 일어나면 뇌진탕, 뇌좌상, 뇌열창 등이 생긴다. 뇌진탕cerebral concussion은 두부 충격의 순간에 일시적으로 일어나는 의식 상실이 6시간 이내인 경우이다. 뇌좌상cerebral contusion은 뇌조직에 타박상이 입혀진 경우로서 폐쇄성 두부 손상closed head injury: CHI을 말하고, 뇌열창cerebral laceration은 뇌가 찢겨진 상태로서 개방성 두부 손상open head injury: OHI이다. 폐쇄성 두부 손상의 경우에 외부 충격을 직접 받은 곳의 손상은 타박성 충격coup이라 하고, 그와는 반대로 충격을 받은 곳의 반대 부위에 뇌손상이 발생하는 경우를 반충 손상contrecoup이라 한다([그림 4-2] 참조).

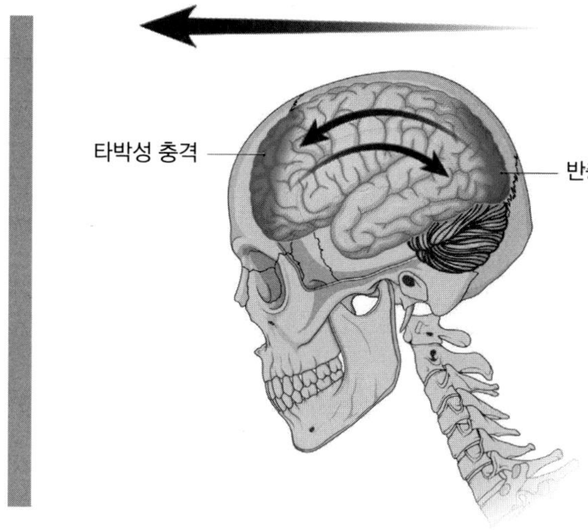

그림 4-2
타박성 충격과 반충 손상

3. 실어증의 평가

1) 평가 목적

실어증 평가의 목적은 평가가 어떤 시점에서 이루어지는가에 따라 달라진다. 발병 직후 초기 평가의 가장 주요한 목적은 다음과 같다. 먼저, 신경계 질환이나 손상으로 인하여 언어장애, 즉 실어증이 흔히 발생하게 되는데, 실어증 평가의 가장 주요 목적은 실어증 유무 판단이다. 또한 실어증 평가를 통해 어떠한 언어적 특색을 지니고 있는지를 파악할 수 있고 실어증 유형을 구분하게 되는데 감각성 실어증과 운동성 실어증으로 대별되며, 흔히 보스톤 실어증학파에서 제시된 실어증 유형으로 분류된다. 실어증 평가를 통해 평가 점수에 따른 실어증의 중증도를 판단하는 목적 역시 중요하며, 언어적 특색, 중증도, 기타 요인을 감안하여 예후를 파악할 수 있고 이에 따라 치료 여부를 결정하기 위함이다. 치료가 어느 정도 진행된 후에 이루어지는 평가인 경우에는 치료 효과를 보고자 하거나 치료 종료의 가능성이나 시점을 타진해 보는 목적일 수 있다.

- 실어증의 유무 판단
- 실어증의 언어적 특색 파악
- 실어증의 유형 분류
- 실어증의 중증도 판단
- 예후 파악 및 치료 여부 결정
- 치료 효과 확인
- 치료 종료의 가능성 및 시점 타진

2) 실어증 검사도구

실어증 평가도구 유형에는 실어증의 유무를 판별하기 위한 선별검사screening test, 언어의 모든 영역과 인지 영역까지 검사할 수 있는 종합검사comprehensive examination, full-length battery, 한 영역만을 심층적으로 검사하는 심화검사deep test가 있다. 실어증을 총체적으로 평가할 수 있는 종합검사도구들은 〈표 4-1〉에 소개되어 있다.

표 4-1 실어증 종합검사도구

도구	저자(제작연도)	평가 영역	특징
Minnesota Test for Differential Diagnosis of Aphasia(MTDDA)	Schuell (1965, 1973)	5개 영역(47개 하위 검사) 1. Auditory disturbances(9) 2. Visual and reading disturbances(9) 3. Speech and language disturbances(15) 4. Visuomotor and writing disturbances(10) 5. Disturbance of numerical relations and arithmetic process(4)	• 광범위한 검사 • 질적 분석 • 2~6시간 소요
Korean Test of Differential Diagnosis of Aphasia(KTDDA) 한국 실어증 감별진단 검사	박혜숙(2006)	5개 영역(42개 하위 검사) 1. 듣기 과정(8): 청각적 이해/기억 2. 읽기 과정(12): 독해, 음독 3. 말하기 과정(8): 따라말하기, 구두표현 4. 쓰기 과정(9): 숫자, 문자 쓰기 5. 수와 계산(5)	• 한국판 표준화 검사 • 3시간 정도 소요 • 실어증 유형 분류 및 중증도 산출 가능

Porch Index of Communicative Ability(PICA)	Porch (1967, 1973, 1981)	3개 영역(18개 하위 검사) 1. Verbal(4) 2. Gestural(8) 3. Graphic(6) 9개의 형식(modality): writing, copying, reading, pantomime, verbal, auditory, visual, gestural, graphic	• 다중 점수(1~16점) 체계 • 오랜 시간 소요 • 특징에 따른 실어증 분류
Boston Diagnostic Aphasia Examination (BDAE); (BDAE-3)	Goodglass, Kaplan & Barresi(2000)	5개 영역(27개 하위 검사) 1. Conversational and expository speech 2. Auditory comprehension 3. Oral expression 4. Reading 5. Writing(BDAE-3: Praxis 영역 추가)	• 광범위한 검사 • 실어증 유형 분류
Western Aphasia Battery(WAB); (WAB-R)	Kertesz (1979, 1982); Kertesz(2006)	2개 영역(8개 하위 검사: 32과제) 1. Language-domain spontaneous speech comprehension repetition naming 2. Performance-domain reading writing praxis construction Raven's Colored Progressive Matrices (RCPM)	• 광범위한 검사 • 실어증 유형 분류 • 30~45분 소요
한국판 WAB-R	김향희 · 나덕렬 (2012)	3개 영역(8개 하위 검사) 1. 구어언어(4) 스스로 말하기 알아듣기 따라말하기 이름대기 2. 문자언어(2) 읽기 쓰기 3. 기타 인지기능(2) 동작 구성, 시공간, 계산	• 한국판 표준화 검사 • 실어증 유형 분류 및 중증도 산출 가능 • 쓰기 및 읽기 추가 검사 포함

(1) 실어증 종합검사

미네소타 실어증 감별진단 검사Minnesota Test for Differential Diagnosis of Aphasia: MTDDA (Schuell, 1965, 1973)는 5개 영역에 걸쳐 47개의 하위 검사로 구성된 가장 광범위하고 구체적인 검사 중 하나이다. 이 검사는 특히 인지 및 청각적 이해력의 결함에 따른 유형 분류에 유용하다. 각 하위 검사에서는 평균과 표준편차를 사용하며 주요 수행영역(예: 이해, 읽기, 표현, 쓰기)에서는 각 0점에서부터 6점까지의 점수 체계가 사용된다. 검사의 길이가 길기 때문에 여러 회기에 걸쳐 평가를 시행해야 하며, 검사 실시에 평균 3시간이 소요된다. 채점이 복잡하고, 검사자를 위한 하위 검사의 지시문이 모두 분명하게 제시되어 있지는 않다. 환자의 병소 부위에 따라 실어증 유형을 나누는 것이 아니라 실어증적 특징(장애 정도, 관련된 감각 또는 운동장애의 유무, 예후 정도 등)에 따라 단순실어증simple aphasia, 시각 관련 실어증aphasia with visual involvement, 감각운동 관련 실어증aphasia with sensorymotor involvement, 전반적 뇌손상 실어증aphasia with scattered findings compatible with generalized brain damage, 비가역적 실어증irreversible aphasic syndrome, 경미한 증후군 A: 부분적 청각적 무지각minor syndrome A: Aphasia with partial auditory imperception, 경미한 증후군 B: 지속성 마비말장애를 동반한 실어증minor syndrome B: aphasia with persisting dysarthria과 같이 나뉜다. 한국 실어증 감별진단 검사Korean Test of Differential Diagnosis of Aphasia: KTDDA(박혜숙, 2006)는 실어 증상을 포괄적으로 파악하는 종합적 실어증 검사이다. 이 검사는 21~76세의 규준에 따라 실어증의 유무, 실어증의 유형, 중증도의 판정, 예후의 추정, 언어치료의 설정 및 구체적인 훈련 계획을 설정하는 데 도움을 준다.

포치 의사소통 검사Porch Index of Communicative Ability: PICA(Porch, 1967, 1971)는 3개 영역에 걸쳐 18개의 하위 검사를 포함한다. 검사자는 최소 40시간의 공식적 훈련을 거쳐 신뢰롭게 평가를 수행할 수 있음을 입증해 보여야 한다. 이 검사의 고유한 특성은 바로 16점의 다중 점수 체계에 있다. 각 하위 검사에서의 모든 반응은 1점에서 16점까지 채점되며, 각 점수는 완성도, 정확도, 즉각성, 민감성, 반응의 효율성에 의해 결정된다. 양식modality에 따른 백분위 점수로 양측 혹은 편측 대뇌 손상 환자의 점수와 비교가 가능하다. 양식에 따른 점수와 전체 점수는 회복을 예측하는 데 사용된다. 이 검사는 치료 계획과 연구에 특히 유용하게 사용되나, 구어기능의 평가 폭이 좁기 때문에 아주 경증이거나 중증 환자에게는 검사의 민감도가 떨어진다.

보스톤 실어증 진단 검사Boston Diagnostic Aphasia Examination: BDAE(Goodglass & Kaplan, 1972, 1983; Goodglass, Kaplan, Barresi, 2000)는 미네소타 실어증 검사와 같이 언어의 전 영역을 검사하는 포괄적인 검사이다. 5개 영역에 걸쳐 27개의 하위 검사가 있으며 전두엽 기능부전을 검사할 수 있는 비언어성 하위 검사도 포함되어 있다. 이 검사는 보스톤 실어증학파에서 주창한 실어증 분류와 일치하는 언어적 결함을 평가하기 때문에 실어증의 유형 분류에 용이하다. 대화 과제와 청각적 이해 항목은 7점 척도로 평가한다. 여기서 얻어진 점수는 환자 유형 분류에 사용되고, 획득 점수는 병소 부위와 관련된다. 그러나 경우에 따라 환자의 유형을 명확하게 분류할 수 없기도 하므로 결과 해석에 유의하여야 한다. 평가 점수는 양식에 따라 요약할 수 있고, 점수에 따라 환자군과 비교할 수 있는 백분위 점수가 제공된다. BDAE는 두 번의 개정을 거쳐 가장 최신판인 BDAE-3이 사용 가능하며, 용도에 따라 세 개의 평가 형식(standard, short, extended) 중 하나를 선택하면 된다.

웨스턴 실어증 검사Western Aphasia Battery: WAB는 초판(WAB; Kertesz, 1979, 1982)과 개정판(WAB-R; Kertesz, 2006)이 있다. WAB은 실어증이 의심되는 환자를 대상으로 실어증의 유무 판단은 물론 실어증의 중증도, 실어증의 유형, 예후 등을 평가하기 위해 고안된 검사이다. 각 하위 검사의 점수는 유형 분류에 사용되는 정보를 제공해 주며, 총점의 산정 방식은 다음의 네 가지이다. 먼저, 실어증 지수Aphasia Quotient: AQ는 언어영역인 말하기, 알아듣기, 따라말하기, 이름대기에 해당한다. 언어 지수Language Quotient: LQ는 실어증 지수에 읽기, 쓰기 점수를 합한다. 피질 지수Cortical Quotient: CQ는 언어 지수에 동작, 구성, 시공간, 계산영역 점수를 합한다. 수행 지수Performance Quotient: PQ는 읽기, 쓰기, 그리기, 계산, 토막짜기, RCPM 검사에서 얻어진 점수에 대한 합산이다. AQ와 PQ를 결합한 인지기능 요약 점수는 환자의 외상 후 인지능력의 결함을 평가하는 데 유용하다. 한국판 웨스턴 실어증 검사(김향희 · 나덕렬, 2012)는 278명의 정상인과 190명의 환자를 대상으로 한 표준화를 통하여 연령 및 교육년수에 따른 규준을 제시하고 있으며, 실어증 유무, 중증도, 유형, 예후 등을 평가하는 데 도움이 되는 정보를 제공한다.

(2) 실어증 선별검사

임상에서는 실어증에 대하여 보다 간편하고 빠르게 진단적 인상을 확인하고 예후를 판정하기 위해 실어증 선별검사를 사용하기도 한다(〈표 4-2〉 참조). 이 중 프렌체이 실어증 선별검사Frenchay Aphasia Screening Test: FAST(Enderby et al., 1987)는 이해, 표현, 읽기, 쓰기 영역을 간단히 평가하고 절단점cut-of score으로서 실어증의 유무를 확인할 수 있는 검사이다. 소요 시간은 3~10분 정도로 짧다. 한국인을 대상으로 표준화한 한국판 프렌체이 실어증 선별검사Korean-Frenchay Aphasia Screening Test: K-FAST(편성범, 2008)가 있다. 한편, 실어증-신경언어장애 선별검사Screening Test for Aphasia & Neurologic-communication Disorders: STAND(김향희 외, 2009)는 우리나라에서 개발된 선별검사로서 실어증 유무, 중증도, 유형 등을 제시한다. 소요 시간은 5분 이내로 간편하며 동반되는 말장애(예: 말실행증, 마비말장애)를 확인할 수 있다. 또한 표현언어와 수용언어에 대한 점수 산출이 가능하다.

(3) 실어증 심화검사

이름대기 기능에 대한 심화검사로서의 보스톤 이름대기 검사Boston Naming Test: BNT(Goodglass & Kaplan, 2000)는 보스톤 실어증 진단 검사도구의 세트를 구성하며, 60개의 그림을 보고 해당하는 이름을 말하도록 진행한다. 원 검사와 문항 수는 같으나 한국인의 대상자에 적합한 문항들로 대체하여 15세 이상의 성인을 대상으로 재표준화한 한국판 보스톤 이름대기 검사Korean version-Boston Naming Test: K-BNT(김향

표 4-2 실어증-신경언어장애 선별검사와 한국판 프렌체이 실어증 선별검사의 비교

구분	실어증-신경언어장애 선별검사	한국판 프렌체이 실어증 선별검사
평가 영역	10개 또는 그 이하	4개 또는 그 이하
평가 가능 영역	핵심 검사: 그림 설명하기, 이름대기, 듣고 이해하기, 따라 말하기, 읽기, 쓰기 보충 검사: 말실행증, 구강실행증 검사, /아/ 모음 연장발성	이해, 표현, 읽기, 쓰기
총점	Oral Language Index(OLI, 20점): 표현언어(총 10점)+수용언어(총 10점) Global Language Index(GLI, 30점): OLI(총 20점)+읽기(총 7점)+쓰기(총 3점)	간략형(이해+표현): 총점 20점 총검사(이해+표현+읽기+쓰기): 총점 30점
특징	• 말장애 및 마비말장애 의심군 선별 가능 • 실어증 유형 분류 가능	• 연령에 따른 절단점 표기

희 · 나덕렬, 1997)가 있다. 아동 실어증(3~14세) 환자들을 대상으로 아동용 한국판 보스톤 이름대기 검사$_{\text{K-BNT-C}}$(김향희 · 나덕렬, 2007)를 활용할 수 있다.

3) 실어증 평가 영역별 항목

실어증 평가는 표준화된 평가도구를 사용하거나 평가 목적에 따라 필요한 문항을 추가하여 실시한다. 실어증 평가는 수용언어와 표현언어 영역으로 나누어 실시한다. 이들 수용언어와 표현언어 모두 각각 구어 과제와 문어 과제를 포함한다. 수용언어 과제로는 듣고 이해하기[구어 과제]와 읽고 이해하기[문어 과제]가 있고, 표현언어 과제로는 말하기[구어 과제]와 쓰기[문어 과제]가 있다. 말하기는 또다시 스스로 말하기, 따라말하기, 이름대기 등으로 나뉜다. 각 영역별로 자극어의 길이 및 복잡성, 반응 양식, 점수 체계 등을 달리할 수 있다.

(1) 알아듣기

알아듣기 또는 청각적 이해력의 수행력을 평가하는 방법은 자극어의 길이와 환자에게 요구하는 반응의 양식에 따라 다양하게 구사한다. 〈표 4-3〉에서 보듯이, 기존 평가도구에서 살펴보면 알아듣기 평가의 자극 길이는 음절, 단어, 문장 등을 포함한다. 물론 자극어의 길이가 같다 하더라도 복잡성에 차이를 보이기도 한다.

먼저, '음절' 평가에서는 최소대립쌍의 자극어(예: 차-자)가 쓰여진 카드를 보여 주면서 검사자가 목표어(예: '차')를 말하면서 피검자에게 차를 가리키게 한다. 이때, 일음절 자극쌍이 모두 단어인지 혹은 비단어가 섞였는지에 따라 수행력이 달라질 수 있다.

이번에는 '낱말' 길이의 평가에 대하여 살펴보자. 여러 종류의 사물(예: 숟가락, 가위)이 그려진 한 장의 자극카드를 보여 주고 그중에 한 가지 사물의 이름을 들려주고 일치하는 사물을 가리키게 한다. 이때 반응의 양식은 '손가락으로 가리키기'이다. 사물 이외에도 도형, 색깔, 숫자, 신체 부위 등도 가능하다. 그런데 이 과제는 적어도 다음의 두 가지 상황에서 그 결과 해석에 주의를 요한다. 첫째, 시각장애나 시각적 실인증 등으로 인하여 자극카드의 흑백선 그림을 잘 알아보지 못할 수 있다. 둘째, '가리키기'라는 반응 양식은 사지실행증을 보이는 환자가 어려움을 보일 수

표 4-3 알아듣기영역의 자극 길이에 따른 과제 및 평가도구의 항목

자극 길이	평가 과제	평가도구의 항목
음절	음절 식별	음절 지적(WAB)
단어	단어 듣고 사물 (그림, 신체 부위, 글자) 지적하기	① 단어의 인지-고빈도어/저빈도어(WAB; MTDDA) ② 단어의 기억(MTDDA), 숫자의 기억-순/역(MTDDA) ③ 기본 단어(신체 부위, 색깔, 철자, 숫자, 일반 낱말) 변별(BDAE) ④ 범주별 단어 이해$_{\text{extended testing}}$(도구, 음식, 동물, 신체 부위, 지도 위치, BDAE)
문장	지시 따르기 (단순 지시 따르기, 복잡한 지시에 동작으로 반응하기)	① 지시 따르기(WAB; MTDDA; BDAE)
	문장 듣고 그림 지적하기	① 그림 지적하기(WAB) ② 문장의 이해(MTDDA)
	'예-아니오'로 답하기	① 이야기의 이해(MTDDA) ② 질문 듣고 답하기(WAB; MTDDA; BDAE)

WAB: 웨스턴 실어증 검사(Western Aphasia Battery); MTDDA: 미네소타 실어증 감별진단 검사(Minnesota Test for Differential Diagnosis of Aphasia); BDAE: 보스톤 실어증 진단 검사(Boston Diagnostic Aphasia Examination)

있다. 이때, '가리키기' 대신에 자극카드의 각 그림에 대하여 '예-아니오'로 답하게 할 수 있다. 예컨대, 숟가락 그림을 가리키면서 "이것입니까?"라고 묻고, 환자가 그에 대하여 '예' 혹은 '아니오'로 답한다.

이러한 '예-아니오' 반응은 낱말자극 이외에도 '문장' 단계의 평가에서도 활용될 수 있다. 예컨대, '목요일 다음 날이 금요일입니까?'라고 물으면, 환자는 '예' 혹은 '아니오'로 답한다. 문장 단계의 평가에서 많이 활용하는 형식은 '지시 따르기'이다. 단순한 문장부터 복잡하고 여러 단계의 지시문을 주고 그대로 동작으로 수행하도록 한다. 그런데 이 또한 사지실행증이 있는 환자는 어려움을 보일 수 있다.

(2) 읽기

읽기 평가는 음절, 단어, 문장 등을 단순히 소리 내어 읽는 과제부터 문자 식별, 문장 읽고 지시에 따르기, 문장 및 이야기 독해까지 다양하다(<표 4-4> 참조). 이때 자극의 길이를 달리하여 제시하고, 단어카드와 실물을 짝짓는 과제 등도 시행한다.

표 4-4 읽기영역의 자극 길이에 따른 과제 및 평가도구의 항목

자극 길이	평가 과제	평가도구의 항목
문자/음절	문자(자-모음) 및 음절 식별	① 음절-청각적 인지(MTDDA) ② 자음+모음 식별(WAB; BDAE) ③ 단어 식별(WAB; BDAE)
단어	단어 소리 내어 읽기 단어 듣고 글자 지적하기 단어 보고 짝짓기	① 단어의 음독(MTDDA; BDAE) ② 단어-시각적/청각적 인지(MTDDA; BDAE) ③ 단어-실물/그림 짝짓기(WAB; BDAE) ④ 그림-단어 짝짓기(WAB)
구/문장	구/문장 소리 내어 읽기 구/문장 읽고 지시 따르기 문장 읽고 이해하기	① 문장의 음독(MTDDA; BDAE) ② 글 명령(WAB; MTDDA) ③ 문장 독해(WAB, MTDDA; BDAE)
문단	문단 읽고 이해하기	① 이야기 독해(MTDDA; BDAE)

WAB: 웨스턴 실어증 검사(Western Aphasia Battery); MTDDA: 미네소타 실어증 감별진단 검사(Minnesota Test for Differential Diagnosis of Aphasia); BDAE: 보스톤 실어증 진단 검사(Boston Diagnostic Aphasia Examination).

읽기에 대한 평가를 할 때에 가장 먼저 파악해야 할 것은 과연 실어증으로 인해 읽기능력이 저하되었는가이다. 실어증으로 인한 것이 아니라면 환자에게 시각적 문제가 있는지 또는 시각실인증이 있는지를 파악해야 한다. 각 원인에 따라 검사 시 유의점이 달라질 수 있으므로 미리 확인하는 것이 필요하다. 시력 저하로 인한 문제인 경우에는 돋보기나 안경을 착용한 교정시력으로 읽기 검사가 이루어진다. 또한 편측 일차시각영역의 손상이 있으면 대측contralateral 시야의 자극을 받아들이지 못하는 동측성 반맹증homonymous hemianopsia이 나타날 수 있다. 이때 환자는 단어나 문장의 전체를 읽지 못하고 한쪽만을 인식할 수도 있다(예: '허수아비' → '아비'로 읽음). 이런 경우는 검사자극 제시에 주의해야 하며, 환자가 지각할 수 있는 쪽에 자극을 놓아 검사를 진행하도록 한다.

환자의 문해 수준 또한 평가 전 고려해야 할 요소 중 하나이다. 환자가 순문맹인 경우, 읽기와 쓰기는 발병 이전부터 불가능한 것이었으므로 원래 사용하던 기능을 잃었다고 볼 수는 없다. 그러므로 이런 경우 읽기 과제는 실시할 필요가 없다. 간단한 읽기(예: 자신의 이름)는 가능한 반문맹의 경우, 발병 이전에 어느 정도 읽을 수 있었는지를 파악한 후, 환자의 수준에 맞는 과제만을 실시하도록 한다.

음절이나 단어 수준에서는 음독하기, 제시된 단어나 음절을 듣고 글자 지적하기, 글자를 보고 실물이나 그림과 짝짓기 과제 등이 있다. 음독하기는 음절 보고 읽기, 단어 보고 읽기가 있다.

구/문장 수준의 과제는 문장 음독, 문장을 보고 지시에 따르는 글 명령(예: "주먹을 쥐어 보세요.", "발로 십자가를 그려 보세요." 등), 문장 이해 등이 있다. 음독하기 과제에서 마비말장애에 의한 불명료한 발화나 방언은 감점되지 않는다. 그러나 이외의 음의 오류는 오답으로 처리한다. 또한 글 명령 수행에서 사지실행증이 있는 환자는 어려움을 보일 수 있음에 유의하여야 한다. 문장 이해하기 과제는 주어진 문장(예: '자다')을 읽고 해당하는 그림을 지적하는 것도 있고, 문장을 읽은 후 질문에 적절하게 답하는 것도 있다.

문단 수준에서는 이야기 독해 과제가 있다. 이것은 환자가 이야기를 읽고 나서 직접 질문 문장을 읽고 이해하여 답하는 과제이다.

(3) 말하기

표현언어의 평가 분야로는 스스로 말하기, 따라말하기, 이름대기 등이 있다(〈표 4-5〉 참조). 스스로 말하기 분야에서는 대화하기, 그림 설명하기를 포함하고, 따라말하기는 검사자가 들려주는 단어 · 문장 듣고 따라말하기, 이름대기는 대면이름대기, 생성이름대기, 문장 완성, 문장 응답 등이 있다. 이 외에도 자동구어, 정의하기, 다시 말하기 등이 평가에 포함될 수도 있다.

먼저, '스스로 말하기'는 대화나 그림 설명 등의 과제를 통하여 평가된다. 말하기 과제에서 중요한 관찰점은 발화의 '유창성$_{\text{fluency}}$'과 '내용$_{\text{content}}$'이다. 유창성을 판단하는 요소로는 발화 길이, 문법성, 운율, 휴지$_{\text{pause}}$, 발화 속도 등을 들 수 있다. 발화의 길이가 길수록, 문법적 요소를 빼놓지 않고 이야기할수록, 정상 운율을 보일수록 발화가 정상적인 유창성을 유지하게 된다. 발화 길이는 발화당 음절수(예: 7음절)로 산정할 수 있다. 유창성 요소는 1960년대 이후로 실어증 유형을 결정하는 데 중요한 요소로 자리 잡았다. 발화의 '내용'이 적절하게 구사되는가를 판단하는 것도 중요하다. 발화 길이가 길고 발화수가 많아도 자곤$_{\text{jargon}}$ 등과 같이 의미 없는 말이나 대용어(예: 그거, 저거)로 채워져서 내용이 충실하지 않을 수 있기 때문이다.

'따라말하기' 과제는 다양한 길이 및 문법적 요소를 가진 자극어를 들려준 후 그

표 4-5 표현언어의 평가 분야, 과제 및 평가도구의 항목

평가 분야	평가 과제	평가도구의 항목
스스로 말하기	대화하기	① 대화(WAB; BDAE), 간단한 사회적 질문에 반응(BDAE)
	그림 설명하기	② 동작 그림 말하기(MTDDA) ③ 그림 설명(WAB; MTDDA; BDAE)
따라말하기	단어/문장 듣고 따라말하기	① 단어 · 문장 따라말하기(WAB; MTDDA; BDAE) ② 숫자 따라말하기(MTDDA)
이름대기	대면이름대기	① 이름대기-물건(WAB; BDAE)/신체 부위(BDAE) ② 이름대기-고빈도어/저빈도어(MTDDA)
	생성이름대기	① 통제단어 연상-음소적(MTDDA)/의미적(WAB; MTDDA; BDAE)
	문장 완성	① 문장 완성하기(WAB; MTDDA)
	문장 응답-질문 읽고 답하기	① 문장 응답하기(WAB)
자동구어	1~10까지 숫자 세기	① 숫자 세기(MTDDA; BDAE)
	날짜 및 요일	① 날짜 및 요일(BDAE)
정의하기	단어 뜻 말하기	① 단어 정의하기(MTDDA)
다시 말하기	문단 듣고 다시 말하기	① 다시 말하기(MTDDA)

WAB: 웨스턴 실어증 검사(Western Aphasia Battery); MTDDA: 미네소타 실어증 감별진단 검사(Minnesota Test for Differential Diagnosis of Aphasia); BDAE: 보스톤 실어증 진단 검사(Boston Diagnostic Aphasia Examination).

대로 따라 하게 한다. 이때 제시되는 자극어는 1음절 단어에서 시작하여 다음절 단어, 문장까지 점차 길어진다. 음절수 길이가 길어질수록, 문법적 요소가 복잡해질수록, 의미성이 떨어질수록 수행이 어려울 수 있다. 오류를 보이게 되면 단기기억장애에 따른 문제인지 혹은 언어 문제인지를 간단한 비언어성 기억 검사를 통해 알 수 있다. 예를 들면, 환자에게 3~4자리의 숫자를 불러 주고 기억하게 하거나, 동작을 기억해서 그대로 따라 하게 하는 과제를 수행하게 한다. 이때 잘 수행하지 못하는 경우는 단기기억장애에 기인한다고 판단할 수 있다.

'이름대기' 과제 중 대표적인 것으로는 실물이나 그림카드를 보여 주고 명칭을 말하게 하는 대면이름대기confrontation naming와 특정 의미 범주(예: 동물)에 속하는 혹은 특정 음소(예: 'ㄱ'), 특정 음절(예: '가'로 시작하는 단어)로 시작하는 단어들을 1분 이내에 모두 말하여 환자가 말한 단어의 개수를 알아보는 통제단어연상검사controlled oral word association test: COWAT가 있다.

(4) 쓰기

'쓰기' 과제는 음절, 단어, 구, 문장, 문구 등의 다양한 길이의 자극어를 불러 주고 받아 쓰게 하거나 혹은 보고 쓰게 한다(〈표 4-6〉 참조). 또한 자발적으로 자신의 이름, 주소 등의 신상 정보나 정경화를 묘사하게 한다. 많은 실어증 환자가 오른손 마비로 인하여 글씨 자체가 명료하지 못할 수 있는데, 그런 경우에는 왼손으로 쓰게 하기도 한다. 사지실행증이 있는 환자의 경우, 펜을 잡고 쓰는 것 자체를 어려워할 수 있으므로 검사가 어려울 수 있다. 실서증이 있는 경우에는 글씨를 너무 크게 쓰거나 너무 작게 쓰기도 하고, 어느 한쪽으로만 치우치게 쓰기도 한다.

쓰기에는 스스로 쓰기, 듣고 받아쓰기, 베껴 쓰기 과제가 있다. 스스로 쓰기는 검사자의 지시(예: "이름을 써 보세요.", "주소를 써 보세요.", "하나부터 열까지 써 보세요." 등)를 듣고 쓰는 것, 그림을 보고 해당 단어나 문장을 쓰는 것 등이 있다. 듣고 쓰는 과제의 경우, 청각적 이해력이 낮으면 수행이 어려울 수 있다. 발화 시에 착어 paraphasia가 많은 환자는 글씨를 쓸 때에 착서 paragraphia를 보일 수 있다.

글로 그림 묘사하기는 제한된 시간(5분) 동안 그림에 보이는 상황에 대해 적는 과제이다. 받아쓰기는 음절, 숫자, 단어, 문장에 이르기까지 다양한 길이의 자극어를 듣고 쓰는 과제이고, 베껴 쓰기는 자극카드를 보여 주고 그대로 쓰게 하는 과제이다.

표 4-6 쓰기 영역의 자극 길이에 따른 과제 및 평가도구의 항목

평가 분야	평가 과제	평가도구의 항목
스스로 쓰기	자모와 숫자 쓰기 지시 문장 듣고 쓰기 그림 보고 단어/문장으로 쓰기	① 성명, 주소 쓰기(WAB) ② 자모와 숫자 쓰기(WAB; MTDDA) ③ 문장 스스로 쓰기(MTDDA; BDAE) ④ 그림 보고 단어 쓰기(BDAE) ⑤ 글로 그림 묘사하기(WAB; MTDDA)
받아쓰기	듣고 받아쓰기	① 음절 받아쓰기(WAB; MTDDA) ② 단어 · 문장 받아쓰기(WAB; MTDDA; BDAE) ③ 숫자 받아쓰기(WAB)
베껴 쓰기	보고 베껴 쓰기	① 철자 베껴 쓰기(MTDDA) ② 문장 베껴 쓰기(WAB)

WAB: 웨스턴 실어증 검사(Western Aphasia Battery); MTDDA: 미네소타 실어증 감별진단 검사(Minnesota Test for Differential Diagnosis of Aphasia); BDAE: 보스톤 실어증 진단 검사(Boston Diagnostic Aphasia Examination).

4) 평가 문항 변인

평가 시에 활용되는 문항들의 변인에는 자극 변인과 반응 변인이 있다. 자극 변인은 양식modality, 길이, 단서 등이 있다. 양식으로는, 예컨대 청각적 변인, 시각적 변인 등을 들 수 있다. 자극의 길이로는 말소리, 음절, 단어, 문장, 문단 등이 있다. 평가 시 단서로는 '반복' 제시, 단서, 제시 방법(예: 느리게 말하기) 등이 있다. 반응 변인으로는 반응 유형으로서 '예-아니오' 반응, 지적하기 반응, 제스처 반응 등이 있고, 점수 체계로서는 정-오반응 체계, 또는 다중 점수 체계 등이 있다.

4. 실어증의 유형 분류

실어증은 주요하게 보이는 증세에 따라 유형이 나뉜다. 유형 분류의 대표적인 방법은 이분법적 분류와 보스톤 실어증학파의 여덟 가지 유형 분류법이 있다.

1) 이분법적 분류

실어증 유형은 해부학적 측면인 뇌병소와 신경경로에 따라 양분될 수 있다. 먼저, 뇌병소 부위별로 중심고랑을 기준으로 전반구성과 후반구성으로 나눌 수 있다. 신경경로 면에서는 감각성sensory과 운동성motor 실어증으로 분류된다. 언어 양식 측면에서도 수용성receptive과 표현성expressive 실어증으로 분류가 가능하며, 유창성 정도에 따라 유창성fluent과 비유창성nonfluent으로 양분된다. 후반구성, 수용성, 감각성 실어증은 언어 이해력이 저하되는 증세가 두드러지고, 전반구성, 표현성, 운동성 실어증은 언어 표현력이 떨어진다.

2) 보스톤 실어증학파의 여덟 가지 유형 분류

이분법적 유형 분류보다 임상 현장에서 좀 더 유용하게 사용할 수 있는 분류법은 보스톤 실어증학파가 제안한 분류법이다. 실어증을 발화의 유창성, 청각적 이해

표 4-7 **웨스턴 실어증 검사에서 제안된 실어증 유형 분류 기준표**

실어증 유형	평가 하위 과제			
	유창성	알아듣기	따라말하기	이름대기
전반실어증	< 5	< 4	< 5	< 7
브로카실어증	< 5	> 3	< 8	< 9
혼합연결피질[고립]실어증	< 5	< 4	> 4	< 7
연결피질운동실어증	< 5	> 3	> 7	< 9
베르니케실어증	> 4	< 7	< 8	< 10
연결피질감각실어증	> 4	< 7	> 7	< 10
전도실어증	> 4	> 6	< 7	< 10
명칭실어증	> 4	> 6	> 6	< 10

력, 따라말하기, 이름대기 등의 네 가지 하위 검사의 수행력에 따라 여덟 가지 유형으로 나눈다. 〈표 4-7〉은 웨스턴 실어증 검사에서 제안된 실어증 분류 기준을 제시하였는데, 그에 따라 베르니케실어증Wernicke's aphasia, 연결피질감각실어증transcortical sensory aphasia, 전도실어증conduction aphasia, 명칭실어증anomic aphasia, 브로카실어증Broca's aphasia, 연결피질운동실어증transcortical motor aphasia, 혼합연결피질[고립]실어증mixed transcortical [isolation] aphasia, 전반실어증global aphasia으로 나뉜다.

5. 실어증의 유형별 특징

1) 베르니케실어증

베르니케실어증Wernicke's aphasia은 전형적인 유창성 실어증으로서, 발증 초기 평가 시에 전체 실어증 환자들 중에 약 15~25% 정도를 차지한다. 〈표 4-8〉은 베르니케실어증 환자의 발화 예이다. 베르니케실어증의 가장 뚜렷한 특징은 청각적 혹은 시각적으로 제시되는 언어자극에 대한 이해력이 상대적으로 저하된다는 것이다. 또한 언뜻 듣기에는 길고 유창한 발화를 구사하나 음소착어, 의미착어, 형식착어, 신조착어 등을 보이므로 발화를 이해하기 힘들다. 여기서 음소착어phonemic paraphasia란

표 4-8 베르니케실어증 환자의 발화 예

스스로 말하기(대화)
T: 주소가 어떻게 되지요?
P: 426 이게 아니구 이게 43 이렇게 해야지 이게 잘못돼가지구… 예.
T: 주소가 어떻게 되시죠?
P: 누가요, 내가? 내가 그거 안 되잖아 안 된단 말이야 내가 예 안 된단 말이야 아니 그게 안 된단 말이야 내가 이거, 이거 갖고 이걸 하라고 그러면 그건 아는데, 그 안 된단 말이야 말이 말이 애애….
T: 전화번호가 어떻게 되세요?
P: 우리 20240 어 우리가 1234… 그게… 400… 이렇게… 1234… 우리가 네 번째 잘못해 가지고 요게 11234 네 번이란 말이에요, 이게 여기가 인제 이렇게… 그러니까 나는 하나둘셋넷게 그게 인제 넷게 이게 이게 우리가 한다고… 7089, 잃어버렸네요 잃어버려… 이쪽에 쓰는 것.
T: 학력은 어떻게 되세요?
P: 나? 내가 내가 내가 어떻게 해야 하면 음… 그러니까 하나둘셋넷다섯여섯에서 우리가 되고… 세 개 또 하고… 셋하고… 네 개 하고.
스스로 말하기(해변가 그림)
T: 그림에 대해 자세히 설명해 보세요.
P: 말로? 그걸 내가 그걸 먹고 요기서 있는 것 여기서 먹고 남편이 남편이 있고 여태 여차… 얘하고 얘는 달르네, 얘는 인제 우리… 예를 들면, 우리 남족개낭 애는 어휴… 어떻게 얘기해야 돼? 얘는 또 나보고 일러주면 해. 내가 해겠는데 내가 하라고 함녀 다 일대서 여기서 하면 저기서 이렇게 한 번만.
알아듣기
T: 지금 이 방에 문이 닫혀 있습니까?
P: 어, 언제.
T: 지금 입고 있는 옷이 빨간 옷입니까?
P: 아니야… 요거 요거 빨건 게 아닌데 왜. 뻘건 사람은 이런 거 안 해주는 거지 퍼런 거지, 요게 퍼런 거지 요레 퍼런 거지… 요거요거 퍼런 거 언니는.
T: 지금 안경을 끼고 계십니까?
P: 아니 지금 안 해, 그거.
T: 돌이 물에 가라앉습니까?
P: 아니.
T: 망치가 나무 자르는 데 쓰입니까?
P: 나 그거 요새 안 해 봤는데, 우리 집에 이렇게 보면 요새.
T: 망치가 나무 자르는 데 쓰입니까?
P: 그거 없어, 그런 거 우리 집에 없어 그런 거.
T: 구두를 신은 후에 양말을 신습니까?
P: 어, 고거 해 줘야지 우리.
T: 목요일 다음 날이 금요일입니까?
P: 음.

따라말하기
T: 밤.
P: 밤, 밤.
T: 코.
P: 코, 코.
T: 다람쥐.
P: 다… 람… 쥐, 다… 쥐.
T: 해바라기.
P: 하… 라… 버… 지.
T: 겨우 잠이 들었다.
P: 그게 잘 안 된단 말이야.
T: 그가 내 뒤를 몰래 밟았다.
P: 누가….
T: 칼날같이 날카로운 바위.
P: 칼날, 칼날하고… 이봐, 안 된단 말이야.
T: 삼십과 이분의 일.
P: 삼… 이렇게 그게 안 된단 말이야.
T: 아니 땐 굴뚝에 연기 나랴.
P: ….
이름대기(대면이름대기)
열쇠: 언니, 이것 여기다 이렇게 해가지고 이거, 확 이거 쪼이는 하는 건데 말이 안 된단 말이야 말이 안 돼… 요거 이렇게 해가지고 요런 거 이렇게 해도 되는 거야 이 사람.
동전: 고고고… 이거 이거 언니가 다 알지.
거울: 그거 안 된단 말이야.
빗: 이거는 이거 이렇게 돼서… 껴서 이렇게.
단추: 이거 이렇게 끼어 주는 거잖아요.
가위: 이렇게 이렇게 해서… 모르겠어… 그걸 못한단 말이야 요걸 언니가 나보고 끼라고 하면….
이름대기(통제단어연상)
T: 동물 이름 생각나는 대로 모두 말씀해 주세요.
P: 말이 하나도 안 되는데 어떻게 해, 그거 한 개도 안 된 말이야, 보면 다 안단 말이야, 안 된단 말이야, 하나도 그럼 아저씨가 보면 난 그거 안 된단 말이야, 그걸 그 말로 그게 하나도 안 된단 말이야, 그걸 어떻게 알어, 그게 말이 안 된단 말이야, 그걸 이룰 수가 없는데 그걸, 그 얘기를 주는데 말이 안 된단 말이야.

이름대기(문장 응답)
T: 글씨는 보통 무엇으로 씁니까?
P: ….
T: 간호사들은 어디에서 일합니까?
P: 언니들….
T: 일주일은 며칠입니까?
P: 일곱, 일곱 이렇게 하나 둘 셋 넷 다섯 여섯 일곱을 한단 말이야 여기서 내가 일, 일, 알아 언니.
T: 편지를 부치려면 어디로 가야 합니까?
P: 저기 가서 여기 말고 따른데… 해봤어요… 말을 못한단 말이야. 안 된단 말이야. 날보고 가라고 하면 내가… 언니가 나 그거 다해서 내가 해지… 그걸 하는데 말이 하나도….
T: 정지하라는 교통신호등은 무슨 색입니까?
P: 검은 거, 검은 거 여자들… 아휴….

T: 치료사, P: 환자

단어 내 일부 음소를 다른 음소로 대치하여 반응하는 것을 의미한다(예: '장화' → '갑화', '신발' → '신번'), 의미착어semantic paraphasia란 목표 단어 대신 그 단어와 의미적으로 연관된 다른 단어로 대치된 반응을 보이는 것을 의미한다(예: '칫솔' → '치약', '자물쇠' → '열쇠'). 형식착어formal paraphasia란 한 개 이상의 음소대치로 인해 다른 의미 있는 단어로 변하는 경우를 말한다. 예컨대, '신발'을 '신방'으로 하는 것이다. 이런 형식착어는 한국어의 특성상 3음절보다는 1, 2음절 단어에서 많이 나타난다. 신조착어neologistic paraphasia는 해당 언어의 사전에는 존재하지 않는 비단어 혹은 신조어neologism(예: 남족 개낭, 함녀)를 만들어서 표현하는 것을 말한다. 또한 전혀 알아듣기 어렵게 중얼거리는 자곤jargon을 사용하는 자곤실어증jargon aphasia을 보이기도 한다. 베르니케실어증 환자들은 기능어(조사, 어미 등)의 사용이 부적절하거나 과다하게 많은 탈문법증paragrammatism을 보이기도 한다. 사물이나 그림의 이름을 잘 명명하지 못하거나 인출하지 못하여 단어 대신 '그거', '저거' 등의 대용어를 많이 사용하면서 발화의 내실이 떨어지는 허구어empty speech의 양상을 보이기도 한다. 알아들을 수 없으므로 따라말하기 능력도 상당히 떨어진다. 쓰기장애도 심한 편으로, 쓰여진 글자나 문장을 잘 알아보기 어려운 자곤실서증jargon agraphia이 관찰된다.

베르니케실어증을 유발하는 부위는 측두엽을 중심으로 일차시각영역, 각이랑, 모서리위이랑 등이 포함되는 광범위한 영역이다. 소위 '베르니케영역'이 손상되지 않아도 베르니케실어증이 유발될 수 있다. 한편, 대다수의 베르니케실어증의 병소 부위가 중심고랑 뒤쪽에만 국한되어 있으므로 환자의 사지 운동기능이 정상인 상태에서 언어장애만 두드러진다. 이 때문에 간혹 베르니케실어증은 실어증이 아닌 정신 질환으로 오인되기도 한다. 자신의 병이나 증세를 깨닫지 못하고 부인하는 질병 불각증anosognosia이 수반되기도 한다.

베르니케실어증은 주소나 전화번호에 대한 질문이 주어진 후에 환자의 대답은 상당히 장황하며 유창한 듯하나 실상은 내용이 없는 과유창성hyperfluent 특징을 보인다. 또한 검사자의 질문을 이해하지 못해 동문서답을 하기도 한다. '이름대기'는 대면이름대기, 통제단어연상 모두에서 수행력이 떨어진다.

2) 연결피질감각실어증

연결피질감각실어증transcortical sensory aphasia의 특색은 청각적 이해력이 떨어지고 유창한 듯한 발화를 보이는 면에서 베르니케실어증과 비슷하나, 따라말하기 수행력이 보편적으로 유지된다는 것이 베르니케실어증과는 다른 점이다. 따라말하기 수행력이 상대적으로 유지되므로 실어증 검사의 점수가 베르니케실어증에 비하여 높은 편이다. 연결피질감각실어증은 초기 평가 시에 전체 실어증 환자들 중 약 2~8% 정도를 차지한다. 〈표 4-9〉는 연결피질감각실어증 환자의 발화 예이다.

발화에서 볼 수 있듯이 연결피질감각실어증 환자의 가장 큰 특징은 청각적 이해력이 유난히 저하된다는 것이다. 주소를 묻는 검사자의 질문에 전혀 대답하지 못하거나 보호자의 '집주소'라는 말을 그대로 반복하는 반향어증echolalia이 나타나기도 한다. 이때 그대로 반복한다고 해서 들려진 말을 이해했다고는 볼 수 없다. 반향어증은 여러 실어증 유형 중 연결피질감각실어증이나 혼합연결피질실어증에서 주로 관찰되는 증세이다. '스스로 말하기'나 '이름대기'와 같은 표현력도 떨어진다. 장황하게 말은 하나 거의 뜻이 없는 발화인 허구어empty speech이다. 유일하게 환자의 수행력이 높게 관찰되는 과제는 '따라말하기'이다. 환자는 점차 복잡성이 더해지는 문장에서도 1~2회의 음소착어(예: 몰래 → 몰라)만의 오류를 보일 뿐이다.

앞서 소개한 환자처럼 반향어증을 '문장 응답' 문항에서 보인 예를 들어 보자. 이 예에서는 검사자가 의문문으로 제시한 말에 평서문으로 바꾸어 반복하는 완곡 반

표 4-9 연결피질감각실어증 환자의 발화 예

스스로 말하기(대화)
T: 주소를 말씀해 보세요. P: (한숨) 주소요? T: 예. P: …. (보호자가 옆에서 말한다) 집주소!! P: 집주소… 8년… 아휴….
스스로 말하기(해변가 그림)
T: 그림에 대해 자세히 설명해 보세요. P: 아휴… 여기가… 안내자에인 줄… 생각합니다. 여기가 우리 입들이구요… 여기가… 바언 있는 일뜰 모두… 이리 오때리구요… 때리구 여기는 우리, 우리 1등부터 70 집안은 이… 또… 집안이 될 것 가틈니다… 아이야, 여기가 사후에 무도 불록 일하는 일뜰을 모두… 여기가 우리 일뜰 하는 데고… 그걸 것 가틈니다. T: 다른 것 또 없으세요? P: 없으세요.
알아듣기
T: 지금 이 방에 문이 닫혀 있습니까? P: 닫혀 있습니다. T: 지금 입고 계신 옷이 빨간 옷입니까? P: 푸른 옷입니다. T: 지금 안경을 끼고 계십니까? P: 벗고 세, 계십니다. T: 돌이 물에 가라앉습니까? P: … 누가 우리 아들하구요? 우리요? T: 망치가 나무 자르는 데 쓰입니까? P: 예. T: 구두를 신은 다음에 양말을 신습니까? P: 구둘 시… 예. T: 목요일 다음 날이 금요일입니까? P: 예.

따라말하기
T: 밤.
P: 밤.
T: 코.
P: 코.
T: 다람쥐.
P: 다람쥐.
T: 해바라기.
P: 해바라기.
T: 겨우 잠이 들었다.
P: 겨우 잠… 이 들었다.
T: 그가 내 뒤를 몰래 밟았다.
P: 내 뒤를 몰라 밟았다.
T: 그가 내 뒤를 몰래 밟았다.
P: 그가 내 뒤를 몰라 밟았다.
T: 칼날같이 날카로운 바위.
P: 칼날로 같이 날카로운 바위.
T: 칼날같이 날카로운 바위.
P: 칼날같이 나… 날카로운 바위.
T: 삼십과 이분의 일.
P: 삼삽과 이분의 일.
T: 아니 땐 굴뚝에 연기 나랴.
P: 아니 땐 굴뚝에 연기 나랴.
이름대기(대면이름대기)
열쇠: 이거, 시… ㅅ… 스도퀀치르이… 곡기….
동전: 돈.
거울: 거… 눈에 보이는 고, 곡기, 어….
빗: ….
단추: ….
가위: 태… 그… 아이구.

T: 치료사, P: 환자

향어증mitigated echolalia을 보인다. 완곡 반향어증은 제시된 자극을 문법적으로 혹은 의미적으로 수정하여 반복하는 현상을 말한다.

검사자: 글씨는 보통 무엇으로 쓰죠?

환자: 글씨는 보통 무엇으로 쓰죠.

검사자: 간호사들은 어디에서 일하죠?

환자: 아 간호사들요? 어디서 일하죠.

검사자: 편지를 부치려면 어디로 가죠?

환자: 편지를…….

검사자: 일주일은 며칠인가요?

환자: 일주일은 며칠이에요.

3) 전도실어증

전도실어증conduction aphasia은 표현력이나 이해력에 비하여 구나 문장의 따라말하기 수행력이 현저하게 떨어진다. 따라말하기 대신에 받아쓰기 과제를 주면 과제를 뇌 속에서 한 번 서브 보컬 시연subvocal rehearsal한 후에 써야 하므로 받아쓰기 과제에서도 오류가 보이게 된다. 발화는 유창하게 들리나, 음소착어가 빈번하다. 청각적 이해력은 보존되므로 자신의 말을 듣고 자기 피드백이 가능하기 때문에 말할 때 거듭해서 자가수정self correction하는 경향을 보인다. 그 밖에도 이름대기, 읽기 등에서도 오류가 보인다. 한편, 발병 초기에는 다른 유형의 실어증, 예컨대, 1차 평가에서 베르니케실어증로 진단되었다가 청각적 이해력이 회복되면서 2차 평가에서는 전도실어증으로 변화한 경우에는 자가수정이 뚜렷하게 나타나지 않는다. 전도실어증을 일으키는 병소 부위로 가장 잘 알려진 곳은 이해중추와 표현중추를 잇는 활모양 섬유다발arcuate fasciculus이지만 모서리위이랑, 뇌섬, 후상측두엽 등과 그 아래 백질 등의 주변 영역 손상도 전도실어증을 유발한다. 전도실어증은 발증 초기 평가 시에 전체 실어증 환자들 중에 약 5% 정도를 차지한다.

〈표 4-10〉은 전도실어증 환자의 발화 예이다. 이 전도실어증 환자는 대체적으로 발화의 길이가 길며, 자가수정을 여러 차례 시도한다. '칼날같이'에서는 처음에는

표 4-10 전도실어증 환자의 발화 예

스스로 말하기(대화)
T: 오늘 기분이 어떻습니까?
P: 기분 좋았습니다.
T: 과거에 이 병원에 오신 적 있으세요?
P: 병원에 집안한 적은 없었습니다.
T: 성함이 어떻게 되시죠?
P: ○○○입니다.
T: 어떤 일을 하셨죠?
P: 모든 일을 다 했어요. 이 사람들이 으음… 내가 다 책임 일을 다 했죠. 내가.
T: 어디에서 일하셨어요? 무슨 구에서 일하셨어요?
P: 저희는 일을 인제 간단한 일을 했죠. 마… 간단한 판, 간단한 일이죠. 간단한 일 마… 특히 예를 들어서 일을 할 뭐 인제 뭐 제대로 하는 것을 같다가이 교두 저번에 일을 할 수 있게끔 할 수 있게끔.
T: 실내에서 일을 하셨어요?
P: 예 실내를 했죠.
T: 실내에서 일을 하셨어요, 아니면?
P: 예 실내를 했죠.
T: 실내에서 일하셨어요?
P: 예 뭐 실내두 되기도 되고 나가두 되구 그렇습니다.
스스로 말하기(해변가 그림)
T: 이 그림에 대해 자세히 설명해 보세요.
P: 네, 나우 지금 나무 나무 예지게 채께 가까이 지금 이거 차도 있고 참 얘기 챘기도 하고, 이 뭐하는 거야 이 무슨 생각을 할까 스 흥 참 이상하게 이상하게 치며는 흐 흠 아이가 음 나무가 이렇게 있으면은 스 산사로 들여다 보면은 이름 뭐 이상하게 즘 보잖아요. 이즘 학상이 보게가 이에 보기도 그렇고….
T: 무슨 일이 일어나고 있어요?
P: 이게 무슨 뭐 흠 팽이 칠는 것도 아니고 무슨 여기는 뭐를 할까? 예를 들어서 나머 나무깎기 이렇게 쳐서 하는 뭐 하는 것도 보고….
T: (그림 한 부분을 짚으며) 여기는요?
P: 여기는 뭐 연이 연이 놀루 구드는거구 연이 연이 인제 그 조루잖아요. 연이 연이보구 연이 놓고 그 다음에 고 다음에 인제 이름 이름 좋게 이렇게 구 여기 양양양다추게 양다추양추 양 양찬 양찬 이게 무슨 말이야.

알아듣기
T: 지금 이 방에 문이 닫혀 있습니까?
P: 예.
T: 지금 입고 계신 옷이 빨간 옷입니까?
P: 아니오.
T: 지금 안경을 끼고 계십니까?
P: 아니오.
T: 돌이 물에 가라앉습니까?
P: 예.
T: 망치가 나무 자르는 데 쓰입니까??
P: 아니오.
T: 구두를 신은 다음에 양말을 신습니까?
P: 예.
T: 목요일 다음 날이 금요일입니까?
P: 예.
따라말하기
T: 밤.
P: 밤.
T: 코.
P: 코.
T: 다람쥐.
P: 다람쥐.
T: 해바라기.
P: 해다리오 하다리오 아니. 하다. 하다리오.
T: 해바라기.
P: 아, 해바라기.
T: 해바라기.
P: 애다리오, 하다리오.
T: 칼날같이 날카로운 바위.
P: 칼날같이 하노같이 칼날같이 하늘같이.
T: 칼날같이 날카로운 바위.
P: 칼날같이 칼날같이 팔나는 바드릅다.
T: 삼십과 이분의 일.
P: 삼백 사십 칠반 일번지 삼백 사십 어 비행기가 뜨구 나겠네 비행기.
T: 아니 땐 굴뚝에 연기 나랴.

P: 안 두렌뚝 안난난 떡 안난난떡 돌리막 돌리막 골리막 적자 돌리 막자.	
T: 창밖에 부슬부슬 비가 내린다.	
P: 창밖에 물사 나른다 창밖에 늘싸가 늘으 늘쎄가 나른다.	
T: 창밖에 부슬부슬 비가 내린다.	
P: 난 브가 창새가 날 부른게 나른다.	
이름대기(통제단어연상)	
T: 동물 이름 생각나는 대로 모두 말씀해 주세요.	
P: 슴 코끼리 도끼리 북어.	

T: 치료사, P: 환자

올바르게 말하였으나 뒤이어 '하노같이, 하늘같이' 등과 같이 틀리게 수정을 하기도 한다.

4) 명칭실어증

명칭실어증$_{\text{anomic aphasia}}$은 사물, 물체, 사람, 동작 등을 칭하는 단어를 말하거나 알아듣기에 어려움을 보인다. 명칭실어증은 일반적으로 가장 경미한 유형의 실어증으로 간주된다. 그러나 하측두엽 등의 손상으로 심한 명칭실증$_{\text{anomia}}$이 생기는 경우에는 쉬운 단어나 친한 친구의 이름조차도 명명하거나 이해하지 못하여 실어증 중증도가 심할 수 있다. 또한 실어증 증세가 회복되어 가면서 최종적으로 명칭실어증을 거치기도 한다. 모든 실어증 환자는 조금이라도 명칭실증을 보일뿐만 아니라 다양한 병소의 뇌손상으로 명칭실어증이 올 수 있어서, 병소 부위에 대한 정보만으로는 명칭실어증 유형으로 분류되지는 못한다. 명칭실어증 환자는 말을 할 때에 목표 단어를 말하지 못하고, 대신 빙빙 돌려 이야기하는 에둘러 말하기$_{\text{circumlocution}}$, 착어, 대명사 대치(예: 그거, 저기) 등을 보인다. 명칭실어증은 초기 평가 시에 전체 실어증 환자들 중 약 25% 정도를 차지한다. 〈표 4-11〉은 명칭실어증 환자의 발화 예이다. 이 환자는 '쥐'라는 명사에 대한 단어 인식이 안 되면서 '쥐보다'가 무엇인지를 묻고 있다.

> **잠깐!**
>
> **명칭실증과 명칭실어증**
>
> 명칭실증은 실어증의 한 가지 증세이고, 모든 유형의 실어증 환자들은 명칭실증을 갖고 있다. 반면에 명칭실어증은 실어증의 한 유형이다. 명칭실증$_{\text{anomia}}$과 명칭실어증$_{\text{anomic aphasia}}$은 서로 다른 개념으로 이해해야 한다.

표 4-11 명칭실어증 환자의 발화 예

알아듣기
T: 지금부터 제가 여쭤 보는 말에 '예-아니오'로 답해 보세요. '코끼리가 쥐보다 큰가요?'
P: '쥐보다'가 뭔가요?
T: 쥐가 뭔지 모르시겠어요?
P: '쥐가요?' 요즘 말이 생각 안 나서 힘듭니다. 요즘은 친구 이름도 생각이 안 나서 친구도 못 만납니다.

T: 치료사, P: 환자

5) 브로카실어증

브로카실어증Broca's aphasia은 비유창성 실어증의 대표적인 유형이다. 브로카실어증의 가장 주요한 특색은 표현의 어려움이다. 구사하는 발화의 길이가 짧고, 내용어(예: 명사, 동사) 위주이되 조사, 기능어, 문법형태소 등을 생략하는 전보 구어telegraphic speech 형태의 실문법증agrammatism을 보인다. 발화상의 이러한 특색은 쓰기에서도 나타난다. 브로카 환자들은 청각적 이해력이나 문장 독해력은 비교적 좋은 편이나, 길고 복잡한 문장 구조를 이해하는 데에는 어려움을 보인다. 따라말하기에서도 대체적으로 어려움을 보인다. 브로카실어증을 일으키는 병소 부위는 반드시 브로카영역은 아니다. 또한 브로카영역의 손상이 반드시 브로카실어증을 유발하지는 않는다. 브로카실어증의 손상 영역이 일차 운동피질 영역과 가깝기 때문에 환자들은 사지운동장애를 종종 수반한다. 브로카실어증은 초기 평가 시에 전체 실어증 환자들 중 약 12% 정도를 차지한다. 〈표 4-12〉는 브로카실어증 환자의 발화 예이다.

발화에서 볼 수 있듯이 환자는 '스스로 말하기' 과제에서 거의 모든 발화를 전보구어 형태로 산출하였다. '청각적 이해' 과제 중 '예-아니오' 질문에 대한 수행력은 좋은 편이지만 개방형 질문에서는 질문을 이해하고도 단어인출의 어려움으로 인해 착어(예: 칠일 → 치질, 우체국 → 주태국)를 보이기도 하였다. '따라말하기'의 경우 1음절 단어를 따라 말하는 것도 어려워하였으며, '이름대기' 또한 대면이름대기, 통제단어연상 모두에서 낮은 수행력을 보였다.

표 4-12 브로카실어증 환자의 발화 예

스스로 말하기(대화)
T: 주소가 어떻게 되시죠?
P: 스… 콩… 리… 소… 부… 선… 시… 긍… 싱… 곡… 어… 신곡시… 일… 정… 어… 아… 짐… 을… 질… 다….
T: 다 하셨어요?
P: 예.
T: 무엇 때문에 입원하신 거죠?
P: 어… 사물… 질… 어… 우… 구… 어… 음… 색강… 어… 일… 어… 사… 응… 삼… 성….
T: 말씀하시기가 많이 힘드시죠?
P: 예.
스스로 말하기(해변가 그림)
T: 그림에 대해 자세히 설명해 보세요.
P: 아… 에소 어… 굽… 부부… 어… 아버지… 에 아… 살… 살… 아… 버… 삿… 새… 색디….
T: 그렇게 한 가지 한 가지 단어만 말씀하지 마시고요, '누가 무엇을 하고 있다' 그렇게 문장을 만들면서 말씀해 보세요.
P: 응… 서그… 피서… 에… 에… 보… 배… 보… 을… 하곡… 어… 옥보보… 지가… 사… 익… 나들 스글… 에… 섬신… 어… 시… 간… 대… 아직… 들어… 고… 성핌즈… 지… 사….
알아듣기
T: 지금 이 방에 문이 닫혀 있습니까?
P: 어… 제….
T: 지금 입고 계신 옷이 빨간색입니까??
P: 아니오.
T: 지금 안경을 끼고 계십니까?
P: 어… 아니오.
T: 돌이 물에 가라 앉습니까?
P: ….
T: 망치가 나무 자르는 데 쓰입니까?
P: 아니오.
T: 구두를 신은 후에 양말을 신습니까?
P: 아니오.
T: 목요일 다음 날이 금요일입니까?
P: 예.

따라말하기
T: 밤.
P: 밤.
T: 코.
P: 오… 소….
T: 다람쥐.
P: 사… 담… 쥐.
T: 해바라기.
P: 새… 사… 사… 새… 차….
T: 겨우 잠이 들었다.
P: 서… 저… 골… 차… 비… 즐… 었… 타.
T: 그가 내 뒤를 몰래 밟았다.
P: 스… 태… 재… 지… 재… 울… 채… 밟… 았… 타.
T: 칼날같이 날카로운 바위.
P: 칼… 달… 차… 치… 다시….
T: 칼날같이 날카로운 바위.
P: 칼… 달… 같치… 칼… 달… 가….
T: 삼십과 이분의 일.
P: 삼십… 파… 시… 빌… 에 일….
T: 아니 땐 굴뚝에 연기 나랴.
P: 아지 땐 성기 자자.
이름대기(대면이름대기)
안경: 안… 경….
우표: (의미단서 후)… (음절단서 후)….
연필: 연… 필….
명함: (의미단서 후)… (음절단서 후)… 동… 함….
젓가락: (의미단서 후)점… (음절단서 후)… 범… 범… 범필….
단추: (의미단서 후)추… 찬… 추… 단추….
빗: 빗.
이름대기(통제단어연상)
T: 동물 이름 생각나는 대로 모두 말씀해 주세요.
P: 재지… 소… 속기… 어… 사름… 오지… 음… 사… 사… 다지… 음….

이름대기(문장 응답)
T: 글씨는 보통 무엇으로 씁니까?
P: 그….
T: 글씨 쓸 때 뭘로 쓰죠?
P: 어… 어… 저… 저 즈….
T: 간호사들은 어디에서 일합니까?
P: 저… 저… 저… 보….
T: 일주일은 며칠입니까?
P: 아우 트루… 응 치질.
T: 편지를 부치려면 어디로 가야 합니까?
P: 주·태·국.
T: 정지하라는 교통신호등은 무슨 색입니까?
P: 석색.

T: 치료사, P: 환자

6) 연결피질운동실어증

연결피질운동실어증transcortical motor aphasia은 브로카실어증처럼 비유창한 발화가 특징이며 말을 시작하는 데 어려움을 보이면서 느리고 머뭇거린다. 그러나 따라말하기는 비교적 잘 유지되는 편이다. 이 유형에 속하는 환자들은 이름대기 과제 중에서 대면이름대기 검사보다는 통제단어연상 과제에서 어려움을 나타낸다. 청각적 이해력은 1~2단계 지시문이나 '예-아니오' 검사에서는 80~90%의 정반응률을 보인다. 병소의 크기는 대체적으로 브로카실어증보다 작은 편이다. 연결피질운동실어증은 초기 평가 시에 전체 실어증 환자들 중 약 2~6% 정도를 차지한다. 〈표 4-13〉은 연결피질운동실어증 환자의 발화 예이다.

발화에서 볼 수 있듯이 환자는, 특히 '스스로 말하기'에서는 그림 설명, '이름대기'에서는 통제단어연상 시 말 시작에 어려움을 보인다. '청각적 이해'는 유지되는 편이다. 브로카실어증에 비해 '따라말하기' 수행력이 좋으며 점차 복잡성이 증가하여도 따라 말할 수 있다.

표 4-13 연결피질운동실어증 환자의 발화 예

스스로 말하기(대화)
T: 주소가 어떻게 되세요?
P: 주소요?
T: 네.
P: ○○ ○동.
T: ○○ ○동이요? 번지는요?
P: 몰라.
T: 어디가 편찮으셔서 입원하셨어요?
P: 어디가 아팠는지 모르겠어요.
T: 왜 병원에 오셨는지 아시겠어요?
P: 몰라요.
T: 어디 불편한 데 있으세요?
P: ….
스스로 말하기(해변가 그림)
T: 그림에 대해 자세히 설명해 보세요.
P: ….
T: 여기서 지금 뭐하고 있죠?
P: ….
T: 이거 뭐라고 하지요?
P: 개.
T: 이 사람 지금 뭐하고 있어요?
P: 그건….
알아듣기
T: 지금 이 방에 문이 닫혀 있습니까?
P: 예.
T: 지금 입고 계신 옷이 빨간 옷입니까??
P: 아니오.
T: 지금 안경을 끼고 계십니까?
P: 아니오.
T: 돌이 물에 가라앉습니까?
P: 네.
T: 망치가 나무 자르는 데 쓰여집니까?
P: 아니오.
T: 구두를 신은 후에 양말을 신습니까?

P: 아니오.

T: 목요일 다음이 금요일입니까?

P: 몰라요.

따라말하기
T: 밤.
P: 밤.
T: 코.
P: 코.
T: 다람쥐.
P: 다람쥐.
T: 해바라기.
P: 해바라….
T: 겨우 잠이 들었다.
P: 잠이 들었다.
T: 그가 내 뒤를 몰래 밟았다.
P: 그가 내 뒤를 몰, 몰래 밟았다.
T: 칼날같이 날카로운 바위.
P: 칼날같이 날카로운 바위.
T: 삼십과 이분의 일.
P: 삼십과 이분의 일.
T: 아니 땐 굴뚝에 연기 나랴.
P: 아니 땐 연기 굴뚝에 연기 나랴.

이름대기(대면이름대기)
안경: (의미단서 후)… (음절단서 후)….
우표: (의미단서 후)… (음절단서 후)….
연필: 연필.
명함: (의미단서 후)… (음절단서 후)….
젓가락: 젓가락.
단추: (의미단서 후) 단추.
빗: 빗.

이름대기(통제단어연상)
T: 동물 이름 생각나는 대로 모두 말씀해 주세요.
P: ….
T: 동물 이름 하나도 생각나는 거 없으세요?
P: 네.

T: 개나 소와 같은 동물 이름 말씀하시면 돼요.
P: 그런 거 큰 소는 키워봤어.
이름대기(문장 응답)
T: 글씨는 보통 무엇으로 씁니까?
P: 연필.
T: 간호사들은 어디에서 일합니까?
P: ….
T: 일주일은 며칠입니까?
P: 일 일주일은 며칠?
T: 네.
P: 일.
T: 일이요?
P: 예.
T: 편지를 부치려면 어디로 가야 합니까?
P: 편지 부치려면? 우체국.
T: 정지하라는 교통신호등은 무슨 색입니까?
P: 몰라.

T: 치료사, P: 환자

7) 혼합연결피질실어증

혼합연결피질실어증mixed transcortical aphasia은 고립증후군isolation syndrome이라고도 한다. 언어의 이해력과 표현력이 전반적으로 손상되고 따라말하기 능력만 어느 정도 남아 있다. 어떤 때에는 검사자의 지시문까지 따라 말하면서 반향어증echolalia을 보이기도 한다. 혼합연결피질실어증은 초기 평가 시에 전체 실어증 환자들 중 약 0~2% 정도를 차지한다. 〈표 4-14〉는 혼합연결피질실어증 환자의 발화 예이다.

발화에서 볼 수 있듯이 환자는 기의 모든 과제에서 이해 및 표현의 수행력이 낮다. 단지 '따라말하기' 수행력만이 유일하게 유지된다. '알아듣기' 과제에서는 환자가 검사자의 지시문을 반복하는 반향어증(예: 망치가 나무 자르는 데 쓰여집니까? → 망치가 자르…… 드…… 데 쓰여집니까? …… 어…… 멍치가 멍치가……)을 자주 보였다.

표 4-14 혼합연결피질실어증 환자의 발화 예

스스로 말하기(대화)
T: 주소가 어떻게 되세요?
P: ○○.
T: ○○○이요?
P: 응, 응.
T: 누구랑 같이 사세요?
P: ○○하고 같이 사는게… 어… 누군고 허니… 어… 성… 하… 여러 가지고 있어… 응. 여러 가지고 있는 것이… 응… 바짜소간이 있어.
T: 무엇 때문에 병원에 오셨어요?
P: 불편해서 왔어… 어떻게 온거 허니… 불편한게 만 많찬어… 어… 불편한게 뭐… 하….
T: ○○님 가족에 대해 말씀해 보세요.
P: 가족에 대해서… 는… 해보지… 어… 해… 보… 는… 게 뭔고허니… 어… 해… 해보는 게 어… 요거… 육… 육천만원 해 먹었어… 육천만원을 해 먹어서… 어….
T: 여기 오셨을 때 기억나세요?
P: 어… 어… 기억나는 게… 어… 기어코 나온 게 옳아… 어… 나온 게… 그… 저… 그려… 어….
스스로 말하기(해변가 그림)
T: 그림에 대해 자세히 설명해 보세요. 사람들이 뭐 하고 있죠?
P: 뭐… 뭐 해고 있느냐고?… 어… 이 사람들이 뭐 해고 있어… 어… 뭐 해고 있어… 어… 하하.
T: 여기 좀 설명해 보세요.
P: 어… 어… 혼자 있어… 요거 혼자 있고 요거 혼자 있어… 여… 여긴 둘이 있어… 응 요거 둘이 있고… 요거 둘이 있고… 어… 혼자 있고… 그랬어….
T: 이쪽 잘 보시고 얘기해 보세요.
P: 해봐… 해봐… 말로 그려 그… 그림… 해봐… 그림을 해봐… 고런데는 몰라….
알아듣기
T: 지금 이 방에 문이 닫혀 있습니까?
P: 닫혀 있습니다… 아니오.
T: 지금 입고 계신 옷이 빨간 옷입니까?
P: 아니오.
T: 지금 안경을 끼고 계십니까?
P: 아니… 어… 아니오.
T: 돌이 물에 가라앉습니까?
P: 돌이 물에 가라앉느냐고? 어… 가라앉지.
T: 망치가 나무 자르는 데 쓰여집니까?
P: 망치가 자르… 드… 데 쓰여집니까?… 어… 멍치가 멍치가… 하하… 어….
T: 망치가 나무 자르는 데 쓰여집니까?
P: 어… 망치가 나루에… 자긴… 스… 그게 어떻게 됐대는 건지 모르겠네.

T: 구두를 신은 후에 양말을 신습니까?

P: 아 안 신어요.

T: 잘 들으시고 맞으면 '네', 틀리면 '아니오'로 답해 주세요. 구두를 신은 후에 양말을 신습니까?

P: 예… 아니오… 어… 구두에 신은 게 양말을 신는다… 응… 신지….

T: 목요일 다음이 금요일입니까?

P: 금요일 다음이 목요일이 맞지.

따라말하기

T: 밤.

P: 밤.

T: 코.

P: 코.

T: 다람쥐.

P: 다람쥐.

T: 해바라기.

P: 해바라기.

T: 겨우 잠이 들었다.

P: 겨우 잠이 들었다.

T: 그가 내 뒤를 몰래 밟았다.

P: 그뒤에 내가 몰래 밟았다.

T: 칼날같이 날카로운 바위.

P: 칼날같이 날카로운 바위.

T: 삼십과 이분의 일.

P: 삼십과 이분의 일.

T: 아니 땐 굴뚝에 연기 나랴.

P: 아니 땐 굴뚝에 연기 나랴.

이름대기(대면이름대기)

안경: (의미단서 후)석… 안석… 아… 안서기… 안서기… 안서기… 안석… 응… 거… 참… (음절단서 후)스….

우표: (의미단서 후)어어 그렇지 편지 부칠 적에… 어… 편지 부칠 적에 아… 스… 몰라… 몰라… 우성… (음절단서 후)성… 우정… 성… 아… 그 뭐 안 나오네… 안 나와… 참 이거 안 나와 하하….

연필: ….

명함: (의미단시 후)… (음절단서 후)명… 근이… 멍근이… 병… 어… 이… 정… 하하… 응… 참… 고할근… 어… 고할근… 아이거 이거뭐 뭐할라고 그러는거지?

젓가락: (의미단서 후)집어넣고 나온다. (음절단서 후)갈… 젓갈… 응… 응… 스… 젓갈… 그… 응… 소주소… 응… 응… 응… 어… 어… 응… 소주… 안… 하하….

단추: (의미단서 후)어… 단추… 스… 단추라고… 응… 응… 참… 단추… 아니야….

빗: (의미단서 후)아… 참… 머리 빗을 적에 쓰는 거라고… 응….

이름대기(문장 응답)
T: 낮말은 새가 듣고 밤말은?
P: 쥐가 듣는다.
T: 글씨는 보통 무엇으로 씁니까?
P: 응… 응… 노랑새가 있었다. 스… 아하… 어… 노랑새가 있었다… 어… 노랑새가 있었다….
T: 간호사들은 어디에서 일합니까?
P: 일을 하는 게 어디서 일하는 건지 응… 어… 자… 참… 간호사가 일하는 데가 몰르지… 응… 어… 스… 참… 얘기 하… 하하하 응….
T: 일주일은 며칠입니까?
P: 일주일이… 이… 어… 일주일이 며칠인고 허니… 가… 가다가 몰러 가다가 몰러….
T: 편지를 부치려면 어디로 가야 합니까?
P: 편지에 부칠려면 어디로 가는고 허니… 응… 편지를 부치는 게 어디로 가는고 허니… 편지 봉투로 가느 거야 편지 봉투… 응.
T: 정지하라는 교통신호등은 무슨 색입니까?
P: 정지하라는 교통신호가 몰르지.

T: 치료사, P: 환자

8) 전반실어증

전반실어증global aphasia은 가장 심한 실어증 유형이다. 발병 초기 평가 시에 전체 실어증 환자들 중에 전반실어증이 약 30~40%일 정도로 많은 수를 차지한다. 이해 및 표현 모두에서 광범위하고 극심한 어려움을 보인다. 단어조차 이해하지 못하는 경우가 많으며 간혹 자신의 신상(예: 본인의 이름)에 관련된 '예-아니오' 질문이나 "눈을 감아 보세요." 등의 간단한 지시문에는 정반응을 하기도 한다. 무의미한 음절(예: '어어-', '어더')만을 되풀이하거나, 질문에 자동적으로 한 가지 표현(예: "잘 모르겠어요.")만 계속해서 말하기도 한다. 자동발화(예: 숫자 세기)는 검사자가 먼저 시작하는 경우에 나머지를 말할 수도 있다. 따라말하기도 어려우며, 읽기나 쓰기도 거의 불가능하다. 우성반구의 전두엽, 측두엽, 두정엽 등의 피질뿐만 아니라 피질하의 백질까지 포함하는 광범위한 뇌영역의 병소가 그 원인이다.

6. 실어증 유형 분류의 비합리성

실어증의 유형을 분류하는 것이 실어증에 대한 생각의 체계화, 환자 치료를 위한 체계적 분류가 가능하다는 점에서 임상에서 유용성이 있다. 그럼에도 불구하고 여덟 가지 유형의 분류 체계는 다음의 측면에서 비합리적일 수 있다. 첫째, 각 유형의 실어증 환자들은 기술된 유형별 특색들을 모두 나타내지는 않는다. 더욱이 특정 유형으로 분류된 환자의 언어 특색이 발병 후 언어 평가 시점에 따라 다를 수 있다. 왜냐하면 실어증은 역동적이고 변화하는 증세이며, 특히 발병 초에는 더욱 그러하다. 예컨대, 발병 초반부터 전도실어증으로 분류된 환자는 자가수정self-correction을 많이 하는 반면에 베르니케실어증으로부터 전도실어증으로 회복된 환자는 자가수정을 거의 하지 않는다.

둘째, 여덟 가지의 유형으로 분류되지 않는 미분류unclassified 실어증 환자가 있다. 이는 중증도에 따라 관찰되는 세부 특색이 다르거나 영역별 특색이 유형별 경계선에 놓여 있어 특정 유형으로 분류되기가 힘들기 때문이다. 실어증은 역동적으로 변화하므로 중증도가 몇 단계로 정확하게 나뉠 수 없으며 연속선continuum상에 있다. 특히 뇌손상 직후 초기 몇 달간에는 더욱 그러하다.

셋째, 실어증 유형과 병소가 서로 일치하지 않는 경우가 많다. 특히 베르니케실어증이나 브로카실어증이 뇌병소의 위치를 반영하는 유형의 경우에 반드시 그 병소로 인하여 그 실어증이 나타난 것은 아닐 수 있다. 예컨대, 베르니케영역을 포함한 측두엽이 아닌, 전두엽 병소가 베르니케실어증을 유발할 수도 있다. 이처럼 병소와 유형 간의 상호 일치correlates가 어려울 수 있다.

넷째로는, 평가(도구)상의 인위성artifact이다. 평가 자극을 어떻게 구성하였고, 어떤 반응을 요구하고, 채점 기준은 어떠한가 등의 평가상의 여러 요인에 의하여 실어증 유형이 달라질 수 있다.

이상의 여덟 가지 유형의 실어증은 주로 피질 손상에 기인하는 반면, 기저핵이나 시상 등의 피질하 회백질이나 백질 연결로white matter pathways의 손상으로도 실어증, 즉 피질하 실어증subcortical aphasia이 관찰될 수 있다. 이는 CT, MRI 등을 포함한 뇌영상술의 발전으로 순수한 피질하 손상 환자들이 많이 관찰되었기 때문이다. 비록 실어증 기제에 대한 논쟁의 여지가 많음에도 불구하고 피질하 손상만으로도 실어증이 생길 수 있다.

7. 실어증 평가 보고서 작성

실어증 평가 보고서에 포함되어야 할 정보 범주는 [그림 4-3]에 제시되어 있다. 먼저, 환자에 대한 정보로서 기본 정보, 평가 정보, 의학 정보를 기입하고, 내원 사유로서 병원 내원 사유와 언어치료실 의뢰 사유를 적는다. 검사에 관련된 정보로는 검사명, 검사 결과, 검사 요약 및 권고사항을 기록한다.

환자에 대한 기본 정보로는 환자 등록번호, 환자 이름, 성별, 생년월일, 나이 등이 기록되어야 한다. 평가 정보로는 의뢰한 진료과와 의뢰자(의사), 검사자 이름과 검사 일시가 포함된다. 의학적 정보에는 주 진단명, 병소 위치, 증상이 시작된 발증 일시, 발증 후 경과일수$_{\text{post onset time: POT}}$를 명기한다.

병원 내원 사유 문단에는 나이, 교육, 성별, 손잡이, 거주지, 가족관계 등의 정보를 포함하여 문장을 시작한다. 예컨대, '본 77세 여환은 무학이며 양손잡이이다. 경북 ○○에 거주하며 남편과 단 둘이 살고 있다.'라고 표현한다. 다음으로는 주 진단명 및 언어장애의 발증 상황을 묘사한다. 예컨대, '○○에 따르면, 내원 3일 전인 2021년 ○월 ○일 아침에 일어나 보니, 환자가 말을 하지 못하고 오른쪽 팔다리를 사용하지 못하였다. 또한 발음이 분명하지 못하고 물에 사레가 걸렸다.'라고 표현하고, 그다음으로 내원 후에 이루어진 처치에 대한 요약을 명시한다. 예컨대, '발증 당일, ○○ 병원에 내원하여 B-MRI를 찍고 간단한 처치를 받았다. 같은 병원에서 2일간 입원 후에 보호자가 원하여 본원으로 전원되었다. 본원에서 이루어진 W/U으로는 B-MRI, B-MRA, anticoagulant 등이 있다.'로 마무리할 수 있다. 언어치료실의 내원 사유의 예로서 '상기 환자는 Lt. MCA infarction으로 언어장애를 보여, 재활의학과 ○○○ 선생님으로부터 언어 평가 의뢰가 된 환자이다. 의뢰 시 본 환자의 언어장애에 대한 소견으로는 dysarthria와 motor aphasia이었다.'를 들 수 있다.

다음 문단에서는 검사와 관련된 내용을 적는다. 실시된 검사들을 나열하고, 각각의 검사가 왜 이루어졌는지에 대한 짧은 설명을 곁들인다. 검사 결과 문단에는 환자

그림 4-3
평가 보고서에 포함되어야 할 범주
평가 보고서에는 환자 정보, 내원 사유, 검사 내용 등이 포함된다.

가 검사 실시 중에 협조적이었는지, 피곤을 느끼지 않고 검사에 집중할 수 있었는지 등에 대한 검사 태도를 적어 준다. 행해진 검사의 하위 검사에 대한 각각의 결과를 수치화하여 제시하며, 그에 대한 정상 여부를 적어 준다. 검사 요약 및 권고사항에서는 평가의 수치화된 최종 점수(예: AQ, LQ)를 제시하며, 실어증 유형을 명시한다. 또한 치료를 실시할 것인지, 어떤 이유에서 실시하려고 하는지, 치료의 장기적인 목적은 무엇인지 등을 기술한다. 마지막으로는 검사자의 이름, 소속, 연락처 등을 적는다.

8. 실어증의 치료

1) 뇌손상의 자연회복 이론

뇌손상의 자연회복spontaneous recovery에 대한 기제는 시기적인 관점에서 다음의 두 가지로 나눌 수 있다. 첫째는 뇌손상 초기인 급성기acute phase의 회복 기제이다. 뇌손상 직후에는 뇌영역이 괴사되고 부종edema이 생긴다. 그런데 그러한 뇌손상이 회복되면서 초기에 뇌의 부종이나 뇌압력이 자연스럽게 가라앉거나 손상 부위의 국소적 뇌혈류가 증가하여 대사 및 산소공급이 원활해진다. 이에 따라 괴사된 뇌영역으로부터 기능적으로 분리된 허혈성 불완전 손상을 입은 반음영 영역penumbra zone이 정상화되면서 해리diaschisis로부터 회복되어 뇌기능의 자연회복이 이루어진다.

The Cutting Edge of Aphasia Therapy: Staying Sharp

There has always been a good deal of discussion about the art and the science of professions that include clinical practice as well as laboratory research. If by art one means appreciations of the fact that one is dealing with human life, and by science one means precise information, both are necessary and must go hand in hand. In a sense they have always done so. This is to say that asking either art or science, of the clinic or the laboratory. It is irresponsible to treat a patient without comprehensive information about the problem he presents. But the clinician must also deal directly with a human individual, and often with one upon whom suffering, physical weakness, anxiety, and other sequelae of incapacitating illness have imposed their inexorable indignities and humiliations. This is the hard fact that

언어치료는 임상 활동과 실험실 연구를 아우르며 예술적 그리고 과학적 입장에 대해 논의가 지속적으로 있어 왔다. 예술이 인간적인 삶을 다루는 것이라 한다면, 과학은 정확한 정보를 뜻하며 이 둘은 필연적으로 공존한다. 예술과 과학의 문제는 임상인가 연구인가라는 문제와 동일하다고 볼 수 있다. 환자가 갖고 있는 문제에 대한 포괄적인 정보 없이 환자를 치료하는 것은 무책임한 일이다. 그러나 임상가가 환자 개인적 문제를 직접적으로 다루어야 할 때가 있는데 그것은 종종 환자가 겪는 고통, 신체적 약화, 불안, 정상적 생활을 하지 못하게 하는 질병으로 인한 후유증 등으로 인하여 생기는 냉혹한 수모나 모욕적 경험일 것이다. 임상가가 환자의 충격적 경험을 완전히 이해해야만 환자를 치료할 수 있기 때문에 이것들을 외면할 수 없는 것이 엄연한 사실이다. 또한 임상가에게는 과학적 지식이 필수적으로 요구되는데, 훈련되지 않은 사

the clinician cannot turn away from if he is to help the patient assimilate traumatic experiences so that healing can occur. In addition, the clinician requires a hard core of scientific knowledge, if he is to help the patient more than any kind, well-meaning, but untrained person can. Professional competence is never an absolute achievement but is, after all, something in the nature of a lasting commitment.	람도 베풀 수 있는 선의만으로는 환자에게 도움이 될 수 없기 때문이다. 전문적인 능력만이 결코 절대적인 것이 아니라 결국에는 지속적인 헌신도 필요하다.

출처: Scheull, Jenkins, Jimenez-Pabon (1964). *aphasia in adults*.

자연회복의 두 번째 기제로는 뇌손상 초기부터 시작되어 몇 개월, 즉 아급성기 subacute phase에서 심지어는 몇 년간까지의 만성기 chronic phase에도 지속될 수 있다고 알려진 '뇌 가소성 brain plasticity'이다. 우리는 최근까지 뇌손상으로 인하여 뇌의 기능이 영구적으로 소실된다고 믿어 왔다. 그러나 근래 들어 뇌손상 후에도 뇌세포나, 뇌반구 내 혹은 뇌반구 간의 신경망 neural network이 기능적으로 재조직 functional reorganization되면서 뇌가 어느 정도 기능을 회복하게 된다고 하여 이를 '뇌 가소성'이라 한다. 뇌반구 내 intra-hemispheric 재조직 이론은 뇌손상으로 끊겨진 통로를 측부 발아 collateral sprouting를 통하여 다시 연결시켜 기능을 회복하거나 잠재적인 기능을 활성화시킨다는 이론이다. 세포체는 절대로 재생될 수 없지만 축삭 재생 axonal regeneration을 통하여 새로운 시냅스를 형성할 수 있다. 한편, 뇌반구 간 inter-hemispheric 재조직 이론에서는 손상되지 않은 뇌반구가 손상된 뇌반구가 해 왔던 기능에 대한 보완적 compensatory 역할을 하게 된다는 주장을 한다. 그렇다면 재조직은 어떤 경우에 뇌반구 내 혹은 뇌반구 간에 일어나는가? 일반적으로 손상 범위나 손상 시기에 따라 기제가 차별적으로 적용된다고 한다. 우성반구의 손상 부위가 비교적 작은 경우에는 기능적 재조직이 뇌반구 내에서 일어난다. 그러나 손상 부위가 큰 경우에는 원래 기능을 처리하고 있었던 뇌반구의 기능 처리능력이 거의 소실되었으므로 다른 뇌반구에서 그 기능을 대신해야 하므로 뇌반구 간 재조직이 일어난다. 뇌 가소성과 언어치료에 대한 효과는 기능적 뇌영상 기법을 사용한 연구의 결과를 통하여 속속 밝혀지고 있다. 손상 후에도 좌측 혹은 양측 대뇌반구에서 여전히 활성화가 이루어지는 환자의 경우에 우측 대뇌반구의 활성화가 증가된 환자에 비하여 언어회복의 예후가 좋다고 주장되기도 하였다. 손상 시기 면에 있어서는 언어발달이 완전하게 이루어지기 전에 우성반구의 뇌손상을 입게 되면 언어중추가 열성반구로 이동한다.

일반적으로 자연회복은 초기 6개월까지 그 속도가 가장 빠른 것으로 알려져 있다. 그러나 그 이후에도 1~2년 정도까지는 앞서 언급한 기능적 재조직에 기인한 자연회복이 지속된다. 그러므로 신경재활이 활발하게 일어날 수 있는 시기에 편승하여 언어치료도 될 수 있는 대로 일찍 시작할수록 좋은데, 발병 후 1년 정도까지가 치료 효과가 가장 좋은 시기로 알려져 있다. 그러나 실제적으로 어떤 기제가 작용하는가는 뇌졸중 경과 시점에 따라 다를 것이다.

2) 예후

실어증 환자에 대한 평가가 완료되면 치료사, 보호자, 그리고 누구보다도 환자의 입장에서 가장 궁금한 것이 실어증이 언제쯤이면 회복되며 얼마만큼 좋아질 수 있을지에 대한 정보, 즉 예후$_{\text{prognosis}}$에 대한 판단일 것이다. 예후는 치료를 시작하고자 할 때에 치료 회기나 치료 기간 등을 결정하는 데 중요한 변인이다.

예후 또는 치료 결과에 가장 영향을 미치는 요인은 뇌손상 본질, 유형, 범위, 위치와 실어증 중증도이다. 실어증을 유발한 질환이 좌뇌반구에 국한된 국소 병변의 뇌졸중이라면 양뇌반구 모두에 산재적인 병변을 일으킨 외상성 뇌손상과는 다를 수 있다. 초기 발병 후에 환자가 보이는 실어증의 중증도와 실어증을 유발한 질환(예: 뇌졸중)의 중증도가 낮을수록 예후가 좋다고 알려져 있다. 실어증 유형의 경우에는 전반실어증의 원인이 내경동맥이 막히거나 중대뇌동맥의 시작 부위가 완전히 막히면서 생긴 광범위한 뇌괴사라면 예후가 상당히 나쁜 편이다. 이와는 대조적으로 피질의 일부 영역이나 피질하영역의 뇌괴사를 동반하는 동시에 그 인근 부위의 혈액순환장애로 일시적인 전반실어증을 보이는 경우에는 시간이 경과하면서 급속도로 증세가 완화된다. 그러나 일반적으로는 유형 자체보다 연령과의 연관성이 크다.

즉, 유창성 실어증 환자의 평균 연령이 비유창성 실어증 환자의 평균 연령보다 많고, 연령이 높을수록 예후가 나쁠 것으로 예상된다. 그러나 성별, 교육 수준 등과 같은 그 밖의 환자의 개인적 요인은 예후와 그다지 관련성이 있지 않다.

한편, 실어증이 치유되면서 초기에 보였던 실어증 유형이 다른 유형으로 변천한다. 유형 변화는 늘 덜 심한 유형 쪽으로 간다. 또한 비유창성 실어증은 유창성 실어증으로 변화(예: 전반실어증 → 베르니케실어증, 브로카실어증 → 명칭실어증)하는 반면에, 유창성 실어증은 비유창성 실어증으로 바뀌지는 않는다. 통상적으로 전반실어증 환자가 이해력이나 표현력이 좋아지면 각각 브로카실어증 혹은 베르니케실어증으로 변하게 된다. 베르니케실어증의 이해력이 향상되면서 따라말하기가 여전히 힘든 경우에는 전도실어증으로 바뀌게 된다. 브로카실어증 환자의 따라말하기가 향상되면 연결피질운동실어증으로, 베르니케실어증 환자의 따라말하기가 향상되면 연결피질감각실어증으로 바뀐다. 그런데 대부분 유형의 실어증이 회복되더라도 명칭실증anomia이 잔존하면서 명칭실어증으로 남는 경우가 많다.

환자의 행동 신체적 요인으로는 손잡이, 감각 및 운동기능 등을 들 수 있다. 손잡이의 경우에는 일반적으로 왼손잡이가 오른손잡이보다 예후가 좋다. 이는 전체 왼손잡이 중 30% 정도의 언어중추는 우뇌반구에, 10% 정도는 양뇌반구에 있으므로 좌뇌 손상 시에 실어증의 중증도가 오른손잡이에 비하여 심하지 않을 수 있기 때문이다. 참고로 오른손잡이의 거의 대다수(99% 이상)는 좌뇌에 언어중추를 갖고 있다('제2장 임상 기초 평가' 참조).

심리-사회적 요인으로는 의지, 동기의식, 가족의 협조, 경제력 등이 있는데, 보호자의 도움이 원활하고 경제력이 좋을수록 치료에 매진할 수 있는 여건이 되므로 좋은 경과를 기대할 수 있다. 인지적 요인으로는 주의력, 기억력 등을 들 수 있다.

> 잠깐!
>
> **효능과 효과**
>
> 효능efficacy이란 '어떤 치료(법)가 이상적인 환경에서 환자의 병의 상태를 호전시키는지?'를 묻는 것이다. 여기서 이상적인 환경이란 실험군이 임상 시험에서 철저하게 통제된 상태에 놓여진다는 의미이다. 반면에 효과effectiveness란 '특정한 치료(법)가 실제 생활 환경에 놓여진 환자의 병의 상태를 호전시키는지?'를 묻는 것이다. 그러므로 어떤 치료가 '효과적'이라고 하기 위해서는 그 결과가 그 치료 자체 때문인지 혹은 다른 요소의 영향 때문은 아닌지를 밝혀야 한다.

3) 실어증 치료의 효능 및 효과

언어치료 효능efficacy이나 효과effectiveness

를 검증하는 것은 쉬운 일이 아니다. 이는 신경 가소성neuroplasticity으로 인하여 뇌손상 초기에는 자연회복이 이루어지기 때문이다. 그렇다면 어떻게 언어치료의 효능 혹은 효과를 알아볼 수 있을까? 무작위 통제 실험randomized clinical trials: RCT을 통하여 가능하다. 무작위 통제 실험이란 임상 시험에서 효능이나 효과를 검증하기 위하여 실험군과 비교군에게 서로 다른 치료법 혹은 조건을 무작위 배정하여 실험하는 연구 설계 방법이다.

4) 실어증 치료의 원칙

(1) 고려사항

실어증 치료에 앞서 치료사가 필수적으로 고려해야 할 사항은 다음의 두 가지이다. 첫째, 환자가 어떤 실어증을 보이는가를 확인하는 일이다. 여기서 '어떤' 실어증이란 실어증의 '유형'뿐만 아니라 실어증의 '증상'을 포함한다. 이는 실어증 유형이나 증상에 따라 치료법이 확연히 달라질 수 있기 때문이다. 같은 실어증 유형이라 할지라도 환자마다 주요 증상의 종류나 정도가 다를 수 있으므로 각자의 증상을 확인해야 한다. 그리고 앞서 언급하였듯이 실어증이 회복되면서 증상이 변할 수 있으므로 한 가지 치료법을 계속해서 적용하지 않으며, 증상에 따라 여러 가지 치료법을 활용하는 것이 바람직하다. 또한 환자마다 개별 치료 프로그램이 필요하다. 환자 개개인의 연령, 교육 수준 등의 개인적 측면, 의학적 상태, 언어적 측면, 정서적 및 사회적 측면, 직업적 측면 등을 모두 고려하여 치료 프로그램을 구성해야 한다.

둘째, 어떤 치료법을 선택하는 것이 좋으며, 왜 그 치료법을 선택했는가에 대한 질문에 답할 수 있어야 한다. 각 치료법은 사용되어야 하는 원칙 혹은 이론적 근거theoretical frameworks가 있기 마련이며 실질적으로 그 치료법이 효과적이라는 것이 입증된 근거에 기반한 치료evidence-based practice: EBP(근거기반 실무)를 하는 것이 중요하다. 그렇기 위해서는 포괄적인 평가를 통하여 환자가 어떤 문제를 보이는지를 확인하고 그에 가장 적합한 치료법을 선택해야 한다.

(2) 근거기반 실무의 원칙

우리는 경험적으로 타당화되고 지지받는 방법을 활용하여 환자에 대한 평가와 치료를 해야 한다. 그러기 위해서는 언어병리를 과학적으로 연구하는 연구자researcher와 일선에서 환자를 보는 임상가clinician 사이에 원활한 의사소통이 필요하다. 근거기반 실무EBP라는 개념은 이러한 의미에서 언어장애인을 다루는 우리 모두가 유념해야 할 부분이다. 미국언어청각학회American Speech-Language-Hearing Association: ASHA는 근거기반 실무를 위한 국립센터National Center for Evidence Based Practice를 운용하고 있다. 현재 ASHA에서 진행되고 있는 근거기반 체계적 고찰Evidence-Based Systematic Reviews: EBSRs에는 efficacy of oral-motor interventions for treatment of swallowing disorders, dysphagia treatment 등이 있다. 또한 신경 의사소통장애과학회Academy of Neurologic Communication Disorders and Sciences: ANCDS에서는 아동 말실행증, 실어증, 치매[신경인지장애], 마비말장애, 외상성 뇌손상과 관련된 자료를 제공한다. 우리가 실질적으로 활용하고 있는 근거는 [그림 4-4]에서 제시된 순으로 근거의 정도가 배열된다.

먼저, 동물 실험animal studies이나 실험실 연구laboratory research이다. 이들 연구의 결과를 인간의 의사소통 분야에 적용하는 것은 요원하거나 불가능할 수 있다. 신경언어장애 분야에서는 운동 학습이나 삼킴기능 등과 관련하여 동물 실험의 결과를 적

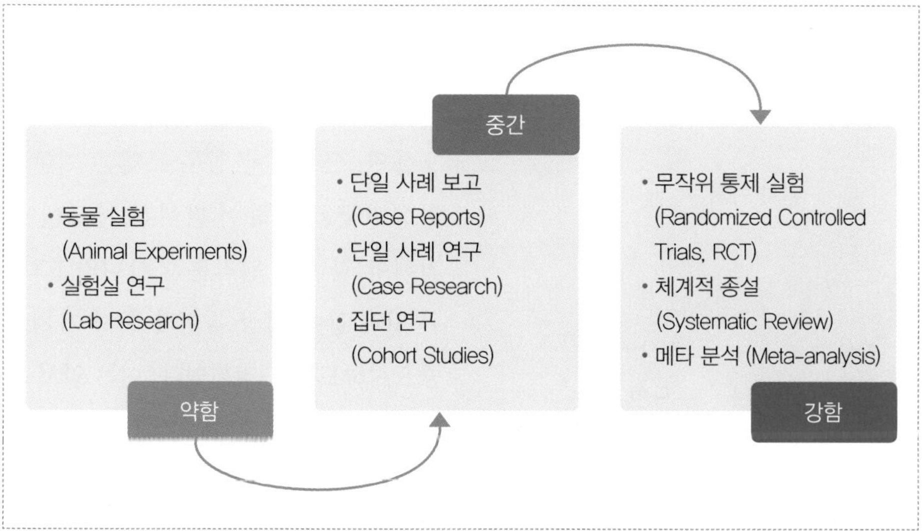

그림 4-4
근거기반 실무를 제시하는 정도에 따른 연구 유형
동물 실험이나 실험실 연구가 가장 약하며, 단일 사례 보고, 단일 사례 연구, 집단 연구 등은 중간 정도를 차지하고, 무작위 통제 실험, 체계적 종설, 메타 분석 등은 강한 근거를 제시한다.

용할 수 있다. 단일 사례 보고case reports는 연구자가 1명 혹은 최대 2~3명을 대상으로 그들이 보이는 특징을 단순히 보고하는 형식을 취하며, 주로 질적 연구이다. 이에 반하여 단일 사례 연구는 1명 혹은 1가족을 대상으로 특정 요인이 대상자를 어떻게 변화시키는지를 반복하여 관찰, 측정하는 연구이다. 집단 연구cohort studies는 특정 인자를 가지고 있는 사람들로 구성된 집단을 계속 추적해 나가면서 그런 인자가 과연 연구자가 보고자 하는 결과를 일으키는지를 알아보는 연구이다. 단일 사례 보고에 비하여 개개인의 변이성을 최소화한다는 점에서 임상에서 일반화generalization 적용으로 한 걸음 나아가는 연구 유형이라 할 수 있다. 한편, 무작위 통제 실험randomized controlled trials: RCT은 대상자를 치료 집단과 대조 집단으로 무작위 설정한 다음, 서로 다른 실험을 행하여 그 결과를 비교하는 연구 방법이다. 대상자 추출에 따른 편향bias을 최소화할 수 있으므로 주로 의약품, 의학 기술 등의 보건 관련 제품의 효과를 검증하기 위한 실험에 적용된다. 체계적 종설systematic review은 여러 문헌과 연구들에서 밝혀진 결과들을 종합하여 결론을 도출해 내는 방법이다. 메타 분석meta-analysis은 양적 문헌연구의 대표적인 방법으로서 비슷한 가설에 대한 여러 연구 결과를 비교하여 그 결과들을 표준화시킨 후에 그 가설에 대한 종합적 결론을 도출해 내는 통계적 방법이다. 따라서 무작위 통제 실험을 실행한 여러 연구 결과에 대한 메타 분석은 가장 강한 증거를 제시하는 연구 유형이라고 할 수 있다.

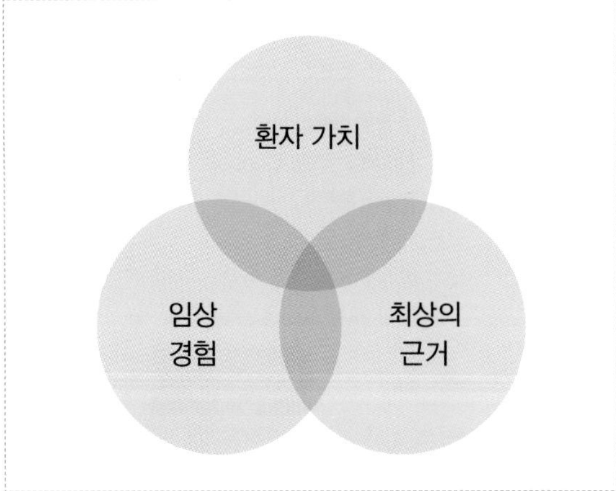

그림 4-5
근거기반 실무 모델
최상의 근거에 기반하여, 임상 현장에서 치료사가 축적한 경험을 바탕으로, 환자 입장에서 바라본 치료를 해야 한다는 모델을 제시하고 있다.

한편, 근거기반 실무 모델은 기존의 임상연구를 통하여 밝혀진 자료에 근거해야 한다는 원칙뿐만 아니라 [그림 4-5]와 같이 임상 경험과 환자 가치를 중요시하도록 수정되었다. 이는 앞서 제3장에서 다루었던 의사소통 삶의 질과 일맥상통한다. 현재 구할 수 있는 최상의 근거current best evidence가 필요하고 중요하긴 하나, 임상 현장에서 치료사가 축적한 임상 경험에 기반한 언어치료 역시 요긴하며, 환자 입장에서 환자 상황을 이해하고 환자 가치patient value를 존중하는 치료를 해야 할 것이다.

5) 실어증 치료의 역사적 배경

실어증학의 긴 역사에도 불구하고 실어증 치료의 역사는 상대적으로 그다지 길지 않다. 최초의 '실어증 치료'와 관련된 문서는 프랑스 의사였던 샤넷Pierre Chanet, 1603~1660이 1649년에 실어증 환자인 친척을 대상으로 한 실어증 재교육에 대한 글이다. 그 문서에 의하면 환자의 특색은 "모든 단어와 철자법을 잊었다. 그럼에도 불구하고 글자를 베껴 쓸 수는 있었으며" 회복 후에는 "이제 읽고 말할 수 있게 되었다 …… 진전이 있는 것 같다 …… 이제 뇌가 강건해진 것 같은데 따라서 다치기 전에 알고 있었던 것을 기억할 것이다."라고 기록되어 있다.

그 후에 달린Olaf Dalin, 1708~1763은 1745년에 '말을 완전히 잃은complete loss of speech' 33세 환자를 보고하였는데 '특정한 리듬과 높은 음도로 소리 지르는 것'의 도움으로 회복이 가능했다고 하였다. 이 치료법은 멜로디 억양치료법Melodic Intonation Therapy: MIT의 시초가 되었다.

1800년대에 접어들면서 '언어'의 국소론localization에 대한 개념에 따른 언어 회복 및 치료에 대한 관심이 생겼다. 그 당시 브로카는 1865년의 글에서 "엄마가 아이에게 말하는 것을 가르치듯이 치료하면서 제대로 가르친다면 손상된 기능을 우뇌반구의 같은 영역에서 받아서 회복시킬 수 있을 것이다(with proper teaching, the corresponding area in the right hemisphere would be able to take over the damaged functions)."라고 하였다. 그러나 "특정 연령이 지나면 짧은 교육 시간으로 언어를 쉽게 배울 수는 없다(What is the point of such short lessons? …… There are certain things which one does not learn easily after a certain age)."라고도 하였다. 1800년대 말에는 런던 병원의 신경과 의사인 브로드벤트D. Broadbent가 비언어적 측면의 언어재활을 시도하였고 쿠스몰A. Kussmaul, 드제린J. J. Dejerine 등의 신경과 의사들은 직접적 언어훈련을 통하여 구어재활 노력을 시도하였다.

한편, 1900년대 초기부터는 언어치료가 전문 분야로 자리 잡기 시작하였는데 유럽에서는 의학 분야, 특히 이비인후과와 밀접하게 관련되어 있으며, 독일에서는 현대 언어치료의 아버지로 불리는 구츠만Hermann Gutzmann, 1865~1922과 같은 독일 이비인후과 의사가 'phoniatrist'로서 언어치료를 하기도 하였다. 1920년대에는 유럽 각지에서 언어치료사를 양성하는 교육기관이 생기기 시작하였다. 미국에서는 언어치료가 교육학, 심리학 등과 교류 학문으로서의 역할을 담당하였는데, 1900년대 초기 미국에서 언어치료의 대표적인 인물은 필라델피아 병원의 신경과 의사인 밀스Charles Mills, 1845~1930였다.

한편, 제1차 세계대전(1914~1918) 후에 총상으로 인한 군인들에 대한 언어재활에 관심이 기울여졌는데, 그 당시 언어치료에 힘쓴 세계 각국의 유명한 의사로는 독일 뮌헨의 이설린Isserlin, 영국의 헤드H. Head, 미국 Hospital Cape May의 닐슨Nielsen, 독일의 골드스타인K. Goldstein 등이 있다. 골드스타인과 같이 그 당시의 명망 높은 실어증 학자 겸 의사들이 정치적 탄압을 피해 미국으로 이민을 가면서 독일 및 오스트리아의 학세는 기울기 시작하였다.

제2차 세계대전(1939~1945)이 끝나고 전쟁으로 상해를 입은 퇴역 군인들에 대한 언어재활의 필요성이 또다시 부각되기 시작하면서 많은 언어클리닉이 문을 열고, 신경언어장애 및 원인에 대한 연구가 활발하게 이루어졌다. 제2차 세계대전 후의 언어치료에 힘을 썼던 미국 실어증학 학자들로는 쉬한Vivian Sheehan, 아이젠슨Jon Eisensen, 웨프만Joseph Wepman, 사노Martha Sarno, 슈울Hildred Schuell 등이 있다. 벗필드Edna Butfield와 장윌Oliver Zangwill은 영국에서 실어증 환자에 대한 집단치료를 도입하기도 하였다.

6) 실어증 치료의 모델

실어증 치료의 모델에는 적어도 열 가지가 있는데, 훈시적 교수 모델, 행동수정 모델, 자극 촉진 모델, 언어학적 모델, 열성반구 중재 모델, 인지적 처리 모델, 기능적 의사소통 모델, 생물학적 모델, 기술응용 모델, 생활 참여접근 모델 등을 들 수 있다. 처음의 여섯 가지가 전통적인 방법이라고 한다면 나머지 네 가지는 비교적 최근에 대두된 모델이다.

(1) 훈시적 교수 모델

훈시적 교수 모델didactic teaching model은 환자에게 교육적 측면을 강조한 치료법으로서, 이전에 알고 있던 것에 대한 재교육re-training과 재학습re-learning을 강조한다. 전통적 학교교육에 초점을 맞추어 학습하고 외우는 것을 기본으로 한다. 이 모델에 기반한 치료법은 현재 잘 사용하지 않는다.

(2) 행동수정 모델

행동수정 모델behavior modification model은 언어학적인 지식이 손실되었으므로 강화 등을 통하여 손실된 언어 기술을 재학습해야 한다는 이론이다. 조작적 조건화operant conditioning, 강화reinforcement, 형성법shaping과 같은 개념을 적용하여 구조화된 학습을 강조한다.

(3) 자극-촉진 모델

자극-촉진 모델stimulation-facilitation model은 1960년대 힐드레드 슈울H. Schuell에 의해 주창된 '자극접근법stimulation approach'에 근거한다. 슈울에 의하면 실어증은 언어가 없어진 상태가 아니라 단지 언어 수행력이 저하되어 언어 체계의 효율성efficiency이 떨어지는 증세이다. 그러므로 언어치료는 언어를 다시 가르치는 것이 아니라 자극을 통해 언어 처리 과정을 활성화시키는 데 중점을 두어야 한다. 이때 자극은 강하고 잘 조절된 집중 자극intensive stimulation의 형태가 바람직하다. 그런데 집중 자극은 저하된 청각적 처리auditory processing의 수행력을 최대한으로 증진시키는 데 사용된다. 여기서 '청각적 처리'란 감각sensory과 감각운동sensorimotor 간의 복잡한 상호작용이 가능하게 하는 중요한 연결 수단이며, 이를 통해 언어를 습득하고 조직화한다. 이러한 슈울의 자극접근법에 바탕을 두고 자극-촉진 모델이 탄생하였다. 자극-촉진 모델은 자극 요소에 대한 조작manipulation이나 조절control을 통해 환자로부터 최대한의 반응을 이끌어 내면서 언어의 재조직화와 회복을 꾀하는 데 목적을 둔다. 치료의 진전사항은 비자발적인 반응에서부터 자발적인 발화에 이르기까지의 언어를 포함한다.

지금부터 자극-촉진 모델의 근거rationale에 대하여 알아보자. 첫째, 감각자극은 뇌 활성화에 영향을 미친다. 감각자극을 반복적으로 제시하면 뇌에 특정한 패턴이 습득되어 저장된다. 끊임없는 자극은 자연회복 과정을 활발하게 해 준다. 둘째, 청각 체계auditory system는 언어습득뿐만 아니라 기능적 언어를 유지하는 데에 가장 중요한 역할을 담당하며 거의 대부분의 실어증 환자들은 청각 체계에 결함을 보인다. 각 언어 양식에서 보이는 증세는 청각 체계의 손상에 공통적으로 기인한다. 따라서 청각 양식auditory modality을 대상으로 하는 언어치료를 시행함으로써 다른 언어 양식의 문제를 해결할 수 있다. 한편, 청각적 체계의 결함을 보이는 실어증 환자는 느린 오름 시간slow rise time, 소음 축적noise build-up, 보유 결함retention deficit, 처리 용량 결함information capacity deficit, 간헐적인 청각적 지각장애intermittent auditory imperception 등을 보인다. 먼저, '느린 오름 시간'에서 '오름 시간'이란 자극이 제시된 시점으로부터 청각적 지각 과정이 시작되는 시점까지의 소요 시간을 의미한다. 느린 오름 시간의 결함을 극복하기 위해서 치료사는 과제를 제시하기 전에 환자의 이름을 부른다든지, "준비되셨나요?" 등의 말로 주의를 먼저 환기시키는 것이 바람직하다. '소음 축적'의 경우는 환자가 상대방이 메시지를 전달할 때에 메시지 초기에만 정확하게 반응하고 후반으로 갈수록 메시지가 소음으로 받아들여지는 경향을 보인다는 것을 뜻한다. 그러므로 청각적 메시지는 될 수 있는 대로 짧게 제시하며 중간에 자주 쉬어 주는 것이 좋다. 한편, 실어증 환자는 '보유 결함'으로 인하여 메시지의 길이가 길수록 처리에 어려움을 보이므로 청각적 자극의 길이는 될 수 있는 대로 짧게 한다. 다음으로는 '처리 용량 결함'으로 인하여 한꺼번에 많은 양의 정보를 받아들이는 동시에 처리하지는 못하므로 여러 메시지를 전달하지 않는다. 그리고 '간헐적인 청각적 지각장애'로 인하여 무작위로 지각이 되었다 안 되었다 하는 현상random fading in & out이 일어나면서 수행력을 예측할 수 없다. 이 경우에는 반복을 통해 이 문제를 극복하게 한다.

그럼, 자극-촉진 모델의 원칙을 자극 선정, 자극 제시 및 반응 유발, 반응 요소의 측면에서 알아보자. 먼저, 자극 선정에 대한 원칙으로서, 첫째, 집중적 청각자극을 활용하되 다른 양식(예: 시각)과 합하여 제시하는 것이 좋다. 둘째, 자극을 선정할 때에는 60~80% 정도의 정반응이 나오도록 길이나 난이도를 조절해야 한다. 만일 50%의 정반응이 나오면 너무 어려운 자극이라 할 수 있다. 셋째, 과제에 대한 성취감을 느끼게 하기 위하여 처음에는 상대적으로 쉽고 친숙한 자극으로 시작해야 한다. 넷째, 다양한 종류의 자료를 준비하는 것이 좋다.

자극 제시 및 반응 유발에 대한 원칙으로서는, 첫째, 자극은 반복적으로 제시되어야 한다. 둘째, 반응의 횟수를 최대한으로 이끌어 내기 위하여 각 자극에 대한 반응이 유발되도록 구성되어야 한다. 그러나 오반응을 보이는 경우에 강제로 고쳐서는 안 된다. 만일 반응이 없는 경우에는 자극의 수위를 높여 보거나 단서를 제공하는 등 환자의 반응을 조작한 후에 다시 관찰한다.

반응 요소에 대한 원칙으로는 어떤 반응의 양식으로 표현하게 할 것인지를 정한다. 예컨대, 구어로 표현하게 할 것인지 아니면 제스처를 활용하게 할 것인지를 결정해야 한다. 또한 자극과 반응 간의 시간 간격에 따라 즉각 반응, 5초 지연 반응 등을 활용한다. 반응의 길이는 1-단어, 2-단어 등으로 할 수 있다. 또한 반응에 대하여 적합성과 정확성을 판단하여 기록하는데, 여기서 적합성이란 완벽한 정반응은 아닐지라도 허용되는 반응을 말하며, 정확성이란 정확하고 완벽한 정반응을 일컫는다.

(4) 언어학적 모델

실어증이 음운적 · 어휘-의미적 · 통사적 수행력 장애라는 견해가 언어학적 모델linguistic model이며, 이 모델에서의 치료는 언어학적 체계에 따라 자극을 구성하는 데 중점을 둔다.

① 음운적 치료

음운적 치료에 속하는 과제로는 단어의 음절 확인하기, 초성 음운 확인하기, 큰 소리로 단어 읽기oral reading, 단어 따라말하기, 운rhyming이 맞는 단어 말하기 등이다.

② 어휘-의미적 치료

명칭실증을 위한 의미자질분석Semantic Feature Analysis: SFA 치료기법은 어휘처리장애가 여러 단계에 거쳐 나타날 수 있다고 가정한다. 예컨대, 특정 범주에 속하는 비전형적인 어휘들을 대상으로 훈련을 하면 전형적인 어휘들에 대한 일반화가 이루어지는 것이 관찰된다.

③ 통사적 치료

통사적 측면에서 가장 대표적인 치료법으로는 비유창성 실어증 환자의 문장 산출치료를 목적으로 고안된 통사 자극법syntax stimulation인 Helm Elicited Program for Syntax Stimulation(HELPSS)(Helm-Estabrooks et al., 1982)를 들 수 있다. HELPSS는

그림 4-6
여러 대표적 실어증 치료법을 고안한 Nancy Helm-Estabrooks 교수
(본인의 허락하에 사진 게재됨)

정상 아동의 문법 구조 습득 이론에 기반을 두어 목표 문장들을 난이도에 따라 11단계의 문장 유형으로 나누어 구성한다.

실어증 문장 산출 프로그램Sentence Production Program for Aphasia: SPPA은 비교적 최근에 발표된 치료법이다. SPPA는 여러 유형의 문장을 산출시키고자 자극을 구성한다. 이 프로그램에 포함된 문장 유형으로는 명령문, 의문문, 평서문, 비교격 문장, '예-아니오' 의문문 등이 있다. 이때 '일반화'에 목표를 둔다면 문장자극을 다양화하는 것이 좋고, 특정 문장 구조에 주안점을 두고자 한다면, 목표하는 문장 구조에 집중하여 연습시킨다.

그런데 문장 산출 훈련의 원칙은 다음과 같다. 첫째, 심층 구조를 확인하여 심층 구조deep structure가 유사한 문장들을 집중해서 훈련하면 표면 구조surface structure가 습득되면서 일반화가 가능하다. 예컨대, '누가(who)' 문장을 연습하면 '무엇(what)' 문장을 일반화할 수 있거나 반대로 '무엇(what)' 문장을 연습하면 '누가(who)' 문장을 일반화할 수 있다. 또한 '언제(when)' 문장을 연습하면 '어디서(where)' 문장을 일반화할 수 있으며, 그 반대도 수월하다. 둘째, 복잡성 가설complexity hypothesis에 의하면, 좀 더 복잡한 문장을 먼저 훈련하면 단순한 문장으로 자연스럽게 일반화될 수 있다.

매핑치료기법Mapping Therapy: MT(Schwartz et al., 1994)은 의미적으로 가역적인 문장을 산출하기 위해서는 통사영역과 의미영역을 함께 감안해야 하므로 산출해 내기 어렵다는 가설하에 능동문-비가역적 문장, 능동문-가역적 문장, 수동문-비가역적 문장, 수동문-가역적 문장의 순으로 난이도를 책정하였다.

(5) 열성반구 중재 모델

브로카실어증 환자처럼 비교적 청각적 이해력은 어느 정도 유지되지만 비유창한 환자들에게 유용하게 사용되어 온 대표적인 치료법으로는 멜로디 억양치료법Melodic Intonation Therapy: MIT(Albert, Sparks, & Helm, 1973)이 있다. 이 치료법은 우반구에서 관장하는, 손상되지 않은 비언어적 기능(예: 소리의 길이, 소리의 높낮이 등)을 사용하여 언어재활을 꾀하고자 하는 재조직치료법에 속한다. 멜로디를 함께 조합하여 노래 형식으로 발화를 유도하면서 점차로 목표 발화의 길이를 늘려 가게 된다.

또한 통제 유발 치료Constraint-Induced Therapy: CIT기법은 원래 뇌졸중으로 인해 사지 마비가 있는 환자에게 사용된 것으로 약화된 부위를 집중적으로 사용하게 하는 반면, 건강한 사지의 사용은 하지 않도록 하는 치료법이다. 최근에는 이와 같은 원리를 실어증 환자에게 적용한다. 즉, 환자의 표현 방식 중 한 가지(예: 크게 말하기)를 집중적으로 훈련하는 반면, 다른 대체적인 방식(예: 제스처)의 사용은 제한한다. 이 기법을 사용하였을 때, 연구자들은 비교적 단기간에 만성 실어증 환자의 말 표현능력이 유의하게 향상되었다고 보고하였다.

(6) 인지적 처리 모델

정보 처리 모델information processing model이라고도 불리는 인지적 처리 모델cognitive processing model은 뇌의 '국소론' 개념을 받아들이지 않는다. 이 모델에서는 인지적 처리 과정 중에 손상된 처리 과정 언어 과제에 깔려 있는 표상representation을 확인하는 것이 첫 단계이다. 따라서 손상되었다고 믿어지는 처리 과정에 집중하여 치료를 하며 온전한 인지 과정을 통하여 보상하고자 한다. 주의력이나 기억력 등과 같은 인지적 기능이 언어 처리와 관련한 문제를 일으킨다고 여겨 인지기능을 치료하는 것을 우선시하며, 언어에 대한 직접 치료는 하지 않는다. 환자의 주의집중 손상 정도는 평가와 치료에 영향을 주며, 집중 문제는 치료 종류와 상관없이 치료에 부정적인 영향을 줄 수 있다.

시지각 훈련, 그림문자 pictogram을 사용하며, 기억 및 학습능력이 향상되면 읽기능력이나 이름대기능력 등이 향상될 것을 기대한다. 언어 이해력이나 표현력이 상당히 저하된 전반실어증 환자들에게 자주 사용하는 시각동작치료Visual Action Therapy: VAT(Helm-Estabrooks, Fitzpatrick, & Barresi, 1982)는 인지적 처리 모델에서 나온 치료법이다. 이 방법에서는 환자로 하여금 언어자극 대신에 비구어적 양식인 동작을 사용하게 하여 치료를 돕게 된다.

(7) 기능적 의사소통 모델

이 치료 모델에서는 치료의 초점을 언어 자체보다는 기능적 의사소통functional communication의 확립에 둔다. 이 모델에서는 청자에게 메시지를 전달하기 위하여 가능한 한 모든 언어 및 비언어 양식을 동원하도록 격려한다. 특히 손상 정도가 심하여 전혀 정상적으로 돌아올 수 없거나, 실어증 치료가 오랫동안 지속되었으나 더 이상 회복이 관찰되지 않거나, 혹은 의사소통의 효율성을 증대시키고자 하는 상황에서는 보상compensation에 초점을 둔다.

이러한 기능적 의사소통 모델에서의 치료는 구체적으로 다음의 요소를 강조한다. 첫째, 초당 음절수과 같은 언어 전달의 양보다는 의사소통에 초점을 맞춘다. 둘째, 어휘 강세 및 운율 특징을 중시한다. 셋째, 자연스러운 의사소통 환경을 조성하는 데 주력한다.

실어증 환자의 의사소통의 효율성을 촉진시키기 위한 주요 치료법으로 실어증 의사소통 효과 증진법Promoting Aphasic's Communicative Effectiveness: PACE이 있다. 이 치료법은 상호주의reciprocity의 원리에 기초한 치료로 치료사와 환자가 대화 상황에서 동등하게 메시지를 주고받으며 참여하게 한다. 제스처 프로그램은Amer-Ind Code, 시각동작치료VAT, 팬터마임, '예-아니오' 제스처, 눈 깜박이기, 지적하기pointing 등을 활용한다.

(8) 생물학적 · 의학적 모델

① 약물치료

약물은 신경전달neurotransmission에 영향을 주어 회복 과정을 촉진시킨다. 특히 주의집중 기간attention span을 증진시키고, 기억이나 학습능력을 향상시킬 수 있으며 허혈성 음영 부분ischemic zone의 신진대사기능을 회복시키기도 하고, 신경보호 효과neuroprotective effect를 지닌다. 그러나 약물치료가 언어기능 회복에 실질적으로 영향을 주는지는 무작위 통제 실험randomized controlled trial: RCT을 통하여 입증되어야 한다. 실제로 경도에서 중등도의 유창성 실어증 환자에게 콜린성cholinergic 약물치료를 하였을 때에 이름대기 수행력이 증가하였다는 연구 보고가 있다. 또한 만성 비유창성 실어증 환자의 말산출을 돕기 위한 약물치료로서 브로모크립틴Bromocriptine과 같은 도파민 제제dopaminergic agent가 효과적이었다. 그리고 뇌졸중 후 급성기 환자에게 엠페타민Amphetamine과 정규 말 · 언어치료를 병행하였을 때 언어능력이 촉진되었다.

② 반복 경두개 자기자극

반복 경두개 자기자극repetitive Transcranial Magnetic Stimulation: rTMS의 목표는 5Hz 이상의 고주파수 자극으로 피질의 흥분성excitability을 향상시키거나 1Hz 정도의 저주파수 자극으로 피질의 흥분성을 억제시키는 데에 있다. 대뇌피질의 여러 부위의 뇌기능을 향상시키기 위해 자기자극을 주어 이름대기 수행력에 대한 영향력을 측정하였을 때에 비유창성 실어증 환자의 이름대기 수행력이 증진되었다.

(9) 기술응용 모델

기술응용 모델은 앞서 설명된 기능적 의사소통 모델에 포함될 수도 있다. 컴퓨터 보조치료Computer-Assisted Treatment: CAT는 치료사가 컴퓨터 프로그램을 통해 환자에게 자극 제시와 연습을 시키는 방법이다. 환자의 수행력에 따라 단어나 문장 등의 자극어 길이와 난이도를 조절하기가 용이하나 프로그램의 내용이 제한적일 수 있다는 단점이 있다.

(10) 사회적 생활-참여접근 모델

실어증 환자에 대한 언어재활은 많은 시간과 노력이 요구된다. 따라서 언어치료사는 언어치료실에서 행하는 환자에 대한 직접적인 치료뿐만 아니라, 가정재활 프로그램을 활용하여 보호자 교육을 통한 간접적인 재활 방법도 권고하게 된다. 이 경우, 언어치료사는 가정에서 가족들이 환자와 어떻게 효율적인 의사소통을 할 수 있는지에 대한 상담 역할과 간단한 대체치료법을 알려 주게 된다. 이 모델에서는 언어장애가 사회적 환경에 의하여 변화되는 문제의 집합체라는 생각에 바탕을 둔다. 사회적으로 관찰되는 문제를 중점적으로 하여 개인이 사회에 잘 동화될 수 있도록 북돋는 치료 모델이다. 가족과 지역사회의 역학관계를 포함하여 방해가 되는 일상생활의 문제점을 해결하고, 기능적인 독립을 목표로 하지 않고 생활에서 상호 의존적인 생활을 영위할 수 있는 체계를 확립한다. 이 모델은 치료 종반부에 도입하는 것이 아니라 초반부터 활용해야 한다.

기능적 의사소통 모델이 환자 중심의 모델인 반면에, 사회적 생활 참여접근 모델은 파트너 중심으로 치료접근이 이루어지는 모델이다. 이 모델에 속하는 치료기법으로는 Conversational coaching, Supported Conversation for Adults with

Aphasia(SCA), Communicative Partners, Connect, Aphasia Couples Therapy(ACT) 등이 있다. 이 중에서 SCA는 환자가 언어능력을 충분히 발휘할 수 있도록 대화 파트너에게 대화기법을 가르치는 것이다. 환자에게 남아 있는 인지 및 사회적 능력을 바탕으로 환자들이 무엇을 생각하고, 무엇을 알고 있고, 무엇을 느끼는지를 도울 수 있게 한다. 한편, ACT는 환자와 배우자가 가담하여 진행하는 치료기법이다. 치료에 앞서 먼저 세 가지의 평가를 거친다. 먼저, 공식 실어증 평가를 한다. 다음으로는, 환자와 배우자가 원하는 화제를 바탕으로 이야기와 대화를 진행한다. 마지막으로는, 삶의 질과 의사소통 질적 평가를 실행한다. 이상으로 실어증 모델을 살펴보았는데, 〈표 4-15〉에서는 실어증 치료 모델에 따른 치료기법을 정리해 놓았다.

표 4-15 실어증 치료 모델에 따른 치료기법의 목적, 양식, 단계

모델	치료기법	목적	양식	단계
언어학적 모델	HELPSS	통사적 치료	말하기	문장 단계
	SPPA	통사적 치료	말하기	문장 단계
	MT	통사적 치료	말하기	문장 단계
	SFA	의미-어휘적 치료	말하기	단어 단계
열성반구 중재 모델	MIT	비유창 발화 중재	말하기	구, 문장 단계
	CIT	비유창 발화 중재	말하기	단어 이상
인지적 처리 모델	VAT	처리과정 중재	동작	
기능적 의사소통 모델	PACE	의사소통의 효율성 중재	표현하기	
생물학적 · 의학적 모델	rTMS	비유창 발화 중재	말하기	단어 이상
기술응용 모델	CAT			단어 이상
사회적 생활-참여접근 모델	SCA, ACT	의사소통의 효과 및 효율성 중재	듣기 및 말하기	대화 단계

HELPSS=Helm Elicited Pogram for Syntax Stimulation, SPPA=Sentence Production Program for Aphasia, MT=Mapping Therapy, SFA=Semantic Feature Analysis, MIT=Melodic Intonation Therapy, CIT=Constraint-Induced Therapy, VAT=Visual Action Therapy, PACE=Promoting Aphasic's Communicative Effectiveness, rTMS=repetitive Transcranial Magnetic Stimulation, CAT=Computer-Assisted Treatment, SCA=Supported Conversation for Adults with Aphasia, ACT=Aphasia Couples Therapy

7) 언어 양식별 치료법

(1) 듣기 치료

모든 실어증 환자가 어느 정도의 청각적 이해력 장애를 보이므로 이해력 증진을 위한 치료법을 포함해야 한다. 베르니케실어증 치료법Treatment for Wernicke's Aphasia: TWA은 청각적 이해력 장애를 보이는 베르니케실어증 환자에게 단어와 그림 간의 짝짓기 연습을 시킴으로써 시각적 양식을 통한 청각적 양식의 문제해결을 피한다. 과제로는 단어와 그림의 짝짓기, 큰 소리로 단어 읽기, 그림만 보고 단어 따라말하기, 단어를 듣고 그림 고르기 등이다.

한편, 어느 정도 이상의 청각적 이해력이 보존되어 있는 경우에 언어자극의 알아듣기 능력을 향상시키기 위한 치료법은 다음의 요건을 고려하여 선택한다. 청각자극의 길이 및 복잡성, 자극을 제시할 때의 말속도, 적절한 쉼과 강세의 활용, 청각자극의 반복 제시, 청각자극 외의 다중자극 방법의 활용, '예-아니오'로 대답할 수 있는 언어자극, 환자 자신이나 신변에 관한 내용을 들려주고 단답식의 반응을 이끌어 낸다. 자극 제시는 명확하고 비교적 느린 속도로, 필요한 경우는 반복하여 들려주는 것이 좋다. 자극을 청각적으로 들려주면서 동시에 그림이나 단어 카드를 보여주거나, 사물을 함께 제시하면 더욱 효과적이다. 청각자극 외의 다중자극 방법의 활용 예로는 뷰클만David Beukelman 교수가 제시한 'written-choice technique'이 있다. 이 기법에서는 치료사가 환자에게 청각자극을 주는 동시에, 치료사가 한 쌍의 읽기자극(예: "어제는 비가 왔던가요, 눈이 왔던가요?")을 제시한다. 환자는 정반응 단어를 가리켜야 한다.

(2) 말하기 치료

불수의적 반하의 수의적 통제치료법Voluntary Control of Involuntary Utterances: VCIU은 자동단어나 문구밖에는 구사하지 못하는 비유창성 실어증 환자에게 활용할 수 있는 치료법이다. 환자에게 단어를 큰 소리로 읽게 하고 그 단어와 일치하는 그림을 찾아내게 하며 점차적으로 읽게 하는 과제의 길이를 증가시킨다.

말하기 치료의 경우에 증세가 심한 경우에는 모음을 이용한 단순한 소리내기부터 시작하여, 모음 자음의 단음절, 자동화 문구(예: 사계절 말하기), 가족 이름대기 등의 간단한 발화 과제를 제시하고, 회복이 진행됨에 따라 발화 과제의 길이를 점차 늘려나간다.

멜로디 억양치료Melodic Intonation Therapy: MIT는 브로카실어증처럼 비유창하나 비교적 청각적 이해력이 유지되는 환자에게 유용하게 사용된다. 이 방법은 언어적 기능을 손상되지 않은 비언어적 기능(예: 음 길이, 음 높이 등)으로 대체하여 이용하는 치료법으로서, 멜로디를 함께 조합하여 노래 형식으로 발화를 유도하면서 점차로 목표 발화의 길이를 늘려 간다.

(3) 이름대기 치료

단어인출치료법word retrieval therapy(Howard et al., 1985)에서는 다음의 단서들을 환자에게 단계적으로 제공하여 치료를 촉진시킨다. 문장 완성sentence completion 단서는, 예컨대 '밤말은 새가 듣고, 낮말은 ○○가 듣는다.'와 같이 문장에 연관된 단어를 넣도록 한다. 연관 단어word association 단서에서는 목표 단어가 '신발'일 때 그와 연관된 단서 단어로서 양말을 제시한다. 의미단서에서는 기능이나 형태 등을 제시하는데, 목표 단어가 '양말'일 때에 의미 범주는 옷, 의미단서의 예는 "발에 신는 거죠?", "두 짝이지요?", "여러 색깔이 있지요?" 등이다. 이름대기에 사용되는 단어를 선택할 때에는 단어의 출현 빈도를 고려하고, 추상적 단어(예: 믿음)보다는 구체적 단어(예: 구름)를 선택하며, 정서와 연결되는 단어(예: '사랑', '예쁘다' 등)가 단어 유발을 촉진한다.

또 다른 이름대기 치료법으로 동작치료법이 있다. 이 치료법은 단어인출에 장애가 있는 경우에 그 단어를 의미하는 동작을 함께 구사하면서 단어를 생각해 내는 데 도움을 주는 것이다. 그런데 단어를 의미하는 동작을 하기가 어려운 경우에는 비상징적인 동작이라도 복잡한 동작을 훈련한다면 도움이 된다고 보고된다. 예컨대, 특정 단어를 말하면서 왼팔을 뻗어서 손을 틀면서 원을 그리는 동작을 한다. 이러한 왼쪽 팔의 복잡한 동작은 우뇌 전두엽이 단어인출에 활용된다고 믿고 있다. 그러나 이러한 동작치료는 심한 사지실행증을 동반한 실어증 환자에게는 활용하기가 힘들므로 사지실행증 치료가 선행되어야 한다.

동사의미역강화중재Verb Network Strengthening Treatment: VNeST는 의미적 치료법 중 하나로서 동사의 의미적 네트워크를 강화하는 동사 이름대기 중재이다. 문장 산출을 위한 단어 찾기능력을 향상시키는 것을 치료 목표로 삼는다. 중재하지 않은 어휘에도 중재효과가 나타나며, 기본적인 이해능력이 있는 환자에게 가장 효과적이나 이해에 어려움이 있는 환자라도 본 치료법을 변형하여 사용할 수 있다. 먼저, 치료사는 환자에게 동사를 제시하고, 치료사와 환자는 제시된 동사를 가지고 문장을 만든다. 문장은 제시된 동사와 연관된 주어와 목적어로 구성해야 한다. 예컨대, '먹다'라는 동사로 "나는 케이크를 먹는다."라는 문장을 만들 수 있다. 문장 내용을 환자의 일상생활에 관련된 것으로 선정한다. 언제, 어디, 왜 등 추가 정보를 포함하여 문장을 확대할 수 있다(예: 생일이기 때문에 케이크를 먹는다).

(4) 읽기 치료

읽기 치료에 앞서, 뇌손상 전의 읽기기능이 어느 정도였는지 파악해야 한다. 읽기 치료는 알아듣기 및 말하기 장애를 보이는 실어증 환자들이 읽기가 어느 정도 가능한 조건에서 읽기 자극카드를 사용하여 도움을 받게 된다. 일측 공간무시증후군 hemispatial neglect의 경우 읽기자극을 잘 보이게 배치해야 한다. 읽기 치료에 활용할 수 있는 기능적 치료 과제로는 신문, 잡지, 달력, 광고 전단지 등을 들 수 있다.

(5) 쓰기 치료

일측마비를 보여 오른손으로 쓰기가 힘들거나 불가능한 경우에는 왼손으로 쓰기 연습을 유도할 수 있다. 쓰기장애에 대한 치료 순서로는, 먼저 도형이나 간단한 사물을 투사tracing하게 하고, 그림자극과 관련 있는 단어를 완성시키는 과제(예: 자동차 그림을 보여 주면서 '자○차'라는 단어를 완성하게 함)를 하게 할 수 있다. 또한 문장 내에서 적합한 단어를 넣어 완성시키는 '문장 완성 과제'나 적합한 단어를 인출하여 쓰게 하는 과제가 있다.

(6) 원격치료

원격치료telepractice란 언어치료 서비스를 제공하기 위하여 정보 및 통신 기술 telecommunications technology을 활용하여 먼 거리에서 이루어지는 치료법을 일컫는다. 주로 입원 환자의 재원 기간을 줄이고, 퇴원 후에는 재활치료를 포함한 지역 사회 서비스를 보장하기 위하여 활용된다. 원격치료의 분야에 따라 여러 가지의 용어로 불리는데, 일반적으로 의료보건 전반적인 경우에는 'telemedicine' 또는 'telehealth',

재활 분야에 국한되면 'telerehabilitation'을 사용한다, ASHA에서는 원격언어치료를 'telepractice'라는 용어로 사용할 것을 권고하는데(ASHA, https://www.asha.org/practice-portal/professional-issues/telepractice/), 원격치료 서비스가 의료 환경에서만 사용된다는 오해를 피하기 위함이다. 그 밖에도 언어청각치료의 각 분야에 따라 'tele-dysphagia', 'teleaudiology', 'tele-AAC', 'telespeech' 등이 있다. 원격치료는 크게 '동기식synchronous'과 '비동기식asynchronous'으로 나뉘는데, 동기식은 동시간에 치료사와 환자가 서로 상호작용을 통해 대화로 행해지는 치료법으로서 영상 화면, (유무선) 전화 등을 통해 치료, 모니터링, 점검 등을 한다. 동기식은 일반적인 대면치료와 유사한 경험을 제공한다. 비동기식은 환자가 개별적으로 훈련을 하고, 추후에 그 자료에 대한 분석, 해석 등을 하기 위하여 자료가 클라우드에 저장되기도 하며, 이메일, SMS 등을 통해 전송될 수 있다. 환자의 개별 훈련은 모바일헬스 앱을 통하여 이루어지기도 한다. 원격치료를 통하여 행해지는 활동은 '자문', '평가', '중재' 등 다양하다. 원격치료의 장점으로는 가정기반의 치료를 통해 치료 효과를 일상 생활 속에 일반화할 수 있고, 이를 촉진시키는 데 용의하다는 점이다.

실어증 치료에 있어서 원격치료의 효과성은 대면치료에 견주어 볼 때 거의 동등한 결과가 보고된다. 원격치료를 통해 '청각적 이해력', '이름대기', '언어 지수' 등의 향상이 관찰되었고, 치료 강도 및 빈도를 그대로 유지한 채, 서비스에 대한 접근을 용이하게 하고 치료를 계속할 수 있는 잠재적 이점을 가지고 있다.

8) 실어증 치료 계획서

평가 후에는 언어치료의 방향과 목적을 설정하기 위하여 환자의 배경 정보 확인, 기초선 확립, 장기 및 단기 목표 계획 설정과 같은 사항이 포함된 치료 계획서를 작성하여야 한다(〈표 4-16〉 참조).

(1) 환자 배경

① 개인 배경 정보

계획서에 넣어야 할 필수사항으로는, 먼저 평가서에 기록하였던 환자의 개인 배

표 4-16 실어증 치료 계획서에 포함되어야 할 사항

번호	항목명	구체적 사항
1.	환자 배경	① 성별, 나이, 손잡이, 학력, 직업, 가족의 협조, 발병 전 언어 구사력 등의 기본 정보 ② 발병 일시 및 원인 질환, 진전, 동반 장애(예: 마비말장애)에 대한 묘사
2.	치료 기초선 확립	① 평가 방법 ② 검사 결과에 대한 정보(예: 원점수, 구체적 언어 증세) ③ 실어증 유형
3.	예후	① 환자의 기본 정보 및 검사 결과에 근거한 치료사의 판단
4.	치료의 장기 목표	① 목표의 정확성 ② 목표의 현실성 ③ 치료 횟수
5.	치료법	① 장기 목표와의 부합성 ② 각 회기별 치료 계획 • 활동, 맥락, 목표 반응 • 치료 도구 • 자극 종류 및 내용 • 자극 제시 방법 • 반응 자료 수집 방법 • 치료사의 단서와 강화 • 목표 성공률 • 숙제 • 치료 진전 측정 • 각 치료법의 이론적 근거 ③ 어떤 근거하에 치료법을 쓰고자 하는지에 대한 설명 ④ 각 치료법에 해당하는 '목표 성공률(회기마다 치료사가 기대하는 성공률)'에 대한 묘사 ⑤ 치료 진전 측정(예: 치료 효과를 언제, 어떻게 측정할 것인지)
6.	치료 종료 계획	① 치료 종료 시점 ② 향후 사후 관리

경 정보로 시작된다. 여기에는 성명, 연령, 성별, 손잡이, 교육 수준, 직업, 언어 구사력, 취미, 가족관계 및 가족 협조, 환자의 동기 의식 정도 등을 포함한다.

② 의학적 배경 정보

의학적 배경 역시 평가서에 기록되었던 사항들을 간략하게 정리하여 위험인자risk factor, 발병 일시, 원인 질환, 경과사항, 신체적 및 정신적 동반 장애들을 기입한다.

(2) 치료 기초선 확립

실시된 초기 평가 결과에 준하여 치료 기초선을 확립한다. 기초선을 확립할 때에는 다음의 사항들을 고려한다. 발병 후 경과일수가 짧은 급성기 환자의 경우에는 급속도로 좋아지면서 기초선 확립이 어렵다. 이때에는 언어기능이 변화하는 것을 면밀히 관찰하여 변화 정도와 방향을 기록한다. 아급성기나 만성기 환자의 경우에는 비교적 기초선 확립이 수월하다. 일상 임상 상황에서는 다중 기초선 정립은 힘들다. 환자가 보이는 주요한 언어 문제는 무엇이며, 강점과 약점은 무엇이고, 의사소통을 방해하는 요소는 무엇인지를 확인해야 한다.

초기 평가는 표준화된 공식 검사를 통하였는지 혹은 비공식적 검사를 통하였는지에 따라, 그리고 어떤 점수 체계를 활용하는 공식 검사를 사용했는지에 따라 치료 시작 후에 치료 효과의 검증 정도나 방법이 달라진다. 예컨대, 비공식 검사의 경우에는 치료 전과 후의 평가 문항을 동일하게 유지하지 않는다면 검증의 신뢰성을 증명할 수 없다. 점수 체계는 정-오답 이원화 체계보다는 다중 점수 체계가 치료 효과 검증에 효율적이다.

(3) 예후

치료사는 환자의 기본 정보 및 검사 결과에 근거하여 환자의 예후를 판단한다.

(4) 치료의 장기 목표

장기 목표는 기능적 목표를 중심으로 중재할 문제점들을 위계적으로 순서화한다. 치료 전후의 변화에 대한 문서화, 기능적 목표에 관련된 경과의 문서화가 필요하다. 무엇보다도 환자의 변인에 따라 다양한 치료법을 적시에 적용하는 목표를 세우는 것이 필요하다. 치료 목표는, 첫째, 자연회복 과정을 활발하게 하기 위한 충분하고 체계적인 '자극'을 줄 수 있도록 한다. 둘째, 손상 후 남아 있는 정상적 언어기능을 극대화시키고 촉진하며, 부적합한 언어행동을 억제하도록 한다. 셋째, 실어증 정도가 아주 심하거나 치료의 효과가 거의 관찰되지 않는 경우, 중증도와 상관없이 의사소통의 효율성을 증대시키고자 하는 경우에는 보완$_{\text{compensation}}$의 개념하에 기능적 의사소통에 목표를 둘 수 있다. 이때 치료보다는 중재의 개념으로 포괄적으로 접근하는 것이 바람직하다. 장기 목표를 설정함에 있어서 이론적 근거$_{\text{rationale}}$를 확립해야 하며, 현실적인 목표를 정확하게 수립하여 치료 회기, 치료 기간, 총 치료 회기 등을 정한다. 이때 치료 전후의 변화에 대한 문서화$_{\text{documentation}}$는 치료 전과 치료 후를 비교하여 어떻게 진행할 것인지를 확인한다.

(5) 치료법

① 장기 목표와의 부합성

치료법은 장기 목표와 부합되도록 선택해야 한다. 이때 특정 치료법을 계속해서 사용하는 것에 대한 타당한 이유를 찾아야 한다. 또한 환자의 직업, 지적 수준, 문해능력 등에 따라 목표점을 달리하여 중재 프로그램이 고안되어야 한다. 이를 사회적 · 직업적 요구라 한다. 환자 개개인의 특정적이고 의미 있는 결과를 목표행동으로 선택하여 환자의 삶의 질을 향상시키고자 한다. 집중적인 치료 계획이 바람직하나 환자의 상황에 따라 증상에 맞게 과제 변화를 주는 것도 필요하다.

② 각 회기별 치료 계획

치료 목표를 선택하고, 치료법과 치료 내용을 자세히 기술하고 각 치료 내용에 대한 시간 배율과 제시 순서를 어떻게 할 것인지를 명시한다.

활동 · 맥락 · 목표 반응 이전 회기 때에 훈련된 치료 내용을 짧게 복습할 수 있다. 구체적 활동과 활동이 이루어지는 맥락, 목표 반응에 대해 자세히 계획한다. 구체적 목표를 정립하는 데 필수적인 세 가지 요소는 행동$_{\text{action}}$, 조건$_{\text{condition}}$, 기준$_{\text{criterion}}$이다. 이 세 가지 요소를 모두 넣어 구체적 목표의 문장을 구성한다.

행동이란 "환자는……"에 이어서 목표에 따라 "따라 말할 수 있다.", "쓸 수 있다.", "셀 수 있다.", "소리를 낼 수 있다.", "물어볼 수 있다." 등을 붙인다. 그런데 환자의 행동은 관찰이 가능하게 묘사해야 되므로 "배운다."나 "기억한다." 등의 추상적인 표현은 삼간다.

조건은 다음 중 하나 이상의 요소로 구성된다. "언제, 어디서, 누구와, 어떤 자극과 단서를 사용하여 어떻게 한다."를 의미한다. 예컨대, "치료사의 모델링 후에 ~을 할 수 있다."라고 표현할 수 있다.

기준의 경우에는 %를 활용하여 90%의 정확도를 목표로 한다든지, 제시된 10개의 단어자극 중에 8개를 목표로 한다든지, 오류율 감소를 목표로 하여 세 번의 연이은 회기 동안 네 번 이하의 오류를 보이는 것을 목표로 삼을 수 있다.

치료도구 각 치료에 어떤 치료도구가 활용되는지를 기록한다.

자극 종류 및 내용 자극 제시는 쉬운 것부터 어려운 것으로, 그리고 또다시 쉬운 것으로 이동한다. 흉내 내기나 따라말하기 등의 자동적 반응을 이끌어 내는 자극에서부터 자발적 반응까지를 활용한다.

자극 제시 방법 각 자극 제시 후에 언제 자극을 치울 것인지, 반응이 관찰될 때까지 충분한 반응시간을 줄 것인지 어느 정도 기다릴 것인지, 최대 수의 반응을 이끌어 낼 수 있는 자극 제시법을 고안한다. 초기에는 모델링을 활용하고, 자극을 점진적으로 사양$_{\text{fading}}$시키기도 한다. 그런데 자극을 서둘러 반복하여 제시한다든지, 재차 말 표현만을 바꾸어 한 말을 또 하는 것은 삼간다. 될 수 있는 대로 자연스럽고 기능적인 맥락에서 자극이 제시되는 것이 바람직하다.

반응 자료 수집 방법 반응 기록을 얼마나 자주 할 것인지를 명시한다. 데이터 시트를 활용하거나 토큰을 쓴다. 점수 체계는 다중 점수 체계의 경우에는 자발적 정반응, 단서, 자가수정 등에는 차등적 점수를 부여한다. 또한 시간 변인을 고려하여 지연 반응 등에도 점수를 달리한다. 될 수 있는 대로 모든 자극에 대한 반응을 기록하도록 한다.

치료사의 단서와 강화 부가적인 자극을 단서로서 줄 것인지, 단서를 제시한다면 자극의 첫 제시 후에 얼마의 시간을 기다려야 할지, 다중 양식의 단서를 제공할 것인지 등을 결정한다. 강화reinforcement의 경우에는 긍정적 강화를 줄 것인지 혹은 부정적 강화를 제공할 것인지를 결정한다. 긍정적 강화로는 미소를 지어 준다든지, 말로 칭찬을 한다든지, 토큰을 제공하는 것 등이 가능하다. 부정적 강화에는 구어적 지적이나 침묵 등이 포함된다.

목표 성공률 목표 성공률은 회기마다 치료사가 기대하는 성공률이다. 이는 목표행동의 최소 80%의 정확도 유지, 10번 중에 8번 성공, 3회기 동안 세 번 이하의 오류, 30초 동안 계속적인 반응 유지 등으로 명시할 수 있다. 오반응의 빈도는 될 수 있는 대로 줄이는 것이 바람직한데, 이는 오반응의 토착화를 방지하기 위함이다. 이를 위하여 오반응에 대한 즉각적인 피드백을 제공해야 한다. 치료 목표의 선정은 치료사의 임상적 판단에 의존한다.

숙제 현실적으로 가능한 양을 주고, 정형화된 기록지를 나누어 준다. 환자가 가정 환경 등의 일반적 환경에서 의사소통 체계가 어느 정도 성공적으로 이루어지는지를 주기적으로 점검할 수 있다.

치료 진전 측정 치료 효과를 언제 측정할 것인가(When), 얼마나 자주 측정할 것인가(How ofter), 어떻게 측정할 것인가(How) 어디에서 측정할 것인가(Where), 누구와 있을 때 측정할 것인가(With whom), 무엇을 측정할 것인가(What) 등을 기록한다.

각 치료법의 이론적 근거 앞서 제시된 실어증 치료 모델에 준하여 치료법이 사용되는 이론적 근거를 제시해야 한다.

(6) 치료 종료 계획

치료 종료 계획에 치료 종료의 시기 및 사유를 기록한다. 그런데 치료를 언제 종료하며 왜 종료하게 될 것인지 등에 대한 명확한 규칙은 없다. 환자에게 기대할 수 있는 기능적인 의사소통능력에 도달한 시점에 치료를 종료하는 것이 일반적이며, 더 이상 치료 효과를 기대하지 않는 시점이라는 것이 확인된다면 이것이 통상적으로 치료 종료의 사유가 될 수 있다. 특히 치료 전에 예상했던 회복 기간을 훨씬 넘긴 후에도 치료 효과가 전혀 관찰되지 않는다면 이 상황이 치료 종료의 이유로서 충분하다.

그런데 종료 시점에서 치료사는 환자가 치료받은 것이 치료실 밖에서 어떻게 일반화가 이루어질 수 있는지를 고민해야 하는데, 이러한 일반화가 어떤 공간(예: 가정, 사무실, 병원)에서 이루어지고, 어떤 의사소통 대상자(예: 아내, 딸, 동료)와 얼마만큼 이루어지는지 확인해야 한다.

이러한 일반화에 대한 추적$_{\text{follow-up}}$은 치료 종료 후 계획을 수립하여 다음의 상황에서 가능하다. 먼저, 필요할 때마다 비정기적으로 환자가 전화 상담을 요청할 수 있고, 치료사는 이에 응할 수 있다. 또한 정기적(예: 외래 진료 시)이나 비정기적으로 환자와 직접 대면을 하여 확인할 수 있다. 정기적인 대면 추적은 치료 종료 후 1개월, 2개월 또는 3개월에 걸쳐 이루어지는 것이 바람직하다. 만일 환자의 거주지가 의료기관과 멀리 떨어져 있는 경우에는 거주지 근처의 언어치료사와 연락하여 추적 조사할 수 있다. 그 밖에도 보호자 교육을 통하여 보호자가 환자의 상황을 면밀히 관찰하여, 필요시 그에 대한 대응을 민첩하게 할 수 있게 한다.

참고문헌

김향희 · 나덕렬(1997). 한국판 보스톤 이름대기 검사(K-BNT). 서울: 학지사.

김향희 · 나덕렬(2007). 아동용 한국판 보스톤 이름대기 검사(K-BNT-C). 서울: 학지사.

김향희 · 나덕렬(2012). 파라다이스 웨스턴 실어증 검사-개정판(PK-WAB-R). 서울: 파라다이스복지재단.

김향희 · 허지회 · 김덕용 · 김정완(2009). 실어증 신경언어장애 선별검사(STAND). 서울: 학지사.

박혜숙(2006). 한국 실어증 감별진단 검사(KTDDA). 서울: 연세대학교 출판부.

편성범(2008). 한국판 프렌체이 실어증 선별검사(K-FAST). 서울: 도서출판 한미의학.

Ball MJ, Damico JS (2007). *Clinical aphasiology*. New York: Psychology Press.

Basso A (2003). *Aphasia and its therapy*. New York: Oxford University Press.

Boles L (2009). *Aphasia Couples Therapy(ACT) workbook*. San Diego: Plural Publishing Inc.

Brookshire RH (2007). *Introduction to neurogenic communication disorders*(7th ed.). St. Louis: Mosby.

Cherney L (2010). Update in Aphasia Treatment. Workshop materials.

Heilman KM, Watson RT, Rothi LJG (2006). Disorders of skilled movements: Limb apraxia. In MJ Farah & TE Feinberg(eds.). *Patient-based approaches to cognitive neuroscience*(pp. 341-348). Cambridge: MIT Press.

Howard D, Hatfield FM (1987). *Aphasia therapy: Historical and contemporary issues*. East Sussex, UK: Lawrence Erlbaum Associates Ltd.

Kagan A, Black SE, Dunchan FJ, Simmons-Mackie N, Square P (2001). Training volunteers as conversation partners using "Supported Conversation for Adults with Aphasia" (SCA): A controlled trial. *Journal of Speech-Language-Hearing Research, 44*(3): 624-638.

Kagan A, Winckel J, Black SE, Dunchan FJ, Simmons-Mackie N, Square P (2004). A set of observational measures for rating support and participation in conversation between adults with aphasia and their conversation partners. *Topic in Stroke Rehabilitation, 11*(1): 67-83.

Lazar RM, Antoniello D (2008) Variability in recovery from aphasia. *Current Neurology and Neuroscience Reports, 8:* 497-502.

Luisa C, Pawel K, Martina G, Francesca B, Sara F, Andrea T, Michela A (2021).

Telerehabilitation for people with aphasia: A systematic review and meta-analysis. *Journal of Communication Disorders, 92:* 106111.

Peach RK. Models and methods in aphasia rehabilitation. Presented at 2005 ASHA, San Diego, CA.

Pedersen PM, Vinter K, Olsen TS (2004). Aphasia after stroke: Type, severity and prognosis. The Copenhagen aphasia study. *Cerebrovascular Disease, 17*(1): 35-43.

Raymer AM, Singletary F, Rodriguez A, Ciampitti M, Heilman KM, Rothi LJG (2006). Gesture training effects for noun and verb retrieval in aphasia. *Journal of the International Neurpsychological Society, 12:* 867-882.

Richards K, Sungletary F, Rothi LJG, Koehler S, Crosson B (2002). Activation of international mechanisms through utilization of nonsymbolic movements in aphasia rehabilitation. *Journal of Rehabilitation Research & Development.* 445-454.

Scheull, H, Jenkins, J, Jimenez-Pabon, E (1964) *Aphasia in adults.* New York: Hoeber Medical Division, Harper & Row Pub.

Seniow J, Litwin M, Litwin T, Lesniak M, Czlonkowska A (2009). New approach to the rehabilitation of post-stroke focal cognitive syndrome: Effect of levodopa combined with speech and language therapy on functional recovery from aphasia. *Journal of the Neurological Sciences, 283:* 214-218.

Spreen O, Risser AH (2003). *Assessment of aphasia.* New York: Oxford University Press.

Tesak J, Code C (2008). *Milestones in the history of aphasia: Theories and protagonists.* East Sussex, UK: Psychology Press.

복습문제

1. 실어증에 대해 옳게 묘사해 놓은 것을 모두 고른다면?
   (1) 병이 아니라 증세이다.
   (2) 감각장애 때문에 생긴다.
   (3) 언어수행장애로 생각된다.
   (4) 실어증의 중증도는 인지능력과 대체적으로 비례한다.
   (5) 언어습득 시기가 지난 후 신경계 손상에 기인한 언어장애이다.
   (6) 듣기, 말하기, 읽기, 쓰기 등의 여러 언어영역에 걸친 증세이다.
   (7) 단기기억장애로 인하여 따라말하기를 못하는 경우가 실어증이다.
   (8) 운동장애로 인하여 지시사항에 대한 행동이 느려진 경우가 실어증이다.

2. 실어증이 '언어능력의 손실'이 아닌 '언어수행의 감퇴'라는 이론을 제대로 뒷받침하지 못하는 항목을 고른다면?
   (1) 실어증 증세는 변화한다.
   (2) 실어증은 일시적일 수 있다.
   (3) 실어증 환자들은 어느 정도의 이름대기 장애를 가지고 있다.
   (4) 이름대기 장애 시에 첫 음절단서를 주면 쉽게 이름을 생각해 낸다.

3. 다음 실어증 원인 중 자기공명혈관조영(MRA)으로 진단하는 것이 가장 효과적인 질환을 고른다면?
   (1) 혈종　　(2) 뇌내 출혈
   (3) 동정맥기형　　(4) 지주막하 출혈

4. 실어증 신경언어장애 선별검사(STAND)로 가능한 평가의 목적을 모두 고른다면?
   (1) 감별진단　　(2) 손상 부위 판단
   (3) 장애 정도 판단　　(4) 실어증 유무 판단
   (5) 실어증의 미세한 치료 효과 측정　　(6) 의사소통의 전반적인 기능성 판단

5. 표준화된 실어증 평가도구가 비공식적 검사와 구별될 수 있는 두 가지 요건을 쓰시오.

6. 다중 점수 체계를 활용하는 실어증 심화 검사도구를 고르시오.

(1) Revised Token Test(RTT)

(2) Western Aphasia Battery(WAB)

(3) Porch Index of Communicative Abilities(PICA)

(4) Boston Diagnostic Aphasia Examination(BDAE)

(5) Minnesota Test for Differential Diagnosis of Aphasia(MTDDA)

7. 1~15점 혹은 1~16점의 다중 점수 체계를 정-오반응(0~1점) 체계로 바꿀 경우, 정반응 범주에 속할 가능성이 높은 반응 세 가지를 고른다면?

(1) 무반응 (2) 지연 반응

(3) 불명료 반응 (4) 자가수정 반응

(5) 단서 제시 후 반응

8. 웨스턴 실어증 검사에 대한 질문에 모두 답하시오.

(1) '스스로 말하기' 하위 검사에서 측정/평가하고자 하는 두 가지 언어적 요소는?

(2) 이름대기의 네 하위 검사 중 뇌손상 부위를 어느 정도 예측할 수 있는 두 검사는?

(3) 실어증 유형을 확인하기 위해서 실시해야 하는 세 가지 하위 검사는?

(4) 세 가지의 지수(quotient)를 적고, 그중 가장 짧은 시간 내에 산출해 낼 수 있는 지수에 동그라미 치시오.

9. 실어증 발화의 유창성을 판단하는 데 감안될 요소를 적어도 세 가지 적으시오.

10. 유창성 실어증에 속하지 않는 것을 모두 고른다면?

(1) 명칭실어증 (2) 브로카실어증

(3) 베르니케실어증 (4) 연결피질감각실어증

(5) 혼합연결피질실어증 (6) 연결피질운동실어증

11. 명칭실어증(anomic aphasia)과 명칭실증(anomia)을 구별하여 설명하시오.

12. 환자에게 '따라말하기' 과제를 시켰더니 수행력이 현저하게 떨어졌다. 이때 이 문제가 단기기억장애에 기인하는지 혹은 언어장애인지를 어떤 방법으로 알아낼 수 있을까?

13. 웨스턴 실어증 검사에서 제시된 실어증 유형 분류표에 의하여 한 가지 언어 하위 검사의 수행력이 대조적으로 관찰되는 실어증 유형으로 알맞게 짝지어진 것을 모두 고른다면?

(1) 명칭실어증 – 전반실어증

(2) 베르니케실어증 – 브로카실어증

(3) 전도실어증 – 혼합연결피질실어증

(4) 브로카실어증 – 연결피질감각실어증

(5) 베르니케실어증 – 연결피질운동실어증

(6) 연결피질운동실어증 – 연결피질감각실어증

14. 여러 실어증 유형에 대한 설명으로 옳은 것에 ○, 틀린 것에 × 표시를 하시오.

(1) 베르니케실어증은 유창성 실어증의 일종이나 과유창은 관찰되지 않는다. ( )

(2) 대부분의 브로카실어증에서 탈문법증 및 전보문이 관찰된다. ( )

(3) 베르니케실어증 환자는 일측마비가 동반되지 않으므로 '정신 질환'으로 오인되기도 한다. ( )

(4) 혼합연결피질실어증은 상대적으로 말하기나 알아듣기에 비하여 따라말하기 능력이 좋은 편이다. ( )

(5) 착어 등의 전도실어증의 말 특색은 쓰기에서 착서의 형태로 나타난다. ( )

15. 증세가 완화되면서 실어증 유형이 변화할 수 있는 순서로 알맞게 제시된 것을 고른다면?

(1) 전반실어증 → 베르니케실어증 → 연결피질감각실어증 → 혼합연결피질실어증

(2) 베르니케실어증 → 혼합연결피질실어증 → 연결피질감각실어증 → 명칭실어증

(3) 베르니케실어증 → 연결피질감각실어증 → 혼합연결피질실어증 → 명칭실어증

(4) 혼합연결피질실어증 → 베르니케실어증 → 전도실어증 → 명칭실어증

(5) 브로카실어증 → 연결피질운동실어증 → 명칭실어증 → 전도실어증

(6) 전반실어증 → 베르니케실어증 → 전도실어증 → 명칭실어증

16. 실어증 유형과 손상 부위가 알맞게 짝지어진 것을 모두 고른다면?

(1) 베르니케실어증 – 상부 측두엽의 후반 1/3 영역, 두정엽

(2) 전도실어증 – 활모양섬유다발

(3) 명칭실어증 – 하부 측두소엽

(4) 피질하 실어증 – 두정엽

17. 피질하 실어증에 대한 설명으로 옳은 것을 모두 고른다면?

(1) 발성 부전이 관찰될 수도 있다.

(2) 연결피질실어증이 가장 흔하다.

(3) 따라말하기 수행력이 가장 떨어진다.

(4) 피질하의 언어중추 손상이 원인이다.

18. 다음의 언어 증세를 보이는 실어증 유형(들)을 짝지으시오.

(1) 전보문:

(2) 빈번한 착어/자가수정 및 음소착서:

(3) 탈문법증 및 신조어:

(4) 반향어:

(5) 실율증:

(6) 자곤:

가. 명칭실어증	나. 전도실어증	다. 베르니케실어증
라. 혼합연결피질실어증	마. 브로카실어증	바. 연결피질감각실어증
사. 연결피질운동실어증	아. 전반실어증	

19. B-MRI 사진 (1)~(4)에서 화살표가 가리키는 뇌구조를 쓰고, 손상 시에 관찰될 수 있는 대표적인 실어증 유형(들)을 고른다면?

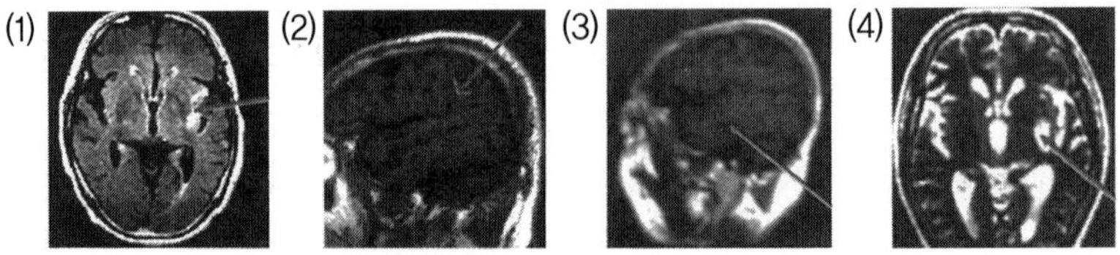

가. 명칭실어증	나. 전도실어증	다. 베르니케실어증
라. 혼합연결피질실어증	마. 브로카실어증	바. 연결피질감각실어증
사. 연결피질운동실어증	아. 전반실어증	

20. 착어에 대한 설명으로 옳게 묘사한 것을 모두 고른다면?

(1) 의미착어의 예로는 '장화' 그림을 보고 '운동화'라고 하는 경우이다.

(2) 음소착어는 음소의 생략, 교차 등을 일컬으며 대치는 제외된다.

(3) 자가수정은 음소착어에서보다 의미착어에서 더 많이 관찰된다.

(4) 착어는 전도실어증 환자들에게는 잘 관찰되지 않는 현상이다.

(5) 신조어도 착어의 한 종류로 취급하기도 한다.

(6) 형식착어의 결과물은 비단어이다.

21. 실어증 평가서의 '환자 정보' 칸에 기록되는 약자와 그 뜻으로 알맞게 짝지어지지 않은 것은?

(1) d/t = due to

(2) W/U = work-up

(3) f/u = further-up

(4) OPD = outpatient-based

22. 실어증의 '자연회복'에 대한 일반적인 설명으로 옳지 않은 것은?

(1) 발병 후 6개월까지 가장 왕성하게 일어난다.

(2) 발병 후 1년이 지나면 자연회복이 거의 힘들다.

(3) 자연회복이 되면서 실어증 유형이 달라질 수 있다.

(4) 자연회복 시에 이루어지는 언어치료는 더욱 효과적이다.

(5) 실어증 중증도에 따라 자연회복의 속도는 달라질 수 있다.

23. 실어증 회복 이론에서 '어느 뇌영역이든 새로운 기능을 획득할 수 있다'는 전제하에 발생할 수 있는 회복 이론을 무엇이라 칭하는가?

24. 실어증 치료의 자극 촉진 모델에 관한 설명으로 옳지 않은 것은?

(1) 자극 요소보다는 반응의 조절에 힘쓴다.

(2) 언어 체계의 효율성을 활성화시키는 데 중점을 둔다.

(3) 힐드레드 슈얼에 의해 주창된 '자극접근법'에 근거한다.

(4) 청각적 처리의 수행력을 최대한으로 증진시키고자 한다.

25. 뇌반구 내/뇌반구 간 재조직 이론에 대하여 지금까지 밝혀진 연구 결과가 아닌 것은?

(1) 우성반구의 손상 부위가 비교적 큰 경우에는 뇌반구 간 재조직이 일어난다.

(2) 손상 후에도 우성반구에서 뇌활성화가 이루어져야 언어회복의 예후가 좋다.

(3) 우성반구의 손상 부위가 비교적 작은 경우에는 기능적 재조직이 뇌반구 내에서 일어난다.

(4) 언어발달이 끝나기 전에 우성반구의 광범위한 뇌손상을 입더라도 언어중추는 그대로 우성반구에서 관찰된다.

26. 뇌 가소성 기제 중 뇌반구 내 재조직 이론에 따르면 손상되지 않은 뇌반구가 손상된 뇌반구의 예전 기능에 대한 어떤 역할을 한다고 주장하는가?

(1) 기능적(functional) 역할

(2) 대체적(alternative) 역할

(3) 재생적(regenerative) 역할

(4) 보완적(compensatory) 역할

27. 뇌손상으로 인해 괴사된 뇌영역으로부터 기능적으로 분리되어 불완전 손상을 입은 뇌영역을 무엇이라 일컫는가?

28. 다음의 실어증 치료 방법은 어떤 방법을 설명해 놓은 것인가?

- 음의 높낮이를 이용한다.
- 비유창한 환자에게 쓰여진다.
- 청각적 이해력이 비교적 좋은 실어증 환자에게 쓰여진다.
- 반구 간 재조직 치료 원리에 근거를 둔 대표적인 치료 방법이다.

(1) Visual Action Therapy(VAT)

(2) Melodic Intonation Therapy(MIT)

(3) Helm Elicited Program for Syntax Stimulation(HELPSS)

(4) Promoting Aphasics' Communicative Effectiveness(PACE)

29. 비유창성 실어증 환자에게 주로 적용할 수 있으며 파킨슨병 환자에게도 치료약으로 쓰이는 신경전달물질의 예를 드시오.

30. 회기별 치료 계획에 포함시키는 것이 바람직한 항목을 모두 고른다면?
(1) 예후 정보
(2) 자극 제시 방법
(3) 반응 자료 수집 방법
(4) 치료법/내용 시간 배율
(5) 단서 및 강화 제시 방법

31. 실어증 원격치료에 대한 서술로서 옳은 것은?
(1) 대면치료에 비하여 일반화가 쉽다
(2) 원격치료에 대한 연구 논문의 수가 풍부하다
(3) 대면치료에 비하여 상대적으로 치료 효과성이 많이 떨어진다
(4) 동기식은 환자가 개별적으로 훈련을 하고, 추후에 훈련 자료가 전송된다
(5) 비동기식은 치료사와 환자가 서로 실시간 상호작용을 통해 대화로 행해지는 치료법이다

정답

1. (1) (3) (5) (6)
2. (3)
3. (3)
4. (1) (2) (3) (4)
5. 타당도와 신뢰도
6. (1)
7. (2) (4) (5)
8. (1) 내용 전달, 유창성 (2) 대면이름대기 검사, 생성이름대기 검사
   (3) 스스로 말하기, 청각적 이해력, 따라말하기 (4) 언어 지수, 피질 지수
9. 운율, 발화 속도, 휴지, 조음 민첩성, 발화당 음절수, 문법적 복잡성 등에서 선택
10. (2) (5) (6)
11. 명칭실어증은 실어증의 한 유형인 반면, 명칭실증은 실어증 환자가 보이는 단어인출장애로서 모든 실어증 유형에서 관찰되는 실어증의 한 증세임
12. 레이복합도형에 대한 즉각회상 그리기나 동작 따라 하기 등과 같은 비구어(nonverbal) 기억 검사를 시켜보고 수행력이 좋으면 언어장애로, 수행력이 떨어지면 기억장애나 언어장애를 의심해 볼 수 있음
13. (1) (3) (4) (5)
14. (1) × (2) × (3) ○ (4) ○ (5) ○
15. (6)
16. (1) (2) (3) *피질하실어증– 피질하회백질, 백질연결로
17. (1) (2)
18. (1) 마 (2) 나 (3) 다 (4) 라 바 (5) 마 (6) 다 아
19. (1) 뇌섬–나 (2) 활모양섬유다발–나 (3) 하측두소엽–가 (4) 기저핵–사
20. (1) (5)
21. (3) *follow–up임
22. (2)
23. 반구 내 혹은 반구 간 재조직 현상
24. (1)
25. (4)
26. (4)
27. 반음영영역
28. (2)
29. 도파민
30. (2) (3) (4) (5)
31. (1)

제 5 장

실독증과 실서증

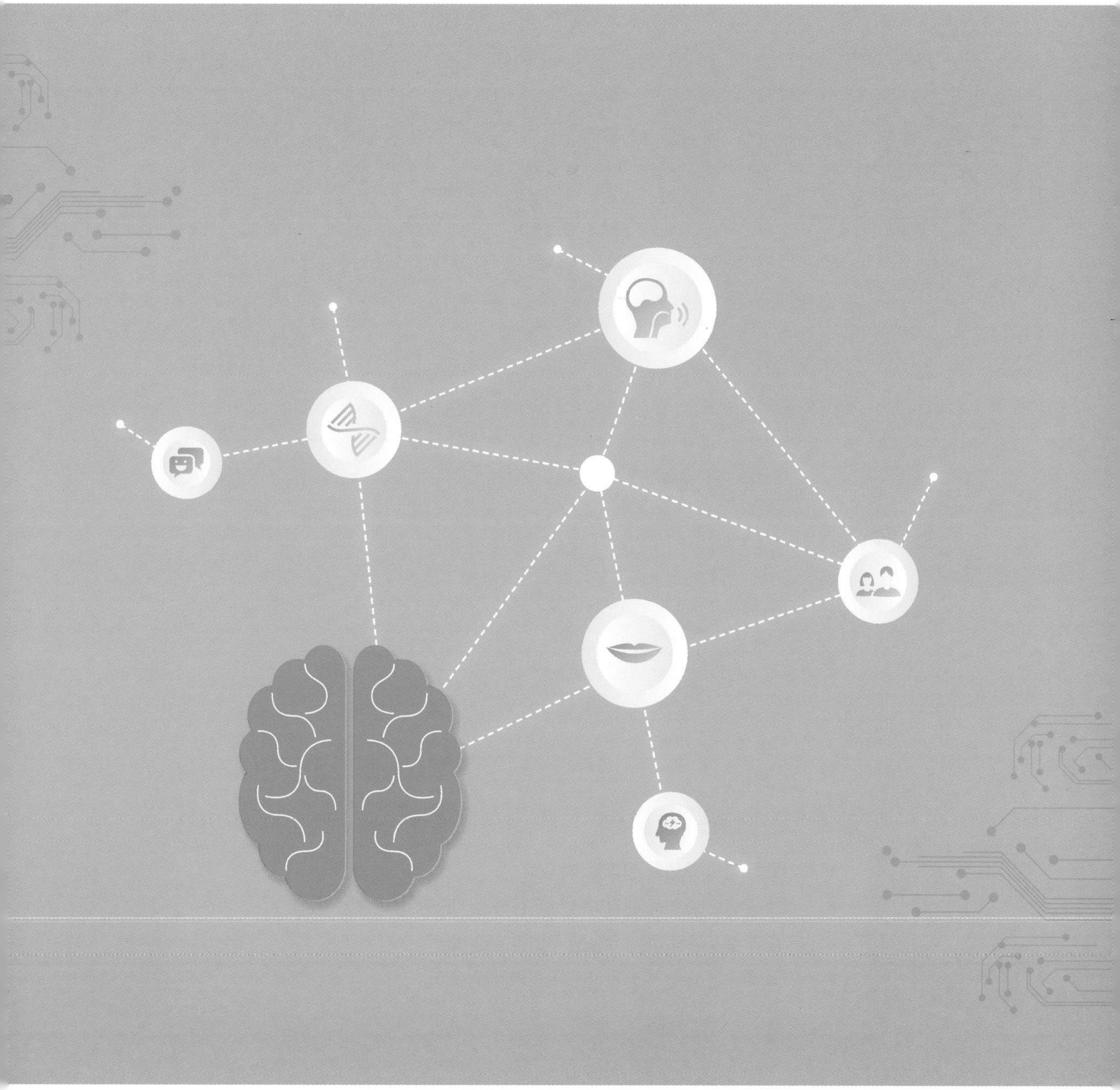

학습목표

- 쓰기와 읽기의 모델을 설명할 수 있다.
- 신경계 손상으로 인해 관찰되는 실독증과 실서증을 정의할 수 있다.
- 실독증과 실서증의 하위 유형을 구별할 수 있다.
- 쓰기와 읽기를 어떻게 평가하는지 설명할 수 있다.

글자를 읽을 때에 관찰되는 문제와 글자를 쓰는 데 관찰되는 증세를 각각 실독증alexia, 실서증agraphia이라 한다. 그런데 용어 사용에 있어서 'alexia'와 'agraphia'는 성인기에 뇌손상 등으로 인하여 후천적으로 발생한 읽기-쓰기 장애를, 'dyslexia'와 'dysgraphia'는 주로 아동기 발달 연령에 적절한 읽기-쓰기 기술을 습득하지 못한 발달성 읽기 쓰기 문제로 분류하기도 한다.

실독증이나 실서증은 신경계가 손상되면서 생길 수 있는 실어증과 같은 신경언어장애와 동반되어 나타나기도 하고, 독립적으로 관찰될 수 있다. 이 장에서는 신경학적 질환으로 인하여 유발될 수 있는 실독증과 실서증에 대하여 알아보기로 한다. 장애에 대하여 공부하기 앞서, 문자언어와 처리 과정, 읽기, 쓰기 등에 대한 개요를 먼저 살펴보자.

1. 문자언어와 처리 과정

읽기와 쓰기는 문자언어writtern language를 매개체로 하는 언어 활동이다. 말하기나 듣기 등의 구두언어spoken language활동과 더불어 의사소통의 주요 수단이다. 읽기와 쓰기 과정이 어떻게 진행 혹은 처리되는지에 대한 이론을 설명할 때에는 (비)단어 수준에서의 정보 처리information processing 과정을 여러 단계로 설명하는 것이 일반적이다. 예컨대, '시계'라는 단어를 읽어야 한다고 해 보자. 이때 글자자극을 시각적 정보로서 받아들이는 것이 정보 처리의 첫 단계이다. 다음으로는, 시계가 '시각이나 시간을 알려 주거나 시간을 측정하는 도구 혹은 기계'라는 개념으로 이해하는 의미 처리 단계를 거친다. 그리고 '시계'라는 단어의 여러 자소grapheme를 발음과 연결하는 음운 처리 단계 등을 거친다. 한편, 글자자극은 이처럼 단어word일 수도 있고 비단어non-word일 수도 있다. 단어, 혹은 비단어인지 여부는 자극어가 가질 수 있는 여러 요소 중 하나에 해당한다. 문자언어 처리의 대상에 대하여 좀 더 알아보자.

1) 문자언어 처리의 대상

문자언어 처리에 대한 장애를 보이는 이들을 평가하고자 할 때에 사용되는 단어 수준의 자극어는 〈표 5-1〉에서와 같이 다면적$_{\text{multi-dimensional}}$ 성격을 띤다. 먼저, 어휘성$_{\text{lexicality}}$은 주어진 자극이 단어 혹은 비단어 여부를 뜻한다. 예컨대, '컵'은 단어이나 '콥'은 의미가 없는 비단어이다. 규칙성$_{\text{regularity}}$은 글자(즉, 자소)와 소리(즉, 음소)가 일치하는 정도를 의미한다. 예컨대, '값어치'란 단어는 '가버치'로 읽게 되므로 '값어치'란 글자와 '가버치'란 발음 간에 서로 일치하지 않는다. 이때 '값어치'는 불규칙 단어$_{\text{irregular word}}$라 할 수 있다. 반면에 '연필'이라는 단어는 '연필'이라 그대로 읽히므로 규칙 단어이다. 모호성$_{\text{ambiguity}}$은 주어진 자극어가 의미적으로 몇 개의 개념을 나타내는지를 의미한다. 예컨대, '눈'이란 단어는 '겨울에 내리는 눈'일 수 있고 '사람 얼굴의 눈'일 수 있다. 따라서 '눈'은 모호성을 지닌 단어로 간주된다. 구체성$_{\text{concreteness}}$은 자극을 머릿속에서 가시화할 수 있는지 여부를 뜻한다. 따라서 심상성$_{\text{imageability}}$이 높으면, 즉 머릿속에서 단어의 이미지를 잘 그려 낼 수 있으면 구체적 자극이고, 그렇지 못하면 추상적 자극이다. 예컨대, '구름'은 구체적 자극이고 '슬픔'은 추상적 자극이다. 친숙성$_{\text{familiarity}}$은 자주 접하여 익숙한 정도를 뜻한다. '강아

표 5-1 문자언어 자극어의 요소

요소	정의	자극어의 예	
		요소 있음	요소 없음
어휘성	주어진 자극이 단어 혹은 비단어 여부	'컵'	'콥'
규칙성	글자(즉, 자소)와 소리(즉, 음소)의 일치 정도	'연필'	'값어치'
모호성	연필 의미적으로 주어진 자극 단어가 한 개 이상의 개념을 나타내는지의 여부	'눈'	'숟가락'
구체성	구체적 사물 등을 의미하는지 혹은 추상적인 개념 등을 의미하는지의 여부	'구름'	'슬픔'
친숙성	접한 정도	'강아지'	'웜뱃'
길이	자극의 음절수	길다: '해바라기'	짧다: '소'

지'는 친숙성이 높으나 '웜뱃'은 친숙성이 낮다. 단어의 경우에는 출현 빈도frequency of occurrence에 따라 친숙한 정도가 달라지기도 한다. 길이는 단어자극의 음절 개수를 뜻한다. 한국어의 경우에는 음절문자이기 때문에 쉽게 음절 길이를 확인할 수 있다.

2. 읽기와 쓰기

1) 읽기

읽기란 시각적으로 제시된 글자나 단어 등을 인식하여 이해하는 과정을 말한다. 읽기 과정에서는 시각적 인식뿐만 아니라 음운적 단계, 구문적 단계 등의 여러 언어정보 처리 단계를 거치는 복잡하고도 고차원적인 정보 처리를 필요로 한다. 읽기에는 제시된 시각적 정보를 해독decoding하는 과정과 그 정보를 언어학적으로 이해linguistic comprehension하는 과정이 포함된다. 여기서 해독이란 시각적 상징인 문어와 청각적 상징인 구어 사이에 존재하는 자소grapheme-음소phoneme간에 서로 대응하는 규칙에 기초하여 문자를 소리로 전환하는 정신적 작업이다.

[그림 5-1]에 제시된 Ellis와 & Young의 읽기 모델을 살펴보자. 우선, 시각적 분석 단계가 필요하다. 이 단계는 시각적으로 제시된 글자나 단어를 인식하고, 외형적 정보를 분석하는 단계이다. 글자나 단어가 '한글', '한자' 혹은 '영어'인지 확인하는 일도 이 단계에서 일어난다. 제시된 한글이 옆으로 혹은 뒤집어져 쓰여 있지는 않는지, 영어가 필기체인지 정자인지도 확인한다. 특히 한글에서는 자-모음, 초성-중성-종성의 위치가 제대로 쓰여졌는지 등이 파악된다. 따라서 이 시각적 분석 단계에서는 '시공간적 표상visuospatial representation'에 대한 분석이 이루어진다고도 볼 수 있다.

단어의 외형이 시각적으로 분석이 된 후에는 크게 두 가지 경로를 통하여 처리가 일어난다. 하나는 어휘경로lexical route이고 다른 하나는 음운경로phonological route이다. 어휘경로는 우리가 이미 알고 있는 자극이 제시되었을 때에 활성화되는 경로이다. 즉, 제시된 시각적 자극이 장기기억의 일부로 이미 어휘집에 들어 있는 친숙한 자극일 때 활성화된다. 어휘집lexicon에 저장된 단어, 즉 친숙한 단어는 자소와 음소가 일치하는지 여부와는 상관없이 어휘-의미경로를 활성화시킨다. 자소-음소 대응이 비교적 규칙적인 단어의 예로는 '허수아비', '소나무', '보이다' 등이다. 어휘경로를 통해서는 자소-음소가 불일치되더라도 '값어치'란 단어를 어려움 없이 읽을 수 있다. 여기서 '어휘집'이란 시각적 입력 어휘집visual input lexicon 혹은 음운적 출력 어휘집phonologic output lexicon을 뜻한다. 시각적 입력 어휘집은 시각적 분석이 끝난 자극이 입력되는 어휘집이다. 이 어휘집 내에서 제시된 자극과 동일한 단어를 찾게 된다. 그 후에는 '의미 체계semantic system'를 거치거나 혹은 거치지 않고 곧바로 음운적 출력 어휘집으로 보내진다. 그런데 이 의미 체계를 거치는 경로는 어휘-의미경로lexical-semantic route로, 거치지 않는 경로는 어휘-비의미경로lexical-non-semantic route로 구분된다. 전자는 철자가 같으면서 동시에 여러 가지 의미를 갖는 동음이의어(예: 배, 밤)를 읽을 때에 활용된다.

후자는 단어의 모호성이 없어서 의미 체계가 중재하지 않은 채로 읽기가 가능

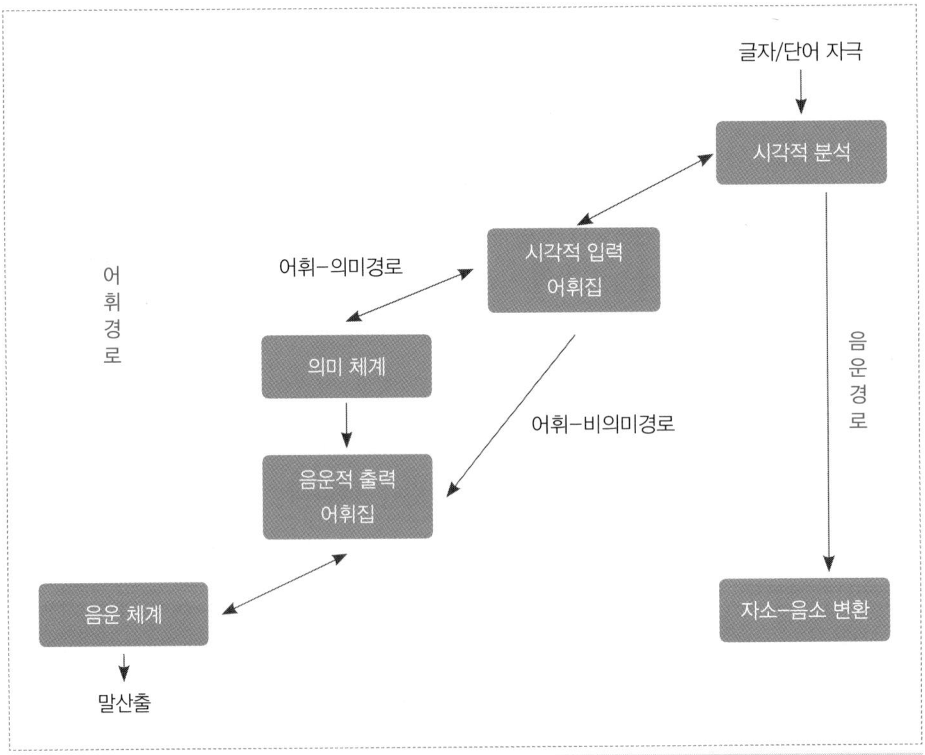

그림 5-1
읽기 모델
출처: Ellis & Young(1988). *Human cognitive neuropsychology.*

할 때에 거치는 경로이다. 그다음에는 그 단어를 음운 규칙에 맞게 발음할 수 있는 처리 과정인 '음운 체계phonological system'를 거친다. 이 음운 체계에서는 음운 처리phonological processing가 이루어진다. 음운 처리 과정에서는 문자를 소리에 기초한 표상 체계로 부호화한다. 이 과정을 거쳐 비로소 '글자'를 '말'로 산출할 수 있다.

이제 음운경로에 대하여 살펴보자. 제시된 읽기자극 단어가 많이 접해 보지 않았거나 사용해 보지 않아 생소한 단어 혹은 단어가 아닌 비단어non-word라면 앞서 설명한 어휘-의미경로를 통과할 수 없을 것이다. 이 경우에는 반드시 음운경로를 거쳐야 한다. 음운경로는 자극에 대한 시각적 분석이 끝나면 곧바로 자소-음소 전환이 이루어지는 경로이다. 따라서 이 경로에서는 자소-음소 대응이 규칙적인 단어의 읽기만 가능하다. 그런데 만일 '값어치'라는 단어처럼 불규칙 단어를 처음 접해 본 사람이 이 음운경로를 통하여 단어를 읽어야 한다면 자소-음소 전환grapheme-phoneme conversion이 어려워서 '갑서치', '갑스어치' 등으로 잘못 읽게 될 것이다.

2) 쓰기

쓰기란 글자의 모양을 갖고 있는 단어 등을 종이에 써 내려가는 행위이다. 따라서 쓰기는 의미나 철자 규칙과 같은 언어능력뿐만 아니라 쓰기를 수행하는 단계에서의 운동적 요소, 주의력, 작업기억, 시공간적 능력 등의 여러 인지능력이 반영된 산물이다.

단어를 쓰는 행위는 두 가지 상황에서 가능하다. 하나는 불러 주는 단어를 받아 쓰는 것이고, 다른 하나는 단어를 자발적으로 쓰는 것이다. 전자의 상황에서는 먼저 청각적 분석auditory analysis 체계가 작동한다. 그다음, 두 상황 모두에서 단어의 철자가 저장된 장기기억에서 그 단어의 철자를 끄집어내야 한다. 철자가 저장된 장기기억을 '내부 철자집internal graphemic lexicon'이라 한다. 철자집에 저장된 친숙한 단어의 경우에는 자소-음소 간의 불일치성이나 모호성ambiguity과는 상관없이 어휘경로가 활성화된다. 앞서 '읽기' 경로에서 설명된 바와 같이 '쓰기' 처리 과정에서도 어휘경로는 의미 단계와의 연관 여부에 따라 어휘-의미경로와 어휘-비의미경로로 다시 나뉜다. '쓰기'에서의 어휘-의미경로는 동음이자homophone 단어를 쓸 때 사용되는 경로이다. 동음이자란 발음은 같으나 철자가 다른 음절/단어로서 '빚-빗-빛',

'way-weigh' 등이 그 예이다. '쓰기'에서의 어휘-비의미경로는 의미 체계의 중재 없이 쓰기가 이루어지는 경로이다. 비단어 혹은 생소한 단어인 경우에는 단순히 음소와 대응된 자소를 쓰게 하는 음운경로가 필요하다.

그다음으로는 자소 완충기graphemic buffer 단계를 거친다. 자소 완충기는 철자집에서 나온 단어를 말초 처리 단계로 가기 직전에 임시로 저장하는 역할을 한다. 이 자소-완충기 단계를 거쳐 처리된 일련의 철자는 다음 단계인 이서allographic 단계로 간다. 이서 단계에서는 글자 크기, 글자체, 자간 등을 결정한다. 그다음 단계는 목표 글자의 형태를 산출하기 위한 계획planning 및 프로그래밍programming 단계이다. 마지막 단계는 '손'을 이용하여 최종적으로 글자를 만들어 내는 운동 집행motor execution 단계이다.

3. 실독증

실독증은 그 기저가 언어적 처리 과정의 결함에 의한 것인지 혹은 시각적 처리능력 등의 언어외적 처리 과정의 결손에 의한 것인지에 따라 중추형과 말초형 실독증으로 나뉜다(〈표 5-2〉 참조). 이 분류는 1980년에 Shallice & Warrington에 의하여 이루어졌는데, 말초형 실독증은 시각적인 측면에서 문제를 보이는 실독증인 반면에 중추형 실독증은 좀 더 상위 단계의 읽기 문제로서 시각적 단어 형태와 의미의 연결 문제라 할 수 있다.

1) 중추형 실독증

중추형 실독증central alexia은 하위 유형들로 심층실독증, 음운실독증, 어휘실독증이 있다.

심층실독증deep alexia은 1973년에 Marshall & Newcombe에 의하여 처음 묘사되었다. 심층실독증에서는 음운경로와 어휘경로 모두가 손상되면서 결함이 있는 어휘경로를 통하여 읽기 과정이 처리된다. 단어자극이 주어질 때에 의미 오류(예: 돌 → 백일, 세금 → 납부, 숲 → 나무)가 관찰된다는 점이 심층실독증의 가장 큰 특색이

표 5-2 실독증의 유형, 특색 및 병소

유형		특색	병소
중추형	심층실독증	음운경로와 어휘경로 모두가 손상됨; 어휘경로를 통하여 읽기 과정이 처리됨; 비단어 읽기에서 어려움을 보임; 단어자극에서 의미 오류, 시각적 오류 등을 보임	실비안종렬 주위 영역, 좌반구 전운동영역과 브로카영역
	음운실독증	음운경로의 결함으로 인한 실독증; 어휘경로에 주로 의존하여 읽기 과정이 처리됨; 비단어자극을 제시하는 경우에는 읽기에 어려움 보임	우성반구의 실비안종렬 주위 영역, 상부 측두엽, 모서리위이랑, 각이랑
	어휘실독증 [표층실독증]	어휘경로의 결함으로 생기는 실독증; 음운경로에 주로 의존하여 읽기가 처리됨; 불규칙 단어를 읽는 데에 어려움 보임	광범위한 손상
말초형	실서증 없는 실독증	전혀 못 읽거나 더듬거리며 약간 읽을 수 있음; 낱글자 읽기 현상이 관찰됨, 쓰기는 가능함	좌측 후두엽, 뇌량의 팽대
	무시실독증	시야의 자극을 무시하거나 잘 못 읽음	좌뇌
	주의력 실독증	단단어 읽기에서는 어려움이 없으나 단어자극이 길어지거나 문장 수준의 자극에서는 오류를 보임	좌측 전두-두정엽

다. 한편, 내부 어휘집에 등록되어 있지 않은 비단어자극을 제시하는 경우에는 읽기에 어려움을 보인다. 비단어자극이 제시되었을 때에 흔히 관찰되는 오류로는 그 비단어자극과 시각적으로 유사한 실제 단어$_{\text{visually similar real word}}$로 대체하여 읽는 어휘화$_{\text{lexicalization}}$ 현상(예: 인경 → 안경)이 관찰된다. 그 밖에도 시각적 오류(예: 나비 → 마비), 기능어 대치(예: 그리고 → 그래서) 등이 나타난다. 또한 구체 단어(즉, 구체성 요소가 있는 단어)가 추상 단어보다 읽는 데 어려움이 덜하다. 그 밖에도 명사가 형용사나 동사보다 오류율이 낮다. 신경해부학적 병소로는 실비안종렬$_{\text{Sylvian fissure}}$ 주위 영역, 좌반구 전운동영역, 브로카영역 등을 들 수 있다. 이에 따라, 심층실독증이 실어증과 함께 보인다면 전반실어증이나 브로카실어증이 관찰될 가능성이 높다.

음운실독증$_{\text{phonological alexia}}$은 1979년에 Derouesne & Beauvois에 의하여 처음으로 묘사되었다. 음운경로의 결함으로 인하여 어휘경로에 주로 의존하여 읽기 과정이 처리된다. 따라서 내부 어휘집에 저장되어 있는 단어의 경우는 음소와 자소의 일치성에 영향을 받지 않으므로 규칙 단어와 불규칙 단어의 읽기에는 거의 문제가 없다. 실질적으로, 제시되는 단어의 85~95% 정도에서 정반응이 나타난다. 따라서 음운실독증은 상대적으로 경미한 실독증으로 간주된다. 비단어 읽기에서도 어려움을 보이면서 어휘화 현상이 나타난다. 음운실독증에서는 의미 오류가 나타나지 않는다. 이에 따라 음운실독증은 심층실독증이 회복되어 가는 중에 나타나는 실독증이라 여겨진다. 신경해부학적 병소로는 우성반구의 실비안종렬 주위 영역과 상부 측두엽, 모서리위이랑supramarginal gyrus, 각이랑angular gyrus 등을 들 수 있다.

어휘실독증lexical alexia은 어휘경로의 결함으로 생기는 실독증으로서, 1973년에 Marshall & Newcombe에 의하여 처음 묘사되었다. 어휘경로가 손상되었으므로 음운경로에 주로 의존하여 읽기가 처리된다. 따라서 음소와 자소가 일치하는 규칙 단어와 규칙 비단어 읽기에는 문제가 없으나 음소와 자소가 불일치하는 불규칙 단어에는 어려워한다. 어휘실독증에서 흔히 관찰되는 오류로는 불규칙 단어를 제시하였을 때, 음운경로의 자소 음소 변환을 통한 규칙화regularization이다. 이에 따라, 글자 자극을 소리나는 대로 읽게phonological reading(예: '값어치' → '갑서치') 된다. 어휘실독증은 표층실독증surface alexia이라고도 불린다. 국소 병변보다는 두부 손상, 뇌출혈, 알츠하이머병 등과 같은 광범위한 손상에 기인하는 경우가 많다.

2) 말초형 실독증

말초형 실독증peripheral alexcia의 하위 유형으로는 실서증 없는 실독증, 무시실독증, 주의력 실독증이 있다. 실서증 없는 실독증alexia without agraphia은 순수 실독증pure alexia이라고도 하며 말초형 실독증 중에 가장 흔하게 나타나는 하위 유형이다. 이는 시력은 정상이나 시각적 자극을 처리하기 위한 입력이 원활하게 이루어지지 않는 현상으로서 일부 환자는 글을 전혀 읽지 못하나, 일부는 천천히 힘들게 조금씩 읽기도 한다. 이 환자들은 자기 스스로 쓰는 것은 가능하여 '실서증 없는' 실독증이라 명명되었는데, 정작 본인이 쓴 글자는 읽지 못하는 것이다. 외국에서는 이러한 환자들에게서 단어가 주어질 때에 영어의 낱글자 읽기letter by letter reading(예: 'tent' → 't-e-n-t') 오류가 보고되기도 한다. 그러나 한글의 경우에는 통상적으로 자-모음을 낱글자로 읽지는 (예: '텐트' → '티읕, 에, 니은, 티읕, 으') 않으므로 낱글자 읽기 현상이 관찰되지 않는다. 일부 우리나라 환자에게서 그러한 읽기 오류 대신에 글자의 획을 따라 손가락으로 짚어 내려가는tracing 현상이 관찰되기도 한다. 그런데 실상 이러한 실서증 없는 실독증 환자에 대한 치료법으로 이처럼 '손가락으로 짚어 내려가게 하는 방법'을 활용하기도 한다. 신경해부학적 병소는 좌측 후두엽, 뇌량의 팽대splenium 등이다.

무시실독증neglect alexia은 무시증후군neglect syndrome의 영향으로 병소와 반대쪽 시야의 자극을 무시하는 특징을 보인다. 따라서 단어나 문장자극의 주로 왼쪽을 무시하여 오른쪽 부분만을 읽게 되는 시각적 오류(예: 키다리 아저씨 → 아저씨)가 관찰된다. 자극의 일부만 읽는 중에 본인이 유추하여 다른 단어로 대치하는 경우도 있다. 예컨대, '비가 ____'라는 문장을 읽고 문장에서 밑줄 친 부분('내린다')을 완성하게 하는 과제에서 환자는 '비' 대신 '나비'로 대치한 후에 '나비가 춤춘다'로 반응하기도 한다. 한글에서는 세로 읽기로 유도하면 오류가 감소하기도 한다. 신경해부학적 병소는 자극에서 무시 현상이 일어나는 쪽의 반대쪽 뇌반구의 병변, 주로 두정엽이다.

주의력 실독증attentional alexia은 단단어 읽기에서는 어려움이 없으나 단어자극이 길어지거나 문장 수준의 자극에서는 시각적 주의력 결손으로 인하여 오류를 보인다. 또 한 단어자극 내의 낱글자를 하나씩 읽는 것에서도 어려움이 있다. 대표적인 오류로는 단어를 구성하는 각 자소들은 결손되는 것 없이 유지되지만 그 위치가 바뀌는 이동 오류migration error, transposition error(예: '감사' → '삼가')를 보이게 된다. 신경해부학적 병소로는 좌측 전두-두정엽이 보고되었다.

잠깐!

책 못 읽는 남자

캐나다 추리소설 작가인 하워드 엥겔은 2001년 후두엽에 생긴 뇌졸중으로 인하여 '실서증 없는 실독증'을 겪고 있다. 그는 자신의 경험을 진솔하게 써 내려간 책, 『The Man Who Forgot to Read』(2007 원판, 2009 번역판)에서 "실독증이야말로 내 고통의 핵심이었다. '실서증 없는'이란 말은 내 비위를 달래려고 만들어진 사은품과도 같았다. 마치 수술대에 올랐는데 '오른쪽 다리를 절단해야 하지만 신발과 양말은 간직해도 좋다'고 위로받은 기분이었다."라고 자신의 심적 고통을 표현하였다.

4. 실서증

실서증은 문어장애의 한 아형으로서 다양한 원인 질환에 의해 후천적으로 발생한 '철자spelling 및 쓰기writing 장애'를 통칭한다. 이러한 장애가 'agraphia'로 처음 명명된 이후로, 'dysgraphia'라는 용어도 함께 혼용되어 왔다. 실독증과 마찬가지로 결함의 기저에 따라 중추형과 말초형으로 나눌 수 있다. 철자 체계spelling system와 관련이 있으며, 목표 단어를 산출하기 위하여 여러 가지 인지 정보를 사용하는 단계에서의 결함이 있는 경우에는 중추형 실서증으로 분류한다. 반면에 쓰기 집행execution 단계, 즉 철자 체계 단계에서 형성된 표상representation을 적절한 프로그래밍을 통하여 손의 움직임 등을 조절하면서 실제적으로 글자의 형태를 물리적으로 산출하게 되는 단계에 결함이 있다면 말초형 실서증으로 구분한다(〈표 5-3〉 참조).

1) 중추형 실서증

중추형 실서증central agraphia은 언어적인 측면으로서 언어적 처리 과정의 손상에 기인한 장애이다. 중추형의 하위 유형으로는 심층실서증, 음운실서증, 어휘실서증, 의미실서증, 자소-완충기 장애로 나뉜다. 심층실서증deep agraphia은 음운경로와 어휘경로 모두에 광범위한 손상으로 인하여, 결함이 있는 어휘경로를 통하여 쓰기 과

표 5-3 실서증의 유형, 특색 및 병소

유형		특색	병소
중추형	심층실서증	음운경로와 어휘경로 모두에 광범위한 손상으로 인하여, 결함이 있는 어휘경로를 통하여 쓰기 과정이 처리됨; 비단어 및 단어 쓰기에서 의미 오류 보임	좌반구의 광범위한 손상
	음운실서증	음운경로의 손상으로, 상대적으로 보존되는 어휘경로에 의하여 철자 처리를 수행함. 내부 어휘집에 등록되어 있지 않은 비단어자극에 어려움을 보임; 비단어와 시각적으로 유사한 단어로 대체하는 어휘화 오류 보임	모서리위이랑, 뇌섬 등
	어휘실서증 [표층실서증]	어휘경로의 손상으로 음운경로에 의하여 철자 처리를 수행함; 음소와 자소의 대응이 불일치하는 불규칙 단어에서 음운적으로 적절한 오류를 보임	좌반구의 각이랑, 후측두-두정소엽, 후하부 측두엽
	의미실서증	의미 체계 단계의 손상에 기인함; 음은 같고 글자는 다른 동음이자를 듣고 받아쓰기를 통하여 확인되는 중추실서증의 한 유형임	좌반구의 실비안종렬밖 영역
	자소-완충기 장애	임시로 저장되었던 단어의 자소 표상이 사라져 생김; 자소 치환, 생략, 대치 등의 오류 보임	좌반구 전두-두정엽
	보속실서증	같은 자극어를 되풀이해서 쓰게 되는 현상임	전두엽

말초형	이서장애	쓰고자 하는 글자의 외형에 대한 적절한 표상의 손상에 기인함	좌반구의 두정-후두엽
	실행실서증	글자를 구성할 때에 필요한 움직임에 대한 표상의 손상 및 쓰기 집행 시의 움직임에 대한 계획 단계의 손상에 기인함; 부적절한 획 및 글자의 구성, 획의 중복이나 생략과 읽기 어려운 글씨체 등을 보임	좌반구 두정엽, 전두엽의 전운동영역, 보조운동영역
	실행에 기인하지 않은 수행장애	글씨 쓰기에 필요한 운동학적인 요인에 해당하는 힘, 속도, 강도 등을 조절하는 것의 어려움에 기인함; 부적절한 획 및 글자의 구성, 획의 중복이나 생략과 읽기 어려운 글씨체 등을 보임	기저핵, 소뇌
	구심실서증	글씨 쓰기 동작을 수행하는 데 감각적 피드백을 활용하는 능력 저하나 운동감각의 결손에 기인함; 획의 중복, 생략, 용지에서의 글자의 위치, 글자와 글자 사이의 공간 문제, 줄의 방향 오류 보임	우뇌 두정엽

정이 처리된다. 따라서 음운실서증과 같이 비단어 쓰기에서 어려움을 보일 뿐만 아니라 단어자극에서 의미 오류(예: 시간 → 시계)를 보인다. 신경해부학적 병소는 좌반구의 광범위한 영역이다.

음운실서증phonological agraphia은 음운경로phonological route의 손상으로 인하여 상대적으로 보존되는 어휘경로에 의하여 철자 처리를 수행하게 된다. 따라서 내부 어휘집에 이미 저장되어 있는 단어의 경우에는 규칙 단어와 불규칙 단어 여부와 상관없이 쓰기 문제를 보이지 않는다. 이는 어휘경로를 통한 쓰기에서는 음소와 자소의 일치성 여부에 그다지 영향을 받지 않지 않기 때문이다. 그러나 내부 어휘집에 등록되어 있지 않은 비단어자극을 제시하는 경우에는 어려움을 보인다. 흔히 관찰되는 오류로는 제시된 비단어를 시각적으로 유사한 단어로 대체해서 쓰는 어휘화lexicalization 오류(예: 라멍 → 라면)이다. 신경해부학적 병소는 좌반구의 모서리위이랑, 뇌섬 등을 들 수 있다.

어휘실서증lexical agraphia은 어휘경로lexical route의 손상으로 인하여 상대적으로 보존되는 음운경로에 의하여 철자 처리를 수행한다. 따라서 음소와 자소가 일치하는 규칙 단어나 비단어 쓰기에서는 어려움이 없으나 음소와 자소의 대응이 불일치하는 불규칙 단어를 수행하면서 음운적 적절 오류phonological plausible errors(예: 편리하다 →

펼리하다)를 보이게 된다. 신경해부학적 병소로는 좌반구의 각이랑, 후측두−두정소엽, 후하부 측두엽 등이다.

의미실서증semantic agraphia은 음은 같고 글자는 다른 동음이자homophone(예: '빛'이 좋다)를 듣고 받아쓰기를 통하여 확인되는 중추실서증의 한 유형이다. 오류는 자소 산출 어휘집graphemic output lexicon으로 연결되는 의미 체계 단계의 손상에 기인한다. 신경해부학적 병소는 좌반구의 실비안종렬밖extraperisylvian 영역에서 찾을 수 있다.

자소−완충기 장애graphemic buffer impairment는 집행기능에 속하는 작업기억의 손상과 연관되어 있다. 중추 단계를 통해 형성된 단어가 말초 처리 단계로 가기 직전에 임시적으로 저장되는 단계가 있다. 이 단계에 손상이 있으면 쓰기 운동 단계를 통해 글자가 산출되는 동안, 임시로 저장되었던 단어의 자소 표상이 사라져 자소 치환, 생략, 대치 등의 오류가 발생할 수 있다. 단어의 길이에 영향을 받으므로 길이가 증가할수록 오류 빈도가 증가하는 양상이 관찰된다. 신경해부학적 병소는 주로 좌반구 전두−두정엽이다.

보속실서증은 자극어를 되풀이해서 쓰게 되는 현상으로서 반복하는 자극어의 길이는 음절, 글자 등이다. [그림 5−2]에서 보듯이 환자는 'ㅅ' 혹은 '섯/셋'을 계속 반복하거나 추가해서 써 내려갔다. 신경해부학적 병소는 전두엽이다.

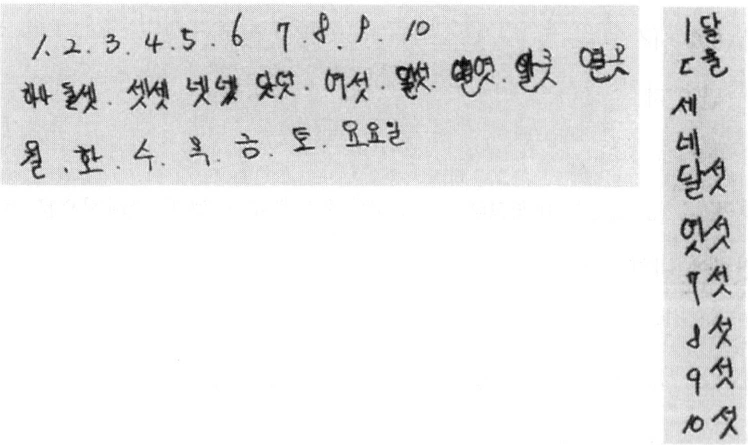

그림 5−2
보속실서증의 예

2) 말초형 실서증

말초형 실서증peripheral agraphia은 쓰기 집행 시에 필요한 운동 및 구성에서의 어려움으로 인한 쓰기장애이다. 말초형의 하위 유형으로는 이서장애, 실행실서증, 실행증에 기인하지 않은 수행장애, 구심실서증을 들 수 있다. 먼저, 이서장애allographic disorder는 쓰고자 하는 글자의 외형에 대한 적절한 표상의 손상으로 인하여 영어의 경우 대문자와 소문자, 필기체와 정자체 등의 글씨체에 따른 오류(예: rain → rAIn)가 관찰된다. 구두 철자 대기oral spelling나 자판치기typing는 온전하다. 신경해부학적 병소는 좌반구의 두정 후두엽이다.

실행실서증apraxic agraphia은 글자를 구성할 때에 필요한 움직임에 대한 표상의 손상 및 쓰기 집행 시의 움직임에 대한 계획 단계의 손상으로 인하여 부적절한 획 및 글자의 구성, 획의 중복이나 생략과 읽기 어려운 글씨체 등을 보이는 것이다. 구두 철자 대기나 자판치기에서는 문제가 없다. 신경해부학적 병소로는 좌반구 두정엽, 전두엽의 전운동영역, 보조운동영역 등이 있다.

실행증에 기인하지 않은 집행장애nonapraxic disorders of motor execution에서는 글씨 쓰기에 필요한 운동학적인kinematic 요인에 해당하는 힘, 속도, 강도 등을 조절하는 것의 어려움으로 인하여 소자증micrographia, 대자증macrographia, 쓰기 집행 시 부적절한 움직임 등이 관찰된다. 신경해부학적 병소로는 기저핵과 소뇌 등을 들 수 있다.

구심실서증afferent agraphia은 무시실서증neglect agraphia 혹은 공간실서증spatial agraphia이라고도 부른다. 이 실서증은 글씨 쓰기 동작을 수행하는 데 감각적 피드백을 활용하는 능력 저하나 운동감각의 결손에 기인한다. 따라서 획을 긋고자 할 때에 똑바로 내려 긋지 못하고, 획의 중복, 생략, 용지에서의 글자의 위치, 글자와 글자 사이의 공간 문제, 줄의 방향 등에서 오류가 관찰된다. 신경해부학적 병소는 우뇌 두정엽이다.

참고문헌

배현 역(2009). 책, 못 읽는 남자. 경기: 알마.

Ellis AW (1993). Reading, writing and dyslexia: A cognitive analysis(2nd ed.). Hillsdale: LEA.

Ellis AW, Young AW (1988). *Human cognitive neuropsychology*. Hove, UK: LEA.

Heilman KM, Valenstein E (2003). *Clinical neuropsychology*(4th ed.). New York: Oxford University Press.

Harnish S, Neils-Strunjas J (2008). In search of meaning: Reading and writing in Alzheimer's disease. *Seminars in Speech and Language, 29*(1): 44-59.

Kim H, Na DL, Park ES (2007). Intransigent vowel-consonant position in Korean dysgraphia: Evidence of spatial-constructive representation. *Behavioural Neurology, 18:* 91-97.

Weekes BS (2005) Acquired disorders of reading and writing: Cross-script comparisons. *Behavioural Neurology, 16*(2-3): 51-57.

복습문제

1. '유리문'이란 자극어에 대한 설명으로 옳은 것은?
   (1) 어휘성이 없다. (2) 규칙성이 있다.
   (3) 구체성이 없다. (4) 모호성이 있다.

2. 읽기에 활용되는 경로에 대한 설명으로 옳은 것을 모두 고른다면?
   (1) 어휘경로는 친숙성과는 상관없이 사전에 존재하는 단어가 자극으로 제시되었을 때에 활성화된다.
   (2) 어휘경로는 제시된 단어의 자소와 음소가 일치해야만 활성화된다.
   (3) 어휘의미경로는 동음이의어를 읽을 때에 활용된다.
   (4) '몽구다송'이란 자극어를 읽을 때에는 음운경로가 활성화된다.

3. 중추형 실독증의 유형에 해당하는 실독증을 모두 적으시오.

4. 다음 심층실독증 환자에게서 관찰되는 오류들의 오류 유형을 각각 적으시오.
   (1) 숲 → 나무 (2) 상아지 → 강아지
   (3) 그리고 → 그래서 (4) 나비 → 마비

5. 다음 중에서 말초형 실독증에서 관찰되는 오류를 모두 고른다면?
   (1) 키다리 아저씨 → 아저씨 (2) boy → b-o-y
   (3) 값어치 → 갑서치 (4) 비가 → 나비가

6. 다음의 실서증 오류 중에서 다른 것 하나를 고른다면?
   (1) 라멍 → 라면 (2) 시간 → 시계
   (3) rain → rAIn (4) 젊은 → 절믄

정답

1. (2) *어휘경로는 친숙한 단어가 제시되었을 때에 활성화되며, 자소–음소 일치 여부와는 상관없이 활성화됨
2. (3) (4)
3. 심층실독증, 음운실독증, 어휘실독증
4. (1) 의미 오류 (2) 어휘화 (오류) (3) 기능어 대치 (4) 시각적 오류
5. (1) (2) (4) *'값어치'를 '갑서치'로 읽는 것은 어휘실독증 증세임
6. (3) *'rain'을 'rAln'으로 쓰는 것은 말초형 실서증인 이서장애임

제 6 장

우뇌 손상과 외상성 뇌손상

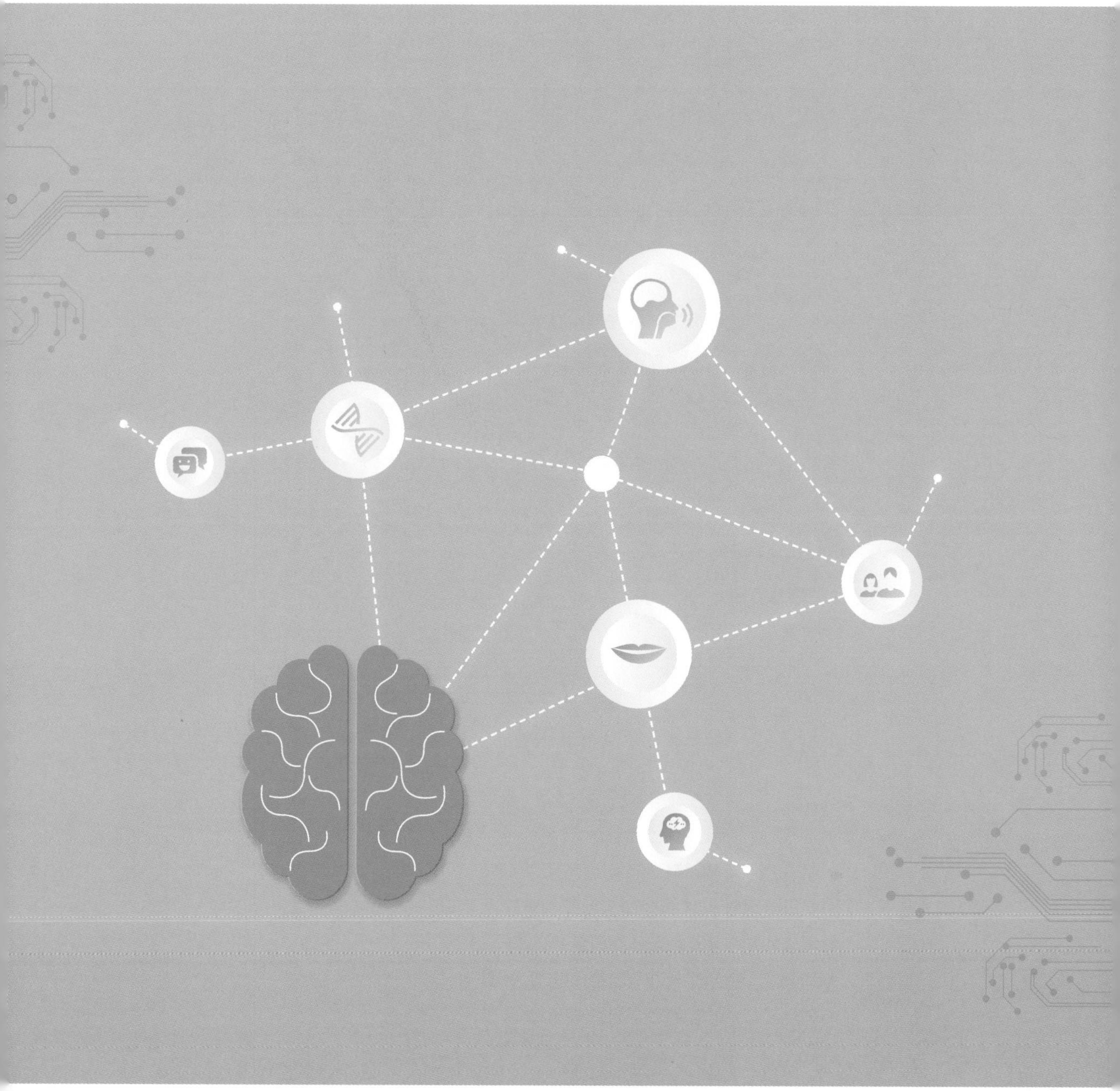

학습목표

- 우뇌 연구의 역사적 배경을 설명할 수 있다.
- 우뇌 손상의 장애 특징과 평가를 설명할 수 있다.
- 외상성 뇌손상의 증상을 설명할 수 있다.
- 외상성 뇌손상의 평가 방법을 설명할 수 있다.
- 외상성 뇌손상의 치료 방법을 설명할 수 있다.

1. 우뇌 손상과 의사소통장애

1) 우뇌 연구의 역사적 배경

뇌가 좌뇌와 우뇌로 나뉘어 각각 고유의 역할이 있다는 통찰이 시작된 시점은 1880년대 영국의 신경과 의사인 잭슨John Hughlings Jackson, 1835~1911에 의해서이다. 그는 우뇌 손상 후에 시각적 지각auditory perception 문제를 보인 환자에 대해 기술하였다. 그 이후부터 우뇌가 그리기, 얼굴 표정 인식하기, 지도 읽기 등의 다양한 비언어적 처리 과정에서 주요한 역할을 한다고 여겨졌다. 또한 인간의 많은 기능 중에 '언어'를 중심으로 언어중추가 내재된 좌뇌는 우성반구dominant hemisphere로 여기고, 우뇌는 열성반구non-dominant hemisphere라는 개념이 지배적이었다.

그 이후에 스페리Roger W. Sperry, 1913~1994가 뇌량 절제술corpus callosotomy을 받은 분할뇌split brains 환자들에 대한 연구를 진행하여 좌뇌와 우뇌의 역할을 분명히 하는 데 큰 공헌을 하게 되었다. 환자는 좌측 시야에 제시된 사물을 볼 수는 있었으나 사물의 명칭은 말할 수 없었다. 이는 좌측 시야를 통해 우뇌에서 받아들여진 사물에 대한 정보가 뇌량을 통해 좌뇌로 건너가 명칭을 말하지 못했기 때문이었다. 분할뇌에 대한 스페리 박사의 연구는 1957년에서 1975년 사이에 가장 왕성하게 이루어졌는데, 이에 따라 1970년경부터는 우뇌가 열성반구' 라는 이론이 거의 없어졌다.

의사소통 활동에서 좌뇌와 우뇌의 전통적인 역할은 각각 언어적linguictic 요소와 언어 외적extra-linguistic 요소로 구분된다. 언어적 요소란 언어 처리에 직접적으로 주요한 역할을 하는 요소로서 어휘, 의미, 통사 등을 지칭한다. 한편, 언어 외적 요소란 언어라는 기호를 해석하고 표현하는 내용적인 측면보다는 언어의 의사소통이나 인지기능에 직간접적으로 영향을 미칠 수 있는 요소, 즉 주의력, 정서 및 운율, 담화능력 등을 지칭한다. 따라서 우뇌에 외상이 있을 때에는 이러한 언어 외적인 기능이 저하되기 때문에 외형적으로는 실어증과 같은 언어장애가 뚜렷하게 나타나지는 않으나, 주의력 결핍, 무시증, 정서 및 운율장애, 담화능력이 감소하는 현상이 생길 수 있다.

2) 우뇌 손상과 장애 특징

우뇌 손상으로 인한 장애는 때로는 적합한 분류 기준이나 평가도구의 부재로 인하여 진단되지 않고 간과되는 경우가 많다. 특히 이들에게 실어증 평가도구와 같은 적합하지 않은 도구로 평가가 이루어지는 경우에는 정상으로 판정되기도 한다. 지금부터 우뇌 손상으로 관찰될 수 있는 장애에 대하여 알아보자.

(1) 주의력 결핍

주의력 결핍$_{\text{attention deficits}}$은 언어나 비언어적 자극물에 집중하여 과제를 수행하거나 적절하게 반응하는 능력이 떨어지는 것을 의미한다. 예컨대, 주변에서 갑작스럽게 큰 소리가 들렸을 때에 우뇌 손상 환자는 즉각적으로 소리가 나는 방향으로 고개를 돌리지 못하거나, 무슨 소리인지 귀 기울여 들으려는 태도를 보이지 않는다. 대화 시에 이러한 주의력 결핍 현상이 나타나게 되면, 상대방이 말을 하고 있는 동안에 집중하여 듣지 못함으로써 이해력이 떨어질 수 있다. 이러한 주의력 결핍 현상을 극복하기 위해서는 일정한 자극을 주어 환자의 반응 시간을 측정해 보는 과제를 주거나 종이에 그려진 여러 모양의 도형 중에 한 가지 도형을 모두 고르게 하는 과제를 주어 집중력 향상을 도모한다.

(2) 무시증

의사소통장애와 관련되는 무시증$_{\text{neglect}}$은 청각적 또는 시각적으로 제시되는 왼쪽 자극에 대한 반응도가 떨어지거나 전혀 반응하지 않는 것을 의미한다. 청각성 무시증이 보이는 환자는 왼쪽에서 제시되는 청각적 자극에 대하여 관심을 기울이지 못하게 된다. 시각성 무시증은 글을 읽을 때 책의 왼쪽 부분에 쓰여진 것을 빼놓고 읽게 되거나 종이에 그려진 실선을 반으로 나누게 하였을 때에 오른쪽으로 치우쳐서 선을 긋는 경향을 말한다. 따라서 우뇌 손상 환자에게 읽기나 쓰기 검사를 실시할 때에는 이러한 시인지장애를 반영하는 해석이 이루어져야 한다. 무시증이 있는 환자와 대화를 할 때에는 환자의 오른편에 앉거나 서서 환자의 관심이 자연스럽게 오른쪽으로 집중될 수 있도록 배려한다. 또한 시각적 자극을 줄 때에는 환자에게 "왼쪽도 잘 보세요."라는 언어적 단서를 줄 수도 있다(무시증에 대한 상세한 설명은 '제3장 인지 및 의사소통 기초 평가'를 참조).

(3) 정서 및 운율장애

정서affect 및 운율prosody장애는 서로 일맥상통하는 장애이다. 우뇌 손상 환자가 정서장애를 보일 때는 상황에 적합한 얼굴 표정을 짓지 못하거나 상대방의 얼굴 표정을 이해하지 못할 수 있다. 대화 시에 상대방이 나타내는 기쁨, 화, 놀라움 등의 감정이 반영된 말투를 잘 이해하지 못하거나 사용하지 못한다. 이러한 정서장애는 운율장애로 이어질 수 있는데, 말투에 적절한 감정이 섞이지 못하여 발화의 억양이 너무 평이하거나 속도가 너무 느리거나 빠른 부적절한 운율을 사용하게 된다.

운율을 촉진하기 위해서는 다수의 의미 성분이 포함된 문장을 제시한 후에 일정한 성분을 강조하여 말할 수 있도록 한다. 예컨대, '어머니가 어제 성당에 가셨습니다.'라는 문장을 제시하고 치료사가 "어머니가 언제 성당에 가셨습니까?"라고 물으면 환자는 '어제'라는 단어를 강조하면서 "어머니가 어제 성당에 가셨습니다."라고 답하도록 한다. 운율의 이 측면에서도 평서문과 의문문을 대조적으로 제시하고 이해하도록 하는 과제를 주거나, 문장 내에서 여러 가지 감정이 함축된 운율을 이해하는 과제를 쓰기도 한다.

(4) 어휘–의미장애

어휘–의미장애는 단어를 이해하고 표현하는 능력의 감소를 의미한다. 우뇌 손상 환자들은 대화 중이나 수렴 과제convergent task(예: 대면이름대기 과제)에서는 두드러진 명칭실증anomia을 보이지는 않는다. 그러나 발산 과제divergent task(예: 단어 유창성 과제)에서 정상인에 비하여 저하된 수행력을 보이게 된다. 이러한 현상은 우뇌 손상 환자들이 단어 간의 의미적 관계를 형성하는 데 어려움을 보이기 때문이다.

(5) 담화장애

우뇌 외상 환자에게는 담화능력이 감소되는 경향이 관찰된다. 예컨대, 특정한 화제에 대하여 이야기하다가 주제로부터 벗어난다든지, 상대방과 순서 바꾸면서turn-taking하는 대화가 불가능할 수 있다. 또한 이들은 은유metaphor나 비유적non-literal 의미를 처리하는 데 어려움을 보인다. 예컨대, 유사한 특성을 가진 다른 사물이나 관념을 써서 표현(예: 솜사탕 같은 구름)하면 잘 이해하지 못한다. 추론능력이 떨어지는 환자에게는 함축적인 의미를 가진 그림이나 이야기를 들려주고 해석을 하도록 연습시키되, 과제의 난이도를 점차적으로 증가시킨다.

3) 우뇌 장애의 평가

우뇌 손상에 대한 평가로는 Mini-Inventory of Right Brain Injury-2(MIRBI; Pimental & Kingsbury, 2000), The Right Hemisphere Language Battery(RHLB; Bryan, 1995), The Right Hemisphere Communication Battery(RHCB; Gardner & Brownell, 1986), RIC Evaluation of Communication Problems in right hemisphere dysfunction-Revised(RICE-R; Halper et al., 1996) 등을 들 수 있다(〈표 6-1〉 참조). 이들 도구는 우뇌 손상으로 인한 의사소통장애를 평가하기 위하여 개발되었고, 비교적 질 좋은 도구로 알려져 있지만 대부분 이론적으로만 구성되어 임상적으로 적용하기가 용의하지 않다.

표 6-1 우뇌 장애 평가도구

검사명	저자(출판연도)	평가 영역
The Right Hemisphere Communication Battery (RHCB)	Gardner & Brownell(1986)	• humor • emotion • nonliteral language: indirect requests/pictorial & verbal metaphors/inferences • integrative processes

The Right Hemisphere Language Battery(RHLB) (2nd ed.)	Bryan(1994)	• lexical semantic comprehension • spoken metaphor appreciation • written metaphor appreciation • verbal humour appreciation • comprehension of inference • production of emphatic stress • a comprehensive discourse analysis.
RIC Evaluation of communication problems in right hemisphere dysfunction–Revised(RICE–P)	Halper, Cherney, Burns, & Mogil(1996)	• pragmatic communication • orientation/attention/memory • visual perception/attention: visual scanning & tracking • reasoning: metaphoric language
Mini–Inventory of Right Brain Injury–2(MIRBI–2)	Pimental & Kingsbury(2000)	• visuospatial/visuoperceptual & attentional processing • lexical knowledge processing: explaining incongruities/absurdities/figurative language/similarities/understanding humor/expressive ability • affect processing/behavioural processing

표 6–2 **우뇌 장애 환자의 예**

성별/나이: 여/65세　　교육: 초등졸
진단명: 뇌경색　　병소 부위: Rt. PCA, MCA infarction
발병 후 경과일수: 16일

- 스스로 말하기: 검사자와의 대화 시 대부분 완전하고 적절한 내용과 표현이 가능함. 그러나 그림을 보고 스스로 말할 때에는 시지각장애로 인하여 그림 전체의 내용을 파악하기 어려워 표현이 자연스럽지 않음.
- 알아듣기: '예–아니오' 검사나 청각적 낱말 인지에서는 대부분 정반응 보임. 명령 이행에서는 질문의 길이에 관계없이 이행 가능하였으나, 조사에 대한 청각 이해가 떨어지는 편임.
- 따라말하기: 대부분 가능하나, 문장의 내용이 익숙치 않은 것에는 반복을 요구하며, 생략 및 음운착어를 보이기도 함.
- 이름대기: 물건 이름대기에서는 3항목에서 의미착어를 보였으나(예: 가위–쓰메기리, 온도계–계산기), 첫음절단서에 정반응을 나타냄. 단어 유창성에서는 단어인출의 어려움을 보여 1분에 5개만 댈 수 있음. 문장 완성 및 문장 응답에서는 어려움 없음.

- 읽기: 문장 독해에서는 좌측 시야무시증으로 인하여 문장의 왼편 글자들을 빼놓고 읽는 경향이 뚜렷하였으나, 검사자가 손으로 짚으면서 차례로 읽기를 요구할 때에는 읽어 내려감. 그러나 문장 독해력은 매우 떨어짐. 글 명령에서도 역시 좌측 시야무시증을 보임.
- 쓰기: 좌측 시야무시증이 두드러지며, 종이의 오른편으로 치우쳐서 글씨를 씀. 일부 철자의 오류는 초등졸의 학력 영향으로 사료됨. 베껴 쓰기에서는 좌측 시야무시증이 더욱 뚜렷하여, 전체 문장 중 문장의 왼편 글자들을 무시하고 오른편 것들만 씀. 구성, 시공간, 계산: 그림 그리기의 경우, 좌측 시야무시증으로 인해 '사람 얼굴'에서 왼쪽 귀를 생략하였고, '정사각형'에서도 왼쪽의 선이 끊겼으며, 나무 그림에서도 왼쪽 가지를 그리지 못함. 토막짜기는 시공간장애로 인하여 4개의 토막을 사각형으로 모으기조차도 불가능하였음. RCPM은 전체 36개 문항 중 6개에서만 정반응을 보였으며 전체 6분 40초가 소요되었음.

2. 외상성 뇌손상과 의사소통장애

1) 외상성 뇌손상의 정의

교통사고나 총상 등의 외부적 충격으로 인하여 발생하는 손상을 총칭하여 외상성 뇌손상traumatic brain injury: TBI이라 한다. 일반적으로 외상성 뇌손상은 상대적으로 국소적인 뇌혈관 질환과는 달리 산재적인 뇌손상을 말하며, 결과적으로 여러 종류의 인지기능장애를 함께 일으킨다. 언어기능은 인지기능과 밀접한 관계를 가지므로 외상성 뇌손상 환자의 언어장애를 이해하기 위해서는 인지기능에 대한 이해가 필요하다.

외상성 뇌손상은 외부의 충격으로 인하여 두개골이 손상되었는가 여부에 따라 폐쇄성 두부 손상closed head injury과 개방성 두부 손상open head injury으로 나뉜다. 폐쇄성 두부 손상의 경우에 외부 충격을 직접적으로 받게 되는 곳에는 타박성 충격이 생기고, 충격을 받은 곳의 반대 부위에 생긴 뇌손상을 반충손상contrecoup이라 한다.

외상성 뇌손상 중에서 뇌진탕concussion은 의식 소실 여부와는 상관없이 경미하게 발생하는 외상성 뇌손상을 말한다. 뇌진탕의 증세로는 즉각적인 기억장애, 혼동confusion, 둔탁한 지체운동clumsiness, 어지럼증, 구토 등을 들 수 있다. 뇌진탕이 완전히 회복될 때까지는 며칠, 몇 주, 심지어는 몇 달이 걸리기도 한다. 뇌진탕의 등급 체계concussion grading system는 다음과 같다. 1등급Grade 1 뇌진탕은 의식 소실 없이 일시적 혼동만 15분 이내 지속되는 경우이고, 2등급은 의식 소실 없이 일시적 혼동이나 다른 정신상태mental status 장애만 15분 이상 지속되는 상태이고, 3등급은 수초에서 수 분간 의식 소실이 되는 경우이다. 개방성 두부 손상 중에서 폭발로 인한 뇌손상은 blast-induced brain injury 혹은 blast-induced neurotrauma(BINT)라 한다.

2) 외상성 뇌손상의 일반적 증상

외상성 뇌손상으로 인한 증상은 크게 신체적, 인지적, 정서-심리사회적 증상으로 나뉠 수 있다(〈표 6-3〉 참조), 신체적 증상으로는 두통, 어지럼증, 피로, 시력장애, 체중 증감, 간질seizures, 수면장애, 약증, 협응장애, 균형장애 등을 들 수 있다.

외상성 뇌손상 환자가 보일 수 있는 인지적 증상으로는 각성arousal, 주의력attention, 시간이나 장소에 대한 지남력orientation, 지각perception, 기억 및 학습능력, 문제해결problem-solving 능력, 추론력reasoning skills, 이름대기능력을 포함한 언어능력, 수리력mathematical skills 등에 대한 어려움이다.

정서-심리사회적 증세로는 불안, 우울증, 과민성, 감정 폭발, 기분의 두드러진 변화mood swings, 부인denial, 탈억제disinhibition, 충동, 사회적 판단력 장애, 고립감 등이 있다.

이러한 증세들은 뇌손상의 중증도에 따라 발현되는 정도가 다르다. 경도 외상성 뇌손상mild TBI, mTBI의 경우에는 그들의 10~15% 정도가 손상 후 증세를 보이며 여러 해 지속될 수도 있다. 그뿐만 아니라 높은 비율에서 외상 후 스트레스 장애post-traumatic stress disorder: PTSD를 겪게 된다. 외상 후 스트레스 장애는 사고, 신체적 폭행 등의 심각한 신체적 · 정신적 사건을 경험한 후에 과민반응, 충격의 재경험, 감정회피 등을 겪게 되는 심리적 장애를 말한다.

3) 외상성 뇌손상의 평가

(1) 평가 목적

2004년에 제시된 ASHA 가이드라인에 따르면 외상성 뇌손상 환자가 보이는 인지-의사소통 기술cognitive-communication skills에 대한 평가의 목적은 다음과 같다. 첫째, 환자가 보이는 인지적 · 집행적 기능, 자기조절self-regulatory 능력, 언어적 요인, 사회적 기술에 관련된 장점과 단점을 확인하고 기술하고자 한다. 둘째, 일상생활의 의사소통 상황daily communication contexts이나 활동 참여participation에서 인지 의사소통장애가 환자 자신의 능력이나 수행력에 미치는 영향을 확인하고 기술하고자 한다. 그리하여 평가 후에 기대할 수 있는 것은 인지-의사소통장애에 대한 진단, 인지-의사소통장애의 특색에 대한 임상적 묘사, 예후, 치료와 지원support을 위한 추천, 추가 평가나 서비스를 위한 의뢰 등을 포함한다.

(2) 평가 영역 및 평가도구

외상성 뇌손상 환자들의 장애에 대한 평가는 집중력, 기억력, 문제해결력 및 집행기능, 이름대기능력, 언어 이해력, 기능적 의사소통 등을 포함한 다양한 영역에서 이루어져야 한다.

평가자로서의 언어치료사의 역할은 자세한 평가를 하고, 환자 스스로가 자신의 결손 상태를 이해할 수 있게 설명하며 치료하는 일이다. 평가는 앞서 언급된 각 영역에서 세부적이고도 광범위하게 이루어져야 한다. 그런데 한 가지 검사도구가 모든 영역을 평가할 수는 없다. 전통적으로 언어치료사는 외상성 뇌손상을 평가하기 위한 도구로서 실어증 평가도구를 사용해 왔다. 경도 외상성 뇌손상을 평가하

표 6-3 외상성 뇌손상으로 인한 신체적 · 인지적 · 정서-심리사회적 증상

증상의 범주	상세 증상
신체적 증상	• 두통(Headache) • 어지럼증(Dizziness) • 피로(Fatigue) • 시력 장애(Visual impairment) • 체중 증감(Weight loss/gain) • 간질(Seizures) • 수면장애(Sleep disorder) • 약증(Weakness) • 협응장애(Incoordination) • 균형장애(Balance disorder)

인지적 증상	• 집중력 저하(Attention deficit) • 기억장애(Memory impairment) • 집행능력 저하(Executive impairment) • 지각력 저하(Difficulty with perception and direction) • 사고력 지체(Slowness of thought) • 혼동(Confusion) • 무관심(Apathy) • 작화증(Confabulation) • 자부심 결여(Loss of self-esteem) • 한계 의식 결여(Difficulty recognizing limits)
정서-심리사회적	• 불안 (Anxiety) • 우울(Depression) • 과민성/감정 폭발(Irritability/agitation/outbursts) • 기분의 두드러진 변화(Mood swings) • 부인(Denial) • 탈억제/충동(Disinhibition and impulsiveness) • 사회적 판단력 장애(Impaired social skills/social judgment) • 고립감(Loss of Social network/feelings of isolation)

기 위하여 어떤 도구를 사용할 수 있는지를 조사한 한 연구(Duff, Procter, & Haley, 2002)에 의하면, 외상성 뇌손상 평가에 가장 많이 쓰여지는 도구로서 로스 정보 처리 평가(Ross Information Processing Assessment: RIPA; Ross-Swain, 1996), 보스톤 실어증 진단 검사(Boston Diagnostic Aphasia Examination: BDAE; Goodglass, Kaplan, & Barresi, 2000), 보스톤 이름대기 검사(Boston Naming Test: BNT; Kaplan, Goodglass, & Weintraub, 2000), 외상성 뇌손상 척도 (Scales of Traumatic Brain Injury: SCATBI; Adamovich & Henderson, 1992) 등을 보고하였다.

외상성 뇌손상의 평가도구로서 갖추어야 하는 요건은 다음과 같다. 첫째, 외상성 뇌손상은 여러 가지의 인지 및 의사소통 문제를 야기하므로 각 하위 영역별로 자세하고 정확하게 평가할 수 있는 검사 문항을 포함하여야 한다. 특히 경도 외상성 뇌손상을 민감하게 선별해 낼 수 있는 평가도구를 사용하는 것이 중요하다. 둘째, 최대한 자연스러운 환경에서 나오는 반응을 타당성 있게 평가할 수 있어야 한다. 신경의사소통과학장애학회Academy of Neurologic Communication Disorders and Sciences: ANCDS에서 5년간 실시한 연구(Frattali et al., 2003; Turkstra et al., 2005)에 의하면, 총 137개의 표준화 검사 중 31개의 외상성 뇌손상 평가도구를 추린 결과, 그중 7개의 평가도구만이 미국 보건관리 연구기구Agency for Health Care Policy and Research: AHCPR에서 제시하는 신뢰도와 타당도 기준에 부합되는 것으로 확인되었다. 〈표 6-4〉에서는 외상성 뇌손상에 따른 다양한 장애 요소를 평가할 수 있는 평가도구를 제시하였다.

그러나 표준화된 검사에만 의존할 것이 아니라 환자 증세와 상태에 따라 비공식 문항(특히, 대화 및 담화 분석)을 활용하는 것도 중요하다. 왜냐하면 표준화된 검사 조건이 외상성 뇌손상 환자들이 구조화된 검사실 내에서가 아닌 실제 사회적 환경에서 보이는 인지-의사소통 문제를 보완해 주기도 하며, 비공식 문항들이 자연스러운 의사소통 상황에서는 환자가 어떻게 반응하고 대처하는지를 확인시켜 줄 수 있기 때문이다.

표 6-4 외상성 뇌손상의 평가 영역에 따른 평가도구

평가 영역	평가도구
집중력	• Attention Process Test II(APT; Sohlberg et al, 2001)
기억력	• Verbal Learning Test II(CVLT-II; Delis, Kramer, Kaplan, & Ober, 1983)
문제해결력 및 집행기능	• Behavioral Assessment of Dysexecutive Syndrome(BADS; Wilson, Alderman, Burgess, Emslie, & Evans, 1996). Tower of London(Culbertson & Zillmer, 1999) • Functional Assessment of Verbal Reasoning and Executive Strategies(FAVRES: MacDonald & Melnichouk, 2005) • Behavior Rating Inventory of Executive Function(BRIEF)
이름대기능력	• Boston Naming Test(Kaplan, Goodglass, & Weintraub, 1983)(한국판 김향희 · 나덕렬, 1997) • Word Fluency Measure(Spreen & Benton, 1969)
언어 이해력	• Assessment of Verbal Reasoning and Executive Strategies(FAVRES: MacDonald & Melnichouk, 2005) • Western Aphasia Battery(WAB) • Test of Language Competence-Extended(TLE-C)
기능적 의사소통	• Communication Activities of Daily Living(CADL-2) • Functional Independence Measure(FIM; Uniform Data System for Medical Rehabilitation) • American Speech-Language-Hearing Association Functional Assessment of Communication Skills in Adults(ASHA FACS)

한편, 외상 후 스트레스 장애에 대한 평가도 중요한데, 경도 외상성 뇌손상 환자의 경우에 특히 뇌손상과 심리적 문제들이 겹쳐서 인지 의사소통능력에 대한 정확한 검사와 진단이 어려울 수 있기 때문이다.

(3) 예후

장애가 생기기 전에 환자가 갖고 있었던 언어능력, 나이, 성별, 직업 등에 비추어 언어장애의 정도를 해석하며, 그에 따라 예후를 확인한다. 나이의 경우, 1936년에 발표된 케너드 원칙$_{\text{Kennard Principle}}$에 따르면 뇌손상 때의 나이와 기능적 회복 간에는 부적$_{\text{negative}}$ 상관관계가 있다. 즉, 아동기의 뇌손상은 성인기에 비하여 장애에 덜 취약하다는 것이다. 그러나 최근 들어 발달이 끝나지 않은 뇌가 외상성 뇌손상에 더 취약할 수 있다는 보고가 있으므로 나이와 예후와의 관계는 명확하지 않다고 할 수 있다. 한편, 우울증, 불안, 집중력 장애 등도 회복에 영향을 주는 변인들이다.

4) 외상성 뇌손상의 치료

광범위하고 다양한 장애를 보이는 외상성 뇌손상 환자들은 언어장애가 일부에 해당할 만큼 여러 인지기능장애를 보이므로, 의료진뿐만 아니라 언어재활사, 신경심리학자, 작업치료사, 물리치료사, 사회사업사 등이 포함된 치료팀을 구성하여 세부적이고도 체계적인 치료를 집행하는 것이 중요하다. 따라서 치료팀의 역할은 각 환자들에게 개별적이고 근거기반된 치료 프로그램을 제공하여 그들의 기능을 극대화하고 장애 정도를 최소화하는 것이다. 이를 위하여 주간회의 등을 정례화하고 치료에 따른 환자의 경과를 면밀히 살펴보는 것이 중요하다.

외상성 뇌손상 환자들은 뇌혈관 질환 환자들에 비하여 연령대가 어리거나 고용연령대에 속한 경우가 많으므로 재활에 보다 적극적으로 임하는 경향이 있으나, 여러 가지의 기능장애로 인하여 치료 효과가 더딜 수 있으므로 인내심을 갖고 꾸준한 치료를 받도록 한다.

(1) 집중력

집중력 장애는 다른 인지기능을 수행하는 데 밀접한 영향을 미칠 수 있으므로 기본적으로 치료되어야 한다. 치료법으로는 직접적인 집중력 치료, 환경 지원, 외부 단서 체계 등을 활용할 수 있다. 특히 직접적인 집중력 치료가 경도 외상성 뇌손상 환자에게 도움이 된다는 연구도 있다. 집중력 장애의 대표적인 치료 프로그램으로 APT II Attention Process Training II program(Sohlberg, Johnson, Paule, Raskin, & Mateer, 2001)가 있다. APT II는 지속적 집중력, 선택적 집중력, 분할 집중력 등을 향상시키는 데 초점을 맞춘 치료법이다. 지속적 집중력 훈련의 다른 예를 들어보자. 수행 시간이 긴 과제에 일정 시간 동안 집중해서 일을 수행하는 연습을 시킬 수 있다. 예컨대, 한 바구니에 놓여진 100개 정도의 다섯 가지 색 구슬들을 색깔별로 분리해서 한 개씩 각각 다른 바구니에 넣는 훈련을 한다. 지속적 집중력 치료에 있어서 환자의 연령에 맞추어 훈련 과제를 선정할 수 있는데, 학생의 경우는 교과서 한 장의 내용을 쉬지 않고 끝까지 읽게 하되 읽기 오류를 무시한다. 성인 직장인의 경우는 일과 연관된 일정한 길이의 자료를 자판을 이용하여 컴퓨터에 입력하게 한 후에 철자 오류를 꾸준하게 점검하게 한다.

그런데 가장 중요한 것은 집중력 훈련을 통하여 향상된 기술을 좀 더 기능적인 과제로 점차적으로 전이하고 다양한 환경에 일반화시킬 계획을 치료 초기부터 마련해야 한다는 것이다. 예컨대, 선택적 집중력 훈련으로 소음 환경에서 계속적으로 제시되는 자극 중에 특정 단어를 고르게 한다든지, 좀 더 기능적으로는 신문을 읽게 하여 독해 문제에 답을 하게 하는 등의 일상적인 과제를 활용한다.

환경 지원 프로그램의 경우에는 집안, 학교 업무 환경을 변화시킴으로써 환자들이 자신의 결손을 보완하는 것이다. 예컨대, 집중할 수 없는 환경에 놓인 환자의 환경을 조사하여 집중이 용이할 수 있도록 변화시키는 것이 필요하다. 이를 위하여 주변 소음을 줄인다든지, 가구의 배열이나 동선을 단순화시킨다든지, 업무용 책상을 정돈한다든지, 폴더별로 업무나 과제를 정리하는 방법을 활용하면 좋다.

외부 단서 체계의 활용은 체크리스트, 포스트잇 등을 이용하여 일상에서 처리해야 할 일(예: 장보기 리스트)에 대한 계획을 세우면 집중력 저하로 인한 손실을 보충할 수 있다.

(2) 기억력

기억력 장애는 학습능력에 부정적인 영향을 미친다. 어떤 유형의 기억력 장애가 관찰되는지 면밀히 살피고 그에 따른 적합한 치료법을 찾는다. 기억의 회상력$_{\text{recall}}$에 대한 훈련은 2개 이상의 서로 다른 의미 범주에 속하는 어휘들을 들려주고 그중에 일정한 범주에 속하는 어휘를 말하게 할 수 있다. 예컨대, '숟가락, 양말, 밥솥, 접시, 잠바, 수영복' 중에서 '의복(옷)'에 속하는 것을 고르는 연습을 한다. 여기서 의미범주의 수를 늘려 간다든지 어휘 수를 늘리면 난이도가 증가되므로 중증도에 따라 과제를 변화시킬 수 있다. 이 밖에도 환자가 일상생활에서 잊지 말고 기억해야 되는 행사일이나 기념일에 대한 체크리스트를 작성하게 하여 날짜순으로 외우게 훈련할 수 있다.

또한 전자 외부 기억 보조기$_{\text{external memory aids}}$가 아날로그 기억 보조(예: 수첩)보다 기억력 유지에 더 도움을 준다고 알려져 있다. 요즘 들어 스마트폰이나 태블릿 PC 등의 앱을 활용하여 일과표, 전자 사전 등을 사용할 수 있다. 방향 설정에 어려움이 있으면 GPS(예: 구글 지도)의 도움을 받을 수도 있다. 또한 새로운 정보를 습득하기 위하여 기억에 도움이 되는 책략을 익히게 할 수 있다. 그런데 이러한 기억력 훈련을 통한 향상이 얼마만큼 일반화가 가능하여 기능적인 향상을 이끌어 낼 수 있는지는 확실하지 않다.

집중력의 경우에도 마찬가지로 기억력 향상을 도모하기 위하여 환경 변인을 조정하거나 적절한 단서를 활용한다. 예컨대, 상대방이 구어로 제시하는 지시사항을 의도적으로 반복하거나 받아 적어서 원활한 기억 등록을 꾀한다든지, 학교에서는 수업 내용을 녹음하거나 녹화하여 기억 결손을 보충한다.

(3) 이름대기

이름대기 장애에 대한 치료로서 음절단서 제공은 언어치료기법 중에 가장 흔하게 사용하는 방법이다. 예컨대, '시계'라는 단어를 생각해 내지 못할 때에 '시-' 하는 음절을 들려주면 비교적 수월하게 단어를 유출해 낼 수 있다. 그러나 이러한 음절단서 제공법이 일반화에는 도움이 되지 못한다. 이때 '시계'라는 사물에 대한 속성을 기억할 수 있는 의성어(예: '똑딱똑딱')를 함께 제공하면서 치료사가 "똑딱똑딱~"이라고 말하면 단어인출에 도움을 받는다.

참고문헌

Abusamra V, Cote H, Joannette Y, Ferreres A (2009). Communication impairments in patients with right hemisphere damage. *Life Span and Disability, 12*(1): 67-82.

Bryan KL (1989). *The Right Hemisphere Language Battery*(2nd ed.). Kibworth, England: Far Communications.

Cernak I, Wang Z, Jiang J, Bian X, Savi J (2001). Ultrastructural and functional characteristics of blast injury-induced neurotrauma. *Journal of Trauma, 50:* 695-612.

Gardner H, Brownell HH (1986). *Right Hemisphere Communication Battery*. Boston: Psychology Service, VAMC.

Halper AS, Cherney LR, Burns MS, Mogil SI (1996). *RIC Evaluation of communication problems in right hemisphere dysfunction-revised*. Rockville, MD: Aspen.

Pimental PA, Kingsbury NA (1989). *Mini Inventory of Right Brain Injury*(2nd ed.). Austin: Pro-Ed.

Sohlberg M, Johnson L, Paule L, Raskin S, Mateer C (2001). *Attention Process Training II*. Wake Forest, NC: Lash & Associates Publishing/Training.

복습문제

1. 뇌량 절제술을 받은 분할뇌 환자들의 연구를 통해 좌뇌와 우뇌의 역할을 규명한 대표적인 학자는 누구인가?

2. 다음 중, 우뇌 손상 환자들이 보이는 대표적인 언어처리장애 요소는?
   (1) 통사적 요소　　(2) 어휘의미적 요소
   (3) 구문적 요소　　(4) 음운적 요소

3. 우뇌 손상 환자들이 뜻을 이해하기 힘든 표현이 아닌 것은?
   (1) '솜사탕 같은 구름'　　(2) '내 마음은 호수요'
   (3) '새해 복 많이 받으세요'　　(4) '먹물을 끼얹은 듯 검은 하늘'

4. 우뇌 손상으로 인한 어휘의미장애를 나타내는 과제끼리 옳게 짝지은 것을 고른다면?
   (1) 발산 과제–대면이름대기 과제
   (2) 수렴 과제–단어 유창성 과제
   (3) 발산 과제–단어 유창성 과제
   (4) 수렴 과제–대면이름대기 과제

5. 뇌진탕의 등급 체계에 대한 설명으로 옳지 않은 것은?
   (1) 1등급: 의식 소실 없이 일시적 혼동만 15분 이내 지속되는 경우
   (2) 2등급: 의식 소실 없이 일시적 혼동 등이 15분 이상 지속되는 상태
   (3) 3등급: 수 초에서 수 분간 의식 소실이 되는 경우
   (4) 4등급: 1시간 이상 의식 소실이 관찰되는 경우

6. 사고, 신체적 폭행 등의 심각한 신체적 · 정신적 사건을 경험한 후에 과민반응, 충격의 재경험, 감정회피 등을 겪게 되는 심리적 장애를 무엇이라 일컫는가?

7. 다음 중 기능적 의사소통장애를 평가할 수 있는 대표적 도구는?

(1) Boston Naming Test

(2) Word Fluency Measure

(3) Western Aphasia Battery

(4) Communication Activities of Daily Living

8. 케너드 원칙이란?

정답

1. 로저 스페리
2. (2)
3. (3)
4. (3) (4)
5. (4)
6. 외상 후 스트레스 장애
7. (4)
8. 뇌손상 때의 나이와 기능적 회복 간에는 부적 상관관계가 있으므로, 예컨대 아동기의 뇌손상은 성인기에 비해서 장애에 덜 취약하다.

제7장

치매와 언어장애

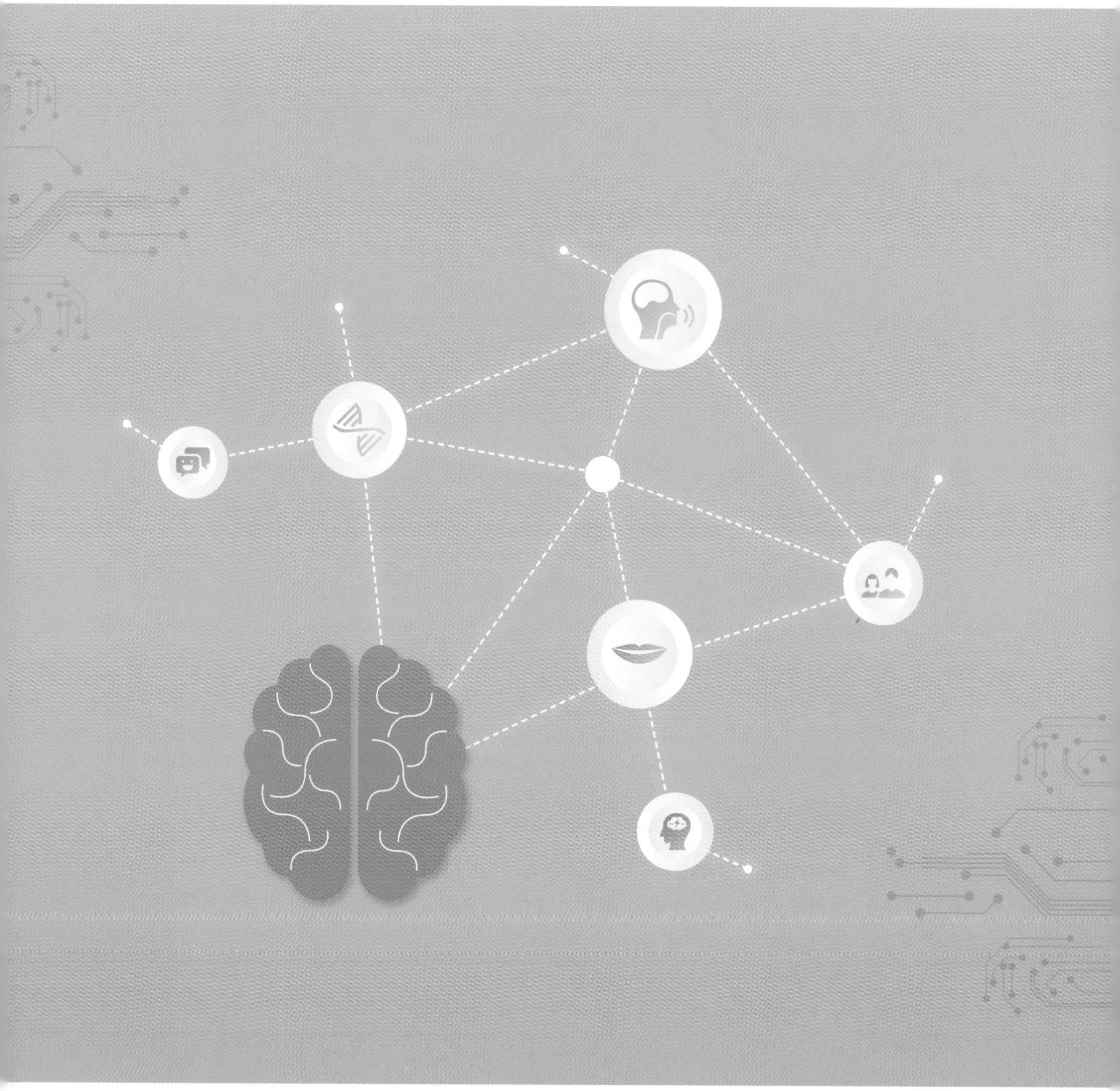

학습목표

- 치매에서 언어재활사의 역할을 기술할 수 있다.
- 치매와 신경인지장애를 기술할 수 있다.
- 치매의 진단 기준과 원인 질환에 대하여 설명할 수 있다.
- 치매로 인한 언어장애에 대하여 설명할 수 있다.
- 진행성 신경언어장애에 대한 치료법을 제시할 수 있다.

현대 의학이 발달하면서 인간의 수명이 연장됨에 따라 65세 이상의 노인 인구가 현저하게 증가하였다. 우리나라는 2001년에 이미 65세 이상의 노인 인구가 7% 이상을 차지하는 고령화사회aging society에 진입하였으며, 2017년에는 14% 이상인 고령사회aged society로 들어섰고, 2026년부터는 노인 인구가 20% 이상인 초고령사회super-aged society를 예상하고 있다. 통계청 자료에 따르면, 2021년 현재, 65세 이상의 노인 인구는 전체 인구의 약 15.7%(853만여 명)를 차지한다. 이들 65세 이상의 노인 인구에서 치매 노인 유병률은 2020년을 기준으로 10.3%(약 84만 명)이므로 65세 이상의 노인 10명 중 1명 정도가 치매를 앓고 있는 셈이다. 건강보험심사평가원 자료에 따르면(〈표 7-1〉 참조), 2019년 기준으로 치매 수진자 수는 모든 연령대에서 총 80만여 명 가량인데, 성별로는 여성이 70.6%(565,040명)으로서 남성 29.4%(234,226명)의 2.4배 수준으로 집계되었다. 이들 중에 65세 이상 노인 인구의 치매 수진자 수는 전체 치매 수진자의 90.43%(722,826명)을 차지한다. 연령 구간별 치매 수진자 수는 85세 이상이 27.62%(220,780명)로 가장 많았고, 80~84세가 25.83%(206,488명), 75~79세가 22.06%(176,324명), 70~74세는 12.87%(102,862명), 65~69세는 8.56%(68,414명)의 순이었다.

표 7-1 **연령 구간별 치매 수진자 수 및 비율 (건강보험심사평가원, 2019)**

	전체	65세 미만	65세 이상					
		소계	소계	65~69세	70~74세	75~79세	80~84세	85세 이상
인원(명)	799,266	79,491	722,826	68,414	102,862	176,324	206,488	220,780
비율(%)	100	9.94	90.43	8.56	12.87	22.06	25.83	27.62

한편, 치매는 65세 이상의 노인 인구에서만 발생하는 노인성 치매senile dementia에만 국한되는 것은 아니며 65세 이전에 발생하는 초로성 치매presenile dementia까지 아우

른다. 65세 미만의 치매 수진자 수는 전체 치매 수진자 80만 명 중 9.94%(79,491명)이었다. 또한 40~59세 구간에서는 4.45%(35,608명)가 보고되었고, 40세 미만은 0.14%(1,151명)으로 확인되었다. 이처럼 치매의 높은 유병률로 인하여 치매 관련 언어장애 인구는 언어치료 분야에서 가장 급속히 늘어나는 임상 인구로서 미국에서는 의료 분야에 종사하는 언어재활사(SLP)가 세 번째로 많이 다루는 분야이다(ASHA, 2017a). 이에 따라, 치매 환자에 대한 복지 및 요양 서비스의 사회적 요구가 증가할 것이며, 언어장애 분야에서의 언어재활사의 역할이 점차로 중요시될 것이다(ASHA, 2017a).

1. 치매와 언어재활사의 역할

치매 분야에서 언어재활사는 치매가 진행되는 과정의 연속적 전반에 걸쳐 '의사소통기능'을 평가하고 중재하는 데 가장 중심적인 역할을 한다(ASHA, 2017b). 그럼에도 불구하고, 언어재활사의 역할에 대한 타 전문직의 인식 부족으로 인하여 치매 중재에서 그들과의 협업이 제대로 이루어지지 않는다(Paul & Mehrhoff, 2015). 언어병리학의 다른 분야에서와 마찬가지로, 치매 분야에도 언어재활사의 전문적인 역할과 활동에는 임상/교육 서비스(진단, 평가, 계획 및 치료)가 포함되며, 예방, 옹호, 교육, 행정, 연구까지 광범위하게 망라한다(ASHA, 2016). 그러므로 다음의 역할을 수행하기 위해(ASHA, 2017b), 언어재활사는 치매와 관련된 인지-의사소통장애에 대한 특정 지식을 포함하여 지식과 기술이 필요하다.

- 치매 위험이 있는 개인 및 그룹, 그리고 그들을 보호하는 이들에게 예방적 정보를 제공함
- 다른 전문가, 제3자 지불인, 입법가/법률제정가에게 치매 관련 인지-의사소통 및 삼킴 장애를 진단하고 운용하는 데 있어 언어재활사의 역할에 대해 교육함
- 인지-의사소통에 어려움이 있는 이들을 선별하고 추가 평가의 필요성을 결정함
- 인지-의사소통 기능 및 삼킴에 대한 문화적·언어적으로 적합한 종합적 평가를 수행함

- 치매와 관련된 인지-의사소통장애를 진단함
- 치매와 관련된 삼킴장애를 평가, 진단 및 치료함
- 치매 환자 및 가족에게 의사소통 관련 문제를 상담하며, 치매의 본질과 경과에 대한 정보를 제공함
- 청력 손실 및 평형 문제를 확인하기 위하여 청각사에게 의뢰함
- 추가적 문제점들을 알아보고, 병인을 확인하며, 포괄적인 서비스에 대한 접근을 용이하게 하기 위해 다른 전문가에게 의뢰함
- 치료 계획을 수립함; 기저 질환이 진행되는 동안 인지-의사소통 및 기능적 능력이 최고 수준으로 유지되기 위한 치료를 제공함; 치료 효과를 문서화함
- 치매 환자 및 그 가족/간병인과 협력하는 학제 간 팀의 핵심 구성원으로서 역할을 함
- 기저 질환이 진행되는 동안 적절한 중재와 지원을 보장하고자 인지-의사소통 상태를 모니터링함
- 간병인 및 환경 수정을 통한 간접 중재를 제공함
- 기저 질환이 진행되는 동안 프로그램 개발을 촉진하고, 치료의 연속성을 보장하기 위해 다른 전문가, 가족, 간병인 등과 상의하고 협력함
- 인지-의사소통 및 치매와 관련된 삼킴장애 분야의 연구 정보를 지속적으로 확보하고, 치매 특성 및 치료와 관련된 지식 바탕을 발전시키는 데 노력함
- 지역, 도, 국가 차원에서 치매 환자와 그 가족을 옹호하며, 적절한 경우 전문가 증언을 제공함

2. 치매와 신경인지장애

치매$_{\text{dementia}}$라는 용어는 라틴어로 'de-(out of) + mens(mind) + a(disease)'를 뜻한다. 치매의 정의는 여러 내용으로 기술될 수 있으나, 일반적으로 인지기능장애가 있어야 하고, 섬망$_{\text{delirium}}$ 등과 같은 각성장애가 없어야 한다. Cummings와 Benson(1992)은 기억장애, 언어장애, 시공간장애, 집행기능장애, 정동 성격장애를 포함한 다섯 가지 인지기능장애 중 적어도 세 가지에서 기능 저하가 생기는 경우

를 '치매'라고 하여, 반드시 기억장애가 포함되지는 않아도 된다고 하였다. 1994년, 미국 정신의학회American Psychiatric Association: APA에서 편찬된『정신장애진단 통계 편람Diagnostic and Statistical Manual of Mental Disorders-Fourth Edition: DSM-IV』에 따르면, 치매는 다발성 인지기능장애, 즉 '기억장애'와 더불어 언어장애, 시공간장애, 혹은 집행기능executive function장애 중 적어도 한 개 이상의 장애를 보이는 임상 증후군이며, 그러한 장애들이 사회생활이나 직업 활동에 지장을 주어야 한다고 명시하고 있다.

그런데 2013년에 발간된『DSM-V』(2013, 한국어 번역본, 2015)에서는 '치매' 용어를 대체하여 '신경인지장애NeuroCognitive Disorders: NCD'라는 용어를 새로이 도입하였다. 이 NCD 범주에서 '섬망'을 먼저 기술하고, '주요major' 및 '경도mild' 신경인지장애NCD'로 구분하였다.

먼저, 섬망의 진단 기준으로는 주의장애, 즉 주의를 기울이고, 집중, 유지, 전환하는 능력의 감소, 그리고 의식[각성]의 장애, 즉 환경에 대한 지남력 감소가 주요 증세이다. 일반적인 의학적 문제나 상태와 연관되면서 몇 시간~며칠에 거쳐 갑작스럽게 발증하고, 그 증세는 몇 주~몇 달 동안 지속될 수 있다. 기억 결손, 지남력 장애, 언어, 시공간 능력 또는 지각과 같은 인지장애가 한 개 이상 동반되어야 한다.

'주요 신경인지장애'와 '경도 신경인지장애'는 각각 '치매'와 '경도인지장애mild cognitive impairment: MCI'를 대체한 용어들이다. 물론 '치매'라는 용어 자체가 일반적으로 널리 통용되므로, 사용 자체를 배제하지는 않는다. 따라서 본 책에서도 '치매'와 '경도인지장애'라는 용어를 혼용하기로 한다. 신경인지장애의 원인 질환으로는 알츠하이머병, 혈관성 질환, 루이소체병, 파킨슨병, 전두측두엽 질환 등과 같은 노인 대상의 퇴행성 질환뿐만 아니라, 외상성 뇌손상, 인체면역 결핍 바이러스human immunodeficiency virus: HIV 감염 등과 같은 비퇴행성 질환에 따른 인지장애도 포함된다. 이처럼 신경인지장애 범주는 핵심적 특징이 인지기능 손상이어야만 하는 장애군을 총망라하며, 인지적 특징이 출생 또는 생애 매우 이른 시기, 즉 발달상에서 관찰되는 것이 아닌, 기능이 이미 획득한 후의 후천적 장애로 나타난다. 경도 신경인지장애는 인지 손상의 수준이 덜 심하지만, 치료가 필요한 인지장애로 중요시 다룬다.

〈표 7-2〉에서는 주요 신경인지장애와 경도 신경인지장애의 진단 기준을 기술하였다. 신경인지장애의 핵심적 특징은 한 개 이상의 인지영역에서의 후천적 인지 저하이며 이러한 인지 저하에 대한 판단은, 첫째, 환자나 환자를 잘 아는 정보 제공자

표 7-2 주요 신경인지장애와 경도 신경인지장애의 진단 기준

	주요 신경인지장애	경도 신경인지장애
핵심적 인지 영역	하나 또는 그 이상의 인지영역(복합적 주의, 집행기능, 학습/기억, 언어, 지각-운동, 사회 인지)에서 인지 저하가 이전의 수행 수준에 비해 현저함	하나 또는 그 이상의 인지영역(복합적 주의, 집행기능, 학습/기억, 언어, 지각-운동, 사회 인지)에서 인지 저하가 이전의 수행 수준에 비해 경미하게 있음
독립성	인지 결손으로 인하여 일상 활동의 독립성이 방해됨	인지 결손으로 인하여 일상 활동의 독립성이 방해되지는 않음
섬망과의 관련성	인지 결손은 섬망의 상황에서만 발생하는 것이 아님	좌와 상동
정신 질환과의 관련성	인지 결손이 다른 정신 질환(예: 주요우울장애, 조현병)으로 더 잘 설명되지 않음	좌와 상동
병인	알츠하이머병, 전두측두엽 변성, 루이소체병, 혈관 질환, 외상성 뇌손상, 물질/치료약물 사용, HIV 감염, 프라이온병, 파킨슨병, 헌팅턴병, 다른 의학적 상태 다중 병인, 명시되지 않는 경우	좌와 상동
심각도	경도(일상생활의 도구적 활동의 어려움: 집안일, 돈 관리) 중등도(일상생활의 기본적 활동의 어려움: 음식 섭취, 옷입기) 고도(의존적)	-

참조: American Psychiatric Association(2013). *Diagnostic and statistical manual of mental disorders* (5th ed.). Washington, DC: Author. (역서: 권준수(대표 역자)(2015). **정신 질환의 진단 및 통계 편람**. 서울: 학지사).

또는 임상의의 편에서 인지에 대한 걱정이 보고되거나, 둘째, 인지 수행의 정도(예: 현저한 손상 또는 경미한 손상)가 가급적이면 표준화된 신경심리검사에 의해, 또는 그것이 없다면 다른 정량적 임상 평가에 의해 입증되는지 여부에 따른다.

〈표 7-3〉에서는 여섯 가지의 신경인지장애 영역에서 '주요'와 '경도' 신경인지장애 간의 차이점을 기술해 놓았는데, 이 두 유형의 신경인지장애는 스펙트럼상에 놓여 있는 것으로 이해하면 된다. 여섯 가지의 영역은 복합적 주의, 집행 기능, 학습 및 기억, 언어, 지각-운동, 그리고 사회적 인지를 포함한다. '복합적 주의' 영역에서는 지속적 주의, 분할 주의, 선택적 주의, 처리 속도상의 어려움을 확인한다. '집행 기능'을 평가하기 위해서는 계획, 의사결정, 작업기억, 피드백에 대한 반응/오류 수

정, 우선적인 습관 및 억제, 정신적 유연성을 관찰한다. '학습 및 기억' 영역에서는 여러 가지의 기억 유형에 대한 기능을 확인하는데, 즉각기억, 최근기억, 초창기 기억, 암묵적 학습을 포함한다. '언어' 영역에서는 표현성 언어(즉, 이름대기, 단어 찾기, 유창성, 문법 및 구문)와 수용성 언어를 평가한다. '지각-운동'은 시지각, 시각 구성,

표 7-3 여섯 가지 신경인지장애 영역에서 주요 신경인지장애와 경도 신경인지장애 간의 차이점

영역	주요 신경인지장애	경도 신경인지장애
1. 복합적 주의(complex attention): 지속적 주의, 분할 주의, 선택적 주의, 처리 속도	다양한 자극 환경에서의 어려움과 산만함; 새로운 정보 유지 어려움; 암산 어려움; 처리 속도 증가	평범한 일에 시간 소요 증가; 일상적 일의 실수; 재확인 필요성 증가; 휴대전화/운전 등의 동시 경합 시 어려움
2. 집행기능(executive function): 계획, 의사결정, 작업기억, 피드백에 대한 반응/오류 수정, 우선적인 습관/ 억제, 정신적 유연성	복잡한 계획 포기; 한 번에 하나의 일에 초점을 맞춰야 함; 일상생활 도구 사용 시 타인 의존 필요	다단계 계획에 더 많은 노력 필요; 일의 조직, 계획, 결전에 추가적 노력 필요; 사교 모임에서 대화 주제 이어 가기 어려움에 따른 모임 즐거움 감소
3. 학습/기억(learning/memory): 즉각기억, 최근기억[자유 회상, 단서 회상 그리고 재인기억을 포함], 초창기 기억[의미적 · 자전적], 암묵적 학습	대화 시 자신의 발화 반복; 쇼핑 목록/하루 계획 기억 못 함; 당면한 일이 상기될 필요 있음 (*심한 주요 신경인지장애를 제외하고 의미적 · 자전적 · 암묵적 기억은 최근 기억에 비해 비교적 잘 보존됨)	최근 사건의 회상 어려움; 목록 작성/달력에 더 많이 의존; 영화나 소설의 등장인물이 상기될 필요 있음; 가끔 동일한 사람에게 자신의 말을 되풀이함; 계산서를 이미 지불한 사실을 기억 못 함
4. 언어(language): 표현성 언어[이름대기, 단어 찾기, 유창성, 문법 및 구문]와 수용성 언어	표현성/수용성 언어의 현저한 어려움; '거시기', '있잖아' 등의 상용구를 종종 사용; 단어보다 대명사를 사용; 심한 경우, 친구/가족 이름의 회상 어려움; 문법 오류; 혼잣말; 말수가 줄어듦; 상동어; 반향어증 및 자동구어는 함구증보다 먼저 등장	뚜렷한 단어 찾기 어려움; 특정 용어를 일반적 용어로 대체; 아는 사람의 이름 사용을 피함; 관사, 전치사, 조동사 등의 미묘한 생략/부정확한 사용 등의 문법적 오류
6. 사회적 인지(social cognition): 감정 인식, 마음 이론	사회적 허용 범위를 분명히 벗어나는 행동; 복장, 대화, 주제 등에서 사회적 기준에 둔감함; 행동의 의도가 가족이나 친구를 고려하지 않음	미묘한 행동/태도 변화가 성격 변화로 묘사됨; 사회적 신호/얼굴 표정 읽기 능력의 저하; 공감 감소; 억제력 감소; 무감동 및 안절부절 못함

참조: American Psychiatric Association(2013). *Diagnostic and statistical manual of mental disorders* (5th ed.). Washington, DC: Author. (역서: 권준수(대표 역자)(2015). **정신 질환의 진단 및 통계 편람**. 서울: 학지사). pp. 647-649 (〈표 1〉 신경인지 영역).

지각-운동, 실행(예: 몸동작), 인식(예: 얼굴, 색깔) 등을 확인한다. 마지막으로, '사회적 인지'는 감정 인식(또는 식별), 마음 이론(즉, 다른 사람의 정신상태나 경험을 고려할 수 있는 능력)에 관련된다.

이 중에서 '언어' 영역을 좀 더 구체적으로 살펴보면, 표현성 언어에서는 대면이름대기(예: 그림 대면이름대기, 사물 대면이름대기)와 단어 유창성 과제[예: 1분 이내에 특정 의미 범주에 속하는 단어들을 말하기; 1분 이내에 특정 음소(예: ㄱ, ㅅ, ㅇ)로 시작하는 단어들을 말하기]를 통해 신경인지장애 환자들에게서 빈번히 관찰되는 이름대기 장애를 평가하게 된다. 수용성 언어에서는 언어적 명령/지시사항에 따라 행위를 수행하는 능력을 관찰한다.

3. 치매의 원인 질환/병인

통상적으로 '치매' 혹은 '신경인지장애'라 하면 알츠하이머병 치매[신경인지장애]와 같은 퇴행성 뇌질환에 의한 신경인지장애만을 떠올리게 된다. 그러나 지금까지 밝혀진 치매를 일으키는 원인 질환은 약 70여 가지로 매우 다양하다. 치매는 치료가 불가능한 비가역성irreversible 치매와 원인 질환을 치료함으로써 치매가 호전되는 가역성reversible 치매로 나뉠 수 있다. 알츠하이머병, 파킨슨병, 픽병 등을 포함한 대부분의 원인이 비가역성 치매를 유발한다. 비가역성 치매는 치료 자체는 아직까지 불가능하나 초기에 진단받고 인지기능 개선제와 같은 약물을 투약하면 질환의 진행 속도를 지연시킬 수 있다. 뇌졸중과 같은 혈관 질환이 반복적으로 발생해도 치매가 올 수 있으며 어느 정도의 치료가 가능한 가역성 치매의 원인이 된다. 또한 고혈압, 당뇨, 고지혈증 등의 위험 요인들을 제대로 관리하고 인지기능 개선제, 항혈소판 제제, 항응고제 등의 치료제를 사용하면 어느 정도 예방이 가능하다. 또한 정상압 수두증normal pressure hydrocephalus이나 갑상선 기능저하증hypothyroidism, 뇌하수체 기능저하증hypopituitarism과 같은 대사성 질환, 비타민 B12 결핍증과 같은 결핍성 질환, 수두증 등도 원인 문제를 해결하면 치료가 가능한 가역성 치매이다. 그러나 치료가 가능하다고 해도 완전히 회복될 수 있는 경우는 3% 정도에 지나지 않고, 대부분은 증상 호전의 수준까지만 향상된다.

표 7-4 치매의 원인 질환

범주	질환명
퇴행성 뇌질환	알츠하이머병, 픽병, 루이소체병, 파킨슨병, 진행성 핵상마비, 헌팅턴(무도)병, 근위축성 측삭 경화증 등
혈관성 질환	다발성 뇌경색, 열공성 뇌경색, 빈스뱅거병, 뇌출혈 등
감염성 질환	신경매독, 크로아츠펠트-야곱병, 후천성 면역 결핍증, 세균성 심내막염 등
결핍성 질환	베르니케뇌증, 비타민 B12 결핍증 등
대사성-내분비 질환	저산소증, 간기능장애, 갑상선 기능저하증, 갑상선 기능항진증, 뇌하수체 기능저하증, 간성 뇌병증, 신부전증(요독증), 저혈당증, 윌슨병, 고칼슘혈증, 저나트륨혈증 등
중독성 질환	약물 중독(항콜린성 약물, 항정신병 약물, 항경련제, 항고혈압 약물), 알코올 중독, 일산화탄소 중독, 중금속 중독, 유기용매제 중독 등
뇌질환(혈관성 제외)	정상압 수두증, 뇌종양, 외상성 뇌손상, 뇌염, 간질 등
기타	우울증(가성치매)

치매의 원인 질환은 위에서 설명된 가역성 혹은 비가역성으로 분류될 뿐만 아니라 진행 속도에 따른 차이로도 분류된다. 대부분의 알츠하이머병이나 픽병은 느린 진행 속도를 보이나 루이소체병의 진행 속도는 빠른 편이다. 혈관성 치매는 계단식 진행을 보이며, 초로성 알츠하이머병 치매 환자는 빠른 진행을 보인다. 〈표 7-4〉는 치매의 원인 질환을 정리해 놓은 것이다. 2019년 건강보험심사평가원 자료에 따르면, 우리나라 치매 유형은 알츠하이머병에 기인한 치매가 66.7%로 가장 많고, 혈관성 치매는 5.8%이었다.

4. 신경인지장애의 병인에 따른 진단 기준 및 언어 특색

DSM-V에서 기술된 신경인지장애의 병인은 주요 신경인지장애와 경도 신경인지장애 모두에 공통적으로 적용된다. 이 책에서는 DSM-V에서 기술된 병인들 중에 알츠하이머병, 혈관성 질환, 전두측두엽 변성, 루이소체병, 파킨슨병으로 인한 신경인지장애에 대하여만 살펴보도록 한다. 또한 알츠하이머병과 전두측두엽 변성으로 인한 원발진행실어증을 추가적으로 다루기로 한다. 마지막으로, '경도' 신경인지장애로 명명되는 '경도인지장애'에 대해 추가하기로 한다.

신경인지장애는 병인적 또는 병리학적 실체가 분명한지에 따라 진단 시점이 다를 수 있다. 예컨대, 알츠하이머병이나 전두측두엽 변성 등은 혈관성 질환이나 외상성 뇌손상 등의 병인에 비하여 병인적 실체가 부족하므로 경도 신경인지장애 시점을 놓치고, 주요 신경인지장애 시점에서 진단이 내려지는 경우가 많다.

1) 알츠하이머병으로 인한 신경인지장애

'알츠하이머병'이라는 명칭은 독일 정신과 의사이자 신경병리학자인 알츠하이머Alois Alzheimer, 1864~1915가 1906년에 그의 51세 여환, 데테르Auguste Deter([그림 7-1] 참조)가 보인 다양한 이상행동 및 정신착란 증세와 사후 뇌조직 검사의 이상 소견을 보고한 후에 사용되기 시작하였다. 알츠하이머병에 기인한 신경인지장애는 가장 많은 연구가 이루어진 치매 유형으로서, 우리나라의 경우(2019년 기준)에는 전체 신경인지장애의 약 66.7%를 차지하는 가장 흔한 원인이다. 알츠하이머병은 대뇌피질에 베타 아밀로이드β amyloid 단백질과 타우tau 단백질이 비정상적으로 응집되는 피질성 치매cortical dementia이다. 조직해부병리학적 견해로서 베타 아밀로이드는 신경세포 밖에 축적되어 아밀로이드반[노인반]amyloid plaque[senile plaque]을 형성하고, 타우는 세포 내에 쌓여 신경섬유농축체neurofibrillary tangles를 만든다([그림 7-2] 참조). 이러한 신경병리학적 특징은 신경인지장애가 발현하기 훨씬 전부터 발생한다.

그림 7-1
알츠하이머와 그의 환자 데테르

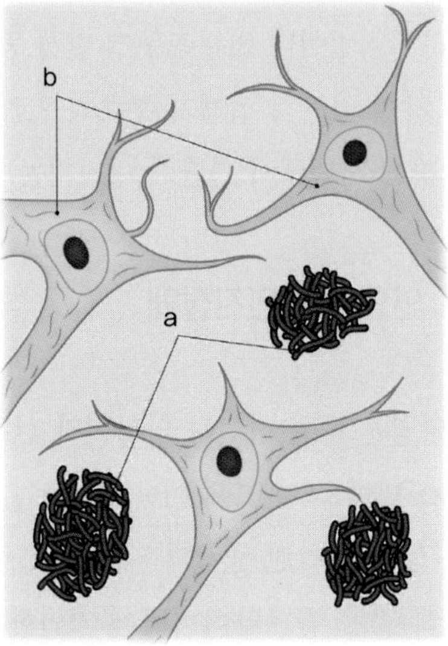

그림 7-2
a: 아밀로이드반, b: 신경섬유농축체

표 7-5 알츠하이머병으로 인한 신경인지장애에 대한 진단 기준

구분	질환명
공통	A. 주요 또는 경도인지장애의 기준을 충족함 B. 경도에서는 1개 이상, 주요에서는 2개 이상의 인지 영역에서 손상이 서서히 시작하고 점진적으로 진행함 C. 장애는 뇌혈관 질환 등으로 설명되지 않음
주요 신경인지장애	A. 거의 확실한('probable') 알츠하이머병은 다음의 경우에 진단됨[그렇지 않으면 가능성 있는('possible') 알츠하이머병으로 진단됨] 1. 가족력이나 유전자 검사에서 유전적 돌연변이의 증거 2. 다음의 3가지가 모두 충족됨 a. 기억/학습 그리고 적어도 1개의 다른 인지영역 저하의 명백한 증거 b. 인지 저하가 장기간 안정기 없이 꾸준하고 점진적으로 진행 c. 혼합성 병인(즉, 다른 신경퇴행성, 뇌혈관 질환 없음) 증거 없음
경도 신경인지장애	A. 거의 확실한 알츠하이머병: 유전적 돌연변이의 증거 B. 가능성 있는 알츠하이머병: 유전적 돌연변이의 증거 없이 다음의 3가지가 모두 충족됨 a. 기억/학습 저하의 명백한 증거 b. 인지 저하가 장기간 안정기 없이 꾸준하고 점진적으로 진행 c. 혼합성 병인 증거 없음

알츠하이머병은 나이가 많을수록 그 발생률이 증가한다. 그럼에도 불구하고 알츠하이머병을 정상적인 노화 현상으로 간주하지는 않는다. 그 이유는 다음과 같다. 먼저, 알츠하이머병은 65세 이전인 40~50대에도 발생하기도 하며 이를 초로성 치매presenile dementia라고 한다. 뇌 자기공명영상 촬영을 하면 내후각 피질entorhinal cortex, 해마hippocampus, 해마곁이랑parahippocampal gyrus, 편도체amygdala를 포함한 내측 측두 위축medial temporal atrophy이 두드러진다. 알츠하이머병과 더불어 혈관성 병인이 중복으로 나타나면 신경인지장애 증세가 더 심하게 나타난다. 알츠하이머병의 가장 큰 특징은 기억장애 및 관련 인지장애이며, 그러한 장애들이 언어를 이해하고 표현하는 데 부정적인 영향을 끼친다. 〈표 7-5〉는 알츠하이머병으로 인한 신경인지장애에 대한 진단 기준을 제시하였다. 한편, 알츠하이머병에 기인한 언어장애 중에 원발진행실어증에 속하는 로고페닉logopenic 아형이 있는데, 이에 대한 좀 더 자세한 사항은 본 장의 '원발진행실어증' 섹션에서 다룬다.

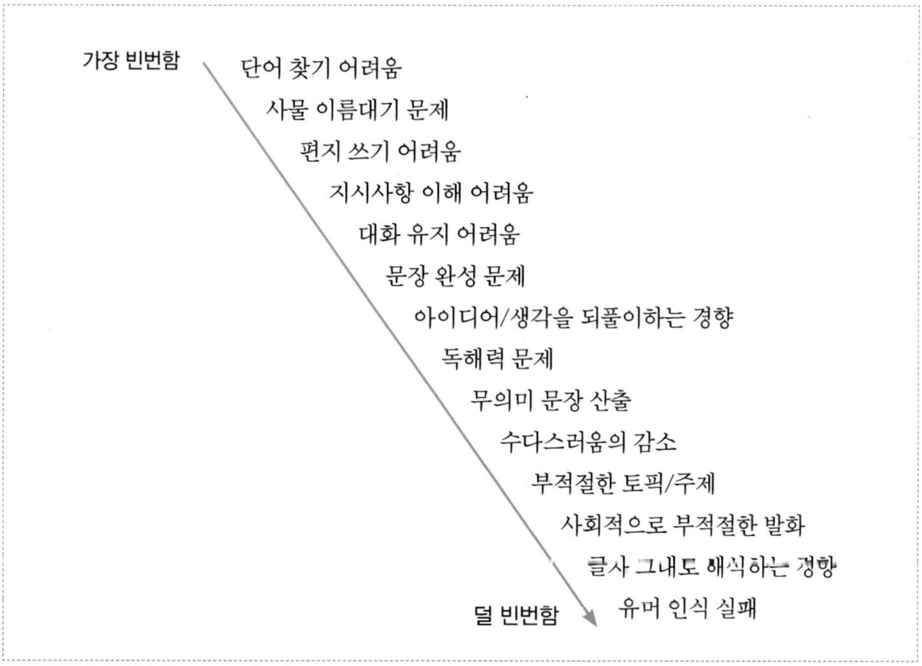

그림 7-3
알츠하이머병으로 인한 언어장애 특징

참조: Bayles KA, McCullough K, Tomoeda CK(2020). *Cognitive-communication disorders of MCI and dementia: Definition, assessment, and clinical management* (3rd). San Diego: Singular Publishing Inc.

알츠하이머병으로 인한 언어장애는 [그림 7-3]과 같이 질환 초기부터 발생하는 단어 찾기 문제, 사물 이름대기 어려움 등이 가장 빈번하게 관찰되고, 지시 사항 이해하기의 어려움, 무의미한 문장을 산출하기, 독해력 저하, 그리고 사회-담화적 대화 어려움 등을 보이게 된다.

알츠하이머병 환자들의 언어장애 특성에 대한 연구 보고는 많은 편이다. 알츠하이머병 치매 환자들은 질환의 초기 단계부터 이름대기의 문제를 보이기 시작한다. 일상적인 대화 상황에서는 크게 문제시되지 않을 수 있지만, 공식 검사(예: 보스톤 이름대기 검사)를 통하면 정상인보다 떨어지는 이름대기 수행력이 관찰된다. 또한 일화기억$_{\text{episodic memory}}$장애, 특히 최근에 일어난 사건에 대한 기억에 대한 장애가 보인다.

이에 따라 점차적으로 언어 표현 정도, 즉 말수가 감소하고 정보 전달 능력의 효율성이 떨어진다. 또한 자신의 느낌이나 감정을 잘 전달하거나 표현하지 못한다. 그러나 따라말하기상의 문제는 거의 없는 연결피질실어증의 특성과 비슷한 양상을 보인다. 상대적으로 통사론이나 음운론적 측면의 처리 과정은 보존되는 편이다.

말기로 가면서 기억력뿐만 아니라 집중력이나 집행기능 등의 현저한 감퇴가 보이며, 의미기억에 대한 접근이 전혀 불가능해진다. 또한 이름대기, 설명하기, 쓰기 등에서 문제가 한층 더 심각해진다. 듣는 이의 입장에서 무슨 말을 하는지 전혀 파악할 수 없고, 자신의 기본 욕구를 표현하는 것조차 어려움을 보인다. 종국에 가서는 아무런 구어적 표현을 할 수 없게 되는 함구증이 관찰된다. 유창성 과제에서는 음소 범주 유창성보다는 의미 범주 유창성에서 더 어려움을 보인다.

청각적 이해의 측면에서는 자극의 길이가 긴 문장이나 구 등에서 어려움을 보이는데, 이는 청각-언어적 단기기억장애에 기인한다고 할 수 있다. 또한 의미적으로 복잡하거나 추상적인 언어자극을 처리하는 데 어려움을 보인다. 통사적으로 복잡한 자극의 경우에는 초기 단계에서는 명백히 보이지 않다가, 병이 진행되면서 어려움이 뚜렷해진다. 의미적 기억력의 장애로 인하여 읽고 이해하기 역시 문제를 보이나, 단순히 큰 소리로 읽는 능력은 말기까지 보존된다. 이는 큰 소리로 읽는 과정에서는 의미 체계에 대한 접근이 불필요하며 어휘-비의미경로$_{\text{lexical-non-semantic route}}$를 통하기 때문인 것으로 추정된다.

초기 단계의 알츠하이머병 환자들은 대화를 이어 가는 데에는 큰 어려움이 없어 보이나, 금방 듣거나 보거나 혹은 생각한 것들을 빨리 잊는 경향이 있어 들은 것을 다시금 확인하려는 경향을 보인다. 중기 단계로 갈수록 이러한 현상이 심해지면서 대화 주제를 바꾸거나, 엉뚱한 말을 하고, 자꾸 같은 말을 반복하기도 한다. 앞서 언급된 이름대기 장애로 인하여 담화에 있어서 에두르기, 착어 그리고 의미 전달의 저하 등이 뚜렷하다. 기억장애로 인하여 최근의 일을 잘 기억하지 못하면서 이야기를 꾸며서 얘기하는 작화증confabulation을 보이기도 한다.

2) 혈관성 신경인지장애

혈관성vascular 신경인지장애는 우리나라 전체 신경인지장애 발생 원인의 5.8%를 차지함으로써 알츠하이머병으로 인한 신경인지장애에 이어 두 번째로 흔하다. 뇌졸중을 겪은 환자들 중에 약 25%에서 신경인지장애가 관찰된다. Hachinski에 의하면 혈관성 신경인지장애는 뇌혈관 병변으로 초래되는 신경인지장애를 모두 포함하는 포괄적인 개념이다. 혈관성 질환으로서는 큰 혈관이 막히면서 반복적인 뇌경색을 보이는 다발성 뇌경색multiple infarction이나 여러 개의 작은 혈관이 막히면서 생기는 열공성 뇌경색lacunar infarction이 대표적이나, 1970년대~1980년대에 사용되었던 '다발성 뇌경색 치매'라는 용어는 더 이상 사용되지 않는다. 2011년에는 미국 심장병학회와 미국 뇌졸중학회에서 '혈관성 인지장애vascular cognitive impairment: VCI'라는 용어를 제안한 바 있다.

기억장애가 가장 두드러지는 알츠하이머병과는 달리 전두엽-피질하 회로fronto-subcortical circuit의 장애로 인한 심리운동적[심동적]psychomotor 느림과 집행기능장애가 좀 더 뚜렷하다. 집행기능이란 복잡한 행동을 계획한 후 개시하고, 순차적인sequencing 수행을 하며 조직화하여 목적에 맞는 행동을 조절할 수 있는 능력을 말한다. 〈표 7-6〉은 혈관성 질환으로 인한 신경인지장애에 대한 진단 기준을 제시하였다.

혈관성 신경인지장애 환자들은 언어영역에서뿐만 아니라 삼킴기능상에서도 알츠하이머병 신경인지장애와는 다른 특성을 보일 수 있다. 혈관성 환자들에 국한되어 보고된 연구는 많지 않으며, 대부분 알츠하이머병 환자군과의 비교 결과를 발표하였다. 혈관성 환자들은 단어 유창성 과제verbal fluency task에서 음소 범주의 유창성

표 7-6 혈관성 질환으로 인한 신경인지장애에 대한 진단 기준

구분	진단 기준
공통	A. 주요 또는 경도인지장애의 기준을 충족함 B. 다음 중 어느 하나가 제시하는 바가 혈관성 병인과 일치함 1. 인지 결손의 시작이 하나 이상의 뇌혈관 사건과 시간적으로 연관됨 2. 복합적 주의와 전두엽 진행기능에서 저하 증거가 뚜렷함 C. 뇌혈관 질환이 존재한다는 증거가 있음 D. 증상들은 다른 뇌 질환이나 전신장애로 더 잘 설명되지 않음
거의 확실한 혈관성 신경인지장애	1. 뇌혈관 질환으로 인해 현저한 뇌 실질 손상이 있다는 뇌영상 증거 2. 신경인지 증후군이 하나 이상의 분명한 뇌혈관 사건과 시간적으로 관련됨 3. 뇌혈관 질환의 임상적 · 유전적 증거가 모두 존재함
가능성 있는 혈관성 신경인지장애	임상적 기준을 충족하나, 뇌영상 증거를 활용할 수 없으며, 신경인지 증후군이 하나 이상의 뇌혈관 사건과 시간적으로 연관성이 확실하지 않음

phonemic fluency이 의미 범주 유창성보다 저하되었다. 알츠하이머병 환자들에 비하여 말수가 적고, 통사적인 면에서 장애가 관찰되며, 마치 브로카실어증과 흡사한 특색이 빈번하다. 또한 말산출에 있어서 멜로디가 어색하며, 조음이나 말속도가 비정상적이고, 마비말장애가 관찰된다. 청각적 이해의 측면에서는 혈관성 치매 환자들이 단어 인식의 문제를 보였다. 한편, 신경심리검사를 통하여 알츠하이머병과 마찬가지로 혈관성의 속성인 계획 능력의 저하, 조직화 문제 등이 언어기능에 부정적인 영향을 미치는 것을 알 수 있다.

3) 전두측두엽 변성 신경인지장애

전두측두엽 변성frontotemporal lobar degeneration: FTLD은 전두엽과 측두엽에서 진행되는 병리적 변화로 인해 행동 및 성격 변화 또는 언어장애가 점진적으로 나타나는 퇴행성 신경인지장애이다. 전체 신경인지장애 환자들 중 약 5%를 차지한다. 전두측두엽 변성은 초로기 치매로서 평균 발병 연령이 56~58세 정도로 50대에 흔하게 나타나는데, 20~25% 정도는 65세 이후에 발생한다. 평균 생존 기간은 증세 시작 후 약 6.11년, 진단 후 3.4년이다. 일반적으로 병의 진행 속도가 알츠하이머병보다 빠른 편이다. 뇌 자기공명영상B-MRI에 전두엽, 측두엽의 전방부에 위축이 나타나며, 양전자단층촬영PET상에는 양측 전두엽/측두엽의 대사가 저하되는데 비대칭적 저하, 특히 좌뇌 침범이 흔하다. 이 신경인지장애 유형은 상대적으로 희귀한 유발 질환인 픽병Pick's disease에 의해 발생할 수 있다. 〈표 7-7〉에서는 전두측두엽 질환으로 인한 신경인지장애에 대한 진단 기준을 제시하였다. 진단 기준 중에 행동 변형 또는 언어 변형에 따라 세분화되는 아형이 존재한다.

첫째, 행동 변형에 따른 아형behavioral variant: bv은 이상 행동과 사회 인지/집행능력에서 저하되며, 일반적으로 병식이 손상된다. 이 아형은 발병 초기부터 양쪽 전두엽(특히, 내측 전두엽) 손상으로 인하여 여러 증상이 나타나기 시작한다. 안와전두피질orbitofrontal cortex의 손상으로 탈억제disinhibition, 강박/반복 행동 등을 보이고, 안절부절못함restless, 사회 쇠약증social breakdown 등도 관찰된다. 내측 전두피질medial frontal cortex의 손상으로 동기 의식 저하, 자발성/의지 저하, 게을러지고 스스로 일을 찾아서 하려는 능력 등이 떨어진다. 또한 무동증akinesia, 함구증mutism, 무관심apathy 등을 보인다. 등쪽외측영역dorsolateral area 손상으로 인하여 정신적 유연성이 없어지고 고집이 세지며, 판단력 장애가 보인다. 또한 작업기억이 떨어지고 집행기능장애를 보인다. 측두엽이 손상되면서 성격 변화와 함께 감정의 둔마가 생기면서 다른 사람의 감정을 파악하는 데 둔해지고 자신의 감정적인 표현이 줄어든다. 중기 이상 진행되면 기억장애와 같은 다른 인지기능의 장애가 동반되는데, 행동 변형의 기억장애 특징은 자유 회상free recall보다는 재인recognition이 보존된다. 그러나 학습 및 기억은 상대적으로 보존되며, 지각-운동 능력은 초기에는 거의 항상 손상되지 않는다. 이 행동 변형 아형의 추정 유병률은 남성에서 더 높은 것으로 알려져 있다.

초기부터 관찰되는 언어 특색으로는 유창성이 저하되며, 반향어나 보속어 등을 나타나는 표현장애를 보인다. 명칭장애가 뚜렷한데, 대면이름대기보다 생성이름대기의 장애가 더 심한 편이다. 전두엽 손상으로 인하여 발화가 짧고, 음성 개시에 어려움이 있으며, 단조로운 운율이나 말실행증 등의 말장애가 두드러지고, 평가상 이러한 말장애가 언어장애에 미치는 영향이 크다. 담화에서 가장 많은 문제를 보인다. 병이 진행됨에 따라 말을 전혀 하지 않게 되는 함구증이 나타나고, 삼킴장애로 인하여 음식 섭취가 어렵게 된다.

둘째, 행동 변형을 제외한 전두측두엽 신경인지장애는 주요 증상에 따라 다시 두 가지 아형으로 나뉘는데, 의미형semantic variant과 비유창형nonfluent variant을 포함한다.

표 7-7 전두측두엽 질환으로 인한 신경인지장애에 대한 진단 기준

구분	진단 기준
공통	A. 주요 또는 경도인지장애의 기준을 충족함 B. 장애는 서서히 시작하고 점진적으로 진행됨 C. 1. 또는 2.를 충족함 1. 행동 변형 a. 다음 중 3개 이상(행동 탈억제, 무감동/무기력, 동정/공감의 상실, 반복적/상동적/강박적/의례적 행동, 과탐식과 식이변화) b. 사회 인지 그리고/또는 집행능력의 뚜렷한 저하 2. 언어 변형: 언어 산출, 단어 찾기, 물건 이름대기, 문법 또는 단어 이해에서 언어능력의 뚜렷한 저하 D. 학습, 기억, 지각-운동 기능의 상대적 보존 E. 뇌혈관 질환, 다른 신경퇴행성 질환 등으로 더 잘 설명되지 않음
거의 확실한 전두측두엽 신경인지장애	다음 중 둘 중 하나라도 있는 경우: 1. 전두측두엽 신경인지장애의 원인이 되는 유전적 돌연변이의 증거 2. 전두엽 그리고/또는 측두엽에 주 병변의 뇌영상 증거 3. 신경인지 증후군이 하나 이상의 분명한 뇌혈관 사건과 시간적으로 관련됨 4. 뇌혈관 질환의 임상적 · 유전적 증거가 모두 존재함
가능성 있는 전두측두엽 신경인지장애	유전적 돌연변이 증거가 없고, 뇌영상이 수행되지 않음

첫째, 의미형은 주로 좌측 측두엽의 병리적 변화로 인하여 말의 유창함은 비교적 유지되나 단어에 대한 의미를 잃어버리면서 적절한 단어 사용이 어려워지고 말의 내용이 거의 없는 허구어empty speech를 산출하는 특징을 보인다. 둘째, 비유창형은 주로 좌측 전두엽의 병리적 변화로 인하여 적절하고 유창하게 언어 표현을 제대로 하지 못한다. 의미형과는 대조적으로 단어의 의미에 대한 문제는 관찰되지 않는다. 이들 두 가지 아형(의미형, 비유창형)은 알츠하이머병 병리학적 소견을 보이는 '로고페닉형' 아형과 더불어 '원발진행실어증'에 속하므로 이어서 좀 더 상세히 다루도록 한다.

4) 원발진행실어증

원발진행실어증Primary Progressive Aphasia: PPA은 신경과 의사인 메슬럼M. Marsel

Mesulam, 1945~ 교수에 의해 1982년에 처음 보고되었으며, 알츠하이머병이나 전두측두엽 변성FTLD과 같은 신경퇴행 질환에 기인하여 서서히 진행하는 퇴행성 언어장애이다. 여기서 '원발primary'이란 최소 발병 2년까지는 기억, 시공간 지각능력, 사고, 행동 등의 인지기능은 상대적으로 유지되면서, 주로 언어장애가 유난히 두드러지는 특색을 보인다는 뜻이다. 그리고 '진행progressive'이란 점차로 서서히 나빠진다는 '퇴행성'을 뜻한다. 원발진행실어증에 대한 연구는 'progressive aphasia'와 'dementia'를 중심어로 검색한 결과, 1982년 이후에 현재 2021년까지 약 1,510편 정도가 보고된다.

원발진행실어증은 증상에 따라 세 가지 아형인 비유창형nonfluent, 의미형semantic, 로고페닉형logopenic으로 나뉜다. 이러한 아형 정리는 2011년, 신경과 의사인 고르노-템피니Maria L. Gorno-Tempini와 동료들에 의해 이루어지기 시작하였다.

〈표 7-8〉은 원발진행실어증의 세 가지 아형이 보이는 언어장애의 특징을 비교 정리한 것이다. 문법성, 음소 오류, 말실행증, 대면이름대기, 자발화상의 이름대기, 문장 따라말하기, 비문법적 이해력, 단단어 이해력, 사물 지식, 표층 실독증/실서증 유무에 따라 아형 분류가 가능하다.

비유창형은 진행성 비유창 실어증progressive nonfluent aphasia: PNFA으로 부르기도 한다. 비유창형으로 분류가 되기 위해서는 발화가 노력이 많이 들어가면서 비유창하고 느리며 긴 쉼이 자주 보이는 것이 필수 조건이다. 또한 발화가 비문법적이거나, 단단어 이해력은 보존되고, 사물 지식은 유지되는 것들 중 두 가지가 적용되어야 한다. 〈표 7-9〉는 '해변가' 그림 설명 과제를 수행하는 각 아형의 발화 예이다. 〈표 7-9〉에서 제시된 비유창형의 환자는 발화 속도는 초당 음절수가 0.68개(정상=3.3개), 조음속도는 초당 음절수가 2.89개(정상=5.5개)이었다. 기능어 사용이 저하되고 발화 길이가 감소하면서 비문법적agrammatic이고 전보문telegraphic sentence의 형태가 관찰된다. 단어 찾기 장애와 음소착어phonemic paraphasia가 관찰되기도 한다. 대체로 단어 의미에 대한 이해나 청각적 이해력 등은 잘 보존되는 편이나, 문법적으로 복잡한 문장 이해하기나 문법 관계에 대한 지식이 요구되는 동사 이해하기와 동사 이름대기 등에서 어려움이 관찰된다. 말더듬, 구강실행증, 말실행증 등도 보고되며, 말기에 가서는 함구증이 보인다.

의미형은 대면이름대기상에서 문제를 보이고, 단단어 이해력 저하가 가장 특징적이다. 발화는 유창하고 문법적으로 적합하기는 하나, 에둘러 말하고 종종 수다스럽게 주제, 발화, 단어 등을 반복해 말하는 보속증을 보이기도 한다. 발화 중 단어 찾기에 따른 머뭇거림이나 의미자곤을 포함한다. 증상이 악화됨에 따라 이해력 장애가 두드러지고 신조어, 허구어 등을 보인다. 신조어의 등장은 특히 대면이름대기에서 두드러지는데, '거북선'을 '거북배'로, '골무'를 '손톱지갑', '토시'를 '팔지갑' 등으로 말하고, 사물 지식에 대한 저하로 인해 '모른다'는 반응이 빈번하다. 또한 의미형은 의미적 문제해결력이나 속담 해석하기 등에서 두드러진 장애를 보인다. 의미형은 표층실독증이나 표층실서증을 보이기도 하는데, 규칙 단어[즉, 자소와 음소가 일대일 대응이 됨(예: 소나무)]를 읽거나 쓰는 데에는 문제가 없으나 불규칙 단어에는 어려움을 나타낸다. 예컨대, 읽기에서는 '많다 → 만다'로, '한라산 → 한라산'으로 읽거나 '값비싼'을 읽지 못하고 머뭇거린다. 동일한 자극들에 대해 쓰기에서는 '많다 → 만타'로, '한라산 → 할라산'으로, '값비싼 → 갑비산'으로 쓰기도 한다.

로고페닉형의 주요 특징으로는 대면이름대기상의 문제, 자발화상의 이름대기 문제, 그리고 따라말하기의 어려움을 들 수 있다. 또한 발화 시작 어려움, 단어 찾기 장애, 음소착어, 작업기억장애 등을 보인다. 로고페닉형의 착어는 자발화, 이름대

표 7-8 원발진행실어증의 세 가지 아형의 언어적 특징

주요 특징 \ 아형	비유창형	의미형	로고페닉형
1. 문법성	**손상됨**	보존됨	보존됨
2. 노력성, 머뭇거리는 말 [말실행증]	**손상됨**		
3. 음운적 오류			손상됨
4. 대면이름대기		**손상됨**	**손상됨**
5. 자발화 상의 이름대기			**손상됨**
6. 문장 따라말하기		보존됨	**손상됨**
7. 비문법적 이해력	손상됨[1)]		
8. 단단어 이해력	보존됨[1)]	**손상됨**	보존됨
9. 사물 지식	보존됨[1)]	손상됨	
10. 표층 실독증/실서증		손상됨	

볼드체 표시는 각 아형의 필수 조건임; [1)]비유창형은 이 세 가지 특징들 중에서는 두 가지 이상만 보이면 됨.

표 7-9 원발진행실어증의 세 가지 아형 발화의 예('해변가' 그림 설명 과제)

아형	발화의 예
비유창형 (77세/여)	공놀이…// 가족끼리…// 이웃… 하며…// 공놀이를… 하며…// 이웃…// 이웃에게…// 공놀이를…// 한다 
의미형 (62세/여)	이거는… 부부가 다니는 거잖아// 여기는 저기… 아버지가 애들을 데꼬 있나 봐// (웃음)//그렇게 있네 사람들 막 있고 그러네//여기는 하나만 있는거에요?//아니… 사람들이 걸어가는 거고// 여기도 여기는 있는 거고// 여기도 있고 애들 데꼬 있고// 이 여자는 앉아 있네//
로고페닉형 (80/남)	지금 뭐 고,공 치고 있는 거에요. // 그럭허고 둘이 걷고 있고. 응. // 요거는 인제 같이 앉아서 뭐 허는 걸세. 에 // 그럭허구 여이는 뭐 앉아서 뭐 저 핸드폰이나 뭐 책 보는 거고// 요거는 강아지고. // 요건 뭐 갈매긴가 뭐에요? // 그러고 요거. 요거는 집인데 호수. 호순가베. // 그럭허구 요거는 개울. 길인가? // 요거는 저기… 저긴데 아이구 어 저거 키탄가 이게 뭐. 뭐여. // 이건 이건 이건 이건 구름 낀 거 같고 요거는 요렇게 산인 것 같고 그러네요. //

//는 발화 간 경계를 뜻함.

기, 따라말하기 등에서 관찰되는데, 그 예로는 '맥주병'을 '맹주병'으로, '그러나'를 '그런다'로 말한다. 그런데 이러한 착어는 다른 유형에서도 역시 관찰될 수 있으므로 착어 유무가 아형 분류의 기준으로 보기 어려울 수도 있다. 한편, 로고페닉형에서 착어뿐만 아니라 착서paragraphia가 관찰되기도 한다. 비유창형이나 의미형에 비하여 비문법성이나 단단어 이해 문제는 관찰되지 않는다. 그런데 원발진행실어증의 세 가지 아형에서도 중증도에 따라 그 특색이 전형적으로 관찰되지 않을 수 있다. 언어적 증상에만 기반한 아형 분류는 비판을 받아 왔는데, 원발진행실어증 사례 중 15~30% 정도가 아형 분류가 어렵기 때문에 혼합형이 추가로 제안되기도 하였다.

[그림 7-4]는 세 가지 아형의 뇌위축 병소를 보여 주는 이미지이다. 이들 아형이 출현하는 원인 질환 중 로고페닉형만 알츠하이머병의 병리학적 소견을 보이는데, 좌뇌의 뒤쪽 상/중 측두엽과 하두정소엽의 위축에 기인한다. 비유창형은 픽병 또는

잠깐!

알츠하이머병과 알츠하이머병 치매

치매의 원인 질환은 다양하다. 이 중에서 알츠하이머병 치매를 유발하는 것은 알츠하이머병이다. 따라서 알츠하이머병과 알츠하이머병 치매는 각각 원인 질환과 증상이라고 할 수 있다. 본문에서 언급되었듯이 로고페닉형 원발진행실어증의 원인 질환은 알츠하이머병이다.

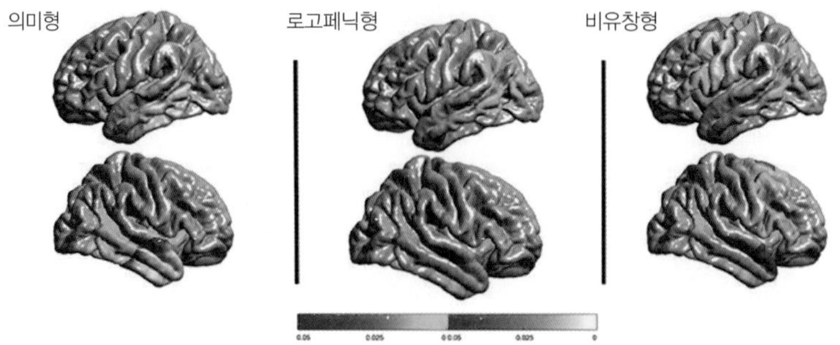

그림 7-4
원발진행실어증의 세 가지 아형의 뇌위축 병소(위: 좌뇌, 아래: 우뇌)
출처: Routier et al. (2018). Structural, microstructural, and metabolic alterations in primary progressive aphasia variants. *Frontiers in Neurology*, https://doi.org/10.3389/fneur.2018.00766 (CC-BY 라이센스하에 인용 허가됨)

피질기저퇴행corticobasal degeneration: CBD으로 인하여 발생하며, 좌뇌의 뒤쪽 전두엽 뇌섬(하전두엽) 위축을 주로 보인다. 의미형은 양뇌의 앞쪽 배측/외측 측두엽 위축을 보인다.

5) 루이소체 신경인지장애

루이소체 신경인지장애는 피질에서 루이소체Lewy body가 관찰되고, 점진적인 인지(예: 사고력, 추론 등) 손상과 더불어 환시, 급속한 안구운동 수면rapid eye movement sleep: REM sleep장애, 환각, 우울증, 망상, 후각장애 등이 나타나는 것을 특색으로 한다. 루이소체는 신경세포 내에서 발달하는 비정상적인 단백질 집합체인데, 독일 태생, 미국 신경과 의사인 루이Friedrich Heinrich Lewy, 1885~1950가 1912년에 최초로 기술하였고, 후대 학자에 의해 'corps de Lewy'로 명명되었다.

루이소체 신경인지장애는 알츠하이머병 치매 다음으로 흔한 진행성 치매이며, 대부분 70대 중반에 발병하고, 평균 생존 기간은 5~7년이다. 인지 저하는 운동 증상이 시작하기 최소 1년 전인 질병 초기에 나타난다. 유사한 운동장애를 보이는 '파킨슨병으로 인한 신경인지장애'와의 감별진단은 파킨슨증parkinsonism(즉, 운동장애)과 신경인지장애가 각각 출현하는 시간적 순서를 확인하면 된다. 즉, 루이소체 신경인지장애는 운동 증상이 시작된 지 1년이 채 지나지 않았을 때 인지 문제가 나타나는 경우에 진단된다. 반면에 파킨슨병으로 인한 신경인지장애는 파킨슨증이 시작한 후에 발생한다.

언어 측면에 있어서 문법적 부분은 상대적으로 보존된다고 알려져 있으나, 언어 처리 현상은 어쩔 수 없이 인지장애의 영향을 받게 된다. 예컨대, 문장 처리에 있어서는 문법적 복잡성과 길이가 증가함에 따라 문제가 관찰되는데, 이는 작업기억의 손상에 기인할 수 있다. 또한 집행기능장애에 따라 문장 자체에 모호성이 있을 때에는 문장 처리에 어려움을 보인다. 뿐만 아니라, 대화 및 담화에 있어서 응집성이나 논리성이 부족한 발화를 산출하기도 한다. 말기로 갈수록 언어 산출이 줄어들고, 보속적이 되어 가며, 반향어 사용이 관찰되기도 한다(Bayles et al., 2020).

6) 파킨슨병으로 인한 신경인지장애

파킨슨병 치매$_{\text{PD with dementia: PDD}}$ 또는 파킨슨병으로 인한 신경인지장애는 파킨슨병이 원인 질환으로서 파킨슨증 발병 이후의 인지 저하가 그 특징이다. 주요 또는 경도 신경인지장애의 기준을 충족하며, 반드시 파킨슨병의 운동 및 다른 증상에 기반한 파킨슨병 확진이 이루어진 후에(적어도 1년 간격) 발생한다. 또한 손상이 서서히 시작하며 점진적으로 진행한다. 파킨슨병으로 인한 신경인지장애는 헌팅턴병이나 진행성 핵상마비$_{\text{progressive supranuclear palsy: PSP}}$와 함께 피질하성 치매$_{\text{subcortical dementia}}$로 간주된다. 전체 파킨슨병 환자 중의 10~40% 정도가 신경인지장애를 겪는 것으로 알려져 있으나, 파킨슨병 환자에서는 전두엽-피질하 기능 저하로 인한 집행기능장애 및 운동장애가 지배적이어서 그러한 장애가 신경심리검사 과제에서 수행력의 저하를 유발하므로 파킨슨병 신경인지장애 진단이 쉽지많은 않다.

파킨슨병 치매 환자에 국한된 언어장애에 대한 연구는 많지 않으나, 파킨슨병 치매 환자와 알츠하이머병 환자를 비교해 볼 때 청각적 이해력, 이름대기능력, 따라말하기 등에서 유의한 차이를 보이지 않는다고 보고된 바 있다. 그러나 무엇보다도 특이한 점은 집행기능장애로 인하여 단어 유창성$_{\text{verbal fluency}}$의 수행력 장애가 음소 범주와 의미 범주 모두에서 두드러진다는 점이다. 또한 주의전환$_{\text{attention shifting}}$ 능력 장애로 인하여 담화에서 순서 바꾸기$_{\text{turn-taking}}$의 문제가 발생할 수 있다. 쓰기에서는 운동저하증$_{\text{hypokinesia}}$ 특징의 하나로 글씨를 작게 흘려 쓰는 소자증$_{\text{micrographia}}$이 관찰되기도 한다.

한편, 피질하성 치매는 피질성 치매와 비교하여 말장애가 두드러진다. 말장애의 특색으로는 마비말장애, 말더듬, 발성 부전$_{\text{hypophonia}}$ 등이 있다. 말의 운율로써 파킨슨병 치매 환자를 알츠하이머병 환자와 구별할 수 있다는 연구도 있다.

7) 경도 신경인지장애

앞서 언급하였듯이 경도 신경인지장애는 경도인지장애$_{\text{mild cognitive impairment: MCI}}$로도 불리므로 두 용어를 혼용하기로 한다. 사회생활이나 일상생활에는 큰 지장이 없으나 기억장애가 상대적으로 과도하게 저하되는 경우이다. 경도 신경인지장애는 임상적 진단명이자 상태$_{\text{state}}$이고 병은 아니다. 동 연령 및 교육 정도에 준하여 객관적인 기억장애가 관찰되는데, 가족이나 주변 사람에게도 인지된다. 일반적인 인지기능에는 문제가 없고 일상활동$_{\text{ADL}}$은 유지된다.

경도 신경인지장애는 알츠하이머병의 전조 증상인 경우가 많은데, 일반 노인이 알츠하이머병으로 진단받는 확률이 연간 1～2%인 데 반해 경도 신경인지장애 환자의 경우에는 무려 10～15%에 이른다. 경도 신경인지장애는 환자의 약 80%가 6년에 걸쳐 알츠하이머병 환자로 판명되며, 이들의 100%가 평균 9.5년 후에는 알츠하이머병으로 진단받는다. 건강보험심사평가원의 2019년도 자료에 의하면, 우리나라 경도 신경인지장애 수진자 수는 276,045명으로 2009년 15,000명에 비해 지난 10년간 19배 수준으로 크게 증가하였는데, 실제 수도 증가했지만 진단을 받은 환자 수가 많은 이유이기도 하다. 이들 중 여성은 68.4%(188,804명)으로 남성의 2.2배이다. 연령 구간별로는 80세 이상이 23.1%, 70～79세는 41.9%, 60～69세는 28.1%, 50～59세는 8.0%를 차지하였다.

경도인지장애에 대한 일반적인 진단 기준은 전반적 퇴화 척도$_{\text{GDS}}$상에서 3에 해당하거나, 기억력 상실의 주관적 호소, 객관적 기능장애, 일반적 인지기능의 보존, 일상생활의 유지 등의 항목에 적용되는 경우이다. 또한 임상치매등급$_{\text{CDR}}$상에서 0.5인 경우도 경도인지장애로 분류한다. 그런데 최근 기준에 따르면, ① 정상 혹은 치매 상태가 아닌 경우, ② 인지장애와 관련된 주 · 객관적인 보고, ③ 일상생활의 유지,

복잡한 도구 사용의 가능 또는 경미한 손상 등이 포함된다. 이처럼 경도인지장애를 진단하는 기준이 다양함에도 불구하고, 알츠하이머병의 주요한 초기 지표로서 그것을 확인하고 선별하는 것은 쉽지 않다. 그러나 일반적으로, 이름대기 등의 언어능력에서 어려움을 겪는 정상 노년층의 경우 3~5년 후에 알츠하이머병으로 진단받을 확률이 매우 높고, 언어를 포함한 다양한 인지영역에서 장애를 갖는 경도인지장애 환자는 기억력 문제만을 보이는 환자에 비해 알츠하이머병으로의 진전 가능성이 높다.

〈표 7-10〉에서는 언어영역별로 경도인지장애의 수행력이 정상 노년층과 알츠하이머병이 어떻게 다른지를 정리하여 제시하였다. 먼저, 자발화에서 경도인지장애는 부적절하고 긴 쉼이 관찰된다. 어휘 및 의미 측면에서는 정상 노년층부터 부정확한 어휘를 쓰기 시작하다가 경도인지장애에서 그 어려움이 더욱 증가하고, 알츠

표 7-10 정상 노년층, 경도 신경인지장애, 주요 신경인지장애 환자의 언어 영역별 산출 특성

대상군 / 언어영역	정상 노년층	경도 신경인지장애	주요 신경인지장애
어휘 · 의미, 자발화	• 빈번한 쉼 • 긴 반응 시간 • 부정확한 어휘, 오류의 자가수정 저하, 의미적 연관 오류	• 부적절하고 긴 쉼 • 낱말 찾기 어려움, 단어 유창성 저하, 사물 대면이름대기 저하, 동사 이름대기 저하	• 어휘의 의미적 정교함 저하, 에두르기와 대명사 증가, 단어 유창성 저하
형태, 구문	• 구문적 복잡성 감소 혹은 유지	• 어간 변형 시 대치 및 생략 • 상위 범주 어휘 대치 • 기능어 오류 증가	• 수동태 오류 증가 • 불규칙 동사 오류 증가 • 초기부터 단순한 구문 구조의 증가 • 기능어 오류 더욱 증가
음운, 조음	• 음운 및 조음능력의 보존	• 음운 변형 동사의 오류	• 조음기관의 운동성 저하 • 음소착어
화용	• 문맥 유지의 감소 혹은 유지	• 맥락상 중요한 사건 기술의 어려움 • 문맥상 적절한 동사 사용의 어려움	• 이야기 구성능력 및 결속성의 저하 • 화행능력 저하 • 중기 이후: 무의미 발화, 에두르기, 주제의 이탈, 사고 보존 어려움 능력의 저하

하이머병에서 낱말 찾기 어려움이나 단어 유창성 저하가 더욱 두드러진다. 형태 및 구문 영역에서는 정상 노년층의 연구 결과가 일치하지 않으나 경도인지장애부터 기능어 오류가 증가하여 알츠하이머병에서는 구문 구조가 단순해지고 불규칙 동사 등의 오류가 많이 관찰된다. 음운 및 조음 영역에서는 정상 노년층에서 큰 문제가 관찰되지 않으나 경도인지장애부터는 음운 변형이 요구되는 동사에서 오류가 보이고, 알츠하이머병에서는 음소착어 등의 음운 산출 결함이 관찰된다. 마지막으로, 화용영역에서는 경도인지장애부터 맥락상 주요 사건 기술에 어려움을 보이고 문맥상에 적절한 동사를 사용하는 데 어려움이 관찰된다. 이러한 어려움은 알츠하이머병에서 더욱 두드러져 이야기 구성능력이나 결속성이 현저하게 저하되고, 중기 이후로는 무의미 발화나 에두르기 등이 관찰되며 이야기 주제가 이탈되고 사고 보존능력이 저하된다.

5. 치매의 진단 및 평가

치매 진단의 두 가지 축은 치매의 진단과 환자에 대한 진단이다. 먼저, 치매의 진단이라 함은 치매 상태인지를 판단하고 치매를 유발한 원인 질환이 무엇인지를 찾아내어 감별해 내는 과정이다. 치매인지를 확실히 진단하는 방법은 뇌에 대한 조직검사뿐이나, 통상적으로는 병력 청취, 신경학적 검사, 신경심리학적 검사, 뇌영상 촬영 등을 통한 결과를 종합적으로 분석하여 진단을 내린다.

우리나라에서 표준화된 신경심리학적 검사로서 서울신경심리검사Seoul Neuropyschological Screening Battery: SNSB(강연욱 · 나덕렬, 2003)가 있다(〈표 7-11〉 참조). SNSB는 신경심리학자와 신경과 의사에 의하여 개발된 신경심리검사도구이며, K-MMSE, SVLTSeoul Verbal Learning Test, RCFTRey Complex Figure Test, Praxis, Calculation, Stroop test, COWATControlled Oral Word Association Test, K-BNT, GDSGeriatric Depression Scale, Barthel-ADLActivities of Daily Living 등의 하위 검사로 구성되어 있다. 또 다른 신경심리평가도구로서 CERAD-K가 있는데, 이는 CERAD의 한국판이다. CERAD는 미국 내 16개 알츠하이머병 연구센터의 연구자로 구성된 연구협의체인 CERADthe Consortium to Establish A Registry for Alzheimer's Disease가 미국 국립노화연구소의 지원을 받아

개발한 치매 진단평가도구이다. 한국판 CERAD 평가집CERAD-K은 이를 토대로 개발된 표준화 검사도구로서 범주형 언어 유창성 검사, 단축형 보스톤 이름대기 검사, 간이 정신상태 검사MMSE-K, 단어목록 기억검사, 시공간 구성 검사, 단어목록 회상 검사, 단어목록 재인 검사, 시공간 구성 회상 검사, 길 만들기 검사Trail making test 등 9개의 하위 검사로 구성되어 있다. 치매에 대한 평가는 언어영역 자체뿐만 아니라, 언어기능에 직간접적으로 영향을 줄 수 있는 기억력, 시공간능력 등을 포함한 기타 의사소통에 필요한 여러 가지 인지기능을 대상으로 이루어진다. 또한 치매의 종류에 따라 상기의 기능보다는 성격 및 감정 변화가 먼저 오는 치매일 수 있으므로 성격 변화 및 감정 변화에 대한 검사도 실시한다. 치매 환자에 대한 광범위하고 전문적인 검사는 신경심리전문가에 의하여 진행되는데, 앞에 열거한 모든 인지기능을 검사하여 객관적 결과에 따른 치료법이나 대책이 강구되어야 한다.

표 7-11 SNSB의 검사영역

			SNSB
규준			55~80세
검사영역	기억	구어기억	12개 단어 회상 및 재인
		시각기억	RCFT
		작업기억	Digit span
	언어 및 계산		K-BNT 따라말하기 이해하기 COWAT Calculation
	실행		안면, 관념운동, 오각형
	운동 프로그래밍		Fist-edge-palm Alternating square and triangle
	억제		Stroop
	간이 정신상태 검사		K-MMSE

1) 치매의 등급

치매등급은 '임상치매등급Clinical Dermentia Rating: CDR' 척도와 '전반적 퇴화 척도Global Deterioration Scale: GDS'로 매길 수 있다. CDR은 1979년 미국 세이트루이스 워싱턴의과대학의 알츠하이머병 연구센터에서 개발된 척도이다. 환자나 보호자와의 면담을 통해 기억력, 지남력, 판단력/문제해결력, 사회활동, 가사생활/취미, 그리고 위생/몸치장 등의 여섯 분야를 평가하여 0, 0.5, 1, 2, 3 의 다섯 단계로 구분한다(〈표 7-12〉 참조). 기억력 점수를 기준으로, 기억력 점수가 '0'일 때 나머지 영역도 전부 '0'이거나 한 가지만 '0.5'인 경우에 CDR은 '0'이 된다. 이 사항에 해당하지 않는 모든 경우에는 CDR이 '0.5'가 된다. 기억력 영역 점수가 '0.5'일 때에는, 나머지 영역 중 적어도 3가지 이상이 1 이상이면 CDR '1'이 된다. 기억력 점수가 '1, 2 또는 3'일 때에는 기억력을 제외한 나머지 5가지 영역 중 3가지 이상이 공통되는 영역일 때 공통된 영역의 점수를 전체 CDR 점수로 판정한다(https://naccdata.org/data-collection/tools-calculators/cdr에서 자동 점수 계산이 가능함). 이 척도 이외에도 CDR 4, CDR 5가 추가된 한국형 확장판Expanded CDR이 번역되어 사용되고 있는데, 중증 치매의 단계를 3~5로서 세부적으로 나눈 척도이다.

GDS는 기억력과 일상생활 동작에 기반하여 총 7등급으로 나뉜다. '1'등급은 '인지장애 없음'이며, '2'등급은 '매우 경미한 인지장애', '3'등급은 '경미한 인지장애', '4'등급은 중증도의 인지장애, '5'등급은 '초기 중증의 인지장애', '6'등급은 '중증의 인지장애', 그리고 '7'등급은 '후기 중증의 인지장애'이다.

표 7-12 임상치매등급(CDR)

영역 \ 등급	CDR 0	CDR 0.5	CDR 1	CDR 2	CDR 3
기억력 (memory)	기억장애가 전혀 없거나 때때로 경미한 건망증이 나타남	경미하지만 지속적 건망증; 일을 단편적으로 기억함; "양성 건망증"	중등도의 기억장애; 최근 기억에서 현저한 어려움; 일상생활에 지장 있음	심한 기억장애; 과거에 반복 학습한 것만 기억함; 새로운 정보는 금방 잊음	심한 기억장애; 단편적 사실만 보존됨

지남력 (orientation)	정상	시간 관련해서만 경미한 장애	시간 관련하여 중등도의 어려움; 장소 관련해서는 검사상으로는 정상이나, 실생활에서 길찾기 어려움 의 가능성	시간 관련하여 심도의 어려움; 주로 시간 지남력 장애; 장소 지남력 장애도 자주 관찰됨	사람에 대한 지남력만 유지
판단력/문제해결력 (judgement/problem-solving)	일상 문제를 잘 해결하고 업무/재정 일을 잘 처리함; 과거에 비해 판단력은 아직 좋음	문제해결, 유사점/차이점에 대한 해석에 경미한 장애	문제해결력, 유사점/차이점 해석에 중등도의 어려움; 사회적 판단력은 대체적으로 유지	문제해결력, 유사점/차이점 해석에 심한 장애; 사회적 판단력이 대체적으로 손상	판단이나 문제해결이 불가능함
사회활동 (community affairs)	직장생활, 물건 사기, 자원봉사, 사회적 활동 등에서 보통 수준의 독립적 기능이 가능	장애가 의심되거나 경미한 장애	활동에 일부 아직 참여하나독립적으로 기능하지 못함; 언뜻 보기에는 정상으로 보임	집 밖에서 독립적인 활동이 가능하지 않음; 외견상으로는 집 밖에서도 기능을 잘 할 수 있어 보임	집 밖에서 독립적인 기능이 가능하지 않음; 집 밖의 모임에서 정상적 기능이 불가능함
집안생활/취미(home/hobbies)	집안생활, 취미생활, 지적 관심이 잘 유지	집안생활, 취미생활, 지적 관심이 다소 손상됨	경미하기는 하나 분명한 장애 보임; 더 어려운 가사일은 포기한 상태; 더 복합한 취미와 흥미는 포기	간단한 집안일만 가능; 아주 제한된 흥미만 간신히 유지	집안에서 의미있는 기능 수행이 없음
위생/몸치장 (personal care)	완전히 가능	완전히 가능	가끔 개인위생에 대해 상기시켜 줄 필요 있음	옷 입기, 개인위생, 개인 소지품을 챙기는 데 도움 필요	많은 도움 필요; 잦은 대소변 실금

2) 치매의 언어평가

치매성 언어장애에 대한 평가는 신경심리학적 평가의 일환으로 언어평가를 시행할 수 있고, ABCD$_{\text{Arizona Battery for Communication Disorders of Dementia}}$와 같은 치매언어검사를 실시할 수 있다.

(1) 평가 원칙

의사소통 환경 치매 환자들의 의사소통 행위는 환경에 따라 변할 수 있으므로 여러 의사소통 환경에서 행동을 관찰한다. 환자가 의사소통하는 데 있어서 도움이 되거나 방해가 될 만한 모든 환경적 요소를 확인하여 기록한다.

평가-면접 대상 치매 환자뿐만 아니라 환자와 밀접한 관계에 있는 주변 이들, 즉 가족, 보호자, 간병인 등 환자를 돌보는 위치에 있는 모든 이를 대상으로 면접을 실시한다.

평가 범위 언어기능에 영향을 줄 수 있는 기본적 감각(예: 청각, 시각) 및 인지기능에 대한 검사를 포함한다. 또한 환자의 장점 및 단점 등을 포괄하여 면밀하게 평가한다.

평가 횟수 치매 환자들이 보이는 언어장애가 퇴행성 질환에 근거한 언어장애인 점을 감안하여 정기적인 언어 평가를 실시한다.

(2) 평가 문항

치매 환자의 평가는 신경계 질환 환자들에게 공통적으로 평가하게 되는 언어, 말, 삼킴 모두를 대상으로 포괄적으로 행해진다. 언어 양식에서는 알아듣기, 말하기, 읽기, 쓰기가 평가되고, 언어 처리 과정에서는 화용, 의미, 음운, 통사, 집행/인출 등을 포함한다. 말과 삼킴 기능에서는 피드백을 포함한 지각을 평가하고 프로그래밍이나 집행 등의 운동 측면을 빠짐없이 평가하는 것이 중요하다.

(3) 평가도구

평가도구의 여건으로는 인지와 언어 간의 관계를 규명할 수 있어야 하고, 광범위한 의사소통장애를 평가할 수 있어야 하며, 기능적 의사소통장애를 평가할 수 있으며, 정상 노화와의 선별이 가능하여야 한다.

MMSE MMSE Mini-Mental State Examination(Folstein, Folstein, & McHugh, 1975)는 환자에게 간단하게 지남력, 기억 등록 회상, 주의력 및 계산, 언어, 시각적 구성 등을 평가할 수 있는 간이 정신상태 검사도구이다(제3장 96쪽 참조).

언어 영역에서의 문항으로는 사물 이름대기(예: 시계, 볼펜), 다단계 명령 시행(예: "종이를 뒤집고, 반으로 접은 다음, 저에게 주세요."), 따라말하기(예: "백문이 불여일견."), 읽고 그대로 행동으로 하기(예: "눈을 감으세요."), 쓰기(예: "오늘 기분이나 날씨에 대해서 써 보십시오.") 등이 있다. 한국판 간이 정신상태 검사로는 MMSE-K(권용철 · 박종한, 1989)와 K-MMSE(강연욱 · 나덕렬 · 한승혜, 1997)가 있는데, K-MMSE는 영어판 MMSE의 원문항들을 그대로 유지하여 제작되어 외국 환자와의 비교가 용이하며, 노인 규준(강연욱, 2006)에 기반하여 정상인과 치매 환자의 수행력 비교가 가능하다.

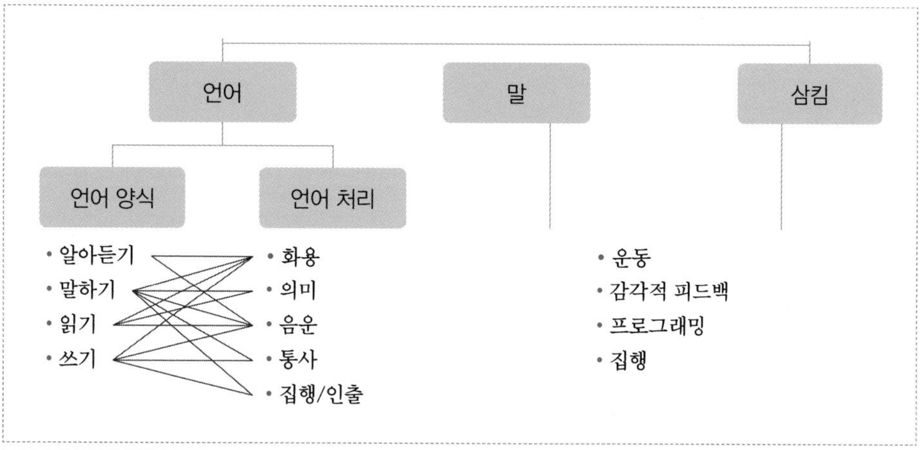

그림 7-5
치매 평가의 주요 영역인 언어, 말, 삼킴
언어 양식에서는 알아듣기, 말하기, 읽기, 쓰기가 평가되고, 언어 처리 과정에서는 화용, 의미, 음운, 통사, 집행/인출 등을 포함한다. 말과 삼킴 기능에서는 운동 및 감각적 피드백 측면, 프로그래밍, 집행 등을 평가한다.

ABCD 애리조나 치매의사소통검사 Arizona Battery for Communication Disorders of Dementia: ABCD(Baylers & Tomoeda, 1993)는 경도부터 중등도 치매 환자의 언어 검사에 사용될 수 있는 표준화 도구이다. ABCD는 총 16개의 하위 검사로 이루어져 있는데, 정신상태, 이야기 다시 말하기-즉각, 명령 이행, 비교격 질문, 단어 학습(자유

표 7-13 ABCD 검사도구의 하위 검사

하위 검사	정신상태	일화기억	언어 표현	언어 이해	시공간 구성
1. 정신상태	●				
2. 이야기 다시 말하기-즉각		●			
3. 명령 이행				●	
4. 비교격 질문				●	
5. 단어 학습-자유 회상		●			
6. 단어 학습-전체 회상		●			
7. 단어 학습-재인		●			
8. 따라말하기				●	
9. 사물 설명하기			●		
10. 독해-단어				●	
11. 독해-문장				●	
12. 생성이름대기			●		
13. 대면이름대기			●		
14. 생성 그리기					●
15. 형태 보고 그리기					●
16. 이야기 다시 말하기-지연		●			

회상, 전체 회상, 재인), 따라말하기, 사물 설명하기, 독해(단어, 문장), 생성이름대기, 대면이름대기, 생성 그리기, 형태 보고 그리기, 이야기 다시 말하기-지연을 포함한다. 이들 과제를 통해 정신상태, 일화기억, 언어 표현, 언어 이해, 시공간 구성 등을 측정할 수 있다(〈표 7-13〉 참조).

FLCI FLCI Functional Linguistic Communication Inventory(Bayles & Tomoeda, 1994)는 중등도부터 심도 치매 환자의 의사소통능력을 평가하기 위한 검사도구이다. FLCI에서는 '인사하기', '이름 부르기', '질문에 대답하기', '쓰기', '간판과 그림 이해하기', '단어 읽고 이해하기', '지시사항에 따르기' 등을 평가하게 된다. FLCI는 세계보건기구 WHO가 1980년에 제시했던 평가 모델인 국제 장애 분류 International Classification of Impairment, Disability and Handicap: ICIDH에 준하여 장애의 기능적인 측면을 강조한 검사 문항들로 구성되었다. 세계보건기구는 2001년에 평가 모델을 수정하여 국제 기능장애 건강 분류International Classification of Functioning, Disability and Health: ICF로 발표하였는데 치매의 언어-말-삼킴장애 평가 및 치료에 참고하는 것이 바람직하다.

WAB WAB Western Aphasia Battery은 뇌졸중으로 인한 실어증 환자의 평가에 사용되는 도구로 잘 알려져 있으나, 1982년에 WAB을 개발하여 표준화한 Kertesz는 WAB을 25명의 알츠하이머병 환자들에게 실시한 결과를 발표하였고, 2차 표준화 작업에서는 29명의 환자들을 대상으로 WAB을 활용한 추적 연구를 실시하였다. 또한 3차 표준화 작업에서 17명의 전두측두치매 환자, 42명의 원발진행실어증 환자, 그리고 93명의 알츠하이머병 환자를 포함한 자료를 발표하였다. 이로써 WAB이 치매 환자의 언어 평가에 사용될 수 있는 검사도구임을 보여 주었다.

3) 치매의 언어치료

(1) ICF에 근거한 치매 환자의 언어치료 모델

[그림 7-6]은 ICF에 근거한 치매 환자의 언어치료 모델을 제시하고 있다. 먼저, '신체 기능 및 구조'의 요소의 측면에서는 약물치료나 삼킴장애 환자들에게 적용될 수 있는 경피적 내시경 위루술PEG 등을 포함한다. 둘째, '활동 및 참여'의 측면에서는 언어재활사에 의한 직접 치료법으로서 행동치료를 들 수 있다. 마지막으로, '중증도 및 환경 요소'에서는 가족 및 보호자에게 능동적 의사소통 전략을 교육하거나 환경을 변화시키는 방안을 활용할 수 있다.

치매 환자에 대한 언어치료는 신체기능 및 구조, 활동 및 참여, 중증도 및 환경 요소를 모두 감안하여 이루어져야 한다. 치매 환자들을 대상으로 하는 언어치료 방법이 치매 유형별로 소개된 바는 없으며, 문헌에서는 주로 알츠하이머병 환자들에 대한 접근법이 소개된다. 인지-언어장애를 완화시키기 위한 방법으로는 직접 치료법과 간접 치료법이 있다. 직접 치료법은 환자를 대면하여 직접적으로 행동치료를 실시하거나 약물을 투여하는 등 정보와 기술의 학습 및 유지를 촉진하거나 대화 또는 말산출을 촉진하고 지원하는 기술 또는 방법을 사용한다. 간접 치료법은 환자에게 그 중재 내용이 직접 전달되지 않으며, 간병인이나 보호자 혹은 다른 전문인을 통한 교육을 실시하고, 환경을 수정함으로써 의사소통과 관련된 활동 제한 및 참여 제약

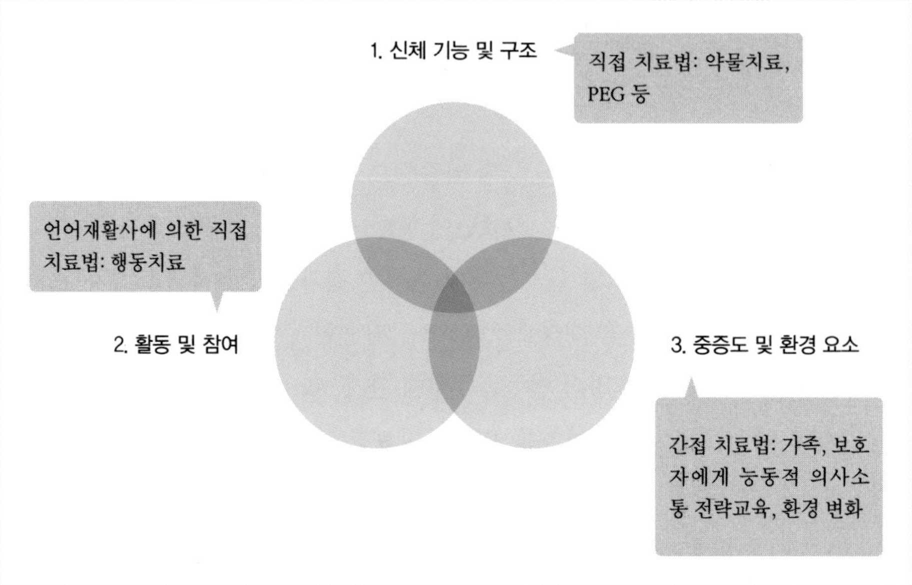

그림 7-6
ICF에 근거한 신경인지장애 환자의 언어치료 모델

을 해결하는 것을 목표로 한다.

(2) 직접 치료법(I): 행동치료

점차적으로 퇴행하는 치매 환자에 대한 행동치료의 목표는 적극적이고 직접적인 전략뿐만 아니라 보존적이고도$_{\text{conservative}}$ 보완적인$_{\text{compensatory}}$ 접근법을 사용하여 인지기능이나 의사소통을 극대화시키는 데 있다. 그러나 무엇보다도 의사소통상에서 환자가 겪는 어려움을 잘 인지하여 혼동스럽고 긴장감이 조성될 만한 환경을 긍정적으로 변화시키는 일이 중요하다. 많은 학자가 치매 환자의 인지 및 의사소통 치료를 위한 방법들을 제시하고 있는데, 그중 문헌에서 다루고 있는 몇 가지를 소개하기로 한다.

① 그림 및 글자단서를 통한 보완의사소통장치

'그림' '사진' '글자카드' 등을 활용하여 기억을 도와줄 수 있는$_{\text{memory aid}}$ 보완의사소통기기를 기반으로 의사표현을 촉진시킨다. 구체적으로는 환자에게 익숙한 그림이나 사진 등을 모으거나, 활용도가 높은 글자카드들을 공책, 앨범, 수첩 등에 효과적으로 배열하여 '기억수첩' 혹은 '기억공책'을 만들어 의사소통에 활용하도록 교육한다. 글자카드의 경우에는 큰 소리로 읽기나 인식기억 등을 활용하여 연습을 시키는데, '간병인 이름 부르기', '일상활동 선택하기', '표지판 읽기' 등의 특정한 의사소통 기술을 향상시키는 훈련을 시킬 수 있다. 이러한 기억수첩 등의 활용은 환자와 보호자/간병인 간의 대화상 발화의 의미 전달을 극대화시키는 데 효과적이다. 실제로 한 연구에서는 중증의 치매 환자들에게 이 방법을 적용하여 효과를 검증하였다. 그러나 대화 내용이 기억수첩이나 기억공책에 포함된 내용에 국한될 수밖에 없으므로 일반화가 어려울 수 있다.

② Validation Therapy(VT)

VT는 노인 사회복지사$_{\text{gerontological social worker}}$인 Feil에 의해 1963년과 1980년 사이에 개발된 훈련법이다(Neal & Barton Wright, 2003). VT의 기본 원칙은 환자가 말한 것을 단어나 제스처를 통하여 확인하는 절차를 거치는 것이며, 환자가 말한 것을 교정하거나 다시 말하게 하지는 않는다. 치매 환자가 보이는 지남력 장애를 네 단계로 나누어 각 단계별로 특정한 테크닉을 적용하여 접근한다. 제1단계는 'Malorientation'으로서 환자의 말을 감정이입을 통해 듣고, 위협적인 질문은 하지 않는다. 제2단계에서는 'Time confusion'을 보이며, 신체접촉을 사용하고, 진심 어린 시선으로 바라보며, 감정을 잘 읽도록 노력한다. 제3단계는 'Repetitive motion'으로서, 제2단계와 동일한 접근법을 사용하되 익숙한 음악을 활용한다. 마지막으로, 제4단계는 'Vegetation' 상태로서 VT 방법을 활용해도 일시적인 효과만 있을 수 있으며, 신체접촉, 음악, 보살피는 듯한$_{\text{nurturing}}$ 음성으로 반응을 이끌어 내도록 한다. VT는 집단치료로서도 활용될 수 있다. Feil & DeKlerk-Rubin(2002, 2003)이 출판한 책자들에 상세한 설명이 수록되어 있다

③ Montessori-Based Intervention(MBI)

MBI는 1900년대 몬테소리$_{\text{Montessori}}$에 의해 아동에게 활용된 교육법을 활용한 것이다. 치매 환자들의 인지능력에 적합한 구조적이고도 자극을 유발하는 활동들을 상호 작용을 통한 과제에 참가하게 한다. 훈련에 적용되는 활동들은 개인별 혹은

그룹으로 행해질 수 있다(Mahendra et al., 2006; Orsulic-Jeras, Judge, & Camp, 2000; Orsulic Jeras, Schneider, & Camp, 2000).

④ Spaced-Retrieval Training(SRT)

SRT는 캠프C. Camp(1989)에 의하여 처음 제안된 기억훈련법으로서 일상생활에서 활용될 수 있는 기능적인 정보나 행동(예: 아파트 동호수 기억하기, 간병인 이름 말하기, 지하철 환승하기 등)을 치매 환자에게 가르치는 데 목적을 둔다(Hopper et al., 2005). 환자에게 일정한 정보를 주거나 특정 행동을 보여 준 후에 체계적인 질문을 통해 정보를 회상하도록 하는 방법이다.

⑤ Reality Orientation Therapy(ROT)

ROT는 원래 Taulbee와 Folsom이 1966년에 처음 소개한 치료법인데, 주위 상황에 알맞은 지남력 교육을 반복적으로 시행함으로써 환자를 환경에 재적응시키고자 하는 방법이다(Metitieri et al., 2001), ROT는 상당히 경미하거나 최대 중증도인 경우에 효과가 있다고 보고된 바 있다. 이 방법은 치매 환자의 우울증이나 불안감을 감소시키는 효과가 있으며, 훈련 후에 실질적으로 간이 정신건강상태검사MMSE 점수의 향상이 관찰되었다고 보고되었다.

(3) 직접 치료법(Ⅱ): 약물치료

많은 문헌에서 약물치료에 대한 언급은 치매 환자의 전반적인 인지 및 행동에 대한 효과로 보고된다. 한편, 약물치료뿐만 아니라 행동치료를 병행한 결과로 단어인출장애가 호전된 것으로 보고한 연구도 있다(McNeil et al., 1995).

(4) 간접 치료법

치료사는 간병인이나 보호자에게 능동적 의사소통 전략(예: 대화 개시 방법)을 가르치므로 여러 단계의 치매 환자에게도 유용하다. 보호자나 가족의 지원을 증진시키며, 보호자 교육을 통한 간접적인 재활을 꾀한다. 또한 사회복지사와 같은 전문인을 통하여 보호자에게 치매교육을 한다든지, 인지기능장애치료에 도움을 줄 수 있는 임상심리전문가와의 팀워크를 통하여 전반적인 치료 프로그램을 짜는 것이 중요하다.

① FOCUSED caregiver training program

보호자를 통한 간접 치료 훈련 프로그램으로서 가장 대표적인 것은 'FOCUSED caregiver training program'이다(Ripich, 1994; Ripich, Wykle, & Niles, 1995; Ripich & Ziol, 1999), 'FOCUSED'의 각 알파벳 글자는 각기 특정한 전략을 의미한다(Ripich, 1994). 먼저, 'F'는 'Face-to-face communication'으로서 환자를 똑바로 쳐다보면서 눈맞춤을 유지하여 환자의 집중을 유도하는 전략이다. 'O'는 'Orientation'으로서 주요 단어나 문장을 반복하여 환자에게 이해할 시간을 주는 것을 의미한다. 'C'는 'Continuity'로서 같은 주제의 대화를 될 수 있는 대로 길게 유지하는 것을 뜻한다. 'U'는 'Unsticking'으로서 환자가 잘못된 단어를 사용하면 원하는 단어를 알려 줌으로써 오류로부터 '떨어지게$_{\text{unstuck}}$' 만든다. 'S'는 'Structure'로서 질문을 구조화하여 반응을 선택할 수 있게 한다. 'E'는 'Exchanges'로서 특정 주제로 시작된 대화에서 쉬운 질문을 하고 어떻게 대답하는지 단서를 준다. 마지막으로, 'D'는 'Direct'를 뜻하는데 문장을 짧고, 간단하며, 직접적으로 구사한다. 대명사 대신에 명사를 반복해서 사용하고, 손짓, 그림, 얼굴 표정 등을 활용한다. 이 훈련을 통하여 보호자는 치매나 치매로 인한 행동 및 의사소통 변화에 대한 이해도를 높일 수 있어 환자에 대한 의사소통 방식을 긍정적으로 변화시키는 데 한층 더 수월하다. 또한 무엇보다도 그룹 단위로 교육 및 훈련을 실시할 수 있으므로 비용 절감 면에서도 효과적이다. 그러나 보호자를 통한 간접 치료만으로는 환자의 의사소통 요구를 최적화시킬 수 없으므로 직접 치료와 병행하는 것이 바람직하다.

② Simulated Presence Therapy(SimPres)

SimPres는 보호자나 가족이 녹음테이프에 과거의 즐거웠거나 행복했던 상황에 대한 이야기를 녹음하여, 치매 환자로 하여금 이동식 녹음기에 부착된 헤드폰을 통해 듣게 하여 예전에 행복했던 상황을 회상하면서 긍정적인 감정을 이끌어 내는 치료법이다.

참고문헌

강연욱(2006). K-MMSE(Korean-mini mental state examination)의 노인 규준 연구. **한국심리학회지**, 25(2): 1-12.

강연욱 · 나덕렬 · 한승혜(1997). 치매환자들을 대상으로 한 K-MMSE의 타당도 연구. **대한신경과학회지**, 15: 300-307.

강연욱 · 나덕렬(2003). **서울신경심리검사(SNSB)**. 인천: 휴브알엔씨.

건강보험심사평가원(2019). 치매극복의 날: 치매와 경도인지장애 진료현황.

김동현 · 나덕렬 · 연병길 · 강연욱 · 민경복 · 이수현 · 이상숙 · 이미라 · 표옥정 · 박찬병 · 김선민 · 배상수(1999). 도시지역 노인들의 치매유병률에 관한 단면조사연구. **예방의학회지**, 32(3): 306-316.

김정완 · 김향희 · 남궁기 · 김세주 · 김덕용(2006). 알츠하이머형 치매환자의 발화특성. **언어청각장애연구**, 11(3): 82-98.

김향희(2008). 치매의 유형별 언어장애 특성과 치료. 한국언어청각임상학회 2008년도 학술대회 발표논문집. pp.13-25.

김향희. 신경말장애 평가 프로토콜(Neurologic-Speech Assessment Protocol, N-SAP). 출판 중.

김향희 · 김은연 · 나덕렬(1997). 알쯔하이머성 치매환자의 이름대기장애: 한국판 보스톤 이름대기검사상의 오류를 중심으로. **대한신경과학회지**, 15(5): 1012-1021.

나덕렬 · 이병화 · 함동석 등(2001). 한국판 Expanded Clinical Dementia Rating (CDR)척도의 타당도. *Journal of Korean Neurological Association, 19*(6):585-591

박경원 · 강도영 · 김재우(2002). 전도실어증 형태로 나타난 유창형 원발성진행성실어증 1예. **대한신경과학회지**, 20(4): 410-413.

보건복지가족부(2008), 치매 유병률 조사 최종 보고서. www.mw.go.kr

류종현 · 황승용 · 정원영(2000). 원발진행실어증 2예. **대한신경과학회지**, 18(4): 459-464.

우종인 · 이정희 · 유근영 · 홍진표 · 김창엽 · 김용익 · 이강욱(1997). 한국의 한 농촌지역에 거주하는 노인에서의 치매의 유병률. **신경정신의학**, 36(1): 92-102.

윤수진 · 김향희 · 정지향 · 이영미 · 나덕렬 · 김용범(2000). 말실행증으로 시작된 전두측두엽 치매 1예. **대한신경과학회지**, 18(6): 790-793.

이미숙 · 김향희(2011). 정상 노년층, 경도인지장애, 알츠하이머성 치매의 언어 산출 특성. **대한치매학회지**, 10(3): 69-79.

이애영 · 오상근 · 김제 · 김재문(1998). 원발진행실어증 1예. **대한신경과학회지**, 16(2): 219-223.

통계청(2005). 인구주택총조사. 서울: 통계청 사회통계국 인구동향과.

한설희(1996). 원발성진행성 실어증. **충북의대 학술지**, 6(2): 81-86.

American Psychiatric Association (2013). *Diagnostic and statistical manual of mental disorders* (5th ed.). Washington, DC: Author. (역서: 권준수(대표 역자)(2015). **정신질환의 진단 및 통계 편람**. 서울: 학지사).

American Speech-Language-Hearing Association (2005). The Role of speech-language pathologists working with individuals with dementia-based communication disorders: *Technical report*. Rockville, MD: Author.

American Speech-Language-Hearing Association (2016). *Scope of practice in speech-language pathology*. Rockville, MD: Author.

American Speech-Language-Hearing Association(ASHA) (2017a). SLP health care survey 2017: Caseload characteristics. Retrieved from https://www.asha.org/uploadedFiles/2017-SLPHealth-Care-Survey-Caseload-Characteristics.pdf

American Speech-Language-Hearing Association(ASHA) (2017b). Dementia. Retrieved from http://www.asha.org/PRPSpecificTopic.aspx?folderid=8589935289&section=References

Bayles KA, Kim E, Chapman SB, Zientz J, Rackley A, Mahendra N, Hopper T, Cleary SJ (2006). Evidenced-based practice recommendations for working with individuals with dementia: Simulated Presence Therapy. *Journal of Medical Speech-Language Pathology, 14*(3): 13-21.

Bayles KA, McCullough K, Tomoeda CK (2020). *Cognitive-communication disorders of MCI and dementia: Definition, assessment, and clinical management (3rd)*. San Diego: Singular Publishing Inc.

Bayles KA, Tomoeda CK (1993). *The Arizona Battery of Communication Disorders of Dementia*. Austin, TX: Pro-Ed.

Bayles KA, Tomoeda CK, Cruz RG, Mahendra N (2000). Communication abilities of individuals with late-stage Alzheimer disease. *Alzheimer Disease and Associated Disorders, 14:* 176-181.

Bourgeois MS, Camp C, Rose M, White B, Malone M, Carr J, Rovine M (2003). A comparison of training strategies to enhance use of external aids by persons with dementia. *Journal of Communication Disorders, 36:* 361-378.

Duffy JR, McNeil MR (2008). Primary progressive aphasia and apraxia of speech. In Chapey R(ed.), *Language intervention strategies in adult aphasia and related neurogenic communication disorders* (5th ed., pp 543-564). Baltimore, MD: Wolters Kluwer/

Lippincott Williams & Wilkins.

Fail N, De Klerk-Rubin V (2002). *The validation breakthrough: Simple techniques for communicating with people with Alzheimer's type dementia*(2nd ed.). Baltimore: Health Professions Press.

Fail N, De Klerk-Rubin V (2003). *V/F validation: The Feil method: How to help disoriented old-old*(rev. ed.). Baltimore: Health Professions Press.

Gorno-Tempini ML, Hillis AE, Weintraub S, Kertesz A, Mendez M, Cappa SF, et al.(2011). Classification of primary progressive aphasia and its variants. *Neurology, 76*(11): 1006-014.

Grossman M (2002). Frontotemporal dementia: A review. *Journal of the International Neuropsychological Society*, 8: 566-583.

Grujic Z (2007). Cognitive disturbances in Parkinson's disease. *Disease-a-Month, 53*(5): 302-308.

Harciarek M, Kertesz A (2011). Primary progressive aphasias and their contribution to the contemporary knowledge about the brain-language relationship. *Neuropsychological Review, 21*(3): 271-287.

Harnish SM, Neil-Strunjas J (2008). In search of meaning: reading and writing in Alzheimer's disease. *Seminars in Speech and Language, 29:* 44-59.

Hopper T, Mahendra N, Kim E, Azuma T, Bayles KA, Cleary SJ, Tomoeda CK (2005). Evidence based-recommendations for with individuals with dementia: Spaced-retrieval training. *Journal of Medical Speech-Language Pathology, 13*(4): 27-34.

Kertesz A (2007). *Western Aphasia Battery-Revised: examiner's manual.* San Antonio, TX: Harcourt Assessment, Inc.

Mahendra N, Hopper T, Bayles KA, Azuma T, Cleary S, Kim E (2006). Evidence-based practice recommendations for working with individuals with dementia: Montessori based interventions. *Journal of Medical Speech-Language Pathology, 14*(1): 15-25.

Neal M, Barton Wright P (2003). Validation therapy for dementia. *Cochrane Database of Systematic Reviews, 2*, CD001394.

Neary D, Snowden JS, Gustafson L, Passant U, Stuss D, Black S, Freedman M, Kertesz A, Robert PH, Arbert M, Boone K, Miller BL, Cummings J, Benson DF (1998). Frontotemporal lobar degeneration: A consensus on clinical diagnostic criteria. *Neurology, 51*(6): 1546-1554.

Orsulic-Jeras S, Judge KS, Camp CJ (2000). Montessori-based activities for long-term care residents with dementia: Effects on engagement and affect. *Practice Concepts, 40*(1): 107-111.

Orsulic-Jeras S, Schneider NM, Camp CJ (2000). Special feature: Montessori-based activities for longterm care residents with dementia. *Topics in Geriatric Rehabilitation, 16*(1): 78-91.

Paul N & Mehrhoff J (2015). Descriptive analysis: Survey of direct and indirect interventions for persons with dementia-based communication disorders. *Perspectives on Neurophysiology and Neurogenic Speech and Language Disorders, 25*(4): 125-141.

Ripich DN, Wykle M, Niles S (1995). Alzheimer's disease caregivers: The FOCUSED program. *Geriatric Nursing, 16*(1): 15-19.

Ripich D, Horner J (2004). The neurodegenerative dementias: Diagnosis and interventions. *The ASHA Leader, 14*: 4-5.

World Health Organization (2001). International classification of functioning, disability and health. Geneva, Switzerland: Author.

복습문제

1. 2020년을 기준으로 65세 이상의 노인 인구 중 신경인지장애 건강보험 수진자의 비율을 고르시오.
   (1) 5.7%　　(2) 7.1%
   (3) 9.2%　　(4) 10.3%

2. 신경인지장애를 일으키는 가장 흔한 원인 질환을 두 가지만 고르시오.
   (1) 알츠하이머병　　(2) 혈관성 질환
   (3) 루이소체병　　(4) 픽병

3. 다음 중에서 알츠하이머병 신경인지장애과 혈관성 신경인지장애를 비교할 때에 알츠하이머병에서 더 문제를 보이면 AD로, 혈관성 치매에서 더 문제를 보이면 VD로 적으시오.
   (1) 단기기억　　(2) 집행기능
   (3) 일화기억　　(4) 지남력
   (5) 의미 범주 유창성 과제　　(6) 음소 유창성 과제

4. 정신장애진단 통계 편람에 의하면 신경인지장애에서 관찰되는 기능장애에 속하지 않는 것을 고르시오.
   (1) 기억장애－시공간장애　　(2) 집행기능장애, 언어장애
   (3) 정동/성격장애　　(4) 사회/직업생활장애

5. 신경인지장애의 원인 중 비교적 가역성에 속하는 것을 고르시오.
   (1) 픽병　　(2) 루이소체병
   (3) 알츠하이머병　　(4) 갑상선 기능저하증

6. 알츠하이머병 신경인지장애에 대한 설명으로 옳은 것을 고르시오.
   (1) 피질하성 신경인지장애이다.
   (2) 연결피질실어증과 비슷한 양상을 보인다.

(3) 아무리 심해져도 함구증까지는 보이지 않는다.

(4) 초기에는 좀처럼 명칭실증은 관찰되지 않는다.

7. 원발진행실어증의 아형에 대한 설명으로 옳지 않은 것을 고르시오.

(1) 단단어 이해력은 의미형에서만 손상된다.

(2) 비문법성은 주로 비유창형에서 관찰된다.

(3) 발화수는 비유창형, 의미형, 로고페닉형 모두에서 줄어든다.

(4) 의미착어보다 음소착어가 비유창형, 로고페닉형에서 두드러진다.

8. 경도 신경인지장애에 대한 설명으로 옳은 것을 고르시오.

(1) 정상보다 경도 신경인지장애 노인이 알츠하이머병으로 진단받을 확률이 5배 이상 높다.

(2) 기억력 상실을 비롯한 일반적 인지기능의 저하를 보인다.

(3) GDS상 5점에 해당한다.

(4) CDR상 2점에 해당한다.

9. SNSB 및 CERAD-K 치매검사도구에서 단어 유창성을 평가하기 위하여 공통적으로 포함된 항목을 고르시오.

(1) BNT　　(2) RCFT

(3) MMSE　　(4) COWAT

10. 주요 신경인지장애의 인지 언어치료법 중에서 직접 치료끼리 짝지은 것을 고르시오.

(1) VT-MBI

(2) SRT-SimPress

(3) SimPres-ROT

(4) VT-FOCUSED caregiver training program

11. 정상 노년층부터 문제를 보이기 시작하여 경도 신경인지장애, 주요 신경인지장애에 이르러서 두드러지게 문제시된다는 일관된 연구 결과가 나타난 언어영역을 고르시오.

(1) 어휘 및 의미
(2) 형태 및 구문
(3) 음운 및 조음
(4) 화용

12. 치매를 유발하는 퇴행성 질환이 아닌 것을 고르시오.

(1) 알츠하이머병
(2) 파킨슨병
(3) 빈스뱅거병
(4) 진행성 핵상마비

13. 혈관성 신경인지장애에 대한 설명으로 옳은 것을 고르시오.

(1) 기억장애가 가장 두드러진다.
(2) 마치 베르니케실어증과 흡사한 특색이 빈번하다.
(3) 의미 범주의 유창성이 음소 범주 유창성보다 저하된다.
(4) 뇌혈관 병변으로 초래되는 신경인지장애를 모두 포함한다.

14. 전두측두엽 변성 신경인지장애에 대한 설명으로 옳은 것을 모두 고르시오.

(1) 초로기 치매이다.
(2) 퇴행성 치매이다.
(3) 양전자단층촬영상에는 특히 우뇌 침범이 흔하다.
(4) 일반적으로 병의 진행 속도는 알츠하이머병보다 느린 편이다.

15. 원발진행실어증에 대한 설명으로 틀린 것을 고르시오.

1) 로고페닉형만이 알츠하이머병의 병리학적 소견을 보인다.
2) 사물 지식은 의미형에서는 보존되나, 비유창형에서는 손상된다.
3) 세가지 아형 분류 모두 말기에 가서 함구증의 형태를 보일 수 있다.
4) 초기에 인지기능은 상대적으로 유지되며, 언어장애가 두드러지는 특색을 보인다.

16. 루이소체병 및 파킨슨병으로 인한 신경인지장애에 대한 설명으로 틀린 것을 고르시오.

1) 루이소체병 신경인지장애는 알츠하이머병 치매 다음으로 흔한 진행성 치매이다.
2) 루이소체병 신경인지장애는 질병 초기부터 주의력 저하가 나타나지는 않는다.
3) 파킨슨병은 피질하성 신경인지장애를 보이며, 말장애가 두드러진다.
4) 파킨슨병으로 인한 신경인지장애는 파킨슨병 확진 후 진단된다.

17. 치매환자에 대한 직접 및 간접 치료에 대한 설명으로 틀린 것을 고르시오.

1) 간접 치료– SimPres는 기억훈련 전략 프로그램이다.
2) 직접 치료– 보완의사소통기기를 기반으로 한 행동치료 프로그램이 있다.
3) 간접 치료– FOCUSED는 치료사가 환자에게 수행하는 치매훈련 프로그램이다.
4) 직접 치료– Validation Therapy[VT]는 지남력 장애를 4단계로 나눠 테크닉을 지도한다.

정답

1. (4)
2. (1) (2)
3. (1) AD (2) VD (3) AD (4) AD (5) AD (6) VD
4. (3)
5. (4)
6. (2)
7. (3)
8. (1)
9. (4)
10. (1)
11. (1)
12. (3)
13. (4)
14. (1) (2)
15. (2)
16. (2)
17. (3)

제 8 장

말실행증

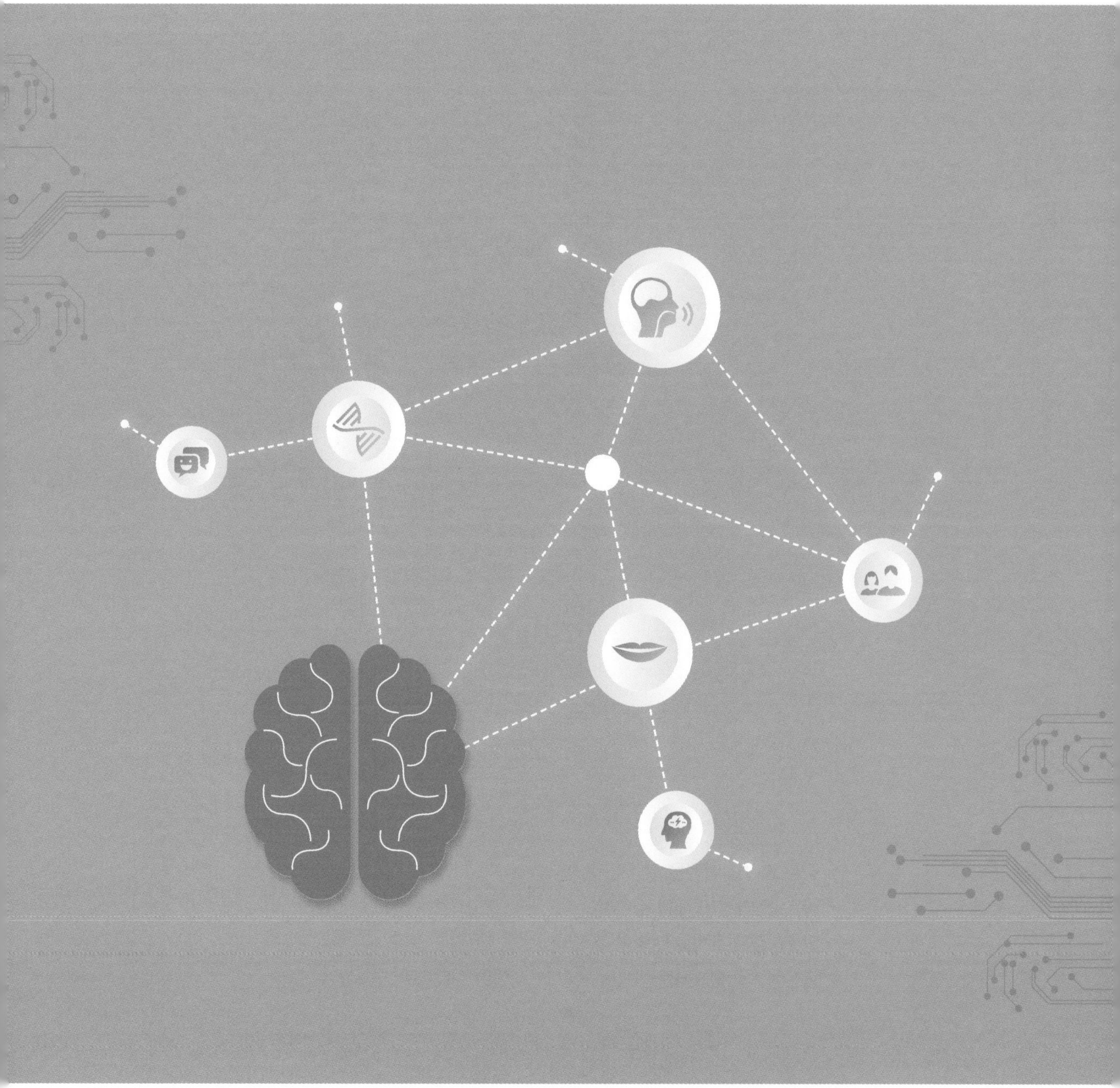

학습목표

- 정상 말산출 과정을 설명할 수 있다.
- 말운동장애를 이해할 수 있다.
- 말실행증의 특색을 설명할 수 있다.
- 말실행증을 평가하는 방법을 익히고, 적절한 치료법을 제시할 수 있다.

말은 인간의 생각과 감정 등을 소리를 통하여 표현하는 의사소통 양식이다. 말을 산출하기 위하여 동원되는 여러 신체 기관은 복잡하고 역동적인 체계로 구성된다. 그러므로 말을 산출해 내기 위하여 그 체계가 어떻게 작동하는지, 어떠한 신경 신호에 의하여 움직이는지 등을 이해하는 일이 간단하지만은 않다. 정상적 말산출의 기제를 파악하기 위한 방법 중의 한 가지는 뇌손상으로 인하여 발생한 말장애, 즉 신경말장애를 관찰하고 이해하려는 노력이다. 신경말장애는 신경언어장애만큼이나 다양하다. 이 장에서는 신경말장애 중에서 말실행증을 공부하기로 하자. 그런데 이에 앞서 정상 말산출은 어떤 과정을 거치며, 어떠한 경우에 무슨 말장애가 발생하는지에 대하여 살펴보자.

1. 정상 말산출 과정

정상적인 말을 구사하기 위해서는 어떠한 말산출 과정을 거치게 되는 것일까? 말산출 과정은 [그림 8-1]과 같이 크게 네 단계, 즉 개념 형성 단계, 부호화 · 언어화 단계, 말운동 계획 · 프로그래밍 단계, 말(운동)집행 단계로 나누어 설명될 수 있다. 이때 개념 형성 및 언어 형성 단계를 합하여 인지-언어$_{\text{cognitive-linguisic}}$단계로, 말 계획 · 프로그래밍과 집행 단계를 합하여, 말$_{\text{speech}}$ 단계로 구분할 수도 있다. 그럼 지금부터 네 단계를 하나씩 살펴보자.

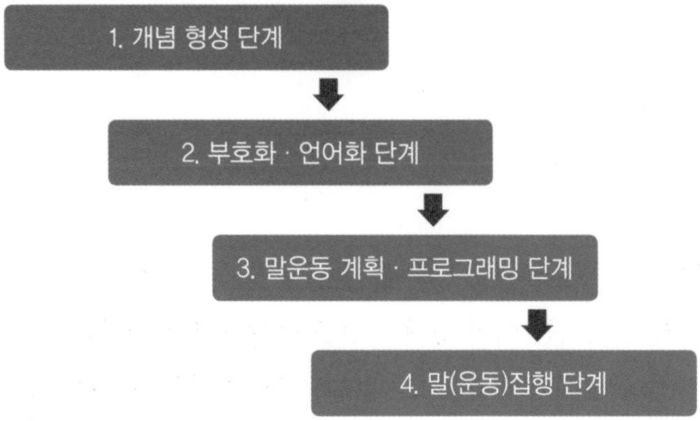

그림 8-1
말산출 과정의 네 단계
말산출은 개념 형성 단계, 부호화 · 언어화 단계, 말운동 계획 · 프로그래밍 단계, 말(운동)집행 단계를 거쳐서 이루어진다.

1) 개념 형성 단계

첫 단계는 '개념 형성ideation-concept formulation 단계'이다. 이 단계는 우리가 품고 있는 추상적 생각을 구체적으로 실현하고자 하는 데 가장 기초적인 단계이다. 말하고자 하는 이는 어떤 의도나 주제들로 이야기를 풀어 나갈지에 대한 의사소통 의도communication intent가 필요하다. 구체적인 개념이나 생각 없이 말을 한다면 그 말은 의미가 없게 될 것이고, 원활한 의사소통이 불가능하다.

2) 부호화 · 언어화 단계

두 번째 단계는 '부호화 · 언어화symbolization, language formulation 단계'이다. 이 단계에서는 의도된 말을 전하고자 자신이 사용하는 언어의 언어학적 규칙에 준하여 의미를 가진 어휘로 표현한다든지(즉, 의미적), 음운 규칙을 활용한다든지(즉, 음운적), 또는 형태-통사적 문법 규칙에 적합한 언어를 뇌 속에서 실현한다. 그런데 '언어'를 말이라는 실체로 실현하기 위해서는 다음 단계인 말운동 계획 · 프로그래밍 단계'를 거쳐야 한다.

3) 말운동 계획 · 프로그래밍 단계

세 번째 단계인 '말운동 계획 · 프로그래밍speech motor planning-programming 단계'는 또다시 '말운동 계획 단계'와 '말운동 프로그래밍 단계'로 세분될 수 있다. 계획 단계에서는 말운동의 목표를 정하여 행동의 전략을 구사한다. 예컨대, 'ㅁ'이라는 말소리를 산출하기 위해서는 '입술 폐쇄', '연구개 내림', '입술 열림' 등과 같은 개별적인 구조들의 움직임들을 포함하므로 계획 단계는 구조 특이적structure-specific 특성을 지닌다. 그런데 이러한 움직임들은 조음 맥락에 따라 조금씩 달라진다. 이때 우리의 조음기articulators는 학습을 통하여 이미 저장되어 있던 감각 · 운동적 기억 흔적sensory-motor engram을 어떻게 처리해야 하는지 등을 지시하게 된다. 그런데 충분히 연습되지 않은 복잡하고 어려운 음소를 말하고자 할 때에는 계획이 너무 복잡해지므로 조음을 단순화시키거나 천천히 발음하는 전략을 사용하기도 한다.

일단 말운동이 계획된 후에는 말운동을 프로그래밍하게 된다. 앞서 말운동 계획은 구조 특이적이라 하였다. 그와는 대조적으로 말운동 프로그래밍은 근육 특이적muscle-specific 특성을 갖고 있다. 다시 말하면, 짜여진 말운동 계획에 따라 말산출에 사용되는 근육의 활동을 상세히 지정하여 적시timing에, 적절한 지속 시간duration 동안, 올바른 순서sequence대로 움직이도록 명령을 내리는 것이다. 말운동 프로그래밍은 뇌의 말운동 프로그래머speech motor programmer가 담당한다. 말운동 프로그래머는 1975년 Darley, Aronson과 Brown에 의하여 도입된 개념이며 말을 구사하기 위하여 운동 계획을 담당하는 중추신경계에 위치한 통합 네트워크라고 할 수 있다. 예컨대, '신발'이라고 말하려면 'ㅅ, ㅣ, ㄴ, ㅂ, ㅏ, ㄹ' 등 각 음소의 조음 길이를 적절하게 조절해야 하며, 각 음절을 초성, 중성, 종성의 순으로 말해야 하고, '신'과 '발'이라는 음절 간에는 적당한 쉼을 두어 말해야 하는 등의 여러 가지 '말운동'이 행해진다. 말운동 프로그래머는 이러한 운동들을 조절하고 관리하는 기능을 한다.

한편, 말운동 계획 · 프로그래밍은 일단 익숙해지면 뇌 속에 저절로 각인되어 복잡한 인지 과정을 거치지 않고도 자동적으로 행해진다는 특징을 갖고 있다. 마치 우리가 자전거 타는 법을 배우기 위하여 얼마간의 연습 과정을 거치면 그다음부터는 자전거 타는 절차를 일일이 생각하지 않고도 수월하게 탈 수 있게 되는 이치와 같다. 그렇다면 말의 예를 들어 보자. '한라산'을 '할라산'이라 발음하는 것이 한국어의 음운 규칙에 맞는다는 것은 말습득 과정을 거쳐 이미 뇌 속에 저장되어 있으므로 우리는 '한라산'이란 단어를 보았을 때에 자연스럽게 '할라산'이라 조음한다. 만일 '한라산'으로 말해야 한다면 어색할 뿐만 아니라 조음을 하는 데 각각의 음절을 천천히 발음해야 하며 더 많은 의도적인 노력이 들 것이다.

4) 말운동 집행 단계

말산출 과정의 마지막 단계는 '말운동 집행speech motor execution 단계'이다. 말운동 계획·프로그래밍 단계를 거친 '속말'이 말초기관인 말 근육 조직speech musculature의 움직임을 통하여 음향학적 신호acoustic signal로 바뀌면서 실질적으로 구강 밖으로 표출되어 귀로 들리게 하는 과정이다. 여기서 '속말inner speech'이란 밖으로 소리 내지 않고 속으로 하는 말이란 뜻이다. 그러므로 말이 소리를 통해 산출되지 않고 속말까지만 이어진다면 말집행이 완전하게 이루어졌다고 할 수 없다. 말운동 집행 단계에서는 근육이 수축되고 구조의 움직임이 일어난다. 집행 단계에서는 말 근육 조직을 포함하는 말초 기관의 구조가 정상적이어야 할 뿐만 아니라 신경 신호를 받은 근육의 기능이 원활하게 작동하여야 하므로 말운동 집행 단계를 '말 신경근육 집행neuromuscular speech execution 단계'라고도 일컫는다.

말집행을 위하여 필요한 말초기관 체계는 호흡 체계, 발성 체계, 조음 체계, 공명 체계를 포함한다([그림 8-2] 참조). 먼저, 호흡 체계에서는 정상적인 호흡기관 구조와 충분하고 원활한 호흡기능이 뒷받침되어야 한다. 예컨대, 폐나 기도의 구조에 문제가 있거나 구조는 정상이지만 폐활량이 부족하거나 혹은 불규칙적으로 숨을 쉬는 경우에는 말이 짧게 끊어지거나 날숨 대신 들숨에서 말을 하게 되는 장애가 생길 수 있다.

> **잠깐!**
> 말소리는 안 들리나 입모양은 낼 수 있다면 이를 말운동 집행이 이루어졌다고 할 수 있을까? 특정한 이유에서 호흡기능이나 성대의 움직임이 원활하지 않았다고 할 수 있으나 조음기관의 움직임은 정상이었으므로 말운동 집행이 부분적으로 이루어졌다고 할 수 있다.

발성 체계는 성대를 포함한 발성기관이 정상적인 구조와 기능을 갖고 있어야 한다. 무엇보다도 성대 근육이 규칙적이고도 원활하게 움직여야 한다. 이때 충분한 호흡이 뒷받침되어야 발성 체계도 제 역할을 하게 된다. 정상적인 성문 하압subglottic air pressure을 유지하기 위해서는 일정량의 호기가 필요하기 때문이다. 또한 호흡 체계와 발성 체계에서 생성된 기류는 조음 체계와 공명 체계를 통과하게 된다. 어떤 조음기관이나 공명기관을 어떻게 움직이면서 어느 정도 막거나 열어 주느냐에 따라 여러 가지의 말소리가 가능하게 된다.

공명 체계에는 구강, 연구개, 인두강, 비강 등이 포함된다. 기류는 연구개와 인두강를 중심으로 위치한 연인두 개폐기velopharyngeal port를 중심으로 비강이나 구강으로 통과하면서 각각 비강음이나 구강음을 내게 된다.

구강으로 통과된 기류는 조음 체계 구조인 경구개, 연구개, 혀, 입술, 턱 등의 원활한 기능으로 말소리를 형성한다. 그런데 이때 각 말집행의 하부 체계가 정상적인 구조와 기능을 갖는 것도 중요하지만 하부 체계들끼리 조화롭게 협응되는 일도 중요하다. 왜냐하면 각각의 하부 체계는 정상이지만 하부 체계끼리 제대로 협응하지 못하는 경우에도 말장애가 생길 수 있기 때문이다.

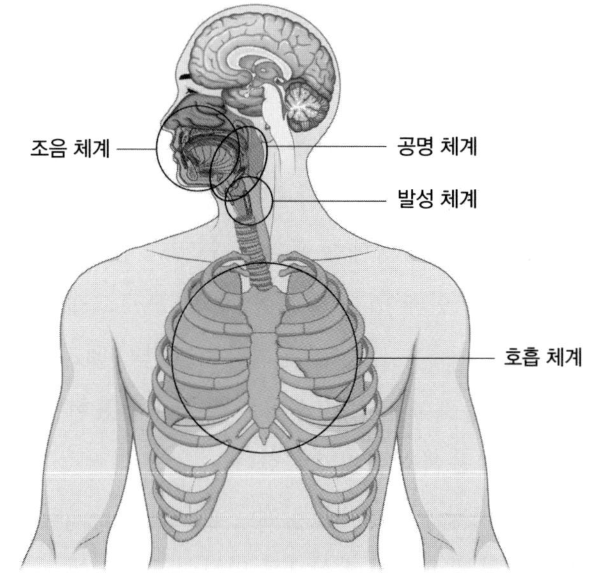

그림 8-2
말운동 집행의 네 가지 하부 체계
말운동 집행의 하부 체계는 크게 호흡 체계, 발성 체계, 공명 체계, 조음 체계 등의 네 가지 체계로 나눌 수 있다.

이상으로 네 단계의 말산출 과정을 살펴보았는데, 이 중에 '개념 형성 단계'와 '부호화 · 언어화 단계'는 말 단계의 전 단계, 즉 말을 하기 위한 준비 단계라 할 수 있다. 이에 반하여, '말운동 계획 · 프로그래밍 단계'와 '말집행 단계'는 실질적으로 말에 관여하는 단계라 할 수 있다.

2. 말운동장애

그렇다면 말산출에 문제가 생기면 어떻게 될까? 말산출 과정의 각 단계와 장애를 서로 연관 지어 생각해 보자. '개념 형성 단계' 혹은 '부호화 · 언어화 단계'가 손상되는 것은 말운동장애라 할 수 없다. [그림 8-3]에서 보듯이 '개념 형성 단계'의 손상은 치매와 같은 인지장애와 관련된다. 치매 환자들은 개념 혹은 의미의 상실로 인하여 자신이 표현하고자 하는 말의 의도를 제대로 이끌어 내지 못한다.

'부호화 · 언어화 단계'가 손상되면 실어증과 같은 언어장애가 관찰된다. 비록 말하고자 하는 의도에는 문제가 없을지라도 생각해 낸 개념을 언어와 짝짓는 처리 과정에서 문제를 보인다는 것이다. 그래서 일반적으로 실어증 환자들에게는 인지장애가 관찰되지 않아 비언어적 지능은 정상적이라 말하는 것이다. 그러나 광범위한 뇌손상으로 인한 전반실어증 환자 같은 경우에는 워낙 뇌의 손상 범위가 넓으므로 인지를 담당하는 뇌기능이 저하될 수밖에 없다.

뇌손상 시에 우리가 말운동장애를 관찰할 수 있는 단계는 '말운동 계획 · 프로그래밍' 단계 혹은 '말집행' 단계이다. '말운동 계획 · 프로그래밍' 단계에서 손상이 보이는 경우에는 말실행증apraxia of speech: AOS이라는 진단이 내려진다. 말실행증 환자는 일정 단위의 '말'에서 음소나 음절의 순서를 어긋나게 표현한다. 말실행증에 대한 좀 더 자세한 설명은 다음에 이어지기로 한다.

'말집행' 단계에서의 장애는 마비말장애[구음장애]dysarthria라고 불린다. 마비말장애 환자는 말집행의 하부 체계의 손상으로 인하여 말산출에 필요한 근육의 마비 등이 조음 정확도나 말 명료도를 저하시킨다. 말실행증과 마비말장애를 총칭하여 '말운동장애motor Speech disorders: MSD'라 한다. 말운동장애는 중추신경계나 말초신경계의 손상에 기인한 신경말장애이다. 이에는 근육 구조의 기형이나 손상 혹은 심리적인

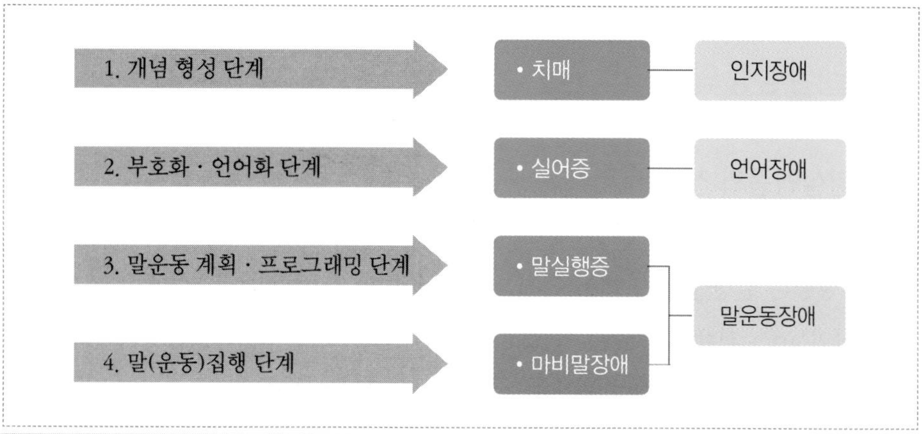

그림 8-3
말산출 과정의 네 단계별 연관장애
말산출 과정의 각 단계에서 장애가 발생하는 경우에 각각 치매, 실어증, 말실행증, 마비말장애를 보일 수 있다. 여기서 치매는 인지장애이고, 실어증은 언어장애이며, 말실행증과 마비말장애는 말운동장애로 분류된다.

원인으로 인해 유발되는 말산출장애는 해당되지 않는다. 말산출 단계별 장애는 따로 독립적으로 나타날 수 있고 함께 나타날 수도 있다. 치매[즉, 개념 형성 단계의 장애]가 마비말장애 혹은 말실행증과 동반되어 나타나거나, 그리고 실어증과 말실행증이나 마비말장애가 함께 발현될 수 있다. 한편, 동반되어 나타나는 경우에는 특정 장애가 다른 장애에 영향을 줄 수도 있다. 예컨대, 모든 언어와 말 활동의 근간이 되는 '개념 형성 단계'의 손상이 실어증과 같은 '부호화 · 언어화 단계'의 장애를 유발할 수 있다. 말장애로 인하여 생긴 현상이 '표현성' 언어장애처럼 보이거나 표현성 언어장애로 인하여 말장애에 대한 진단이 늦어질 수도 있다. 예컨대, A라는 환자는 심한 브로카실어증으로 인하여 전혀 언어 표현을 할 수 없었는데, 언어치료 후에 신경말더듬증이 동반된다는 것이 확인되기도 한다.

그렇다면 말운동장애는 얼마나 자주 나타나는 것일까? 미국 메이요 클리닉의 Duffy 박사 자료에 의하면 1987~1990년과 1993~2001년 사이에 신경과, 이비인후과, 신경외과, 재활의학과, 내과 등에서 의뢰하여 실시한 총 14,269회의 의사소통장애 평가 결과 중에 41%가 말운동장애로 최종 진단되었다.

3. 말실행증의 정의, 원인 및 특색

1) 말실행증의 정의

말실행증은 말산출 과정에서 관찰되는 실행증의 한 유형이다. 실행증$_{\text{apraxia}}$의 영어 용어인 apraxia에서 'praxis'는 그리스어로 '동작, 행동$_{\text{action}}$'이란 뜻이며, 접두사 'a-'는 '없다, 못하다'를, 접미사 '-ia'는 '증세'를 지칭한다. 따라서 실행증이란 '동작을 못하는 증세'를 의미한다. 즉, 주어진 명령대로 동작을 하려고 할 때에 여러 구조나 근육 등의 위치나 움직임이 제대로 프로그래밍되지 않아 나타나는 장애이다. 여기서 '동작'은 오랫동안 숙련되게 해서 이미 몸에 익혀진 움직임을 말한다. 이러한 움직임 하나하나가 시각-신체운동감각적 기억 흔적$_{\text{visuo-kinesthetic engram}}$을 형성하여 'praxicon'이라 일컫는 동작사전에 저장된다. 동작사전은 하두정소엽$_{\text{inferior parietal lobule}}$과 상측두이랑$_{\text{superior temporal gyrus}}$에 위치한다. 한편, 1900년에 Liepman은 실행증의 증세 및 유형에 대한 관찰점들을 자세히 기술하는 공헌을 하였다(여러 유형의 실행증에 대한 자세한 설명은 '제3장 인지 및 의사소통 기초 평가'를 참조). 실행증의 유형이 여러 가지이므로 'apraxia'라는 단수형 표현보다는 'apraxias'라고 할 수 있다.

이러한 실행증이 말의 영역에서 나타나게 되면 '말실행증'이라 한다. 말실행증$_{\text{apraxia of speech: AOS}}$이란 용어는 1969년에 Frederic Darley 박사에 의하여 처음 사용되었으며 주어진 명령대로 말동작을 하지 못하는 증세이다. 구체적으로 말실행증은 뇌기능 장애로 인하여 말을 할 때 사용되는 여러 가지 혹은 특정 말집행기관(예: 호흡기관, 발성기관, 조음기관)의 말동작이 순차적으로 잘 진행되지 못한다. 이로 인하여 수의적$_{\text{voluntary}}$이고 숙련된 조음을 하기 위하여 조음기를 제대로 위치시키는$_{\text{positioning}}$ 프로그래밍에 문제를 보이거나 순차적 움직임$_{\text{sequential movements}}$을 체계적으로 수행하지 못한다. 예컨대, '퍼-터-커'의 세 음절을 차례로, 여러 번 반복하는 과제에서 이를 원활하게 수행하지 못하고 음절의 순서가 뒤바뀌어 '퍼-커-터' 등으로 잘못 반복한다든지 반복 속도가 불규칙적이다. 다시 말해서, 말실행증 환자들은 말을 하려는 혹은 의사소통을 하려는 의도가 있고 부호화까지는 가능하나 동작을 제대로 수행하지 못한다.

한편, 말실행증은 다음 여러 가지의 장애와는 구별되어야 한다. 말실행증은, 첫째, 말을 산출하는 데 사용되는 근육이 마비되었거나 약해서 생기는 말집행상의 문제는 아니다. 즉, 마비말장애와는 구별되어야 한다는 것이다. 둘째, 말실행증은 감각장애로 인하여 생기는 말장애는 아니다. 감각이 저하되는 경우에도 제대로 된 피드백을 받지 못하는 등의 문제로 인하여 말장애를 보일 수 있다.

잠깐!

aphemia and apraxia of speech

브로카Paul Broca는 언어를 이해하는 데에는 문제가 없어 보이나 조음 문제를 보인 자신의 환자의 증세를 'aphemia'라고 지칭하였다. 브로드만 영역 44번, 45번의 손상으로 인한 그 증세가 오늘날의 말실행증apraxia of speech일 것으로 생각된다.

2) 말실행증의 원인과 발생률

말실행증을 유발하는 질환으로는 뇌졸중과 같은 혈관성 질환vascular disease이 가장 흔하고, 신경퇴행성 질환, 외상성 뇌손상, 종양 등을 들 수 있다. 뇌졸중stroke, cerebrovascular accident: CVA의 경우에 말실행증을 유발할 수 있는 뇌손상 부위는 말운동 프로그래밍 영역이다. 말실행증 환자에서 관찰되는 주요 병소는 [그림 8-4]와 같이 좌뇌의 브로카영역Broca's area을 포함한 하전두이랑, 보충운동영역supplementary motor area: SMA, 측두두정피질temporoparietal cortex, 앞 뇌섬anterior insula 등으로 알려져 있다. 또한 좌뇌의 기저핵basal ganglia 등을 포함한 피질하영역도 관련이 있는 것으로 보고되었다. 그러므로 혹자는 후두엽만을 제외하고 뇌의 대부분이 말실행증과 관여된다고 하였다. 그런데 특정 뇌손상 부위가 말실행증 간의 확실한 연관성이 있는 것으로 결론을 내리기 위해서는 동일한 뇌손상 부위를 가진 모든 환자를 대상으로 말실행증 유무를 확인해야 한다고 제안된 바 있다.

그런데 말실행증이 치매와 함께 나타나면 점차로 증세가 악화되는 퇴행성으로 발현되는데, 이를 '진행성 말실행증progressive apraxia of speech: PAOS'이라고 명명한다. 특별히, 진행성 말실행증이 특정한 신경퇴행성 질환의 초반기에 다른 증상 없이 유일하게 또는 그 질환을 가장 잘 특징짓는 증상으로 나타나면서 그 질환의 시작을 알리는 초기 증세일 때 이를 '원발진행 말실행증primary progressive apraxia of speech: PPAOS'이라고 한다. 한편, 외상성 뇌손상traumatic brain injury: TBI은 뇌에 외부적으로 가해진 충격으

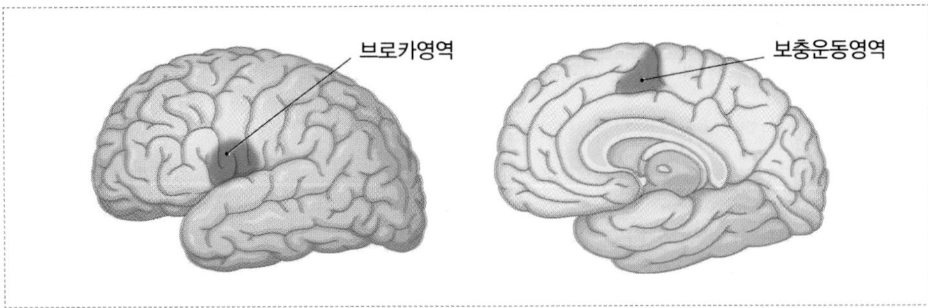

그림 8-4
말실행증의 주요 병소
말실행증은 좌측 뇌의 손상으로 발생하는데, 브로카영역을 포함한 하전두이랑, 보충운동영역 등이 가장 대표적이다.

로 인하여 발생하는 뇌손상을 총칭한다. 외상 부위가 전두엽을 포함하는 경우에 말실행증이 흔하게 관찰된다.

미국 메이요 클리닉에서 1987~1990년과 1993~2001년 사이에 집계한 자료에 의하면 신경언어장애와 신경말장애를 모두 포함한 10,444회의 신경 의사소통장애 평가 결과 중에서 말실행증이 4% 정도였고, 6,101회의 신경 말운동장애 평가 중에서는 7.6%이었다.

3) 말실행증의 말 특색

앞서 말실행증은 뇌 속에서 말을 제대로 계획·프로그래밍하지 못하는 장애라고 하였다. 〈표 8-1〉에서 제시된 말실행증 성인 여자 환자 A는 본인 스스로가 그러한 어려움을 잘 인지하였음을 알 수 있다. 본인이 말을 하기 위해서는 "…… 머릿속에서 다시 또 계획, 계산을 해야 되거든요……."라고 하였다. 지금부터 환자의 발화 자료(〈표 8-1〉 참조)를 중심으로 말실행증 환자가 보일 수 있는 특색을 조음 오류, 비일관성, 자가수정, 명제말의 어려움, 자극어 길이, 말운율, 모색 행동 등의 측면에서 살펴보자.

(1) 조음 오류

말실행증 환자가 자신의 발화에서 가장 문제시하는 부분은 〈표 8-1〉에서도 표현하였듯이 조음 오류로 인하여 유창하지 못한 말이다.

표 8-1 말실행증 성인 여자 환자 A의 발화 자료

대화

T: 가장 불편하신 데가 어떤 것이죠?

P: 내가 생각하는 대로 말이 안 나오는데 화를 내면 나와요.

T: 화를 내면요?

P: 신경질을 팍 나면은 나와요. 근데 이렇게 멍— 하면 무—이렇게 나오구요. 이게 정신적인 건가…….

P: 내가 원, 원하는 말이 아니거든요. 선생님, 선생님하고 할려니까 머릿속에서 다시 또 계획, 계산을 해야 되거든요. 머릿속으로 생각을 해야 돼요.

T: 단어를 이야기하시기 전에 입을 오물오물 하시는 경향이 있으신데 그 전에는 없으셨나요?

P: 네, 마너 말이 항상 긴장하고 나는 저기 말을 정확하게 해야 된다는 생각은 하고 있었어요. 어버, 언어가 다르잖아요. ○○하고 서울하고,

해변가 그림 설명

P: 바닷고, 바닷가에서 가족들이 놀고 있는 거죠. 독, 도고, 도, 도, 돛단배 이게 잘 안 되네요. 애들이 돌고 있어요. 이게 푸, 풍경이요, 제가 그전에 여행 갔을 때 그 풍경 그림 그렸던 그 자리네요. 더요? 그냥 다른 감정 없어요, 그냥.

T: 이런데도 다 이야기해 주시고요.

P: 여기서 어떤 감정이요?

T: 이런 것도 보시고 얘기를 해 보세요.

P: 그러니까 엄마가 이게 바, 바다강에 바닷가에서 독서하고 아빠가 애들하고 재밌게 놀고, 애들이 놀고 그러네요. 바, 바닷가 풍경이죠.

돗자리, 돗자리, 다 다 강아지 모모자 나물 나무 호텔 전화네 앞에 호텔 같은, 호텔이 두 개 있구요. 나무 숲이 있네요. 파라솔 바다 파란 바다 발, 발, 발, 발, 갈매, 갈래, 갈매리…… 안 되네요. 그런 것들 재밌게 놀고 있고요. 한걸, 한가롭게 걸, 걷고 있고요. 신나게 놀고 있고, 근데 저는 이런 거를 한 번도 못 해봤거든요. 언제나, 바빠서.

T: 치료사, P: 환자

오류의 단위는 주로 음소 오류phonemic error이지만 음절 오류도 관찰된다. 오류의 형태는 목표 자음이나 모음 혹은 목표 음절이 각각 다른 음소 혹은 음절로 대치substitution되는 것이 가장 흔하며, 첨가, 왜곡, 탈락, 치환transposition 오류 등도 관찰된다. 그러나 조음 오류를 간략 표기broad transcription하느냐 또는 정밀 표기narrow transcription하느냐에 따라 오류 형태의 빈도에 차이가 날 수 있다. 혹자는 말실행증의 '대치' 오류를 정밀 표기하면 주로 '왜곡' 오류로 분류된다고 하여 표기 방법에 따라 주요 오류 형태가 달라질 수 있음을 주장하였다. 〈표 8-1〉에서 '갈매기'를 '갈매리', '나무'를 '나물'로 산출한 것은 각각 대치와 첨가 오류의 예이다. 또한 '바닷가'를 '바다'라 한 예에서는 탈락과 첨가 오류가 동시에 관찰된다. 이 예들과 같이 탈락의 경우에 흔히 종성 탈락의 형태를 취한다. 음소 오류의 경우에 자음 오류가 모음 오류보다 빈번하다. 자음에서 조음 위치 오류가 조음 방법 오류보다 많으며, 음절 내 자음 오류의 위치는 단어의 초성이 종성보다 더 빈번하다. 모음 오류의 경우에도 생략보다 대치 오류가 빈번한데, 이중모음이 단모음으로 대치되거나 무성음이 유성음으로 대치되기도 한다. 한편, 음소가 뒤에 오는 음소의 영향을 받아 대치되는 오류(예: '나름대로' → '나름도로')를 선행적 오류anticipatory error라고 한다. 여기서는 셋째 음절의 모음 'ㅐ'가 그다음 음절의 모음 'ㅗ'의 영향으로 'ㅗ'로 대치되었다. 앞 음소의 영향을 받아 뒤에 오는 음소가 대치되는 현상(예: '소망' → '소몽')은 보속적 오류perseverative error라고 한다. 여기서는 앞서 조음된 모음 'ㅗ'의 영향으로 둘째 음절의 모음 'ㅏ'가 'ㅗ'로 대치되었다. 목표 음소나 목표 어절의 자리가 서로 바뀌는 경우(예: '해바라기' → '해라바기')는 치환 오류transpositional error, metathetic error라고 한다. 여기서는 자음 'ㅂ'과 'ㄹ'이 서로 바뀌었다. 선행적 오류가 보속적 오류나 치환 오류보다 흔하게 관찰된다. 말실행증에서 보이는 음소 오류도 실어증에서 관찰되는 음소 오류와 마찬가지로 음소착어phonemic paraphasia라고 칭할 수 있다.

(2) 비일관성

오류가 일관적이지 못하고 산출할 때마다 바뀌게 되는 변이적 특색을 띤다. 예컨대, '호루라기'라는 단어를 여러 번 말하게 되더라도 '호라루기, 호리루기, 호라라기' 등으로 각기 다른 산출 오류를 보인다.

(3) 자가수정

산출 오류가 발생하면 환자 스스로가 여러 차례에 걸쳐 오류를 수정해 보려는 자가수정self-correction이 흔하게 나타난다. 자가수정은 적어도 다음 세 가지의 특징을 보인다. 〈표 8-1〉에서의 예를 다시 살펴보자. 첫째, 자가수정은 목표어의 전체(예: '마너, 말이', '어버, 언어') 혹은 일부 음절(예: '걸, 걷고', '독, 도고, 도, 도, 돛단배……')의 반복으로 이루어진다. 둘째, '발, 발, 발, 발, 갈매, 갈래, 갈매리……'와 같이 '갈매기'를 산출하기 위하여 여러 번 반복하며 비일관적 오류를 보인다. 셋째, 앞 예의 '갈매리'처럼 자가수정의 최종 산물이 반드시 정반응으로 끝나는 것은 아니다. 〈표 8-2〉에서는 또 다른 말실행증 환자가 단어를 세 번 반복하는 과제에서 보인 오류와 자가수정의 예를 제시하였다.

표 8-2 말실행증 성인 여자 환자 B의 오류 및 자가수정의 예

목표어	1차 시도	2차 시도
비행기	비앵기-비앵기-비앵기	비앵기-비앵기-비앵기
주전자	주존싸-주존사-주종자	주언자-주런지-주런자
얼룩말	얼룩말-얼룽발-얼룽발	얼룩말-어죽말-얼룩말
돋보기	독보기-돋보기-됻보기	돋보기-돋보기-돋보기
재봉틀	재봉즐-재봉쫄-재봉쫄	재봉슬-재봉쓸-재몽쫄
만년필	만전필-장면필-반전필	난넌필-난연필-전연필/만전필/담연필/만욘필
공중전화	공중존화-공중존화-공중전화	공중전화-공중전화-공준존화
빨래집게	발래집배-잘래집배-발래집배	팔리집개-살래집배-발래집배/발래집배-달래집배-달래집배
연필깎이	열/논필딱이-연필딱이-연필딱이	연필닦이-연필갂이-병필각기
돼지저금통	재지저금송-재지저금송-재지더금송	배지저금쏭-배지뎌금쏭-배지뎌금쏭

/ 후의 반응은 자가수정임.

(4) 명제말의 어려움

대부분의 말실행증 환자들은 자동말automatic speech에 비하여 명제말propositional speech 생성에 더 많은 어려움을 보인다. 즉, "안녕히 계세요."라고 인사말을 하거나, '하나, 둘, 셋, 넷, 다섯' 등의 숫자 세기나 '주기도문' 등과 같이 이미 여러 번 반복하여 잘 저장되어 있는 일련의 말들은 비교적 큰 어려움 없이 구사할 수 있다. 그러나

"여름휴가 때에 무엇을 하셨나요?"와 같이 생각을 요하는 질문에 대한 발화는 어려워한다. 한편, 심도의 말실행증 환자의 경우에는 예외적으로 자동말과 명제말에 대해 모두 어려워하므로 그 정도 차이가 크지 않다. 그들의 경우에는 숫자 세기 등의 과제에서도 일부 자음이나 모음 등의 음소에서만 비슷한 조음이 가능할 뿐이다.

(5) 자극어 길이

자극어 길이에 따른 오류 정도가 다르다. 짧은 자극어보다 긴 자극어에서 좀 더 많은 오류가 관찰되는데, 이는 자극어가 길수록 좀 더 복잡한 말운동 프로그래밍이 요구되기 때문이다. 그러므로 말실행증을 평가할 때에 음절수를 점진적으로 늘린 단어 세트를 자극어로 포함한다. 예컨대, '할머니 → 할머니방 → 할머니방문'처럼 음절수를 3음절부터 5음절까지로 늘려가면서 반복하도록 하였을 때에 오류 정도가 증가하며, 오류의 방향이 점차적으로 목표음에서 동떨어져 가는 경향을 보인다.

(6) 말운율

발화 시에 말속도가 부분적으로 느려지거나, 음소 길이가 과도하게 늘어나 음절 간의 간격이 불규칙적일 수 있다. 이러한 비정상적인 말운율은 말더듬증에서처럼 오류를 피하기 위한 일종의 투쟁 행동struggle behavior이다.

(7) 모색 행동

말을 할 때, 특히 말을 시작하고자 할 때에 구강 주변에서 조음기의 모색 행동groping이 관찰되기도 한다. 모색 행동은 입술이나 혀를 끊임없이 움직이면서 조음기를 어디에 두어야 할지 혹은 어떻게 모양을 내야 할지 등의 조음 위치 및 방법을 탐색하는 행동이다.

4) 진행성 말실행증

진행성 말실행증progressive apraxia of speech: PAOS은 퇴행성 질환으로 인하여 말실행증이 점진적으로 악화되는 증상이다. 신경인지장애를 포함한 다른 증상과 함께 발현하며 여러 가지의 원인 질환에 기인한다. 그런데 다른 신경인지장애 등을 동반하지 않고 신경퇴행성 질환의 초기부터 진행성 말실행증이 주요 증상으로 발현하는 것을 원발진행 말실행증primary progressive apraxia of speech: PPAOS이라고 한다. 원발진행 말실행증의 유형은 세 가지이다. 유형 I은 주로 조음장애, 즉 대치, 반복, 자가수정을 보인다. 유형 II의 경우는 주로 운율장애로서 느린 말속도, 단어 및 음절의 분절화가 두드러진다. 유형 III은 조음장애나 운율장애 중 한 가지가 유난히 더 두드러지지 않는 경우이다. 환자들의 1/3 정도에서는 원발진행 말실행증에 동반하여 마비말장애를 보일 수 있는데, 원인 질환이 퇴행성이므로 이 마비말장애 역시 진행성으로 나타난다. 이때 마비말장애의 유형은 강직형, 운동감소형, 혼합형(강직형-운동감소형) 등이다.

원발진행 말실행증의 기저 병리는 타우병증taupathy이 100%를 차지한다. 피질이 위축되거나 신진대사가 저하되는hypometabolism 병소로는 상부 측면 전운동피질superior lateral premotor과 보충운동피질supplementary motor 영역이다.

5) 말실행증의 동반 장애

말실행증은 단독 증세로 관찰되기보다는 다른 증세와 함께 오는 경우가 더 많다. 말실행증과 함께 생길 수 있는 동반 장애들은 다음과 같다.

(1) 신체마비

말실행증 환자들은 주로 좌뇌 운동피질의 손상으로 인하여 우측 신체의 편마비hemiplegia나 편약화hemiparesis 등을 함께 보인다.

(2) 철자장애

말실행증이 말장애임에도 불구하고 철자장애도 동반될 수 있다. 그 이유로서 우리가 무엇인가 쓰고자 할 때 속말 체계inner speech system를 통해야 하며, 또한 쓰는 과정에 관여되는 '시연rehearsal' 단계에서의 오류가 쓰기에 반영되기 때문이다.

(3) 실행증

말실행증 환자는 구강실행증 또는 안면실행증과 같은 다른 유형의 실행증을 동반하는 경우가 많다. 구강실행증oral apraxia은 입술이나 혀 등의 구강 구조를 사용한 동작 수행에 어려움을 보이는 실행증이다. 예컨대, 입술 오므리기, 혀 내밀기, 혹은 휘파람 불기 등을 해 보라고 하였을 때에 그 동작을 잘 수행하지 못한다. 구강실행증의 동반 발생률은 48~85% 정도로 보고되었다. 안면실행증buccofacial apraxia은 구강을 포함한 얼굴 부분의 동작에 어려움을 보이는 실행증으로서 눈을 감거나 이마를 찡그리거나, 볼에 바람을 불어넣는 등을 잘 수행하지 못한다. 또한 지시에 의하여 손발을 움직여 행동(예: 경례해 보기)하는 데 어려움을 보이는 사지실행증limb apraxia을 동반하기도 한다.

(4) 발성실행증

발성실행증apraxia of phonation: AOP은 간혹 스스로 약간의 소리(예: 신음소리)를 낼 수는 있으나 소리를 내도록 요구하면 전혀 발성을 못하는 증세로서 후두실행증laryngeal apraxia이라고도 한다. 발성실행증은 그다지 흔하지 않게 관찰되는데, 소리를 전혀 내지 못한 채 입모양만으로 조음이 가능한 경우도 있으나 주로 구강실행증과 함께 오면서 입모양의 조음이 제대로 안 된다. 발성실행증은 대부분 며칠에서 2주 정도까지만 지속되는 일시적인 증세로 알려져 있다. 따라서 만일 발성실행증이 그보다 장기간 지속된다면 실구어증anarthria, 전반실어증global aphasia, 심리적 함구증psychogenic mutism 등을 의심해 봐야 한다. 발성실행증의 병소는 좌뇌 중대뇌동맥의 경색 외에 뚜렷하게 밝혀진 바는 없으나 좌뇌 방사관 손상에 기인한 예가 보고된 바 있다.

(5) 실어증

말실행증만 보이는 순수 말실행증 환자는 상당히 드문 편이다. 말실행증은 실어증, 특히 비유창성 실어증(예: 브로카실어증)을 종종 수반한다. 선행 연구들에 따르면 말실행증 환자의 72~81% 정도가 실어증을 동반한다고 하였으나 이 통계에는 말실행증을 동반한 실어증 환자는 반영되지 않았으므로 실제로는 이보다 많을 것으로 추정된다. 말실행증과 비유창성 실어증은 뇌병소가 비슷한 경우가 많기 때문에 병소 정보만으로는 특정 병소와 말실행증이나 실어증과의 관련 여부를 파악하기 힘들다. 말실행증과 브로카실어증이 함께 있는 경우에는 무엇보다도 실어증의 일반적인 특색인 청각적 이해력 저하와 단어인출 장애가 관찰될 뿐만 아니라, 전보문이나 실문법증과 같은 브로카실어증의 특색을 보인다. 한편, 말실행증의 음소착어는 실어증에서 보이는 음소착어와의 감별이 쉽지 않다. 그러나 일반적으로 실어증(예: 전도실어증)의 음소착어는 전혀 엉뚱한 음소, 음절, 단어, 어절 등으로 대치,

표 8-3 말실행증 환자와 전도실어증 환자의 따라말하기 과제 발화 자료

장애 유형 / 자극	말실행증	전도실어증[1]
밤	밤	밤
코	콩	코
다람쥐	바람 바라 바 다시오 바 바람쥐 안 되네요 바라 바라 안 되네요 바 안 되네요 내가 원하는 대로 안 되네요	다람쥐
해바라기	해바라기	해바라기
돌아온 철새	돌아온 철… 철새 잘 안 되네요	돌아온 철새
겨우 잠이 들었다	겨우 잠이 드었다	겨우 잠 들었다
그가 내 뒤를 몰래 밟았다	그가 내 뒤를 몰래 밟았다	그가 나를 뒤를 밟았노았… 밟았다.
칼날같이 날카로운 바위	발 칼발 칼라 칼라 칼라같이 칼라같이 발 칼날같이 발… 발 안 되네요 내가 원하는 대로	칼날같이… 바위같이
삼십과 이분의 일	삼과 삼 삼실 삼실 삼십과 이분의 일	삼십과 이분의 일
아니 땐 굴뚝에 연기 나랴	바… 안 되네요… 안 아… 아니끼 아니끼 안 일끼…	안… 연기… 때지… 아… 때니… 때지… 않은… 굴뚝에 연기날까… 때지… 않은
창밖에 부슬부슬 비가 온다	참 참 우 참참 참소 참소 참소 왜 이렇게 어려운 거만 나와요 안 되는데…	창 밖에 부슬부슬 비가 내린다
우리 가족은 내가 빨리 완쾌되기를 바란다	우리 가족은 우리 가족은 내가 빨리 걔 되기를 바란다. 하나 안 돼요, 한 글자가	우리 가족은 나를… 나를… 위하여 자식을 위하여… 낫기를 바란다… 빨리 낫기를 바란다
대한 고교 야구연맹	대한 고교 대한고교 대한고교 대한 대한 대해 한 한 염맹 염맥 염맹	대한 고교 야… 야구 연맹… 대한 야구… 염… 맹
그러나 혹은 그런데 중에 택하시오	그러나 혹은 그런데 중에 택하세 택하세 택하시오	그러나 혹은 대중식… 시파이… 시파히… 한 번 듣곤 모르겠네…
스물일곱 개의 찬 맥주병이 냉장고에 있다.	이십 스물 일곱 개의 찬 찬 채 찬 채 찬 아휴… 맥기 냉장고에 있다. 하나 뺐어요. 안 되네요.	스물 일곱 개 천반에 맥주병…놓여 있다.

[1] 출처: 전희정 · 김향희 · 나덕렬(1997). 따라말하기에서 나타난 일차전도실어증과 전이전도실어증 간의 오류반응 비교연구. 언어청각장애연구, 2: 137-154.

첨가하거나 의미착어의 형태로도 관찰된다. 반면에 말실행증의 경우는 비교적 예측 가능한 음소착어로 대치되거나 왜곡이 관찰되는 경우가 많다. 〈표 8-3〉은 말실행증 환자와 전도실어증 환자가 따라말하기 과제를 통하여 반응한 발화 자료를 비교하여 제시하였다. 이 두 환자의 예에서 볼 수 있듯이 '우리 가족은 내가 빨리 완쾌되기를 바란다'를 반복하게 하였을 때에 말실행증 환자는 "우리 가족은 우리 가족은 내가 빨리 갸 되기를 바란다. 하나 안 돼요, 한 글자가."라고 한 반면, 전도실어증 환자는 "우리 가족은 나를…… 나를…… 위하여 자식을 위하여…… 낫기를 바란다…… 빨리 낫기를 바란다."라고 하여 '나를…… 위하여 자식을 위하여' 라는 엉뚱한 어절을 첨가하였다.

'그러나 혹은 그런데 중에 택하시오'에서도 말실행증 환자는 "그러나 혹은 그런데 중에 택하세 택하세 택하시오."라고 하여 두 번의 음소착어 후에 자가수정을 보인 반면, 전도실어증 환자는 "그러나 혹은 대중식…… 시파이…… 시파히…… 한 번 듣곤 모르겠네……."라고 하여 목표 자극과는 관련이 없는 '대중식', '시파이' 등의 (비)단어를 발화하였다. 전도실어증의 경우에는 '창밖에 부슬부슬 비가 온다'에서 '온다' 대신에 '내린다'라는 의미 착어가 나타났다.

(6) 마비말장애

말실행증 환자는 마비말장애를 동반하기도 하는데, 이는 말실행증을 유발하는 중추 신경계 손상이 마비말장애도 일으킬 수 있기 때문이다. 뇌의 편측 병변으로 말실행증이 유발되는 경우에는 편측 상부 운동신경세포형 마비말장애가, 양측 병변인 경우에는 강직형 마비말장애가 관찰된다. 마비말장애의 동반 발생률은 29~47% 정도로 보고되었다. 그러나 이 또한 마비말장애가 주요 증세로 나타난 환자의 사례를 제외한 통계 수치이므로, 실제로는 더 많은 수의 환자가 말실행증과 마비말장애를 동시에 나타낸다고 할 수 있다.

4. 말실행증의 평가

말실행증 환자에 대한 평가는 일차적으로 말실행증 평가가 이루어져야 하며, 구강실행증, 실어증, 마비말장애 등과 같은 동반 장애에 대한 평가도 추가적으로 실시하는 것이 바람직하다. 여기서는 말실행증 평가 과제에 대한 절차만을 살펴보도록 한다.

1) 말실행증 평가 과제

일반적으로 말실행증의 특색을 잘 나타낼 수 있는 평가 절차는 다음 세 가지의 과제를 포함한다(〈표 8-4〉 참조). 첫째, 말실행증 환자는 교대운동속도 과제보다는 일련운동속도 과제에서 더욱 어려움을 보이게 되므로 그 두 가지 과제를 대조적으로 제시한다. 둘째, 자동말과 명제말 과제를 대조적으로 제시한다. 자동말 과제란 앞서 설명된 바와 같이 '하나부터 스물까지 숫자 세기', '주기도문 외우기' 등과 같이 이미 여러 번의 반복이나 학습 과정을 거쳐 뇌 속에 잘 저장되어 있는 과제이다. 명제말 과제는 "지난 휴가 때에 무엇을 하셨나요?" 등과 같이 예상되지 않은 질문에 말을 만들어야 하는 과제를 말한다. 셋째, 자극어의 길이와 복잡성을 점차적으로 늘려가는 단어군 따라말하기 과제를 제시한다. 예컨대, '이층 → 이층집 → 이층집창 → 이층집창문 → 이층집창문틀'에서 단어를 하나씩 불러 주면서 따라 말하게 한다. 추가적으로, 모색 행동$_{groping}$이 관찰되는지 본다. 또한 말실행증 환자들은 말할 때뿐만 아니라 쓰기 면에서도 오류를 보이므로 쓰기 과제도 실시한다. 동반되는 기타 실행증에 대한 평가는 제3장 인지 의사소통 기초 평가를 참조하기 바란다.

표 8-4 말실행증의 주요 평가 과제

과제	지시사항
교대운동속도 대 일련운동속도 과제	"'퍼-퍼-퍼-퍼-퍼-퍼-퍼-퍼'를 될 수 있는 대로 빨리, 규칙적으로 반복해 보세요." "'퍼-터-커-터-커'를 될 수 있는 대로 빨리, 규칙적으로 반복해 보세요."
자동말 대 명제말	"'하나' 부터 '열' 까지 세어 보세요." "오늘 병원에 오실 때에 어떻게 오셨는지 얘기해 보세요."
단어군 따라말하기 과제	'논-논밭-논밭길' '학교-학교장-학교장실' '초여름-초여름철-초여름철새' '해바라기-해바라기씨-해바라기씨앗'

5. 말실행증의 치료

1) 치료 목적 및 영역

말실행증 치료의 궁극적인 목적은 환자가 말을 효율적이고도 기능적으로 최대한 자연스럽게 할 수 있도록 도와주는 것이다. 그런데 대부분의 말실행증 환자가 말실행증 이외에도 다른 언어 및 말장애를 보이므로 치료 영역을 결정하는 데 어려움이 따른다. 만일 실어증과 말실행증을 함께 보이는 환자는 어떤 영역에서 먼저 치료를 받는 것이 좋을까? 이에 대한 가이드라인은 다음과 같다. 첫째, 환자가 감각실어증으로 인하여 지시사항을 제대로 이해하지 못하거나 표현실어증이 너무 심한 경우에는 '실어증'에 대한 치료를 먼저 실시하여 말실행증에 대한 치료 진행이 가능하도록 만드는 것이 바람직하다. 둘째, 조음기의 마비를 동반한 심한 마비말장애가 있는 경우에는 조음기 근육의 강화 훈련을 먼저 실시하는 것이 좋다.

2) 예후

예후는 다른 말장애와 마찬가지로 말실행증이 얼마나 심하며, 원인 질환이 무엇이냐에 따라 다르다. 일반적으로는 안정된 상태의 경미한 말실행증의 예후가 좋은 편이나 퇴행성인 동시에 심도의 말실행증은 완전히 회복되기 힘들며 기능적 상태로 되기까지에도 오랜 시간이 걸린다.

3) 행동적 접근의 치료 원칙

말운동장애로서의 말실행증을 치료하기 위해서는 기본적으로 행동적 접근 방식을 취한다. 이를 위하여 다음에 기술되는 운동 학습motor learning의 원리가 적용되어야 한다. 운동 학습을 통하여 체계적이고도 강도 높은 반복 훈련intensive drill을 실시함으로써 말산출에 필요한 말 프로그래밍이 자동적으로 될 수 있는 경지까지 도달해야 한다. 운동 학습의 원리는 크게 두 가지 범주에서 설명할 수 있다. 하나는 '훈련의 조건structure of practice'이고 다른 하나는 '피드백의 원리nature of feedback'이다.

(1) 훈련의 조건

훈련의 조건에는 여러 가지의 하위 조건이 있다(〈표 8-5〉 참조). 첫째는 '분포 정도distribution'이다. 이는 치료 회기들 혹은 한 회기 내에서 연습 시행의 양을 짧은 시간/기간 내에 행할 것인가massed 혹은 긴 시간/오랜 기간에 걸쳐distributed 실시할 것인가를 정하는 일이다.

표 8-5 훈련의 조건

조건	용어 설명
분포 정도	치료 회기들 혹은 한 회기 내에서 연습 시행의 양을 짧은 시간/기간 내에(massed) 혹은 긴 시간 오랜 기간에 걸쳐(distributed) 행함
변이성	같은 목표를 같은(constant) 문맥, 운율, 속도 등에서 연습시키거나 다른 목표를 서로 다른 (variable) 상황에서 연습시킴
일정	하나의 목표를 끝낸 후에 다음 목표를 시작하거나(blocked) 한 회기 내에서 서로 다른 목표를 연습함(random)

치료를 시작하는 초기에는 주로 전자를 취하고, 연습 효과를 보유retention 혹은 일반화generalization해야 하는 단계에서는 후자를 취하게 된다. 둘째는 '변이성variability'이다. 이는 같은 목표를 동일한constant 문맥, 운율, 속도 등에서 연습시키거나 다른 목표를 서로 다른variable 상황에서 연습시키는 것이다. 치료 초기에는 주로 전자를 취하고, 보유 단계에서는 후자를 취하게 된다. 셋째는 '일정schedule'이다. 하나의 목표를 끝낸 후에 다음 목표를 시작하거나(즉, blocked), 한 회기 내에서 서로 다른 목표를 연습(즉, random)하는 것이다. 전자는 환자가 예상할 수 있는 순서로 연습하게 되므로 초기 치료 과정에서 활용하는 것이 좋다. 후자의 경우에는 여러 목표를 무작위 순서로 골라 연습하는 것이므로 보유 과정에서 활용한다.

(2) 피드백의 원리

말실행증 환자들은 스스로 자신의 말을 모니터링하고 적극적으로 자신의 오류를 수정하도록 권장되어야 한다. 환자 스스로가 어느 시점에서 말 오류가 예상되고, 어

표 8-6 피드백의 원리

원리	용어 설명
유형	수행 상황이냐 혹은 반응 결과냐
횟수	자주 혹은 비일관적으로
시점	즉각적으로 혹은 지연되어

떻게 하면 오류가 줄어들 수 있는지를 끊임없이 연구하고 그것을 연습할 수 있는 환경을 마련해 주어야 한다. 그렇기 위하여 환자 반응에 대한 피드백을 적절히 주어야 하는데 피드백은 어떤 경우에, 얼마나 자주 주어야 할까? 〈표 8-6〉에서는 피드백의 원리를 유형, 횟수, 시점 측면에서 설명하였다. 첫째, 피드백은 환자에게 수행 상황을 알려 주기 위하여 주는가 혹은 반응이 끝난 다음 그 반응 결과에 대한 피드백을 주는가에 따라 그 유형을 달리한다. 전자의 예로는 치료사가 "조금만 더 하면 비슷해질 것 같아요. 좀 더요."라고 말하거나, 거울 등을 보여 주면서 환자 스스로 입 모양을 모니터링하는 것 등을 들 수 있다. 후자의 경우에는 치료사가 "맞아요, 바로 그겁니다."라는 청각적 피드백을 주는 것이다. 둘째, 횟수에 있어서 피드백은 반응의 정확성과는 상관없이 모든 반응마다 줄 수도 있고 비일관적으로 선택해서 줄 수 있다. 셋째, 피드백을 주는 시점은 반응 직후에 즉각적으로 주거나 5초 정도가 경과한 다음에 줄 수 있으나 피드백의 횟수나 시점은 환자마다 달리 적용되어야 한다.

4) 자극 요소

말실행증은 기본적으로 조음과 운율의 문제이므로 치료도 조음과 운율에 초점을 두어 진행된다. 말실행증 환자를 치료하기 전에 환자가 보이는 조음 오류의 속성을 파악하고, 환자의 조음 정확도와 적절성에 영향을 미치는 모든 요인에 대한 정보를 수집하는 것이 필수적이다. 말실행증 치료의 성패는 치료에 사용되는 말자극의 특성과 치료 순서에 달려 있다고 해도 과언이 아니다. 일반적으로, 말실행증 환자들은 음소나 단음절 단어에서보다는 다음절이나 복잡한 음운 조합으로 구성된 단어들에서 더욱 어려움을 보이므로 그에 맞추어 말자극을 준비해야 한다. 〈표 8-7〉에서는 말자극을 선택할 때 자극의 요소에 따라 고려해야 할 점들을 제시하였다.

(1) 길이

일반적으로 자극어의 길이가 길수록 어려운 자극이 된다. 모음을 포함한 음소가 가장 짧은 자극이므로 제일 기본적인 훈련에 사용된다. 모음의 경우에는 우리말의 모음사각도 끝에 위치한 모음인 /ㅏ/, /ㅜ/, /ㅣ/가 조음하기 가장 쉽다.

표 8-7 말자극의 요소 및 고려사항

말자극 요소	고려사항
길이	자극의 길이가 음소, 단음절, 혹은 다음절인가?
의미성	자극이 단어인가 비단어인가?
복잡성	음절 내 또는 음절 간 음소 조음 협응의 난이도는 어떤가?
가시성	자극어의 조음 동작을 눈으로 확인할 수 있는가?
자동성	자극어가 어느 정도의 자동성 특색을 지니는가?
양식	자극 제시는 단양식 또는 다중적 양식을 활용하는가?

(2) 의미성

음소의 훈련 후에 1음절 길이 자극으로 옮겨 간다. 대체적으로 의미 있는 1음절 단어 자극이 무의미 1음절보다 효과적인 것으로 알려져 있다. 우리말의 경우에는 의미가 있는 1음절 단어 선택이 비교적 쉬운 편이므로 어려움 없이 자극어로 활용할 수 있다. 예컨대, /ㅂ/ 음소의 훈련 후에 단음절 자극어로 '밤, 봉, 북, 벌' 등의 다양한 단어를 선택할 수 있다. 일반적으로 의미 있는 자극어를 먼저 시작하는 것이 좋으나, 특정 단어의 조음에서 오류가 계속해서 지속되는 경우에는 비단어 음절을 사용하기도 한다.

(3) 복잡성

그런데 같은 1음절 단어라 할지라도 위의 예에서 '밤'보다는 '벌'을 산출하는 데 좀 더 다양한 조음기의 운동이나 조음 위치가 요구된다. 이와 같이 복잡성 요소도 자극의 주요 요소라고 할 수 있다. 일반적으로 길이가 짧더라도 복잡한 조음을 요하는 자극이 길이가 길지만 단순한 조음을 요하는 자극보다 더 어렵다.

(4) 가시성

또한 조음을 하는 동작을 직접 눈으로 확인할 수 있는, 즉 가시성visibility을 지닌 양순음이나 치조음 등이 연구개음보다 쉬운 자극이다. 같은 맥락에서 환자가 치료사의 얼굴을 직접 들여다보면서 조음 시에 입모양을 볼 수 있는 환경을 마련하는 것이 바람직하다. 시각구성요소 자극법visual integral stimulation은 "Watch me and do what I do(잘 보고 그대로 따라 해 보세요)."라는 지시문을 활용하는 전통적 치료법이라 할 수 있다. 환자가 거울이나 비디오 촬영을 통하여 자신의 입모양에 대한 피드백 정보를 활용할 수도 있다.

(5) 자동성

자극의 길이가 길다 할지라도 숫자 세기나 주기도문과 같은 구절을 말하는 것이 자동성automaticity 특색이 짙으므로 명제말보다 쉬울 수 있다. 또한 상용구(예: 밥 한 끼, 물 한잔)나 짧은 속담(예: 개밥에 도토리) 등을 활용한 두 어절 정도 길이의 구 자극 등을 반복하게 하면 효과적이다. 그리고 평소에 익숙하고 일상적이었던 직업, 취미 등과 관련된 단어나 표현이 신문 사설 등에 등장한 것들보다 환자에게 친숙하므로 좀 더 자동적으로 접근할 수 있다.

(6) 양식

대체적으로 자극을 제공할 때에 사용되는 양식modality의 경우 단양식 혹은 다중양식 중 어느 것이 효과적인지는 확실하지 않다. 단양식에 있어서는 말영역에서 좀 더 자동적인 과제(예: 숫자 세기, 노래하기 등)를 활용하거나 조음점 지시법phonetic placement을 이용하여 구어라는 한 체계 내 재조직intrasystemic reorganization을 꾀한다. 다중 양식 체계를 활용하여 동작 동사를 포함한 문장(예: '피아노를 치다')이나 구(예: '날아가는 새')에서는 실제로 동작이 실행되는 것을 흉내 내면서 말산출을 촉진하는 방법은 일찍이 Rosenbek 등(1973)에 의하여 주창된 체계 간 재조직intersystemic reorganization 치료법이다.

5) 반응 요소

주어진 자극에 대하여 환자의 반응은 다음의 여러 상황에서 조절될 수 있다. 첫째, 말속도에 있어서 일반적으로는 느린 말속도를 유지하도록 한다. 왜냐하면 조음기를 느리게 움직여 조음 정확도를 높일 수 있는 시간적 여유를 확보하도록 훈련하는 것이 필요하기 때문이다. 회복이 진행됨에 따라 점차적으로 정상 속도로 돌아가도록 한다. 둘째로는 반응 지연 시간을 들 수 있다. 처음에는 자극 제시 후 반응까지의 간격을 될 수 있는 대로 짧게 했다가 점차적으로 늘려 가며 훈련한다. 반응 지연 시간이 길수록 반응 정확도가 떨어진다.

셋째로는 단서 제공의 여부이다. 적절한 단서는 성공적인 반응을 이끌어 내는 데 효과적이다. 첫 음소를 입모양이나 음소카드로 보여 준다든지, 단어의 경우에는 첫 음절에 해당하는 입모양이나 음절이 적힌 카드를 보여 줄 수 있다. 앞서 언급하였듯이 동작 단어의 경우에는 제스처가 단서가 될 수 있다. Rosenbek 등(1973)이 제안한 '8단계 단서 제공 과정'을 말실행증 환자에게 적용해 볼 수 있다(〈표 8-8〉 참조). 넷째로는 반응 양식이다. 모델링만 해 주고 지켜보게 하거나, 그대로 한 번만 흉내 내게 할 수도 있고, 여러 번 반복하게 하기도 한다.

표 8-8 Rosenbek 등(1973)에 의한 8단계 단서 제공 과정

① 치료사가 자극어를 말하는 동안에 환자가 치료사를 보고 들으면서 함께 자극어를 말한다.
② 치료사가 자극어를 먼저 말한 다음에, 치료사가 입모양만 내는 동안에 환자가 말한다. 이때 환자는 치료사의 입모양을 관찰한다.
③ 치료사가 자극어를 먼저 말하고, 환자는 아무런 단서 없이 그다음에 말한다.
④ 치료사가 자극어를 먼저 말하고, 환자는 아무런 단서 없이 자극어를 여러 번 반복하여 말한다.
⑤ 자극어가 적혀 있는 카드를 보고 읽되, 청각적 단서나 다른 시각적 단서(예: 입모양) 등을 제시하지 않는다.
⑥ 자극어 카드를 잠깐 본 후에 카드가 없는 상태에서 자극어를 여러 번 반복하여 말한다.
⑦ 치료사가 질문에 대한 답(예: "밥을 먹습니다.")을 미리 말하며, 환자는 그 답과 연관된 질문(예: "배고프면 어떻게 하나요?")을 한다.
⑧ 역할 놀이를 통해 환자가 이미 연습한 자극어를 활용하여 말할 수 있도록 한다.

6) 구체적 치료기법

말실행증은 다음의 네 가지 범주에서 치료접근이 가능하다. 첫째는 조음-운동학적 접근, 둘째는 속도-리듬 제어 접근, 셋째는 체계 간 재조직 접근, 넷째는 보완대체의사소통 접근이다. 하나씩 살펴보자.

(1) 조음-운동학적 접근

조음-운동학적 접근articulator-kinematic approach은 조음 지시법, 최소 대립자질 기법 등을 포함한다. 먼저, 조음 지시법phonetic placement은 조음장애치료로 많이 활용되는 치료법으로서 목표어의 조음 장소와 방법에 대한 정보를 상세히 가르쳐 주면서 특정 음소의 산출을 경험하게 하는 방법이다. 조음 지시법은 주로 음소 단위부터 시작하나 음절이나 단어 내에서 음소를 활용하는 단계까지 올라간다. 최소 대립자질 기법minimal contrast 또한 조음장애치료에서 자주 쓰이는 치료법으로서 목표어와 한 가지 자질에서만 차이가 나는 대조어로 낱말쌍을 구성하여 모방하기, 자발적으로 산출하기 등을 연습하는 기법이다.

(2) 속도-리듬 제어 접근

속도-리듬 제어rate-rhythm control접근은 조음 훈련과 같은 분절 요소segmental feature를 중시하는 치료가 아니고 초분절 요소를 대상으로 한 훈련을 통한 치료라 할 수 있다. 이는 말실행증의 특색이 운율, 속도 등의 문제를 보인다는 관찰적인 측면에서 접근한다고 할 수 있다.

(3) 체계 간 재조직 접근

체계 간 재조직intersystemic reorganization 접근에서는 말산출을 직접적인 치료 목적으로 다루지 않고 다른 양식modality을 통하여 치료를 하고자 시도한다. 대표적인 방법인 '조음 목표를 위한 구강근육 자극 기법Prompts for Restructuring Oral Muscular Phonetic Targets: PROMPT'은 1970년대 후반에 Chumpelik(Hayden)에 의하여 처음으로 개발되기 시작하였다. 이는 원래 아동 말실행증을 포함한 심도의 말운동장애를 지닌 아동들을 대상으로 한 치료법이다. 환자의 얼굴이나 목에 손가락을 갖다 댐으로써 구강

운동 구조에 대한 촉각-운동감각-고유반사적tactile-kinesthetic-proprioceptive 입력을 통하여 조음 목표를 조절해 준다([그림 8-5] 참조). 여기서 조음 목표란 조음점뿐만 아니라 근수축의 정도, 혀-입술-턱의 움직임, 음소 산출을 위한 운동 변이transition, 시간 등에 대한 정보를 포함한다.

그림 8-5
PROMPT기법을 사용하는 예

(4) 보완대체의사소통 접근

보완대체의사소통alternative and augmentative communication: AAC 접근은 조음기능이 유지되는 발성실행증 환자에게 전기 후두를 활용하는 것이 한 예이다. 또한 메트로놈을 사용하여 말이나 구강운동 조절에 도움을 줄 수 있다.

(5) 지원그룹 형성

지원그룹support group의 형성을 통하여 임상 현장에서 벗어난 환경에서도 기능적 의사소통을 증진시키는 방안을 모색한다. 진행성 말실행증의 지원그룹과 관련된 사이트는 www.ppaconnection.org이 대표적이다.

7) 말실행증 중증도에 따른 치료법

(1) 심도

심도의 말실행증 환자는 자발적으로 의미 있는 발화를 산출하지 못한다. 단지 무의미 음소나 음절만은 말하거나 더 심한 경우에는 음성내기vocalization만 가능하다. 또한 음성실행증이 동반된다면 자발적인 음성내기조차 불가능할 수도 있다. 심도의 말실행증의 경우에는 가장 짧은 길이인 음소자극, 특히 모음을 사용하지만 1음절 단어나 비단어를 활용한다. 일반적으로 단음절로 자극 길이를 늘여 간다. 시각적으로 관찰이 가능한 조음, 즉 양순음으로부터 시작한다. 한편, 자동말 자극들을 말실행증이 심한 환자들에게 치료 초기에 적용해 볼 수도 있다.

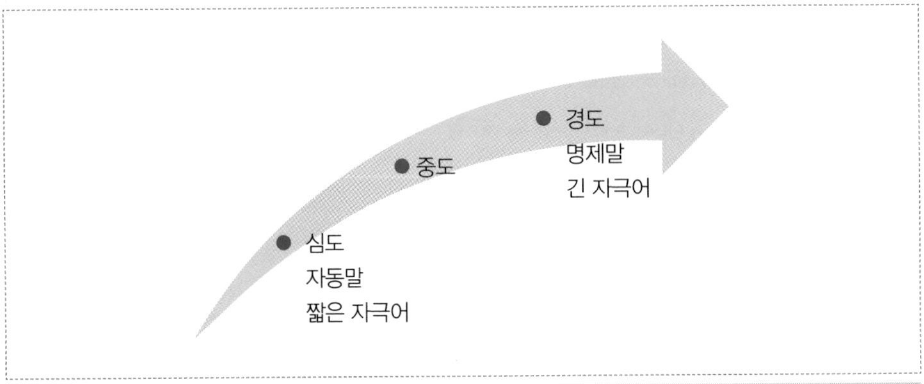

그림 8-6
말실행증 중증도에 따른 자극어의 종류

많은 환자가 발병 전 원래의 상태로 돌아가기 어려우며 치료 효과가 적은 경우가 많다. 가장 주요한 이유로는 심도의 환자들이 말실행증과 더불어 심한 구강실행증이나 실어증을 함께 보이며, 많은 경우에 사지실행증과 신체마비도 보인다. 치료 효과의 정도는 구강실행증 및 실어증의 중증도에 따라 달라진다. 심도 말실행증에 대한 치료법으로는 조음장애치료에 사용되는 여러 가지 방법을 활용할 수 있다. 보완대체의사소통AAC으로서 의사소통판communication board, 제스처, 팬터마임 등을 사용할 수 있다. 어떤 경우에는 수화를 가르치기도 한다.

(2) 중도

중도moderate 말실행증 환자들 역시 흔히 구강실행증, 실어증, 사지실행증, 사지마비 등의 동반 장애를 보일 수 있다. 치료는 단어나 구 단위의 자극부터 시작한다. 단어의 경우에는 단음절부터 다음절 단어로 옮겨가며 치료한다. 대조적 강세 훈련법contrastive stress drill은 Wertz, LaPointe과 Rosenbek에 의하여 중도 말실행증 환자들 치료법으로 제안되었다. 이 방법은 구나 짧은 문장 내에서 특정 단어에 강세를 각각 넣고 연습하는 방법이다. 예컨대, '책상 위에 빨간 모자'라는 구를 연습한다고 해보자. 각각 '책상 위에 빨간 모자', '책상 위에 빨간 모자', '책상 위에 빨간 모자', '책상 위에 빨간 모자' 등으로 연습할 수 있다. 이러한 대조적 강세 훈련법을 통하여 말명료도가 증가되기도 한다. 중도 말실행증 환자들은 이러한 적절한 치료로 기능적 의사소통 단계까지 충분하게 접근이 가능하다. 또한 앞서 언급된 시각구성요소 자극법visual integral stimulation을 활용하여 조음 형성에 필요한 입모양의 시각적 피드백을 제공하거나 혹은 나란히 거울을 함께 보며 치료사의 입모양과 본인의 입모양을 비교하며 연습한다.

(3) 경도

경도mild 말실행증의 치료에는 구, 문장 또는 문단 단위의 자극을 활용한다. 일반적으로 경도 말실행증 환자들은 문장 전체를 발화하는 데에도 느리고 조심스런 말을 구사한다. 이는 계획화 과정에서 어려움을 겪기 때문이다. 이러한 느린 말속도가 바람직하지 않다는 인상을 주어서는 안 되며, 오히려 말산출에 도움이 된다는 확신을 주는 것이 필요하다. 자극 후에는 반응이 요구되는 간격을 점차로 늘린다.

실어증 치료에 쓰이는 멜로디 억양치료법Melodic Intonation Therapy: MIT에서도 기다렸다가 반응하게 하는 단계의 연습이 있으므로 그것을 활용해도 좋다. 될 수 있는 대로 잘 알려진 구나 표현을 연습하게 한다.

8) 구강실행증 치료법

앞서 소개했듯이 Chumpelik에 의하여 처음 만들어진 '조음 목표를 위한 구강근육 자극 기법PROMPT'은 말산출을 발달시키기 위하여 촉각-운동적 조음 단서tactile-kinesthetic articulatory cues를 적용하는 치료법이다. 치료사는 특정한 소리나 단어를 산출시키는 데 도움을 주기 위하여 턱, 안면, 볼 등의 조음기가 특정한 조음운동에 어떻게 움직이고 위치되어야 하는지 필요한 단서를 제공한다. 이처럼 말산출에 도움을 주기 위한 PROMPT는 구강실행증 치료법으로도 활용된다. 처음에는 단순한 구강 움직임(예: 턱 벌렸다 다물기, '아-으' 소리 번갈아 내기)에서 출발하여 점차적으로 복잡한 운동에 대한 연습으로 발전한다.

생각해 봅시다!

심도의 말실행증 환자에게 계속적으로 비구어 의사소통방법을 쓰게 되면 말을 통한 의사소통이 점차로 더 퇴화될까?

9) 음성실행증 치료법

음성실행증apraxia of phoration: AOP의 치료에는 전동후두기를 활용하거나, 보조 맞춤판pacing board 등을 이용하여 환자의 말산출 속도를 늦춤으로써 발음의 정확도를 높일 수 있다.

참고문헌

권미선 · 나덕렬 · 김향희 · 정진상(2005). 발성실행증: 사례연구. **음성과학**, 12(2): 101-108.

김향희(1996). 운동실조형 마비성 구음장애에 적용되는 지각적, 음향학적, 생리학적 도구에 관하여. 제2회 음성학 학술대회 자료집. 서울: 대한음성학회.

김향희. 신경말장애 평가 프로토콜(Neurologic-Speech Assessment Protocol, N-SAP). 출판 중.

전희정 · 김향희 · 나덕렬(1997). 따라말하기에서 나타난 일차전도실어증과 전이전도실어증 간의 오류반응 비교연구. **언어청각장애연구**, 2: 137-154.

Chumpelik D(Hayden) (1984). The PROMPT system of therapy: Theoretical framework and applications for developmental apraxia of speech. *Seminars in Speech and Language, 5*(2): 139-155.

Croot K (2002). Diagnosis of AOS: Definition and criteria. *Seminars in Speech and Language*, 23(4): 267-279.

Darley FL, Aronson AE, Brown JR (1975). *Motor speech disorders*. Philadelphia: W. B. Saunders.

Deger K, Ziegler W (2002). Speech motor programming in apraxia of speech. *Journal of Phonetics, 30*: 321-335.

Duffy JR, McNeil MR (2008). Primary progressive aphasia and apraxia of speech. In Chapey R(ed.), *Language intervention strategies in adult aphasia and related neurogenic communication disorders* (5th ed., pp 543-564). Baltimore, MD: Wolters Kluwer/Lippincott Williams & Wilkins.

Duffy JR (2013). *Motor speech disorders: Substrates, differential diagnosis, and management*. St. Louis: Mosby Inc.

Duffy JR, Utianski RL, Josephs KA (2021). Primary progressive apraxia of speech: From recognition to diagnosis and care. *Aphasiology, 35*(4): 560-591.

Duffy JR, Strand EA, Clark H, Machulda M, Whitwell JL, Josephs KA (2008). Primary progressive apraxia of speech: Clinical features and acoustic and neurologic correlates. *American Journal of Speech-Language Pathology, 24*(2): 88-100.

Elias LJ, Saucier DM (2006). *Neuropsychology: Clinical and experimental foundations*. Boston: Allyn & Bacon.

Frattali C, Bayles KA, Beeson P, Kennedy MRT, Wambaugh J, Yorkston KM (2003). Development of evidence-based practice guidelines: Committee update. *Journal of*

Medical Speech-Language Pathology, 11(3): 9-17.

Helm NA, Barresi B (1980). Voluntary Control of Involuntary Utterances: A treatment approach for severe aphasia. *In Clinical Aphasiology Conference proceedings.* pp. 308-315. Minneapolis: BRK Publishers.

Josephs KA, Duffy JR, Strand EA, Machulda MM, Senjem ML, Master AV, Lowe VJ, Jack Jr CR, Whitwell JL (2012). Characteriszing a neurodegenerative syndrome: primary progressive apraxia of speech. *Brain, 135:* 1522-1536.

Kent RD (1992). *Intelligibility in speech disorders: Theory, measurement and management.* Philadelphia: John Benjamins Publishing Co.

Kent RD (2000). Research on speech motor control and its disorders: A review and prospective. *Journal of Communication Disorders, 33:* 391-428.

Marshall RC, Gandour J, Windsor J (1988). Selective impairment of phonation: A case study. *Brain and Language, 35*(2): 313-339.

Mass E, Robin D, Austermann Hula S, Freedman S, Wulf G, Ballard K, Schmidt R (2008). Principles of motor learning in treatment of motor speech disorders. *American Journal of Speech-Language Pathology, 17:* 277-298.

Mauszycki SC, Wambaugh JL (2001). Acquired apraxia of speech: A treatment overview. *The ASHA Leader, April 26:* 16-19.

McNeil MR, Doyle PJ, Wambaugh J (2000). Apraxia of speech: a treatable disorder of motor planning and programming. In Nadeau SE, Gonzalez, RLJ, Crosson B(eds.). *Aphasia and language: Theory to practice.* New York: Guilford Press.

Merwe A VD (1997). A theoretical framework for the characterization of pathological speech sensorimotor control. In McNeil MR(Ed.). *Clinical management of sensorimotor speech disorders.* New York: Thieme Medical Publishers.

PROMPT 웹사이트 http://www.promptinstitute.com/

Shinya K, Takeshi M, Yoshihiro H (1999). Motor planning center for speech articulation in the normal human brain. *NeuroReport, 10*(4): 765-769.

Sieron J, Westphal KP, Johannsen HS (1995). Apraxia of the larynx. *Folia Phoniatrica et Logopaedica, 47*(1): 33-8.

Yorkston KM, Beukelman DR (2004). Dysarthria: Tools for clinical decision-making. *The ASHA Leader, May 11.*

복습문제

1. 정상 말산출 과정의 네 가지 단계는 무엇인가?

2. 단어를 말하고자 할 때 소리가 들리지 않게 입모양만 낼 수 있다면 말산출 과정의 어느 단계(들)의 문제라고 할 수 있나?

3. 말운동장애에 속하는 대표적인 두 장애는?

4. 말실행증의 정의를 구성하는 설명으로서 적합한 것을 모두 고르시오.
   (1) 이미 익힌 말동작에 대한 수의적인 움직임에 문제를 보인다.
   (2) 입술이나 혀 등의 근육이 마비되어 움직이지 못하는 경우이다.
   (3) '퍼-터-커' 등의 순차적인 조음운동을 체계적으로 수행하지 못한다.
   (4) 조음기나 근육 등의 위치나 움직임이 제대로 프로그래밍되지 않아 나타나는 장애이다.

5. 말실행증의 원인 질환 및 병소에 대한 설명으로 적합한 것을 모두 고르시오.
   (1) 퇴행성 질환이 말실행증을 유발하지는 않는다.
   (2) 우뇌보다는 좌뇌 손상이 말실행증과 관련이 많다.
   (3) 후두엽의 뇌종양으로 말실행증이 흔히 발생한다.
   (4) 좌뇌의 브로카영역과 보충운동영역이 주요 병소로 알려져 있다.
   (5) 기저핵을 포함한 피질하영역의 손상으로는 말실행증이 유발될 확률이 매우 희박하다.

6. 다음은 말실행증의 조음 오류 형태에 대한 설명이다. 옳은 것에 ○, 틀린 것에 × 표시를 하시오.
   (1) 조음 오류는 대치 오류가 가장 빈번하다. (   )
   (2) 조음의 위치 오류가 방법 오류보다 빈번하다. (   )
   (3) 보속적 오류는 뒤에 오는 음소의 영향을 받아 대치되는 오류이다. (   )

(4) 치환 오류는 목표 음소나 목표 어절의 자리가 서로 바뀌는 오류이다. ( )

(5) 선행적 오류는 앞 음소의 영향을 받아 뒤에 오는 음소가 대치되는 현상이다. ( )

(6) 조음 오류를 정밀 표기하는 경우에는 대치 오류가 왜곡 오류로 분류될 수 있다. ( )

7. 다음은 말실행증의 말 특색에 대한 설명이다. 옳은 것에 ○, 틀린 것에 × 표시를 하시오.

(1) 조음 오류가 일관적이지 못하다. ( )

(2) 말운율의 문제는 투쟁 행동으로 간주된다. ( )

(3) 모색 행동은 주로 말을 시작할 때 관찰된다. ( )

(4) 중증도와 상관없이 자동말에는 어려움이 없다. ( )

(5) 자극어의 길이가 길어질수록 오류 정도가 심해진다. ( )

(6) 여러 차례 자가수정을 하는 경우에는 거의 정반응이 나온다. ( )

8. 발성실행증에 대한 설명으로 옳은 것은?

(1) 후두실행증이라고도 한다.

(2) 말실행증보다는 흔하게 관찰된다.

(3) 노래를 시키면 별 문제없이 수행한다.

(4) 대부분 2주 이내에 회복되는 일시적인 증세이다.

(5) 어떤 상황에서든지 전혀 목소리를 내지 못하는 증세이다.

9. 말실행증과 전도실어증에서 관찰되는 착어에 대한 차이점으로 적합한 것을 모두 고르시오.

(1) 음소착어는 말실행증에서만 관찰된다.

(2) 의미착어는 말실행증에서 더 많이 나타난다.

(3) 전도실어증은 엉뚱한 어절을 첨가하는 오류를 보이기도 한다.

(4) 말실행증의 음소착어는 전도실어증의 경우에 비하여 예측이 가능하다.

10. 말실행증이 잘 나타날 평가 과제로서 알맞게 짝지어진 것을 고르시오.

(1) 일련운동속도-명제말-다음절 단어

(2) 교대운동속도-자동말-다음절 단어

(3) 교대운동속도-명제말-노래하기

(4) 일련운동속도-자동말-문장

11. 다음은 말실행증의 행동적 치료접근법이다. 옳은 것에 ○, 틀린 것에 × 표시를 하시오.
(1) 환자 자신의 말소리를 모니터링하도록 권장한다. (　　)
(2) 환자 자신의 오류를 수정할 수 있는 기회를 준다. (　　)
(3) 될 수 있는 대로 환자 수준보다는 쉬운 말자극을 사용하는 것이 좋다. (　　)
(4) 강도 높은 반복 훈련은 자칫하면 지루함을 줄 수 있으므로 피하는 것이 좋다. (　　)

12. 시각구성요소 자극법(visual integral stimulation)을 활용한 지시사항을 적으시오.

13. 실행증 치료 시에 환자 반응을 조절할 수 있는 요소를 모두 적으시오.

14. 원발진행 말실행증에 대한 기술로서 옳은 것을 고르시오.
(1) 말 증상이 퇴행하지는 않는다
(2) 타우병증은 거의 관찰되지 않는다
(3) 마비말장애를 동반하는 경우는 없다
(4) 치매[신경인지장애]와 동반되어 나타난다
(5) 말장애가 시작되는 초기부터 증세가 관찰되는 경우이다

정답

1. (1) 개념 형성 단계 (2) 부호화 · 언어화 단계 (3) 말운동 계획 · 프로그래밍 단계 (4) 말(운동)집행 단계
2. 말(운동)집행 단계, 구체적으로는 호흡 및(또는) 발성 체계상의 문제
3. 말실행증과 마비말장애
4. (1) (3) (4)
5. (2) (4)
6. (1) ○ (2) ○ (3) × (4) ○ (5) × (6) ○
7. (1) ○ (2) ○ (3) ○ (4) × (5) ○ (6) ×
8. (1) (4)
9. (3) (4)
10. (1)
11. (1) ○ (2) ○ (3) × (4) ×
12. "잘 보고 그대로 따라 해 보세요."
13. 말속도, 반응 지연 시간, 단서 제공 여부, 반응 양식
14. (5)

제 9 장

마비말장애

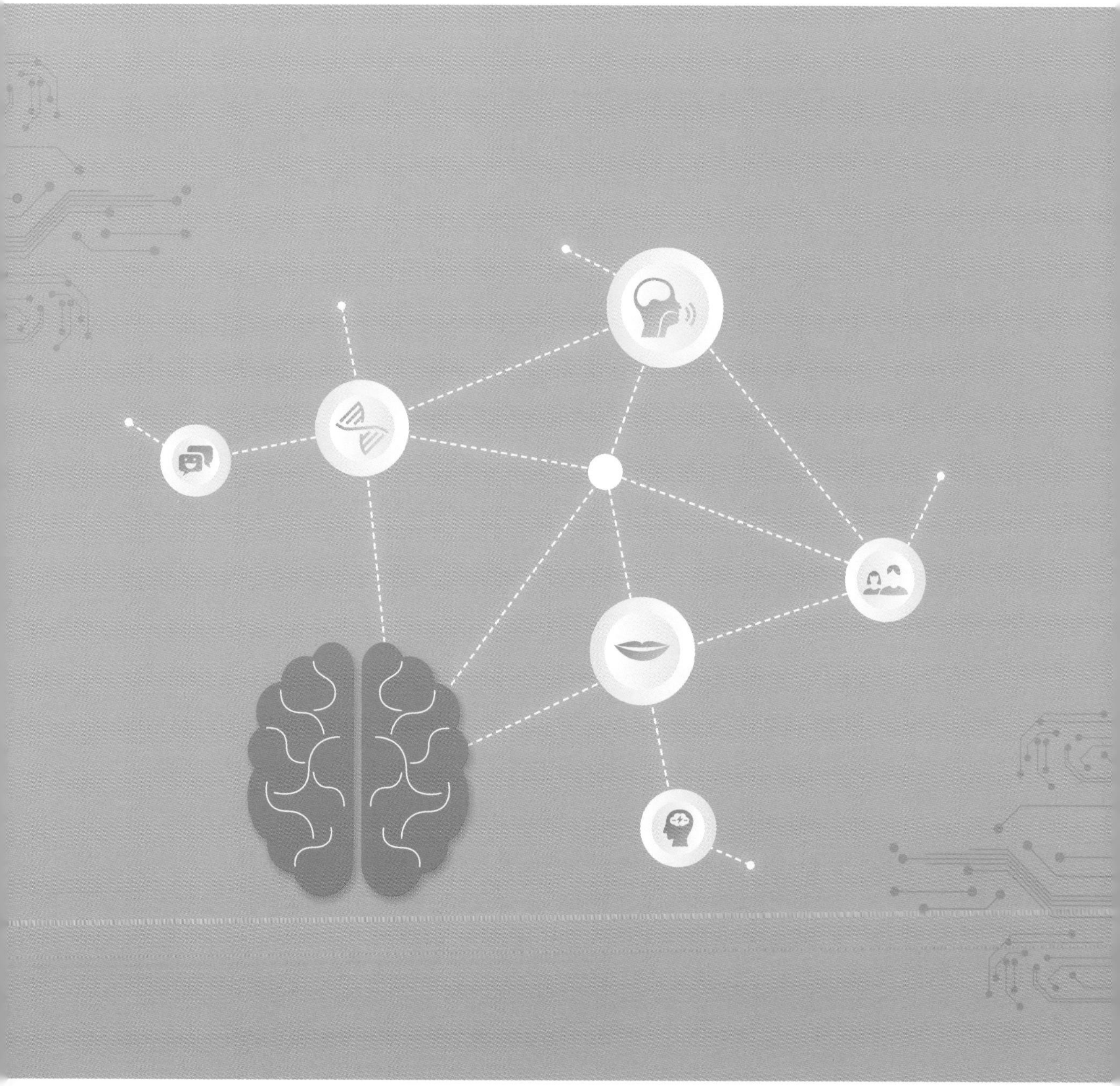

학습목표

- 마비말장애를 정의하고 그 특색을 설명할 수 있어야 한다.
- 마비말장애를 평가하고 그 유형을 나눌 수 있어야 한다.
- 유형별 마비말장애에 대한 치료법을 제시할 수 있어야 한다.

1. 마비말장애의 정의

마비말장애[구음장애]의 영어 용어인 'dysarthria' 에서 'dys-'는 '못하는'을, 'arthr'는 '말의 움직임'을, '-ia'는 '증상'을 뜻한다. 따라서 '마비말장애'는 '말을 못하는 증상'이다. 구체적으로 마비말장애는 중추 혹은 말초신경계의 손상으로 인하여, 신경계가 관장하는 말산출 근육의 조절muscular control장애가 생겨, 말산출speech의 집행execution에 문제를 보이는 말운동장애motor speech disorder: MSD이다. 여기서 말산출 근육의 조절장애는 근력이나 근긴장이 저하되거나 마비되며, 근육들 간에 서로 협응이 잘 안 되어 기본적인 운동 처리basic motor processes가 원활하지 못하다는 뜻이다. 또한 근력muscle strength은 근수축에 의하여 발생하는 장력tension 또는 힘을 뜻한다. 근긴장muscle tone은 근육이 이완된 상태에서도 미약한 수축에 의하여 근육의 단단함이 유지되는 상태이다. 마비말장애 환자의 근육은 말을 하려고 움직일 때에 운동 자체의 속도speed(rate), 힘force, 범위range of motion: ROM, 시간duration, 정확성accuracy, 시기 적절성timing 등에서 문제를 보인다.

한편, 신경계가 손상되면 구강 구조에 속하는 조음기관의 근육뿐만 아니라 호흡, 발성, 공명기관 등 말집행에 관여하는 다양한 하위 체계에 속하는 근육들을 움직이는 데에도 문제를 일으킨다. 그러므로 말을 할 때에 호흡, 발성, 조음, 공명 등의 기능이 저하되며, 호흡-발성-조음기관 간의 정상적인 협응이 요구되는 운율기능에서도 문제를 보인다([그림 9-1] 참조). 이런 관점에서 마비말장애의 용어는 'dysarthria'보다는 오히려 'dys-respirato-phonato-resonato-proso-arthria'라고 명명하는 것이 정확할 수도 있다. 간혹 발성 및 조음장애가 두드러지는 마비말장애 유형(예: 운동감소형)을 보이는 환자의 경우에 'dysarthrophonia'라 지칭하기도 한다.

그런데 마비말장애는 손상된 신경계의 위치에 따라 여러 유형으로 나타나며, 각각의 유형은 서로 다른 청지각적auditory-perceptual 특색을 보이면서 병태생리학적

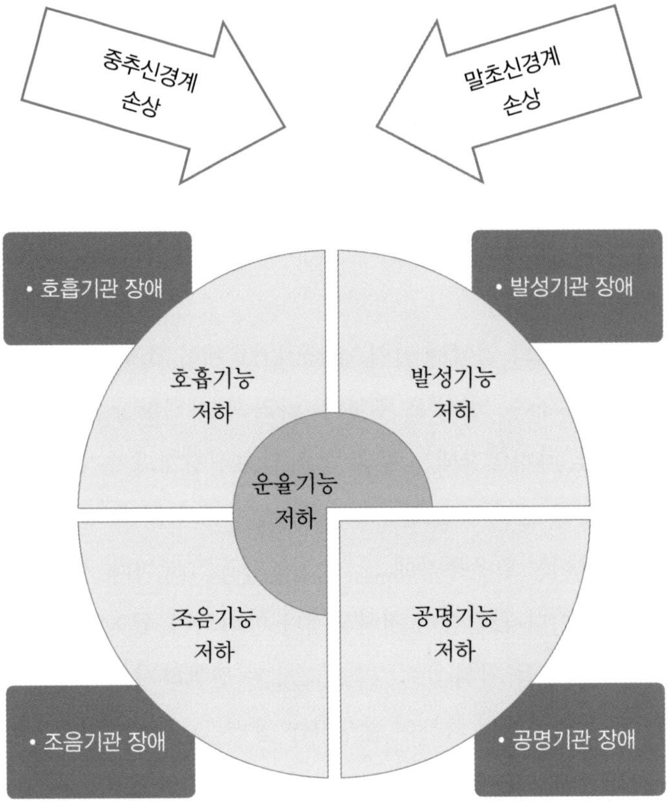

그림 9-1
마비말장애의 다면적 기능 저하 요소
마비말장애에서는 말운동 집행 과정에서 적어도 한 가지 이상의 하위 체계의 장애로 인하여 호흡, 발성, 조음, 공명, 운율 등의 여러 기능이 저하된다.

pathophysiological 감별진단이 가능하게 된다.

이처럼 마비말장애가 여러 유형으로 나타나기 때문에 일찍이 미국의 메이요 클리닉Mayo Clinic의 Darley, Aronson & Brown["DAB"] 박사팀은 'dysarthria'에 '–s'를 붙여 'dysarthrias'라고 해야 한다고 주장한 바 있다. 마비말장애의 하위 유형subtype에 대한 자세한 설명은 '〈표 9-7〉 병태생리학적 원인에 따른 마비말장애 유형'에서 알아보기로 한다.

2. 마비말장애의 원인과 발생률

마비말장애를 유발하는 원인 질환은 제2장의 〈표 2-1〉에 정리된 대로 혈관성, 염증성, 외상성, 알러지성, 대사성-독소성, 감염성, 종양성, 선천성, 퇴행성 등으로 다양하다. 혈관성vascular 원인은 마비말장애를 포함한 말운동장애를 유발하는 가장 흔한 원인으로 꼽힌다. 혈관성 원인으로는 출혈성 뇌졸중hermorrhagic stroke, 비출혈성 뇌졸중nonhemorrhagic stroke, 동맥류 파열ruptured aneurysm, 저산소 뇌병증hypoxic encephalopathy 등을 들 수 있다. 염증성infectious의 경우에는 중추나 말초신경계에 영향을 미치는 척수염myelitis, 수막염meningitis, 뇌농양brain abscess 등이 있다. 기타 다른 원인에 대한 자세한 설명은 '제2장 임상 기초 평가'를 참조하기 바란다.

원인 질환이 다양한 만큼 관련되는 마비말장애의 특색이 달리 발현되고, 그 말 특색은 원인 질환이 발증한 연령이나 진행 추이에 따라 변화하기도 한다. 뿐만 아니라 손상된 신경계의 부위가 어디인지에 따라 독특한 마비말장애를 보이는 신경 병태생리학적neuropathophysiological 말장애를 보인다. 즉, 같은 중추신경계 내에서도 대뇌, 소뇌, 뇌간 등의 손상이 각기 다른 말 특색을 유발하며, 말초신경계의 손상은 중추신경계 손상과는 다른 말장애 특색을 보일 수 있다.

한편, 마비말장애의 발생률은 전체 신경 말·언어장애 중에서 비교적 높은 편이다. 메이요 클리닉의 4년간의 통계에 따르면 말·언어 평가를 받은 신경계 손상 환자들 중의 46%가 마비말장애를 보였다고 하나 우리나라에서는 통계치가 산출된 바 없다.

3. 마비말장애의 평가

1) 평가 목적

마비말장애의 평가는 다음의 여러 목적으로 실시된다.

첫째, 환자의 말이 정상인지 혹은 정상에서 벗어나 있는지를 파악하고자 한다. 둘째, 말에서 문제가 관찰된다면 구체적으로 어떠한 말 특색을 보이는지를 알아보고자 한다. 셋째, 관찰된 말 특색을 바탕으로 말장애가 어떤 원인 질환으로 인하여 발생했는지를 진단하고 하위 유형을 분류하고자 한다. 넷째, 말장애의 중증도를 알아보고자 한다. 마지막으로는 치료 여부를 결정하고자 하는 데 마비말장애 평가의 목적이 있다. 이들 각각을 자세히 살펴보자.

(1) 말이 정상인가?

말의 정상 여부는 일반적으로 조음 정확도, 말 명료도, 말 이해도, 의사소통 효율성 등으로 가늠한다. 조음 정확도articulatory accuracy는 화자가 말을 얼마나 명확하게 발음하느냐를 나타내는 척도이며, 바르게 조음된 음소의 수를 전체 음소의 수로 나누어 100을 곱한 백분율percent로 표시한다. 이때, 자음만을 분석 대상으로 할 때에는 자음 정확도percentage of consonant correct: PCC, 모음만을 대상으로 하면 모음 정확도percentage of vowels correct: PVC라 할 수 있다.

말 명료도speech intelligibility는 화자의 말이 음향학적 소리로 전달될 때에 청자의 입장에서 주관적으로 느끼는 '말을 알아듣는 정도'이다. 조음 정확도가 떨어지는 경우에도 청자가 화자의 전달하고자 하는 의미를 알아챈다면 말 명료도는 유지된다고 본다. 전통적으로 '명료도'에 대한 연구는 소통의 '매체medium'에 대한 연구에서 시작되었다가, 1940년대에 이르러서는 '듣는' 사람이 '얼마만큼, 어떻게 알아듣는가'에 집중되었고, 1960대의 메이요 연구에 이르러 '말하는' 사람에 관심을 기울인 연구가 행해졌다. 이처럼 매체/문맥, 청자, 화자 등이 말 명료도에 영향을 미치는 관련 변인으로 간주된다. 예컨대, 청자가 화자의 말을 들어 본 경험이 있는지 유무가 말 명료도에 영향을 끼친다. 또한 환자가 말 이외에 몸동작 등의 추가적 단서를 제공한다면 말 명료도가 높아질 수 있다.

말 이해도speech comprehensibility는 말 명료도보다 넓은 의미의 판단 기준으로서 말의 음향학적인 신호뿐만 아니라 말을 이해하는 데 영향을 주는 모든 요소를 포함한다. 이 요소들은 화자가 전달하고자 하는 발화 주제에 대한 지식, 내용이 담고 있는 의미 및 구문적 정보, 주변 환경 요인, 동작, 글자단서 등으로 다양하다. 이로써 말 이해도에 대한 평가는 의사소통적인 맥락에서 화자의 장애 정도를 측정하는 데 중점을 둔다.

마지막으로, 의사소통 효율성communication efficiency은 화자 자신이 전달하고자 하는 의사소통의 목적을 주어진 시간 내에 얼마나 성공적으로 성취하는가를 의미한다. 예를 들어, 마비말장애 환자가 자신의 말장애를 보완하기 위해 글자판과 같은 대체의사소통방법alternative communication을 함께 사용한다면 청자의 말 이해도는 높아질 것이나 의사전달에 소모된 시간 지연으로 인해 효율성은 저하된다고 할 수 있다.

> **잠깐!**
>
> **증상과 징후**
>
> 증상symptom이란 병을 앓으면서 환자가 주관적으로 느끼는 불편함이다. 반면에 징후sign는 환자가 느끼지는 못할 수 있지만 병의 존재를 나타내는 객관적 소견 또는 증거이다.

(2) 어떤 말 특징을 보이는가?

평가의 가장 주요 목적은 환자가 보이는 특징이 무엇인지를 알고자 하는 것이며, 이때 어떤 특징은 정상이고 어떤 면은 비정상인지를 구별해야 한다. 발병 전에 환자가 원래 가지고 있었던 특징(예: 목소리의 음도나 음질 등), 환자의 병력 등을 조사하고 비구어 과제, 말 과제 등의 평가를 실시한 후에 결과를 해석하여, 과연 얼마만큼 정상 범주를 벗어나는지를 기술한다. 이때 규준 자료normative data를 활용하여 벗어난 정도를 객관적으로 비교해 본다. 또한 환자가 호소하는 증상symptom이 검사자가 관찰하는 징후sign와 일치하는지를 알아본다. 평상시 환자가 느끼는 증상을 검사자가 징후로서 관찰할 수 없다면 이는 환자의 심리적인 문제를 반영할 가능성이 많다.

(3) 어떤 원인 질환으로 발생했으며 마비말장애의 하위 유형은 무엇인가?

평가의 또 다른 목적은 평가를 통하여 마비말장애의 특징이 기술된 후에 그 마비말장애가 생기게 된 원인을 파악해 보고 마비말장애의 하위 유형을 분류하는 일이다. 원인 질환이 선천적인지 혹은 후천적인지, 말장애가 갑자기 생긴 것인지 아니면 서서히 진행되어 왔는지 등을 알아본다. 말장애의 어떤 구체적인 특징이 특정 질환임을 암시하는지를 분명하게 밝혀 어떤 질환으로 인하여 발생한 것인지를 판단한다. 또한 의뢰된 환자의 질환명과 평가를 통하여 의심되는 질환이 일치하는지를 확인한다. 대부분 질환명과 함께 의뢰가 이루어지는데, 'R/O + 진단명'(예: R/O IPD, MSA)으로 명기되는 경우에는 R/O에 포함되는 질환들이 무엇인지 확인하여 평가 결과가 어떤 질환을 나타내는 것은 아닐 가능성이 높은지를 판단한다.

잠깐!

R/O(rule out)의 의미

R/O은 '그 특정 질환이 아니다' 혹은 '배제한다'라는 뜻으로 쓰이는데, 특정 질환과 매우 유사하지만 확진이 어려운 경우에 이 표현을 사용한다. 이에 따라 R/O 뒤에 적어도 2개 이상의 감별이 필요한 질환명이 함께 따라 붙게 된다.

잠깐!

특발성(idiopathic)은 '원인이 밝혀지지 않은 질환을 일컬을 때 사용되는 용어이다.

즉, 제외 준거exclusion criterion를 적용하여 어떤 질환 혹은 병태생리학은 아닐 것이라고 판단한다. 예컨대, 환자가 혀의 위축을 보이거나 말속도가 느리다면 특발성 파킨슨병idiopathic Parkinson's disease: IPD은 아닐 가능성이 많다. 특정한 마비말장애는 특정한 질환에 의해 발생할 수 있기 때문에 이러한 평가 과정이 감별진단에 도움이 된다. 이때 평가 결과지에 "…… 일 가능성은 적다."라고 기록할 수 있다.

한편, 마비말장애의 원인 질환은 하위 유형과 연관된다. 마비말장애의 하위 유형은 경직형, 이완형, 운동감소형, 운동과다형, 실조형, 혼합형의 여섯 가지 유형에 Duffy(1985)에 의하여 추가된 편측 상부 운동신경세포형이 포함되어 현재는 총 일곱 가지 유형 분류가 널리 사용되고 있다(유형에 대한 자세한 설명은 '〈표 9-7〉 병태생리학적 원인에 따른 마비말장애 유형' 참조).

(4) 어느 정도의 중증도를 보이는가?

평가의 또 다른 목적으로는 평가를 통하여 마비말장애의 중증도를 판단하는 일이다. 중증도를 표현하는 방식으로는 '등간 척도법equal interval rating scale'과 '백분율percentage' 등이 대표적이다. 등간 척도법은, 예컨대 0~4 사이의 척도에서 '0'은 정상을, '4'는 가장 심한 정도를 나타낸다. 백분율의 경우에는 대체적으로 '100%' 혹은 '95~100%'의 범위를 정상으로 간주하고 비정상적인 정도에 따라 그보다 낮은 백분율로 표기하게 된다.

같은 질환이라 할지라도 중증도에 따라 특징적으로 나타내는 양상이나 마비말장애의 하위 유형이 다를 수 있다. 예컨대, 근위축성 측삭 경화증amyotrophic lateral sclerosis: ALS 환자는 어떤 시점에서는 이완형 마비말장애였다가, 어느 시점에서는 혼합형mixed(주로 이완형과 경직형의 혼합)을 보이고, 어떤 시점에서는 경직형spastic 마비말장애의 특징을 나타내기도 한다. 물론 어떤 과제를 사용하여 말검사를 하는가에 따라 달라질 수도 있다.

그런데 마비말장애의 중증도는 질환에 따라 같은 중증도가 유지되는 기간이 다를 수 있는데, 짧은 시일 내에 급속히 심해지는 경우가 있는가 하면 몇 년 동안 거의 비슷한 중증도를 유지하기도 한다. 그러므로 마비말장애의 발증 후 경과일수post onset time: POT에 준하여 얼마나 중한가를 확인해 보는 일이 중요하다.

(5) 치료를 할 것인가?

증상과 징후가 관찰되고 중증도와 질환에 대한 확인이 이루어진 후에는 말장애에 대한 치료가 필요한지, 필요하다면 어떤 치료법을 적용할 수 있는지를 판단한다. 특히 퇴행성 질환으로 인한 말치료의 시작 여부는 담당 전문의와 의논하여 판단되어야 한다. 중증 근무력증myasthenia gravis: MG과 같이 근육의 피로 효과를 쉽게 보이는 질환으로 확인되는 경우에는 말치료를 하지 않는 것이 좋다.

2) 평가 영역

마비말장애에 대한 평가는 크게 세 영역으로 나누어 이루어진다. 첫째는 환자나 환자 가족, 의무기록으로부터 얻을 수 있는 환자에 대한 기본 정보 수집이다. 둘째는 안면 및 구강 검사 등의 비구어 평가이다. 비구어 평가는 신경계 질환으로 인한 말산출 기제의 기능 손상이 야기되는 경우에 기본적으로 이루어져야 하는 검사 중의 하나이다. 셋째는 말 평가인데 평가 과정 중에 가장 중요한 영역으로서 청지각적 평가, 음향적 평가, 생리적 평가 등을 활용한다.

(1) 기본 정보 수집

환자 기본 정보에 해당하는 내용은 개인 정보, 의학 정보, 언어 및 말 정보, 신체 및 인지 정보, 가정 및 사회 정보 등의 범주로 나눌 수 있다(〈표 9-1〉 참조). 개인 정보에는 연령, 성별, 손잡이, 교육 정도, 직업, 출생지/거주지, 사용하는 언어 및 외국어 능력 등을 포함한다. 의학 정보로서는 원인 질환의 가족력, 발증일, 발증 후 경과일수, 발증 속도(예: 갑작스러운가 또는 서서히 진행해 왔는가), 진단명, 병소 위치 및 크기, 위험인자(예: 고혈압, 당뇨 등), 복용 약물 등을 수집한다.

언어 및 말 정보에는 발증 전에 말 또는 언어와 관련된 문제가 있었는지를 확인한다. 발증 후에 관한 정보로서 말장애 발증일, 발증 후 경과일수, 원인 질환의 발증일과 말장애의 발증일 사이의 간격 등이 필요하다. 일부 환자의 경우에는 말장애가 유일한 신경학적 문제일 수 있고, 다른 신경학적 문제보다 먼저 나타날 수 있다. 또한 말장애의 진전 속도, 말장애에 대한 환자의 인식, 수반되는 언어장애, 언어-말-청각장애의 병력, 언어치료 경험 여부 등을 조사한다.

인지, 신체 및 감정과 관련된 정보로는 환자의 정신상태$_{\text{mental status}}$와 동기 의식을 살펴보고, 신체-머리-목 등을 얼마나 자유자재로 움직일 수 있는지, 앉는 자세는 정상적인지, 도움이 필요한 상태인지를 알아본다. 그리고 발증 후에 자신과 타인 관계에서 느끼는 자아감의 정도와 감정의 변화를 확인한다. 또한 청력이나 시력은 어떤지, 틀니를 착용하고 있는지 평소 식사 시에 침을 흘리는지, 식사가 정상적으로 가능한지, 사레가 걸리지는 않는지, 음식을 흘리거나 식사 시간이 과도하게 오래 걸리는지 등을 조사한다.

마지막으로, 가정 및 사회 정보 범주에서는 가족관계, 현재 같이 거주하는 동거인, 재정 상태, 모임, 취미활동, 종교생활 등에 대한 정보가 포함된다. 재정 상태에 있어서 우리나라에서는 아직까지 언어치료가 건강보험 적용이 되지 않으므로 경제적 부담이 클 수 있어 환자나 환자 보호자와 이에 대한 사전 상의가 필요하다.

표 9-1 마비말장애 평가 시 필요한 환자 기본 정보

범주	평가 항목	평가 방법
개인	연령/성별	생년월일과 성별은 어떻게 되는가?
	손잡이	식사할 때, 글씨 쓸 때, 칼질할 때 등에서 어느 손(오른손, 왼손, 양손)을 쓰는가?
	교육 정도, 직업	학교는 어디까지 다녔는가? (문맹, 무학, 초등졸, 중졸, 고졸, 대졸 이상으로 나누어 기록함) 어떤 일을 하고 있는가 혹은 예전에 어떤 일을 했는가? ('말' 의 사용이 많이 요구되는 직업인지 여부를 확인함)
	출생지/거주지, 모국어(표준어, 방언), 외국어능력	출생지/성장지/거주지가 어디인가? 주로 사용하는 말이 표준어인가 방언인가?

의학	가족력	가족 중에 본인과 유사한 질환 또는 특정 질환을 가진 사람이 있는가?
	위험인자	고혈압, 당뇨, 고지혈증 등이 있는가?
	원인 질환의 발증일, 발증 후 경과일수	언제 처음으로 질환의 증상을 느꼈나? 발증 후에 본 질환을 이유로 병원을 언제 처음 내원하였나?
	발증 속도	질환이 갑자기 악화되는가 혹은 서서히 나빠지고 있는가?
	진단명	어떤 병으로 진단받았는가 아니면 아직도 검사 중인가?
	병소 위치, 크기	뇌질환이라면, 병소의 위치는 어디이며 크기는 어떠한가?
	약물 및 기타 치료	언제부터 치료약을 복용하거나 기타 관련 치료를 받기 시작했는가? 어떤 약을 복용하는가? (얼마나 자주 그리고 하루 중 어느 시점에 복용하는가?)
언어 및 말	언어–말–청각장애 병력	예전에 언어–말–청각장애를 겪은 적이 있는가? (그렇다면, 구체적으로 어떤 문제였는가?)
	말장애 및 원인 질환의 발증일 및 발증 경과일수, 주된 말 증상	언제부터 말장애가 시작되었는가? 원인 질환의 발증일과 말장애의 발증일 사이의 간격은 어느 정도인가? 처음 나타난 말 증상은 무엇이었으며, 어떻게 나빠지고 있는가?
	말장애의 진전 속도	말장애가 갑자기 시작되었는가 아니면 점차로 나빠지고 있는가?
	말장애에 대한 인식	본인의 말장애를 환자는 어느 정도 인식하고 있는가? 어떤 말장애가 가장 문제라고 생각하는가? 보호자나 가족은 환자의 말장애를 어느 정도나 인식하고 있는가?
	수반되는 언어/말장애	실어증 또는 말실행증 같은 장애가 있는가?
	언어치료 수진 여부	발증 후에 언어 · 말장애를 치료하기 위해 언어치료를 받았거나 받고 있는가? (그렇다면, 얼마나 자주 받고 있는가?)
인지 · 신체 및 감정	정신상태, 의식, 동기	면담 시에 환자의 의식 상태는 어떠한가? MMSE 점수는 정상인가? 자신의 질환/말장애의 현 상태를 인지하고 있는가? 현 질환에서 회복하고자 하는 의지가 있는가?
인지 · 신체 및 감정	자립적 일상생활 및 신체/머리/목 유동성	스스로 거동이 가능한가? (그렇지 않다면, 어떤 방법을 사용하는가?) 머리나 목의 움직임이 자유로운가? 앉은 자세는 똑바른가?
	청력, 시력	청력은 정상인가? (그렇지 않다면, 보청기를 착용하는가?) 시력은 정상인가? (그렇지 않다면, 글씨를 읽을 때에 돋보기가 필요한가?)
	틀니	틀니를 착용하는가? (그렇다면, 틀니가 딱 맞는가?)
	침	발병 후 침의 양에 변화가 생겼는가? (그렇다면, 입안이 건조하진 않은가? 침이 자꾸 고이는가?) 평소에/식사 시에 (어느 정도) 침을 흘리는가? (그렇다면, 좌우 중에서 어떤 방향으로 흘러내리나?)

	식사 양식	식사에 걸리는 시간은 평균 어느 정도인가? 식사 시 음식이 입 밖으로 흐르지는 않는가? 음식을 삼킬 때에 불편함이 없는가? 식사 시 사레가 (얼마나 자주) 걸리는가? 음식이 코로 역류하지는 않는가? 식사 후 음식 잔여물이 입안에 남지는 않는가?
	감정 상태	현재 환자 본인은 어디가 가장 불편하다고 느끼는가? 발증 전과 현재의 자신을 비교하면 어떤 점이 달라졌는가? 발증 후에 가족 또는 주위 사람들의 태도에 변화가 생겼는가?
가정 및 사회	가족 및 보호자	가족관계는 어떻게 되는가? 현재 동거인은 누구이며, 보호자는 누구인가? 말장애로 인해 가족 생활에 변화가 생겼는가?
	재정 상태	주 수입원은 무엇인가? 치료비 부담은 누가 하게 되는가? 치료비 부담에도 불구하고 지속적으로 치료를 받을 수 있는가?
	모임, 취미활동, 종교생활	정기적인 모임을 위하여 외출을 하는가? 일정한 취미활동을 하는가? 종교생활을 하는가?

(2) 비구어 평가

비구어 평가non-speech evaluation는 말산출에 사용되는 하위 체계별로 특정 자세나 동작 수행을 직접적으로 관찰함으로써 이루어진다. 이때 호흡, 발성, 공명, 조음 기제들에 대한 구조와 기능에 대한 면밀한 검사가 이루어진다. 비구어 평가를 하면서 반드시 주의해야 할 사항은 비구어 평가 시에 눈으로 보이는 것이 구어 평가 시에 반드시 귀로도 들릴 수 있는 것은 아니라는 것이다. 예컨대, 환자에게 혀를 내밀게 하였을 때에 혀근육의 위축이 보인다고 해서 그 환자의 말 명료도speech intelligibility가 저하되는 것은 아닐 수 있다. 이는 비구어 활동을 할 때의 구강기제oral mechanism와 말산출 시 구강기제의 기능은 서로 다를 수 있기 때문이다.

비구어 평가 시에 필요한 기구는 언어치료 전문가의 훈련된 귀, 숙련된 손, 예리한 눈, 그 밖에 손전등, 설압자, 거울, 초시계, 시청각녹음기자재, 음향 생리학적 평가 분석 기구 등이다. 비구어 평가는 말산출의 하위 체계별로 움직임이 없는 고정된 자세(즉, 휴지 시)나 단순 동작 자세(예: 입 벌리고 있는 자세), 그리고 움직이는 동작

(예: 혀를 좌우로 움직이기)에서 이루어지게 된다. 이때 살펴보고자 하는 관찰점의 목표는 운동 범위range, 속도speed, 힘force, 안정성/규칙성regularity, 정확성precision, 근긴장tension, 협응coordination, 대칭symmetry 등을 포함한다. 메이요 클리닉의 Duffy(2013)는 비구어 과제를 통하여 말집행의 각 하위 기제를 다음과 같이 평가하도록 지침한 바 있다.

(3) 호흡 체계

정상적인 말산출을 위해서는 호흡 체계의 구조나 기능이 정상적이어야 한다. 신경계 질환으로 인한 마비말장애 환자들은 호흡 체계의 구조에는 거의 이상이 없으므로 호흡 체계가 어떻게 기능하는지를 주로 관찰하면 된다.

먼저, 환자가 자연스럽게 숨쉴 때에 호흡의 자세, 길이, 범위, 속도 등의 정상 여부를 판단해 본다. 말산출 시에는 전체 폐용적률의 35~60% 정도까지 들이마실 필요가 있으며, 내쉬는 데에는 30%까지 내쉬게 된다. 그런데 전체 폐용적률이나 호흡기능이 완전히 정상적인 상태가 아니어도 말을 산출할 때 사용되는 호흡, 즉 말 호흡speech breathing에는 크게 영향을 미치지 않을 수 있지만 음량이 작아질 수는 있다. 호흡량을 측정하는 기기로는 에어로폰Aerophone([그림 9-2] 참조)과 파스Phonatory Aerodynamic System: PAS가 임상에서 가장 널리 사용되고 있다.

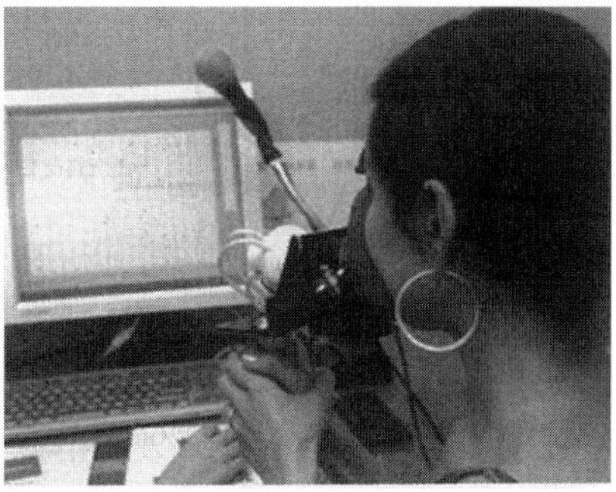

그림 9-2
에어로폰
호흡량을 측정할 수 있는 기기로서 KayPENTAX Inc.의 에어로폰이 있다.

(4) 발성 체계

후두는 흡기 과정을 통하여 들이마신 공기가 기도를 통하여 상부로 올라올 때 공기의 흐름을 적절하게 조절하는 기관이다. 후두가 정상적으로 움직여야만 올바른 발성이 가능하므로 후두의 기능성을 알아보기 위해서는 크게 헛기침을 하게 하거나, '헛!' 소리를 크게 내게 하여 성문 충격glottal coup을 정상적으로 실시할 수 있는지를 확인한다. 이때 공기 새는 소리가 들리면 성대의 단힘이 제대로 이루어지지 않

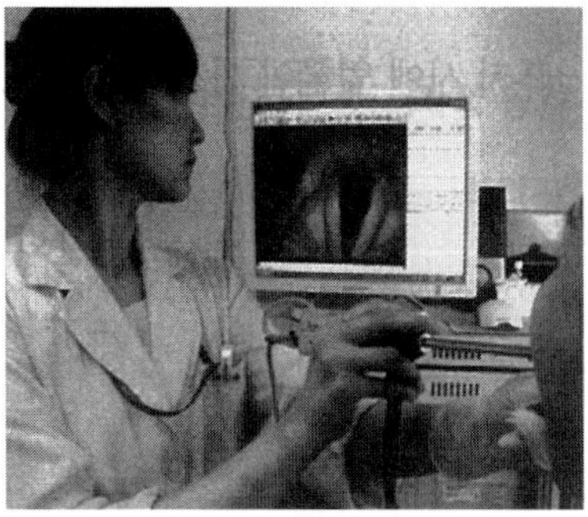

그림 9-3
스트로보스코프
성대의 움직임을 직접 관찰할 수 있는 기기로서 KayPENTAX Inc.사의 스트로보스코피 시스템이 있다.

는 성대마비를 의심해 볼 수 있다. 또한 과제를 수행하면서 숨을 들이쉴 때에 성문협착음stridor이 들리면 양쪽 성대 근육이 약화된 상태나 기도가 특정 부분에 좁아진 기도 협착airway stenosis을 의심해 볼 수 있다.

후두 부분의 상태나 성대의 움직임을 직접적으로 관찰할 수 있는 기기는 활동 내시경endoscope의 한 종류인 스트로보스코프stroboscope인데([그림 9-3] 참조), 이 기기는 성대의 움직임을 고속으로 촬영하여 이를 영상으로 재연해 보이는 기능을 한다.

(5) 공명 체계

공명 체계의 대표적인 기관은 연구개이다. 구강 안을 들여다보면서 연구개가 대칭적 인지를 관찰하게 되는데, 만일 한쪽이 처져 있게 되면 뇌신경 손상을 의심해 볼 수 있다. 양쪽 모두가 처져 있는 경우는 양측 말초신경계의 손상을 생각해 볼 수 있는데 양측 중추신경계의 손상은 그다지 흔하지 않기 때문이다. 또한 "/아-, 아-, 아-/, 짧고 강하게 소리 내 보세요."라는 지시사항을 주고 연구개가 대칭적으로 움직이는지를 살펴서 마비 여부를 확인한다. 이때 연구개가 한쪽으로만 쏠려 올라간다면 올라가는 쪽이 건강한 쪽인데 마비된 쪽의 근육이 건강한 쪽으로 끌려 올라가기 때문이다. 말을 할 때에 연인두 폐쇄가 제대로 이루어지고 있는지를 간접적으로 관찰할 수 있는 기기로는 나조미터Nasometer가 있다.

(6) 조음 체계

- 얼굴 휴지 시에 얼굴이 대칭적인지, 무표정이나 굳은 표정은 아닌지, 떨림이나 근육 속상수축fasciculation과 같은 불수의적인 움직임이 관찰되지는 않는지 등을 관찰한다. 고정된 자세(예: "자연스럽게 웃는 표정을 지어 보세요.")에서는 얼굴이 대칭적인지, 운동 범위는 정상적인지, 떨림은 없는지, 특정 자세를 유지하는 것이 얼마 동안 가능한지를 관찰한다. 동작 자세(예: "입술을 오므렸다, 폈다 해

보세요.")에서 속도나 (운동)범위가 정상인지, 규칙적인 움직임이 가능한지 등을 관찰한다.

- 턱 휴지 시에 턱이 비정상적으로 처져 있는지, 불수의적인 운동이 관찰되는지를 본다. 고정된 자세(예: "입을 꼭 다물어 보세요.")에서 턱이 적당한 저항력을 유지할 수 있거나, 대칭적인지를 살펴본다. 움직이는 자세를 요구하는 과제(예: "입을 벌렸다 다물었다 반복해 보세요.")에서 턱이 대칭적이며, 운동의 범위가 정상적인지를 확인한다.

잠깐!

3R'S

동작 자세에서 관찰해야 하는 것은 속도rate, (운동)범위range of motion: ROM, 그리고 규칙성regularity이다.

- 혀 휴지 시 혀가 대칭적이고 정상적인 크기인지, 근육 속상수축은 없는지 등을 관찰한다. 또한 고정된 자세(예: "혀를 내밀고 가만히 계세요.")에서 혀를 정상적으로 내밀 수 있으며 대칭적인지, 저항력이 유지되는지 등을 본다. [그림 9-4]에서는 휴지 시에 환자의 왼쪽 입술과 뺨이 처져 있는 것을 알 수 있는데, 혀를 내밀게 하였을 때에 혀가 왼쪽으로 치우친다. 이는 환자 혀의 왼쪽 부분에 근력이 저하되어 오른쪽 부분이 왼쪽을 밀기 때문에 생기는 현상이다. 또한 움직이는 자세에서(예: "혀를 내밀고 좌우로 빨리 움직여 보세요.") 혀가 충분히 빠르게, 정상적인 범위로, 규칙적으로 움직이는지 관찰한다. 혀를 구강 내에서 볼 쪽으로 힘을 주어 밀었을 때에 바깥에서 검사자의 힘에 저항할 수 있는지를 확인한다.

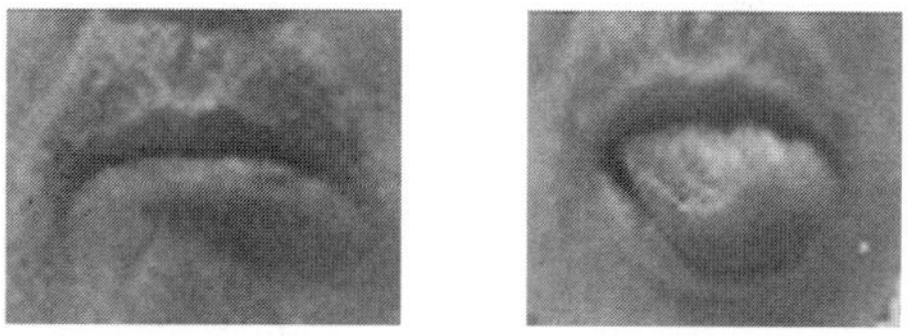

그림 9-4
혀의 기능 검사(혀 내밀기)
혀를 내밀었을 때에 혀가 왼쪽으로 처짐으로써 혀 왼쪽의 근력 저하가 관찰된다.

(7) 반사 체계

구역반사gag relex를 유발하여 정상적인 강도로 반응하는지 관찰한다. 구역반사란 이물질이 들어오는 것을 막기 위한 인두근의 수축 현상으로서 혀뿌리나 연구개가 자극되면 발생하는 정상적인 반사이다. 구역반사를 이용하여 설하신경과 미주신경의 상태를 검사할 수 있다.

3) 말 평가

마비말장애의 말 평가는 크게 귀로 들어 판단하는 청지각적 평가와 특정 기구를 사용하는 기구적 평가로 나눌 수 있다. 기구적 평가는 다시 음향학적 평가와 생리학적 평가$_{\text{physiological evaluation}}$로 나눌 수 있다. 여기서 생리학적 평가는 주로 기체 역학$_{\text{aerodynamics}}$이나 운동학$_{\text{kinematics}}$에 주안점을 둔다. 기구적 평가는 청지각적 평가보다 객관적인 결과를 산출하므로 좀 더 신뢰적이라고 할 수 있다. 기구적 평가 중에서 음향학적 평가를 위해 우리나라에서 가장 널리 사용되고 있는 도구는 Computerized Speech Lab(CSL)의 MultiDimentional Voice Program(MDVP), Dr. Speech, Praat 등이다. 그런데 대부분의 음향학적 평가도구는 기구를 구입하는 데 소요되는 비용, 임상에서 활용하는 데 시간 부족, 임상가들의 지식 부족 등의 이유로 제한적으로 사용된다. 청지각적 평가는 다음의 여러 가지 이유에서 비교적 널리 활용된다. 첫째, 임상 현장에서 활용하기 수월하다. 둘째, 비싼 기구를 사기 위한 비용이 들지 않는다. 셋째, 평가에 소요되는 시간이 비교적 짧다.

(1) 말 평가 과제

환자가 어떤 종류의 신경말장애 혹은 말운동장애를 갖고 있는지를 판단하기 위해서는 다양한 말 과제를 활용한 평가가 필요하다. 따라서 다음에 제시되는 과제를 실시하여 음도$_{\text{pitch}}$, 음량$_{\text{loudness}}$, 음질$_{\text{voice quality}}$, 공명, 조음, 말 명료도$_{\text{speech intelligibility}}$ 등의 결과를 종합한다. 마비말장애 이외에도 말실행증이 의심되는 환자에게는 다양한 길이와 복잡성을 지닌 자극어 및 명제구어 말하기 등의 과제를 추가적으로 준다.

가장 주요한 말 평가 과제는 모음연장 과제, 길항반복운동 과제, 단음절단어 과제, 문맥발화 과제 등이다. 이 네 가지를 통하여 대부분의 말 특성을 확인할 수 있다. 〈표 9-2〉에서는 과제에서 확인 가능한 말산출 하위 체계 평가를 요약해 놓았다. 모음연장 과제는 말에서 호흡과 발성만을 따로 분리하여 평가할 수 있는 효과적인 검사 방법이다. 그런데 만일 환자가 주어진 목표 모음 대신에 왜곡된 모음을 발성하는 경우에는 조음 체계 손상을 의심할 수 있다. 길항반복운동 과제는 턱, 입술, 혀와 같은 조음기관을 사용하여 움직임의 규칙성과 속도를 조절하는 능력을 평가하는 것으로, 여기에 더불어 조음 정확성, 연인두 폐쇄 및 연속 과제 수행에서의 호흡 지지력을 함께 알 수 있다. 길항반복운동 과제는 모음연장 과제와 함께 최대수행 과제maximum performance task로 구별된다. 단음절/단어 및 문맥발화 과제는 말산출 기능을 통합적으로 평가할 수 있는 효율적인 과제이다. 지금부터 각 과제별로 구체적인 지시사항, 결과 분석 등을 알아보도록 하자.

① 모음연장 과제

모음연장 과제vowel prolongation trask는 /아/, /이/, /우/와 같은 단모음을 될 수 있는 대로 길게 발성하게 하는 과제이다. 환자에게 "지금부터 숨을 크게 들이 마신 다음, 편안한 목소리로, 쉬지 말고, 최대한 길게 '아' 하고 소리를 내 보세요. 제가 시범을 먼저 보이겠습니다. 아~ 자, 시작."이라고 지시사항을 준다.

표 9-2 네 가지 말 과제에서 확인 가능한 말산출의 장애 여부

과제 \ 산출 단계	호흡	발성	조음	공명	운율	말 명료도
모음연장 과제	+	+	−/+	+	−	−
길항반복운동 과제	+	+	+	+	−	−/+
단음절/단어 과제	+	+	+	+	−/+	+
문맥발화 과제	+	+	+	+	+	+

이 과제를 통하여 측정하고자 하는 요소는 최대발성시간, 음질 등의 호흡 및 발성 체계기능이다. 최대발성시간maximum phonation time: MPT을 통하여 호흡 체계가 말산출을 위하여 어느 정도의 지지력을 보이는지, 발성 체계의 기능은 어떤지를 알아볼 수 있다. 그런데 환자가 정상 기준보다 짧은 수행력을 보인다고 해서 반드시 말산출에 영향을 끼치는 것은 아니다. 짧게는 4초 내지 5초 정도면 충분할 수 있는데, 이는 말을 하면서 적절하게 쉼pause을 넣어 주면서 호흡을 할 수 있기 때문이다. 그러나 일반적으로 10초 미만의 최대발성시간은 병리적인 상태를 반영하기도 하며, 정상 성인 남자의 경우는 20초 정도를, 성인 여성은 15초 이상을 정상 기준으로 사용한다. 한국인 성인 남녀를 대상으로 한 /아/ 모음연장 과제에서의 성별 및 연령별 최대발성시간은 [그림 9-5]와 같다.

모음연장 과제의 수행력을 통하여 발성 체계의 정상 여부를 알아볼 수도 있는데,

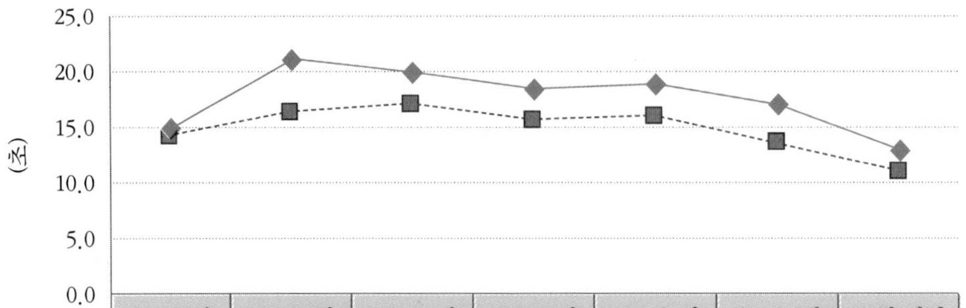

	15~24세	25~34세	35~44세	45~54세	55~65세	65~74세	75세 이상
—◆— 남	15.6	21.8	20.3	18.7	19.0	17.7	13.8
--■-- 여	14.9	16.2	18.1	15.5	15.7	14.0	11.3

그림 9-5

/아/ 모음연장 과제에서의 성별 및 연령별 최대발성시간(초)

전반적인 수행력은 남자가 여자보다 좋다. 남자의 경우에는 25~34세를 기준으로 감소하나, 여자는 35~44세를 정점으로 점차로 감소한다.

출처: 김부영(2008), 천사라(2008).

목소리의 음질, 음도, 음량, 공명 등과 그러한 변인들의 변이성 등을 평가한다. 음질 voice quality의 경우, 쉰 hoarse 목소리가 나지는 않는지, 쥐어짜는 strained-strangled 소리는 없는지, 떨림 tremor은 관찰되지 않는지, 콧소리가 과다하게 나는 과다공명 hypernsality 또는 코가 막힌 듯한 과소공명 hyponasality 등을 살핀다. 모음연장 과제에서 비정상적인 공명이 들리는 경우에 공명장애로 판단할 수 있다. 공명장애로 의심되면 /아/를 발성하는 동안에 환자의 코를 잡았다 놨다 하여 구강음인 /아/음의 공명 정도에 차이가 들리는지 확인한다. 또한 한 가지 모음만을 사용하지 않고, 두 개 이상(예: 아-이, 아-이-우)을 교대로 쉼 없이 계속하여 연장발성하게 하거나 특정 모음 앞에 비강음과 구강음이 대비한 음절(예: 마-파-마-마-마-파……)을 조음하게 하여 공명장애 유무를 판단할 수도 있다.

음도 pitch의 경우, 성별이나 나이 그리고 체격에 비해 높거나 낮은지를 알아본다. 음도는 청지각적 평가에 사용되는 용어이며, 음향학적 기기를 사용하여 분석하는 경우에는 주파수 frequency라고 하며, 단위는 Hz이다. 일반적으로 청지각적으로 높은 음도로 인식되는 소리는 주파수가 높다. 〈표 9-3〉에 제시했듯이 남자의 경우 여자

표 9-3 성별 및 나이별 한국인의 /아/ 모음의 평균 주파수(Hz)와 표준편차

성별 \ 나이(세)	20대	50대	60대	70대
남	141.48(±29.37)	135.13(±21.83)	142.23(±26.28)	147.24(±18.72)
여	252.96(±19.74)	220.99(± 8.82)	209.33(±19.97)	201.52(±22.01)

출처: 김선우 등(2010).

에 비해 낮은 소리로 들린다. 남자는 연령이 증가할수록 주파수가 높아지는 고음화되는 경향을 보이는 반면, 여자는 주파수가 낮아져 저음화된다. 같은 성별 내에서는 일반적으로 체격이 클수록 성대 길이도 길기 때문에 낮은 주파수의 저음 소리가 난다. 또한 과제를 수행하는 동안에 음도가 높았다가 낮았다가 하는 변이성이 있는지를 관찰한다. 또한 성대를 조절하여 만들어 낼 수 있는 음도 범위$_{\text{pitch range}}$를 평가하기 위하여 특정 모음 발성을 낮은 음부터 높은 음까지 높이면서$_{\text{gliding up}}$ 혹은 높은 음부터 낮은 음으로 낮추면서$_{\text{gliding down}}$ 변화시키거나, '도레미파솔라시도……'로 음도를 변화시켜 발성하게 한다. 이때 실로폰이나 건반 악기를 활용하여 음도를 잡아 주는 것도 좋다.

음량$_{\text{loudness}}$의 경우, 말소리가 체격, 성별, 나이 등에 비해 너무 크거나 작지 않은지를 확인한다. 일반적으로 체격이 크고, 남자이고, 청 · 장년일 경우에 목소리가 큰 경향을 보인다. 또한 과제를 수행하는 동안에 음량이 커졌다 작아졌다 하는 변이성을 보이는지를 관찰한다. 음량은 청지각적 평가를 나타내는 용어이며, 이를 음향학적 도구를 사용하여 객관적 수치로 표시하는 경우에는 강도$_{\text{amplitude}}$이며, 단위는 'dB'이다. 일반적으로 임상에서 사용되는 정상 성인의 음량 선별 규준은 편안하게 대화하는 상황에서 성문 하압은 3~10cmH_2O, 목소리의 크기는 30~50dB로 알려져 있다.

공명$_{\text{resonance}}$은 훈련된 귀로 들어서 비성$_{\text{nasality}}$을 청지각적으로 측정하는 방법과 비음측정기인 나조미터$_{\text{Nasometer}}$를 사용하여 비강 음향에너지를 비강과 구강 음향에너지의 합으로 나누어 백을 곱한 백분율을 구하는 비음치$_{\text{nasalance score}}$로 평가한다. 구강음, 비강음, 구강 및 비강음의 혼합 문장(토끼 문단, 아가 문단, 엄마 문단, 아빠 문장, 엄마 문장 등)을 읽게 하는 방법을 일반적으로 사용하며, 과다비성이 아주 심하지 않은 이상 말 명료도 자체에 큰 지장을 초래하지는 않는다.

음향학적 평가기기를 사용하여 음향학적 특성을 객관적 수치로 분석하기도 한다. CSL과 기기를 사용하여 주파수 변동률인 지터jitter, 강도 변동률인 쉼머shimmer, 소음 대 배음의 비율noise and harmory ratio: NHR 등을 평가할 수 있다.

② 길항반복운동 과제

길항반복운동Diadochokinesis: DDK은 근육의 움직임을 의도한 목적대로 빠르게 움직일 수 있는 능력을 말한다. 구강 구조에 대한 길항반복운동 과제의 종류에는 교대운동속도와 일련운동속도가 있다. 교대운동속도alternating motion rate: AMR 과제는 일음절인 /퍼/, /터/ 혹은 /커/를, 일련운동속도sequential motion rate: SMR 과제는 /퍼-터-커/를 가능한 한 빨리, 규칙적으로 반복해 보도록 하는 과제이다. 정해진 시간 내, 주로 5초 내에 반복할 수 있는 횟수(즉, 반복 속도)와 얼마나 규칙적으로 반복하는가(즉, 규칙성)를 판단한다. 따라서 이 과제들은 조음 체계의 민첩성agility을 알아보는 데 가장 효과적인 과제이다. 반복 속도의 경우에는 5초 동안 수행한 횟수를 세어서 초당 횟수를 환산한다. 만일 비정상적인 호흡 체계로 인하여 5초 동안 반복하지 못하는 경우에는 반복을 수행한 시간 내의 반복 횟수만을 산정하여 초당 반복 수를 알아본다.

교대운동속도 과제에 대한 정상인의 수행력 규준은 [그림 9-6], [그림 9-7], [그림 9-8]에, 일련운동속도 과제는 [그림 9-9]에 각각 제시되어 있다. 교대운동속도 및 일련운동속도 과제를 통하여 발성 체계나 공명 체계에 대한 평가도 가능하다. DDK의 수행력은 마비말장애 유형마다 변별적으로 다르다. 예를 들어, 실조형의 경우에는 불규칙적인 반면, 경직형의 경우에는 대체적으로 느리고 규칙적이다. Ziegler와 Wessel(1996)에 의하면 교대운동속도의 수행력이 마비말장애 중증도에 대한 정보의 70% 정도를, 말 명료도의 60% 정도를 설명할 수 있다고 보고한 바 있다.

③ 단음절 및 단어 과제

단음절 자극어의 경우는 의미가 있는 단어 혹은 무의미 단음절일 수 있다. 음소대립phonetic contrast의 글자를 읽게 한다든지, 그려진 그림을 보고 말하게 한다. 이때, 조음 정확도 또는 말 명료도를 파악한다.

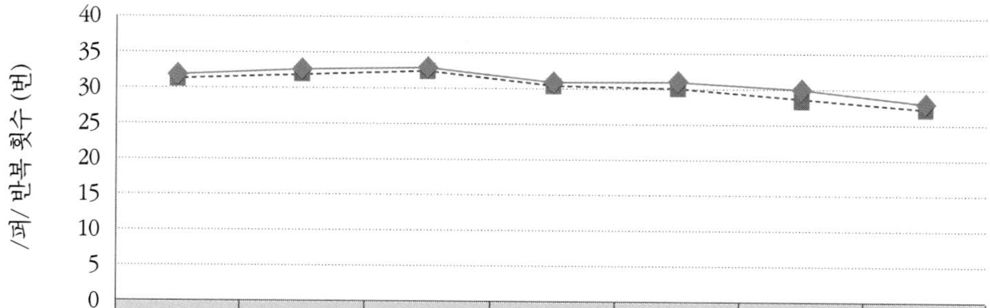

	15~24세	25~34세	35~44세	45~54세	55~65세	65~74세	75세 이상
◆ 남	32.9	33.3	33.4	32.0	32.4	30.3	28.0
--■-- 여	32.1	32.9	33.1	31.5	31.4	29.3	26.9

그림 9-6

/퍼/ 교대운동속도 과제에서 정상 성인의 수행력 규준

전 연령대에 걸쳐서 남자의 수행력과 여자의 수행력이 거의 비슷하다. 연령이 증가할수록 점차적으로 수행력이 떨어진다.

출처: 김부영(2008), 천사라(2008).

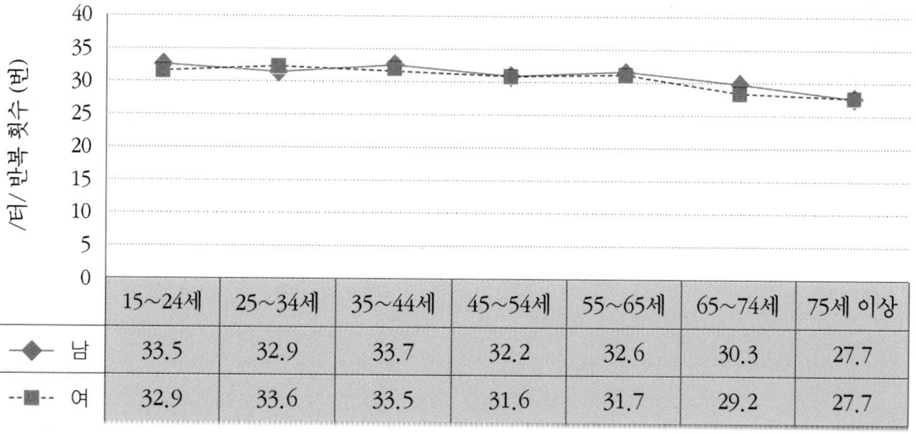

	15~24세	25~34세	35~44세	45~54세	55~65세	65~74세	75세 이상
◆ 남	33.5	32.9	33.7	32.2	32.6	30.3	27.7
--■-- 여	32.9	33.6	33.5	31.6	31.7	29.2	27.7

그림 9-7

/터/ 교대운동속도 과제에서 정상 성인의 수행력 규준

전 연령대에 걸쳐서 남자의 수행력과 여자의 수행력이 거의 비슷하다. 연령이 증가할수록 점차적으로 수행력이 떨어진다.

출처: 김부영(2008), 천사라(2008).

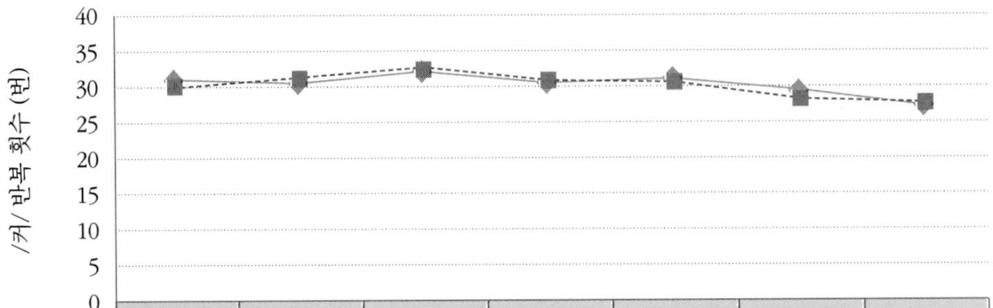

	15~24세	25~34세	35~44세	45~54세	55~65세	65~74세	75세 이상
남	31.7	31.0	32.6	31.0	31.2	29.0	26.7
여	30.3	31.7	32.8	31.4	31.3	28.8	27.1

그림 9-8
/커/ 교대운동속도 과제에서 정상 성인의 수행력 규준
전 연령대에 걸쳐서 남자의 수행력과 여자의 수행력이 비슷하다.
출처: 김부영(2008), 천사라(2008).

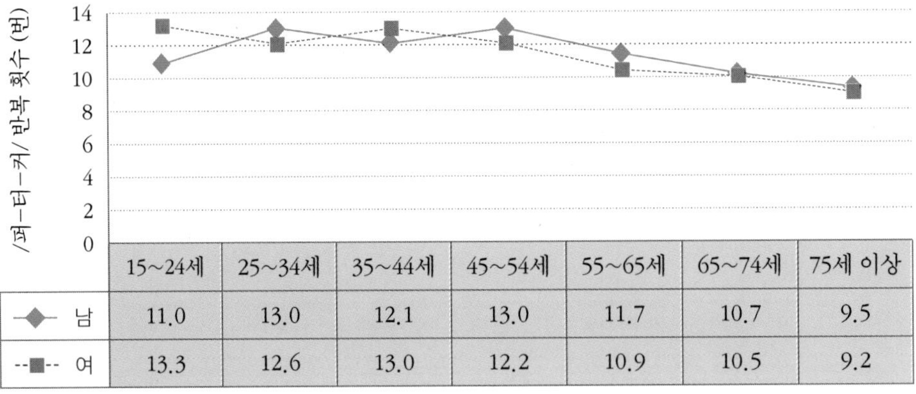

	15~24세	25~34세	35~44세	45~54세	55~65세	65~74세	75세 이상
남	11.0	13.0	12.1	13.0	11.7	10.7	9.5
여	13.3	12.6	13.0	12.2	10.9	10.5	9.2

그림 9-9
/퍼-터-커/ 일련 운동속도 과제에서 정상 성인의 수행력 규준
출처: 김부영(2008), 천사라(2008).

④ 문맥발화 과제

문맥발화Contextual speech 과제는 표준문단 읽기, 대화, 그림 설명, 문장 읽기 등이 포함된다.

표준문단 읽기 표준문단standardized passage이란 한글의 자음과 모음이 출현 빈도에 맞추어 포함되어 있는 문단이다. 영어권에서는 '무지개 문단rainbow passage'과 '할아버지 문단grandfather passage'이 가장 많이 사용된다. 우리나라에서는 '가을 문단'(김향희, 1996)이 널리 쓰이며, 최근에는 비교적 짧은 길이의 '여행 문단'(김향희)이 개발되었다. '가을 문단'(〈표 9-4〉)은 총 373음절이며, '여행 문단'(〈표 9-5〉)은 총 159음절로 구성되어 있다.

표 9-4 표준문단 '가을'

가을

우리나라의 가을은 참으로 아름답다. 무엇보다도 산에 오를 땐 더욱더 그 빼어난 아름다움이 느껴진다. 쓰다듬어진 듯한 완만함과 깎아놓은 듯한 뾰족함이 어우러진 산등성이를 따라 오르다 보면, 절로 감탄을 금할 수가 없게 된다. 붉은색, 푸른색, 노란색 등의 여러 가지 색깔들이 어우러져, 타는 듯한 감동을 주며 나아가 신비롭기까지 하다. 숲 속에 누워서 하늘을 바라보라. 쌍쌍이 짝지어져 있는 듯한 흰 구름, 높고 파란 하늘을 쳐다보고 있노라면 과연 예부터 가을을 천고마비의 계절이라 일컫는 이유를 알게 될 것만 같다. 가을에는 또한 오곡백과 등 먹거리가 풍성하기 때문에 결실의 계절이라고도 한다. 햅쌀, 밤, 호두뿐만 아니라 대추, 여러 가지 떡, 크고 작은 과일들을 맛볼 수 있는데, 가을의 대표적인 명절인 추석에 우리는 이것들을 쌓아놓고 조상님들께 차례를 지내기도 한다. 또한 가을은 독서의 계절이라고도 하여 책을 읽으며 시시때때로 명상에 잠기기도 하는데, 독서는 우리에게 마음을 살찌우고 아름답게 하는 힘을 주기 때문이다.

표 9-5 표준문단 '여행'

여행

일상이 문득 너무 무덤덤할 땐, 여행 같은 특효약이 또 있을까. 갑갑하고 빡빡한 생활의 흔적을 잊고 떠나자. 몸도 마음도, 자신감 충만한 느낌이 가득해질 것이다. 지도 따라 자전거로, 쌍쌍이 전국일주를 해보자. 캔 커피를 듬뿍 챙겨, 자동차로 신나게 달려보자. 교외 고속도로를 쭉 달리면서, 샘솟는 해방감 만끽해 보자. 그러나 참여행의 백미는 맛난 계란을 야금야금 까먹는, 멋이 좋은 기차 여행이 아닐까.

표준문단 읽기 과제에서는 문단을 읽게 한 후에 조음, 음도, 음량뿐만 아니라 특히 말 명료도, 말속도, 말의 자연스러움naturalness 등을 알아보는 데 유용하다. 또한 문단을 읽으면서 어디서 끊어서 말하는지, 구문 경계syntactic boundary에서 적절하게 끊어서 읽는지 등을 파악하기도 한다. 보편적으로 영어에서는 한 숨breath 당 15~20음절 정도를 구사한다고 알려져 있다.

표준문단을 읽게 하여 말속도를 측정할 수 있는데, 말속도는 통상적으로 분당 음절수나 초당 음절수로 나타낸다. 우리나라 정상 성인을 대상으로 '가을' 표준문단을 읽는 과제에 대한 분당 음절수 수행력은 [그림 9-10], 초당 음절수는 [그림 9-11]에 제시하였다.

말의 빠르기는 '말속도'와 '조음속도'로 구분되기도 한다. 말속도는 조음과 쉼에 걸린 전체 시간을 모두 포함하여 계산하는 반면, 조음속도는 전체 시간에서 쉼을 제외하고 조음 자체에 걸린 시간만을 측정한다.

표준문단은 부하 테스트에도 활용되는데, 부하 테스트stress testing란 긴 문단을 쉬지 않고 끊임없이 읽게 하여 피로 효과fatigue effect가 말 수행에 미치는 영향을 관찰하려는 절차이다. 부하 테스트를 통하여 중증 근무력증myasthenia gravis과 같이 운동 후에 근육이 쉽게 피로해지고 탈력 상태에 빠지는 질환을 감별해 낼 수 있다.

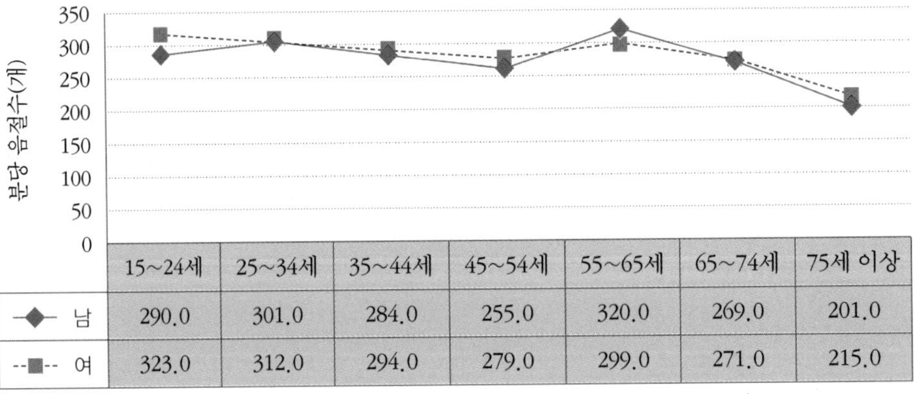

	15~24세	25~34세	35~44세	45~54세	55~65세	65~74세	75세 이상
남	290.0	301.0	284.0	255.0	320.0	269.0	201.0
여	323.0	312.0	294.0	279.0	299.0	271.0	215.0

그림 9-10
정상 성인의 표준 문단 '가을' 읽기 과제의 분당 음절수 수행력
출처: 김부영(2008), 천사라(2008).

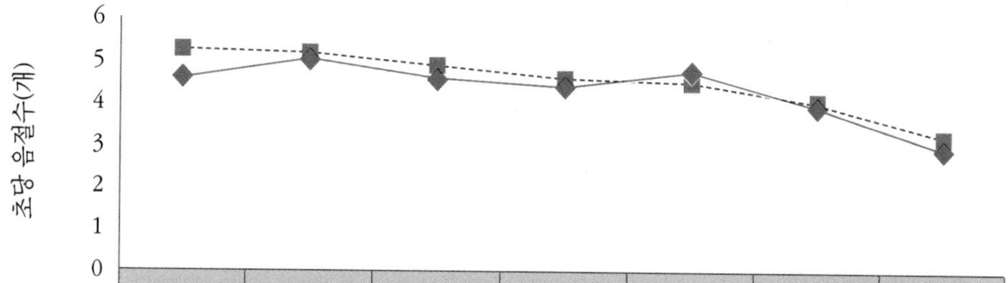

	15~24세	25~34세	35~44세	45~54세	55~65세	65~74세	75세 이상
남	4.84	5.02	4.77	4.24	4.84	3.96	2.98
여	5.38	5.19	4.89	4.63	4.44	4.03	3.19

그림 9-11
정상 성인의 표준 문단 '가을' 읽기 과제의 초당 음절수 수행력
출처: 김부영(2008), 천사라(2008).

대화 환자와의 대화를 통하여 자연스러운 발화를 이끌어 낸다. 대화의 주제로는 환자의 가족관계, 직업, 취미 등과 같은 일상적인 내용으로 이야기를 이끌어 내거나 환자가 자신의 병에 대해 설명(발병 시기, 진전 상태, 병의 상태에 대해 느끼는 감정 등)하게 한다.

그림 설명 실어증 검사도구에 삽입된 그림(예: '해변가', '도로')이나 연속 컷 그림, 혹은 잘 알려진 이야기(예: '홍부와 놀부')의 그림 등을 제시하고 설명을 하도록 한다. 그림 설명하기 과제를 사용한 정상 성인의 말속도 연구에 의하면, 18~65세 성인의 분당 음절수는 208개, 21~86세의 성인의 초당 음절수는 4.82개였다.

문장 읽기 문장 읽기를 통하여, 호흡 체계, 발성 체계, 공명 체계, 조음 체계 등의 모든 하위 체계의 기능을 알아볼 수 있다. 또한 말속도와 운율이 정상적인지를 가늠할 수 있다. 전반적으로 말의 명료도와 자연스러움 등을 파악하기도 한다.

⑤ 띄어읽기 과제

띄어읽기 과제에서는 대상자가 발화에서 쉼을 적절히 배분하여 말산출을 할 수 있는 '운율' 기능을 제대로 수행하는지를 확인할 수 있다. 예컨대, '노란색// 연필이야'와 '노란// 색연필이야'를 대조적으로 읽도록 한다(김향희, 출판 중). 대상자가 어절 간에 띄어읽기를 제대로 잘하는지 관찰하되, 너무 과장되게 읽지 않도록 한다. 문맹인 경우 혹은 필요시, 검사자는 대상자에게 따라 말하도록 한다. 비정상적으로 빠르게 발화를 하는 환자는 적절한 쉼 기능을 수행하지 못하기 때문에 유용하게 활용될 수 있는 과제이다.

⑥ 강세대조 과제

우리말에서는 어휘 내 강세는 변별적 역할을 거의 하지 않으나 문장의 끝을 올려주는가에 따라 평서문이나 의문문으로 구분될 수 있다. 문장이나 구 내에서 각 단어에 강세를 달리 내어 보게 하는 과제를 통해 운율 평가가 가능하다.

(2) 말 평가 요소

앞서 여러 가지 과제를 통하여 알아볼 수 있는 말산출 하위 체계의 기능을 살펴보았다. 〈표 9-6〉은 메이요 클리닉에서 제안한 청지각적 말 평가 요소뿐만 아니라 마비말장애 환자들의 말을 묘사하는 데 사용될 수 있는 추가적인 용어를 정리해 놓았다. 청지각적 평가의 틀을 마련한 DAB는 임상에서 수집된 환자 자료를 병인에 따라 7개의 군으로 분류한 뒤에 각 하위 집단의 특성을 반영하는 병리적인 말 특성을 조사하였다. 다음에 언급된 각 용어들은 마비말장애의 하위 유형에서 관찰되는 말 특성들을 반영하고 있어 말장애를 구분하고 평가할 때에 유용하게 사용된다. 마비말장애를 공부하는 학생들과 치료사들은 다음의 용어들에 친숙해져야 한다. 왜냐하면 범주별 청지각적 요소들이 의미하는 내용은 앞으로 언급될 마비말장애의 평가와 치료를 위한 기본이기 때문이다.

먼저, 호흡 범주에서는 노력성 호흡, 가청 흡기, 호기말 킁킁소리, 흡기 천명음과 같은 청지각적 특색을 포함하였다. 각각의 뜻은 〈표 9-6〉에 상세히 설명되어 있다. 발성 범주는 음도, 음량, 음질로 나누었다. 음도에서는 음도 수준, 음도 일탈, 단음도, 음성 떨림, 이중음도, 빠른 음성 떨림, 느린 음성 떨림 등을 포함한다. 음량에서는 단강도, 과다 강도 변이, 강도 쇠퇴, 교차 강도, 전반적 강도 등을 살펴본다. 음질에서는 거친 음성, 목쉰 음성, 계속적 기식 음성, 일시적 기식 음성, 음성 끊김, 음성틱 등이 있는

표 9-6 메이요 클리닉에서 제안한 마비말장애의 청지각적 평가 요소

호흡		청지각적 요소	의미
발성	음도	1. 노력성 호흡(forced inspiration–expiration)	1. 말하는 도중, 갑작스럽게 숨을 들이쉬거나 내쉬는 현상이 관찰되는가?
		2. 가청 흡기(audible inspiration)	2. 숨을 들이쉴 때 소리가 나는가?
		3. 호기말 큥큥소리(grunt at end of expiration)	3. 숨을 내쉬는 끝 무렵에 큥큥소리가 나는가?
		4. 흡기 천명음(inhalatory stridor)	4. (위의 '가청 흡기'와 비슷하나) 숨을 들이쉴 때 성대의 접촉과 진동으로 인하여 거친 소리가 나는가?
	음량	1. 음도 수준(pitch level)	1. 음성 높이가 나이/성별에 적당한가?
		2. 음도 일탈(pitch breaks)	2. 음성 높이가 갑작스럽게 조절되지 않은 변화를 보이는가?
		3. 단음도(monopitch)	3. 음성 높이가 변화 없이 너무 단조로운가?
		4. 음성 떨림(voice tremor)	4. 음성이 떨리는가?
		5. 이중음도(diplophonia)	5. 두 가지 음도의 음성이 들리는가?
		6. 빠른 음성 떨림(flutter)	6. 빠르고 비교적 낮은 강도의 음성 떨림(7~12Hz)이 관찰되는가?
		7. 느린 음성 떨림(간대성 근경련, myoclonus)	7. 1~4Hz 사이의 규칙적인 beats가 관찰되며, 이로 인하며 모음연장 과제상에서 음정이 끊기기도 하는가?
	음량	1. 단음량(monoloudness)	1. 음성 크기가 변화 없이 너무 단조로운가?
		2. 과다 음량 변이(excess loudness variation)	2. 음성 크기가 갑작스럽게 조절되지 않은 심한 변화를 보이는가?
		3. 음량 쇠퇴(loudness decay)	3. 음성 크기가 점차적으로 줄어드는가?
		4. 교차 음량(alternating loudness)	4. 음성 크기가 컸다 작았다 하는가?
		5. 전반적 음량(loudness level, overall)	5. 전반적인 음성 크기는 어떤가?
	음질	1. 거친 음성(harsh voice)	1. 음성이 거친가?
		2. 목쉰 음성(hoarse (wet) voice)	2. 음성이 젖은 듯하고 쉰 듯한가?
		3. 계속적 기식 음성(breathy voice, continuous)	3. 음성이 계속적으로 바람 새는 듯하고, 약하며, 가는가?
		4. 일시적 기식 음성(breathy voice, transient)	4. 음성의 새는 듯한 현상이 일시적이며, 주기적이며, 간헐적인가?
		5. 쥐어짜는 음성 (strained–strangled voice)	5. 음성이 쥐어짜는 듯한가?
		6. 음성 끊김(voice stoppages)	6. 음성이 갑작스럽게 멈추는 현상이 관찰되는가?
		7. 음성틱(simple vocal tics)	7. 음성에서 반복적이고 빠른 불수의적 소음이나 소리가 들리는가?
공명		1. 과다비성(hypernasality)	1. 비정상적으로 과다한 비성이 들리는가?
		2. 과소비성(hyponasality)	2. 비정상적으로 적은 비성이 들리는가?
		3. 비강누출(nasal emission)	3. 말할 때에 코에서 콧김이 나오는가?

조음 및 말 명료도	1. 부정확한 자음(imprecise consonants)	1. 자음이 부정확한가?
	2. 약한 파열음(weak pressure consonants)	2. 자음이 약하게 조음되는가?
	3. 음소 연장(prolonged phonemes)	3. 음소를 늘려서 조음하는가?
	4. 음소 반복(repeated phonemes)	4. 음소를 반복하는가?
	5. 불규칙적 조음 붕괴(irregular articulatory breakdowns)	5. 불규칙적으로 조음의 정확성이 무너지는가?
	6. 모음 왜곡(distorted vowels)	6. 모음이 왜곡되는가?
	7. 동어반복증(palilalia)	7. 단어, 구, 문장 등이 반복되고, 말속도가 증가하며, 목소리 크기가 감소하는가?
	8. 명료도(intelligibility, overall)	8. 명료도(전반적)
	9. 기괴한 말(bizarreness, overall)	9. 말의 이상함, 기묘함 또는 해괴한 특성 때문에 주의를 끄는가?
운율	1. 말속도(rate)	1. 말속도는 정상인가?
	2. 짧은 구(phrases short)	2. 구가 짧은가?
	3. 분절 내 속도 증가(increase of rate in segments)	3. 연결된 발화의 분절 내에서 말속도가 점진적으로 증가하는가?
	4. 전반적 속도 증가(increase of rate overall)	4. 발화의 처음부터 끝에 이르면서 점진적으로 빨라지는가?
	5. 강세 저하(reduced stress)	5. 강세나 강조 패턴이 감소되었는가?
	6. 속도 변이(variable rate)	6. 발화내, 발화간 속도가 달라지는가?
	7. 늘어진 간격(intervals prolonged)	7. 단어간 또는 음절간의 간격이 늘어지는가?
	8. 부적절한 쉼(inappropriate silences)	8. 부적절한 쉼을 쉬는가?
	9. 짧은 말뭉침(short rushes of speech)	9. 휴지에 의해 분리되는 짧고 빠른 말뭉침이 있는가?
	10. 과균등강세(excess and equal stress)	10. 비강세 음절이나 말에 과도한 강세가 있는가?

Darley, Aronson, & Brown (1969a, 1969b, 1975)의 연구 및 Duffy (2013)에서 발췌, 정리됨.

지 여부를 평가한다. 공명 범주에서는 과다비성, 과소비성, 비강누출 등을 판단한다. 조음 및 말 명료도 범주에서는 부정확한 조음, 약한 파열음, 음소 연장, 음소 반복, 불규칙적 조음 붕괴, 모음 왜곡, 동어반복증, 명료도, 기괴한 말 등을 평가한다. 말속도 및 운율 범주에서는 말속도, 교대운동속도와 일련운동속도 과제에서의 반복 속도 및 규칙성을 판단하고, 짧은 구, 분절 내 속도 증가, 전반적 속도 증가, 강세 저하, 속도 변이, 늘어진 간격, 부적절한 쉼, 짧은 말뭉침, 과균등 강세 등을 평가한다. 마지막으로 외언증 여부를 판단하게 되는데, 외언증은 욕이나 외설스런 말을 하는 증상으로서 복합 음성틱complex vocal tics에 해당하며 투렛 증후군Tourette syndrome에서 관찰된다.

이 밖에도 말소리에서 기름이 끓을 때와 같은 잡음이 들리는 음성 끓음vocal fry, 말소리의 크기가 작으면서도 단조로운 느낌을 주는 발성 부전hypophonia, 음소 및 음절의 반복, 연장, 막힘의 증상을 보이는 신경말더듬neurogenic stuttering, 타인의 말을 강박적으로 앵무새처럼 따라 말하는 반향어echolalia, 말을 산출하지 않는 신경학적 함구증neurogenic mutism, 의문문, 서술문, 명령문 및 말하는 사람의 감정이 적절히 표현되지 못하는 운율장애aprosodia 등이 관찰되는지 여부를 확인한다.

4) 평가 척도

환자의 발화를 듣고 말장애의 중증도를 판정할 때에 평정 척도법rating scale method을 사용하게 된다. 평정 척도법에는 등간 척도법, 직접 크기 추정법, 백분율 등이 있다. 등간 척도법equal interval rating scale은 평가 척도 중에 가장 널리 사용되는 방법으로서 청자가 말 샘플을 듣고 중증도에 부여된 숫자를 고르는 방법이다. 예컨대, 모음 연장 과제를 통한 최대발성 지속 시간MPT 결과를 해석할 때, 0~4 사이의 다섯 숫자에 각각 해당하는 '0=정상, 1=경미하게 짧음, 2=중간 정도로 짧음, 3=아주 짧음, 4=전혀 소리를 못 냄'과 같은 척도를 이용하게 된다. 이 척도에서는 '4'값이 가장 정상치에서 벗어난 상태를 의미한다. 이때 등간 척도법에 활용되는 숫자 간격으로는 5점, 7점, 9점 등의 홀수 척도가 많은데, 이는 중앙값(예: 0~4의 5점 척도의 경우는 '2')을 지정하기 수월하기 때문이다. 홀수 척도 중에서 가장 많이 사용되는 것이 5점 척도인데, 점수들 간의 범위가 너무 좁으면 손상 정도를 세밀하게 평가할 수 없고, 너무 넓으면 검사자 내 혹은 검사자 간 일치도를 적정선에서 유지하기 힘들어, 5점 척도가 가장 적당하기 때문이다. 또한 의료기관에서 운동 또는 감각능력을 측정할 때에 주로 사용하는 척도 역시 5점 척도로 익숙한 척도이므로 사용의 효율성이 유지된다. 단지 공통적인 요인(예: 공명 정도, 말속도)에 대한 측정이되, 양의 의미와 음의 의미를 모두 반영할 수 있는 경우에는 정상치수인 '0'을 기준으로 적거나 많음(예: 과소비성과 과다비성, 느린 말속도와 빠른 말속도)을 표시할 수 있다.

Stevens에 의한 직접 크기 추정법direct magnitude estimation: DME은 관찰자에게 중간 정도의 강도를 가진 자극을 계수modulus로 제시하며 그 자극에 특정값(예: 10)을 부여한다. 연이어 비교자극을 제시하여 계수와의 상대적 값(예: 6, 8)을 할당하게 하는 방법이다. 백분율은 100%나 95~100%를 정상으로 보고, 장애 정도를 산정하는 방법이다.

4. 마비말장애 유형 분류

마비말장애의 유형 분류 체계로서 가장 광범위하게 쓰이는 것은 1969년에 미국 메이요 클리닉$_{\text{Mayo Clinic}}$의 Darly, Aronson & Brown(이하, "DAB")에 의해 발표된 여섯 가지 유형 체계이다. 실제적으로 1969년까지는 마비말장애가 한 유형의 장애로 생각되었고, 정확하게 어떻게 신경학적으로 연관이 되는지 그 임상적 특색을 알지 못했다. 메이요 클리닉의 유형 분류 체계는 귀로 들리는 말장애가 말장애를 일으킨 특정 신경계 질환과 서로 연관될 수 있다는 전제하에 만들어졌다. 이 체계는 관찰자 간 혹은 관찰자 내 신뢰도가 그다지 높지 않다는 일부 연구 결과에도 불구하고 전 세계에 걸쳐 많은 임상가나 치료사에 의해 사용되고 있다.

1) 메이요 클리닉의 유형 분류

DAB는 1969년에 발표한 두 편의 논문을 통하여 마비말장애의 각 유형에서 나타나는 말산출의 특색을 정리하여 보고하였다. DAB에 의하면 말산출 문제는 임상적으로 구별할 수 있는 독특한 청지각적 특성을 보이기 때문에, 그러한 특성들에 의거하여 마비말장애의 유형을 정확히 진단함으로써 신경계 질환이나 병소 위치를 밝히는 데 도움이 된다고 하였다. 1975년에는 그러한 내용을 단행본으로 엮어 『Motor Speech Disorders』라는 책을 출판하였다([그림 9-12] 참조).

그림 9-12
Darley, Aronson & Brown(1975)의 『Motor Speech Disorders』
Darley, Aronson과 Brown은 1969년에 Journal of Speech and Language Research에 기재한 두 편의 연이은 논문에서 마비말장애의 여섯 가지 유형 및 특색에 대한 소개를 하였다. 뒤이어 1975년에 말운동장애 내용을 집대성한 책을 편찬하였다.

마비말장애 유형으로 경직형$_{\text{spastic}}$, 이완형$_{\text{flaccid}}$, 운동감소형$_{\text{hypokinetic}}$, 운동과다형$_{\text{hyperkinetic}}$, 실조형$_{\text{ataxic}}$의 기본적인 다섯 가지 유형을 비롯하여 혼합형$_{\text{mixed}}$을 포함한 총 여섯 가지 유형을 소개하였다. 그 후, 1985년 Duffy([그림 9-13] 참조)

에 의하여 편측 상부 운동신경세포형unilateral aupper motor neuron: UUMN이 추가된 후, 현재 총 일곱 가지 유형의 분류로 알려져 널리 사용되고 있다. 이 중에서 편측 상부 운동신경세포형의 경우에만 해부학적 용어를 유형 분류 체계에 적용하여 명명하였고, 나머지 유형들은 모두 운동장애의 특징에 의거하여 분류된 유형들이다.

그림 9-13
메이요 클리닉의 Duffy박사
(본인의 허가하에 사진 게재됨)

1987~1990년과 1993~2001년 사이에 집계된 메이요 클리닉의 통계에 의하면 총 6,101개의 말운동장애 사례 중에서 말실행증(8%)을 제외하고 혼합형(27%)이 가장 흔하게 관찰되었다. 그다음으로는 운동과다형(18%)과 실조형(10%)이 이어졌으며, 이완형 (8%), 경직형(8%), 운동감소형 (8%) 등이 같은 비율을 보였다.

일곱 가지 유형의 마비말장애는 병태생리학적 원인이 서로 다르다. 손상 부위의 해부학적 위치에 따라 유형들을 간단하게 정리해 보자(〈표 9-7〉 참조). 먼저, 상부 운동신경세포가 손상되면 편측 상부 운동신경세포형 마비말장애나 경직형 마비말장애가 올 수 있다. 전자는 글자 그대로 한쪽 뇌의 상부 운동신경세포가 손상되는 경우이며, 경직형은 양쪽 상부 운동신경세포의 손상으로 생긴다. 반면에 이완형은 하부 운동신경세포가 좌·우뇌 한쪽 혹은 양쪽 모두에서 손상을 보였을 때에 관찰된다. 운동감소형과 운동과다형은 추체외로의 손상으로 나타나고, 실조형은 소뇌

표 9-7 병태생리학적 원인에 따른 마비말장애 유형

병소 단계	병소 부위	마비말장애 유형
상부 운동신경세포/추체로	좌뇌 혹은 우뇌의 상부 운동신경세포	편측 상부 운동신경세포형
	좌·우뇌의 상부 운동신경세포	경직형
추체외로	기저핵과 연관회로	운동감소형
	기저핵과 연관회로	운동과다형
소뇌	소뇌 및 소뇌와 연결된 회로	실조형
하부 운동신경세포	한쪽 혹은 양쪽의 하위 운동신경세포 및 근육의 손상	이완형
두 군데 이상의 병소 단계		혼합형

나 소뇌연관 운동회로가 손상되면 보인다. 한편, 혼합형은 두 가지 이상의 마비말장애 유형을 유발하는 여러 병소에 기인하여 생긴다.

그런데 이처럼 마비말장애의 원인 질환은 한 가지 마비말장애에 특정적이거나 여러 마비말장애에 거쳐 공통적으로 연관될 수 있다. 예컨대, 편측 상부 운동신경세포형이나 경직형은 뇌졸중과 같은 혈관성 질환뿐만 아니라 외상성 뇌손상으로도 생길 수 있다. 운동감소형은 특발성 파킨슨병뿐만 아니라 뇌졸중, 외상성 뇌손상 등

표 9-8 마비말장애의 각 하위 유형에 따른 병인별 비율(1969~1990년 및 1999~2000년 메이요 클리닉을 내원한 환자 통계 자료)

<table>
<tr><th></th><th>편측 상부 운동신경세포형</th><th>경직형</th><th>이완형</th><th>운동감소형</th><th>운동과다형</th><th>실조형</th><th>혼합형</th></tr>
<tr><td rowspan="10">병인</td><td>혈관성 (90%)</td><td>퇴행성 (40%)</td><td>외상성 (32%)</td><td>퇴행성 (78%)</td><td>원인 불명 (67%)</td><td>퇴행성 (35%)</td><td>퇴행성 (66%)</td></tr>
<tr><td>외상성 (4%)</td><td>혈관성 (29%)</td><td>수술적 (28%)</td><td>혈관성 (9%)</td><td>독성/대사 (12%)</td><td>탈수초 (17%)</td><td>혈관성 (11%)</td></tr>
<tr><td>종양 (4%)</td><td>외상성 (10%)</td><td>원인 불명 (25%)</td><td>복합적 (4%)</td><td>퇴행성 (9%)</td><td>원인 불명 (15%)</td><td>외상성 (5%)</td></tr>
<tr><td rowspan="7">복합적, 기타 (각각 3% 이하)</td><td>원인 불명 (10%)</td><td>퇴행성 (13%)</td><td>원인 불명 (4%)</td><td>기타 (6%)</td><td>혈관성 (13%)</td><td>복합적 (5%)</td></tr>
<tr><td>탈수초 (4%)</td><td>근육병 (8%)</td><td rowspan="6">독성/대사, 외상성, 감염성, 기타 (각각 3% 이하)</td><td rowspan="6">복합적, 혈관성, 외상성, 감염성(각각 3% 이하)</td><td>외상성 (5%)</td><td>탈수초 (4%)</td></tr>
<tr><td rowspan="5">종양, 복합적, 염증, 감염성 (각각 3% 이하)</td><td>중증 근무력증 (6%)</td><td>독성/대사 (5%)</td><td rowspan="5">종양(4%)</td></tr>
<tr><td>종양 (5%)</td><td>염증 (4%)</td></tr>
<tr><td>비외과적 (4%)</td><td rowspan="3">종양, 복합적, 기타 (각각 3% 이하)</td></tr>
<tr><td>혈관성 (4%)</td></tr>
<tr><td>감염성, 기형, 탈수초, 기타 (각각 3% 이하)</td></tr>
</table>

출처: Duffy JR (2013). *Motor speech disorders: Substrates, differential diagnosis, and management* (3rd ed.). St. Louis, MO: Elsevier Inc.

과 같은 여러 가지의 원인 질환에 기인한다. 운동감소형, 운동과다형, 실조형은 파킨슨병, 헌팅턴병, 소뇌 위축증 등과 같은 '운동장애movement disorder' 범주에 속하는 신경계 질환들과 연관 지어 생각해 볼 수 있다.

각 유형에 대하여 상세히 살펴보기 전에 유의할 점으로는 각 유형에서 관찰되는 특색들이 하나도 빠짐없이 각 유형에 속한 모든 환자에게서 관찰되지 않을 수 있다는 것이다. 또한 동일한 환자라도 상황에 따라 특색이 다르게 관찰되기도 한다. 예컨대, 집에서와 임상 상황에서 다른 말 특색을 보일 수 있고, 약 복용의 일정에 따라 달라질 수 있다는 것을 염두에 두어야 한다. 이 밖에도 서로 다른 유형의 환자들이 비슷한 특색을 보일 수도 있다.

(1) 편측 상부 운동신경세포형

① 신경 병태생리학적 특성

상부 운동신경세포의 손상이 한쪽(좌측 혹은 우측) 뇌반구에 국한되는지 혹은 양쪽 뇌반구에 걸쳐져 생겼는지에 따라 마비말장애 유형이 편측 상부 운동신경세포형 혹은 경직형으로 나뉜다. 편측 상부 운동신경세포형unilateral upper motor neuron: UUMN type은 피질에서 말을 담당하는 운동영역이나 그로부터 뻗어 나온 피질뇌간로에 손상이 있을 때에 생긴다. 뇌손상은 양쪽 뇌보다는 한쪽 뇌에서 발생하는 경우가 빈번하므로 편측 상부 운동신경세포형은 비교적 흔하게 관찰되는 유형이다.

> **잠깐!**
>
> **반마비, 반불완전마비, 마비**
>
> 반마비[편마비]hermiplegia는 몸의 한쪽이 마비된 상태로서 수의적 운동을 지배하는 추체로의 손상으로 발생한다. 반불완전마비hemiparesis는 몸의 한쪽 기능이 완전히 상실되지 않고 약간 또는 부분적으로 약화된 상태의 마비를 말한다. 마비paralysis/palsy는 신경이나 근육의 형태에 변화 없이 기능이 저하된 상태로서, 감각이 없어지고 움직일 수 없는 상태를 말한다. 마비는 신경계 이상, 전해질 이상 또는 해당 근육의 마비로 발생한다.

편측 상부 운동신경세포형의 가장 주요한 원인은 편측 뇌혈관 질환(예: 뇌졸중)이다. 편측 상부 운동신경세포가 손상되면 안면마비, 혀 약화, 사지 약화나 마비, 감각소실 등을 초래한다.

그러나 드물기는 하나 일부 환자들은 사지의 신경장애를 보이지 않은 채 안면이나 혀의 약화만을 동반한 마비말장애를 보이거나 혹은 아무런 다른 증상 없이 말장애만을 보이기도 한다. 이러한 말장애를 지칭하여 순수 마비말장애pure dysarthria라고 잠깐!

코 아래의 안면근육!

안면근육 중 코 아래의 근육들은 반대편 뇌 반구에서 신경 신호를 받는다.

한다. 이처럼 신체의 마비 없이 말장애만을 보이는 경우에는 마비말장애가 감별진단에 중요한 요인이 된다.

편측 상부 운동신경세포형의 말장애 증상은 비교적 일시적이며 경미한 편이다. 왜냐하면 대부분의 말산출 근육은 양쪽 뇌 반구에서 신경 신호를 전달받으므로 한쪽 뇌반구의 손상만으로는 심하거나 지속적인 말장애를 유발하지 않기 때문이다.

② 시각적 특성

편측 상부 운동신경세포가 손상되면 뇌손상 반구의 반대쪽 편측 사지 약화나 안면마비가 관찰될 수 있으며, 편측의 감각소실을 호소할 수도 있다. 혀를 내밀었을 때에 혀가 한쪽으로 약간 기울 수도 있다.

③ 청지각적 특성

근육의 약화 증상, 즉 약증weakness으로 인하여 불규칙한 조음장애가 경미하게 나타난다. 간헐적인 공명장애가 관찰되기도 한다. 음질이 약간 거칠 수 있으며 음량은 작은 편이다. 말속도는 느린 편이나, 말 명료도는 전반적으로 좋은 편이다. 예후에 대해서는 정확하게 알려지지 않았다. 다른 마비말장애 유형과 감별할 수 있는 청지각적 특성으로는 과다비성, 비강누출, 지속적 기식 음성, 가청 흡기 등이다.

④ 음향-생리학적 특성

한쪽 뇌반구의 손상으로 발생하는 편측 상부 운동신경세포형은 호흡 근육에 그다지 부정적인 영향을 주지 않아 일반적으로 호흡 문제는 두드러지지 않는다. 그러나 한쪽 성대가 약화됨으로써 성대가 비대칭적으로 움직여서 주파수 변동률(즉, 지터jitter)과 강도 변동률(즉, 쉼머shimmer)이 다소 증가할 수 있다. 그런데 성문에서의 호기glottal airflow와 후두 저항laryngeal airway resistance은 감소하거나 증가하는 다양한 상태를 보인다. 과다비성이 간헐적으로 관찰될 수 있다. 말속도와 교대운동속도는 감소하나 음절 또는 음절 간 쉼의 길이는 정상보다 증가한다.

(2) 경직형

① 신경 병태생리학적 특성

양쪽 뇌, 즉 양측 상부 운동신경세포가 손상되면 경직spasticity이 생긴다. 강직은 근육 긴장을 뜻한다. 상부 운동신경세포에 포함되는 부위는 피질, 내포, 뇌간 등을 포함한 추체로이다. 원인으로는 다발성 뇌졸중, 외상성 뇌손상, 뇌종양, 뇌성마비 등을 들 수 있다. 약 1/3 정도의 외상성 뇌손상 환자들이 마비말장애를 보이는데, 가장 많이 보이는 유형이 경직형spastic type이다.

잠깐!

경직과 경축!

경직spasticity은 상부 운동신경세포의 손상으로 인하여 뇌로부터의 하행 억제 조절이 제대로 일어나지 않아 수동적으로 근육을 신장(폄)시킬 때에 근육 수축이 과도하게 일어나는 현상이다. 경축rigidity은 추체외로의 손상으로 인하여 근육이 이완되지 않고 계속적으로 똑같은 정도의 저항감이 지속되는 뻣뻣한 현상이다. 근 경축이 있는 관절을 억지로 펴려고 하면 마치 톱니바퀴가 돌아가는 것처럼 조금씩 단계적으로 펴지므로 이를 톱니바퀴 경축cogwheel rigidity이라고 한다.

② 시각적 특성

시각적으로 관찰될 수 있는 특성으로는 과긴장hypertonic, 항진된 반사hypereflextion나 느린 움직임 등이 있다. 가성구마비(감정실금)pseudobulbar palsys(affect)의 특징으로 양측 안면 약화나 마비, 침 흘림, 삼킴장애, 울고 웃는 조절의 상실 등이 관찰된다.

③ 청지각적 특성

근육의 약화와 강직이 복합적으로 작용하여 말운동이 느려지고 운동의 힘과 범위가 감소된다. 근육이 강직되면 말산출 하위 체계 모두에 영향을 끼친다. 먼저, 호흡 근육의 강직spasticity으로 인하여 호흡이 짧을 수 있으며 이에 따라 발화를 충분하게 길게 내지 못하고, 음량도 줄어든다. 후두 근육이 강직되고 성대 내전이 과도하게 이루어지면서 쥐어짜는 소리strained-strangled voice나 거친harsh 소리를 낸다. 또한 성대의 움직임이 느려지면서 음도가 전반적으로 떨어지고, 단음도monopitch 및 단음량monoloudness도 관찰된다.

한편, 경직형 마비말장애에서는 이완형에서와 마찬가지로 과다비성이 관찰되기도 한다. 이때 구별할 점은 경직형에서는 과다비성이 일시적transient으로 들리는 데 비하여, 이완형에서는 연속적continuous으로 보인다는 점이다. 경직형이 일시적 과다비성을 보이는 이유는 말산출 기관의 근육의 움직임이 느려서 구강음과 비강음을 산출하기 위한 연인두 통로velopharyngeal port의 개폐가 적시에 이루어지지 않기 때문이다. 이완형의 경우에는 인두근의 이완으로 연인두 폐쇄velopharyngeal closure가 불완전하여 구강음을 산출할 때에 비음이 과도하게 섞인다.

경직형의 조음적 특징은 자음의 조음이 불분명하고 말속도가 느리다는 것인데, AMR이나 SMR 과제에서는 느리고 규칙적인 수행력을 보인다. 다른 유형의 마비말장애 환자들에게서도 느린 말속도가 나타날 수 있지만, 많은 경우 말 명료도를 높이기 위해 의식적으로 (혹은 무의식적으로) 말을 느리게 하는 것이기 때문에, 경직형 마비에 따른 말속도 저하와는 구별하여야 한다.

다른 마비말장애 유형과 감별할 수 있는 청지각적 특성으로는 느리고 쥐어짜는 듯한 거친 음질, 감소된 음도 및 음량의 변이성, 느리나 규칙적인 AMR 수행 등이다.

④ 음향 생리학적 특성

흡기 및 호기의 양뿐만 아니라 폐활량도 감소하여 최대연장발성의 길이가 짧아진다. 배음 대 소음 비율, 호기율, 기본 주파수의 변이 폭이 감소한다. 반면에 주파수 변동률, 강도 변동률, 성문 하압, 성대 저항 등은 증가한다. 비내시경을 통해 느린 연인두 근육의 움직임과 불완전한 연인두 폐쇄가 관찰된다. 말속도가 느려지면서 초당 음절수와 분당 음절수 모두 감소하며, 제2음형대의 전이 기울기transition slope에서 완만함을 보인다. 무성 파열음의 유성음화가 빈번하며, 음절 사이의 음향학적 에너지가 증가하여 조음의 부정확성이 증가한다.

(3) 이완형

① 신경 병태생리학적 특성

이완형flaccid type 마비말장애는 운동 경로 중 최종 공통 경로final common pathway, 즉 하부 운동신경세포lower motor neuron의 핵nucleus, 축삭axon, 신경근육접합부neuromuscular junction(예: 중증 근무력증), 근육 자체(예: 근위축증) 등에 문제가 생겨 야기되는 마비말장애이다. 이 경로의 손상은 호흡, 발성, 공명, 조음 등을 관장하는 근육을 약하게 만든다든지, 마비가 생기게 한다든지, 움직임 자체에 지장을 주게 된다.

그런데 최종 공통 경로상의 손상은 신경계의 병소와 기능장애를 보이는 말초기관이 같은 쪽으로 나타난다. 즉, 왼쪽 신경계의 손상은 입술의 왼쪽 부분을 잘 움직이지 못하게 한다. 이완형 마비말장애의 중증도는 신경계가 어느 정도 손상되었는지에 따라 달라질 수 있다. 예컨대, 편측 신경 손상의 경우에는 경미한 정도의 마비말장애를 보이는 반면, 뇌간 종양 제거술과 같은 양측 신경 손상이나 다발성 신경 손상은 양쪽 말산출 기관에 부정적인 영향을 미치면서 심도의 마비말장애를 유발한다.

그렇다면 말산출에 필요한 근육들의 운동장애는 어떤 말초신경들의 손상으로 인한 것일까? 먼저, 호흡과 관련된 늑간근 부근의 척수신경이나 횡격막신경의 장애가 있는 경우에는 호흡 근력의 약화와 목소리의 음량 저하가 관찰될 수 있다. 공명 및 발성 기능의 경우에는 미주신경, 조음의 경우에는 입술을 움직이는 안면신경, 턱을 움직이는 삼차신경, 혀를 움직이는 설하신경 등에 문제가 있게 된다.

② 시각적 특성

앞서 언급하였듯이 모든 특성이 모든 환자에게서 관찰되는 것은 아닐 수 있다. 이완형의 가장 큰 특징은 '약증weakness'이라고 할 수 있는데, 이는 근육 수축 시에 힘이나 강도가 감소하는 현상이다. 이 밖에도 긴장이 저하된다든지 반사가 감소되는 특징을 보인다. 먼저, 안면의 경우에는 편측 비대칭 현상이 있을 수 있다. 턱과 입 주변에서 속상수축fasciculation 현상이 관찰되며, 코와 입 모서리 사이의 주름이 얕다. 볼의 떨림 현상이 관찰될 수 있으며 구강 내 침이 고인다. 신경 재지배상의 오류로 인하여 눈이나 안면 등에서 근육 연동증synkinesis이 나타난다. 입술 모서리가 처질 수 있으며 입술 오므리기와 뺨 부풀리기 등의 움직임이 감소된다.

턱 약화가 한쪽에서 관찰될 때에는 입을 벌리면 약한 쪽으로 기운다. 양쪽의 턱 약화는 편안하게 입이 벌어진다. 혀는 약한 쪽으로 기울거나(편측의 경우) 내미는 운동 범위가 감소(양측의 경우)된다. 근육의 부분수축이나 위축이 관찰되고 혀의 전면이나 측면의 힘이 저하된다. 구개는 구역반사 검사 시나 '아–아–아' 검사 시에 연구개의 비대칭 현상(즉, 강한 쪽으로 기움)이 관찰되고, 구역반사 기능이 감소될 수 있다. 후두는 약한 기침이 관찰되며 '아~아~아'를 반복하였을 때에 조음 자체가 명료하지 않을 수 있다.

③ 청지각적 특성

이완형 마비말장애에서 충분한 호흡이 뒷받침되지 않는 경우에 단음도monopitch, 단음량monoloudness 등이 나타날 수 있다. 발성 측면의 문제는 미주신경의 손상에 기인한다. 음성에서 지속적인 기식성continuous breathiness, 쉰 목소리hoarseness, 이중음도diplophonia, 성문 협착음stridor 등의 특색이 관찰된다. 또한 기식성으로 인해 한 호기(날숨)에 산출할 수 있는 발화의 길이가 짧아져, 짧은 구로 말하는 경향이 보인다. 성대마비로 인하여 성대 충격glottal coup 과제 시에 음성이 약하게 들린다. 뇌간 손상으로 인한 양쪽 성대마비는 기식 음성 혹은 더 나아가 속삭이는 음성을 유발한다. 과다비성hypernasality이나 비강누출nasal emission 등의 공명장애는 설인신경의 손상에 기인한다. 비강누출을 알아보기 위해서는 환자의 코밑에 손가락을 대어 보거나 비식경을 사용하여 코로 빠져나오는 바람의 유무와 정도를 확인할 수 있다. 조음장애는 혀, 입술 등의 기능장애로 인하여 특정 소리를 산출하는 데 조음 정확도가 감소하거나 말 명료도의 저하를 유발한다.

④ 음향 생리학적 특성

병리적 상태를 보상하기 위하여 정상보다 들숨의 양은 증가하지만 전체적인 폐활량은 감소하고, 호기율은 증가한다. 발성을 담당하는 성대의 움직임이 관찰되지 않거나 불완전하게 성문이 닫히기도 하고 성대 점막의 파동이 증가한다. 주파수의 변화 범위와 강도는 감소하지만 고주파수대에서의 소음은 증가한다. 구개와 인두의 움직임은 감소하거나 관찰되지 않으며, 비강으로 나가는 기류의 양은 증가한다.

(4) 운동감소형

① 신경 병태생리학적 특성

운동감소형hypokinetic type은 기저핵이나 기저핵 제어회로가 손상되면서 생긴다. 이 부위가 손상될 때 관찰되는 증상들을 합하여 파킨슨증parkinsonism이라 하는데, 증상에는 안정 떨림resting tremor, 서동bradykinesia, 운동감소hypokinesia, 경축rigidity, 경직spasticity, 불안정 자세postural instability 등을 들 수 있다. 파킨슨증을 일으키는 질환은 크게 세 범주로 나뉜다(제2장에 자세히 설명되었음). 첫째는 특발성 파킨슨병

idiopathic Parkinson's disease: IPD으로, 그 원인은 알려지지 않았다. 둘째는 이차성 파킨슨병secondary Parkinson's disease으로, 외상성 뇌손상, 뇌염, 뇌수막염 등을 들 수 있다. 셋째는 파킨슨플러스 증후군Parkinson-plus syndrome으로, 앞에서 언급한 파킨슨증 증상 이외에도 똑바로 서 있지 못하는 균형 상실, 성격 변화 등을 보일 수 있다. 파킨슨플러스 증후군을 일으키는 원인 질환에는 다계통 위축증multiple system atrophy: MSD, 진행성 핵상마비progressive supranuclear palsy: PSP, 피질기저핵변성corticobasal degeneration: CBD, 루이(소)체병Lewy body disease 등이 있다.

잠깐!

파킨슨병과 파킨슨증

파킨슨병Parkinson's disease과 파킨슨증parkinsonism은 구별되어야 한다. 파킨슨증은 떨림, 서동 등의 증상을 총칭하는 증상이며, 파킨슨병은 그러한 증상을 보이는 병이다. 파킨슨증은 뇌졸중과 같은 다른 질환을 앓는 환자에게도 관찰된다.

② 시각적 특성

운동감소형 환자들에게서 관찰될 수 있는 시각적 특색으로는 강직되어 있거나 마치 가면을 쓴 듯이 무표정한 얼굴이 눈에 띈다. 자세 또한 경직되어 있고, 가만히 있는 자세에서 떨리는 휴지 시 진전resting tremor이 보인다. 또한 움직이려 할 때에 주저함이나 오류가 관찰되기도 하며, 일단 움직임이 시작되더라도 운동 범위가 좁아져 있으며 느리거나 빠른 반복적 움직임이 보인다. 쓰기에서도 좁은 운동 범위를 나타내면서 소자증micrographia([그림 9-14] 참조)을 보인다.

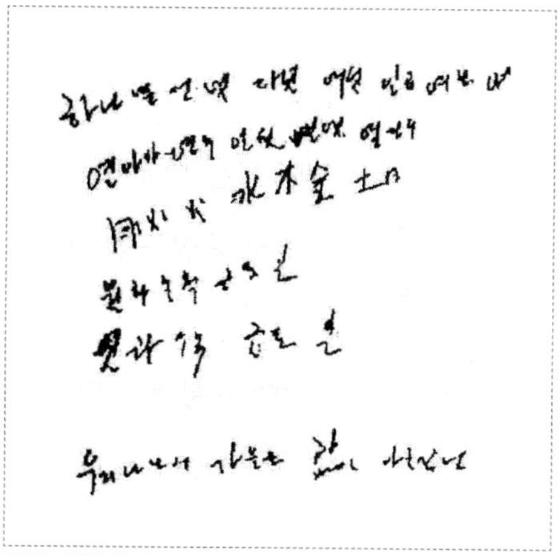

그림 9-14
파킨슨병 환자의 쓰기에서 관찰된 소자증

③ 청지각적 특성

운동감소형은 전반적인 말생성 기관의 경직으로 인하여 호흡, 발성, 조음 등의 여러 말 하위 체계에 영향을 받는다. 호흡 체계에서는 흔히 얕고 불규칙적인 호흡주기로 인하여 발성을 위한 충분한 호흡을 공급하지 못한다.

또한 성대 경축rigidity 및 부전incompetence으로 인하여 발성을 시작하는 데 어려움을 보이며, 일단 시작된 말소리는 음량이 작아서 잘 알아듣지 못하게 되는 발성 부전

잠깐!

양성 증상과 음성 증상

양성 증상positive symptom은 어떤 질환으로 인하여 비정상적으로 나타나는 증상을 말하며, 파킨슨병 환자에게서 관찰되는 '떨림증tremor'이 그 예이다. 음성 증상negative symptom은 질환 때문에 정상적인 기능이 감소되거나 없어지는 상태를 말한다. 파킨슨 환자의 말소리 음량이 작아지는 증상인 '발성 부전hypophonia'이나 얼굴 표정이 없어지는 '가면성 얼굴masked face'은 음성 증상의 예이다.

hypophonia 현상이 관찰되기도 한다. 성대의 불안정성으로 인하여 발화 도중에 부적절한 침묵inpropriate silences이나 음성 떨림(음성 진전)voice tremor, 기식성을 보이고 쉰 듯한 음질이 들린다. 어떤 환자의 경우에게는 성대 휨vocal fold bowing 현상이 관찰되기도 한다.

문장발화에서는 음도나 음량 등의 운율이 둔화되어 상당히 단조로운monotonous 말을 구사한다. 말속도는 비교적 빠른 편으로, 심한 경우에 AMR 과제나 발화에서 음절끼리 서로 뭉쳐서 음절 구분이 모호해지며 조음 명료도와 말 명료도가 상당히 저하되기도 한다.

다른 마비말장애 유형과 감별할 수 있는 청지각적 특성으로는 빠른 말속도, 저하된 운율, 부적절한 쉼 등이며, 마비말장애 유형 중에서 유일하게 빠른 말속도를 보이는 유형이다.

④ 음향-생리학적 특성

비정상적인 호흡은 운동감소형에서 빈번하게 관찰된다. 저하된 폐활량, 호흡에서 감소된 흉곽의 움직임, 호흡근의 약화, 불규칙한 호흡 양상, 증가된 호흡 속도를 보인다. 호흡 문제로 인한 최대연장발성시간의 감소, 모음연장 과제의 기류량의 감소, 한 호흡에 포함되는 음절수의 감소가 동반된다.

발성 변인 중에서 기본 주파수는 운동감소형을 다른 마비말장애와 구분하는 민감한 잣대는 아니나, 일반적으로 높은 주파수로 보고된다. 그러나 강도는 다양한 구어 과제에서 전반적으로 감소되면서 운동감소형의 특징을 반영한다. 문장을 읽거나 최대수행력의 범위를 평가하는 과제에서 기본 주파수와 강도의 변화 폭이 감소된다.

떨림은 운동감소형을 다른 마비말장애군과 감별할 수 있는 특징적 현상은 아니지만 환자에 따라 빈도frequency 또는 강도amplitude에서 이상이 관찰된다. 연구에 따라서는 모뿔연골arytenoid cartilage의 떨림이 보고되기도 했다. 성대진동의 규칙성이 저하되어 비정상으로 증가한 주파수 변동률jitter과 강도 변동률shimmer은 성대 내전과 외전을 통제하는 신경근육조절neuromuscular control의 결함을 반영한다. [그림 9-15]에서

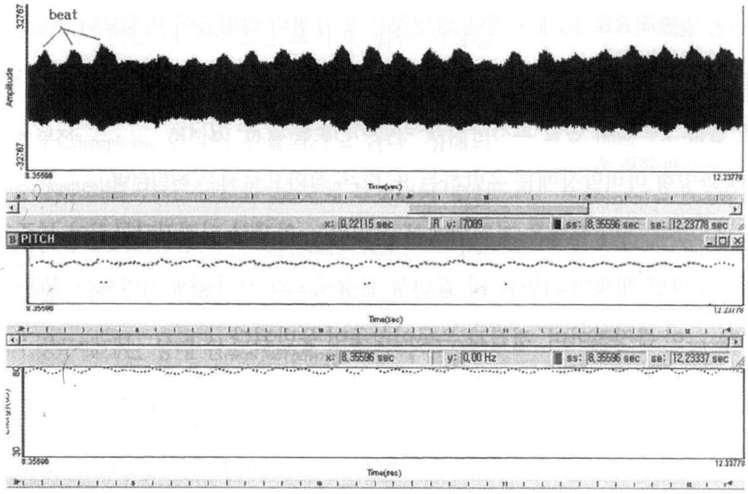

그림 9-15
빠른 음성 떨림증을 보이는 파킨슨병 여자 환자의 /아/발성의 파형, 음도 곡선 및 음량 곡선
4초간의 /아/ 발성이 이루어지는 도중에 총 24번의 떨림 현상(여기서는 'beat'로 표현됨)이 관찰됨으로써 초당 6번, 즉 6Hz beat의 '빠른 음성 떨림증'으로 간주한다.

그 결함의 예로 주파수 및 강도에 문제를 보이는 한 파킨슨병 환자의 음성 파형에서 관찰된 음성 떨림증$_{\text{flutter}}$을 제시하였다.

조음 시에 입술 움직임의 강도 및 범위의 감소, 모음연장에서의 턱 안정성의 저하, 혀 근력의 저하, 말속도의 감소, 제1음형대와 제2음형대의 전이 속도의 감소, 음절 길이의 변이가 감소한다. 반면에 입술 경직의 증가, 휴식 시에 비정상적으로 증가한 혀와 입술의 떨림, 연속 발화와 교대운동속도의 증가, 음절 경계의 불명확, 비성이 증가한다.

(5) 운동과다형

① 신경 병태생리학적 특성

운동과다형$_{\text{hyperkinetic type}}$은 기저핵이나 기저핵 제어회로상의 손상에 기인하여 관찰되는 안면, 구강 구조, 목, 사지상에 갑작스럽고 불수의적이며 목적 없는 움직임을 보이는 유형이다. 운동과다형을 유발하는 원인 질환으로 대표적인 것은 투렛 증후군Tourette syndrome이다. 1885년에 이 병을 처음 보고한 프랑스의 신경과 의사인 투렛George Gilles de la Tourette의 이름을 따서 붙여진 병명으로서 유전적인 경향이 높다. 일반적으로 18세 이전에 발병하는데 남성의 발병률이 여성보다 3~4배 정도 높다. 대표적인 증상으로서는 코나 안면 등의 경련, 얼굴을 찡그리는 현상, 머리 경련, 발을 구르거나 몸을 꼬거나 구부리는 것 등을 들 수 있다.

운동과다형 마비말장애를 유발하는 또 다른 질환으로서는 헌팅턴병Huntington's chorea을 들 수 있다. 헌팅턴병은 기저핵에서 분비하는 억제성 신경전달물질이 부족하여 발생한 도파민 체계의 과반응 및 콜린성 신경세포의 저기능에 기인되는 질환이다. 무도병chorea이 특징적이며, 경축과 운동이상증이 동반된다.

② 시각적 특성

운동과다형은 움직임의 속도와 규칙성에 따라 구개인두후두 간대성 근경련palatopharygolaryngeal myoclonus과 같이 규칙적이면서 느린(1~4Hz) 떨림 현상으로, 또는 무도병이나 틱장애tics처럼 빠르고 예측하기 힘든 불수의적 움직임으로 나타날 수 있다. 삼킴장애 검사를 위한 비디오투시조영술videofluoroscopy을 통하면 인두나 후두 등에서 이러한 운동과다형 움직임이 잘 관찰된다.

③ 청지각적 특성

근육의 불수의적인 수축으로 인해 발생하는 무도병과 같은 움직임은 호흡, 발성, 공명, 조음 단계에서 관찰된다. 일반적으로 과도하고 부적절한 불수의적 움직임에 따른 심한 변화가 청지각적 특성으로 관찰된다. 갑작스러운 흡기 및 호기가 관찰되며, 거친 음성이나 쥐어짜는 소리를 포함한 발성의 변화, 기복이 심한 운율 변화, 과다비성, 조음 산출의 방해 등을 특징으로 들 수 있다.

한편, 운동과다형 마비말장애의 특색은 이러한 과다한 운동장애의 본질에 따라 차이를 보이는데 불수의적인 움직임이 왜, 어떻게, 그리고 얼마나 자주 일어나는가에 따라 다르다. 빠른 운동과잉장애가 경련성 발성장애spasmodic dysphonia: SD의 형태로 나타나는 경우 환자들은 성대 내전근의 갑작스런 움직임으로 모음 발성 중에 소리의 음도 및 음량 상의 갑작스런 변화나 중단voice breaks이 생기는데, 이를 내전근

adductor 경련성 발성장애라고 한다. 외전근abductor 경련성 발성장애는 무성음을 발음하는 동안 성대 열림이 지나치게 길어지면서 과도한 기류와 기식성이 들리는 것이다. 그 밖에도 혼합형 경련성 발성장애도 있다.

한편, 느린 운동과다장애는 무정위형athetoid 뇌성마비 등에서 관찰될 수 있는데 음량이 갑자기 커지거나 혹은 속삭이는 소리whisper 상태를 보이며 모음연장이 어렵고 습관적 음도habitual pitch가 대체적으로 높다.

④ 음향 생리학적 특성

내전형의 떨림은 높은 음도로 모음을 연장 발성하는 과제에서 특징적으로 관찰된다. 외전형은 말을 시작하거나 무성 자음으로 시작하는 과제에서 기식성이 증가한 무성 구간이 존재한다. 내전형과 외전형 모두 간헐적으로 과다비성이 동반되며, 후두연축laryngospasm으로 인해 연속 발화와 교대운동 과제에서 말속도가 감소한다. 율동적 또는 비율동적인 연축이 말을 하는 동안 진성대, 가성대, 모뿔연골, 인두근에서 관찰된다.

(6) 실조형

① 신경 병태생리학적 특성

'실조'란 글자 그대로 운동의 협응기능 손실을 의미한다. 마비말장애에서 말의 각 기관의 협응은 무엇보다도 중요한데, 운동속도, 범위, 강세, 속도 조절, 운동 방향 등이 대표적인 협응기능이라고 할 수 있다. 실조형ataxic type 마비말장애는 협응을 담당하는 뇌 부위인 소뇌나 소뇌 제어회로cerebellar control circuit상에 손상이 생기면 유발된다. 뇌혈관 질환, 퇴행성 질환, 탈수초성 질환demyelinating disease 등으로 협응을 담당하는 뇌 부위의 손상을 야기할 수 있다 소뇌는 인지기능, 언어기능, 말기능, 삼킴기능에 관여한다. 소뇌 벌레vermis의 기능은 몸체운동에 관여하는 반면, 소뇌 반구cerebellar hemisphere는 사지운동에 관여한다. 그러나 말생성에는 소뇌 벌레와 소뇌 반구 모두가 관련된다. 소뇌가 손상되는 경우에는 운동의 협응, 계획, 프로그래밍 등에 문제가 생긴다. 소뇌는 운동 학습motor learning에도 관련이 있으므로 손상 시에 운동 학습의 장애를 보이게 된다.

② 시각적 특성

실조형은 근긴장이 감소되고 느린 수의적 운동과 움직일 때에 경련이 보인다. 보폭은 넓은 편이다. 턱, 안면, 혀의 움직임에서 움직임이 부정확하다든지 느리고 비정상적인 리듬을 보이는 실조 현상이 관찰된다.

③ 청지각적 특성

실조형 마비말장애의 가장 큰 특색은 음도나 음량이 비정상적으로 (급격히) 변화하는 운율 문제를 보이고 조음 오류가 불규칙하다는 것이다. 조음 오류의 특징으로는 자음과 모음의 왜곡, 불규칙적인 AMR, SMR 등이 대표적이다. 각 음절에 과균등 강세exccess and equal stress로 인하여 로봇 발화처럼 들리기도 하나 이는 흔하지 않다. 다른 마비말장애 유형과 감별할 수 있는 청지각적 특성으로는 불규칙적이고 일시적인 조음 붕괴, 불규칙적인 AMR 수행, 모음 왜곡, 과균등 강세, 과다 음량 변이, 운율장애 등이다.

④ 음향-생리학적 특성

역행성paradoxical 또는 비정상적인 흉곽과 복부의 불협응적인 움직임으로 인하여 폐활량이 감소한다. 성대의 비정상적 진동을 반영하는 주파수 변동률, 강도 변동률, 음성 떨림은 증가한다. 교대운동속도 과제, 단어, 문장의 말산출 속도는 전반적으로 느리다. 성대진동 시작 시간voice onset time: VOT, 모음 구간, 단어 사이의 쉼은 일반적으로 길다. 분절음 길이segment duration, 발성 강도의 최대 및 최소값, 교대운동속도 과제에서의 속도 및 강도의 변이성이 증가한다.

(7) 혼합형

① 신경 병태생리학적 특성

앞서 언급된 마비말장애 유형이 두 가지 이상 섞여서 동시에 관찰되는 경우를 혼합형mixed type 마비말장애라고 한다. 메이요 클리닉에서 보고된 300명의 환자들을 대상으로 실시된 통계에 의하면 가장 흔한 병인인 몇 가지 퇴행성 질환이 전체의 63%를 차지한다고 한다. 혼합형 마비말장애의 가장 높은 비율을 차지하는 병인은 근위축성 측삭 경화증amyotrophic lateral sclerosis: ALS으로서 상부 운동신경세포와 하부 운동신경세포가 함께 점진적으로 손상을 입게 되므로 경직형과 이완형을 동시에 보인다. 그 밖에도 이완-경직형, 실조-경직형, 운동감소-경직형, 실조-이완-경직형, 운동과다-운동감소형 등의 혼합도 관찰될 수 있다.

② 청지각적 특성

혼합형 마비말장애의 말 특색은 어떤 유형이 혼합되어 나타나는가에 따라 다르게 표출된다. 외상성 뇌손상 환자들의 경우에도 혼합형이 종종 관찰된다.

5. 마비말장애와 다른 장애와의 감별진단

마비말장애는 말실행증을 동반하기도 한다. 그럼, 위에서 공부한 유형들 중 어떤 유형의 장애를 보일까? 말실행증은 중추신경계 손상에 기인한 것이므로 여러 마비말장애 유형 중 말초신경계 손상이 원인인 이완형 유형과는 거의 관련이 없다고 할 수 있다. Duffy(2013)는 말실행증과 마비말장애를 구별할 수 있는 요소들을 다음과 같이 제시한 바 있다.

- 구강실행증: 구강실행증을 종종 동반하는 말실행증과는 달리 마비말장애 환자에게는 구강실행증이 관찰되지 않는다.
- 근육기능장애: 근력muscle strength이나 근긴장muscle tone의 문제로 인한 근육기능장애가 관찰되는 마비말장애와는 달리 말실행증 환자에게는 그런 문제가 관찰되지 않는다.
- 말 하위 체계: 주로 조음과 운율에 문제가 국한되는 말실행증과는 달리 마비말장애는 호흡이나 발성에도 문제가 관찰된다.
- 발화 유형: 자동발화와 명제발화 간의 수행력 차이가 많은 말실행증과는 달리 마비말장애 환자들은 두 발화의 수행력이 비교적 일관적이다.
- 오류 유형: 대치, 왜곡, 삽입, 반복, 연장 등의 조음 오류의 유형이 지배적인 말실행증과는 달리 마비말장애 환자들에게는 왜곡과 단순화 오류가 많이 관찰된다.

Duffy(2013)가 제시하고 있는 여러 마비말장애 유형과 말실행증 간의 감별 포인트는 다음과 같다.

- 오류 예측 정도: 오류 예측이 어려운 말실행증과는 달리 경직형 마비말장애는 오류가 비교적 일관적이며 대치 오류도 적다.
- AMR과 SMR: 말실행증은 AMR과 SMR의 수행력 차이가 보이는 반면, 실조형 환자는 둘 다 못한다.
- 발화 유형: 자동발화와 명제발화 간의 수행력 차이가 많은 말실행증과는 달리 실조형 환자들은 두 발화의 수행력이 비교적 일관적이다.
- 탐색 행위: 실조형 환자들은 탐색 행위를 하지 않는다.
- 발성 및 공명: 경직형 환자는 발성과 공명 문제가 보인다.
- 삼킴장애 및 가성연수감정$_{\text{pseudobulbar affect}}$: 경직형 환자에게만 관찰된다.
- 사지운동장애$_{\text{moverment disorders}}$: 운동과다형 환자들은 갑작스런 불수의적 움직임을 보인다.

6. 마비말장애의 치료

1) 치료 목적

마비말장애에 대한 일차적 치료 목적은 정확한 조음 산출, 즉 조음 정확도의 향상이다. 그러나 치료를 통해서도 정상인과 같은 정확한 조음이 불가능하다면 의사소통을 극대화하여 기능적 의사소통능력을 성취할 수도 있는데, 이는 다음의 이유에서이다.

첫째, 마비말장애는 조음장애와는 달리 한 가지 이상의 말 하위 체계(예: 호흡 체계, 발성 체계)가 제대로 기능하지 못하여 발생되는 경우가 많다. 그러므로 조음 체계에 국한되어 말을 정확하게 하는 데 집중하기보다는 청자에게 말을 제대로 이해시키는 것이 더 중요시될 수 있다. 비록 치료 종료 후에 화자의 말산출이 정확하진 않더라도 청자가 화자의 말을 왜곡 없이 충분히 이해한다면 마비말장애의 치료 목적은 달성된 것이라 할 수 있다.

둘째, 마비말장애의 중증도, 대상자의 연령, 동반 장애 등을 고려할 때에 정확한 조음의 산출이 현실적으로 불가능한 경우가 있다. 이런 경우에는 오류가 포함된 부자연스러운 조음일지라도 내용의 전달이 가능하도록 말 명료도speech intelligibility를 높이거나 혹은 의사소통의 기능적 측면을 강조하는 말 이해도speech comprehensibility를 향상시키는 것에 치료의 초점을 맞추어야 한다. 여기서 말 명료도란 화자가 산출하는 음향적 신호, 즉 발화를 청자가 알아듣는 정도를 말한다. 말 명료도는 알아들은 단어의 수를 산출된 총 단어의 수로 나누어 산출한다. 말 이해도는 의사소통 맥락에서 화자가 산출한 발화를 청자가 알아듣는 정도를 말한다(제9장의 '말이 정상인가?' 부분 참조). 이때 의사소통 맥락이란 의사소통이 일어나는 상황에서 화자와 청자가 공유하는 시간, 장소, 대화 주제, 목적 등을 망라한다.

셋째, 신경장애로 인한 마비말장애는 흔히 말산출 자체의 장애가 심한 상태일 때에는 제스처나 얼굴 표정, 환경적 단서, 보완대체의사소통방법 등을 활용하여 정확하고 효율적인 의사소통을 극대화한다.

2) 마비말장애의 회복

일반적으로 뇌세포는 한 번 손상이 되면 복구가 전혀 불가능하다고 알려져 왔다. 그렇다면 뇌손상으로 인한 기능 회복은 전혀 이루어지지 못하는 것일까? 인간의 뇌는 손상 직후에도 여러 회복 기제로 인하여 증세가 호전될 수 있는데, 뇌손상 후에 회복되는 이론은 크게 다음의 세 가지이다.

(1) 혈류나 대사기능의 정상화

혈류blood flow나 대사기능metabolism이 정상화되면서 뇌손상으로 생겼던 신경의 기능해리diaschisis 현상이 원상 복구된다. 이러한 기능해리의 원상 복구는 질환이나 손상 초기에 발생하는 자연회복의 기제이다. 자연회복spontaneous recovery이란 의료적 · 행동적 중재 없이 저절로 뇌기능이 향상되는 상황을 말한다.

(2) 뇌 가소성/신경 가소성

뇌 가소성brain plasticity 혹은 신경 가소성neuroplasticity이란 중추신경계의 적응능력adaptive capacity, 즉 자체의 구조와 기능을 조절하는 능력을 말한다. 손상 후에도 재조직reorganization에 의하여 신경망neural network이 다시 형성되는데, 손상 전에는 말산출에 주요하게 관여하지 않던 뇌영역이 손상 후에 보상적으로 참여하는 신경 보상neural compersation이 일어난다. 참여하는 뇌영역은 우성반구이거나 혹은 열성반구일 수 있다. 그런데 이러한 적응능력이 가동하는 기제는 억제 해제unmasking로서 설명된다. 억제 해제란 정상 상태에서는 억제되어 있던 무활동 뉴런 연결quiescent neuronal connection이 뇌손상 후 해제되는 것을 의미한다. 억제 해제의 부정적 효과도 일어날 수 있는데 뇌손상 후 나타나는 병적 반사pathological reflex가 그 예이다. 뇌 가소성이 일어나는 또 다른 기제로 신경 발아axon sprouting를 들 수 있다. 신경 발아는 세포체에서 다른 세포로 자라나는 것인데, 특정 부위에서 특정 부위로 자라나는 재생성 발아regenerative sprouting와 손상받지 않은 축삭에서 새 축삭돌기가 자라나와 비어 있는 시

표 9-9 경험에 좌우되는 가소성 원칙

원칙	설명
1. Use it or lose it	특정한 뇌기능은 사용하지 않으면 기능적 퇴화(degradation)를 가져온다.
2. Use it and improve it	특정한 뇌기능을 충분히 활용하면 향상(enhancement)된다.
3. Specificity	의도적인 목표(점)가 필요한데, 훈련 경험의 본질에 따라 뇌 가소성이 결정되기 때문이다.
4. Repetition matters	뇌 가소성을 일으키려면 반복하여 충분한 경험이 필수적이다.
5. Intensity matters	뇌 가소성을 일으킬 만한 충분한 훈련량이 필요하다.
6. Time matters	뇌손상은 언제 일어났으며 치료는 언제 시작되었는가가 중요한데, 이는 손상 및 치료 시기에 따라 다른 종류의 뇌 가소성이 발생하기 때문이다.
7. Salience matters	훈련은 가장 두드러진 경험에 근거하여 이루어져야 한다.
8. Age matters	훈련에 의하여 생기는 뇌 가소성은 젊을수록 유리하게 작용한다.
9. Transference	어떤 훈련을 받음으로써 생기는 반응에 의한 뇌 가소성은 그와 비슷한 행동을 습득하는 데 유리하다.
10. Interference	어떤 특정한 경험에 대한 반응을 반영하는 뇌 가소성은 다른 행동을 습득하는 데 방해가 된다.

출처: Kleim & Jones(2008). Principles of experience-dependent neural plasticity: Implications for rehabilitation after brain damage. *Journal of Speech-Language and Hearing Research, 51:* S225-239.

냅스로 연결해 주는 측부 발아collateral sprouting가 있다.

이러한 가소성은 뇌손상 환자의 재활에 중요한 이론적 근거로 여겨진다. 뇌 가소성에 대한 연구는 1800년대 중반부터 시작되었으나 1980년대에 이르러서야 신경가소성을 뇌기능의 원칙으로 받아들이게 되었으며, 1990년의 경우에는 인간의 뇌 가소성에 대한 영상 연구가 활발하게 진행되면서 뇌 가소성을 뒷받침하는 증거가 보고되었다. 〈표 9-9〉에는 지난 수십 년 동안 연구되어 온 기초 신경과학연구 결과에 준한 경험에 좌우되는experience-dependent 가소성 원칙 열 가지를 제시하였는데, 뇌손상 후 재활과 관련이 될 수 있다.

(3) 행동 보상

행동 보상behavioral compensation이란 뇌손상 후 행동의 새로운 조합이 발달하는 것으로서, 예를 들면 환자가 다른 군의 근육들을 사용하거나 다른 인지능력을 사용하는 것이다. 즉, 대체적이고 적응적 전략을 사용하여 불완전한 기능을 보완한다. 치료사는 환자에게 정상적인 경험을 제공하는 동시에 능동적이고도 기능적인 반응을 유도하고 비정상적인 회복을 최소화하는 방향으로 치료를 해야 한다.

3) 치료접근 방법

의사소통능력의 극대화라는 일차적 치료 목적을 달성하기 위한 치료접근 방법으로 직접 치료 방법과 간접 치료 방법을 활용할 수 있다.

(1) 직접 치료

직접 치료는 환자에게 실질적으로 적용되는 치료법을 일컬으며, 약물적 접근법, 보철적prosthetic 접근법, 수술적 접근법, 행동적 접근법 등을 포함한다. 어떠한 치료법을 적용할 것인지는 마비말장애의 유형과 중증도에 따라 다르다. 어떤 경우에는 의료적 치료가 언어치료에 선행되어야 한다. 또한 많은 말운동장애 환자들은 다른 신경학적 손상을 동반하기 때문에, 말뿐만 아니라 동반된 장애가 환자의 치료에 미치는 영향을 고려해야 한다. 예를 들어, 신경말장애를 가진 많은 환자가 사지마비 현상을 보이는데, 말의 손상 정도가 보완대체의사소통방법AAC을 사용해야 할 정도로 심하지 않다. 편마비가 언어치료 자체에 미치는 영향은 적다. 그러나 환자들은 사지마비에 대한 치료를 말에 대한 치료보다 더 우선순위에 놓을 수 있다. 신체적 마비보다 언어치료에 영향을 미치는 결함은 신경계 손상으로 인한 언어능력의 결함이나 인지적 결함이다. 만약 환자의 인지 결함이 주의력이나 의사소통하고자 하는 동기를 방해하거나, 이러한 인지적 결함 때문에 기능적 의사소통 자체가 어려운 경우에는 말운동장애에 대한 직접적인 치료는 의미가 없다.

신경말장애 환자의 의사소통 기능을 향상시키기 위해서는 말산출 능력 자체를 회복시키거나 다른 의사소통 수단을 발달시키는 행동적인 처치뿐만 아니라, 외과적 수술이나 약물치료를 포함하는 의료적 처치, 그리고 의사소통의 향상을 도와주는 보철을 활용한 처치가 적절하게 이루어져야 한다. 환자에 따라 이 세 가지 접근이 모두 필요한 경우도 있지만, 신경말장애 환자들에게는 행동적 접근법이 가장 많이 사용된다. 행동적 접근법에는 말산출에 필요한 생리학적 지지능력의 향상, 보상적인 말산출 전략 활용, 보완대체의사소통 수단 활용, 환경의 조절뿐만 아니라 상담과 지지 역할 등이 포함된다.

언어치료에 앞서 환자의 말 명료도, 의사소통의 효율성, 다른 결함이나 장애의 존재 여부뿐만 아니라, 환자의 의사소통 요구와 목표, 동기, 의사소통 상대자나 환경, 환자의 장애에 대해 타인이 어떻게 반응한다고 환자가 지각하는지 등 의사소통과 연관된 모든 요인에 대한 철저한 분석이 선행되어야 한다.

① 약물적 접근법

약물적 접근법은 마비말장애를 일으키는 원인이 되는 질환에 대해 행해진다. 약물치료 시에 고려해야 할 사항은 약의 종류, 투약량, 일일 투약 횟수 및 시간, 약 부작용, 다른 약과의 상호작용 등이다. 그런데 파킨슨병과 같은 특정 질환에서는 약물치료가 장기간 지속되는 경우에 약효가 감소되거나 또는 지연성 운동이상tardive dyskinesia 등의 부작용이 생길 수 있음을 염두에 두어야 한다. 보툴리눔 독소Botulinum Toxin: BOTOX 주입법은 불수의적인 근수축이나 근경련을 일으키는 신경근육 질환, 즉 근긴장이상dystonia을 치료하기 위한 방법이다. 보톡스는 영구적인 치료법이라기보다는 증상을 단기간 동안(약 12주간) 완화시키기 위한 방법이라고 할 수 있다.

② 보철적 접근법

보철적 접근법은 대부분 약증 또는 약화를 보이는 말근육 기제를 보완하기 위한 방법으로 활용된다. 예컨대, 이완형 환자가 연구개 마비를 보이면 구개거상palatal lift에 도움이 되는 보철을 장착할 수 있다.

③ 수술적 접근법

수술적 접근법은 수술로써 특정 구조를 제거하거나(예: 시상파괴술, 창백핵 절단술), 이식transplants/implants 또는 자극기stimulators를 심는 방법 등을 들 수 있다. 뇌심부 자극술deep brain stimulation: DBS은 파킨슨병 환자에게 사용되는 대표적인 수술적 접근법이다. 뇌심부 자극술은 뇌심부 자극기를 시상에 심고 자극기의 전극을 전류 발생기pulse generator와 연결시켜서 뇌에 계속적인 전류를 보내어 떨림증을 완화시킨다. 자극기는 사용자가 켜거나 끌 수 있다. 뇌심부 자극술을 받은 후에는 약 복용 시에 약물의 양을 적게 해도 된다. 그런데 DBS의 효과가 신체운동과 말산출에 미치는 영향이 동일하지 않을 수 있기 때문에 면밀한 관찰과 사전-사후 말 평가를 통해 치료계획을 세우는 것이 좋다.

④ 행동적 접근법

행동적 접근법은 치료사가 마비말장애를 극복하기 위한 치료법을 환자에게 적용하는 것이다. 이때 대부분의 치료사는 비구어 훈련과 구어 훈련을 함께 실시한다. 비구어 훈련은 비구어 구강운동 연습nonspeech oral motor exercises: NOME이라고 한다. 대표적인 예로는 근력 향상을 위하여 조음기를 대고 저항resistance하면서 움직이는 것, 운동 범위를 향상시키기 위하여 신장stretching하는 것, 협응기능을 향상시키기 위하여 여러 구강 구조의 움직임을 순서화sequencing하는 것 등을 들 수 있다.

그런데 이러한 비구어 구강운동 연습이 구어 산출에도 도움이 될까? 이 훈련의 유용성을 뒷받침할 수 있는 이론적 근거는 무엇일까? 영국에서 행해진 한 연구에 의하면 언어치료사를 대상으로 행해진 설문지 응답자의 89%가 마비말장애 치료에 비구어 훈련을 활용한다고 하였다. 그런데 구어 훈련이 아닌 비구어 훈련으로써 과연 말산출에 도움이 될 것인지에 대한 논의는 계속적으로 이루어지고 있다. 비구어 훈련이 임상에서 많이 쓰임에도 불구하고 실질적으로 치료 효과가 있는지는 확실하지 않으며, 이를 검증하는 일이 필요하다.

구강운동 연습의 효용성에 대한 연구는 주로 아동 대상 연구들이 별로 효과가 없다는 결과가 많다. 이들 연구에 의하면 다음의 이유로 비구어 훈련의 접근법을 주의를 갖고 선택적으로 사용해야 한다고 보고된다. 첫째, 비구어 훈련은 주로 근력을 증진시키기 위한 목적으로 활용되며 모든 마비말장애 환자가 약증을 보이는 것은 아니므로 비구어 훈련이 모든 환자에게 적합하다고 할 수는 없다. 따라서 치료가 필요한 환자에게 적합한 치료의 목적에 맞추어 비구어 훈련 실시 여부를 결정해야 한다. 둘째, 비구어 훈련 과제가 반드시 구어 운동기능에 직접적인 연관이 없을 수 있다. 비구어 운동은 대부분 최대수행력maximum performance을 추구하는 반면에, 말산출에 필요한 근육이나 힘 등은 그 전체를 필요로 하기보다는 일부만을 요구한다. 따라서 비구어 훈련 과제가 구어 운동기능과 어떻게 연관이 있는지를 고민해야 한다.

그런데 비구어 구강운동 연습을 통한 훈련이나 구어 운동 연습 모두는 다음에 제시되는 운동 학습 원칙motor learning principles에 근거하여 짜여지고 실시되어야 한다. 첫째는 관찰 학습observational learning인데, 치료사로서의 역할은 환자에게 시범을 보여주며, 환자는 운동을 따라 하는 상상만 하면서 지켜보게 된다.

둘째는 피드백의 활용이다. 피드백을 활용하는 데에는 사용하는 횟수와 유형을 고민해야 한다. 피드백을 얼마나 자주 사용할 것인지, 그리고 환자의 반응마다 피드백을 제공할 것인지 아니면 회기 내 간헐적으로만 사용할 것인지 등을 결정한다.

셋째는 연습의 본질을 확인하는 일이 필요하다. 운동 학습 원칙에 준한 연습의 본질로서는 연습 분산 및 일정을 들 수 있다. 즉, 연습이 집중적massed으로 이루어지는가 혹은 분산적distributed으로 이루어지는가, 그리고 연습 일정은 구획적blocked인가 무작위적random인가를 확인해야 한다(이에 대한 자세한 설명은 '제11장 아동기 말운동장애' 참조).

직접 훈련으로서의 구어 훈련에 있어 중증도가 경도의 경우, 주로 말산출 능력의 회복을 위하여 여러 말산출 하위 체계에 대한 직접적인 치료가 이루어진다. 이때, 말산출 능력은 명료도와 자연스러움으로 측정된다. 중도의 경우에는 말산출을 증진시키는 방법을 마련하되, 제스처나 팬터마임 등을 보완의사소통augmentative communication의 방안으로 활용하여 의사소통을 극대화한다. 심도의 마비말장애의 경우에는 대체의사소통alternative communication인 의사소통보드나 의사소통책 등을 활용하여 말산출을 대신하는 의사소통의 길을 열어 준다. 구어 훈련에 대한 구체적인 방법은 뒤이어 나오는 치료법에서 다루도록 한다.

(2) 간접 치료

간접 치료의 접근 방법은 대체적으로 중증도에 상관없이 환자의 의사소통 환경을 조절한다든지, 환자의 직업을 바꾼다든지 등의 의사소통 시 주변 환경을 변화시키는 것이다. 환경적 요인으로는 구체적으로 주변 소음을 줄인다든지, 화자 청자 간의 거리를 좁혀 앉아 말 전달력을 증진하거나 의사소통의 친밀도를 높이는 방법 등을 시도할 수 있다.

이러한 마비말장애 치료의 접근 방법을 세계보건기구WHO에서 주창한 국제 기능 장애 건강 분류ICF의 개념('제3장 인지 및 의사소통 기초 평가' 참조)에 적용하여 [그림 9-16]과 같은 모델을 제시해 보았다. 먼저, 호흡, 발성, 공명, 조음 등의 말산출 하위 체계의 기능 저하를 회복하기 위하여 각 하위 체계에 대한 직접적인 치료가 필요하다. 각 하위 체계의 기능 저하에 따라 말 명료도와 말의 자연스러움이 저하됨으로써 환자의 활동이 제한된다. 그러므로 각 하위 체계에 대한 직접적인 치료뿐만 아니라, 간접 치료를 통하여 말 명료도, 자연스러움, 말 이해도 등을 증진시켜야 한다. 마지막으로, 마비말장애로 인하여 제한된 개인 생활이나 직업, 그리고 여가 활동을

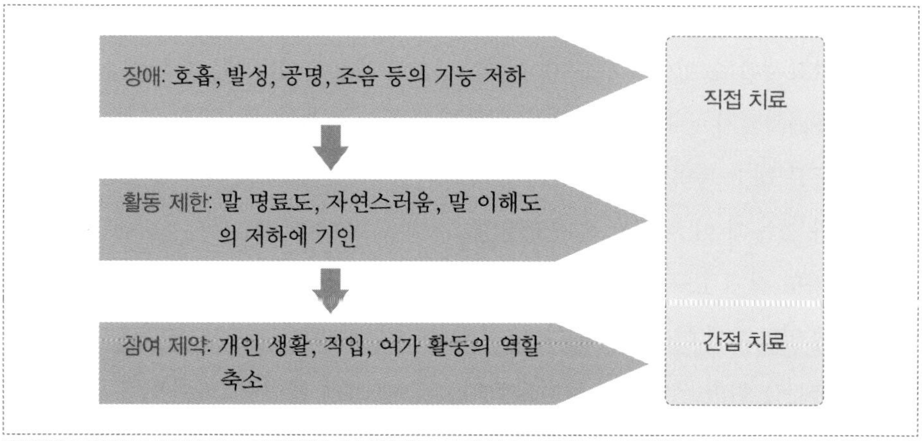

그림 9-16
ICF 모델에 근거한 마비말장애 치료 모델

환자가 적극적으로 참여할 수 있도록 환경의 변화를 꾀하는 간접 치료를 적용할 수 있다.

4) 하위 체계별 치료법

앞서, 마비말장애는 하위 체계별로 기능이 저하될 수 있다고 하였다. 따라서 여기에서는 각 하위 체계별, 즉 호흡 체계, 발성 체계, 공명 체계, 조음 체계에 대한 구체적인 치료법을 소개하기로 한다. 또한 이러한 하위 체계의 기능장애가 부정적인 영향을 미칠 수 있는 전반적인 차원인 운율 체계, 특히 말속도나 말 명료도 문제를 향상시킬 수 있는 치료법을 곁들이고자 한다.

(1) 호흡 체계

정상적인 말산출을 위하여 정상적인 호흡 체계의 구조 및 기능은 필수적이다. 호흡 문제가 있는 경우에는 다른 말산출 과정, 특히 발성 단계에 부정적인 영향을 끼칠 수 있기 때문에 호흡치료를 필요로 한다. 그러나 말산출에 필요한 호흡량은 전체 폐활량의 40~60% 정도면 충분하다. 전체 폐활량이 어느 정도인지보다는 기류를 얼마나 효율적으로 활용하여 말을 하는지가 더 중요하다. 우선, 호흡 자세를 올바로 유지시키는 것이 중요하다. 이를 위하여 복대, 코르셋, 경추보호대cervical collar 등의 자세 보조장치를 활용한 자세교정을 하거나 약한 근육을 지지하여 호흡을 효율적으로 변화시킬 수 있다. 다만, 자세 보조장치를 사용하고자 할 때에는 재활의학과 의사나 물리치료사 등의 의료진과의 상의를 통하여 사용하도록 한다.

간혹 등을 대고 똑바로 누운 자세인 앙와위supine position 자세에서 호흡 훈련을 하는 경우가 있는데 이 자세가 똑바로 앉은 자세인 직좌우upright position보다 폐활량이 약 20% 정도 적게 요구되기는 하나, 그러한 자세로 말을 하게 되는 경우는 많지 않기 때문에 일반화에 어려움이 있다.

호흡 증진을 위한 구체적인 기법으로서는 숨을 크게 들이쉬고 /아-/모음을 천천히 길게 발성하는 최대모음발성을 훈련한다든지, /아-이-아-이-/ 등을 연습한다. 또한 환자에게 가장 최적의 숨 단위optimal breath group로 끊어 쉬면서 발화하기를 연습시키다가 점차 길이를 늘여 가도록 훈련한다. 그러나 이런 모든 호흡 훈련은 다른 상위 말산출 체계상의 기능이 심하게 나쁜 경우에는 전혀 도움이 되지 않을 수 있다. 생리학적 기구를 활용하여 시각적 생체피드백을 활용할 수 있는데, 폐활량계 spirometer를 사용하여 눈으로 폐기능을 확인하면서 호흡 훈련을 한다.

(2) 발성 체계

마비말장애 환자의 발성 체계에 대한 치료는 음성치료 환자를 대상으로 실시되는 치료를 응용할 수 있다. 후두기능을 크게 과도내전과 과소내전으로 나누어 각기 다른 치료법이 쓰여진다. 먼저, 성대의 과소내전을 극복하기 위한 의료적 처치로는 성대마비 환자를 대상으로 하는 성대 내전성형medialization laryngoplasty, I-유형 갑상연골정형술type I thyroplasty, 테플론 콜라겐teflon-collagen 주입 등을 들 수 있다. 내전형 경련성 음성장애adductor spasmodic dysphonia 환자의 성대에 보톡스를 주사하는 방법도 있다. 보톡스 주사의 효과는 일반적으로 3~4개월 정도만 지속되므로 약효가 떨어지면 다시 주사해야 되는 불편함이 있다. 내전형 경련성 음성장애에게 적용되는 방법으로 되돌이 후두신경recurrent laryngeal nerve의 절단도 이루어지나 일정 기간이 지난 후에 증상이 돌아오기도 한다. 전통적 음성치료법인 '밀기pushing'나 '당기기pulling'법을 활용한 힘껏닫기 기법effort closure technique을 시도하거나 대조강세연습contrastive stress drill을 이용하여 집중적 훈련을 강조하기도 한다. 목소리의 크기를 증진시키기 위한 구체적인 치료법인 리실버만 음성치료법Lee Silverman Voice Treatment: LSVT은 4주 동안 총 16차례의 집중치료를 통하여 성량을 높이는 데 치료 목표를 두는데, 여러 연구 결과를 통하여 파킨슨병 환자들의 발성 부전의 치료 효능이 입증된 바 있다. 발성 문제에 대한 보철장치로는 목소리의 음량에 대한 피드백을 줌으로써 이를 조절하게 하는 음량조절기vocal intensity controller, 휴대용 확성기portable amplification system 등이 있다. 그러나 이러한 음량조절기는 어느 정도의 말 명료도를 유지하고 있는 환자에게만 효과적으로 적용될 수 있다.

과도내전의 경우에는 '하품-한숨yawn-sigh' 발성법이 도움된다. 또한 근전도 electromyography: EMG를 이용한 생체피드백을 활용하기도 한다. 과도내전의 경우에는 성대의 강직이나 경축으로 인하여 음도를 적절하면서도 유연하게 변화시키지 못할 수 있다. 이런 경우에는 음도 범위를 늘리기 위하여 '아' 발성을 하면서 음도를 높였다 낮추기를 반복하여 연습한다. 한편, 음도의 변이가 부적절하게 이루어지는 실조형 마비말장애의 경우에는 일정한 음도를 유지하기 위한 훈련이 필요하다.

(3) 공명 체계

말을 산출할 때, 연인두 폐쇄가 제대로 기능하지 않으면 기류가 비강을 통과하게 된다. 그 경우에 말소리가 전체적으로 작게 들릴 뿐만 아니라 일정한 구강압력이 요구되는 자음을 분명하게 발음하기 어렵게 된다. 보통 구개열로 인한 연인두 폐쇄 부전을 극복하는 치료법으로는 다음의 세 가지로 나누어진다. 첫째, 인두피판 pharyngeal flap과 같은 외과적 수술을 들 수 있다. 둘째, 마비말장애 환자에게는 일반적으로 구개거상 보철palatal lift prosthesis과 같은 기구 사용을 먼저 시도하는 경향이 있다. 그러나 구개거상 보철을 사용함으로써 환자의 말 명료도가 실질적으로 개선되려면 공명 이외의 다른 말산출 과정에 장애가 거의 없어야 하고, 장애 정도가 퇴행적이지 않고 안정된 상태여야 하며, 구개거상 보철을 지지할 만한 치아 상태를 지니고 있어야 하고, 환자의 협조가 잘 이루어져야 하며, 무엇보다도 보철이 구강 뒤쪽에 닿았을 때에 과민한 구역반사가 일어나지 말아야 한다. 셋째, 연인두 폐쇄장애에 대한 행동적 치료 효과에 대한 의견은 일관되지 않아서, 어떤 치료사들은 근육에 촉각자극을 주는 방법이나, 불기를 통한 근육 강화 훈련을 실시하지만, 이러한 비구어 활동들이 실제적으로 말산출기능을 향상시키는 데 미치는 효과는 만족스럽지 않을 수 있다.

(4) 조음 체계

조음치료는 일반적으로 보고 동시에 들으면서 모방해 보는 통합적 자극법integral stimulation을 가장 기본적으로 하고, 조음기관의 올바른 위치를 교육하는 조음점 지시법phonetic placement과 같은 전통적인 조음치료법을 적용한다. 뿐만 아니라, 발음의 정확성을 높이기 위하여 자음을 과장되게 발음하게 하거나, 보충적 조음운동을 훈련하기도 하고, 최소대립쌍 대조minimal pair contrasts를 연습하기도 한다. 그 밖에 경직형 마비말장애 환자들에게 턱이나 혀, 입술에 대한 신장stretching 훈련과 같은 비구어 활동을 시키기도 한다. 근이상증 환자들에게는 근전도를 활용한 생체피드백 훈련을 실시하기도 한다. 근육의 강화나 긴장 완화와 같은 방법도 시도되지만, 이러한 비구어 훈련을 통해 실제로 발음의 향상이 생기는지는 검증되지 않았다.

조음치료의 과제로는 한 음절로만 말할 수 있는 심도의 경우를 제외하고는 될 수 있는 대로 의미 있는 음절이나 단어 생성을 통한 말산출을 연습시킨다. 조음기의 운동영역을 될 수 있는 한, 과장되게 넓게 한다. 특정 조음기의 움직임이 극도로 제한적일 때에는 다른 조음기를 좀 더 과장되게 움직여 원하는 조음을 할 수 있게 한다. 한편, 혀 강화 훈련은 외상성 뇌손상 환자에게는 적합할지 모르나 근위축성 측삭 경화증 환자와 같이 퇴행성 질환 환자에게는 적용되어서는 안 된다.

마비말장애 환자의 조음을 향상시키는 의료 및 약물치료에 대한 연구는 많지 않으나, 편측얼굴성 연축hemifacial spasm, 연축성 사경spamodic torticollis, 구강하악 근이상증oral mandibular dystonia 등으로 인한 과다운동형 마비말장애 환자들에게 보톡스 주사로 발음이 향상되기도 한다. 또한 근이상증dystonia으로 인한 과다운동형 마비말장애 환자나 파킨슨병 환자가 교합저지기bite block와 같은 보철을 사용하면 턱의 움직임 기능에 향상을 보이기도 한다.

(5) 운율 체계

운율이란 말속도, 음도, 음량, 강세 등의 요소를 모두 포함한다. 말속도의 경우 일반적으로 말속도가 빨라서 잘 알아들을 수 없는 환자들에게는 말속도를 천천히 조절할 수 있도록 훈련시켜 말 명료도를 증가시킬 수 있다. 말을 천천히 하여 조음속도를 늘림으로써 환자들은 목표 조음 범위 내에서 완전한 움직임을 구현해 보일 수 있으며 운동의 협응을 위한 시간을 넉넉히 사용할 수 있다. 말속도를 조절하기 위한 기구로서 지연 청각 피드백을 사용하거나 메트로놈, 보조 맞춤판pacing board, 보측판과 같은 외부 보조 맞춤기법external pacing techniques을 활용할 수 있다. 특히 보조 맞춤판은 외상성 뇌손상 환자들이 보이는 말속도장애를 치료하는 데 효과적인 것으로 보고되었다. 또한 손쉽게 손가락 두드리기finger tapping로 박자를 맞출 수 있다. 말속도는 발화 내의 구문 경계에서 의도적으로 쉼 길이를 늘이거나 쉼을 쉬는 횟수를 증가하여 느리게 할 수도 있다.

5) 마비말장애 유형에 따른 치료

(1) 편측 상부 운동신경세포형

편측 상부 운동신경세포형 환자들은 대체로 말산출장애의 정도가 경미하기 때문에 의료적 혹은 보철치료의 대상이 되지 않는다. 대부분의 환자들에게는 말속도, 운율, 조음 등에 초점을 둔 행동적 치료가 요구된다.

(2) 경직형

경직형 마비말장애 환자들에게는 다른 마비말장애 환자들에 비하여 긴장완화법이 많이 사용되지만 이런 방법이 실제로 효과가 있는지에 대해서는 의견이 일치하지 않는다. 과도한 성대 내전을 보이는 경우에는 기식발성을 통하여 접촉을 완화시킬 수 있다. 부정확한 발음의 경우는 과장된 조음 훈련이 도움이 된다.

(3) 운동감소형

운동감소형 마비말장애의 말치료 목적은 크게 두 가지이다. 첫째는 말속도 조절이다. 말속도가 빠른 환자들에게는 보조 맞춤판pacing board, 메트로놈 등의 기구를 사용하여 말속도를 느리게 조절한다. 둘째는 목소리의 음량이 작은 발성 부전을 치료하고자 하는 목적이다. 리실버만 음성치료Lee Siverman Voice Treatment: LSVT는 발성 부전 치료 효과가 검증된 가장 대표적인 치료법이다. 리실버만 음성치료는 두 가지 병리학적 기제에 그 이론적 기초를 둔다. 첫째, 운동감소형 환자들은 말기제 근육에 명령하는 신경학적 힘의 크기가 떨어져서 말운동 산출의 전반적인 크기amplitude가 저하되었다(즉, hypokinesia)는 것이다. 둘째, 운동감소형 환자들은 말운동과 음성 산출에 대한 감각 인식에 문제가 있다는 것이다. 따라서 적절한 크기의 음성을 산출하는 데 가장 적당한 정도의 노력을 투입하지 못한다. 이에 따라, 리실버만 음성치료는 목소리 크기를 증가시키고자 하는 음성치료를 하루에 60분간, 일주일에 4번, 4주 동안 집중적이고도 강도 높은intensive and high-effort 연습을 통하여 일상생활에 일반화시킬 수 있도록 짜여졌다. 대부분의 치료가 그렇듯이 리실버만 음성치료는 발병 초기부터 실시할수록 그 효과가 증대된다고 알려져 있다. 시상밑부핵subthalamus의 뇌심부 자극술을 실행한 환자에게 리실버만 음성치료를 실시하는 것에 대한 치료 효과에 있어서 수술 직후에는 효과가 있는 것처럼 보이나 그 효과가 장기간 지속되지는 않는 것으로 보고된 바 있다.

운동감소형 마비말장애를 치료하기 위한 약물치료나 수술적 치료에 대한 연구 결과들은 일치되지 않는다. 수술적 치료는 말장애보다는 신체의 증상에 대한 치료를 목적으로 행해진다. 먼저, 구조 제거술의 한 방법으로 시상파괴술thalamotomy은 1950년대에 도입되어 파킨슨병 환자의 떨림 현상을 완화시키기 위하여 배외측ventrolateral 시상에 인위적으로 손상을 입히는 수술법이다. 그러나 떨림 현상 이외의 다른 파킨슨병의 주요 증상, 즉 느린 동작bradykinesia(서동), 불안정 자세postural instability 등에는 별 도움이 되지 못하며, 장기간의 약물치료에 대한 후유증으로 발생하는 이상운동증dyskinesia을 완화시키지는 못한다. 창백핵절단술pallidotomy은 내측 창백핵에서 비정상적으로 방전되는 신경세포에 인위적으로 손상을 가한다. 이 방법은 이상운동증dyskinesia, 강직rigidity, 떨림tremor, 서동bradykinesia, 가면성 얼굴masked face, 구부정한 자세stooped posture, 땅끌면서 걷기shuffling gait, 근긴장이상dystonia 등 많은 증상을 완화시킬 수 있으므로 시상파괴술보다는 파킨슨 증상 완화에 효과적이다. 그러나 시상파괴술이나 창백핵절단술보다 선호하는 수술적 치료법으로는 뇌심부 자극술이 있다.

(4) 운동과다형

운동과다형 마비말장애는 말산출을 방해하는 움직임을 수의적으로 통제할 수 없는 생리적 기제로 인해 발생하므로, 약물이나 외과적 처치를 통한 치료가 더 효과적이다. 운동과다형 음성장애를 치료하기 위해서 보톡스botulinum toxin type A가 효과적이라고 알려져 있는데, 독소를 주입하여 과다한 운동을 보이는 근육을 조절하는 신경을 부분적으로 차단한다. 보톡스는 외전근보다는 내전근 경련성 발성장애에 효과가 높다. 어떤 환자들에게는 보철이 효과적이기도 한데, 하악 근이상증mandibular dystonia 환자에게 교합저지기bite block를 사용할 수도 있다.

(5) 실조형

실조형 환자들은 발성, 조음, 말속도 등이 변이적인 것이 가장 큰 특색이므로, 운동의 조절과 협응을 향상시키는 행동적 치료에 초점을 둔다. 많은 경우에 말속도를 느리게 하면 협응을 위한 시간이 넉넉해지므로 조음이 정확해지면서 말 명료도가 증진된다.

(6) 이완형

이완형은 근육의 약화와 관련되어 있으므로 음량을 증가시키고, 약화 현상을 보상하는 방향으로 치료가 진행된다. 약화된 호흡기능을 증진시키기 위해 밀기/끌기 기법을 쓰기도 하고, 혀, 입술의 약화가 있는 경우 치료 동안 교합저지기를 사용하기도 한다. 그러나 고정틀은 이완형 환자의 말산출을 향상시키기 위한 영구적인 보철로 사용할 수는 없다. 중증 근무력증으로 인해 이완형 마비말장애를 보이는 환자들에게는 행동적 치료접근이 부적절하며, 환자가 피로할 때까지 오랫동안 말하지 않도록 가르쳐야 한다. 이런 환자들에게는 약물치료나 외과적 치료가 가장 효과적이다.

(7) 혼합형

퇴행성 질환으로 인하여 한 가지 유형 혹은 그 이상의 마비말장애가 복합되어 나타나는 혼합형 마비말장애를 보이는 환자들에게는 대체로 말산출 능력 자체를 향상시키는 접근보다는 말 명료도를 유지하기 위해 보상전략을 사용하거나, 보완대체의사소통방법AAC의 활용에 초점을 맞춘다.

6) 질환의 중증도 및 진행 정도에 따른 치료

경미한 마비말장애의 치료 목표는 말 명료도 증진, 자연스러움 증진, 그리고 정상적 말속도 유지에 둔다. 중도의 마비말장애 환자에 대한 치료는 환자의 말 명료도 증진과 환경 변화를 통한 간접적 치료에 목표를 둔다. 심도의 마비말장애 치료는 주로 보완대체의사소통방법AAC을 가르침으로써 기능적 의사소통의 길을 열어 주는 데에 있다. 그러나 중증도와는 상관없이 사회 기능적 의사소통의 필요성에 따라 환자의 욕구와 필요를 충족할 수 있는 접근이 중요하다.

시간이 경과함에 따라 병의 증상이 나아질 것을 기대하는 경우와 점차 병세가 악화되는 질환의 경우에 평가 당시 환자의 중증도에 따라 치료법을 맞추는 것이 일반적이다. 즉, 병세가 악화되는 질환이라 할지라도 환자의 현 상태가 경도이면 경도의 장애에 대한 치료법을 적용한다.

(1) 원격 재활

근래 들어 말장애의 치료 방안으로 웹기반web-based 원격 재활(통신 재활)telerehabilitation 서비스가 등장했다. 원격 재활이란 원격 통신망telecommunication networks이나 인터넷을 활용하여 치료사와 환자가 교류하면서 치료를 하거나 평가를 하는 방법이다. 원격 재활은 치료를 위하여 이동하기 힘든 환자, 특히 먼 거리를 이동해야 하는 경우에 아주 유용하게 쓰일 수 있다. 대부분의 원격 재활은 웹캠과 같은 시각적 도구를 활용하는 것이 일반적이다. 원격 재활이 직접 대면하여 치료하는 것과 동일한 효과를 내고 있다는 연구 결과 보고들이 있는 만큼, 우리나라에서도 원격 재활에 필요한 구체적인 방법이나 규준 등의 시스템 확보가 중요하다.

참고문헌

권미선 · 김향희 · 최상숙 · 나덕렬 · 이광호(1998), 한국 성인의 자발화 분석에 관한 연구. **언어청각장애연구**, 3: 35-49.

김부영(2008), 청 · 장년층의 최대발성시간, 조음교대운동속도 및 표준문구발화속도. 연세대학교 대학원 석사학위 청구논문.

김선우 · 김향희 · 박은숙 · 최홍식(2010), 노령화에 따른 건강한 정상 성인의 음향음성학적 특성 비교. **말소리와 음성과학**, 2(4): 19-28.

김향희. 신경말장애 평가 프로토콜(Neurologic-Speech Assessment Protocol, N-SAP). 출판 중.

김향희 · 서미경 · 김윤정 · 윤지혜(역)(2015). **말운동장애**. 서울: 박학사.

이영미 · 김향희(2001), 대화와 그림설명과제를 통한 한국성인 발화의 비교 분석. **언어청각장애연구**. 6(1): 40-52.

허찬미(2009), 최대발성시간, 조음교대운동속도 및 표준문구발화속도의 변화: 8~21세를 대상으로. 연세대학교 대학원 석사학위 청구논문.

천사라(2008). 노년층의 최대발성시간, 조음교대운동속도 및 표준문구발화속도. 연세대학교 대학원 석사학위 청구논문.

Aronson EA (1985). *Clinical voice disorders*(2nd ed.). New York: Thieme-Stratton.

Aronson EA (1997). Neurologic disorders of the larynx and voice in dysarthria diagnosis and their psychiatric impostors. *Workshop handbook*. American Academy of Neurology 49th Annual Meeting. Boston, MA.

Clark HM (2005). Clinical decision making and oral motor treatments. *ASHA Leader, June 14*. pp.8-9, 34-35.

Darley FL, Aronson EA, Brown JR (1969a). Differential diagnostic patterns of dysarthria. *Journal of Speech and Hearing Research, 12*(2): 246-269.

Darley FL, Aronson EA, Brown JR (1969b). Differential diagnostic patterns of dysarthria. *Journal of Speech and Hearing Research, 12*(2): 462-496.

Darley FL, Aronson EA, Brown JR (1975). *Motor speech disorders*. Philadelphia: W.B. Saunders Company.

Duffy JR (2013). *Motor speech disorders: Substrates, differential diagnosis, and management* (3rd ed.). St. Louis, MO: Elsevier Inc.

Kent RD (1992)(ed.). *Intelligibility in speech disorders: Theory, measurement and management*. Amsterdam: John Benjamins Pub Co.

Kleim JA, Jones TA (2008). Principles of experience-dependent neural plasticity: implications for rehabilitation after brain damage. *Journal of Speech-Language and Hearing Research, 51:* S225-239.

Lass NJ, Pannbacker M (2008). The application of evidence-based practice to nonspeech oral motor treatments. *Language, Speech, and Hearing Services in Schools, 39:* 408-421.

Lof G, Watson M (2008). A nation-wide survey of non-speech oral exercise use: implication for evidence-based practice. *Language, Speech, and Hearing Services in Schools, 39:* 392-407.

Mackenzie C, Muir M, Allen C (2010). Non-speech oro-motor exercise use in acquired dysarthria management: Regimes and rationales. *International Journal of Language & Communication Disorders, 45*(6): 617-629.

Robbins J, Gangnon RE, Theis SM, Kays SA, Hewitt AL, & Hind JA (2005). The effect of lingual exercise on swallowing in older adults. *Journal of the American Geriatric Society, 53:* 1483-1489.

Van der Graaff M, Kuiper T, Zwinderman A, Van de Warrenburg B, Poels P, Offeringa A, Van der Kooi A, Speelman H, De Visser M (2009). Clinical identification of dysarthria types among neurologists, residents in neurology and speech therapists. *European Neurology, 61*(5): 295-300.

복습문제

1. 말운동장애에 대한 설명으로 옳은 것은?
   (1) 특정한 신경 질환과 연관되어 나타날 수 있다.
   (2) 주로 말초신경계의 손상에 기인한다.
   (3) 대부분 증세가 호전되기 힘들다.
   (4) 언어장애가 동반되지 않는다.

2. 마비말장애의 정의로 옳지 않은 것은?
   (1) 여러 가지의 말장애 유형이 있을 수 있다.
   (2) 말운동의 강도, 속도, 범위, 정확성 등이 비정상이다.
   (3) 말생성 근육의 약화, 부조화, 느림 등이 원인이 된다.
   (4) 호흡 체계, 발성 체계, 조음 체계, 공명 체계, 운율 체계 중 세 가지 이상에서 장애가 관찰된다.

3. 다음은 어떤 유형의 마비말장애 환자의 말 특색들이다. 서로 가장 어울리지 않는 항목을 고른다면?
   (1) 호흡이 짧고 가청 흡기(audible inspiration)가 들린다.
   (2) 과다비성(hypernasality)이 들린다.
   (3) 기식음(breathiness)이 들린다.
   (4) 말속도(speech rate)가 빠르다.

4. 특정한 마비말장애에 대한 설명으로 맞으면 ○, 틀리면 ×를 적어 넣으시오.
   (1) 편측 상부 운동신경세포형 마비말장애는 부정확한 조음, 느린 조음속도 등의 특징을 보이나 비교적 예후가 좋은 편이다.
   (2) 과다비성이 관찰되는 이완형 마비말장애 환자들 중 95% 이상의 환자들에게서 비강누출이 함께 관찰된다.
   (3) 혼합형 마비말장애는 퇴행성 질환 환자에게서 흔히 관찰된다.
   (4) 과균등 강세(excess and equal stress)는 거의 모든 실조형 유형에게서 관찰된다.

5. 추체외로(extrapyramidal tract)상의 기능장애로 유발될 수 있는 마비말장애 유형을 모두 고른다면?
   (1) 경직형(spastic)   (2) 운동과다형(hyperkinetic)
   (3) 운동감소형(hypokinetic)   (4) 이완형(flaccid)

6. 경직형 마비말장애 환자에게서 다음의 증세들이 관찰되어 마치 뇌간의 장애처럼 보일 수 있다고 하여 붙여진 영어 용어는?

   • 삼킴장애(dysphagia)
   • 심한 감정기복(labile affect)

7. 다음의 각 말장애 요소의 특징이 서로 반대로 발현될 수 있는 말장애 유형으로 짝지어진 것을 모두 고른다면?
   (1) 말속도(speech rate): 경직형 vs. 운동감소형
   (2) 음성 질(voice quality): 경직형 vs. 이완형
   (3) 교대운동속도 수행의 규칙성(regularity of AMR): 실조형 vs. 이완형

8. 이완형 마비말장애를 일으킬 수 있는 손상 부위가 아닌 것은?
   (1) 뇌신경의 축삭   (2) 신경근접합
   (3) 운동피질의 핵   (4) 혀근육

9. Darley, Aronson & Brown 연구팀에서 발표한 연구 논문에 따르면 환자 샘플에 대한 등간 척도법을 활용한 측정을 하였다. 그러나 이는 감각-지각의 본질(sensory-perceptual nature)을 무시하게 되는 방법일 수 있다. 이에 대한 대안으로 제시될 수 있는 방법으로서 '계수'를 주고 그에 준하여 점수를 주는 측정법을 무엇이라 하는가?

10. 다음의 각 말 특색 및 장애 설명에 적합한 용어를 영어로 적어 넣으시오.
   (1) 단어나 구의 강박적인 반복으로 말이 빨라지는 듯한 느낌을 주는 현상
   (2) 서로 다른 두 개의 음도(pitch)가 동시에 들리는 현상
   (3) 외설스런 언어 및 욕설

(4) MPT 수행 시에 흔히 관찰되며, 7~12Hz 정도의 낮고, 빠른 음성 떨림(voice tremor) 현상
(5) 성대마비 등으로 인하여 흡기 시에 들리는 그렁그렁 소리
(6) 말 명료도와는 상관없이 '이상하고 기괴한 말'

11. 비구어 과제 중에 조음기관의 움직임을 평가할 때 관찰해야 할 세 가지 주요 평가 요소는?

12. MPT 길이가 5초 이하를 보였으나, AMR 과제나 발화 수행력(예: 발화 길이)에서는 정상 소견을 보인 현상을 어떻게 해석할 수 있는가?

13. 말 명료도와 자음 정확도의 차이점은?

14. 다음의 환자 평가 결과에 준하여,

- 구역반사 검사를 위하여 설압자로 양쪽 연구개/인두벽을 자극했더니 양쪽 모두에서 구역반사가 관찰되지 않음
- 발화 시에 과다비성 등의 공명장애는 관찰되지 않음
- 삼킴 시에 인두강에 음식물 잔여물이 없음

(1) 어떤 뇌신경이 평가되었는지 적고,
(2) 환자의 정상 여부를 판단해 보고(정상 혹은 비정상),
(3) 그 판단의 이유를 간단하게 설명하시오.

15. 최대발성시간의 규준에 대한 설명으로 옳지 않은 것은?
(1) 노년층에서는 수행력이 대체적으로 감소한다.
(2) 전반적으로 남자와 여자 간의 성별 차이가 있다.
(3) 남자의 경우에는 15초 전후의 수행력이 정상이다.
(4) 남자, 여자 모두 25~44세 사이에서 최대수행력을 보인다.

16. 교대운동속도 과제의 규준에 대한 설명으로 옳은 것은?

(1) /퍼/, /터/, /커/ 모두에서 남자와 여자 간의 성별 차이가 없다.

(2) 중년 여자의 경우에는 5초당 20회 전후의 수행력을 보인다.

(3) 중년 남자의 경우에는 5초당 25회 전후의 수행력을 보인다.

(4) 연령이 증가하여도 수행력이 대체적으로 그대로 유지된다.

17. 경험에 좌우되는 가소성 원칙과 그 설명으로 옳은 것은?

(1) Use it or lose it: 특정한 뇌기능을 충분히 활용하면 향상된다.

(2) Intensity matters: 뇌 가소성을 일으킬 만한 충분한 훈련량이 필요하다.

(3) Time matters: 의도적인 목표(점)가 필요한데, 훈련 경험의 본질에 따라 뇌 가소성이 결정되기 때문이다.

(4) Salience matters: 어떤 훈련을 받음으로써 생기는 반응에 의한 뇌 가소성은 그와 비슷한 행동을 습득하는 데 유리하다.

18. 구강운동 연습을 일부 환자들에게만 선택적으로 사용해야 하는 이유를 두 가지 든다면?

정답

1. (1)
2. (4)
3. (4)
4. (1) ○ (2) × (3) ○ (4) ×
5. (2) (3)
6. pseudobulbar palsy
7. (2) (3)
8. (3)
9. 직접 크기 추정법
10. (1) palilalia (2) diplophonia (3) corprolalia (4) flutter (5) stridor (6) bizarreness
11. 속도, (운동)범위, 규칙성
12. MPT 평가에서는 5초 이하를 보여 전반적인 호흡량은 부족한 것으로 판단된다. 다만, AMR 과제나 발화 수행력에서 정상 소견을 보임으로써 여러 차례의 들숨을 활용하여(또는 중간에 쉼을 넣어 주면서) 정상적인 수행이 가능한 것으로 생각된다.
13. 자음 정확도는 자음만을 분석 대상으로 화자가 자음을 '얼마나 명확하게 발음하느냐'를 나타내는 척도로서, 바르게 조음된 자음의 수를 전체 자음의 수로 나누어 100을 곱한 백분율로 표시한다. 말 명료도는 화자의 말이 음향학적 소리로 전달될 때에 청자의 입장에서 주관적으로 느끼는 '말을 알아듣는 정도'이다.
14. (1) 10번 (2) 정상 (3) 만일 비정상이라면 구역반사가 한쪽에서만 관찰되지 않는 경우가 많다. 여기서는 정상인처럼 구역반사가 양쪽 모두에서 관찰되지 않았고, 공명장애나 삼킴장애가 나타나지 않았으므로 정상일 개연성이 높다.
15. (3)
16. (1)
17. (2)
18. 첫째, 비구어 훈련은 주로 근력을 증진시키기 위한 목적으로 활용되며 모든 마비말장애 환자가 약증을 보이는 것은 아니므로 비구어 훈련이 모든 환자에게 적합하다고는 할 수 없다. 둘째, 비구어 훈련 과제가 반드시 구어 운동기능에 직접적인 연관이 있지는 않을 수 있다. 비구어 운동은 대부분 최대수행력을 추구하는 반면에, 말산출에 필요한 근육이나 힘 등은 전체를 필요로 하기보다는 그 일부만을 요구한다.

제 10 장

기타 (신경)말장애

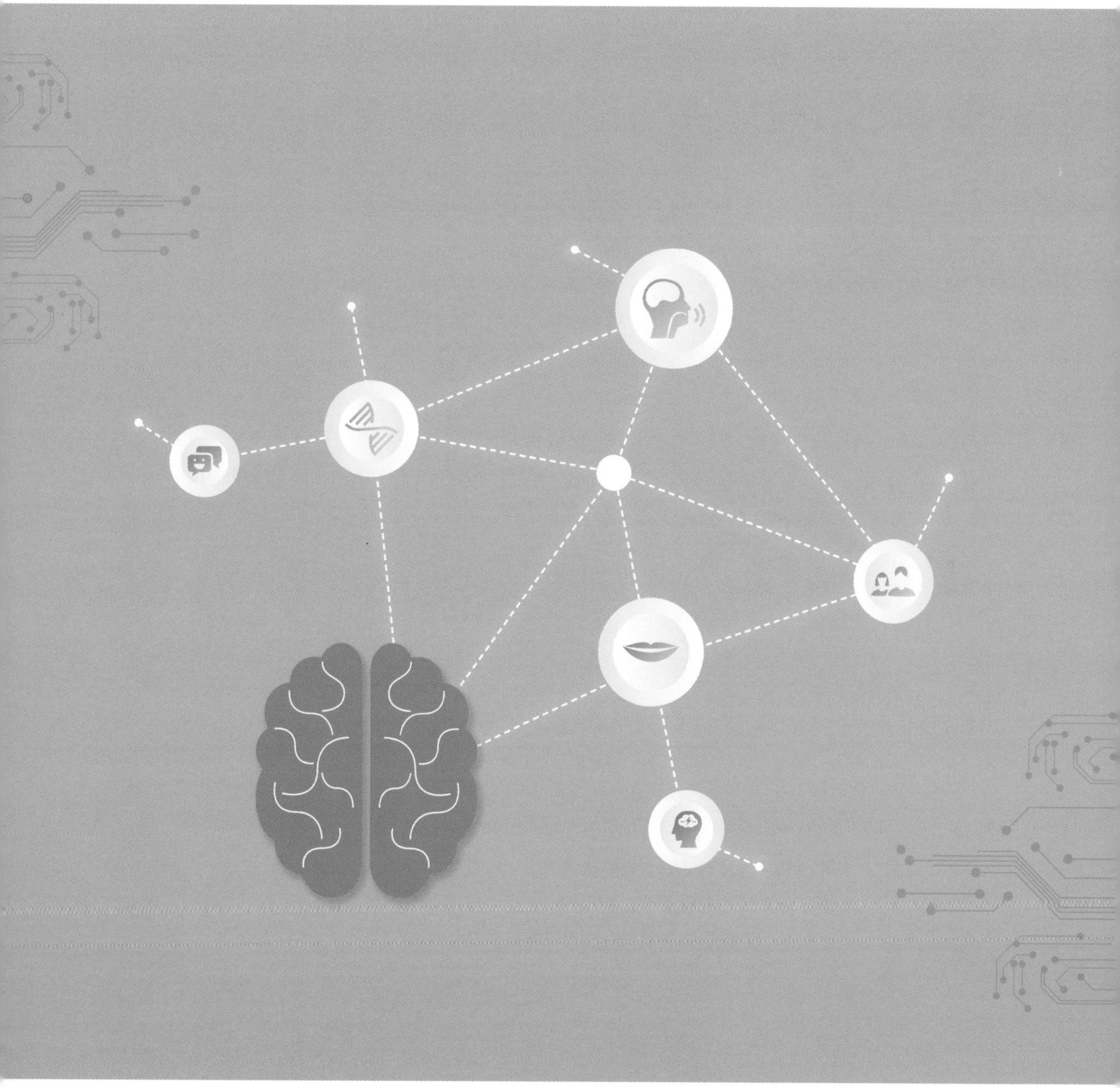

학습목표

- 후천성 유창성 장애를 설명할 수 있다.
- 함구증의 하위 유형을 구별할 수 있다.
- 심인성 말장애를 다른 유형의 말장애와 구별할 수 있다.

이 장에서는 앞서 다루었던 마비말장애나 말실행증 등을 제외한 말장애인 후천성 유창성 장애, 함구증, 심인성 말장애 등에 대하여 알아보도록 한다. 후천성 유창성 장애acquired fluency disorder는 신경학적 원인 등으로 인하여 말의 유창성에 변화를 보이게 되는 장애로서 말더듬, 동어반복증 등을 포함한다. 함구증mutism은 어떤 이유에서든지 말을 '못' 하거나 '안' 하는 증세이며 다양한 원인으로 유발된다. 또한 비록 흔하지는 않지만 신경학적 검사로는 제대로 잘 드러나지 않는 심인성psychogenic 장애의 형태로도 말장애가 나타날 수 있다. 신경 손상에 따른 우울증이나 불안이 말장애를 악화시킬 수 있으므로 말장애에 대한 정신병리학적 관점(예: 정신건강의학과)에서의 세심한 관찰 및 치료 방안이 요구된다.

1. 후천성 유창성 장애

1) 신경말더듬

신경말더듬neurogenic stuttering은 뇌손상이나 뇌질환으로 야기된 말더듬증이다. 신경말더듬을 일으키는 가장 흔한 원인 질환으로는 뇌졸중을 들 수 있다. 그 밖에도 뇌종양, 퇴행성 중추신경질환, 외상성 뇌손상, 치매, 파킨슨병 등도 원인으로 꼽힌다. 신경말더듬을 유발하는 뇌병소로는 전두엽, 특히 좌측 보충운동영역 등의 피질영역, 그리고 조가비핵putamen, 줄무늬핵striatum, 시상thalamus 등의 피질하영역이나 소뇌 등을 포함한 기저핵 제어회로control circuit가 주로 보고된다. 회복이 되지 않고 오래 지속되는 경우에는 양반구 손상인 경우가 많다.

신경말더듬은 독립적으로 나타나거나 다른 말·언어장애와 복합적으로 나타난다. 뇌졸중 환자가 실어증과 함께 말더듬을 보이는 경우가 있다. 동반되는 실어증

표 10-1 신경말더듬과 발달성 말더듬의 비교

	신경말더듬	발달성 말더듬
원인	신경계 손상 또는 질환	유전적, 신경학적, 환경적 요인
병소	좌측 피질, 피질하영역(기저핵 제어회로), 양반구	뇌기능의 비대칭, 구조적 신경해부의 차이
증상	반복, 연장, 막힘	반복, 연장, 막힘
부수적 증상	거의 없음	얼굴 찡그리기 등이 관찰되며, 중증도가 심할수록 증가함

의 유형은 유창성 실어증(예: 베르니케실어증)이나 비유창성 실어증(예: 브로카실어증) 어느 것이든지 가능하다. 한편, 신경말더듬은 질환의 발병 초기부터 생기지 않고, 다른 말 · 언어장애가 회복되면서 보이는 경우도 있다. 예컨대, 심도의 말실행증으로 인하여 신경말더듬 증세가 나타나지 않다가(즉, 무증상적$_{\text{asymtomatic}}$), 말실행증이 회복되어 말을 할 수 있게 되면서 신경말더듬이 보이기도 한다.

신경말더듬은 발달성 말더듬과 마찬가지로 반복, 연장, 막힘 등이 나타난다(〈표 10-1〉 참조). 그러나 반복이 음소나 단어 일부에 두드러지며 목표어의 초성에만 국한되지는 않는다. 그리고 얼굴 찡그리기 등과 같은 부수적 행동이 거의 보이지 않는다. 또한 동일한 자극어를 계속하여 연습하면 생기게 되는 적응 효과 등은 대부분 관찰되지 않으며 지연 청각 피드백$_{\text{DAF}}$의 도움도 거의 받지 못한다.

신경말더듬에 대한 치료에 있어서는 전통적인 발달성 말더듬에 대한 치료법은 그다지 효과적이지 않다. 그러나 쉬운 시작기법$_{\text{easy onset}}$이나 겉으로 드러난 연장$_{\text{overt prolongations}}$ 등의 통제기법은 도움이 된다는 보고도 있다. 발달성 말더듬과 마찬가지로 치료 효과는 개인차가 있으며 말더듬 정도가 심한 경우에는 치료가 어렵다. 예후는 통상적으로 뇌의 손상 정도, 질환 종류, 수반되는 말 · 언어장애에 따라 달라진다.

2) 동어반복증

비유창한 신경말더듬과는 반대 개념으로서의 동어반복증$_{\text{palilalia}}$은 과도하게 유창한 발화의 형태로 들리는 말장애이다. 동어반복증은 자신의 발화 중 단어, 구, 문장 부분 등의 목표어를 강박적으로 반복하며, 반복 지점은 주로 목표어의 뒷부분이다. 반복할 때에 목소리가 작고, 말속도가 빨라지기도 한다. 동어반복증은 명제구어에서 두드러지며, 자동구어, 따라말하기, 읽기 등에서는 현저히 줄어들거나 관찰되지

표 10-2 동어반복증 환자의 발화 샘플의 예

T: 몇 시에 약을 드셨죠?

P: 아침 한 10시 전이나.

T: 지금이 아침 10시 17분이에요.

P: 10시 반 10시 반⋯ 10시 반이야 10시 반.

T: 아침에 약 드셨죠? 아침 몇 시에 드셨어요?

P: 7시 반 7시 반 7시 반.

T: 그럼 몇 시에 드셔야 돼요? 다음 약은.

P: 12시 12시에 먹어야 12시에 먹어야 12시 12시 20분⋯ 12시 20분⋯.

T: 12시 20분에 드셔야 돼요?

P: 점심은 점심은.

T: 그럼 1시경에 약 드시게 되는 건가요?

P: 그럼 지금이⋯ 눈이 안 보여 눈이 안 보여 눈이 안 보여

T: 환자분 공부는 어디까지 하셨어요?

P: 초등학교 3학년 댕겼어 초등학교 3학년.

T: 3학년 중퇴요?

P: 네.

T: 지금 말하시는 거 불편하신 사항을 저한테 이야기를 좀 해 보세요. 뭐가 제일 불편하신지요.

P: 말이 서가(혀가) 안 되는 말 안 되고의 서가(혀가 잘 되는 말 잘 되고이, 호흡이 빨라갔고 숨이 가프고 말이 빨라지고잉 또 안 되는 말 절대 안 되고 속으로 말을 속으로 속으로 안 나와 아이 힘들어힘들어 힘들어 말이 빨라 말이 빨라⋯ 말이 잘 되는 말 잘 되고 안 되는 말 안 되요⋯ 선생님이 전화통화를 했거든요⋯ 목요일날 목요일날⋯ 전화와갔고는⋯ 월요일날⋯ 월요일날 월요일날⋯ 왔는데⋯ 언어장애도 처음에는 그랬어요⋯ 나중에는⋯ 하나마나요⋯

T: 안경이 필요하신가요?

P: 눈이 안 보여 안 보여 안 보여. 오오오른쪽이 잘 안 보이는데.

T: 오른쪽 눈을 가리시고요 손으로 가리세요.

P: 안 보여 안 보여. 눈이 안 보여 노안이라 노안이라.

P: 즉석에서 말하면 잘 되는데 즉석에서 말하면 잘 되는데 얘기하면 안 돼요 말이 안 돼요 내가⋯.

T: 치료사, P: 환자.

않는다. 눈 깜박임이나 찡그리기 등의 부차적 이상행동은 보이지 않는다. 동어반복증은 운동감소형 마비말장애를 보이는 파킨슨병, 알츠하이머병, 또는 진행성 핵상마비 환자들에게서 관찰될 수 있다. 아직까지 동어반복증의 기전은 정확하게 밝혀진 바는 없으나 특발성 파킨슨병$_{\mathrm{IPD}}$ 환자의 경우에는 장기간의 약물치료에 대한 후유증의 일종인 운동이상증$_{\mathrm{dyskinesia}}$인 것으로 해석하기도 한다. 동어반복증을 유발하는 뇌병소는 양측 기저핵이다. 〈표 10-2〉에서는 동어반복증 환자의 발화의 예를 제시하였다.

3) 반향어증

자신의 발화를 반복하는 동어반복증과는 대조적으로 반향어증$_{\mathrm{echolalia}}$은 상대방의 발화를 전체 혹은 부분적으로 반복하는 증세를 일컫는다. 실어증 환자에서 반향어증이 관찰되는 경우에는 따라말하기만 상대적으로 보존되는 혼합연결피질실어증$_{\mathrm{mixed\ transcortical\ aphasia}}$에서 주로 관찰된다. 심한 경우에는 실어증 검사 도중에 검사자가 말하는 '지시사항' 까지도 따라 하는 현상(예: 검사자 – "지금부터 제가 하는 말을 따라 말해 보세요.", 환자 – "따라 말해 보세요.")이 보이기도 한다('제4장 실어증' 참조).

2. 함구증

함구증$_{\mathrm{mutism}}$은 '말이 없는 증세'이다. 함구증의 하위 유형은 크게 말을 하고 싶어도 못하는 경우인 실구어증, 무동성 함구증, 감금증후군, 심인성 함구증과 말하기를 꺼리는 유형인 의지상실 함구증으로 나눌 수 있다.

1) 실구어증

실구어증$_{\mathrm{anarthria}}$은 말을 하고 싶어도 못하는 함구증의 대표적인 유형이다. 실구어증은 크게 두 가지 유형이 있다. 한 가지는 극심한 경직형 마비말장애의 심한 형태인 경직형 실구어증이다. 또 한 가지는 호흡기관, 발성기관, 조음기관 등의 근력이 과도하게 약해져서 전혀 움직이지 못하여 말을 구사하지 못하는 이완형 실구어증이다. 특히 말초신경계의 손상이 양쪽 모두에서 생길 때에 관찰될 수 있다. 심하게 약해진 근력으로 인하여 환자는 함구증 이외에도 침을 흘린다든지 삼킴장애를 보인다든지 하는 전형적인 구마비bulbar palsy의 증세를 보이기도 한다.

2) 무동성 함구증

무동성 함구증akinetic mutism은 인지-정동적cognitive-affective 장애의 일종으로 각성상태arousal가 떨어지거나 명료함alertness이 저하되며, 눈을 뜨고 있더라도 한 곳만 응시한다든지 눈맞춤이나 표정이 거의 없는 상태이다. 또한 외부 자극에 대한 반응이 거의 없으며, 발성을 포함한 수의적 운동이 전혀 불가능하다. 무동성 함구증은 뇌의 중간면 mesial surface에서 관찰되는 보충운동영역SMA과 같은 전두엽 영역이나 앞띠이랑anterior cingulate gyrus을 포함한 변연계를 포함한 전두-변연계 손상에 기인한다. 회복되면서 속삭이는 소리whispering만 내거나, 약간의 소리를 내더라도 운율적 표현이 매우 단조롭다. 말 치료는 널리 알려진 방법은 없으나 최근 연구에 의하면 도파민 약물이나 아토목세틴atomoxetine 약물로 언어를 포함한 인지기능 및 일상생활 기능이 향상된 것으로 보고된 바 있다.

3) 감금증후군

감금증후군locked-in-syndrome은 의식이 명료하고 인지는 정상이나 신체의 자발적인 운동이 전혀 이루어질 수 없는 상태를 말한다. 따라서 감금증후군 환자들은 눈짓이나 고갯짓을 이용한 대체의사소통alternative

잠깐!

잠수복과 나비

1997년에 번역되어 우리나라에 소개되었던 『잠수복과 나비』란 책을 읽어 본 적이 있는가? 중뇌midbrain 출혈로 온몸을 전혀 움직이지 못하고 눈 깜박임과 약간의 고갯짓만 가능했었던 감금증후군 환자인 프랑스 패션잡지 엘르의 편집장 Jean Dominique Bauby는 아래의 알파벳판을 이용하여 20만 번 이상 눈을 깜박여서 자신의 이야기를 글로 표현하였다. 그는 15개월 만에 완성한 책 출간 8일 후에 갇혀 있었던 잠수복을 벗어 버리고 나비가 되어 날아갔다. 그 실화를 바탕으로 만들어진 영화 〈Le scaphandre et le papillon〉은 2007년 제60회 칸 영화제에서 감독상과 2008년 제65회 골든 글로브 시상식에서 최우수 감독상, 외국어영화상을 수상하기도 하였다. 다음은 프랑스어 알파벳의 출현 빈도에 따라 배열된 철자 배치이다.

E S A R I N T U L
O M D P C F B V
H G J Z Y X K W

communication을 하게 된다.

4) 심인성 함구증

심인성 함구증psychogenic mutism은 정신적인 충격 등으로 유발되는 함구증이다. 뚜렷한 신경학적 또는 의학적 원인이 없이 발생하며 다음에서 다루게 되는 심인성 말장애로 분류될 수 있다.

5) 의지상실 함구증

의지상실 함구증abulic mutism은 말을 하기를 꺼리거나 주저하는 경우의 함구증이다. 여기서 의지상실증abulia은 환자의 의지가 결여되거나 상실되어 어떤 자극에도 무반응을 보이는 증세이다. 반응을 하더라도 말속도가 느리거나 음조 변화 등의 운율이 감소된다. 양측 전두엽이나 변연계의 손상에 기인한다.

3. 심인성 말장애

1) 전환 말장애

미국 정신의학회의『정신장애진단 및 통계 편람 제5편Diagnostic and Statistical Manual of Mental Disorders-V: DSM-V』에 의하면 전환장애conversion disorder는 뚜렷한 신경학적 또는 의학적 원인 없이 특정한 정신적 외상traumatic event을 계기로 수의적 운동 및 감각의 이상증세나 결함을 나타내는 장애이다. 전환 말장애conversion speech disorder란 이러한 전환장애로 인해 유발되는 말장애이다.

전환 말장애가 발성 단계에서만 관찰되는 경우에는 전환 발성장애conversion dysphonia라고 할 수 있으며, 음질이 변화한다든지, 음도나 음량이 정상적이지 않을 수 있다. 전환 발성장애의 한 형태인 전환 함구증conversion mutism은 전환장애가 원인이 되어 환자가 전혀 아무런 말소리를 못 내는 경우이다. 전환 말장애의 원인은 신경학적 검사로는 드러나지 않으므로 면밀한 환자 면담을 통하여 말장애의 발증과 정신적 외상의 상황이 시기적으로 연결되는지를 파악해야 한다. 환자 평가 시에 환자의 말증세가 비정상이었다가 다시 정상으로 돌아오는 수시적인 변화가 있을 수도 있다.

전환 말장애가 의심되는 환자에 대해서는 추가적인 심리검사가 요구되며, 정신과 의사나 상담심리전문가 등의 도움으로 전환장애를 유발한 정신적인 스트레스를 제거하는 데 치료의 시작점을 둘 수 있다. 말장애가 전환장애로 인한 것이 확실하고, 심리치료 등을 통하여 정신적 외상이 치유된다면 전환 말장애에 대한 치료를 진행할 수 있다.

잠깐!

1997년에 외환위기로 우리나라가 국제통화기금$_{IMF}$의 구제금융을 받았던 적이 있다. 그 당시 많은 사람이 경제적인 문제로 스트레스를 받았으며 그러한 심리적인 원인으로 여러 가지 이상증세를 나타내기도 하였다. 저자는 한 중년 여자 환자를 기억하는데, 신문을 읽게 했을 때 문화 관련 기사를 읽는 중에는 정상 조음을 보이다가 경제 관련 기사만 읽게 하면 과균등 강세$_{equal\ and\ excess\ stress}$와 마찰음이 폐쇄음으로 대치되는 특색을 보인 조음장애를 나타냈다. 또 다른 여자 환자는 내원 전날 밤에 가족과 심하게 다투고 잠든 후에 내원 당일 아침부터 전혀 소리를 못 내는 함구증$_{mutism}$의 형태로 말장애를 보였다. 함구증이 없어질 때까지 환자 가족이 받은 정신적 고통은 이루 말할 수가 없었다.

2) 우울성 말장애

우울증$_{depression}$이 유발하는 말장애의 가장 주요한 특성은 주로 단조로운 음도 및 음량, 즉 단음도$_{monopitch}$와 단음량$_{monoloudness}$이다. 또한 말속도는 느린 경우가 있으나 조음 정확도는 비교적 유지되고, 음질은 비교적 정상적이라는 점에서 운동감소형 마비말장애 환자와는 구별된다. 이처럼 우울증 환자의 말 특색은 그다지 특이하거나 그 정도가 심한 경우가 많지 않으므로 언어치료

잠깐!

phobia!

phobia는 그리스어인 'phobos'에서 유래된 단어로서 '공포증' 혹은 '두려움'이란 뜻이다. phobia가 붙은 말·언어 증세 용어를 몇 가지만 살펴보자.

'verbophobia': 단어 공포증
'nomatophobia': 이름 공포증
'numerophobia': 숫자 공포증
'graphophobia': (손글자)쓰기 공포증
'psellismophobia': 말더듬에 대한 공포증
'laliophobia': 말하는 것 자체에 대한 공포증
'glossophobia': 대중 앞에서 말하는 것에 대한 공포증
'phonophobia': 남이나 자신의 목소리 혹은 소음에 대한 공포증
'hippopotomonstrosesquippedaliophobia': 긴 단어에 대한 공포증

이쯤 되면 그리스어 용어나 복잡한 과학 용어에 대한 공포인 'hellenologophobia'를 느끼게 되지 않을까? 또한 요즘 같은 컴퓨터나 휴대폰 자판 글씨 시대에 우리 아이들에게 손으로 글씨를 쓰게 하면 아이들이 정말 'graphophobia'를 느끼게 되지는 않을까 싶다.

까지 진행되는 경우는 거의 없다.

이쯤 되면 그리스어 용어나 복잡한 과학 용어에 대한 공포인 'hellenologophobia'를 느끼게 되지 않을까? 또한 요즘 같은 컴퓨터나 휴대폰 자판 글씨 시대에 우리 아이들에게 손으로 글씨를 쓰게 하면 아이들이 정말 'graphophobia'를 느끼게 되지는 않을까 싶다.

3) 심인성 말더듬

심인성 말더듬psychogenic stuttering은 언어발달기가 지난 후에 주요한 정신적 충격과 연관되어 갑작스럽게 나타나는 말더듬증을 일컫는다. 원인은 다양할 수 있으나 불안감 등을 일으키는 사건(예: 가족이나 가까운 지인과의 사별), 본인의 심각한 건강상의 문제, 결별 등을 들 수 있다. 또한 교통사고 등과 같이 사건으로 인하여 직접적인 상해가 아닌 정신적 스트레스가 심인성 말더듬을 유발할 수도 있다.

참고문헌

양영란 역(1997). 잠수복과 나비. 서울: 동문선.

De Nil L, Jokel R, Rochon E (2007). Stuttering associated with acquired neurological disorders: Review, assessment and intervention. In Conture EG, and Curlee RF(eds.). *Stuttering and related disorders of fluency* (3rd ed.). pp.326-343. New York: Thieme.

Kim YH, Shin JC, An YS (2010). Treatment of chronic akinetic mutism with atomoxetine: Subtraction analysis of brain f-18 fluorodeoxyglucose positron emission tomographic images before and after medication: A case report. *Clinical Neuropharmacology, 33*(4): 209-211.

Duffy JR (2013). *Motor speech disorders: Substrates, differential diagnosis, and management* (3rd ed.). St. Louis: Elsevier Inc.

복습문제

1. 신경말더듬과 발달성 말더듬에 대한 설명으로 옳은 것을 모두 고른다면?
   (1) 모두에서 적응 효과가 관찰된다.
   (2) 모두에서 명백한 부수적 증상이 관찰된다.
   (3) '반복' 증상은 발달성 말더듬에서만 관찰된다.
   (4) 신경말더듬의 병소로서 피질하영역이 포함된다.
   (5) 신경말더듬을 수반하는 실어증은 대부분 유창성 실어증이다.
   (6) 신경말더듬은 다른 말 · 언어장애가 회복되면서 생기기도 한다.

2. 자신의 발화 중 단어, 구, 문장 부분 등의 목표어를 강박적으로 반복하는 말장애 현상은?

3. 반향어증이 가장 잘 관찰되는 실어증의 유형은?

4. 다음의 함구증 중에서 그 특색이 다른 한 가지는?
   (1) 실구어증
   (2) 무동성 함구증
   (3) 감금증후군
   (4) 심인성 함구증
   (5) 의지상실 함구증

5. 극심한 경직형 마비말장애로 인한 함구증을 무엇이라 하는가?

6. 심인성 말장애에 대한 설명으로 옳지 않은 것은?
   (1) 전환 말장애는 전환장애에 기인한다.
   (2) 전환 말장애가 발성 단계에서만 관찰되는 경우, 전환 함구증이라고 한다.
   (3) 우울성 말장애는 단조로운 음도 및 음량을 보인다.
   (4) 심인성 말더듬은 언어발달기가 지난 후에 발증한다.

정답

1. (4) (6)
2. 동어반복증(palilalia)
3. 혼합연결피질실어증
4. (5)
5. 실구어증(anarthria)
6. (2) *전환 함구증은 전환장애가 원인이 되어 전혀 아무런 말소리도 못 내는 증상임

제 11 장

아동기 말운동장애

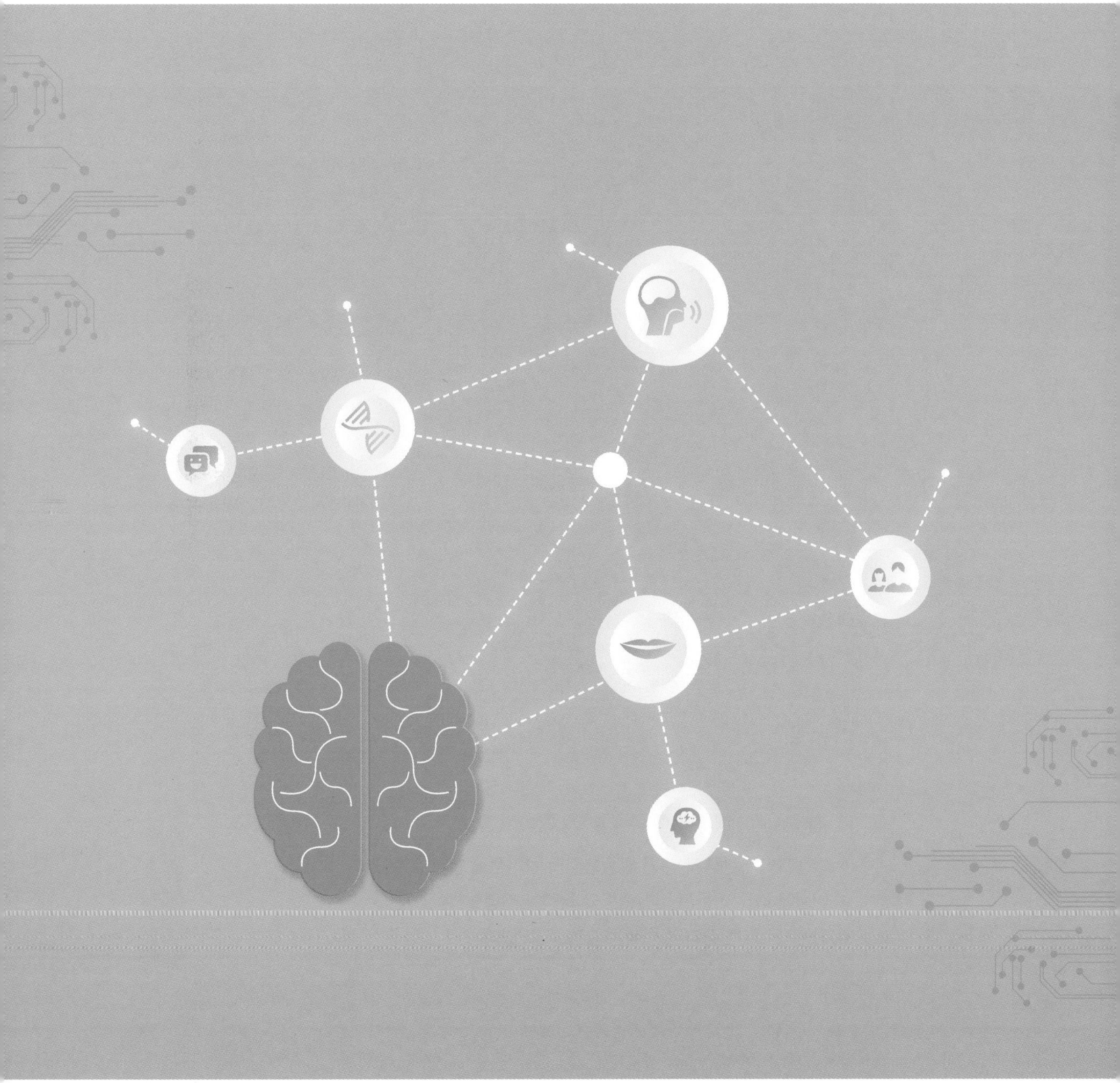

학습목표

- 아동기 말실행증과 성인 말실행증의 차이점을 설명할 수 있다.
- 연령에 따른 아동기 말실행증의 특색을 설명할 수 있다.
- 아동기 마비말장애의 특색을 설명할 수 있다.

신경계의 손상으로 인하여 아동기에 관찰되는 말운동장애는 장애 원인 및 손상 부위에 따라 다양하게 발현된다. 주요 원인은 외상성 뇌손상, 뇌졸중, 뇌암, 간질, 뇌성마비 등을 포함하며, 손상 부위는 원인에 따라 다양하다. 이 장에서는 아동기 신경말장애 중 말운동장애인 말실행증과 마비말장애에 대해 살펴보기로 한다. [그림 11-1]에서는 아동기 말운동장애의 모델을 제시하고 있다. 이 모델에서는 언어 처리 과정과 운동 처리 과정이 개별적이 아닌 하나의 연장선상에서 상호작용하는 것으로 묘사된다. 프로그래밍은 언어적인 측면에서는 계획적 동작planning praxis이고, 좀 더 운동적인 측면에서의 처리는 집행적 동작executive praxis이라 할 수 있다. 또한 아동기에서 보이는 말에서의 프로그래밍 장애, 즉 아동기 말실행증은 계획적 동작상의 문제와 집행적 동작상의 문제를 공유한다.

1. 아동기 말실행증

1) 정의

아동기 말실행증childhood apraxia of speech: CAS은 말실행증이 선천적으로 혹은 아동기에 발생하는 말장애이다. 여기서 실행증은 앞서 제8장에서 다루었던 성인 말실행증과 마찬가지로 이미 익혔던 동작(즉, praxis)을 제대로 실현하지 못하는 상태를 말한다.

구체적으로 아동기 말실행증은 말을 하기 위한 운동을 시공간적으로 계획하고 프로그래밍하는 데 생기는 문제가 아동기에 관찰되며, 운동의 정확성과 일관성이 저하되어 유발되는 조음장애이다. 이 때문에 아동들은 말소리 산출과 운율 모두에서 문제를 보이게 된다. 물론 아동에게서 보이는 말실행증은 아동의 발달적 상태가

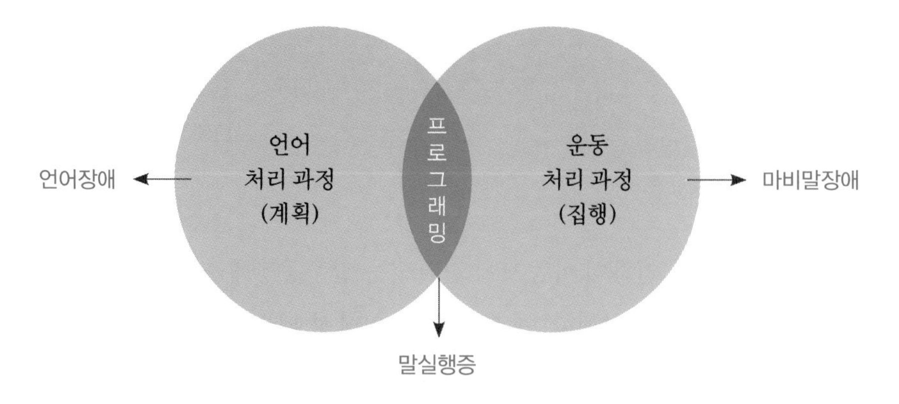

그림 11-1
아동기 말운동장애의 모델

언어 및 말 발달 과정에서 음운적 혹은 운동적 처리 발달에 영향을 미치게 되므로 아동기가 지난 이후나 성인기에 관찰되는 말실행증과는 구별된다(〈표 11-1〉 참조).

그런데 아동기 말실행증과 관련하여 오랫동안 논란되어 왔던 주요 쟁점 중의 하나는 '아동기 말실행증이 과연 실제적으로 존재하는가'와 그에 따라 '아동기 말실행증이 진단명으로서의 가치를 지니는가'이다. 논란이 되는 이유로는 대부분의 아동기 말실행증의 원인이 불분명하고 좀 더 일반적인 말장애, 특히 조음음운장애와의 구별이 쉽지 않기 때문이다. 그럼에도 불구하고 2007년 ASHA에서 발표된 기술 보고서technical report에 의하면 "말실행증은 아동에서 관찰되는 말소리 장애에 대한 뚜렷한 진단 형태로 존재하므로, 연구와 임상적 서비스가 요구된다."라고 밝히고 있다.

아동기 말실행증의 실체 자체가 논란이 되어 온 만큼, 아동기 말실행증의 용어도 다양하게 쓰여 왔다. 용어의 예로서는 developmental apraxia of speech(DAS), developmental verbal apraxia(DVA), childhood verbal dyspraxia(CVD), developmental articulatory dyspraxia(DAD) 등이 있다. 이 중 특히 DAS는 1974년 Yoss와 Darley에 의하여 처음 사용되고 그 개념이 소개되었다. 말실행증이 발달과정에서 관찰된다고 해서 많이 불려 온 용어이기는 하나 선천적 혹은 유전적 원인 등을 배제하는 용어라는 데 문제점이 있다. 따라서 근래 들어 널리 받아들여지고 사용이 권장되는 용어는 childhood apraxia of speech(CAS)이다.

표 11-1 아동기 말실행증과 성인 말실행증의 비교

	아동기 말실행증	성인 말실행증
원인	신경계 손상 혹은 원인 불명	주로 신경계 손상
동반 장애	조음장애 이외에도 감각장애, 언어장애 등이 흔하게 동반됨	순수하게 말운동장애만을 지칭함. 동반되는 언어장애는 별도로 '실어증' 이라 명명됨
자동발화와 명제발화 간의 차이	성인보다는 덜 두드러짐	자동발화 수행력이 명제발화보다 명백히 우월함
오류의 일관성	일관성 정도가 아동마다, 과제마다 다를 수 있음	상당히 비일관적임

2) 원인 및 출현율

아동기 말실행증이 발생하는 원인은 다음의 세 가지로 나눌 수 있다. 첫째, 뇌염, 외상성 뇌손상, 자궁 내 뇌졸중 등을 포함한 신경학적 원인이다. 둘째, 유전적 혹은 신진대사적 문제와 결부된 신경행동적 장애의 증상 중 하나로 나타난다. 셋째, 말의 발달기에 있는 아동들이 아무런 원인 없이 말실행증 특색들을 보이는 경우이며, 이 경우는 특발성idiopathic 말실행증이라 부른다. 원인이 무엇이든지 간에 학자들은 말실행증을 보이는 아동들의 자기공명영상MRI에서 비정상적으로 작은 꼬리핵[미상핵]caudate nucleus을 관찰하거나 비정상적인 유전인자를 확인하는 등의 연구 결과도 발표한 바 있다.

아동기 말실행증의 출현율은 아동 1,000명당 약 1~10명(0.1~1%) 정도이며, 조음음운장애를 보이는 아동 중에서는 약 5%를 차지한다고 알려져 있다. 그런데 ASHA (2001)에서는 학교 언어치료사가 담당하는 조음음운장애 아동의 17%가 말운동장애(말실행증 혹은 마비말장애)를 보인다고 보고한 바 있다. 이러한 수치 차이는 아동의 조음음운장애과 말실행증 간의 진단이 명확하게 내려지지 않는 경향 때문이라 여겨진다.

3) 특색

ASHA의 기술 보고서(2007)에 의하면 아동기 말실행증의 핵심적 특색으로 다음의 세 가지를 들었다.

첫째, 음절이나 단어를 반복할 때에 자음과 모음에서 관찰되는 비일관적 오류
둘째, 음소와 음절 간에 연음 이행$_{\text{coarticulatory transition}}$이 길어지거나 저해됨
셋째, 어휘 또는 구 강세 패턴을 산출하는 데 있어서 부적절한 운율

상기의 특색들은 과제의 복잡성, 증세의 중증도, 아동의 나이 등에 따라 다르게 출현된다. 한편, 아동기 말실행증이 조음운동에 어려움을 보이는 것이지만 그 어려움이 말생성에 관여하는 근육의 힘, 즉 근력$_{\text{muscle tone}}$ 문제로 생기는 것은 아니다. 또한 이 아동들은 말실행증 외에도 언어장애나 학습장애, 혹은 일반적인 운동 불협응을 보이는 경우가 많다. 언어장애가 동반되는 경우에는 이해성 언어장애보다는 표현성 언어장애가 빈번하며, 특히 문어에서의 표현언어(즉, 쓰기)장애로 인하여 학습장애가 생길 수도 있다.

아동기 말실행증은 성인 말실행증과는 달리 임상적으로 일관적인 신경학적 결과나 특정한 신경해부학적 손상이 동반하지 않는 경우가 많기 때문에 진단 내리기가 종종 어렵다. 앞서 〈표 11-1〉에서도 밝힌 바와 같이, 아동기 말실행증의 원인은 신경계 손상에 기인할 수 있으나 많은 경우에 원인이 밝혀지지 않는다. 반면에 성인에서의 말실행증은 주로 신경계 손상으로 생긴다. 아동은 발달하면서 말장애가 특히 두드러지는 상태에서 감각장애, 언어장애를 동반하는 상태로 말실행증이 관찰될 수 있으나, 성인에서의 말실행증은 순수한 말운동장애만을 지칭한다. 성인에서 신경계 손상으로 언어장애를 동반하는 경우는 별도로 '실어증', '원발진행실어증$_{\text{primary progressive aphasia}}$' 등의 진단명이 추가적으로 붙게 된다. 또 다른 차이점으로는 성인은 살아오는 동안 흔하게 구사하던 문구, 기도문 등의 자동발화를 명제발화보다 훨씬 우월하게 수행한다. 그러나 아동의 경우에는 아직은 덜 익숙해진 상태이고 뇌 속에 저장되어 있다고는 믿어지지 않으므로 그러한 과제가 좀 쉽기는 하나 성인보다는 쉽게 하지 못한다. 마지막으로, 오류의 일관성에 있어서 아동의 경우에는 일관성

정도가 아동마다, 과제마다 서로 다를 수 있어서 일관성이 아동기 말실행증의 진단 기준으로는 신뢰롭게 활용되기가 힘들다.

4) 평가

(1) 평가 단계

말실행증이 의심되는 아동에 대한 평가는 인지 영역과 언어 영역을 포함한 포괄적인 과정을 거쳐야 한다. 이로써 가장 심한 장애를 보이는 영역을 확인하고, 여러 영역의 장애들이 서로 어떻게 상호작용하는지를 파악해야 한다. 앞서 [그림 11-1]에서 제시된 아동기 말운동장애의 모델을 염두에 두고 언어(음운)장애인지, 운동 프로그래밍 장애인지, 운동 집행장애인지, 혹은 이들의 조합인지를 평가하게 된다. [그림 11-2]에서는 아동기 말실행증에 대한 평가 단계의 순서도를 제시하였는데 인지 단계, 언어(음운) 단계, 운동-프로그래밍 단계, 운동-집행 단계로 진행한다.

(2) 평가도구

인지 영역이나 언어 영역을 평가하는 도구들에 대한 설명은 이 책에서는 다루지

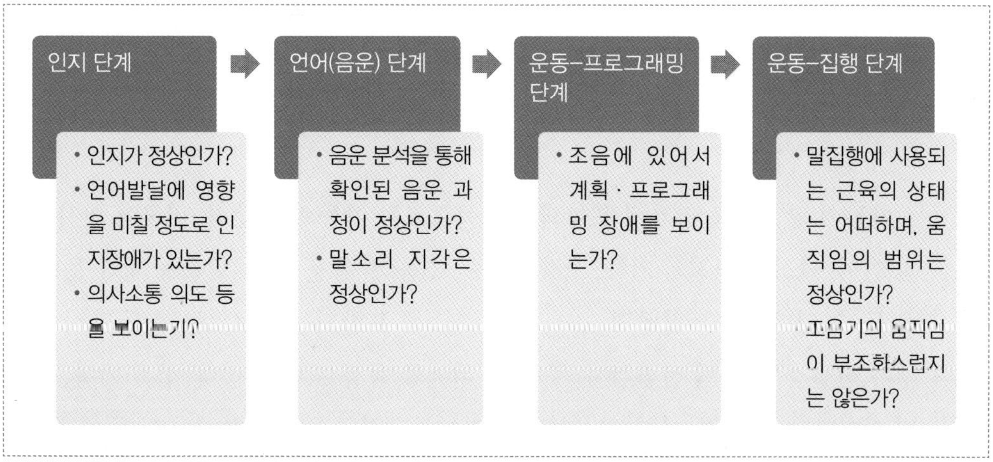

그림 11-2
아동기 말실행증 평가 단계의 순서도
아동기 실행증에 대한 평가는 인지 단계, 언어 단계, 운동 프로그래밍 단계, 운동 집행의 순으로 진행한다.

표 11-2 아동기 말실행증 평가에 유용한 검사도구

도구명	저자(연도)	평가 영역	대상 연령
Kaufman Speech Praxis Test for Children(KSPT)	Kaufman(1995)	아동기 말실행증	2;0~5;11
The Apraxia Profile	Hickman(1997)	구강실행증, 말실행증	3;0~13;0
Verbal Motor Production Assessment for Children(VMPAC)	Hayden & Square(1999)	구강기능 및 말운동: 전반적 운동 조절(global motor control), 국소적 구강운동 조절(focal oromotor control), 순서화(sequencing)	3;0~12;0
Oral Speech Mechanism Screening Examination-3	St. Louis & Ruscello(2000)	구강 구조 및 기능, 말운동: 입술, 혀, 턱, 치아, 구개, 인두, 연인두 기전, 호흡, 교호운동(DDK)속도	5;0~78;0
Screening Test for Developmental Apraxia of Speech(STDAS)-2	Blakeley(2001)	아동기 말실행증: Expressive Language Discrepancy, Prosody, Verbal Sequencing, and Articulation	4;0~12;0
Verbal Dyspraxia Profile	Jelm(2001)	말실행증: oromotor development, verbal dyspraxia, automatic and imitative oral-motor movement	np*

*np: not provided.

않겠으므로 언어발달이나 언어발달장애 문헌들을 참고하기 바란다. 아동기 말실행증 평가에 유용하게 쓰일 수 있는 검사도구를 〈표 11-2〉에 제시하였다. 이 도구들은 구강 구조, 비구어 구강운동, 말운동 기술 등을 평가하는 문항들로 구성되어 있다. 대상 연령은 최저 2~5세 정도부터 활용이 가능하다.

(3) 평가 항목

아동기 말실행증 평가에 포함되는 항목으로는 아동의 발달력, 비구어 의사소통 및 언어, 말산출 기전의 기능, 구강실행증, 조음 및 음운 평가, 말운동 평가 문항 등을 들 수 있다. 먼저, 발달력$_{\text{developmental history}}$에 포함되는 정보로는 출생 당시의 신생아 선별검사, 청력 선별검사, 중이염, 뇌전증 등을 포함한 병력, 섭식 기록, 행동 및 언어발달, 가족력, 사회심리적 상태, 언어치료력 등을 포함한다(〈표 11-3〉 참조).

〈표 11-4〉에서는 각 범주에서 행할 수 있는 평가 항목이 소개되었다. 이 중에서 구강 실행증의 유무를 확인하는 것이 필요하다. 왜냐하면 구강실행증이 아동기 말실행증에 미치는 영향은 확실하게 확인된 바는 없으나 구강운동의 불협응이 있는

표 11-3 발달력 평가 항목

시기	항목	구체적 사항
출생 당시	신생아 선별검사	아프가 점수(Apgar score)가 정상인가?
영유아	청력 선별검사	자동화된 청각뇌간유발검사(Auditory Brainstem Response: ABR)상에 이상이 없는가?
	신경운동 상태	미성숙 반사는 없는가? 근긴장도 문제는 없는가?
	중이염, 간질 등의 병력	중이염이나 간질 등을 앓은 적이 있는가?
	섭식 기록	빨기, 삼키기, 숨쉬기가 정상적이고 조화로운가? 기침이나 사레는 관찰되지 않는가?
	행동 및 언어발달	목 울리기(cooing)이나 옹알이(babbling)는 언제 등장하였는가? 정상 언어발달상의 자곤(jargon)은 많이 관찰되었는가?
전반적	가족력	언어지체나 학습장애 등과 같이 말장애에 영향을 줄 만한 가족력이 있는가?
	사회심리적 상태	보호자 및 부모와의 상호작용은 어떠한가? 가족 중 누가 의사소통 조력자로서의 역할을 하는가?
	언어치료력	언어치료를 받은 적이 있는가?

표 11-4 비구어, 구강실행증, 의사소통능력 평가 문항

범주	구조	평가 문항
구강 구조 및 운동/ 감각기능	턱, 혀, 입술	근긴장이 저하되는가? 구강실행증이 있는가? 과민반응이나 과소민감증이 있는가? 입술, 턱, 혀는 기능적으로 조화롭게 잘 움직이는가?
인두강 구조 및 운동/ 감각 기능	연인두	구역반사가 관찰되는가? 움직임이 저하되는가?
후두강 구조 및 운동/ 감각 기능	후두	헛기침을 할 수 없는가? 사레가 걸리지는 않는가?
비구어 의사소통능력		몸동작이 전혀 없는가?
언어		수용성과 표현성 언어 간의 차이가 현저한가? 표현 가능한 단어의 수는 어느 정도인가? 단어, 몸동작 등을 동원하여 문장을 구사하는가?

아동들은 아동기 말실행증이 의심되는 경우가 많기 때문이다.

또한 말실행증 아동들은 흔히 구강협응운동장애로 인한 삼킴장애도 함께 보일 수 있으므로, 음료수를 마시게 하여 액체를 흘리지 않는지, 입에서 잘 부서지는 과자를 먹게 하여 저작운동 시에 혀가 비정상적으로 움직이지 않는지 등을 관찰하는 것이 바람직하다.

〈표 11-5〉에서는 말 평가에 활용될 수 있는 문항들을 소개하였다. 먼저, 특정 과제가 주어지지 않은 자발화 상태의 발성에서 자음이 관찰되는지를 확인한다. 조음 측면에서 볼 때에 일반적으로 다양한 문맥에서 음성적 분절phonetic segments을 반복하게 하여 제대로 순서화sequencing할 수 있는 능력을 보게 된다. 즉, CV, VC, CVC, 단음절 단어 반복, 다음절 단어 반복, 구 반복, 다양한 길이의 문장 반복을 수행하게 한다. 단어 반복의 경우에는 성인 말실행증 환자에게 실시되는 단어를 활용할 수 있다. 그런데 반복을 시킬 때에 자극과 반응 사이에 시간차를 줌에 있어서 동시적 반복simultaneous repetition, 즉각적 반복immediate repetition, 지연적 반복delayed repetition, 지연적 연속 반복delayed consecutive repetition 등으로 다양하게 활용한다. 또한 비록 성인의 경우보다는 명백하지 않지만 자동말과 명제말 과제 간의 수행력 차이를 확인한다.

다음의 〈표 11-6〉에서는 아동기 말실행증으로 진단된 8세 3개월 남아의 말 오류 예를 제시해 놓았다. 목표어가 쓰여진 단어카드들을 네 차례 반복하여 읽도록 하였을 때에 반응에서 관찰되는 오류들이 불규칙적으로 변화하였다. 예컨대, 목표어 '라면' 에 대하여 '나면', '랑면', '아면', '나먼'으로 반응이 다양하였다. 이 아동이 보인 오류 유형으로는 첨가, 교차, 대치, 탈락 등이 있다.

표 11-5 말 평가 항목

과제	평가 사항
자발화	발성(vocalization)에서 자음이 관찰되는가?
음성적 분절의 반복	가능했던 특정 조음이 어느 순간에는 조음 오류를 보이는가? 과제의 길이, 복잡성 등이 증가하면 오류도 증가하는가?
자동말 대 명제말	자동 문맥에서는 가능하던 조음이 일부러 시키는 경우에서는 오류를 보이는가?
운율	정상적 운율이 등장하는가? 운율이 변별적으로 쓰이는가?
말 명료도	전반적인 말 명료도는 어떠한가?

표 11-6 아동기 말실행증 8세 3개월 남아의 말 오류 예

목표어	1차 반응	2차 반응	3차 반응	4차 반응
라면	나면	랑면	아면	나먼
보석	보석	복섭	복석	보석
하늘	하능	하는	하늘	하능
맥박	배박/맨반	맥바	맨받	맨바
콩떡	콩떡	콩떨	쿠떡	콩떡
잠자리	잠자리	차자님	잠자리	잠자리
태극기	태국기	택극기	태극기	택극기
자물쇠	자무쇠	장무쇠	장룩쇠	자무쇠
노른자	노른자	노르차	도르자	노른자
지리산	지리사	지리산	자리상/지리상	자리산
바느질	바느지	바눅지	바느질	박느지
대장군	대자군	대장군	대장궁	대작궁
짜장면	짜잔면	짜장며	짜장면/짜장명	짜장멍
만두국	만두구	만국구	만두구	만두국
느티나무	쓰티나무/느티나무	느티나무	느치나무	치느나무
동그랑땡	종그라때	동긍라땡	동그땡	동그랑땐

/ 다음은 아동이 자가수정한 발화임.

(4) 감별진단

아동이 중증 말장애를 보일 때에 그 말장애가 중증 음운장애severe phonologic disorder인지, 말운동장애motor speech disorder인지, 그리고 더 나아가 말운동장애 중에 아동기 말실행증 혹은 마비말장애인지가 감별되어야 한다([그림 11-3] 참조). 이를 위해서 언어치료사는 '운동 학습이론에 대한 지식이 있어야 하며, 아동기 말운동장애의 감별진단을 할 수 있는 역량'을 지니고 있어야 한다(ASHA 기술보고서, 2007).

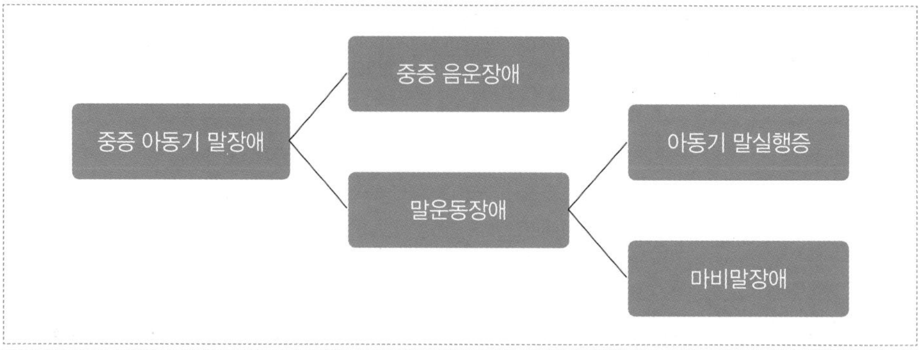

그림 11-3
아동기 말장애의 감별진단
아동이 중증 말장애를 보일 때에 그 말장애가 중증 음운장애인지, 말운동장애인지, 아동기 말실행증 혹은 마비말장애인지가 감별되어야 한다.

표 11-7 아동기 말실행증, 음운장애, 마비말장애 간의 감별진단을 위한 영역별 특징 비교

영역	아동기 말실행증	음운장애	마비말장애
원인	신경학적, 원인 불명	원인 불명	신경학적
언어	통사발달 문제, 읽기 및 철자발달 지연	문제없음	문제없음
음성영역	• 음질: 문제없음 • 음도, 음량: 조절능력은 양호하나 제한적인 운율을 보일 수 있음	• 음질: 문제없음 • 음도, 음량: 조절능력은 양호하나 제한적인 운율을 보일 수 있음	• 음질: 마비말장애 유형에 따른 음성 특징을 보임 • 음도, 음량: 조절능력이 떨어지며 단조로운 운율
초분절적 영역	말속도, 리듬, 강세 등이 무너짐	문제없음	마비말장애 유형에 따른 문제 보임
말산출 근육 상태	약화, 부조화, 마비 없음	약화, 부조화, 마비 없음	약화, 부조화, 마비 등을 보임
구강운동	구강실행증을 동반하는 경우를 제외하고 불수의적 구강운동에 문제없음	문제없음	약화, 부조화, 마비 등으로 인하여 구강운동의 어려움 보임
삼킴영역	구강실행증을 동반하는 경우에는 침 흘림, 문제없음. 간헐적인 사레, 음식 씹을 때 부자연스러운 혀운동이 관찰됨	문제없음	약화, 부조화, 마비 등으로 인하여 삼킴장애를 보일 수 있음

조음영역	• 비일관적 조음 오류 • 대치, 생략, 첨가, 반복 오류 • 모색 현상(groping) • 모음이 중앙화되는 경향이 있음 • 느린 교호운동(DDK) • 명제발화가 자동발화보다 어려움 • 발화 길이가 증가함에 따라 오류도 증가함	• 일관적 조음 오류를 보이며 오류 유형이 특정한 범주로 묶임(예: 전설화, 파열음화) • 대치, 생략, 왜곡 오류 • 생략 오류는 초성보다 종성에서 빈번함 • 모음 오류는 흔하지 않음 • 명제발화와 자동발화 간의 수행력 차이 없음 • 긴 발화에서 어려워하는 경향성 있음	• 일관적 조음 오류 • 주로 왜곡 오류 • 명제발화와 자동발화 간의 수행력 차이 없음 • 발화 길이에 따른 수행력 차이 없음

〈표 11-7〉에서 제시된 바와 같이 아동기 말실행증은 여러 영역에서 임상적 관찰을 통하여 음운장애나 마비말장애로부터 감별진단되어야 한다. 먼저, 원인에 있어서 아동기 말실행증은 신경학적 원인으로 밝혀질 수도 있고 특발성으로 나타날 수도 있는 반면, 음운장애의 대부분은 원인 불명이며, 마비말장애는 신경학적 원인으로 발생한다. 소·대근육(협응)운동, 구강운동이나 삼킴 등에서 음운장애 아동은 비교적 정상 기능을 보이는 반면, 말실행증 아동들은 운동기능의 어둔함을 보인다든지 삼킴기능에서 침 흘림, 간헐적인 사레, 음식을 씹을 때 비정상적 혀운동 등이 관찰되기도 한다. 조음기능에 있어서는 음운장애 아동과 마비말장애 아동은 특정 조음이나 모음 환경, 문맥에 따라 비교적 일관적인 오류를 보이는 반면, 아동기 말실행증은 오류가 상당히 변이적이다.

이처럼 드러나는 차이점에도 불구하고 감별진단이 쉽지만은 않은데, 그 이유로는 적어도 다음의 네 가지를 들 수 있다. 첫째, 임상에 종사하는 언어재활사들이 감별진단을 위해 참조로 할 수 있는 정보가 미비하거나 부재하기 때문인데, 예로서 통일된 진단 기준gold standard이 제시되지 않았다. 둘째로는, 아동기 말실행증은 경도부터 심도까지 그 중증도가 다양하고 신경 체계가 성숙되면서 변화하는 역동적 증세이기 때문이다. 실질적으로, 표현할 수 있는 말소리나 어휘의 목록이 거의 없는 아동의 경우에는 중증 음운장애인지 혹은 말실행증인지를 알아내는 일이 쉽지 않다. 이때에는 말소리나 어휘 표현이 어느 정도 가능할 때까지 기다렸다가 최종 진단을 내려야 할 수도 있다. 셋째, 아동이 어릴수록 주의폭attention span이 짧고, 협조하기 힘들며, 아직까지 인지능력이 덜 발달되기 때문에 정확한 진단을 내릴 수 있을 정도로 장시간의 말운동 검사가 힘들 수 있다. 넷째, 아동이 순수하게 말장애만 보이는 것이 아니라 운동장애로 인하여 음운발달이나 어휘발달이 지연되는 등의 연관 문제를 보일 수 있다. 또한 주의력 결핍 및 과잉행동장애, 학습장애, 발달장애, 청각장

표 11-8 연령 정도에 따라 아동기 말실행증 특색

아래 연령대의 아동	위 연령대의 아동
✓ 아이가 거의 소리를 내지 않는가? ✓ 소리나 음절을 흉내 내지 않는가? ✓ 유아기에 '목 울리기(cooing)'나 옹알이(babbling)를 하지 않거나, 내더라도 자음이 거의 없고 모음과 같은 발성(vocalization)만 들리는가? ✓ 따라 말하게 시키면 하기 싫어하거나 거의 시도를 하지 않는가? ✓ 또래에 비하여 말소리 습득이 지체되는가? ✓ 빨기(sucking) 반응에서 협응 문제가 관찰되는가? ✓ 첫 단어의 산출이 늦고, 단어의 음소 및 소리 생략이 두드러지는가? ✓ 어려운 음소를 쉬운 것으로 대치하거나 생략하는 경향을 보이는가? ✓ 이중모음 산출에 어려움을 보이는가? ✓ 단어의 명료도가 떨어지는가? ✓ 동작, 모음과 같은 소리, 다른 수단을 통하여 의사소통을 하려 하는가? ✓ 다른 사람이 잘 못 알아듣는 것에 대한 좌절감을 표시하는가? ✓ 섭식기술에는 문제가 없어 보이나 침을 흘리는가? ✓ 삼킴장애가 있는가?	✓ 말소리 오류: voicing 오류, 조음 복잡성에 따라 관찰되는 말소리 오류(이중모음>단순모음; 자음군>마찰음>파열음>비음), 모음 오류 ✓ 음소나 음절의 전위(transposition) 오류 ✓ 개별 음소나 CV 환경에서는 문제가 없으나 특정한 연속 조음 환경에서 오류를 보이는가? ✓ 긴 단어나 문장 길이에서 오류가 증가하는가? ✓ 조음배열(articulatory congifurations)을 성취하거나 유지하는 어려움을 보이는가? ✓ 비일관적 조음 오류가 미성숙만으로는 설명되기 힘든가? ✓ 오류가 조음 복잡성에 따라 변화하는가? ✓ 말속도가 느려지면 조음 정확성이 증가하는가? ✓ 모든 단어에 공통적으로 잘 쓰는 음절이 있는가? ✓ 단어 자체를 다른 단어나 비단어 등으로 대치하는가? ✓ 언어 이해력에 비하여 표현력이 현저하게 떨어지는가? ✓ 말모방에 어려움을 보이는가? ✓ 소리 산출이나 조음기관 협응 노력이 시각적으로(예: 모색 현상) 관찰되는가? ✓ 성문파열음으로 대치되면서 말소리가 뚝뚝 끊어지는가? ✓ 조음운동에 신경 쓰느라 적절한 운율 산출을 계획하지 못하는가? ✓ 다음절 발화를 생성할 때에 한 음절씩 또박또박 하도록 가르치게 되는가? ✓ 조바심 등의 정신적 스트레스가 말산출에 영향을 미치는가? ✓ 청자가 아동의 말을 이해하기 힘든가? ✓ 말 대신 동작이나 마임으로 대체하는가? ✓ 가족이 아동의 말을 대신 풀이해 주는가?

애 등이 함께 나타날 수 있다. 그러므로 여러 연관 장애 및 서로 다른 장애에서 보이는 특색들이 서로 겹치거나 영향을 미치므로 감별진단 과정에서 이를 평가하고 확인하는 일이 필요하다. 한편, 아동기 말실행증을 보이는 아동들 중에서도 아래 연령대의 아동과 위 연령대의 아동 간에는 〈표 11-8〉에서 제시된 차이점이 있다(ASHA; Davis & Velleman, 2000; Velleman & Strand, 1994).

(5) 평가 결과의 해석

평가 후 결과를 해석할 때의 유의사항은 다음과 같다. 먼저, 단편적인 정보만을 보지 말고 전체를 파악해야 한다. 왜냐하면 운동 계획이나 프로그래밍 장애가 얼마 만큼이나 전반적인 의사소통에 부정적인 영향을 미치는지를 확인해야 하기 때문이다. 혹은 동반 장애가 아동의 말장애에 미치는 영향은 어떠한가를 알아볼 필요가 있기 때문이다. 이로써 향후에 계획될 치료에서 우선순위가 무엇이 될 것인지가 결정되어야 한다. 예컨대, 의사소통 의도에 대한 중재가 말소리 산출 중재에 앞서 실시된다. 다음으로는, 평가를 하면서 아동에게 동기 부여에 중요한 요소(예: 어머니 요인, 장난감, 과자 등)는 무엇이었는지를 확인해야 한다.

5) 치료

아동기 말실행증은 나이가 듦에 따라 저절로 좋아지는 예는 극히 드물다. 물론 신경 가소성$_{\text{neuroplasticity}}$에 의하여 긍정적인 변화를 기대해 볼 수 있긴 하지만, 적극적인 중재를 통하여 최대한 빨리 치료를 시작함으로써 말실행증으로 인한 연관 장애를 최소화할 수 있다. 그렇다면 말실행증의 치료는 어떻게 이루어질 수 있을까? ASHA 기술 보고서(2007)에 따르면 아동 말실행증의 진단 및 치료는 운동 학습이론, 아동 말운동장애의 감별진단, 보완대체의사소통 및 보조공학에 대한 전문적 지식을 필요로 한다고 명시하고 있다(〈표 11-9〉 참조). 말실행증이 운동장애이므로 그 증세를 극복하기 위해서는 운동 학습이론을 응용한 치료법이 사용된다. 지금부터 운동 학습의 원칙에 대하여 알아보자.

(1) 운동 학습의 원칙

〈표 11-10〉에서는 아동기 말실행증 치료에 활용할 수 있는 운동 학습의 원칙으로 훈련 분산, 훈련 변이성, 훈련 일정, 피드백 유형, 피드백 횟수, 속도의 원칙을 제시하였다. 첫째, 훈련 분산$_{\text{practice distribution}}$에 있어서 회기 간 혹은 회기 내에서 과제를 어떻게 활용하는가에 대한 원칙이다.

집중적 훈련$_{\text{mass practice}}$이란 회기 간의 공백을 최소화하거나 혹은 한 회기 내에서 한 세트의 과제를 모두 수행한 후에 다시 한 세트의 과제를 반복하는 것을 의미한다. 분산적 훈련$_{\text{distributed practice}}$은 회기 간 긴 간격을 두고 치료하거나, 한 회기 내에

표 11-9 ASHA 기술 보고서(2007)에 명시된 말실행증에서 언어재활사의 역할

"It is the policy of ASHA that the Dx and Rx of CAS are the proper purview of certified SLPs with specialized knowledge in motor learning theory, skills in differential diagnosis of childhood motor speech disorders, and experience with a variety of intervention techniques that may include AAC and assistive technology"

ASHA의 방침에 따르면 아동기 말실행증에 대한 진단 및 치료는 운동 학습이론, 아동기 말운동장애의 감별진단 기술, 그리고 보완대체의사소통 및 보조공학을 포함한 다양한 중재법에 대한 경험에 있어서의 전문적 지식을 가진 공인된 언어재활사에 의해 행해져야 한다는 것이다.

표 11-10 아동기 말실행증 치료에 활용할 수 있는 운동 학습의 원칙

원칙	습득	유지
훈련 분산 (practice distribution)	집중적(mass)	분산적 (distributed)
훈련 변이성 (practice variability)	일관적 맥락(consistent context), 일관적 운율, 음도, 속도	변이적(varied)
훈련 일정 (practice schedule)	구획적(blocked)이고, 예측 가능한 순서 (predictable order)	무작위적(random)이고, 예측 불가능한 순서 (unpredictable order)
피드백 유형 (feedback type)	수행 지식 (knowledge of performance)	결과 지식 (knowledge of results)
피드백 횟수 (feedback frequency)	자주(often), 즉각적(immediate)	비일관적(inconsistent), 지연된(delayed)
말속도(speech rate)	느린	정상적·변화적

서 반복이 띄엄띄엄 이루어지는 것을 의미한다. 습득 단계에서는 집중적 훈련이 유용하고 유지 단계에서는 분산적 훈련이 바람직하다.

둘째, 훈련 변이성practice variability이란 맥락, 운율, 음도, 속도 등을 일관적으로 유지하여 훈련할 것인가 변화적으로 둘 것인가이다. 일관적인 경우에는 초기 습득 과정에 있어서 목표하는 한 가지 예에 계속적으로 훈련하는 것인 반면, 변이적 훈련은 유지 단계에서 목표하는 것의 속도, 음량, 운율 등을 바꾸어 훈련하는 것이다.

셋째, 훈련 일정practice schedule에 있어서는 구획적blocked이고 예측 가능한 순서predictable order로 집행하거나 혹은 무작위적random이며 예측 불가능한 순서unpredictable order로 훈련시키는 방법 중에 택일하게 된다. 구획적 훈련은 다음으로 넘어가기 전에 주어진 자극에 대하여 모든 훈련이 행해지는 것이다. 무작위적 훈련은 자극의 순서가 전 회기에 거쳐서 무작위적으로 분포하는 것이다. 한 가지의 운동을 여러 번 훈련하기보다는 일련의 운동이나 여러 가지의 운동 단위로 훈련하는 것이 훈련 효과를 유지하는 일반화에 유리하다. 즉, '밤'이 목표어인 경우에, '밤'이란 단어를 여러 번 반복시키는 것보다 '여름 밤', '시원한 밤', '밤이 좋아' 등을 한 세트로 묶어서 한꺼번에 훈련을 시킨다.

넷째, 피드백 유형에 있어서 아동에게 적절한 피드백을 제공할 때에 수행 지식에 대한 피드백을 줄 것인가 혹은 결과 지식에 대한 피드백을 줄 것인가를 결정한다. 수행 지식knowledge of performance의 피드백은 동작에 대한 정보를 학습자에게 제공하는 것이다. 예컨대, "그래 좀 더 가깝게.", "이제 좀 비슷하게 간다."라고 말하는 것이다. 그와는 대조적으로 결과 지식knowledge of results의 피드백은 특정 반응이 끝난 후에 목표와 비교한 언급을 하는 것이다. 예컨대, "맞아, 바로 그거야.", "다 맞았어." 등이라 말한다.

다섯째, 피드백의 횟수는 아동과 성인이 다르다. 한 연구에서 서로 다른 피드백 횟수가 아동과 성인의 기술 습득에 미치는 영향에 대하여 조사하였다. 그 결과, 아동의 경우에는 운동 학습을 최적화하기 위해서 성인에 비하여 좀 더 빈번한 피드백이 요구되었다.

여섯째, 말속도를 변화시켜 훈련을 함으로써 운동 계획에 적응을 시킨다. 습득 시기에는 될 수 있는 대로 말속도를 일정하게 느리게 하는 반면에, 유지 시기에는 정상 속도나 변화적 속도를 활용한다.

(2) 치료 계획

치료 계획을 세울 때에는 평가 결과를 종합하여 결과 간의 관계를 들여다보고, 음운적인 문제, 감각운동적 계획 및 프로그래밍, 집행 등의 여러 처리 단계 간의 상대적인 장애 정도를 확인하는 일이 중요하다. 특히 아동마다 각 처리 단계에서 보이는 장애의 정도가 다를 것이다.

(3) 치료 회기

계획, 프로그래밍, 산출이 반복적으로 훈련되어야 하므로 집중적이고도 개별적인 치료가 필요하다. 특히 기능적인 의사소통이 전혀 이루어지지 않는 아동에게는 더욱 필요하다. 아동기 말실행증의 경우에는 전통적인 치료와는 달리 주당 3~5번의 치료 회기가 바람직하다(ASHA Technical Report, 2007; Skinder-Meredith, 2001).

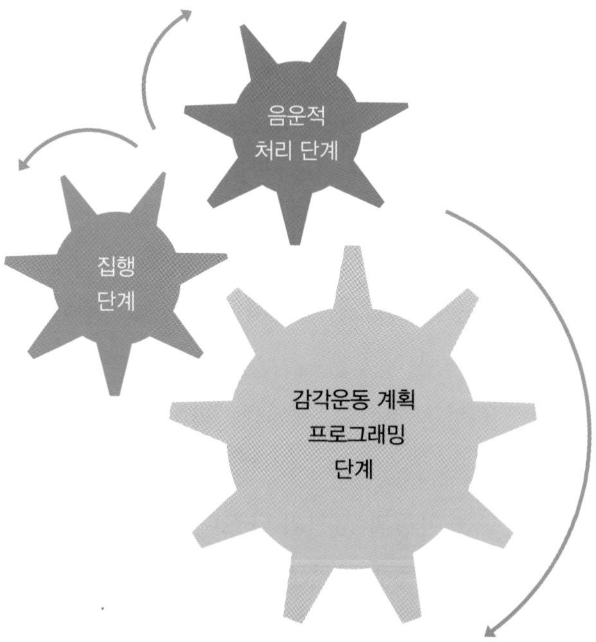

그림 11-4
여러 처리 단계 간의 상호 관계
치료 계획을 세울 때에는 음운적 문제, 감각운동적 계획 및 프로그래밍, 집행 등 의 여러 처리 단계 간의 상대적인 장애 정도를 확인하는 일이 중요하다.

(4) 자극 및 과제

아동의 말운동 계획을 발전시킬 수 있는 말소리 양상, 음절 형태, 음절 순서 등을 고려한다. 자극은 아동이 치료 초기부터 성공적인 산출을 유도할 수 있도록 구성해야 한다. 또한 학습된 부분이 일반화될 수 있도록 한다. 구어 의사소통의 효과를 증진시키기 위하여 자극어의 길이, 자극어의 복잡성 등을 고려하고 말소리 습득 순서를 염두에 두되, 반드시 그 순서를 따라갈 필요는 없다. 또한 동기 부여를 위하여 아동이 일상생활에서 충분히 활용할 수 있는 핵심 단어를 먼저 도입하는 것이 좋다. 아동이 치료 회기가 끝나고 치료실에서 나갈 때에 목표어를 중심으로 늘 사용할 수 있는 표현을 만드는 것이 좋다. 예컨대, 'ㅅ'을 활용해야 한다면 '이제 갈 시간이다'라는 표현을 활용한다.

아동기 말실행증의 치료는 운동장애의 단계에 적합하게 계획을 세운다. 구체적인 치료법은 성인 말실행증의 치료법과 유사하다. Haynes(1985)는 아동기 말실행증 치료 프로그램의 가이드라인을 다음과 같이 제시한 바 있다.

- 모방하기와 지시 따르기를 이용하여 혀와 입술의 움직임 모방하기를 훈련한다.
- 단순한 음절 구조(CV, VC, CVC) 내에서 모음과 자음을 연장하는 모방 훈련을 한다.
- 단어, 단어짝word-pairs, 구phrase에서 운동 양상과 연속성sequences을 훈련한다.
- 느린 말속도와 자가감시self-monitoring를 강조하며 전통적인 변별 훈련은 피한다.
- 개별 말소리와 일련의 말소리를 구강감각지각 인식oro-sensory perceptual awareness 및 기타 다른 단서기법cuing techniques을 사용하여 훈련한다.
- 치료를 자주 실시하고 체계적인 집중훈련systematic drills을 한다.
- 아동기 말실행증이 아주 심한 경우에는 필수어휘core vocabulary를 가르치는 것이 도움이 된다.
- 말 명료도가 너무 떨어져서 거의 알아듣지 못하는 경우에는 언어 체계를 발달시키고 일상의 의사소통을 돕도록 보완대체의사소통방법AAC을 활용한다.

음운적 오류에 기반한 아동기 말실행증 치료는 운동 원칙과 핵심 어휘를 강조하되 자극어는 특정한 목표 음운을 포함한다. 예컨대, 'ㅅ' 소리를 목표로 하는 경우에 의도적으로 'ㅅ' 소리가 들어간 음절이나 표현의 길이를 달리하여 훈련한다. 예컨대, '맛있어' → '밥이 맛있어' → '주먹밥이 맛있어' → '만든 주먹밥이 맛있어' → '엄마가 만든 주먹밥이 맛있어'를 들 수 있다.

역동적 시간촉각 단서 치료법Dynamic Temporal and Tactile Cueing: DTTC(Strand, 2004)은 높은 성공률을 목표로 많은 훈련을 이끌어 내기 위하여 고안된 치료법이다([그림 11-5]). 먼저, 치료사가 자극어나 발화를 들려줄 때에 아동은 치료사의 얼굴을 지켜보면서 모방한다("Watch me and say together"). 만일 아동이 모방을 하지 못하면 동시 산출을 유도하되, 말속도를 느리게 하거나 촉각/동작 단서를 제시하게 된다. 동시 산출 유도를 계속하되 치료사가 음량을 줄이거나 없애서 입모양으로만 자극을 들려줘도 즉시 반복이 가능할 때까지 계속한다.

만일 아동이 직접 모방이 가능하면 다양한 말속도와 운율의 조건에서 많은 산출을 이끌어 낸다. 이때 다양한 말산출 조건에서 아동이 어려워하면 다시 동시 산출

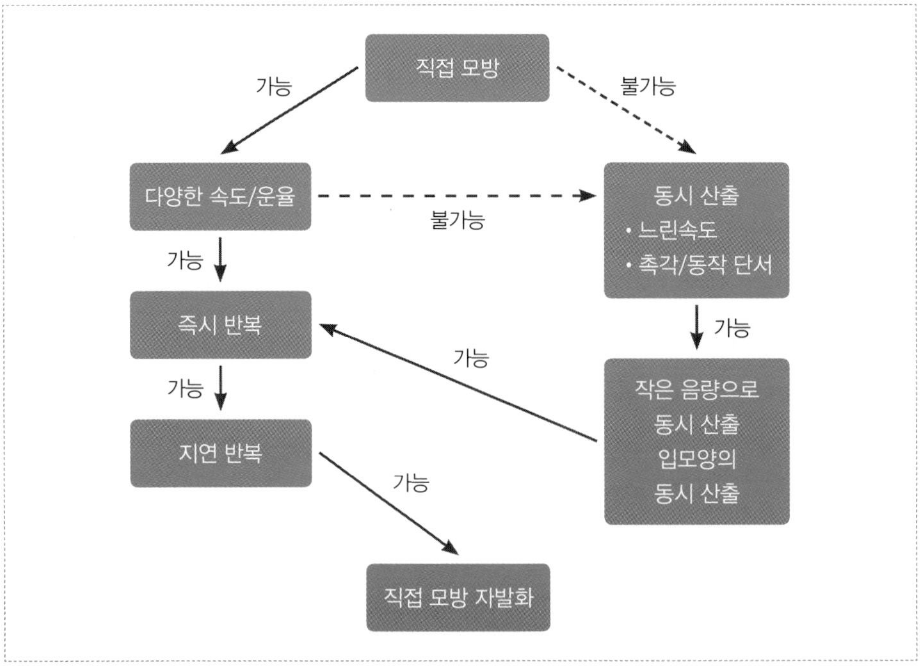

그림 11-5
역동적 시간촉각 단서 치료법
높은 성공률을 목표로 많은 훈련을 이끌어 내기 위하여 고안된 치료법으로 일차적으로 직접 모방의 가능성 여부로 치료법이 달라진다.

단계로 가서 앞서 언급한 훈련을 거친다. 그러나 만일 다양한 말산출 조건에서 아무 어려움을 보이지 않으면 자극 제시 이후에 즉각적으로 반복하여 말하게 하는 '즉시 반복' 단계로 간다. 그다음에는 자극 제시 후에 1~3초 정도 후에 반응을 하게 하는 '지연 반복' 단계를 거치는데, 이때 발화를 여러 차례 반복시킨다. 그리고 마지막으로 자발화 훈련을 시킨다.

(5) 예후 및 추적 관리

아동기 말실행증의 예후와 관련된 정보는 많지 않다. 그러나 예후에 영향을 미칠 수 있는 변인으로는 아동기 말실행증의 중증도, 동반 장애, 나이, 주의집중력, 행동, 치료 여부, 가족 및 보호자의 지원력 등이 있다. 치료에 있어서 어린 나이에 치료를 받을수록 예후는 훨씬 좋은데, 특히 학령기 전에 치료를 끝마칠 수 있다면 학습장애나 생활 부적응 등의 문제가 야기될 소지는 훨씬 줄어든다.

일단 치료가 끝난 후에도 정기적으로 아동을 추적하여 혹시 차후에 나타날 수 있는 말 · 언어 관련 문제들을 확인하는 것이 필요하다. 이는 지각적인 문제인 청지각 처리장애 등이 학령기에 관찰되는 경우가 보고되기도 하기 때문이다.

2. 아동기 마비말장애

1) 원인

아동기 마비말장애의 원인은 뇌성마비, 외상성 뇌손상, 뇌종양, 뇌혈관장애, 뇌염 등을 들 수 있다. 이 중에서도 가장 흔한 원인은 뇌성마비이다. 뇌성마비는 태아기, 출생 시 혹은 신생아기에 발생한 뇌손상으로 인하여 근육의 마비, 약증, 분협응 등의 비정상적인 운동기능을 보이는 신경장애를 총칭한다. 알려져 있는 선천적 뇌성마비의 원인은 유전, 황달 혹은 대사성 질환, 모체의 질병, 감염 혹은 약물 중독, 출산 시의 위험 요인 등을 들 수 있다. 출생 시에는 전치 태반, 분만 지연, 제대 압박이나 외상, 출산 합병증(예: 체중 미달, 조산) 등의 원인이 있다. 출생 후인 신생아기에 발생된 감염(예: 뇌염, 뇌수막염), 외상성 뇌손상, 뇌암, 허혈 등도 역시 뇌성마비의 원인 질환이다.

2) 뇌성마비의 유형

아동기 마비말장애의 유형은 성인 마비말장애에 비교할 때 거의 연구가 이루어지지 않아 분류 체계가 불합리하거나 완전하지 않다. 이에 따라 아동기 마비말장애에 대한 평가나 치료를 해야 하는 상황에서 질환의 신경학적 정보를 무시하게 되거나, 성인 분류 체계에 기반한 신경행동학적 분류 체계를 따르게 될 수밖에 없다. 이에 한 연구진은 아동에게 성인 분류 체계를 적용함으로써 야기되는 문제점이 다음에 기인하는 것이라 지적한 바 있다. 첫째, 병리학이나 병인학적인 측면에서 아동과 성인은 다르다는 점이다. 일례로서, 메이요 분류 체계는 아동에게 드물게 나타나는 마비말장애 유형(예: 운동저하형)을 포함한다. 또한 같은 질환이라 할지라도 성인과 아동은 다른 특색을 보이는 말장애를 나타낼 수 있다. 예컨대, 소뇌 병변 시에 성인에게 관찰되는 '과도하게 동등한 강세excess and equal stress'가 아동에게는 나타나지 않는다고 보고되었다. 다른 예로는 소뇌장애가 성인의 경우에는 주로 뇌혈관장애나 척수소뇌 실조증에 기인하나 아동에서는 후두와posterior fossa 종양으로 인한 경우가 많다. 두 번째로는, 아동과 성인은 손상 시점이 다르다는 것이다. 이는 이미 성숙된 성인의 말 기전과는 달리 아동의 후천성 말운동장애는 후천적 손상과 발달적 요소들 간의 상호 작용으로 복잡하게 얽혀 있기 때문이다. 더 나아가 일반적으로 아동이 성인에 비하여 기능적 재조직에 대한 잠재력이 뛰어나다는 것은 분명하므로 회복 경로가 아동과 성인은 다를 수밖에 없다. 마지막으로는, 오늘날 고해상도 및 고대비 자기공명영상기법, 기능적 뇌영상술, 신경경로 영상술, 경두개 자기자극법 등의 기술이 발달하여 신경생리학을 세밀하게 정의할 수 없었던 시대에 만들어진 메이요 분류 체계보다는 성인과 아동을 잘 구별하여 독자적으로 구축된 마비말장애 유형 체계가 가능하게 될 것이다.

뇌성마비의 유형은 〈표 11-11〉에서와 같이 일반적으로 운동신경학적 증상 혹은 운동장애 부위에 따라 분류된다. 운동신경학적 증상에 따라 분류된 유형으로는 경직형spastic, 무정위형athethoic, 운동실조형ataxic, 경축형rigid, 진전형tremor, 혼합형mixed이 있다. 이 중에서는 경직형이 가장 흔한데, 뇌의 추체로의 손상으로 인하여 신전

표 11-11 운동신경학적 증상 및 운동장애 부위에 따른 뇌성마비 유형

분류 기준	유형
운동신경학적 증상	경직형 무정위형 운동실조형 경축형 진전형 혼합형
운동장애 부위	단마비(monoplegia) 편마비(hemiplegia) 양지마비(diplegia) 삼지마비(triplegia) 사지마비(quadriplegia)

반사의 항진, 근육의 긴장도가 증진된다. 경직형 뇌성마비 아동은 호흡기능, 발성기능, 공명기능, 조음기능 등에서 비정상적인 움직임과 제한된 운동 범위 등이 관찰된다.

특히 경직형 사지마비spastic quadriplegia의 경우에는 소리를 만들기가 어렵다. 무정위형은 기저핵 병변으로 인하여 불수의적인 운동이 관찰되며 동작의 통합 과정을 조절하는 데 문제를 보인다. 부실한 머리 조절과 불수의적인 운동으로 인하여 음성이나 말소리가 갑작스럽게 터져 나오거나 조절이 힘들다. 운동실조형은 소뇌 병변으로 인하여 운동감각이나 평형감각의 불협응으로 나타난다.

3) 하위 체계의 일반적 특색 및 치료

뇌성마비 아동은 중추신경계 손상으로 인하여 호흡에서 조음에 이르기까지의 다양한 기관에 문제를 보이면서 전체 아동의 75~85%가 말장애를 보인다. 말 평가는 성인의 경우와 마찬가지로, 호흡, 발성, 공명, 운율, 조음 등의 영역에서 평가가 이루어진다. 치료는 뇌성마비가 신경 손상으로 인해 발현되는 장애이므로 치료의 효과가 제한적일 수도 있으나 다분야적인 접근을 통하여 최대한의 효과를 꾀한다. 이때 중요시할 점은 가능한 한 아동을 참여시킨 목표지향적goal-specific 치료법을 활용

하는 것이다.

(1) 자세

자세 잡기 기능은 말하기에 필요한 기초적 요소이다. 먼저, 앉기가 어려우면 호흡기관, 후두(성대) 등을 제대로 위치할 수 없기 때문에 원활한 호흡이나 발성을 방해한다. 또한 기류의 흐름을 방해받게 됨으로써 구강 및 비강에서의 공명기능이 저하되기도 한다. 이에 따라 앉기 및 자세를 살펴보고 자발적인 앉기가 불가능하다면 코르셋, 몸통지지 견사대 등의 보장구를 활용하여 기능적인 도움을 줄 수 있다. 조음기관 중에 턱의 자세 잡기는 안정적인 턱 자세를 통하여 조음기능에 도움을 주며 구강 주변에 적절한 자극을 주는 데 필수적이다.

(2) 호흡

폐활량이 저하되어 불규칙하고 얕은 호흡이 관찰되며 때로는 역호흡reverse respiration 등이 보이기도 한다. 호흡에 대한 평가는 호흡이 규칙적으로 이루어지는지, 입으로 호흡하는지, 호흡 시에 소리가 나지는 않는지 등을 관찰한다. 앞서 언급된 자세와 더불어 호흡기능에 문제가 있는 경우에는 배근육 강화 훈련이나 기능적 전기자극 등을 통하여 호흡기능의 향상을 꾀한다.

(3) 발성

대체적으로 성문 하압의 생성 및 유지 능력이 저하되며, 뇌성마비의 하위 유형에 따라 발성이 갑작스럽게 끊어지거나 쥐어짜는 소리가 들리고, 발성 자체가 어렵기도 한다. 발성 시에 목소리의 음도, 음량, 음질 등을 평가하여 비정상 여부를 판단한다. 치료는 유형에 따라 음성장애의 치료법들을 적용할 수 있다.

(4) 조음

뇌성마비 아동들에서는 구강 원시반사들이 잔존하면서 비정상적인 구강발달을 하게 된다. 뿐만 아니라 혀떠밀기tongue thrust 등의 비정상적인 움직임이 지속된다. 턱은 아래로 처지면서 크게 벌려져 있거나 정상보다 닫혀 있으면서 개폐의 세밀한 조절이 어렵다. 혀는 두꺼운 편이며 굳어 있고 구강 내 위치가 뒤쪽으로 놓여 있어 움직임의 범위가 제한적이다. 이로 인하여 자음이나 모음 산출을 포함한 조음발달이 지연되며, 왜곡이나 생략 등의 오류가 자주 관찰되고 말 명료도가 저하된다. 조음에 대한 평가는 조음기관의 비구어적 및 구어적 기능을 모두 살펴서 둘과의 연관관계를 확인하는 것이 중요하다. 조음기능을 향상시키기 위해서는 턱의 위치를 정상화하고, 혀와 입술의 기능적인 조화와 움직임을 개선시키는 구강감각운동치료가 효과적이다.

참고문헌

Caruso AJ, Strand EA (1999). *Clinical management of motor speech disorders in children.* New York: Thieme.

Childhood Apraxia of Speech Association of North America(CASANA). http://www.apraxia.org

Kent RD (2000). Research on speech motor control and its disorders: A review and prospective. *Journal of Communication Disorders, 33:* 391-428.

Lass NJ, Pannbacker M (2008). The application of evidence-based practice to nonspeech oral motor treatments. *Language, Speech & Hearing Services in Schools, 39*(3): 408-21.

Love RJ, Webb WG (2001). *Neurology for the speech-language pathologist.* Waltham, MA: Butterworth-Heinemenn.

Mass E, Robin D, Austermann Hula S, Freedman S, Wulf G, Ballard K, Schemidt R (2008) Principles of motor learning in treatment of motor speech disorders. *American Journal of Speech-Language Pathology, 17:* 277-298.

Mauszycki SC, Wambaugh JL (2011). Acquired apraxia of speech: A treatment overview. *ASHA Leader, April 26:* 16-19.

Morgan AT, Liégeois F (2010). Re-thinking diagnostic classification of the dysarthrias: A developmental perspective. *Folia Phoniatrica et Logopaedica, 62:* 120-126.

Schlosser RW. Wendt O (2008). Effects of augmentative and alternative communication intervention on speech production in children with autism: A systematic review. *American Journal of Speech-Language Pathology, 17*(3): 212-230.

Shriberg LD, Aram DM, Kwiatkowski J (1997). Developmental apraxia of speech: I. descriptive and theoretical perspectives. *Journal of Speech, Language, and Hearing Research, 40:* 273-285.

Sullivan KJ, Kantak SS, Burtner PA (2008). Motor learning in children: Feedback effects on skill acquisition. *Physical Therapy, 88*(6): 720-732.

Talking Photo Album: http://www.augcominc.com

The Apraxia-Kids Web site: http://www.apraxia-kids.org

Valleman S (2003). *Childhood apraxia of speech: Resource guide.* Clifton Park, NY: Delmar Learning.

복습문제

1. 아동기에 관찰되는 말실행증을 명명하는 용어로 가장 적당한 것은?
   (1) childhood apraxia of speech
   (2) developmental verbal apraxia
   (3) developmental apraxia of speech
   (4) developmental articulatory dyspraxia

2. 아동기 말실행증과 음운장애와의 차이점으로 옳게 설명한 것을 모두 고른다면?
   (1) 둘 다 말산출의 근육이 마비된다.
   (2) 둘 다 초분절적 영역에서 심한 문제를 보인다.
   (3) 음운장애에서는 비일관적 조음 오류를 보인다.
   (4) 아동기 말실행증에서는 삼킴장애를 보일 수 있다.
   (5) 대체적으로 둘 다 음질의 문제는 관찰되지 않는다.

3. 아동기 말실행증 치료에 적용될 수 있는 운동 학습의 원칙으로 기술의 '습득' 혹은 '유지'에 적용되는지 여부를 적으시오.
   (1) 훈련 분산: 집중적
   (2) 훈련 변이성: 변화적
   (3) 훈련 일정: 구획적 순서
   (4) 피드백 유형: 결과 지식
   (5) 피드백 횟수: 비일관적

4 높은 성공률을 목표로 많은 훈련을 이끌어 내기 위하여 고안된 아동기 말실행증 치료법으로서 일차적으로 직접 모방의 가능성 여부를 치료 첫 단계로 삼는 치료법은?

5. 뇌성마비 아동 중에서 말장애를 보이는 비율은?
   (1) 15~25% (2) 35~45%
   (3) 55~65% (4) 75~85%

정답

1. (1)
2. (4) (5)
3. (1) 습득 (2) 유지 (3) 습득 (4) 유지 (5) 유지
4. 역동적 시간촉각 단서 치료법(Dynamic Temporal and Tactile Cueing, DTTC)
5. (4)

제 12 장

신경 삼킴장애

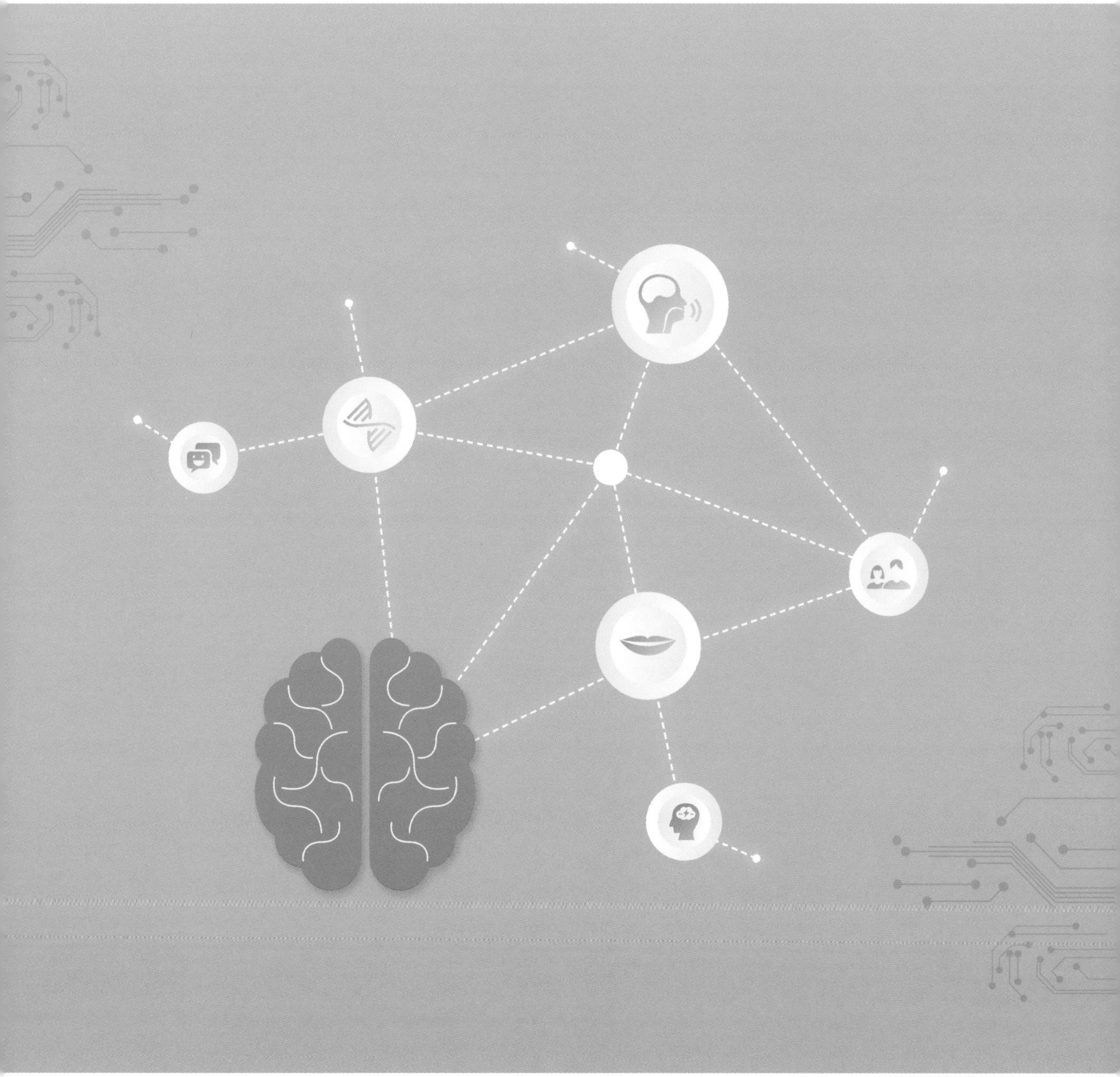

학습목표

- 삼킴의 정의 및 삼킴 단계를 설명할 수 있다.
- 삼킴장애의 신경학적 병인을 나열할 수 있다.
- 삼킴기능에 대한 평가법에 대해 설명할 수 있다.
- 삼킴장애의 치료법에 대해 설명할 수 있다.

삼킴장애는 신경 질환을 앓고 있는 많은 환자에게서 빈번하게 관찰된다. 삼킴장애는 단독으로 생기기도 하고 말장애를 비롯한 다른 의사소통장애와 함께 나타나기도 한다. 삼킴과 말에 관여하는 신경 체계가 많은 구조와 기능을 서로 공유한다는 것을 기억해 본다면 신경 질환 환자를 다루는 언어치료사는 삼킴장애에 대한 지식을 갖고 있는 것이 필수적이다. 이 장에서는 삼킴에 대한 기본적인 지식으로서 삼킴의 정의, 삼킴 단계, 구조, 평가, 치료 등에 대하여 살펴보고, 주요 신경학적 질환으로 생기는 삼킴장애의 특색에 대하여 알아보고자 한다.

1. 삼킴의 정의와 단계

1) 삼킴의 정의

삼킴swallowing이란 순수 우리말로서, '무엇을 입에 넣어서 목구멍으로 넘긴다'는 뜻이다. 삼킴과 같은 의미로 '연하(嚥下)'라는 한자어가 있다. 연하의 '삼킬 연'과 '아래 하'는 합하여 '아래로 삼킨다'는 뜻이니 삼킴의 의미가 상당히 잘 표현되어 있다고 볼 수 있다. 한편, 삼킴을 묘사할 때 종종 쓰이는 용어로 '섭식(攝食)feeding'이 있다. 이 섭식이라는 용어는 '끌어 잡을 섭'과 '먹을 식'의 한자어로 구성되어 있다. 입안에서 먹는 것뿐만 아니라 음식을 그릇에서 입으로 가져가야 한다는 뜻, 그리고 음식을 제공to give food to; to provide food for; to serve food to한다는 의미를 지닌다. 따라서 파킨슨병, 뇌성마비 등과 같은 운동장애 질환으로 인하여 음식을 입으로 잘 가져가기 힘든 경우에 그들이 보이는 삼킴장애는 섭식장애라고 표현하는 것이 더 정확하다.

(1) 정상 삼킴의 단계

삼킴은 정상인에서는 쉽게 할 수 있는 생존적 활동이지만 중추 및 말초신경계의 원활하고 체계적인 기능에 따라 많은 운동 및 감각기관들이 서로 조화롭게 협응해야만 비로소 가능한 일이다. 음식을 목 뒤로 삼키는 과정은 일반적으로 다음의 네 단계를 거친다.

- 구강 준비oral preparatory 단계, 구강oral 단계
- 구강 운반oral transport 단계
- 인-후두pharyngo-laryngeal 단계
- 식도esophageal 단계

이 중 구강 단계oral stage는 음식이 구강에서 처리되는 과정으로서 구강 준비 단계oral preparatory stage와 구강 운반 단계oral transport stage로 나뉘기도 한다. 구강 준비 단계는 입안에 든 음식물을 저작[씹기]mastication하여 삼키기에 적당한 온도, 크기, 질감을

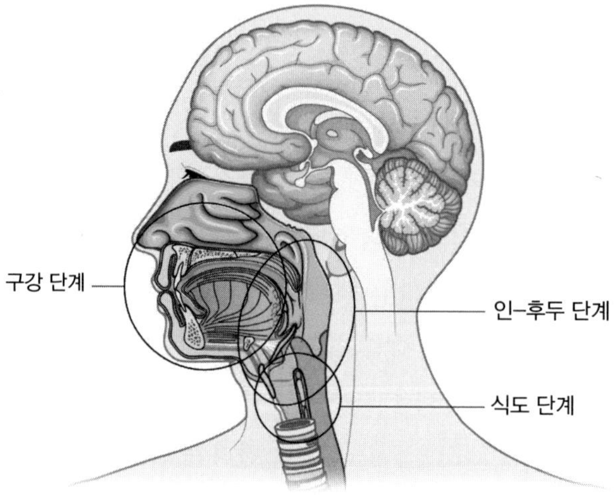

그림 12-1
삼킴의 일반적 단계
삼킴은 구강(준비 및 운반) 단계, 인-후두 단계, 식도 단계로 나눌 수 있다.

가진 음식물 덩어리, 즉 음식덩이bolus를 형성하는 단계이다. 이 단계는 씹는 과정이므로 어떻게, 어느 정도 씹을지에 대한 수의적 조절이 가능하다. 또한 잘 '준비'하기 위해서는 정상적인 구강 구조와 기능이 요구된다. 음식물이 입 밖으로 흐르지 않도록 입술이 음식물을 입안에서 잘 모아야 하며, 양쪽의 볼 근육이 적당한 긴장도가 유지되고 혀 근육이 원활하게 기능해야 한다. 또한 적당한 양의 타액saliva이 분비되어야 음식덩이를 만드는 데 용이하다.

구강 운반 단계oral transport stage는 만들어진 음식덩이를 구강 뒤편에 있는 앞구개궁anterior faucial arch([그림 12-2] 참조)까지 운반하는 과정이다. 이 또한 어느 시점에 어떻게 삼켜서 음식덩이를 운반할 것인지를 수의적으로 조절할 수 있다. 구강의 앞부분에서 뒷부분으로 음식덩이를 이동시키는 데 걸리는 시간인 구강 이동 시간oral transit time: OTT은 정상인의 경우에 대개 1초 이내에 일어난다. 그러나 음식덩이의 특색이나 연령에 따라 증가될 수 있다.

인-후두 단계pharyngo-laryngeal stage(또는 인두 단계)는 앞구개궁까지 옮겨진 음식덩이가 삼킴반응swallowing response에 의해 상부 식도 괄약근upper esophageal sphincter, UES까지 운반되는 과정이다. 이 단계에서는 설골-후두 상승hyo-laryngeal excursion이 일어나면서 생체역학적으로 후두개가 이끌려 올라가 자연스럽게 후두개 폐쇄epiglottic closure가 이루어진다. 또한 음식물이 비강으로 역류되지 않도록 연인두 폐쇄velopharyngeal closure가 된다.

그리고 원활한 인두 연동작용peristalsis을 통해 음식덩이가 상부 식도 괄약근 쪽으로 내려가고, 음식덩이가 상부 식도 괄약근에 도착하면 평상시에는 닫혀 있던 괄약근이 열리면서 음식덩이가 식도로 들어가게 된다. 이러한 일련의 인-후두 단계의 소요 시간, 즉 인두 이동 시간pharyngeal transit time: PTT 또한 정상인의 경우에는 1초 이내이다. 인-후두 단계에서 수의적으로 조절할 수 있는 부분은 설골 후두 상승hyo-laryngeal excursion이 일어나는 순간이다. 즉, 뇌간에 의하여 삼킴반응이 일어나서 일단 설골-후두가 상승되면 그 상승되어 있는 시간을 좀 더 지속할 수 있다. 이러한 수의적 조절은 뇌간이 아니라 대뇌피질에 의하여 이루어지며 이 같은 삼킴 단계의 요소는 삼킴 치료에 적용된다.

식도 단계esophageal stage는 음식덩이가 상부 식도 괄약근으로부터 약 25cm 길이의 식도를 거쳐 하부 식도 괄약근lower esophageal sphincter: LES에 도달하기까지의 과정이

표 12-1 액체 및 고체 삼킴-섭식 모델

단계	세부 단계	설명
액체 4단계	1. 구강 준비 단계(Oral preparatory stage) 2. 구강 운반 단계(Oral propulsive stage) 3. 인두 단계(Pharyngeal stage) 4. 식도 단계(Esophageal stage)	1. 액체를 구강에 머금음 2. 액체를 인두강 쪽으로 보냄 3. 액체를 인두강에서 식도로 보냄 4. 식도에서 연동작용을 통해 내려보냄
고체 4단계	1. 제 I 운반 단계(Stage I transport) 2. 처리 단계(Processing) 3. 제 II 운반 단계(Stage II transport) 4. 삼킴 단계(Swallowing)	1. 고체를 어금니쪽으로 보냄 2. 고체 크기를 줄이면서 침과 섞어서 음식덩이를 만듬 3. 음식덩이를 구인두강으로 보내서 삼킴 개시 시점까지 모음 4. 음식덩이를 상부 식도 괄약근(UES)을 거쳐 식도로 내려보냄

참고 문헌: Matsuo & Fujishima (2020). Textural changes by mastication and proper food texture for patients with oropharyngeal dysphagia. *Nutrients*, 12: 1613.

다. 이때 식도에서는 원활한 식도 연동작용이 요구된다. 식도 단계는 음식물의 농도에 따라 다르나, 일반적으로 6~18초 정도가 소요된다.

그런데 음식은 실제로는 농도에 따라 삼키는 활동이 다를 수 있기 때문에 삼킴 대상을 '고체 음식'과 '액체'로 나누었을 때에는 삼킴 단계가 일반적 모델이 아닌 '삼킴-섭식 모델'로 적용되기도 하며, 고체 및 액체에 각각 4 단계가 적용된다(〈표 12-1〉 참조). 액체를 삼키는 활동의 경우, 삼킴-섭식 모델에서는 일반적 삼킴 모델에서의 '구강 준비 단계'가 액체를 구강에 머금고 있는 것으로 기술되고, 나머지 세부 단계는 그대로 적용된다. 반면에 단단한 고형식(고체)의 경우, 음식물은 먼저 어금니의 표면으로 운반된다(제 I 운반 단계). 그다음, 음식을 씹는 과정에서 음식의 크기가 줄어들고 타액과 함께 음식덩이를 형성한다. 그 후에 씹은 음식은 구강인두로 운반되면서(제 II 운반 단계), 삼킴이 일어나기 전에 구강인두에 모인다. II 단계 운반 과정이나 음식덩이가 형성되는 동안에도 씹기가 지속되므로 '운반'과 음식덩이 형성 과정은 서로 겹치게 된다. 마지막으로, 음식덩이를 상부 식도 괄약근을 거쳐 식도로 내려보내게 된다.

2. 삼킴 단계별 기능적 해부

각 삼킴 단계에 관여하는 구조는 말산출에 연관된 구조와 많은 부분에서 공통된다. 즉, 말산출에 필요한 하위 체계인 호흡, 발성, 공명, 조음에 필요한 호흡기관, 후두, 인두, 연구개, 턱, 입술, 혀, 비강 등이 모두 삼킴기능과 밀접한 관계가 있다. 여기서는 이 구조들을 구강 단계, 인-후두 단계, 식도 단계에 각각 필요한 세부 구조들로 나누어 살펴보기로 하자.

잠깐!

삼킴반사와 삼킴반응

삼킴에서 반사적 요소를 강조하고자 하면 삼킴반사 swallowing reflex를, 수의적 요소를 강조할 때는 삼킴반응 swallowing response이라는 용어를 사용한다.

1) 구강 단계

삼킴의 구강 단계에 관여하는 구강 구조로는 턱, 입술, 치아, 뺨, 구강바닥, 앞고랑 anterior sulcus, 옆고랑[측면고랑] lateral sulcus, 경구개, 연구개, 앞구개궁[앞구개활] anterior faucial arch, 뒷구개궁[뒷구개활] posterior faucial arch, 혀 등이 있다. 턱의 역할은 입을 여닫게 하면서 씹고 삼키는 일이 가능하게 하는 것이다. 입둘레근 orbicularis oris으로 이루어진 입술은 음식물을 구강 밖으로 흘러나가지 않도록 유지시켜 준다. 경구개와 연

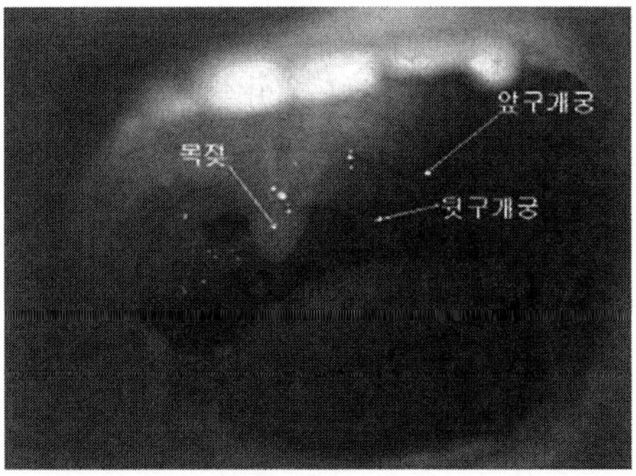

그림 12-2
구개궁
연구개에 위치한 앞구개궁과 뒷구개궁은 목젖을 중심으로 양방향 두 쌍으로 이루어져 있다.

구개는 구강의 천장에 위치하여 음식물을 씹어 음식덩이로 만드는 동안에 음식물을 구강 내에 보존한다. 특히 연구개는 음식물이 비강역류nasal regurgitation되는 것을 방지하기 위하여 비인두 폐쇄velopharyngeal closure라는 기능을 한다. 치아는 씹기 기능에 중요한 구조 중의 하나이다. 앞고랑과 옆고랑은 각각 잇몸과 입술아래 근육 사이의 공간, 잇몸과 뺨 사이의 공간을 지칭한다. 씹는 동안에 이들 고랑들과 구강 바닥에 음식물이 고이게 되는데, 혀의 기능과 뺨근육의 긴장도가 저하될수록 고이는 양이 증가한다. 앞구개궁과 뒷구개궁은 연구개에 위치하며 목젖을 기준으로 양쪽으로 이어지는 두 쌍의 구개궁이다. 앞서 언급된 바와 같이 음식덩이가 앞구개궁에 이르는 시점이 구강 단계의 최종 시점이다. 구강 단계에서 주요한 구조 중의 하나는 혀이다.

혀는 구조적으로 앞쪽부터 혀끝tongue tip, 혀몸체tongue body, 혀기저부tongue base로 나뉜다. 음식물을 음식덩이로 만드는 데 중추적인 역할을 하는 부분은 혀몸체이며, 혀기저부는 외관으로는 관찰하기 힘들며 설골hyoid bone에 연결되어 있어 인-후두 구조에 속한다. 이 혀기저부가 설골과 연결되어 있음으로써 구강기능과 인후두기능 간의 연관성을 보여 주며, 기능장애나 치료에 있어서 실질적으로 중요한 개념이다.

2) 인-후두 단계

삼킴의 인-후두 단계에 관여하는 구조로는 인두벽, 인두수축근, 혀기저부, 조롱박굴, 후두개, 후두계곡, 설골 등이다([그림 12-3] 참조). 인두벽pharyngeal wall은 인두강 뒤쪽에 위치한 벽이다. 인두수축근pharyngeal constrictor은 인두를 구성하는 근육으로서 위치에 따라 위로부터 상인두수축근, 중인두수축근, 하인두수축근으로 나뉜다. 음식덩이가 인두로 들어오면 인두수축근이 이완되고 인두가 하향되면서 음식덩이가 아래로 내려가게 된다. 하인두수축근은 비록 가로무늬근이지만 수의적 조절이 불가능하다.

하인두수축근은 식도의 가장 상부에 있는 고리형의 근육인 상부 식도 괄약근upper esophageal sphincter: UES을 형성한다. 상부 식도 괄약근은 윤상인두근cricopharyngeal muscle, cricopharyngeus이라고도 칭하는데, 내압을 유지하여 음식덩이가 들어갈 때만 식도가 열리게 되는 밸브 역할을 한다. 음식덩이가 혀기저부를 통과하면 대칭 구조의 후두계곡vallecular space, vallecula(e)에 이르게 된다. 후두계곡은 후두개와 구조적으로 이어진다.

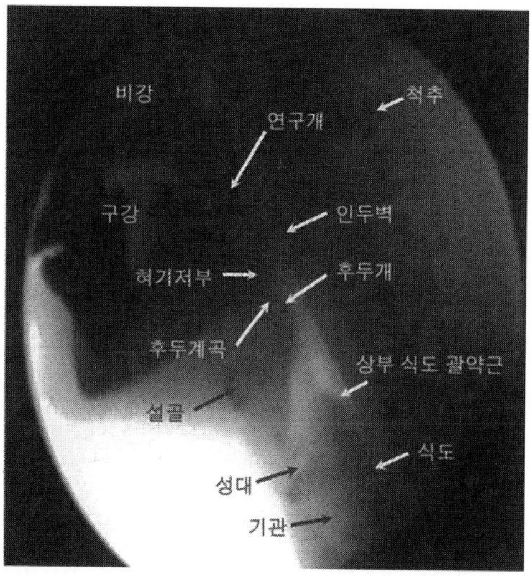

그림 12-3
삼킴에 관여되는 인-후두 구조
삼킴과 관련된 인-후두 구조로는 인두벽, 혀기저부, 조롱박굴, 후두개, 후두계곡, 설골 등이 있다.

음식덩이는 후두계곡을 지나 피열후두개 주름aryepiglorttic folds을 가운데에 두고 양쪽으로 한 쌍의 구조인 조롱박굴[이상동]pyriform sinus을 거쳐 상부 식도 괄약근에 다다른다. 설골[목뿔뼈]hyoid bone은 턱과 방패연골thyroid cartilage 사이에 있는 연골로서 혀기저부에 붙어 있다.

3) 식도 단계

상부 식도 괄약근은 인-후두 단계의 마지막 부분에 관여하는 구조인 동시에 음식물이 식도로 들어가면서 시작되는 식도 단계의 구조이다. 하부 식도 괄약근lower esophageal sphincter: LES은 식도의 가장 하단에 위치하여 위stomach와 경계를 이루는 민무늬근smooth muscle이다.

잠깐!

삼킴 구조의 밸브

삼킴활동 중에 구강, 인후두강, 식도의 일부 구조들은 적시에 개폐기능이 이루어져야만 원활한 삼킴이 가능하다. 주요한 밸브 구조로서는 입술, 비인강통로velopharyngeal port, 후두개epiglottis 및 성대vocal folds, 윤상인두근cricopharyngeal muscle 또는 UES를 들 수 있다.

3. 삼킴장애와 병인

삼킴은 삼킴에 관련된 구조들이 적시timing에, 적정한 거리displacement로, 적절한 속도velocity로 움직여야 한다. 앞서 살펴본 여러 단계의 삼킴 과정 중 하나 혹은 그 이상에 장애가 생겨 시간적 · 공간적으로 삼킴 문제를 보이는 것을 삼킴장애dysphagia 혹은 연하장애라고 한다. 'Dysphagia' 용어에서 'dys–'는 'difficulty'를, 'phagi–'는 'to eat'을, '–a'는 'disorder'를 뜻한다. 삼킴장애가 유발되는 원인은 크게 구조–폐쇄적 원인과 기능–신경학적 원인으로 구분된다. 이 장에서는 신경계 손상으로 인한 기능–신경학적 원인만 다루기로 한다.

삼킴장애를 유발하는 기능–신경학적 원인은 급성 질환, 진행성 질환, 선천성 질환으로 나눌 수 있다. 급성 질환으로는 혈관성 질환, 외상성 뇌손상, 척추 손상, 뇌종양, 뇌막염 등에 기인한 중추 혹은 말초신경계의 손상을 들 수 있다. 혈관성 질환의 발병 이후 3일 이내에 삼킴장애를 보인 환자들의 비율은 전체 환자의 반 이상에 달한다. 특히 삼킴중추가 위치한 연수medulla에 손상이 있는 경우에는 더욱 빈번하게 급성 삼킴장애가 유발된다. 외상성 뇌손상 환자들에게서도 빈번하게 삼킴장애가 관찰된다. 진행성 질환은 파킨슨병, 근위축성 측삭 경화증, 다발성 경화증, 중증 근무력증, 치매 등을 들 수 있다. 진행성 질환 중에 진행성 구마비progressive bulbar palsy의 경우에, 특히 더욱 심한 삼킴장애가 관찰된다. 선천성 질환의 경우에는 소아기 장애를 일으키는 원인 중 가장 흔한 질환인 뇌성마비가 삼킴장애의 주요한 원인이 된다.

4. 삼킴의 평가

삼킴장애의 평가는 다음의 두 단계로 이루어진다. 첫 단계는 환자나 보호자를 대상으로 직간접적으로 이루어지는 침상 검사bedside exam이다. 두 번째 단계는 도구적 평가instrumental evaluation이다. 침상 검사는 환자의 정보를 수집하는 것으로 시작하며, 의학적 진단명, 건강 상태, 식이 제공 방법, 인지 및 언어 기능 등의 상태를 확인한다. 도구적 평가는 기기를 활용한 평가 절차로서, 침상 검사에서 결여되는 객관적 자료를 확보하여 보다 신뢰로운 진단을 내리는 데 그 목적이 있다.

1) 침상 검사

침상 검사는 의무기록지를 통하여, 그리고 환자와 환자 보호자를 대상으로 한 면담을 통하여 환자에게 나타나는 삼킴장애 증상에 대한 포괄적이고 정확한 조사를 행하는 것이다. 침상 검사의 주요한 장점은 비침습적non-invasive이어서 언제든지 반복이 가능하다는 것과, 침상에서 이루어지므로 장소를 옮기지 않고도 손쉽게 검사가 가능하다는 점이다. 단점으로는 인-후두 및 식도 단계의 삼킴 과정을 육안으로 들여다보지 못하므로 음식덩이가 옮겨 가는 과정상의 정확한 정보를 확보할 수 없다는 점이다. 이에 따라 삼킴장애의 구조-기능적 원인을 정확하고 신뢰롭게 파악하기가 어렵다. 실질적으로 침상 검사의 민감도sensitivity와 특이도specificity는 임상연구마다 큰 차이를 보이고, 검사자 신뢰도 역시 낮다고 알려져 있다. 또한 임상적으로 침상 검사의 가장 큰 문제는 무증상 흡인silent aspiration을 제대로 탐지하기 어렵다는 점이다. 흡인[사레]aspiration이란 이물질이 기도airway로 침투penetration한 뒤, 성대 밑까지 들어가는 현상이다([그림 12-4] 참조). 흡인을 흔히 '사레'라고 표현하는데, 정상인에서 흡인이 발생하면 기침을 여러 차례 하면서 이물질을 밖으로 뱉어 낸다.

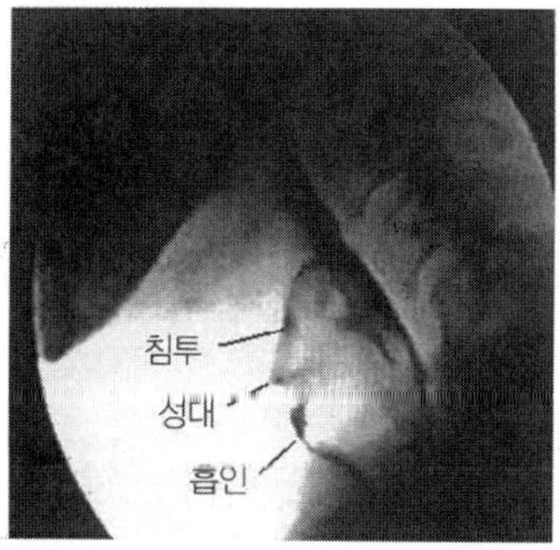

그림 12-4
침투와 흡인
이물질이 기도에 들어가되, 성대를 기준으로 성대 직전까지는 침투(penetration)라 하고, 성대 아래까지 들어가면 흡인(aspiration)이라 한다.

표 12-2 침상 검사에서의 삼킴 단계별 관찰점

삼킴 단계	구조 및 기능		관찰점
구강 단계	턱		잘 열고 닫혀지는가?
		씹기	씹을 때에 턱 움직임이 정상인가?
	입술		잘 오므려지는가? 뺨을 부풀린 상태에서 바람을 구강 내 잘 보존할 수 있는가? 침을 흘리지 않는가?
	치아		치아가 온전한가? 틀니가 있는가?
	뺨		뺨의 긴장도가 온전한가? 마비는 없는가?
	구강바닥, 앞고랑, 옆고랑		음식물이 고이지 않는가? 구강 건조증(xerostomia)을 호소하는가?
	경구개		구조적인 결함이 없는가?
	연구개, 구개궁	구역반사	마비 등이 없이 움직임이 자유로운가? 양쪽의 기능이 대칭적인가? 구역반사가 즉각적이고 대칭적인가?
	혀		근력이나 움직임의 범위가 정상인가?
		씹기	씹을 때에 혀의 움직임이 정상인가?
		침분비	침분비가 정상적인가? 구강 건조증(xerostomia)을 호소하는가?
인-후두 단계	성대		기식 발성이 없는가? 기타 음성장애는 없는가? 기관 절개로 인한 기공(stoma)이나 발성밸브(speaking valve)가 있는가?
		성대 보호	흡인이 발생하는가? 기침반사를 하는가? 젖은 음성(wet voice)이 들리는가?
	설골-후두	설골-후두 상승 범위	촉진(manual exam) 시에 설골-후두 움직임의 범위가 정상적인가?
		인두 이동시간	촉진 시에 삼킴에 따른 즉각적인 설골-후두 움직임이 감지되는가?

이를 증상 흡인symptomatic aspiration이라 한다. 환자의 경우에는 흡인 자체를 인지하지 못하여 기침이나 헛기침throat clearing 등의 증상을 보이지 않는데, 이를 무증상 흡인silent aspiration이라 한다. 물론 일부 환자에 있어서는 호흡 체계나 성대 운동기능의 약화로 기침이 효과적으로 이루어지지 않아 이물질을 밖으로 내보내지 못하기도 한다.

이러한 단점들에도 불구하고 침상 검사는 도구적 평가에 앞서 반드시 거쳐야 할 과정이다. 〈표 12-2〉에서는 침상 검사에서 확인해야 할 삼킴 단계별 관찰점들을 제시하였다. 각 단계별로 구조와 기능을 살펴보고, 자신의 침을 삼켜 보게 하는 '마른 삼킴dry swallowing'과 약간의 물을 삼키게 하는 '젖은 삼킴wet swallowing'을 시켜 보아 삼킴기능을 판단하게 된다.

이때에 인-후두 단계를 목 부분에 손을 대어 삼킴기능을 확인하는 촉진palpation 혹은 청진기를 사용하는 청진auscultation을 통해 평가하면서 삼킴반응이 원활하게 이루어지는지, 흡인이 일어나지 않는지 등을 알아볼 수도 있다. 특히 촉진의 경우에 '네 손가락 (촉진)방법four-finger method'(Logemann, 1988)을 활용하여 검지부터 새끼손가락을 포함한 네 손가락을 각각 설골부터 후두까지 대는데, 검지는 턱 바로 아래, 셋째 손가락은 설골에, 넷째와 다섯째 손가락은 방패연골의 상-하에 각각 위치시킨다([그림 12-5] 참조). 이를 통해 설골-후두의 '움직임이 얼마나 즉각적인가'(즉, 즉

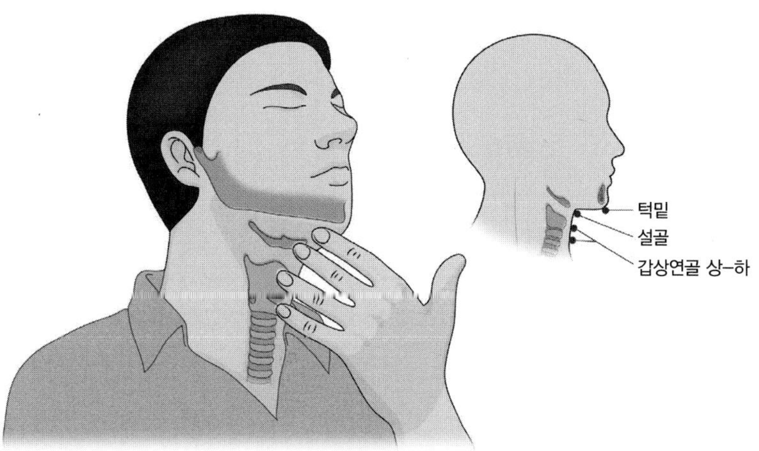

그림 12-5
네 손가락 (촉진)방법

각성promptness)와 '얼마나 정상적인 거리를 움직이는가'(즉, 운동 범위ROM)를 알아본다.

이 밖에도 문진을 통하여 환자나 보호자에게 삼킴장애가 얼마 동안 지속되었는지, 계속적으로 혹은 간헐적으로 문제가 있는지, 특정 음식(예: 고형식, 반고형식, 유동식)에서 삼킴장애가 더 심한지, 삼킴장애를 더 심하게 만드는 요소는 무엇인지, 체중이 변화하였는지 등을 확인한다.

한편, 침상 검사에서는 환자나 보호자에게 실시하는 설문 평가도 중요시된다. 〈표 12-3〉에는 대표적인 설문 평가들을 기술해 놓았다. 설문들은 자가 평가 또는 임상가에 의해 시행되는 문항들로 구성되는데 신체적, 기능적 또는 정서나 삶의 질

표 12-3 삼킴 설문 평가 도구 목록

설문 평가 도구명	저자 (년도)	문항 수	문항 내용
Swal-Qol	McHorney et al. (2000, 2002)	44	일반적 부담(2), 음식 선택(2), 식사 소요 시간(2), 식욕(3), 식사 두려움(4), 수면(2), 피로(3), 의사소통(2), 정신건강(5), 사회적 기능(5), 증상 빈도(14)
Mann Assessment of Swallowing Ability (MASA)	Mann et al. (2002)	24	경각(1), 협조(1), 청각적 이해(1), 호흡(2), 실어증(1), 실행증(1), 마비말장애(1), 구인두강 기능 및 삼킴(16)
Eating Assessment Tool (EAT-10)	Belafsky et al. (2008)	15	신체-기능적(7), 활동(1), 정서(2)
Sydney Swallowing Questionnaire (SSQ)	Dwivedi et al. (2010)	17	신체-기능적(16), 삶의 질(1)
Swallowing Disturbance Questionnaire (SDQ)	Cohen & Manor (2011)	15	신체-기능적(15)
Dysphagia Handicap Index (DHI)	Silbergleit et al. (2012)	25	신체적(9), 기능적(7), 정서적(9)
*Brief Inventory of Swallowing Ability (BISA-15), BISA-15+	Kim & Kim (2020), 김향희(2021)	15, 20	신체-기능적(15), 삶의 질(5)

*BISA-15+(BISA-15 Plus)는 BISA-15에 삶의 질 관련 문항 5개가 추가된 설문도구임.

에 관련된 문항들을 포함한다.

2) 도구적 평가

도구를 이용한 삼킴장애의 평가법에는 비디오투시조영 삼킴검사, 광섬유내시경 삼킴검사, 초음파검사, 근전도검사, 내압검사 등이 있다. 여기서는 각 검사법을 간단하게 소개한 후에 비디오투시조영 삼킴검사에 대하여 자세하게 알아보도록 하자.

가장 광범위하게 사용되는 방법이 비디오투시조영 삼킴검사videofluoroscopic swallowing study: VFSS 혹은 변형조영 삼킴검사modified barium swallowing(MBS) study이다. VFSS는 Jerry Logemann 교수에 의하여 정립되었다. 원래의 조영검사는 식도나 위장의 구조 및 기능장애를 평가하기 위해 컵에 준비된 많은 양의 조영제[바륨]barium를 마시게 하여, 조영제가 식도를 통과하는 순간을 방사선으로 촬영하는 검사이다. 이를 응용 혹은 변형한 VFSS에서는 여러 가지의 양과 농도의 조영제를 마시게 하면서 비디오로 지속적으로 촬영하여 구강, 인두 및 식도경부cervical esophagus의 구조 및 기능의 문제점을 살피게 된다. VFSS는 방사능에 노출된다는 침습적invasive 평가법이라는 단점에도 불구하고, 효과적으로 삼킴장애를 평가할 수 있다는 점에서 광범위하게 활용된다. 특히 음식물이 기도로 침투되거나 흡인되는 현상을 탐지하는 데 효과적이다. 예컨대, 뇌졸중 환자들을 대상으로 행해진 한 연구 보고에 따르면, 흡인 탐지율detection rate이 침상 검사에서 37~55%이었으나 VFSS를 시행한 후 64~78%까지 증가하였다.

광섬유내시경 삼킴검사fiberoptic endoscopic evaluation of swallowing: FEES는 1988년에 Susan Langmore 교수에 의하여 소개되었다. 이 검사는 얇고 구부러지는 광섬유내시경을 코를 통해 삽입하여 인두 삼킴 단계를 육안으로 직접 관찰, 평가할 수 있는 방법이다. FEES는 삼킨 전과 삼킴 후의 인두 하부를 직접 들여다보면서 때 이른premature 삼킴이나 삼킴 후에 관찰되는 음식물 잔여residue 등과 같은 현상을 잘 관찰할 수 있다. 그러나 삼킴이 일어나는 순간을 포착할 수 없는데, 이는 일시적으로 하얗게 되는 화이트아웃white-out 현상이 일어나기 때문이다. 〈표 12-4〉에서는 앞서 소개된 VFSS와 이 FEES의 장점과 단점을 소개해 놓았다.

초음파검사ultrasonography는 사람이 들을 수 없는 높은 진동음역인 20KHz 이상의

표 12-4 VFSS 및 FEES 삼킴검사도구의 장단점

	VFSS	FEES
장점	✓ 구강, 인후두 및 식도 단계를 면밀히 관찰할 수 있음 ✓ 삼킴 순간을 실시간으로 관찰, 분석할 수 있음 ✓ 성대 아래로의 흡인을 관찰할 수 있음	✓ 성대를 직접 육안으로 관찰 가능함 ✓ 검사 기기의 이동이 용이함 ✓ 방사선 노출이 없음 ✓ 조영제를 사용하지 않음 ✓ 빈번한 반복 검사가 용이함
단점	✓ 방사선 노출로 침습적임 ✓ 검사 소요 시간을 제한해야 함 ✓ 빈번한 반복 검사가 어려움 ✓ 조영제를 사용함	✓ 삼킴 순간을 포착할 수 없음(i.e., White-out 현상) ✓ 구강 및 식도 단계를 관찰하기 어려움 ✓ 기구의 비인두강 통과에 따른 불편감 및 손상 가능성

음파$_{\text{sound wave}}$를 변환기$_{\text{transducer}}$를 통하여 몸 속에 투과시켜 반사되는 음파를 영상으로 변환하여 모니터로 나타내는 검사법이다. 초음파가 인체에 무해하다는 장점이 있긴 하나, 인두 부분이 쉽게 관찰되지 않아 침투되거나 흡인되는 현상을 확인하기 어렵다.

근전도검사$_{\text{electromyography: EMG}}$는 삼킴활동 동안에 괄약근에 전기적 자극을 주어 근육활동의 시작과 종료에 대한 정보를 측정하는 검사법이다. 이 검사법은 삼킴장애 검사로 일상적으로 쓰이지는 않지만 개별적인 근육활동을 기록하는 데 유용하여 연구 목적으로 종종 활용된다.

내압검사$_{\text{manometry}}$는 압력계를 이용하여 식도 괄약근의 수축력을 측정하는 검사법이다. 환자에게 물을 삼키게 하면 검사관의 구멍으로 흐르는 물이 식도 괄약근의 수축으로 인하여 막히게 된다. 이때 측정관 내압이 상승하게 되는데, 이것을 압력 변환기가 감지하게 되어 수축파로 기록되는 것이다. 내압검사에서는 구조 관찰이 용이하지 않다는 단점이 보완된 검사법으로는 내압투시검사법$_{\text{manofluorogaphy}}$이 있다.

(1) 비디오투시조영 삼킴검사

① 검사 준비물

비디오투시조영 삼킴검사에 필요한 준비물로는 삼킴검사를 위해 특수 제작된 의자([그림 12-5] 참조)가 있다. 이 의자는 특히 거동이나 자세 유지가 힘든 환자들이 앉은 상태에서 검사를 받을 수 있게 고안되었다.

환자에게 제공되는 검사식은 유동식과 고형식으로 나뉘고, 유동식은 농도에 따라 묽은 액체thin liquid, 진한 액체thick liquid로, 고형식은 반고형식semi-solid, 고형식solid으로 나뉜다. 환자의 상태에 따라 검사식의 농도순을 달리하고 일반적으로 적은 양부터 제공한다.

주로 3mL의 묽은 액체로부터 시작하여, 5mL가 주어지고, 그 후에는 컵으로 20mL 정도의 액체를 삼키는 단계를 거친다. 이후에는 농도를 바꾸어 5mL의 진한 액체가 주어지는데, 넥타nectar보다는 퓨레puree가 더 진하다. 그다음으로는 반고형식과 고형식으로 이어진다. [그림 12-7]에서는 검사식의 예를 제시하였다.

② 관찰점

일반적으로 비디오투시조영 삼킴검사의 절차는 일반적으로 측면lateral view에서 먼저 행해지고, 그다음으로 전후면anterior-posterior(AP) view에서 행해진다. 〈표 12-5〉에서는 비디오 투시조영 삼킴검사 시에 측면 및 전후면 각각에서 확인해야 할 관찰점들을 삼킴 단계별로 제

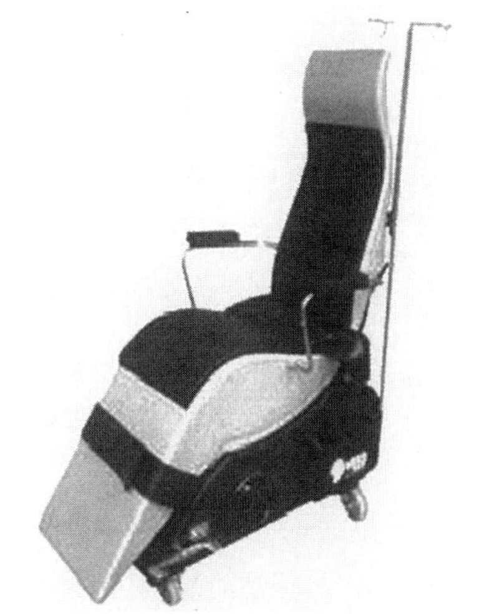

그림 12-6
VESS 의자
이 의자는 비디오투시조영 삼킴검사 시 자세 유지에 용이하게 설계되었다(본 그림은 VESS Chairs Inc. 사의 허가하에 사용됨).

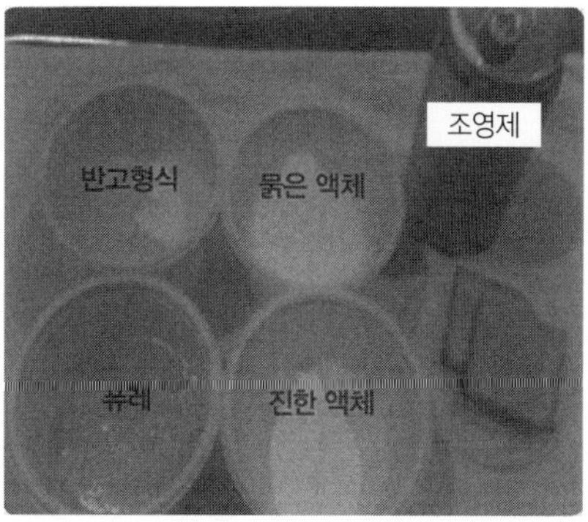

그림 12-7
검사식의 예
검사식의 구성은 묽은 액체, 진한 액체, 반고형식, 고형식 등으로 이루어진다.

표 12-5 비디오투시조영 삼킴검사 시에 측면 및 전·후면에서의 관찰점

방향	삼킴 단계	구조 및 기능	관찰점
측면	구강 단계	입술	잘 닫혀지는가? 조영제/음식물을 흘리지 않는가?
		혀	혀 움직임이 정상인가? 불수의적인 움직임이 있는가?
		구강바닥, 앞고랑, 옆고랑	조영제/음식물이 고여(stasis) 있는가? 구강 통과 시간(OTT)이 정상인가?
	인-후두 단계	연구개, 인두벽	불수의적인 움직임이 있는가? 비인강 폐쇄가 원활한가? 비강역류(nasal regurgitation)가 일어나는가? 설골 후두 상승이 즉각적인가/ 지연되는가? 인두 통과 시간(PTT)이 정상인가?
		후두개	후두개가 제대로 기능하는가?
		후두계곡	후두계곡에 음식물 잔여가 관찰되는가?
		후두	침투/흡인이 일어나는가? 무증상 침투/흡인이 일어나는가? 침투/흡인 시에 헛기침이나 기침을 하는가? 흡인 시점이 삼킴 전(before swallow), 삼킴 (during swallow) 혹은 삼킴 후(after swallow)인가?
	식도 단계		식도의 연동작용이 원활한가? 식도역류(esophageal reflux)가 일어나는가? 식도 통과 시간이 정상인가? 척추가 구조적으로 정상인가?
전후면	구강 단계		옆고랑의 음식물 잔여가 비대칭적으로 관찰되는가?
	인-후두 단계	조롱박굴	음식물 잔여가 비대칭적으로 관찰되는가?
		후두계곡	후두계곡에 음식물 잔여가 비대칭적으로 관찰되는가?
		성대	성대 움직임이 대칭적인가? 성대 닫힘이 완전한가?
	식도 단계	상부 식도 괄약근	상부 식도 괄약근이 적시에 열리는가? 상부 식도 괄약근이 잘 열리는가?
		식도	식도의 연동작용이 원활한가? 식도 통과 시간이 정상인가? 식도역류가 일어나는가?

시하였다. 전후면에서 특히 고려해야 할 사항은 삼킴이 좌우 대칭적으로 원활하게 기능하는지를 살피는 일이다. 편측마비로 인하여 음식덩이의 흐름이 원활하지 않으면 대체적으로 구강 단계에서는 옆고랑$_{\text{lateral sulcus}}$에서, 인-후두 단계에서는 조롱박굴$_{\text{pyriform sinus}}$에서 음식물 잔여물이 관찰된다([그림 12-8] 참조). 전후면에서 필수적으로 해야 할 과제 중 하나는 환자에게 '아-아-아'라고 짧게 소리를 내게 해서 성대기능의 정상 여부를 확인하는 일이다. 구강 및 인-후두 단계에서 관찰되는 삼킴장애를 총칭하여 구인두 삼킴장애$_{\text{oropharyngeal dysphagia}}$라고 한다. 반면에 식도 단계의 삼킴장애는 식도 삼킴장애$_{\text{esophageal dysphagia}}$로 지칭한다.

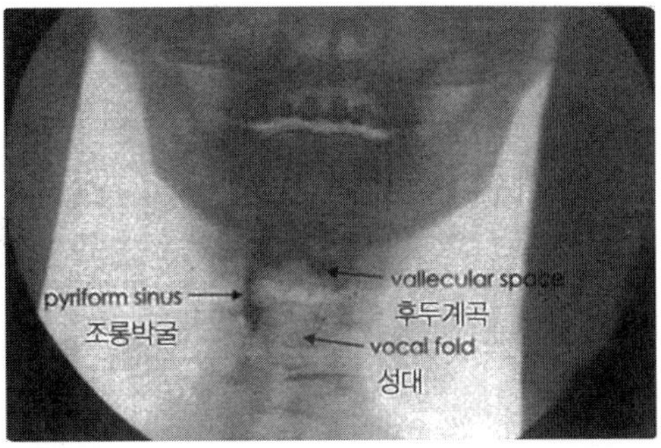

그림 12-8
전후면에서 관찰된 좌우 비대칭적 삼킴기능
이 그림에서는 좌측과 비교해 볼 때에 우측 조롱박굴에 남아 있는 음식물 잔여가 관찰된다.

(2) 침투-흡인 척도(Penetration-Aspiration Scale: PAS)

침투-흡인 척도는 Rosenbek 등(1996)에 의해 개발되었으며, VFSS 평가 시에 조영제가 기도로 침투 또는 흡인되는 상황을 점수화한 척도 체계이다. 총 1~8점 범위 중 1점은 조영제가 기도로 전혀 들어가지 않는 경우이고, 2~5점은 침투되는 경우

표 12-6 침투-흡인 척도(PAS)

기능	범주	점수	설명
정상		1	기도로 들어가지 않음
비정상	침투	2	기도로 들어가나 성대 위쪽에 머뭄. 기도 밖으로 내보낼 수 있음
		3	성대 위쪽에 머물지만 기도 밖으로 내보낼 수 없음
		4	성대에 닿으나, 기도 밖으로 내보낼 수 있음
		5	성대에 닿고, 기도 밖으로 내보낼 수 없음
	흡인	6	기도로 들어가서 성대 밑으로 내려가나 후두 쪽이나 기도 밖으로 내보낼 수 있음
		7	기도로 들어가서 성대 밑으로 내려가며, 기도 밖으로 내보내는 노력이 소용 없음
		8	기도로 들어가서 성대 밑으로 내려가며, 기도 밖으로 내보내는 노력을 하지 않음

이며, 6~8점은 흡인될 때에 주어진다. 〈표 12-6〉은 PAS에 대한 상세한 설명이다.

(3) 수정된 바륨 삼킴장애 프로파일(MBSImP™)

'수정된 바륨 삼킴장애 프로파일', 즉 Modified Barium Swallow Impairment Profile©(MBSImP™)은 구체적이고 일관되며 정확하고 객관적인 방식으로 삼킴장애를 해석하고 전달하기 위한 표준화된 프로토콜을 제공한다. VFSS검사에서 관찰된 결과를 기반으로 하여 생리학적 삼킴장애에 대해 교육하고, 평가하며, 보고서를 작성할 수 있도록 만들어진 표준화된 접근 방식이다. MBSImP에서는 성인에서 관찰되는 삼킴 기제의 17가지 구성 요소에 대한 평가법을 가르치며, 삼킴기능의 생리학적 손상을 객관적으로 프로파일링하기 위한 채점 척도를 포함한다. MBSImP 평가를 구성하는 17가지 구성 요소는 〈표 12-7〉과 같다. MBSImP의 평가 화면의 예는 [그림 12-9]와 같으며, MBSImP에 대한 상세 내용은 웹사이트 https://www.

표 12-7 MBSImP 평가의 17가지 구성 요소

범주	구성 요소	채점 척도
구강장애 영역	1. 입술 닫힘(lip closure)	0~4
	2. 혀 조절/ 음식덩이 지님 (tongue control/ bolus hold)	0~3
	3. 음식덩이 준비/저작(bolus preparation/ mastication)	0~3
	4. 음식덩이 운반/혀 움직임(bolus transport/ lingual motion)	0~4
	5. 구강 잔여물(oral residue)	0~4
	6. 인두 삼키기 개시(initiation of pharyngeal swallow)	0~4
인두장애 영역	7. 연구개 상승(soft palate elevation)	0~4
	8. 후두 상승(laryngeal elevation)	0~3
	9. 전설골 거상(anterior hyoid excursion)	0~2
	10. 후두개 움직임(epiglottic movement)	0~2
	11. 후두 전정 폐쇄(laryngeal vestibular closure)	0~2
	12. 인두 파동(pharyngeal stripping wave)	0~2
	13. 인두 수축(pharyngeal contraction)	0~3
	14. 인두-식도 열림(PES opening)	0~3
	15. 혀기저부 수축(tongue base retraction)	0~4
	16. 인두 잔여물(pharyngeal residue)	0~4
식도장애 영역	17. 식도 비움(esophageal clearence)	0~4

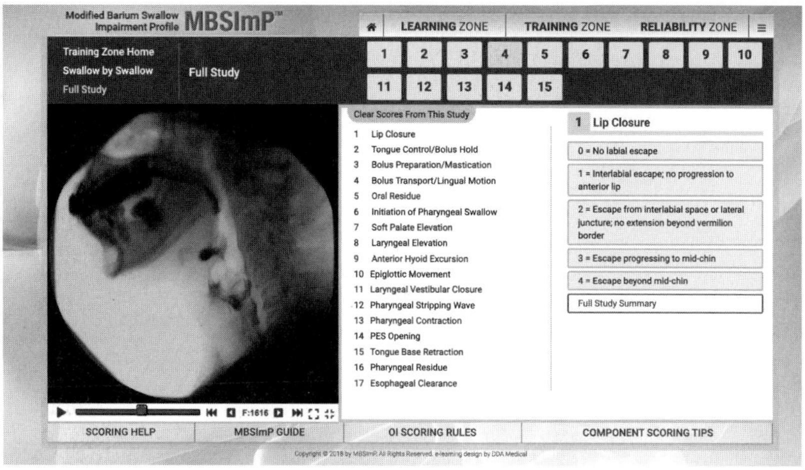

그림 12-9
MBSImP 평가의 화면 예
출처: 본 그림은 MBSImP™ 프로그램의 운용사인 Northern Speech Services사의 허가하에 사용됨.

mbsimp.com/를 참조하면 된다.

5. 삼킴의 치료

1) 절차, 목표 및 원칙

모든 검사가 끝난 후에는 환자에게 어떠한 후속 처치follow-up를 해줄 것인가를 결정한다. 먼저, 정상적인 일반식이 가능한지를 판단한다. 불가능하다면 절대로 음식을 먹이지 말아야 할지nothing by mouth: NPO 혹은 치료법을 포함한 다양한 운용 방안management을 모색하여 어느 정도의 음식 섭취를 시도할지를 판단한다.

삼킴장애치료의 궁극적인 목표는 첫째, 환자가 안전하고도 기능적으로 식사를 하는데 있다. 둘째, 적절한 영양을 공급받을 수 있게 하는데 있다. 이를 통해, 삼킴 능력을 향상시키고 재활치료 기간도 줄여 환자의 삶의 질을 향상시켜야 한다([그림 12-10] 참조).

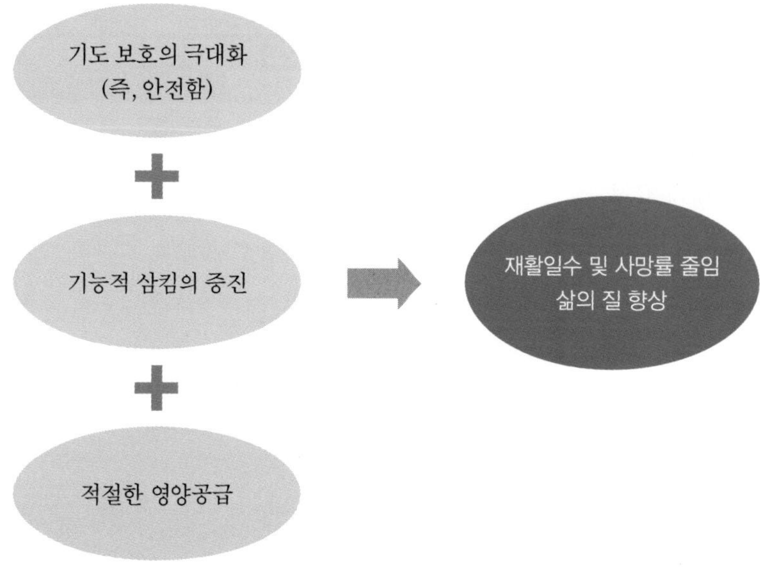

그림 12-10
삼킴장애치료의 목표
치료의 목표는 기도 보호의 극대화, 기능적 삼킴의 증진, 적절한 영양공급을 통하여 환자의 재활일수 및 사망률을 줄이고 삶의 질을 향상하는 데 있다.

그렇다면 삼킴장애의 치료에서 중시해야 할 원칙은 무엇일까? 첫째, 운동 측면뿐만 아니라 운동을 유발하는 데 있어서 감각 통합적sensory integration 요소에도 관심을 기울일 필요가 있다.

특히 구강 내 점막에 위치하는 감각 수용기sensory receptors는 양식 특이적modality-specific이기 때문에 특정한 유형의 감각적 정보에 민감하다. 예컨대, 혀의 경우에는 촉각이나 압각과 같은 일반 감각뿐만 아니라, 위치감각, 온도나 맛 등을 감지하는 기능이 있다. 이들을 잘 활용하여 치료를 진행한다.

둘째, 삼킴기능에는 반사적reflexive 요소뿐만 아니라 수의적voluntary 요소를 포함한다. 일반적으로 반사적 요소는 뇌간이나 척수에 의해 유발되고, 일단 시작되면 조절하기가 어렵다. 반면에 수의적 요소는 피질에 의해서 조절이 가능하고, 언제든지 그 기능을 유지하거나 중지할 수 있다. 예컨대, 구강 내 씹는 행위는 마음만 먹으면 멈추거나 속도를 조절할 수 있다. 또한 앞서 삼킴의 단계에서 언급된 바와 같이 인-

후두 단계에서 설골-후두가 상승되면서 반사적으로 시작되는 삼킴반응은 상승시간을 좀 더 길게 유지하는 수의적 조절이 가능하다.

셋째, 뇌 가소성neuroplasticity을 염두에 둔다. 뇌 가소성이란 중추신경계의 적응능력adaptive capacity, 즉 자체의 구조와 기능을 조절하는 능력을 말한다('제9장 마비말장애' 참조), 신경계 손상 후에도 재조직reorganization에 의하여 신경망neural network이 다시 형성되어, 손상 전에는 주요하게 관여하지 않던 뇌영역이 손상 후에 보상적으로 참여하는 신경 보상이 일어난다. 치료를 통하여 삼킴기능이 회복될 수 있으므로 다양한 각도의 운용 방법으로 환자에게 도움을 주어야 한다.

삼킴장애의 주요 위험은 영양실조, 체중감소, 탈수증dehydration, 역류reflux/regurgitation, 흡인성 폐렴aspiration pneunomia 등이다. 특히 뇌졸중 환자에 있어서 삼킴장애가 있는 뇌졸중 환자가 폐렴에 걸릴 확률(예: 7~33%)은 삼킴장애가 없는 환자(예: 0~16%)에 비하여 현저하게 높다고 보고된 바 있다. 또한 삼킴장애를 보이는 뇌졸중 환자군이 병원에 입원하는 재원일수는 평균 4.04일인 데 비하여 삼킴장애가 없는 환자군은 2.40일이기도 하였다. 따라서 적절한 치료 및 처치를 통한 꾸준한 조기재활이 무엇보다도 중요하다고 할 수 있다.

한편, 삼킴 중재의 경우에도 모든 환자가 재활적 치료 대상자는 아닐 수 있다. 향상이 기대되지 않는 환자를 대상으로 치료를 실시하는 것은 비윤리적일 수도 있기 때문이다. 그러므로 면밀하고 체계적인 삼킴 평가를 통해, 평가 결과를 잘 분석·해석할 필요가 있다.

2) 치료법

삼킴장애의 치료법은 크게 의료적 접근medical approach, 재활적 접근rehabilitative approach, 식이적 접근dietary approach으로 나뉠 수 있다.

(1) 의료적 접근

의료적 접근은 내과나 의과의 의료진에 의하여 수술적 혹은 기기적 방법을 활용하여 치료하는 것을 지칭한다. 음식의 구강 섭취가 전혀 불가능한 경우에 빈번하게 적용하는 방법으로서 비위관nasogastric(NG) tube 삽입이 있다. 비위관 삽입은 고무관을 코를 통하여 위까지 보내게 된다. 이는 특히 급성기 뇌졸중과 같은 질환을 겪은 환자가 흡인 등과 같은 급성 삼킴장애의 증세를 호소하는 경우에 단기적으로 활용하기 적절한 처치법이다. 그런데 비위관 식이법NG tube feeding을 시행하는 동시에 구강을 통한 음식 섭취를 하는 경우, 삼킴 생리에 방해가 될 것인가? 받아들여지는 정설로는 고무관이 잘못 위치되거나 기도삽관ventilation이 되어진 상황을 제외하고는 삼킴에 그다지 문제를 일으키지는 않는다는 것이다.

만성적인 삼킴장애를 보이는 환자에게는 경피적 내시경 위루술percutaneous endoscopic gastrostomy: PEG을 실시하여, 위stomach로 직접 유동식 액체를 주입한다. 이 시술은 내시경을 구강으로부터 위까지 넣고, 마취된 복벽에 가는 줄로 연결된 바늘을 찔러 위 안으로 넣어 내시경과 서로 고정한 후에 내시경을 입 쪽으로 당겨 꺼내서 튜브를 연결한 후에, 복부 쪽에서 다시 줄을 당겨 복벽에 고정시키는 절차를 거친다. 비위관 식이법과 경피적 내시경 위루술 식이법과 같은 처치들은 환자의 정상적인 영양 상태를 유지하고 탈수증을 방지하기 위한 목적을 지닌다.

수술적 방법으로 대표적인 것은 비정상적으로 증가된 상부 식도 괄약근의 긴장도를 줄이기 위한 윤상인두근 절제술cricopharyngeal myotomy이다. 상부 식도 괄약근은 여러 가지 원인으로 인하여 전혀 열리지 않거나 거의 열리지 않는 경우가 있다. 특히 연수 뇌졸중 환자에게 그러한 증세가 관찰된다. 상부 식도 괄약근이 열리지 않으면 구강과 인두강을 통하여 음식물이 원활하게 내려갔음에도 식도 입구에 고인 음식물이 기도로 역류되면서 흡인 위험성이 증가한다.

(2) 재활적 접근

재활적 접근에는 삼킴에 사용되는 근육의 기능을 증진시키기 위한 근육기능 강화법, 자극을 통한 자극기반적 접근, 삼킴 단계에 적용되는 절차적 접근 등이 있다.

먼저, 근육기능 강화법으로 강화운동, 후두-발성 훈련 등을 활용한다. 강화운동strength training의 경우에는 구강근육운동이 가장 일반적이다. 구강근육운동에서는 기능이 약한 구조(예: 혀, 뺨)의 기능을 강화시킨다. 후두 발성 훈련은 성대를 비롯한 후두근육을 대상으로 실시하는 훈련을 통하여 후두의 기능을 향상시킨다.

자극기반적 접근stimulus-based techniques은 외부 자극을 활용하는 방법으로서, 온도촉각자극법, 맛자극법, 전기자극치료법 등을 들 수 있다. 온도촉각자극법thermotactile stimulation은 얼음에 담근 차가운 쇠막대나 00사이즈 후두경으로 앞구개궁을 마사지 하여([그림 12-11] 참조) 구강 내 삼킴반응의 자극 부위에 대한 인식을 증가시키는 치료법이다.

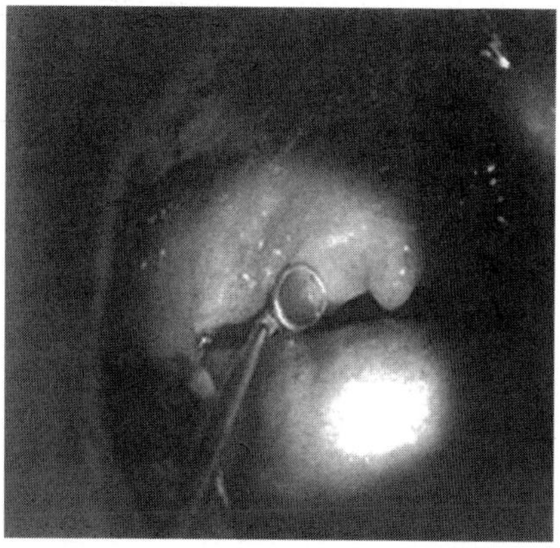

그림 12-11
온도촉각자극법
삼킴장애치료법으로서 00사이즈(영영 사이즈) 후두경을 이용하여 앞구개궁을 맛사지하는 온도촉각자극법이 있다.

맛자극법taste stimulation은 구강의 맛감각이나 촉각 등이 저하되어 있는 환자들에게 구강감각 자각oral sensory awareness을 상승시키기 위하여 활용된다. 구강 감각이 저하되면 삼킴반응이 지연되므로 흡인의 위험성이 증가된다. 맛자극법에 활용되는 맛은 주로 신맛sour taste이다.

전기자극치료법electrical stimulation, 구체적으로는 신경근육 전기자극법neuromuscular electrical stimulation: NMES은 목근육에 전극electrode을 붙이고 전기자극을 전달하는 치료법이다. 전기자극이 주어짐에 따라 삼킴반응에 관여되는 신경근육 경로neurormuscular pathway의 기능이 강화된다. 전기자극치료에 활용되는 기기인 VitalStim® 기계([그림 12-12] 참조)는 미국 식품의약국FDA에서 유일하게 인증된 삼킴치료용 전기자극 제품이다. 일반적으로 신경근육 전기

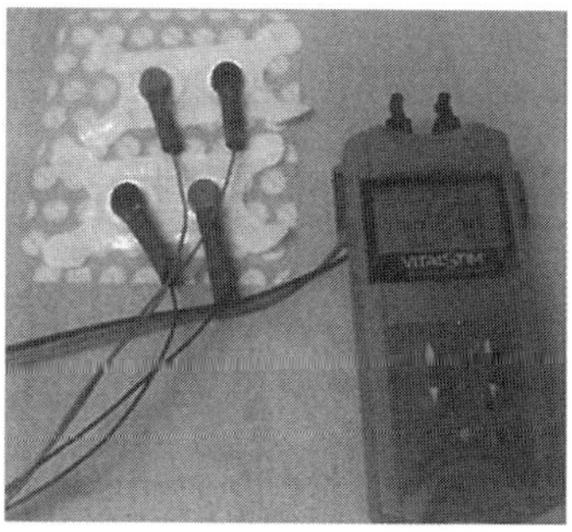

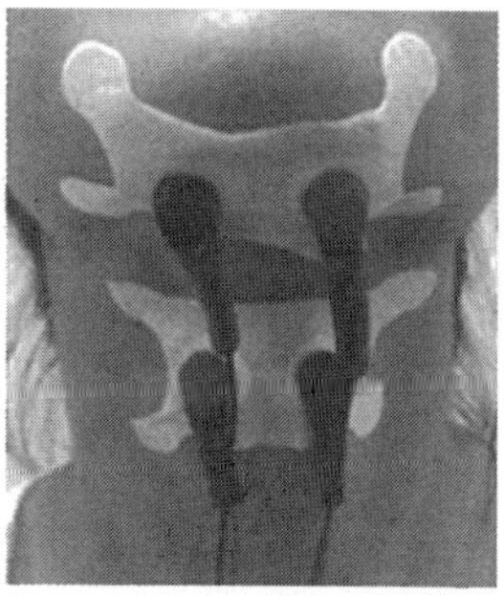

그림 12-12
VitalStim® 전극 장착 방법
전기자극치료법에 활용되는 VitalStim® 기계는 전기자극을 통하여 신경근육 경로 기능을 강화시킨다.

자극법만 개별적으로 사용하는 것보다 다음에 소개되는 절차적 접근과 함께 활용하는 것이 효과가 더욱 좋다. 이 치료법을 통하여 경도에서 중도의 삼킴장애 환자들의 80% 정도가 경피적 내시경 위루술 식이법을 중단했다는 보고가 있다.

절차적 접근procedural approach은 삼킴 단계에서 이루어지는 삼킴 구조의 기능을 의도 적으로 변화시키는 방법이다. 절차적 접근에는 자세를 변화시키는 자세 수정기법postural modification과 특정 단계의 시간을 늘려 삼킴에 도움을 주는 생리학적 수정기법physiological modification이 있다. 자세 수정기법은 음식물의 방향을 바꾸게 하거나 음식물의 흐름을 향상시키는 목적으로 활용되나 생리학적 수정기법처럼 삼킴기능의 생리를 변화시키지는 않는다. 〈표 12-8〉에서는 자세 수정기법에 따른 효과를 필요 상황에 따라 정리하여 제시하였다. 고개 숙이기, 머리 젖히기, 고개 옆으로 기울기, 머리 한쪽으로 돌리기, 온전한 쪽으로 눕기 등이 어느 상황에서 필요한지, 그리고 그러한 자세를 취함으로써 얻어지는 효과를 숙지할 필요가 있다.

생리학적 수정기법으로는 멘델슨기법Mendelsohn maneuver, 성문위삼킴supraglottic swallow, 초성문위삼킴super-supraglottic swallow, 노력삼킴effortful swallow 등이 있다(〈표 12-9〉 참조). 대부분의 방법은 여러 단계의 지시사항에 따라 훈련과 연습을 해야 하기 때문에 정상적인 인지기능이 요구된다.

표 12-8 자세 수정기법에 따른 효과

자세	필요 상황	효과
고개 앞으로 숙이기	인두 단계에서의 삼킴반응 지연	• 구강의 음식물이 인후두강으로 때 이르게 내려가는 것을 방지함 • 후두계곡의 크기가 증가됨 • 후두개가 내려감
머리 뒤로 젖히기	구강 운반 단계에서의 효율성 떨어짐	• 구강 운반 단계를 우회함 • 중력을 활용하여 음식묵을 아래로 쉽게 내려보냄
고개 옆으로 기울기	구강 및 인-후두 구조의 편마비 혹은 약증이 관찰됨	• 온전한 쪽으로 기울여 음식물이 원활하게 통과함
머리 한쪽으로 돌리기	인두의 편마비나 약증이 관찰됨	• 손상된 쪽으로 음식물이 흐르는 것을 차단함
온전한 쪽으로 눕기	구강 인후두, 사지 등의 편마비가 관찰됨	• 중력에 의하여 온전한 쪽으로 음식물이 흐름

표 12-9 삼킴장애치료를 위한 생리학적 수정기법

기법	절차	필요 상황	효과
멘델슨기법	① 침을 입안에 모음 ② 치료사가 환자 목의 방패연골에 손가락을 가볍게 댐[차후에는 환자가 직접 수행함] ③ 침을 삼킴 ④ 설골 후두 상승이 일어나자마자 치료사[환자]는 방패연골을 2~5초 정도 위로 올린 상태를 유지시킴 ⑤ 매일 여러 차례 반복함 ⑥ 익숙해지면 소량의 액체로 훈련함	설골-후두 상승이 충분히 이루어지지 않고, 상부 식도 괄약근이 충분한 시간 동안 열려 있지 않아 흡인이 빈번함	상부 식도 괄약근의 열림이 지속되어 식도로의 음식물 유입이 증가함
성문위삼킴	① 숨을 크게 들이쉬고 그대로 참음 ② 그 상태에서 음식물을 삼킴 ③ 삼킨 직후에 바로 크게 헛기침함	성대 닫힘이 불완전하거나 지연되고, 지연된 인두 삼킴으로 인하여 흡인의 위험이 있음	안전한 삼킴이 확보됨
초성문위삼킴	① 숨을 참음 ② 소량(5~10mL)의 액체를 입에 넣음 ③ 숨을 참은 상태에서 머리를 뒤로 젖힘 ④ 액체가 모두 인두강으로 넘어가게 함 ⑤ 숨을 참은 상태에서 삼킴 ⑥ 삼킴을 두세 차례 계속함 ⑦ 크게 헛기침을 함	성대 닫힘이 불완전함	안전한 삼킴이 확보됨
노력삼킴	① 입에 침이 고이게 함 ② 구강 및 인후두강의 모든 근육에 힘을 주면서 세게 삼킴 ③ ①~②를 여러 차례 되풀이함 ④ 익숙해지면 소량의 액체로 연습함	혀기저부의 운동이 원활하지 않아 인두강에 음식물 잔여가 많이 관찰됨	안전한 삼킴이 확보됨

(3) 식이적 접근

식이적 접근dietary approach은 안전하고도 원활한 영양섭취를 위하여 식이 중 발생하는 기도 흡인을 미연에 방지할 수 있는 가장 적합한 식사 방법을 제시하는 데 목적을 둔다. 식이적 접근에서는 삼킴장애의 원인과 정도, 그리고 삼킴장애를 유발하는 음식덩이의 농도 및 양에 따라 가장 안전하고 효과적인 식사 방법을 정한다. 대부분의 뇌졸중 환자들은 유동식에서 흡인의 위험이 가장 높다. 이때, 맑은 액체의 점도를 짙게 만들 수 있는 증점제thickener를 활용하면 유용하다. 또한 한 번에 적은 양의 음식을 구강에 넣거나, 여러 차례 삼킴으로써 구강이나 인두강에 남아 있는 음식물 잔여를 최소화시키는 습관을 들이는 것도 바람직하다.

(4) 국제 삼킴장애식 표준화 발안(International Dysphagia Diet Standardization Initiative, IDDSI)

국제 삼킴장애식 표준화 발안International Dysphagia Diet Standardization Initiative: IDDSI이란 씹거나 삼키는 대상을 음식foods과 음료drinks로 나누어서, 음식의 질감texture과 음료의 점도thickness를 기술하는 기준과 용어를 제공하는 체계framework를 지칭한다. 이 발안은 2013년에 처음 정립되었고, 나이, 장소, 문화를 불문하고 씹기나 삼키기 문제를 보이는 이들에게 임상 평가 결과를 바탕으로 적절한 음식과 음료를 권고함으로써 그들의 삶을 개선하는 데 목적을 두고 있다.

IDDSI는 총 여덟 단계(0~7단계)로 구성되어 있다([그림 12-13] 참조). 음료는 0~4단계, 음식은 3~7단계에 해당한다. 이 단계에 따라 질감과 점도의 특징을 확인한다. 음료나 액체의 평가는 'IDDSI 흐름 검사Flow Test'로 불리운다. 주사기(10ml)를 사용하여 중력 흐름 검사를 하게 되며, 영상(https://iddsi.org/framework/drink-testingmethods/)을 참조하면 된다. IDDSI 흐름 검사는 액체가 흐르는 속도에 따라 음료를 분류하기 때문에 쉽고 간단하며 실용적이고도 객관적인 측정 방법이다. 한편, 고체식 또는 퓨레 등의 질감을 가진 음식을 평가하기 위한 도구로는 대부분의 음식 준비나 식사 환경에서 접근이나 사용이 손쉬운 포크나 숟가락이 사용된다. 검사 유형으로는 '포크에서 떨어뜨리기 검사Fork Drip Test', '숟가락 기울이기 검사Tilt Test', '포크/숟가락 압력 검사Fork/Spoon Pressure Test', 그리고 '젓가락 검사Chopstick Test' 및 '손가락 검사Finger Test' 등이 있다.

각 검사에 대한 내용을 살펴보면 먼저 '포크에서 떨어뜨리기 검사'는 3단계와 4단계의 점도adhesiveness 및 응집력cohensiveness을 가진 음식에 사용된다. 각 단계에서 음식이 포크를 어떻게 통과하는지 혹은 틈새에서 서로 얼마나 뭉치는지를 통해 응집력을 평가한다.

숟가락 기울이기 검사는 4단계와 5단계를 측정하기 위함인데, 이 역시 음식의 점도 및 응집력을 평가한다. 숟가락에 놓인 음식 모양이 유지되어야 하며, 숟가락을 기울이면 음식이 거의 남김없이 한꺼번에 쉽게 떨어지는지 여부를 본다.

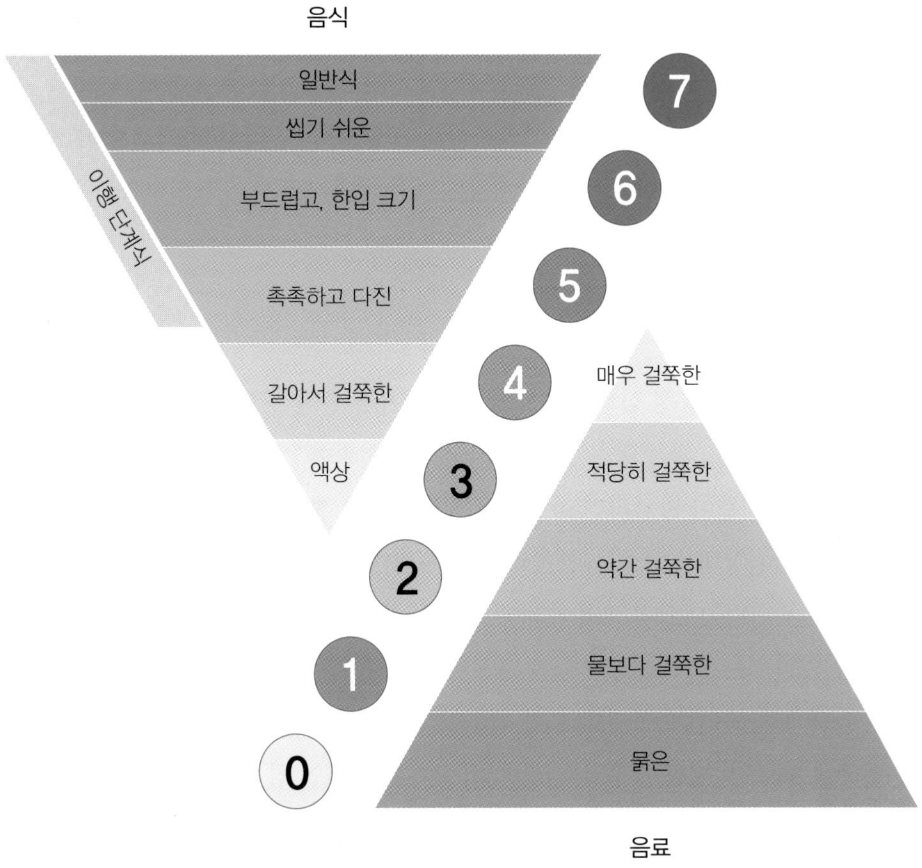

그림 12-13
IDDSI의 여덟 단계 음식 및 음료 체계

다음으로, 포크/숟가락 압력 검사는 음식의 견고함이나 딱딱함을 평가하기 위하여 포크나 숟가락 부분을 음식에 대고 엄지로 압력을 가하는 것이다. 포크를 사용하지 않는 나라의 경우는 티스푼이 대체 도구이다. 그 밖에 젓가락이나 손가락으로 음식을 부수면서 음식의 특징을 검사할 수 있다. IDDSI 웹사이트(https://iddsi.org/)에 질감과 점도에 대한 상세한 평가 방법이 기술되어 있다.

6. 신경 질환별 삼킴장애의 특색

삼킴장애를 유발하는 신경 질환은 상당히 많으나 이 장에서는 그중 대표적으로 뇌졸중, 운동장애, 치매로 인한 삼킴장애의 특색에 대해서만 살펴보도록 하자.

1) 뇌졸중과 삼킴장애

뇌졸중$_{\text{stroke}}$은 급성 삼킴장애를 일으키는 가장 흔한 원인 질환 중 하나이다. 삼킴은 피질, 피질하, 뇌간 등을 포함한 뇌구조의 원활한 기능에 의존하기 때문에 이들 중 어느 한 부분이 손상되면 삼킴장애를 일으킨다. 연구마다 다르기는 하나, 뇌졸중 환자 중 삼킴장애를 보이는 환자의 비율은 적게는 31.5%에서 많게는 78%까지 비교적 높은 편이다. 이처럼 비율이 다른 이유는, 첫째, 어떻게(예: 침상 검사 vs. 도구적 평가) 평가하였는지, 둘째, 언제(예: 급성기, 아급성기, 만성기) 평가하였는지에 따라 삼킴장애(특히, 흡인) 여부가 다르기 때문이다. 277개 연구의 결과를 종합하여 분석한 연구에 따르면, 뇌졸중 후 삼킴장애 비율이 대략적인 침상 검사$_{\text{bedside evaluation}}$를 통해서는 37~45%이었고, 임상적 평가를 통해서는 51~55%이었다. 그러나 비디오투시조영 삼킴검사 등과 같은 도구적 평가를 활용하였더니 64~78%로 그 비율이 상승하였다. 한편, 삼킴장애의 비율은 검사가 언제 이루어졌는지에 따라서도 달라진다. 대체적으로 뇌졸중이 회복됨에 따라 삼킴기능 역시 향상되므로 발병 직후보다는 일정 시간이 경과한 후에 삼킴장애가 관찰될 확률이 줄어든다.

또한 뇌졸중으로 인한 삼킴장애 여부는 병소 위치, 병소 크기, 좌-우뇌 손상 여부 등에 따라 그 중증도$_{\text{severity}}$가 달라진다. 일반적으로 동일한 크기의 손상이라 할지라도 뇌간 손상이 대뇌나 소뇌 손상보다 그 중증도가 심하다. 또한 뇌간 중에서도 연수$_{\text{medulla}}$ 손상([그림 12-14] 참조)이 뇌교$_{\text{pons}}$ 손상보다 심하다. 17개 연구의 결과를 종합 분석한 연구에 따르면, 총 656명의 환자 중에서 소뇌 환자의 0%, 중뇌 환자의 6%, 뇌교 환자의 43%, 내측 연수$_{\text{medial medulla}}$ 환자의 40%, 외측 연수 환자의 57%가 삼킴장애를 보였다. 그런데 삼킴기능은 좌-우뇌 양측 모두에서 거의 동일하게 관여하므로 일측 뇌손상만으로 영구적인 심도의 삼킴장애가 유발되는 경우는 극히 드물다.

뇌졸중 후 삼킴장애 증상 중에서 가장 중요하게 다루는 것은 흡인이다. 뇌졸중 환자에게서 흡인이 나타나는 비율 역시 연구마다 다른데, 비디오투시조영 삼킴검사 결과에 준하여 적게는26.5%에서 많게는 58.5%까지 보고되었다. 뇌졸중 환자에 있어서 삼킴장애가 있는 뇌졸중 환자가 폐렴에 걸릴 확률(예: 7~33%)은 삼킴장애가 없는 환자(예: 0~16%)에 비하여 현저하게 높다고 보고된 바 있다. 또한 흡인자aspirator 중에서 무증상 흡인자silent aspirator의 비율은 병소 위치나 연구 방법 등에 따라 다르며, 적게는 40.3%에서 많게는 79.3%까지 나타났다. 뇌졸중 후 삼킴장애에 대한 구체적인 운용 및 치료는 앞서 다룬 내용들을 참조하면 되며, 뇌졸중과 삼킴장애에 대한 간단한 관련 내용은 영상 자료를 참조할 수 있다(https://youtu.be/S1gkYpnbrRA).

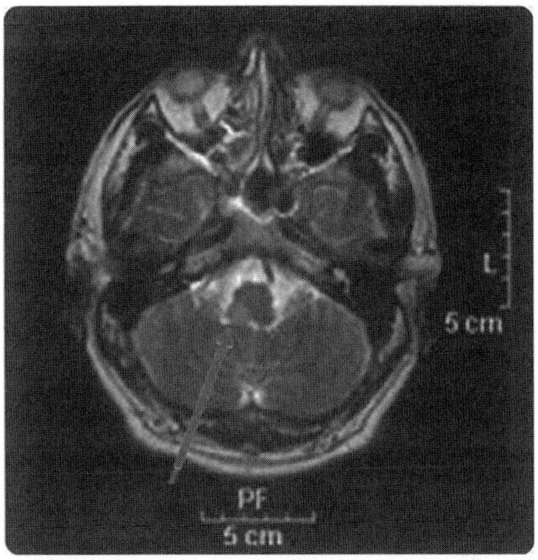

그림 12-14
연수 손상에 기인한 삼킴장애를 보인 환자의 MRI
삼킴장애는 병소 크기가 동일한 경우에는 연주 손상에서 가장 심한 중증도를 보인다.

2) 운동장애와 삼킴장애

운동장애movement disorder는 신체 각 부위의 동작의 장애, 마비, 불수의운동(예: 떨림), 근긴장이상(예: 경련), 실조ataxia 등과 같은 신경계나 근육의 장애를 통칭한다. 여기서는 운동장애를 일으키는 대표적 질환인 파킨슨병으로 유발되는 삼킴장애에 대하여 살펴보자.

파킨슨병은 도파민을 생신하는 중뇌의 흑질substantia nigra이라는 신경세포가 소실되어 운동기능이 점차로 상실되어 발생하는 만성 진행성 중추신경계 질환이다. 이들 파킨슨병 환자들 중 삼킴장애가 어떤 비율에서 나타나는지에 대한 상세한 역학조사는 국내외적으로 미흡한 실정이나, 90%의 환자들은 파킨슨병을 앓고 있는 어느 시점에서든지 삼킴장애를 겪게 된다. 물론 모든 환자가 병의 초기부터 삼킴장애를 보이지는 않으며, 운동장애의 중증도가 심해진다고 해서 삼킴장애가 늘 같은 정도로 심해지지는 않는다.

파킨슨병에서 나타나는 삼킴장애의 특색은 질환의 중증도severity에 따라 다르나, 대체적으로 구강 및 인-후두 근육의 떨림과 경직으로 인하여 음식을 제대로 섭취하지 못하여 영양실조를 유발할 뿐만 아니라 흡인성 폐렴의 가능성이 높아지며 이로 인하여 수명이 짧아진다. 지금부터 삼킴의 구강 및 인 후두 단계에서 나타날 수 있는 삼킴장애 특색을 알아보자.

먼저, 구강 단계oral stage에서는 침을 제때 삼키지 못하여 침을 흘리는 타액분비 과잉증sialorrhoea을 보인다. 또한 이와 대조적으로 항콜린제anticholinergics와 같이 부교감신경 차단제를 복용함에 따라 침이 감소되면서 구강이 건조해져, 즉 구강 건조증xerostomia으로 인하여 음식물을 구강에서 제대로 조정하지 못하기도 한다. 또한 운동성이 저하되어 음식물을 구강 뒤로 보내는 데 어려움을 겪는다. 파킨슨병 환자들에게 관찰되는 혀운동장애는 혀의 떨림, 혀가 앞뒤 수평적 · 불수의적으로 움직이는 요동 움직임rocking motion, 음식덩이를 만들 때의 부조화로운 움직임 등을 들 수 있다. 이러한 혀운동장애는 알약 등의 복용에도 영향을 주어 약물치료 자체에 지장을 주기도 한다. 일부 연구자들은 파킨슨병 환자의 혀운동장애가 병 초기부터 관찰되기 때문에 이로 인한 삼킴장애가 병 초기부터 시작된다고 한다. 이 환자들은 또한 씹기 위하여 턱을 여닫는 데 사용되는 턱 근육 기능이 저하되어 고체 음식을 씹는 데 어려움을 보인다. 한편, 파킨슨병이 노년층에서 흔히 발생하는 병이므로 부실한 치아 상태가 씹기나 음식덩이 형성에 부정적 영향을 끼치기도 한다. 구강에서 음식물을 제대로 조정하지 못하면서 삼키고자 하는 의도 없이 음식물이 중력에 의하여 목 뒤로 넘어가면서 흡인이 된다. 여기서 '흡인aspiration'이라 함은 음식물이 기도를 침범하여 성대 아래로 내려가는 현상이다. 음식물이 기도로 침범은 하되 성대 직전까지만 들어가면 '침투penetration'라 칭한다. 이처럼 삼킴반응이 일어나지 않은 상태에서 음식물이 목 뒤로 넘어가면서 흡인이 되는 경우를 '삼킴 전 흡인aspiration before swallow'이라 한다. 흡인이나 침투는 음식을 삼킨 후에도 구강(예: 혀, 구강바닥, 앞고랑anterior sulcus, 옆고랑lateral sulcus) 안에 남아 있던 음식물이나 침이 인두강으로 흘러 들어가면서 발생하기도 한다. 이를 '삼킴 후 흡인aspiration after swallow'이라 한다.

인-후두 단계에서는 인-후두 구조의 느린 운동 및 경직으로 인하여 삼킴반응

swallowing response이 늦게 일어나고, 모든 운동이 지연되어 흡인이 유발되기 쉽다. 삼킴반응이 지연되면 음식물이 구강으로부터 인두강으로 넘어가는 속도보다 설골-후두 상승hyo-laryngeal excursion이 일어나는 속도가 느리기 때문에 삼킴 도중에 흡인이 발생하게 된다. 이러한 흡인을 '삼킴 중 흡인aspiration during swallow'이라 한다. 앞서 구강 단계에서 언급된 '삼킴 후 흡인'은 인-후두강(예: 조롱박굴pyriform sinus, 후두계곡 vallecula(e))에 남아 있던 음식물이 흡인되면서 관찰되기도 한다. 또한 이들 파킨슨병 환자들은 상부 식도 괄약근upper esophageal sphincter: UES의 휴식기 압력resting pressure이 비정상적으로 높으므로 식도 상부의 열리는 시간이 지연되거나 열리는 범위가 줄어들어 '삼킴 중' 또는 '삼킴 후' 흡인이 발생한다.

진행성 퇴행성 질환으로서의 파킨슨병은 치매, 우울증, 수면장애, 인지장애, 자율기능장애와 같은 비운동성 혼란 요인confounding factor이 동반될 수 있다. 이들이 운동기능을 더욱 힘들게 만들 가능성이 높기 때문에 이런 증상을 보이는 파킨슨병 환자의 삼킴장애를 좀 더 면밀히 관찰하여 환자 개인별 어떤 삼킴기능을 보이는지를 확인해야 한다.

파킨슨병으로 인한 삼킴장애 치료 방안은 크게 근력 강화기법strengthening exercises과 보완적 책략compensatory strategies으로 나눌 수 있다. 근력 강화기법은 삼킴에 사용되는 근육의 힘을 강화시킴으로써 삼킴기능을 향상시키고자 하는 것이다. 보완적 책략은 자세 수정postural modification, 식이 수정diet modifcation 등을 통하여 간접적으로 삼킴에 도움이 되도록 하는 것이다.

근력 강화기법이 적용되는 구조로는 호흡근, 후두근, 구강 구조의 근육(예: 혀) 등을 들 수 있다. 먼저, 호흡 근력의 강화를 통하여 음식물의 흡인이나 침투 시에 기도 통관airway clearance을 위한 기제mechanism로서의 '기침'을 효과적으로 활용하게 연습시키는 방법이 있다. 4주간의 호흡 근력 강화 훈련이 실질적으로 파킨슨병 환자의 삼킴장애 향상에 효과를 보였다는 연구 결과도 있다. 후두근의 경우에는 음성치료에 쓰이는 성대강화 훈련법을 활용한다. 혀나 뺨 등의 구강 구조의 경우에는 비구어 구강운동 연습nonspeech oral motor exercises: NOME을 활용한다. 근력 향상을 위하여 조음기 articulator를 대고 저항resistance하면서 움직이는 것, 운동 범위를 향상시키기 위하여 신장stretching하는 것, 협응기능을 향상시키기 위하여 여러 구강 구조의 움직임을 순서화sequencing하는 것 등을 연습시킨다.

보완적 책략으로서의 자세 수정은 삼킴 전 흡인을 방지하기 위하여 음식물 저작 시에 '고개 앞으로 숙이게' 하거나, 구강 운반 단계에서의 음식덩이 운반이 효율적으로 이루어지게 하기 위하여 삼킴 시에 '머리 뒤로 젖히게' 한다. 그러나 이 방법은 경직된 상체나 목근육으로 인하여 효과적으로 사용하기가 힘들 수 있다. 그러므로 식이 수정이 더 효과적일 수 있는데, 통상적으로 구강 단계에서 씹기의 어려움과 구강 뒤로 음식덩이를 운반하는 데 어려움으로 인하여 유동식이나 퓨레 등의 반고체 음식이 권고된다.

한편, 퇴행성 질환인 파킨슨병이 악화됨에 따라 향후에는 외부 섭식양식(예: PEG feeding)을 사용하여 수분 및 영양공급이 필요하게 된다. 그러나 경관식이법tube-feeding이 완전한 식이 안전을 보장해 주지는 않으며, 환자의 삶의 질quality of life을 침해하는 방법으로 인식되기도 한다. 앞서 언급된 치매, 우울증, 수면장애, 인지장애, 자율기능장애와 같은 비운동성 혼란 요인을 보이는 파킨슨병 환자에 대해서는 증상별로 약물치료를 포함한 환자 개별적 치료가 이루어져야 한다. 특히 치매를 보이는 환자에서는 환자의 협조가 요구되는 복잡한 치료기법을 활용하기란 어렵다. 파킨슨병과 삼킴장애에 대한 간단한 관련 내용은 영상 자료를 참조할 수 있다(https://youtu.be/fLIFhxkxHw4).

3) 치매와 삼킴장애

알츠하이머병 환자들은 산재된 뇌병변으로 인하여 병의 중기 단계 정도부터 삼킴장애 증상들을 보이기 시작한다. 일반적으로 흡인이 되거나, 음식에 대한 흥미를 잃기도 한다. 이러한 증상들은 영양결핍이나 체중감소 등을 유발하게 되며, 흡인성 폐렴이나 사망의 원인이 된다. 인지장애로 인하여 음식을 시각적으로 인식하는 자체에 문제를 보이고, 구강 단계에서는 구강-촉각 실인증, 삼킴-섭식 실행증, 씹을 때의 혀운동 저하, 구강 운반 시간 지체 등을 포함한다. 인-후두 단계에서는 지연된 삼킴 반응, 제한된 설골-후두 상승, 흡인 등의 특색을 보인다. 병의 말기에 이르러서는 구강실행증 등으로 인하여 음식을 씹기조차 못하여 입에 물고 있게 되고, 액체류를 삼키지 못하고 구강 밖으로 흘리게 되면서 심각한 영양결핍을 초래한다.

치매 환자들에 대한 삼킴장애 검사는 일차적으로 침상 검사를 실시한다. 의무기

록지를 검토하고, 인지 및 구강-인두강-후두강의 감각운동기능을 평가하고, 마지막으로 마른 삼킴 및 젖은 삼킴 검사를 실시한다. 치매 환자의 가장 큰 특징이 인지 저하이므로 인지장애가 삼킴기능에 어떤 영향을 미치는지를 파악하는 것이 중요하다. 예컨대, 저하된 판단력으로 음식을 씹지 않고 그냥 입에 물고 있다든지, 한입에 너무 많은 양의 음식을 넣는 등의 행동을 관찰해야 한다. 한편, 무증상 흡인이 의심되거나 어떤 이유로 삼킴장애가 유발되었는지를 확인하기 위하여 비디오투시조영삼킴검사(VFSS)를 실시한다. 그럼으로써 흡인 여부 및 흡인의 원인을 파악하여 적합한 운용 방법을 모색할 수 있다. 삼킴장애를 보이는 치매 환자를 대상으로 한 운용 방법으로는 음식 농도 및 양을 조절하거나, 식사 환경을 변화시키고, 언어적 촉구$_{\text{verbal prompts}}$나 긍정적인 강화$_{\text{reinforcement}}$를 제공하고, 조용한 음악을 트는 방안 등을 제시하고 있다. 한편, 말기 치매 환자들의 경우에는 이러한 행동적 혹은 환경적 요인의 변화로서 효과를 기대할 수 없으며 외부 섭식양식(예: PEG)을 사용하여 수분 및 영양공급을 시도하는 것이 바람직하다. 그러나 경관식이법도 완전한 식이 안전을 보장해 주지는 않으며, 환자의 삶의 질$_{\text{quality of life}}$을 침해하기도 한다.

혈관성 치매 환자들만을 대상으로 삼킴장애의 특색을 살펴본 실험연구는 지금까지 찾아보기 힘들다. 그러나 혈관성 치매가 알츠하이머병과는 기제 및 병소 등에서 서로 다르므로 삼킴장애의 특색 면에서도 다른 점이 있을 것으로 추정된다. 알츠하이머병 환자들의 구강 및 인두강의 감각운동기능이 질환의 후기 단계까지 어느 정도 유지되는 반면, 혈관성 치매 환자들은 다발적인 뇌손상에 따라 삼킴기능의 점진적 퇴행이 관찰된다. 삼킴장애의 특색으로는 느린 구강기능, 반복적인 혀 움직임, 지연된 구강 운반 시간, 지연된 인두 삼킴반응, 저하된 설골 후두 상승, 불완전한 성대 닫힘 등을 들 수 있다. 혈관성 치매 환자들만을 위한 삼킴장애치료법은 따로 제시된 바 없으므로 일반적인 치매와 삼킴장애에 대해 다음의 영상 자료를 참조할 수 있다(https://youtu.be/8jnRObCEOWA).

참고문헌

김향희(2008). 치매의 유형별 언어장애 특성과 치료. 한국언어청각임상학회 2008년도 학술대회 발표논문집, pp. 13-25.

김향희(2021). 삼킴 중재 프로그램 지침서. 서울: (주)선명씨엔피.

이대희(2003). 임상 신경학: I. 총론. 서울: 고려대학교 출판부.

이대희(2003). 임상 신경학: II. 각론. 서울: 고려대학교 출판부.

Barritt AW, Smithard DG (2009). Role of cerebral cortex plasticity in the recovery of swallowing function following dysphagic stroke. *Dysphagia, 24:* 83-90.

Ciucci MR, Barkmeier-Kraemer JM (2008). Sherman SJ. Subthalamic nucleus deep brain stimulation improves deglutition in Parkinson's disease. *Movement Disorders, 23*(5): 676-783.

Dysphagia-Diet.com website. www.dysphagia-diet.com

DysphagiaPlus, LLC website. www.dysphagiaPlus.com

Flowers HL, Skoretz SA, Streiner DL, Silver FL, Martino R (2011). MRI-based neuroanatomical predictors of dysphagia after acute ischemic stroke: A systematic review and meta-analysis. *Cerebrovascular Disease, 32:* 1-10.

Garon BR, Sierzant T, Ormiston C (2009). Silent aspiration: Results of 2000 videofluroscopic evaluations. *Journal of Neuroscience Nursing, 41*(4): 178-185.

Guyomard V, Fulcher RA, Redmayne O, Metcalf AK, Potter JF, Myint PK (2009). Effect of dysphagia and dysphagia on inpatient mortality and hospital length of stay: A database study. *Journal of the American Geriatrics Society, 57*(11): 2101-2106.

Higo R, Tayama N, Watanabe T, Niimi S (2001). Abnormal elevation of resting pressure at the upper esophageal sphincter of Parkinson's disease patients. *European Archives of Otorhinolaryngology, 258*(10): 552-556.

Humbert IA (2011). Stimulting swallowing: Essential central and peripheral nervous system. *The ASHA Leader,* August 2: 10-13.

Kim H, Chung CS, Lee KH, Robbins J (2000). Aspiration subsequent to a pure medullary infarction: Lesion sites, clinical variables, and outcome. *Archives of Neurology, 57*(4): 478-483.

Kim H, Kim YB, Lee KH, Chung CS, Robbins J (2007). Dysphagia characterized by aspiration subsequent to pontine stroke. *Journal of Medical Speech-Language Pathology, 15*(2): 161-172.

Logemann JA (1997). *Evaluation and treatment of swallowing disorders.* Austin: Pro-ed.

Manor Y, Giladi N, Cohen A, Fliss DM, Cohen JT (2007). Validation of a swallowing disturbance questionnaire for detecting dysphagia in patients with Parkinson's disease. *Movement Disorders, 22:* 1917-1921.

Martin RE (2009). Neuroplasticity and swallowing. *Dysphagia, 24:* 218-229.

Martino R, Foley N, Bhoqal S, Diamant N, Speechley M, Teasell R (2005). Dysphagia after stroke: Incidence, diagnosis, and pulmonary complications. *Stroke, 36*(12): 2756-2763.

Matsuo K. & Fujishima I. (2020). Textural changes by mastication and proper food texture for patients with oropharyngeal dysphagia. *Nutrients. 12:* 1613.

Michou E, Hamdy S (2011). Dysphagia in Parkinson's disease: A therapeutic challenge? *Expert Review of Neurotherapeutics, 10*(6): 875-878.

Passy-Muir Inc. website. www.passy-muir.com

Prochazka A, Clarac F, Loeb GE, Rothwell JC, Wolpaw JR(2000). What do reflex and voluntary mean?: Modern views on an ancient debate. *Experimental Brain Research, 130:* 417-432.

Rosenbek JC, Robbins JA, Roecker EB, Coyle JL, & Wood JL (1996). A penetration-aspiration scale. *Dysphagia. 11*(2): 93-98.

SimplyThick website. www.simplythick.com

Steele CM, Miller AJ (2010). Sensory input pathways and mechanisms in swallowing: A review. *Dysphagia, 25:* 323-333.

Suh MK, Kim H, Na DL (2009). Dysphagia in patients with dementia: Alzheimer versus vascular. *Alzheimer Disease and Associated Disorders, 23*(2): 178-184.

VESS chair website. http://vesschairs.com/contact.html

Wood LD, Neumiller JJ, Setter SM, Dobbins EK (2010). Clinical review of treatment options for select nonmotor symptoms of Parkinson's disease. *The American Journal of Geriatric Pharmacotherapy, 8*(4): 294-315.

복습문제

1. 인-후두 단계의 구조에 속하지 않는 것을 모두 고른다면?

(1) 설골 (2) 조롱박굴
(3) 후두개 (4) 후두계속
(5) 혀기저부 (6) 앞고랑
(7) 앞구개궁 (8) 피열후두개 주름
(9) 혀몸체

2. 인-후두 단계에서 일어나는 삼킴기능에 대한 설명은?

(1) 음식덩이를 삼키기 좋게 만든다.
(2) 식도 연동작용을 통하여 음식물을 내려보낸다.
(3) 음식덩이가 혀기저부를 통과하고 후두계곡에 이른다.
(4) 하부 식도 괄약근이 열리면서 음식덩이가 식도로 들어간다.

3. 이물질의 흡인과 침투에 대한 설명으로 옳은 것은?

(1) 침투는 성대까지만, 흡인은 성대 아래까지 내려가는 경우
(2) 침투는 성대 아래까지 내려가나 기침을 하여 뱉어 낼 수 있는 경우
(3) 침투는 성대 위에서 뱉어 낼 수 있고, 흡인은 성대 위에서 뱉어 낼 수 없는 경우
(4) 침투는 성대 아래에서 뱉어 낼 수 있고, 흡인은 성대 아래에서 뱉어 낼 수 없는 경우

4. 조영제가 구강, 인-후두강, 식도를 통과하는 것을 비디오로 촬영하여 삼킴 구조 및 기능을 평가하는 검사법은?

5. 다음 중 일반적으로 가장 만성 중증의 삼킴장애 환자에게 사용되는 식이법은?

(1) Oral feeding (2) PEG feeding
(3) L-tube feeding (4) NG-tube feeding

6. PEG의 의료적 혜택에 해당하는 것은?
(1) 영양공급과 수분섭취에 있다.
(2) 보행성을 증가시키는 데 있다.
(3) 구강 섭식을 절대적으로 금할 수 있다.
(4) 흡인성 폐렴을 원천적으로 봉쇄하는 데 있다.

7. 삼킴기능에 대한 일반적인 설명으로 옳은 것은?
(1) 중추신경계보다 말초신경계의 역할이 더 중요하다.
(2) 반사적 요소와 수의적 요소가 함께 들어 있다.
(3) 한 번 손상되면 회복하기가 거의 힘들다.
(4) 감각 측면의 역할은 거의 없다.

8. 삼킴치료에 활용되는 자세 수정법에 대한 설명으로 옳은 것은?
(1) 인두의 편마비나 약증을 극복하기 위하여 '머리 뒤로 젖히기'를 활용한다.
(2) 구강 구조의 편마비를 극복하기 위하여 '머리 한쪽으로 돌리기'를 활용한다.
(3) 구강, 인후두 등의 편마비를 극복하기 위하여 '뒤로 반듯이 눕기'를 활용한다.
(4) 인두 단계에서의 삼킴반응을 지연시키기 위하여 '고개 앞으로 숙이기'를 활용한다.

9. 다음의 각 절차에 해당하는 치료기법을 적으시오.

기법	절차
(1)	① 침을 입안에 모음 ② 치료사가 환자 목의 방패연골에 손가락을 가볍게 댐[차후에는 환자가 직접 수행함] ③ 침을 삼킴 ④ 설골–후두 상승이 일어나자마자 치료사[환자]는 방패연골을 2~5초 정도 위로 올린 상태를 유지시킴 ⑤ 매일 여러 차례 반복함 ⑥ 익숙해지면 소량의 액체로 훈련함
(2)	① 입에 침이 고이게 함 ② 구강 및 인후두강의 모든 근육에 힘을 주면서 세게 삼킴 ③ ①~②를 여러 차례 되풀이함 ④ 익숙해지면 소량의 액체로 연습함

(3)	① 숨을 참음 ② 소량(5~10mL)의 액체를 입에 넣음 ③ 숨을 참은 상태에서 머리를 뒤로 젖힘 ④ 액체가 모두 인두강으로 넘어가게 함 ⑤ 숨을 참은 상태에서 삼킴 ⑥ 삼킴을 두세 차례 계속함 ⑦ 크게 헛기침을 함
(4)	① 숨을 크게 들이쉬고 그대로 참음 ② 그 상태에서 음식물을 삼킴 ③ 삼킨 직후에 바로 크게 헛기침함

10. 다음 신경 질환 환자들 중에서 '머리 뒤로 젖히기'의 삼킴치료법이 효과적일 수 있는 환자는?

(1) 파킨슨병 환자 (2) 만성 뇌졸중 환자

(3) 급성 뇌졸중 환자 (4) 혈관성 치매 환자

11. 다음 중에서 파킨슨병 환자의 삼킴장애 특징에 해당하는 것은?

(1) 혀의 요동운동(rocking motion)으로 인하여 음식덩이의 운반이 수월하지 않다.

(2) 혀의 기능장애로 인한 구강 단계상의 문제가 있으나 흡인이 유발하지는 않는다.

(3) 식이적 접근이 가장 바람직한 치료법이며 될 수 있는 대로 맑은 유동식을 권장한다.

(4) 음성치료에 활용되는 후두근에 대한 강화운동이 삼킴에 그다지 도움이 되지는 않는다.

12. 인-후두강(예: 조롱박굴, 후두계곡)에 남아 있던 음식물이 흡인되는 현상을 무슨 흡인이라고 하는가?

13. 국제 삼킴장애식 표준화 발안(International Dysphagia Diet Standardization Initiative, IDDSI)에 대한 설명으로 옳은 것은?

(1) 총 일곱 단계로 구성되어 있다.

(2) 숟가락과 젓가락을 사용할 수도 있다.

(3) 이 검사는 나이, 장소, 문화에 민감하게 적용된다.

(4) '포크 기울이기 검사'를 통해 액체의 농도를 파악할 수 있다.

(5) 액체가 흐르는 속도에 따라 음료를 분류하기 때문에 객관적인 측정 방법이다.

정답

1. (6) (7) (9) (*앞고랑, 앞구개궁, 혀몸체는 구강 단계에 속함)
2. (3)
3. (1)
4. 비디오투시조영 삼킴검사(Videofluoroscopic swallowing study: VFSS)
5. (2)
6. (1)
7. (2)
8. (4)
9. (1) 멘델슨기법 (2) 노력삼킴 (3) 초성문위삼킴 (4) 성문위삼킴
10. (1)
11. (1)
12. 삼킴 후 흡인(aspiration after swallow)
13. (5)

찾아보기

인명

내용

저자 소개

김향희(KIM HyangHee)

현 연세대 의과대학 언어병리학협동과정 및 재활의학교실 정교수
포항공대(POSTECH) 산업공학과 겸직교수
미국 ASHA의 CCC-SLP(공인 언어치료사 자격증)
미국 ANCDS의 BC-ANCDS(신경언어장애 전문가 자격증)
IALP(세계언어임상학회) 교육위원
WFNR(세계신경재활학회) SIGs: Telerehabilitation 영역 위원

〈학력 및 경력〉
연세대 국어국문학과 학사
미국 펜실베이니아주 인디애나대 언어병리학 석사
미국 위스콘신주 위스콘신대 언어병리학 박사
미국 위스콘신대 대학병원 임상수련과정(CFY)
삼성서울병원 신경과-성균관대 의과대 의학과 연구교수 및 언어-삼킴임상 Staff
아시아태평양언어청각학회 회장 역임
한국언어청각임상학회 회장 역임
전국언어치료학과협의회 회장 역임

신경언어장애

2021년 8월 30일 1판 1쇄 발행
2023년 8월 10일 1판 3쇄 발행

지은이 • 김향희

펴낸이 • 김진환
펴낸곳 • ㈜학지사
04031 서울특별시 마포구 양화로 15길 20 마인드월드빌딩
대표전화 • 02-330-5114 팩스 • 02-324-2345
등록번호 • 제313-2006-000265호

홈페이지 • http://www.hakjisa.co.kr
인스타그램 • https://www.instagram.com/hakjisabook/

ISBN 978-89-997-2501-2 93180

정가 29,000원